수학 학습-지도 원리와 방법

수학 학습-지도 원리와 방법

제2개정판 수정판

우정호

서울대학교출판문화원

제2개정판 머리말

교육학이라고 하면 흔히 교과를 가르치고 배우는 방법적 원리나 기술을 연구하는 분야라고 여겨질 만큼 학습-지도 원리와 방법론은 교육학의 핵심적인 영역임에 틀림없다. 그러나 실험실적인 학습이론을 제외하면, 그 동안 상당한 연구와 논의가 이루어져 왔음에도 불구하고 이 분야는 교육학의 다른 영역에 비해 상대적으로 이론적 체계화가 매우 빈약한 상태이다. 어느 교육학자의 말을 빌리면, '특색 있는 춤을 출 수 있는' 명확히 체계화된 이론이 결여되어 있으며 여러 가지 원리와 방법이 혼재되어 있는 것이 교수방법론이다. 수학교육학도 예외일 수는 없다고 생각한다. 이러한 상황일진대 수학 학습-지도 원리와 방법에 관한 책을 집필한다는 것은 확실히 하나의 커다란 도전이요 두려운 일임에 틀림없는 것 같다.

그 동안 수학 교사교육, 특히 중등학교 수학 교사교육은 학교수학이 고등수학과 다름에도 불구하고 고등수학 중심으로 이루어져 왔으며, 그 결과 일찍이 Klein이 걱정한 '이중단절'의 문제가 거듭 심각하게 논의되어 왔다. 다행히 그 동안의 연구결과가 가시적으로 나타나면서 이러한 문제점은 상당한 정도로 해소되어 가고 있으며, 지도내용에 대한 관점과 수학적 사고의 발생에 대한 분석적 논의는 수학 교사교육에 새로운 가능성을 열어 줄 것으로 기대되고 있다. 수학 교육과정론과 함께 수학교육학의 핵심적인 분야로 그 동안 적지 않은 연구결과가 축적되어 왔으면서도 마찬가지로 수학 교사교육에 거의 반영되지 못한 분야가 수학 학습-지도론이다.

이 책은 앞서 출판된 《학교수학의 교육적 기초》의 자매편으로 수학 학습-지도 원리와 방법에 관하여 그 동안에 논의되어 온 내용을 정리한 것이다. 전자가 학교수학의 관점론이라고 한다면 이 책은 학교수학의 방법론이라고 볼 수 있을 것이다. 그리스 시대부터 오늘날까지 2천 년 이상의 장구한 역사를 가진 수학교육은 수학자, 철학자, 교육학자, 심리학자, 그리고 최근의 수학교육학자들에게, 그 방법론에 대하여, 다양한 논의를 불러일으키고 상당한 양의 연구가 이루어져 왔다. 이를 정리하여 체계화하는 작업은 결코 단순한 일이 아니며 수학교육학의 주요한 연구과제라고 생각된다. 이 책은 그러한 연구결과 가운데 필자의 관점에서 우선적으로 주목할 가치가 크다고 판단된 부분만을 선정하여 체계적 정리를 시도한 것이다.

그러나 적지 않은 부분이 원저자의 저작을 그대로 요약하는 데 그친 까닭에 내용이 정련되지 못하여 독자에게 많은 어려움과 실망을 줄 것이라 예상된다. 더구나 이 책에서는 수학 학습-지도 방법을 구체화한 지도안의 모습을 거의 찾아보기 어려울 것이며, 기본적인 원리와 방법에 대한 방만한 논의로 그치고 있어 핵심적인 문제를 고스란히 남겨 두고 있음 또한 인정하지 않을 수 없다. 그러나 이 책이 대학에서 수학교육학을 연구하고 강의하는 이들에게, 그리고 장래 수학교사가 되기를 희망하는 학생들에게 수학 학습-지도 방법론의 개론서로서의 역할을 다하고, 교육현장에서 수학교육에 매진하고 있는 모든 이들에게 의미 있는 참고 자료가 되기를 기대한다.

개정판에서는 고대 그리스 이래 거듭 강조되어 온 수학의 인간교육적 가치를 재음미할 필요성이 절실한 것으로 생각되어 학교수학과 심성함양에 관하여 논의한 글을 추가하였다. 이는 PME 31의 전체 강연에서 필자가 읽은 내용이다. 그리고 이번 제2개정판에서는 수학교육에서의 직관의 중요성에 비추어 Kant의 수학인식론과 그를 바탕으로 한 Pestalozzi, Herbart, Fröbel의 수학교육에 관한 저서를 요약한 글을 추가하였다.

끝으로 연구와 강의로 바쁜 가운데에도 불구하고 미진한 원고를 읽고 도움이 되는 많은 제안을 해 준 박교식, 류희찬, 강문봉, 정영옥, 박경미, 김남희, 이경화, 임재훈 선생 등 여러 분들과 제14장의 작성에 도움을 준 류희찬, 나귀수 선생에게 진심으로 감사를 드린다. 아울러 이 책의 출판을 맡아 이와 같이 훌륭한 모습으로 출간되도록 애써 주신 서울대학교출판문화원 여러분께 감사의 말씀을 드린다.

2010년 입춘

수학교육학연구소에서

차 례

제 1 장
Socrates의 산파법

기원전 4세기경에 생존했던 서양철학의 시조 Socrates는 그 자신이 직접 저술한 저서를 하나도 남기지 않았으며, 제자인 Platon의 저서 가운데에서 그의 사상의 일면을 찾아볼 수 있을 뿐이다. Socrates는 수학의 탐구대상인 수와 도형은 현상계에 근사적으로 존재하는 속성이 인간의 사유과정을 통하여 명백하게 정의된 보편적인 개념이며, 수학적 지식의 확실성은 수학이 그와 같은 명확히 정의된 대상에 기초하기 때문이라고 보았다. 그리고 그러한 지식을 탐구하는 수학은 영혼이 순수하게 지성 자체를 이용하여 진리로 향하지 않을 수 없게 하는 학문으로, 哲人의 교육에 없어서는 안 되는 것이라고 하여 수학의 교육적 가치를 매우 높게 평가하였다. Socrates에게 특히 대상의 정의과정은 사유를 통하여 개체와 보편자, 곧 形相을 구분하여 명확히 하는 과정으로, 진리를 추구하고 확실한 지식의 기초를 정립하고자 한 그의 대화의 핵심을 이룬다. 그런데 德이나 용기나 正義 등과 같은 개념은 개인의 이기심에 의하여 왜곡될 수 있는 반면에 수학적 개념에 대한 정의와 논의는 개인의 이기심으로부터 자유로워질 수 있기 때문에 대화가 진리추구의 본질적인 과정을 실현할 수 있으며, 따라서 이를 통하여 참다운 진리의 세계를 추구하는 영혼을 소유하게 될 수 있다고 보았다. 공리, 공준과 정의로부터 출발하는 《Euclid 원론》이 철학자 군주교육을 위한 교과서로 집필된 것은 Socrates의 이러한 철학사상에 근거함을 알 수 있으며, 수학교육 사상의 원류가 여기에 있음은 특히 주목할 일이다.

Platon의 대화편 〈메논〉에는 주어진 정사각형의 넓이의 두 배가 되는 넓이를 갖는 정사각형을 구하는 수학문제 풀이의 발견을 안내하는, Socrates와 Menon의 사동과의 유명한 문답식 대화가 포함되어 있다. 이는 産婆法이라고 불리는 문답식 대화법으로 전개되는, 기록에 남아 있는 역사상 최초의 수학수업으로, 오늘날까지 수학교육에 시사하는 바가 적지 않은 것으로 여겨지고 있다. 대화편 〈메논〉은 Menon이 Socrates에게 '덕은 가르쳐질 수 있는가?' 라는 질문을 던지는 것으로 시작되며, Socrates는 이에 대하여 '덕이란 무엇인가?' 하는 문제를 제기한다. Socrates는 항상 자기 자신을 無知者로 규정하므로 대화는 Socrates가 묻고 Menon이 대답하는 방식으로 전개된다. Menon의 대답에 대한 Socrates의 집요한 반박으로 무지를 자각하게 된 Menon은, 같은 무지자로서 덕에 대한 탐구를 함께하자고 제안한 Socrates에게 그 당시 소피스트들 사이에 널리 퍼져 있던 '탐구 불가능설' 이란 궤변을 제기한다. 곧 무슨 지식이든지 알든가 모르든가 둘 중의 하나이며, 알고 있는 사람은 탐구할 필요가 없으며, 알고 있지 못한 사람은 자신이 어떤 지식을 탐구해야 할지 모를 뿐만 아니라 탐구의 결과로 어떤 지식을 알게 되었다고 하더라도 그것이 원래 찾으려고 했던 것인지 알 수 없으므로, 학습자가 스스로 새로운 것의 탐구나 발견을 하는 것은 불필요하거나 불가능하다는 것이다. 이러한 입장에서 보면 학습자가 어떤 새로운 것을 배우거나 알게 되는 것은 그것을 알고 있는 다른 사람이 가르쳐 주지 않으면 불가능한 것이다. 그러나 그것을 알고 있는 사람도 다른 사람으로부터 가르침을 받아서 알게 되므로, 결국 이러한 입장으로는 학습의 기원을 설명할 수 없게 된다.

그러나 실제적으로 인간은 새로운 지식을 탐구하면서 학습할 수 있으며, 자신이 배우는 지식과 다른 사람이 배우는 지식이 같은 것이라는 통념을 갖고 있다. 여기서 Socrates는 영혼 불결설과 지식의 선재성 및 탐구와 학습에 대한 소위 '想起說' 을 제기하며, Menon의 요청으로 수학문제 풀이를 예로 들어 문답식 대화를 통하여 상기과정을 보여주게 된다. Socrates에 의하면, 인간의 영혼은 새로운 육체를 빌려 거듭 태어나는 불멸의 존재로 모든 지식을 잠재적인 상태로 가지고 태어난다. 그리고 인간은 그로 인한 가변적이고 불안정한 '의견'을 가지게 되는데, 이를 논박하여 무지를 자각시킴으로써 탐구심을 유발시켜 진정한 '지식'을 마치 산파가 아기를 받아내듯이 상기시켜 받아낼 수 있는 것이다. Socrates가 수학문제를 예로 택한 것은 앞에서도 언급했지만 수학적 개념은 인간의 이기심과는 무관하게 동의할 수 있는 명백한 정의와 논의방식을 지니고 있어 대화의 본질에서 벗어나는 부연적 논의가 불필요하게 되므로, 상기를 통하여 본질에 이르도록 도와주는 대화의 가장 핵심적인 과정을 잘 보여준다고 보았기 때문이다.

Socrates는 세계를 可視界와 可知界로 나누고 그와 대응되는 인식의 수준을 '의견'과 '지식(앎)'으로 구분하였다. 그리고 '선분의 비유'에서 존재를 명료성의 정도에 따라 영상, 실물, 수학적인 것, 이데아의 순서로 구분하고, 그에 따른 인식의 수준을 짐작, 믿음, 추론적 사고, 지적 직관의 네 단계로 나누고 있다. 이는 각기 '동굴의 비유'에서의 동굴벽의 그림자, 실물, 별과 달, 태양과 대응되는 것이다. 이를 도해하면 다음과 같다(박종현, 1997; 임재훈, 1998).

〈선분의 비유〉

	可視界		可知界		
(아래)	영상	실물	수학적인 것	이데아	(위)
	짐작	믿음	추론적 사고	지적 직관	
	의견		지식		

동굴벽의 그림자 …… 실물 ……… 별과 달 ……… 태양

〈동굴의 비유〉

Socrates의 대화법은 '의견'의 도출, 논박을 통한 무지의 자각과 탐구의욕의 유발, 지식의 상기를 돕는 助産 과정을 거치는 산파법이다. 지식을 '가르쳐 주거나' 설명해 준 것이 아니라 단지 질문만을 하여 아동의 영혼에 내재된 '지식'을 상기하도록 도와준 산파역을 했을 뿐이라는 Socrates의 주장을 염두에 두고, 다음에 제시한 Socrates와 Menon의 사동과의 대화를 음미

4

해 보자.

소크라테스 : … 그런데 영혼은 불멸하여 자주 태어났으며, 따라서 현세의 것이나 저승의 것이나 모든 것을 잘 알고 있으며, 따라서 배워서 안 것이 아니네. 그러므로 덕에 대해서나 그 밖의 것에 대해서도 전에 알고 있던 것을 상기한다고 하여 조금도 이상할 것이 없네. 그리고 모든 삼라만상은 본성에 있어서 동족이며, 영혼은 모든 것을 알고 있으므로 꾸준히 탐구하기만 하면 모든 것을 기억에서 상기하는 것은 가능한 일이네. 탐구니 앎이니 하는 것도 결국은 상기이네. 그러므로 소피스트들의 주장을 따라서는 안 되네. … 이와는 달리 이 주장은 우리를 부지런하고 탐구심에 불타는 인간으로 만드는 것일세. …

메논 : 아, 그렇습니다. 그런데 우리가 배워서 아는 것이 아니라 상기하여 안다니 그것은 무슨 까닭입니까? 이에 대하여 상세하게 가르쳐 주십시오.

소크라테스 : 자네는 능청맞다고 아까도 내가 말했지. 메논, 그런데 자네는 지금 또 다시 날더러 자네를 가르칠 수 있느냐고 묻네 그려. 나는 모든 지식은 가르침을 받아서 아는 것이 아니라 상기라고 말하지 않았나? 이것은 자네가 능청스럽게 나를 모순에 빠뜨리려는 수작이다 이 말씀이야.

메논 : 소크라테스, 그런 뜻에서 한 말은 아닙니다. 다만 말버릇이 그래서 그런 거지요. 그렇지만 만일 당신이 하신 말씀이 옳다는 것을 증명할 수 있다면 가르쳐 주시기 바랍니다.

소크라테스 : 그건 쉬운 일이 아니네. 그러나 자네에게 도움이 된다면 해 보겠네. 그럼 많은 사람들 중에서 누구든지 무방하니 내 앞에 한 사람 불러내 주지 않겠나? 그 사람을 시험 삼아 자네에게 입증해 보이기로 하지.

메논 : 그렇게 하시죠. 얘, 이리 온

소크라테스 : 이 애는 희랍인인가? 그리고 희랍말도 할 줄 아는가?

메논 : 잘 알아요. 우리 집에서 태어났으니까요.

소크라테스 : 이 애가 상기하는지 나한테서 배우는지 어느 쪽인가를 주의해 보게.

메논 : 물론이지요.

소크라테스 : 내 말에 대답해 줘. 넌 이런 정사각형을 알고 있지?

사동 : 네, 알고 있습니다.

소크라테스 : 이 정사각형에서 이 네 변이 같다는 것도 아느냐?

사동 : 네, 그렇습니다.

소크라테스 : 그리고 이 정사각형의 한복판을 지나도록 그은 선은 서로 같겠지?

사동 : 그렇습니다.

소크라테스 : 이와 같은 정사각형으로 이것보다 큰 변을 가진 것과 이것보다 작은 변을 가진 것이 있겠지?

사동 : 그렇습니다.

소크라테스 : 만일 이 변의 길이가 2피트, 이 변이 2피트라면 전체 넓이는 몇 평방 피트이냐? 이렇게 생각해 봐. 이 변은 2피트, 그리고 이 변은 단지 1피트라면 전체 넓이는 2평방 피트가 되겠지?

사동 : 네.

소크라테스 : 그런데 이 변은 이 변과 같이 2피트이므로 그것의 2배가 되겠지?

사동 : 그렇습니다.

소크라테스 : 그러니 2의 2배의 평방 피트가 되겠지?

사동 : 그렇습니다.

소크라테스 : 그럼, 2의 2배의 평방 피트는 얼마가 되나? 계산해서 말해 보아라.

사동 : 4평방 피트입니다.

소크라테스 : 또 하나 묻겠다. 이와 모양이 똑같은 것으로 넓이가 이것의 2배가 되는 정사각형이 있을 수 있겠지? 그러니까 이 정사각형처럼 같은 변을 가진 것 말이다.

사동 : 네, 있습니다.

소크라테스 : 그건 넓이가 몇 평방 피트이냐?

사동 : 8평방 피트입니다.

소크라테스 : 그러면 그 정사각형의 각 변은 몇 피트냐? 이것은 2피트였지? 넓이가 이것의 2갑절인 정사각형의 한 변의 길이는 얼마이겠느냐?

사동 : 그 2갑절입니다.

소크라테스 : 어떤가 메논. 나는 이 아이에게 아무것도 가르쳐 주지 않고 질문만 하지 않았나? 이 아이는 넓이가 8평방 피트인 정사각형의 한 변의 길이가 몇 피트인지 알고 있다고 생각하고 있네. 그렇지 않나?

메논 : 그렇습니다.

소크라테스 : 그런데 실제로 알고 있나?

메논 : 그렇지 않습니다.

소크라테스 : 이 아이는 넓이가 2배이므로 변의 길이도 2배라고 생각하고 있네.

메논 : 그렇습니다.

소크라테스 : 이 아이가 차례대로 상기해 나갈테니 보게. 얘야, 너는 넓이가 2배인 정사각형은 변의 길이가 2배가 되어야 한다고 생각하지? 이 변은 길고 이 변은 짧은 그런 사각형이 아니라, 네 변이 모두 같은 정사각형, 그리고 넓이가 이것의 2배인 정사각형을 이야기하고 있다는 것을 생각해 봐. 그래도 아직 변의 길이가 2배로 되어야 한다고 생각하니?

사동 : 물론입니다.

소크라테스 : 여기(AB)에 이만큼(BE) 덧붙이면 이것(AE)은 이것(AB)의 2배로 되겠지?

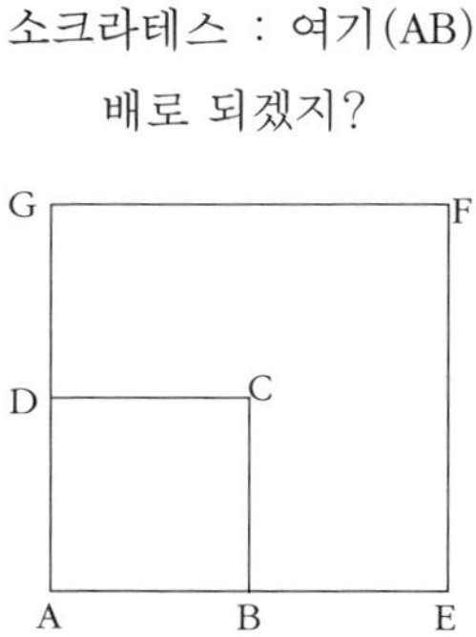

사동 : 그렇습니다.

소크라테스 : 이런 변 4개로 되는 정사각형의 넓이가 8평방 피트가 된단 말이지?

사동 : 네

소크라테스 : 그럼, 이 변 위에 같은 4개의 변을 그려 보자. 이것이 넓이가 8평방 피트짜리

정사각형이란 말이지?

사동 : 그렇습니다.

소크라테스 : 그런데 이 속에는 정사각형이 네 개가 있고 각각의 넓이는 4 평방 피트가 아니냐?

사동 : 그렇습니다.

소크라테스 : 그럼 몇 평방 피트가 되느냐? 이것의 4배가 아니냐?

사동 : 그건 그렇습니다.

소크라테스 : 그런데 4배와 2배는 다르지 않느냐?

사동 : 다릅니다.

소크라테스 : 그러니까 얘야, 변의 길이가 2배가 되면 넓이는 2배로 되는 것이 아니라 4배로 되는 것이다.

사동 : 그렇군요.

소크라테스 : 4평방 피트의 4배는 16평방 피트가 아니냐?

사동 : 그렇습니다.

소크라테스 : 넓이가 8평방 피트인 정사각형의 변은 몇 피트이겠느냐? 네가 생각한 것은 넓이가 4배인 정사각형이 아니냐?

사동 : 그렇습니다.

소크라테스 : 넓이가 4평방 피트인 정사각형은 변의 길이가 이것의 절반이지?

사동 : 네, 그렇습니다.

소크라테스 : 좋아, 그러면 넓이가 8평방 피트인 정사각형은 이것의 2갑절이고 이것의 절반이겠지?

사동 : 그렇습니다.

소크라테스 : 그러면 그 정사각형의 변은 이것보다 길고 이것보다 짧지?

사동 : 그렇게 생각됩니다.

소크라테스 : 그래 그래, 네가 생각하고 있는 그대로 대답하면 돼. 이 변의 길이는 2피트이고 이 변의 길이는 4피트이지?

사동 : 그렇습니다.

소크라테스 : 넓이가 8평방 피트인 정사각형의 한 변의 길이는 2피트보다

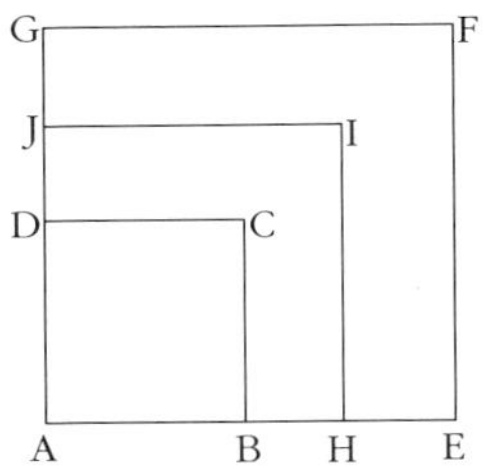

길고 4피트보다 짧겠지?

사동 : 그렇습니다.

소크라테스 : 그럼 그 변의 길이는 얼마일까 생각해 봐.

사동 : 3피트라고 생각합니다.

소크라테스 : 자, 이 변(AB)의 반을 덧붙이면 3피트가 되겠지? 이것(AB)이 2피트, 이것 (BH)이 1피트, 그리고 이쪽도 마찬가지로 이것(AD)이 2피트, 이것(DJ)이 1피트, 이것이 네가 말한 정사각형이지?

사동 : 그렇습니다.

소크라테스 : 그렇지만 이 변이 3피트, 이 변도 3피트이면 전체의 넓이는 3×3 평방 피트가 되지 않겠느냐?

사동 : 분명히 그렇습니다.

소크라테스 : 3×3 평방 피트는 얼마이냐?

사동 : 9평방 피트입니다.

소크라테스 : 그런데 우리가 구하고자 하는 것은 넓이가 얼마인 정사각형이냐?

사동 : 8평방 피트입니다.

소크라테스 : 그렇다면 한 변의 길이가 3피트인 정사각형은 넓이가 8평방 피트인 정사각형은 아니지?

사동 : 아닙니다.

소크라테스 : 그럼 그 변의 길이는 얼마이겠느냐? 분명히 말해 봐. 잘 생각해 보고 그 변을 그림으로 나타내 보아라.

사동 : 정말이지 모르겠습니다.

소크라테스 : 메논, 자네는 이 아이의 상기가 어느 단계까지 이르렀는지 알겠나? 이 아이는 넓이가 8평방 피트인 정사각형의 한 변의 길이가 얼마인지를 처음에도 몰랐고 지금도 모르고 있네. 그런데 처음에는 그것을 아는 줄로 생각하고 자신 있게 대답하고 아무런 곤란을 느끼지 않았던 것일세. 그렇지만 이제는 곤란을 느끼고 있고 모르는 것을 모른

다고 말하기에 이르렀네.

메논 : 참, 그렇군요.

소크라테스 : 그전에 이 아이가 알지 못하던 그것에 대하여 지금은 그 때보다도 훨씬 진전을 보이고 있다고 할 만하겠지?

메논 : 그렇습니다.

소크라테스 : 그런데 우리는 이 아이를 궁지에 빠뜨리고, 가오리처럼 교란시키기는 했지만, 그렇다고 무슨 해로운 짓을 한 것은 아니네.

메논 : 그건 그렇습니다.

소크라테스 : 그리하여 우리는 실상을 아는 데 다소 공헌한 셈이네. 이 아이는 이제 와서야 알지 못하고 있다는 것을 느끼고 기꺼이 탐구해 보려고 하지만, 처음에는 넓이가 2배로 되려면 길이가 2배로 되어야 한다고 여러 사람들 앞에서 떳떳이 말할 수 있다고 생각했었네.

메논 : 그렇게 생각됩니다.

소크라테스 : 그러면 이 아이가 스스로 알고 있다고 생각하지만 사실상 모르고 있었던 것을 탐구하거나 학습하기 시작한 것은 언제이겠나? 그것은 자기가 모른다는 것을 알게 되고 배우고 싶다는 것을 느끼게 됨으로써 곤혹감에 빠졌을 때가 아닌가?

메논 : 그럴 것입니다.

소크라테스 : 그러면 우리가 이 아이에게 준 곤혹감은 이 아이를 위하여 좋은 것 아닌가?

메논 : 그렇게 생각됩니다.

소크라테스 : 그럼 이 아이가 궁지에 빠진 상태에서 나와 함께 탐구해 나아가는 동안에 무엇을 발견하게 되는지 관찰해 보게. 나는 이 아이에게 질문만 할 뿐, 가르치지 않을 것이네. 메논 자네는 내가 혹시 이 아이의 기억을 상기하게 하는 대신에 무슨 가르침이라도 베풀지 모르니까 잘 지켜 보게나. 애야, 여기에 넓이가 4평방 피트인 정사각형이 있지?

사동 : 네.

소크라테스 : 이것(ABCD)과 같은 이것(BEKC)을 첨가할 수 있겠지?

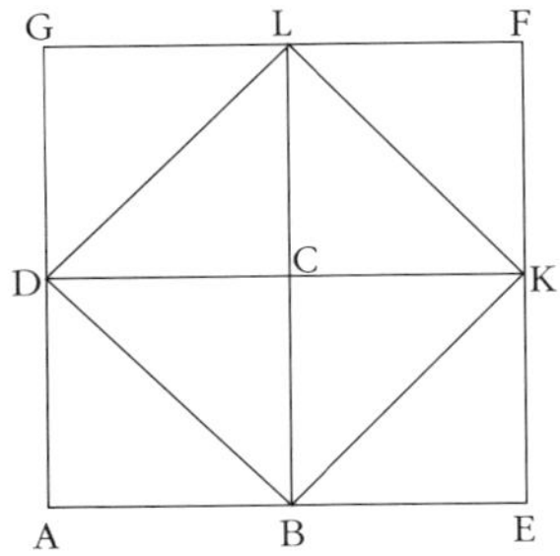

사동 : 네.

소크라테스 : 그리고 이와 같은 이것(CLGD)을 세 번째로 첨가할 수 있지?

사동 그렇습니다.

소크라테스 : 이 각(∠KCL)에 이것(KFLC)을 껴워 넣어도 좋지 않겠나?

사동 그렇지요.

소크라테스 : 그렇게 하면 이 4개는 같은 정사각형이 되겠지?

사동 : 그렇습니다.

소크라테스 : 그럼 어떤가. 이것(AEFG) 전체는 이것(ABCD)의 몇 갑절이 되나?

사동 : 4갑절이 됩니다.

소크라테스 : 그런데 앞의 문제에서는 2갑절이 되어야 했지? 기억하고 있나?

사동 : 네.

소크라테스 : 한 모서리와 다른 모서리를 이은 이 선(DB, BK, KL, LD)은 각각 정사각형을 둘로 나누고 있지 않느냐?

사동 : 그렇습니다.

소크라테스 : 이들 네 개의 선은 모두 길이가 같고 또 하나의 정사각형을 이루지 않느냐?

사동 : 그렇습니다.

소크라테스 : 그럼 생각해 보아라. 이 정사각형의 넓이는 얼마인가?

사동 : 모르겠습니다.

소크라테스 : 정사각형이 넷이고, 모서리를 연결하는 선은 네 개의 정사각형을 각각 반으로 나누고 있지 않느냐?

사동 : 그렇습니다.

소크라테스 : 이런 것(BCD)이 이(BKLD) 속에는 몇이나 있지?

사동 : 넷이요.

소크라테스 : 이것(ABCD) 속에는 몇 개 있느냐?

사동 : 둘이요.

소크라테스 : 넷은 둘의 몇 배이냐?

사동 : 두 배입니다.

소크라테스 : 그럼 이 정사각형(BKLD)의 넓이는 몇 평방 피트이냐?

사동 : 8평방 피트입니다.

소크라테스 : 그 변은 어느 것이냐?

사동 : 이것(DB)입니다.

소크라테스 : 넓이가 4평방 피트인 정사각형의 한 모서리와 다른 모서리를 연결하는 선 말이지?

사동 : 그렇습니다.

소크라테스 : 학자들은 그것을 대각선이라고 부른다. 그러면 메논의 사동아, 너는 넓이가 2배가 되는 정사각형은 그 대각선으로 된 정사각형임을 인정한단 말이냐?

사동 : 그렇습니다.

소크라테스 : 메논, 자네는 어떻게 생각하나? 이 아이의 대답은 모두 자기 머리에서 나온 것 아닌가?

메논 : 그렇습니다. 다만 그 자신의 것으로만 대답했습니다.

소크라테스 : 그렇지만 이 아이는 처음에는 몰랐던 것 아닌가?

메논 : 사실 그렇습니다.

소크라테스 : 그런 생각이 이 아이의 머릿속에 있었던 것이네. 그렇지 않은가?

메논 : 그렇습니다.

소크라테스 : 그렇다면 현재 모르는 사람도 자기가 모르는 문제에 대한 올바른 견해를 가지고 있는 것이 아닌가?

메논 : 그렇습니다.

소크라테스 : 이제 이 아이의 그러한 견해는 마치 꿈결처럼 각성되어 있네. 만일 누가 이 아이에게 같은 내용을 여러 모로 질문하게 되면 마침내

는 그것에 대하여 누구 못지않게 정확하게 알게 될 것이 아닌가?

메논 : 그럴테지요.

소크라테스 : 아무도 가르치지 않고 단지 질문만 하는데, 스스로 머릿속에 있던 지식을 알게 되는 게 아닌가?

메논 : 그렇습니다.

소크라테스 : 그런데 스스로 자기 자신 속에 있는 지식을 끄집어 내는 것은 상기가 아닌가?

메논 : 그렇습니다.

여기서 우리는 노예 소년이, Socrates가 그에게 질문만을 하고 아무것도 직접 가르쳐 준 것 같지 않은데, 그가 한 번도 배운 일이 없는 기하학적 지식을 '알게' 되었음을 보게 되며, Socrates와 같은 훌륭한 교사의 지도를 받는다면 학교교육을 받은 일이 없는 노예 소년이라도 수학을 탐구하여 배울 수 있음을 보게 된다. 그리고 우리는 여기서 그렇게 되려면 교사가 미리 가르칠 내용과 관련된 철저한 사고를 한 다음 학생에게 차례로 질문만 하고 학생은 주로 '네/아니오'란 대답을 하며 수업을 하는 정교한 학습-지도 방법으로서의 Socrates식의 대화법이 요구됨을 보게 된다. 교사의 질문에 대하여 처음에 알고 있다고 생각하고 자신 있게 대답한 학생은 교사의 반박으로 무지를 자각하고 당혹감을 드러낸다. 여기서 학생은 알고자 하는 강한 동기를 갖게 되고 교사는 다시 질문을 통하여 학생이 올바른 답을 상기해 내도록 유도하며 마침내 성공하게 된다. Socrates에게 지식교육이란 학생이 모르는 지식을 '가르치는' 것이 아니라, 대화를 통하여 학습자가 소유한 부정확한 '의견'을 논박하여 무지를 자각시킨 다음 소위 망각된 '지식'을 상기해 내도록 도와주는 助産 과정이다.

그런데 여기서 주목할 점은 주어진 정사각형의 넓이의 2배가 되는 정사각형의 한 변의 길이는 주어진 정사각형의 한 변의 길이의 $\sqrt{2}$배, 곧 무리수 배라는 점이다. 철학자인 Socrates 자신은 물론 수학자들에게도 무리수 개념이 분명히 밝혀지지 않은 당시에 수학에 대하여 거의 아무것도 모르는 노예 소년에게 그 길이를 물어본 것은 곧바로 답변을 기대하는 것이 아니라 무지를 자인시키기 위한 질문에 불과하다. 위에서 Socrates가 노예 소년에게 한 질문 가운데 대부분은 '네/아니오'란 대답만을 구하는 질문이거나 간단한 수 세기나 계산을 하여 대답하는 질문이었다. 4번만이 노예 소년의 의견을 기대하는 질문이었으나, 그것도 첫 번째 반응으로 그치고 그 이상 추구되지 않았다. 더욱이 Socrates와 대화하는 가운데 노예 소년은 질문을 하지 않았다는 점에 주목해야 한다. Socrates 방법에서 교사의 '지적인 권위'는 엄존하며 수업의 주도권도 교사 쪽에 있다.

그런데 이러한 형태의 문답식 수업에서는, 비록 무지를 자각하여 알고자 하는 마음이 생겼다고 하더라도, 학생 자신이 능동적으로 진리탐구에 참여하고 있다고 보기는 어렵다. Socrates가 문제의 답을 직접 제시하지는 않은 듯하지만 학생이 발견해야 할 핵심적인 내용을 거의 제시하면서 확인만 시키고 있는 것은, 너무도 친절하게, Socrates의 주장처럼 상기를 도와 꿈결처럼 각성시킨 것으로 볼 수는 있지만, 학생 스스로 탐구하여 발견해 내고 있다고 보기에는 무리가 있을 것으로 생각된다. 여기서의 Socrates의 의도는 Menon에게 그의 상기설을 강조하여 예시하고자 한 것인바, 이를 적극적인 지식의 탐구과정이나 발견과정을 안내하는 방법으로 보는 것은 적절하지 않은 것으로 생각된다. 그러면, 학생에게 문제를 제공하고 교사의 조심스럽고 치밀한 안내를 받아 가면서 학생 스스로 능동적으로 지적인 탐구를 하여 문제의 해답을 발견하도록 유도한다든가, 학생이 주도적으로 대화와 토론에 적극 참여하게 하고 '왜 그러한가' 하는 질문을 조심스럽게 던져 학생들에게 본질적인 것을 탐구하도록 유도하는 것은 Socrates 방법의 변종인가?

Fernandez(1994)의 지적과 같이 〈메논〉편에서 노예 소년을 상대로 위와 같은 기하문제를 다룬 산파법의 예시는 〈메논〉편 전체에 드러난 보다 큰 문맥에서 바라보아야 한다. 덕의 정의를 주제로 한 Menon과의 대화에서는 Socrates는 Menon과 서로 질문을 하며 토론을 전개하고 있는바, 여기서는 교사주도이면서 학생중심의 탐구적인 토론방법인 대화법으로서의 Socrates의 산파법을 보게 된다. 〈메논〉편에서 Socrates는 노예 소년과 대화하기 전에 덕의 정의에 관한 탐구를 하면서 Menon에게 그의 대화법을 적용하고 있다. Socrates는 누구도 덕에 대한 만족할 만한 정의를 알고 있지 못하다고 하면서 함께 탐구해 보자고 한다. 여기서 Menon은 Socrates에게 앞에서 언급한 지식의 탐구에 관한 유명한 궤변을 제시한다. 어떤 것을 이미 알고 있는 사람은 그것을 탐구하려고 하지 않으며, 어떤 것을 알고 있지 못한 사람은 그가 찾고 있는 것을 알지 못하드로 그것을 발견했는지 어떤지 모르므로 탐구할 수 없다는 것이다. 사실 Socrates는 지식이 학습자에 의하여 발견 · 발명된다고 믿지는 않았다. Socrates에 따르면 영혼은 불멸의 존재로 이데아의 영역에 머물 때 모든 참된 지식을 소유하고 있었으나 육신과 결합되는 순간 이를 망각한 상태로서, 누구든지 끈기 있게 탐구한다면 모든 지식을 상기해 낼 수 있다고 보았다. 어떤 지식을 모르고 있는 것처럼 보이는 사람에게도 그 내면에는 그에 대한 올바른 지식이 내재하고 있지만, 명료한 상태로 있는 것이 아니라 마치 꿈결에서처럼 아련하고 어렴풋하게 존재하고 있으며, 이를 대화를 통하여 명료히 드러낼 수 있다는 것이다. 학습은 그러한 망각된 지식을 상기하는 과정으르, 그것을 돕는 것이 교육이요 교사의 임무라는 것이다.

Socrates와 노예 소년과의 대화는 학습이 상기이며 이는 보통 정도의 지적인 능력, 곧 이성을 소유한 사람이면 누구에게나, 비록 교육을 받지 않은 노예 소년이라고 하더라도 가능하다는 것을 Menon에게 보여주기 위한 것으로, 그의 대화법이 어떤 단계를 거쳐 지식을 상기시키는가를 잘 예시하고 있다. Socrates가 노예 소년과 같이 거의 교육을 받지 못한 사람까지 포함하여 누구나 수학적인 원리를 대화법을 통하여 상기, 곧 발견하게 할 수 있다고 본 것은 주목할 만하다. 이러한 Socrates의 산파법에 따르는 수학 학습-지도 방법은 대화법이어야 하며, 학생들에게 질문을 던져 학생들 자신의 의견을 개진하도록 한 다음 그것을 논박하여 무지와 곤혹감을 야기시킴으로써 알고자 하는 마음을 유발하여 대화를 통하여 원리를 발견시키는 방법이어야 할 것이다. 현대 수학교육자들은 아직도 Socrates가 Menon의 사동을 학습시킨 교수법에서 수학 학습-지도의 전형을 구하고 있음은 주목할 사실이다. Socrates식 산파법의 특징의 하나는, Freudenthal(1976)의 지적과 같이, 교사가 지도에 앞서 상상 속에서 강의하고 학생들과 대화하고 토론을 하며 수업을 진행시키는 '思考實驗'을 통하여 수업과 관련된 모든 사고를 미리 거치는 매우 세련된 학습-지도 방법이며, 아동의 사고활동을 무엇보다도 중시하지만 수업의 주도권은 교사에게 있다는 점이다. 사고실험이란 오스트리아의 물리학자 Mach(1838~1916)가 Galileo로부터 Einstein까지의 이론물리학의 중심된 연구방법을 기술하는 데 사용한 용어이다. 이를테면, 마찰이 없는 평면에서 정지하고 있는 물체에 힘을 가하면 그 물체는 멈추지 않고 영원히 움직인다는 것은 현실적으로는 실험이 불가능하며, 사고 가운데 설정한 완벽한 이상적인 체계 속에서만 실험될 수 있는 현상이다. 교사가 수업을 하기 전에 학생들을 연상하면서 그들과 대화하고 토론하며 그들의 있음직한 반응에 미리 대응하면서 오류가 발생할 곳과 농담을 할 곳까지 미리 생각한 다음 수업을 하면, 지도과정에서 학생들의 깊은 속 생각을 들추어 내어 학생 스스로 깨닫게 만드는 경험을 하게 할 것이다. 말하자면 학생들은 교사가 지도하고자 하는 내용을 학습하는 동안에 스스로 발견하게 되고 교사는 산파역을 할 뿐이라는 느낌을 갖게 될 것이다.

여기서 문제가 되는 것이 수학이 훌륭한 교사의 지도 아래 어떻게 발생되는가를 연구하는 일이며, 결국 수학의 역사적 발생과정 특히 발생의 계기와 관점에 대한 교수학적 분석이 요구된다. 교사는 그러한 분석을 바탕으로 사고실험을 통하여 학생을 인도하여 그에게 발견이 이루어지도록 해야 하는 것이다. 이러한 Socrates 방법과 반대되는 것이 객관화된 수학을 그 연역체계에 따라 해설하는 방법이다. 수학자는 사고결과를 객관화하고 엄밀하게 체계화하는 전통이 있기 때문에 수학 교과서에서도 그러한 결과에 이른 사고과정 대신에 세련된 결과를 출판하려는 객관화하는 태도에 충실하게 된다. Freudenthal은 이러한 교사와 교과서 저자의 태도를 '반교수학적 顚倒'라고 부른다. 객관화된 기성수학은 수학의 완전한 미적인 아름다움을 찾고 수학적 체계와 엄밀성이 뇌리에서 떠나지 않는 수학자들에게는 만족을 주고 분명한 이해를 가능하게 할 수 있지만, 그 구성관계를 전연 알고 있지 못한 학생들에게는 의미를 갖기 어려우며 수학적 사고의 발달에 영향을 미치기 어렵다.

전통적으로 수학 교과서는 Socrates 방법의 주요한 적이 되어 왔다. 교사들은 교과서에 제시된 것과 다른 보다 더 적절한 방법에 따라 지도를 한다고 생각하기 쉽지만, 일반적으로 교과서에 제시된 그대로 지도를 하는 교사가 의외로 많다고 한다. 그러면 사고실험을 거쳐 실제로 학생들에게 수학을 발견하게 하려는 Socrates 방식에 따라 교과서를 집필해야 할 것인가? Polya의 저서인 《어떻게 문제를 풀 것인가》와 Lakatos의 저서인 《증명과 반박 — 수학적 발견의 논리》에는 대화양식으로 전개되는 그러한 수학 학습-지도 방법론 내지 발견적 교재구성 원리가 잘 예시되어 있다. Platon의 대부분의 저서가 대화체로 서술되어 있다는 사실은 이러한 대화체의 수학 교재구성을 합리화할 수 있는가? 대화양식으로 구성된 교과서는 무엇보다도 그 양이 매우 방대해질 것이며, 내용이 불명확하고 방만하여 읽기에 지루하고 오히려 원리를 이해하기 어렵게 할 위험성도 있다. 더욱이 공리적 · 연역적으로 전개된 《Euclid 원론》은 당시에 Platon의 아카데미아에서 연구를 한 Euclid에 의하여 Socrates의 사상을 이어받은 Platon 철학과 Aristoteles가 확립한 수학의 연역적 방법론에 충실하게 기하학을 체계화하고 이를 가르치기 위한 교재로 집필되었다는 점에 주목해야 할 것이다. 특히, 소위 '원론(Elements)'이란 기하학의 모든 정리의 증명의 기초가 되는 제1 원리, 곧 정의, 공준, 공리로서 수학적 지식의 확실성과 영원성을 보증하며, 그를 통하여 이데아의 세계를 '보게' 하기 위한 교육적 수단이었음에 유의해야 할 것이다(Steiner, 1988). 그리고 한편으로 Socrates가 당시의 지성인들과 직접 대화하고 토론하던 상황을 대화체로 그려낸 Platon의 〈대화〉편은, Socrates의 사상의 진수를 마치 살아 있는 Socrates가 제자들을 대화를 통하여 깨우치게 하려고 애쓰고 있는 모습을 옆에서 보고 있는 듯한 착각을 일으킬 정도로 생생하게 재현하여, Socrates를 대할 수 없는 후세 사람들에게 Socrates의 심오한 가르침을 그의 표현을 빌려 생생하게 전하기 위한 교육적 배려로 쓰인 것으로 볼 수 있을 것이다.

여기서 제기되는 문제가 종합적 · 연역적 서술양식과 분석적 · 발생적 대화양식의 상보적 조정의 문제이다. 《Euclid 원론》과 현대적 공리론에 충실한 Bourbaki의 《수학원론》은 Dieudonné(1973)의 주장과 같이 경제적이고 정확한 진술과 명료한 의사소통을 통한 수학 전체에 대한 명확한 이해와 전달을 목표로 하는 '학문 내적인 교수학'의 산물이다. 이러한 입장에서 보면 수학 교과서의 전통적인 종합적 · 연역적 전개양식은 매우 적절한 것으로 생각된다. 그러나 그와 같은 수학 교과서의 전개방식은 실제로는 기성의 지식체계에 대한 권위주의적인 형식적 교육을 초래해 왔으며, 발견적 · 분석적인 사고과정을 숨기고 있다는 점에서 Descartes 이래 거듭 비판의 대상이 되어 왔으며, 역사발생적 · 심리발생적 측면, 곧 수학화 과정을 고려한 수학 교과서의 구성이 시도되고 그러한 지도방안이 제시되어 왔다. 그런데 여기서 주목해야 할 점은 그리스 이래의 대표적인 수학적 방법이 분석-종합법이라는 점이다. 발견과 정당화 및 체계화는 그 어느 것도 소홀히 될 수 없는 수학적 사고의 두 측면임을 고려할 때, Steiner(1988)의 제안과 같이 교과서는 종합적 · 연역적 양식으로 전개하고 수업은 Socrates식의 대화를 통한 발생적 · 분석적 접근을 시도하는 상보적인 통합방안이 적절할 것으로 생각되며, 이는 그리스적인 정신에 충실한 것이기도 할 것이다.

참고문헌

강문봉, 〈Lakatos의 수리철학의 교육적 연구〉, 서울대학교 교육학 박사학위 논문, 1993.

박종현, 〈플라톤 — 메논, 파이돈, 국가〉, 서울대학교출판부, 1997.

임재훈, 〈플라톤의 수학교육 철학 연구〉, 서울대학교 교육학 박사학위 논문, 1998.

Dieudonné, J.A., "Should We Teach Modern Mathematics?", *American Scientist*, vol. 61, no. 1, 1973, pp. 16-19.

Fernandez, E., "A Kinder, Gentler Socrates: Conveying New Images of Mathematics Dialogue", *For the Learning of Mathematics*, vol. 14, no. 3, 1994, FLM Publishing Association, pp. 43-47.

Freudenthal, H., *Mathematics as an Educational Task*, D. Reidel Publishing Company, 1976.

Steiner, H.-G., "Two Kinds of 'Elements' and the Dialectic between Synthetic-deductive and Analytic-genetic Approaches in Mathematics", *For the Learning of Mathematics*, vol. 8, no. 3, 1988, pp. 7-15.

제 2 장
연역법과 분석-종합법

1. 연역법

1) 《Euclid 원론》과 Bourbaki의 《수학원론》

수학에서 '원론(Elements)'이라고 하면 흔히 《Euclid 원론》 13권을 생각하거나, 20세기 중반에 출판된 Bourbaki의 《수학원론(Eléments de mathématique)》을 생각하게 되는데, 이들은 공리적 · 연역적 전개로 특징지어지며, 후자는 특히 Hilbert의 공리론에 따라 현대수학을 통합적으로 전개하려는 포괄적인 프로그램이다.

19~20세기에 중등학교에서 가르쳐 온 기하의 대부분은 《Euclid 원론》 제9권에 유래한 것이다. 인쇄술이 발명된 이래 1900년까지 서구에서 성경 다음으로 가장 많이 출판되고 읽힌 책이 《Euclid 원론》이며, Euclid는 역사상 가장 훌륭한 수학교사라고 칭송되어 왔다.

《Euclid 원론》은 Platon 시대 이래 'Elements'라고 불리운 유일한 책은 아니며, Hippocrates, Leon, Theudius의 Elements 등 일련의 Elements 가운데 마지막 것이다. Platon에 의하면 Elements는 '기본요소'를 가리키며, Aristoteles는 Elements에 수학이 연역적으로 건설되는 '증명의 기초', '최고원리'란 의미를 부여하였다. 《Euclid 원론》에서 이는 '정의', '공준', '공리'라고 불리고 있다.

Platon에 의하면 고전적인 그리스 교육에서 Elements는 변증법적 철학의 특수한 방법론인 가설 연역적 분석법의 입문서로서 사용되었다. Elements는 지식의 공리적 조직에 따라 기본개념과 공리가 영원성을 갖는 것이 입증되면 수학적 진리는 경험적 · 감각적 경험과 무관하게 본질상 영원하다는 것을 설명하는 가장 좋은 방법을 나타내며, 그러한 수학적 진리에 대한 통찰은 마음이 진 · 선 · 미로 이루어진 이데아의 세계를 이해하는 준비가 된다고 생각되었다. 이데아의 회상론과 동굴의 우화가 중심적인 역할을 하는 Platon 철학은 그의 존재론적 · 인식론적 · 교육학적 이론과 근본적으로 연결되는 수학교육의 이론적 기초를 제공하였다.

이러한 그리스 정신에 따르면, 수학적 지식은 교육에의 길이다. 왜냐하면 교육은 영혼의 문제이며, 수학적 지식은 무엇보다 '영혼의 눈'을 뜨게 하여 참된 지식을 추구하게 하기 때문이다. 교육은 영혼이 굳건한 바탕을 가진 정신적 습관을 통하여 완전한 생활을 하도록 준비시키며, 수학은 인간정신이 보다 상위의 세계를 향하도록 하는 준비를 시킨다. Socrates가 《국가론》에서 말했듯이 다른 관심사로 말미암아 '영혼의 눈'이 멀고 타락했을 때 수학만이 영혼을 소생시켜 다시 본성에 대한 통찰을 하도록 일깨워 주며, 이미지로부터 실재로 어둠에서 지성의 광명으로 향하게끔 해 주어, 출생에 부수되는 세속사에의 관심으로 말미암아 죄수가 되게 한 동굴로부터 구해 줄 수 있다.

Elements와 학습자 사이의 관계에 관하여 Proclus는 Elements 없이는 복잡한 기하학을 파악할 수 없다고 보고 Elements로부터 출발하는 엄밀한 가르침을 강조하였다. Elements는 수학의 논리적 · 존재론적 근거가 되며, 수학적 지식의 포괄적이고 체계적인 구성을 위한 기초로 간주된 위에, 기본적으로 수학교육 방법과 관련된 것이다.

20세기에 들어와 Bourbaki 학파에서 현대수학을 집대성한 연구결과를 *Eléments de mathématique*라고 부른 것은 《Euclid 원론》의 철학을 이어받으려고 한 때문이다. Bourbaki의 《수학원론》은 1934년 프랑스 대학에서 수학과 학생을 위한 미적분 교과서의 집필계획에서 비롯된 것이다. 수학의 여러 분야를 통합해야 할 필요성이 제기되어, 현대수학의 주요분야에 대하여 구조적인 측면에서 엄밀한 공리적 방법을 사용한 체계화 작업이 계획되었다. Bourbaki의 공리론은 Euclid의 공리론과 다른 추상적인 공리론으로 그에 의하여 여러 가지 타입의 구조가 정의된다. 이러한 관점에서는 수학적 구조는 수학의 유일한 연구대상이 된다.

과학의 내적인 교수학은 현존하는 지식의 경제적이고 명확한 배열, 개념과 언어의 개발, 선택, 표준화 그리고 지식, 풀이, 도구 등에 대한 의사소통과 분배의 문제와 관계된다. 이러한 입장에서 보면 Bourbaki 학파의 연구는 일반적인 교수학적인 면을 고려할 때 필연적인 귀결이다. Dieudonné(1973)는 엄밀한 공리적 전개에 대한 Thom의 비판에 답하면서 과학계 내의 의사소통의 역할을 강조하였다. 곧 창조적인 수학자의 예외적인 '직관'을 갖지 못한 대부분의 학자들에게 현대수학을 잘 이해하여 학생들에게 전달하게 할 수 있는 유일한 길은 바로 자료의 주의 깊은 제시를 통해서이며, 이는 Dedekind, Hilbert, Bourbaki 등 형식주의자의 목표라는 것이다.

그런데 여기서 주목해야 할 것은 논리적 형식, 공리적 방법, 구조에 대한 Bourbaki 학파의 다음과 같은 견해이다(Bourbaki, 1948). 연역적 추론은 수학적 언어로 수학자가 자기 생각을 표현하여 다른 사람에게 전달하는 외적인 형식에 지나지 않으며, 공리적 방법이 본질적으로 추구하는 것은 논리적 형식 자체가 제공할 수 없는 수학에 대한 심오한 명료성이다. 그리고 공리적 방법의 힘은 분석과 종합 사이를 왕래하는 데 있으며 실험적 방법과 가장 가깝다. 관계적 구조는 수학자에게 사고의 경제성이 큰 도구가 되지만 구조를 발견하는 것은 직관이다. "공리적 방법을 형식주의라고 부를 수 있는 것은 '형식'이란 용어에 대한 이러한 의미에서뿐이다. 공리적 방법이 수학에 제공하는 통일성은 형식적 논리의 갑옷, 곧 생명 없는 뼈대의 통일성이 아니다. 그것은 한창 발달하고 있는 유기체의 영양액이요, Lejeune-Dirichlet의 말을 빌리면, 항상 '계산에 사상을 주입하기 위하여' 노력한 모든 위대한 수학적 사고가가 기여해 온 유연하고 생산력이 높은 탐구도구이다(Bourbaki, p. 1276)."

Bourbaki의 《수학원론》은 대학수준에서의 수학교육은 물론, 학교수학과 수학교육학에도 강력한 영향을 미쳤다. 고전적인 'Elements의 교육학' 이면에 있는 Platon 철학의 역할은, 오늘날 수학 학습-지도의 주요한 패러다임으

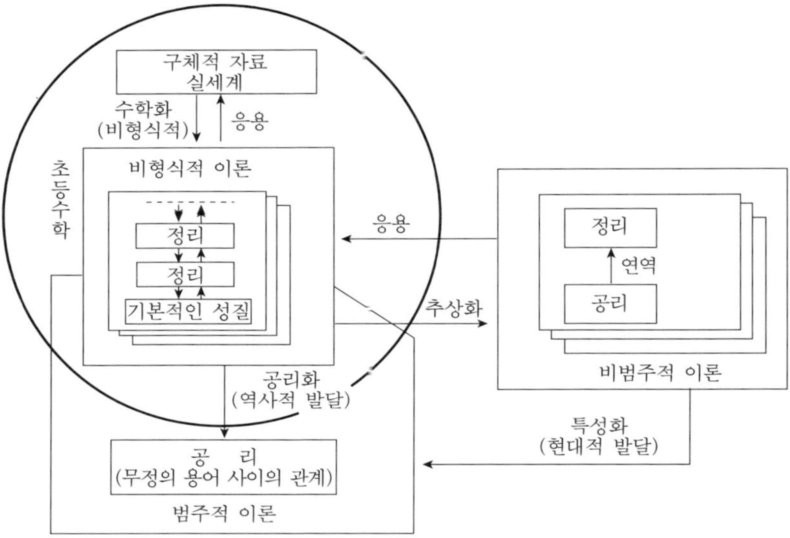

그림 2-1.

로서 학문의 구조를 강조한 Bruner에 의하여 뒷받침된 구조주의 철학과 인지발달을 Bourbaki의 母構造와 유사한 초보적인 구조로 이루어진 인지양식의 발달로 설명한 Piaget의 발생적 인식론이 떠맡게 되었다.

현대수학의 특징은 공리적 방법에 의한 연역적 전개와 추상화의 경향이다. 공리적으로 전개된 현대수학에는 범주적 이론(categorical theory)과 비범주적 이론의 두 가지 타입이 있다. 어떤 공리체계가 그 체계의 어떤 모델도 서로 동형일 때 범주적 체계라고 한다. 전자의 예로는 Euclid 기하와 자연수 체계를 들 수 있고, 후자의 예르는 군, 환, 체, 벡터공간, 거리공간 등을 들 수 있다. Shibata(1973)는 이러한 현대수학의 형성과정을 그림 2-1과 같이 도식화하고 있다. 원 안의 부분이 학교수학이다.

범주적 이론은 두 가지 방법으로 구성될 수 있다. 한 가지 방법은 본질적인 기초를 찾아 이론의 근거를 밝혀서 그것을 공리화하는 것이다. 이것은 Euclid와 Hilbert의 정신이며, 역사적 발달이라고 부를 수 있다. 전통적인

Euclid 기하, Hilbert의 Euclid 기하, Peano의 자연수 체계 등은 이러한 역사적 발달의 예이다. 또 한 가지 방법은 먼저 여러 분야에서 일어나는 구체적인 이론 사이의 닮은 점을 찾아내어 공통인 구조를 추상하여 비범주적 이론을 얻는다. 덧셈, 곱셈, 치환, 변환 등과 같은 연산의 성질 사이의 유사성을

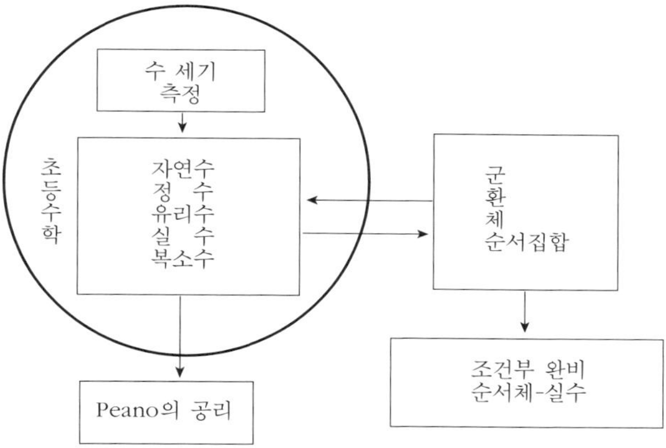

수 영역

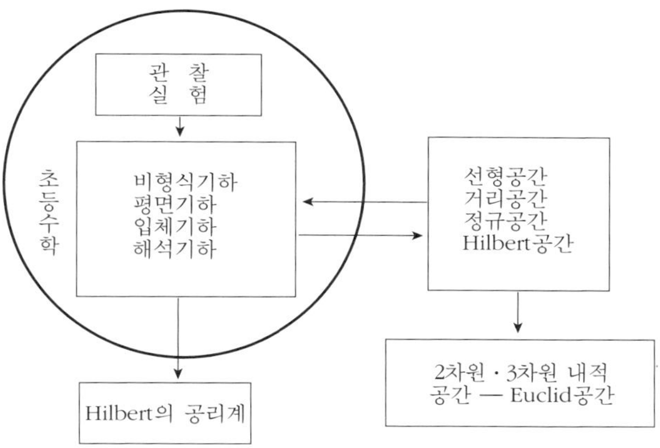

도형 영역

그림 2-2.

발견하여 군 개념을 추상하고, 실수와 초등기하에 관한 상당한 지식을 얻은 다음에 거리공간의 개념을 추상하고 완비성의 개념을 추상하는 것이 그 예가 된다. 그 다음 몇 가지 비범주적 이론을 조직하여 범주적 이론을 얻는 것이다. 이것이 현대수학의 정신이며 현대적 발달이라고 부를 수 있다. Euclid 평면을 내적이 정의된 2차원 선형공간으로 규정하는 방법은 그 전형적인 예이다.

학교수학은 초기부터 공리적으로 전개되는 완성된 수학에 관한 논의가 될 수는 없다. 더욱이 Bourbaki가 강조한 분석과 종합 사이를 실험적으로 왕래하면서 공리적 구성을 통하여 수학에 대한 심오한 명료성을 얻기는 어렵다. 초등수학에서는 구체적 자료로부터 비형식적 이론의 귀납적 구성단계를 의미 있게 거쳐야 한다. 비범주적 이론의 의미는 추상화, 연역, 적용의 세 단계를 의미 있게 거치지 않고는 파악되기 어려울 것이다. 그러나 초등수학을 추상적인 관점에서 보는 것은 그 본질적인 성질을 이해하는 데 큰 도움이 될 것이다. Shibata(1973)는 초등수학에서 다루어지는 수와 도형 부분을 앞의 도식과 관련지워 그림 2-2와 같이 도시하고 있다.

2) '새 수학'의 연역적 전개에 대한 Kline의 비판

여기서는 '새 수학'의 교육적 문제점을 논박한 Kline(1973)의 주장을 중심으로 학교수학의 논리적·연역적 전개와 그 교육적 문제점에 대하여 살펴보기로 한다. 1960년대에 학문중심 교육과정 思潮에 따라 구성된 소위 '새 수학(the New Math.)' 교과서는 구조와 논리적 엄밀성을 강조하는 현대 추상수학의 정신을 충실히 반영한다는 정신 아래 전개된 대표적인 교과서이다. 이들 교과서에서는 《Euclid 원론》을 초등화한 전통적인 기하 교과서와 같이 산술과 대수 분야 역시 연역적 전개가 시도되었다. 수학은 초등학교 1학년부터 고등학교 1학년까지 필수적으로 부과되는 중심교과로서 많은 학생들에게 학교공부의 커다란 장애가 되어 왔는바, '새 수학'의 이러한 전개가 수학 학습-지도를 실제로 개선했는가 하는 문제는 매우 중요하다.

'새 수학'에서와 같이, $2+3=3+2$인 이유는 덧셈의 교환법칙이 성립하기 때문이며, 9+2=11인 이유는 9+2=9+(1+1)=(9+1)+1=10+1=11 곧 덧셈의 결합법칙이 성립하기 때문이라고 지도해야 되는가? 7은 수(number)가 아니라 숫자(numeral)라고 지도해야 하고, 방정식과 부등식의 해는 집합을 이용하여 표현하고 개수가 같다는 것을 일대일 대응, 곧 짝짓기로 지도하는 것이 좋은가?

전통적인 학교수학, 특히 산술과 대수의 주요한 문제점은 이해에 의존하기보다 교과서에 제시된 계산방법이나 교사의 풀이방법을 모방하여 익히고 기억에 의존하여 기계적으로 다루게 된다는 점이다. 그렇게 되면 어느 것도 수학의 의미와 정신을 적절히 전달하지 못한다. 그러한 산술과 대수 학습에 이어 학교수학은 중학교 2학년에서 갑자기 논증기하로 바뀐다. 그 때까지 증명이 무엇인지 배운 일이 전연 없는 학생들은 돌연히 도형의 기본성질과 앞에서 증명된 정리를 이용하여 연역적 추론을 통하여 정리를 증명해야 한다. 그러나 어떤 정리에 대한 연역적 증명은 흔히 거듭된 추측과 실험의 마지막 결과이며, 논리적으로 연역해 정리를 이끌어 내는 교묘한 사고에 의존하는바, 학생들의 자연스러운 사고와 매우 다르다. 더욱이 연역적 증명은 증명을 처음 창안하는 과정에서 극복한 어려움이 어떤 것이었는지에 대한 통찰을 주지 못하므로, 증명의 근거를 알 수 없고, 결국 학생들은 증명을 암기하게 된다. 그럼에도 불구하고 기하에서 요구된 연역적인 증명이 산술과 대수에서는 왜 요구되지 않는가 하는 문제가 제기되었으며, '새 수학'에서는 이를 적극 수용하였다.

수학은 적어도 논리적 추론력과 더불어 적어도 그만큼의 직관력과 상상력에 의하여 전개된다. 그럼에도 불구하고 '새 수학'에서는 내용을 논리적으로 지도할 때, 곧 과정 이면의 논리를 드러낼 때 학생들은 기계적 학습에 의존하지 않고 수학을 이해하게 될 것으로 보았다. 다시 말하면 논리적 접근법은 학생들이 수학학습에서 겪는 어려움을 극복하게 할 수 있는 교육학적 접근법으로 간주되었으며, 그러한 관점은 오늘날에도 수학교육의 저변에 잠재되어 있는 강력한 철학으로 여겨지고 있다.

(1) 산술의 연역적 접근

'새 수학'의 주요한 변화는 산술과 대수에서도 논리적 접근법을 사용한 점이다. 산술의 논리적 접근법에는 공리적 방법과 구성해 보이는 방법이 있다. 먼저 공리적 방법에 의한 전개를 알아보자. 셈수 0, 1, 2, 3, … 를 안다고 가정하고 덧셈과 곱셈의 폐쇄성, 교환법칙, 결합법칙, 분배법칙, 항등원과 단위원의 존재를 기본성질로 받아들인다. 그리고 이들 공리와 기수법의 원리를 이용하여 계산절차를 정당화한다. 이를테면

$$
\begin{aligned}
38+3 &= (30+8)+3 \\
&= 30+(8+3) && \text{(결합법칙)} \\
&= 30+[8+(2+1)] \\
&= 30+[(8+2)+1] && \text{(결합법칙)} \\
&= 30+(10+1) \\
&= (30+10)+1 && \text{(결합법칙)} \\
&= 40+1 \\
&= 41
\end{aligned}
$$

$$
\begin{aligned}
7\times 13 &= 7\times(10+3) \\
&= 7\times 10+7\times 3 && \text{(분배법칙)} \\
&= 70+21 \\
&\cdots\cdots \\
&= 91
\end{aligned}
$$

또한 음수를 다음과 같이 도입한다.

$21+x=17$을 만족하는 x는 어떤 수인가 알아보자.

$$(17+4)+x=17$$

$$17+(4+x)=17$$

항등원의 정의에 의하여

$$17+0=17$$

항등원은 유일하므로

$$4+x=0$$

$4+x=0$인 수 x가 존재한다면 원래의 방정식을 풀 수 있다.

따라서 $4+(-4)=0$인 수 -4를 도입한다.

그리고 '형식불역의 원리'에 의하여 셈수의 연산에서 성립하는 성질이 음수에서도 성립한다고 가정하고 음수의 연산을 도입한다. 이를테면

$$(-2+2)+(-5+5)=0+0=0$$

교환법칙과 결합법칙에 의하여

$$(-2+2)+(-5+5)=2+5+[(-2)+(-5)]$$

$$0=7+[(-2)+(-5)]$$

따라서, $(-2)+(-5)=-7$이어야 한다.

뺄셈은 역수의 덧셈으로 정의하며, $a\times0=0$임을 다음과 같이 증명한다.

$$a\times(a+0)=a\times a$$

$$a\times(a+0)=a\times a+a\times0$$

$$a\times a+a\times0=a\times a$$

$$\therefore\ a\times0=0$$

이 성질을 이용하여 (음수)×(양수)=(음수), (음수)×(음수)=(양수)임을 다음과 같이 증명한다.

$$a\times[b+(-b)]=a\times0=0$$

$$a\times[b+(-b)]=a\times b+a\times(-b)$$

$$a\times b+a\times(-b)=0$$

$$\therefore\ a\times(-b)=-(a\times b)$$

$(-a)\times[b+(-b)]$로 시작하면 마찬가지로 방법으로

$$(-a)\times(-b)=a\times b$$

임을 증명할 수 있다.

다음에는 구성해 보이는 방법에 의한 정수의 전개를 알아보자. 자연수 1, 2, 3, … 으로부터 출발하여 자연수의 순서쌍의 집합을 생각한다. 두 순서쌍 (a, b)와 (c, d)는 $a+d=b+c$일 때 대등하다고 정의하고, 정수를 자연수의 순서쌍의 동치류로 정의한다. 이를테면, 순서쌍 (1, 3), (2, 4), (3, 5) 등은 대등하고 그러한 순서쌍의 집합은 정수 −2를 나타내며, 순서쌍 (3, 1), (4, 2), (5, 3) 등의 집합은 정수 +2를 나타낸다. 그리고 통상 0으로 나타내는 정수는 순서쌍 (1, 1), (2, 2), (3, 3) 등의 집합이 된다. 이와 같이 정수를 정의하는 것은 정수를 두 자연수의 차로 간주하여, 이를테면 $7-5=+2$, $5-7=-2$, $5-5=0$와 같이 생각하고 이를 형식화한 것이다. 앞에서는 음수를 창안했지만 여기서는 자연수를 사용해 구성하였다. 여기서 정수의 연산은 순서쌍의 연산을 이용하여 정의한다. 덧셈의 경우 순서쌍의 덧셈을 $(a, b)+(c, d)=(a+c, b+d)$와 같이 정의하여 정수의 덧셈을 정의한다. 이를테면 $(3, 5)+(4, 7)=(7, 12)$에서 정수의 덧셈 $(-2)+(-3)=-5$가 정의된다.

유리수도 유사한 방법으로 전개된다. $3x=7$인 x를 구해 보도록 하여 정수가 아닌 새로운 수 $\frac{7}{3}$을 도입하고, 유리수의 연산도 정수의 연산법칙을 만족한다고 보고 그 계산방법을 유도하는 방식으로 전개할 수 있다. 그리고 이를 형식화하여 유리수를 정수의 순서쌍의 동치류로 도입하고 그 연산을 정의하는 구성적 전개를 할 수 있다. 그러나 연역적 전개는 무리수를 다룰 때 심각한 장애에 부닥치며, 적당한 타협을 하게 된다. 이를테면 $x^2=2$를 만족하는 수 $\sqrt{2}$를 도입하고 그 수가 유리수가 아님을 증명함으로써 새로운 수임을 보인다. 그러나 이러한 방법은 모든 무리수 특히 π를 도입하는 데 적절하지 않으며, 일반적으로 무리수의 계산방법을 이끌어 내는 논리적 기초가 되지 못한다. 그리고 이를테면 $\sqrt{a}\sqrt{b}=\sqrt{ab}$, $\sqrt{\frac{a}{b}}=\frac{\sqrt{a}}{\sqrt{b}}$ $(a>0, b>0)$와 같은 성질을 '형식불역의 원리'를 이용하지 않으면 초등수준에서는 증명할 수 없으므로 예를 들어 성립함을 보이고, 계산에 이용하게 된다. 복소수는 $x^2=-1$의 해로서 $\sqrt{-1}$을 도입하여 복소수 $a+b\sqrt{-1}$을 구성하거나 실수의 순서쌍으로 도입한다.

(2) 연역적 전개의 교육적 문제점

논리적 접근은 실제적으로 학교수학을 매우 복잡하게 만든다. 이를테면, 다항식의 전개 $3ab(ab+2ac)=3a^2b^2+6a^2bc$에서 각 단계를 정당화해야 한다면 주의 깊게 생각하여 각 단계의 이유를 제시해야 하므로 자동적인 처리를 할 수 없게 된다. 계산의 매 단계마다 연산의 기본성질을 말하라는 것은 성인에게 아침에 일어나서 하는 모든 행동을 정당화하도록 요구하는 것과 같다. 왜 목욕을 하는가, 왜 이를 닦는가, 왜 옷을 입는가 등과 같은 질문을 진지하게 고려하여 대답을 해야 한다면 그는 일을 시작할 수 없을 것이다. 그러한 행동이 습관적이어야 하듯이, 학생들은 연산의 기본성질에 매우 친숙하여 의식하지 않고 사용하는 것이 훨씬 바람직하다. 이는 지네와 두꺼비에 대한 우화를 생각나게 한다. 지네가 한가로이 기어가고 있는데 두꺼비를 만났다. 두꺼비가 지네에게 이르기를 '너는 다리가 100개인데도 각 다리를 언제 사용할지를 알고 있구나' 하였다. 그 소리를 듣고 지네는 다음에 어느 다리를 쓸까를 생각하기 시작했으며 움직일 수가 없었다. 지네에게는 곧 비극적인 상황이 닥쳤을 것이다. 학생들은 수의 기본연산과 그 성질에 습관이 들고 너무 분명하여 그에 대하여 생각하거나 언급할 필요를 느끼지 않도록 되어야 한다. 학생들은 경험에 의해서든 직관적인 논거에 의해서든 그들에게 당연하다고 생각되는 사실을 의심 없이 받아들인다는 것은 고마운 것이다. 행렬의 곱셈의 경우와 같이 비가환적인 연산을 가르칠 필요가 있을 때 교환법칙을 논의해도 늦지 않을 것이다.

수학의 정신은 논리적 엄밀성이라고 보고 엄밀한 연역적 전개를 시도하여 하찮은 내용을 철저하게 취급하면서 학교수학의 여러 영역에서 논리적인 접근을 강조하고 있는데 이는 위선적인 것이다. 엄밀한 Euclid 기하나, 연산의 폐쇄성이나, 등식의 반사성, 대칭성, 추이성 등의 공리를 첨가한 엄밀한 대수와 같이, 엄밀한 전개는 과연 교육에 기여하는가? 우선 최상급의 수학자들이 2천 년 이상 인식하지 못했던 것을 어린 학생들에게 요구하는 것부터가 무리한 요구이다. 수체계와 기하의 엄밀한 전개를 시도하려면 먼저 학생들에게 그들이 많은 사실을 직관적인 근거로 수용하고 있다는 것을 인식하게 하고 엄밀한 전개가 필요함을 알도록 지도해야 하는바 이는 많은 시간과 노력이 들 것이며, 직관적으로 분명한 성질을 증명하게 되므로 수학이 세세한 것을 다루는 쓸모없는 분야라는 잘못된 관념을 갖게 하기 쉽다. 더구나 대수롭지 않은 많은 성질을 증명하다가 주요한 부분을 강조하지 못하고 중요한 정리를 다룰 시간을 빼앗기게 된다.

더구나 수체계의 논리적 구성의 경우와 같이 수학의 엄밀한 전개는 흔히 너무 인위적이고 직관적인 의미와 거리가 있기 때문에 이해하기 어렵다. 수체계의 공리적 전개의 경우 덧셈과 곱셈 연산의 폐쇄성과 역원의 유일성이 강조되는데, 학생들은 너무도 당연한 것을 강조하는 이유를 알 수 없을 것이다. 또한 주목해야 할 것은 역사적으로 엄밀성의 수준이 계속 변해 왔으며, 엄밀성은 교육에 도움을 주고자 의도된 것이 아니라 연역적 구조가 건전하다는 것을 보증하기를 바라는 전문 수학자의 관심사요 그들에게 의미가 있는 것이라는 점이다. 교육에 관심이 있었던 위대한 수학자들은 엄밀한 논리적 제시는 직관적 학습에 종속된다는 점을 항상 강조하였다. 대수롭지 않은 것을 엄밀하게 다루는 것은 현학적인 것이다. 이는 어려운 개념을 직관적으로 명확히 제시하는 것보다 쉬운 일이다. 엄밀한 논리적 전개는 교육적으로 해가 되며 학생을 잃게 할 것이다.

엄밀한 연역적 전개를 강조하면서 학생들에게 스스로 발견하는 방법을 가르친다고 주장하는데, 수학적 발견은 상상, 직관, 실험, 사려 깊은 추측, 시행착오, 유추, 심미감, 실수와 실패 등에 의하여 이루어지며, 이는 굳건한 논리적 기반 위에서는 수행되지 않는 것이다. 논리와 연역적 증명은 발견에서 거의 역할을 하지 못하며, 발견이 이루어진 다음 개재되어 발견결과가 참인지를 결정한다. 연역적 접근에만 주목하는 것은 수학의 생명과 혼을 빠뜨리는 것이다. 연역적 구조는 수학의 진정한 내용이 아닌 형식에 불과하다. 연역적 전개는 이미 알고 있는 것을 체계적으로 전달하는 데 유용하지만, 진정한 이해를 신장시키지 않으며 학교수학의 생명을 빼앗는 나쁜 영향을 미친다. 이는 연역적 증명을 학교수학에서 완전히 배제하라는 뜻은 아니며, 제 위치에 놓으라는 주장이다.

다음에는 용어의 엄밀성 문제에 대하여 논의해 보기로 한다. '새 수학'에서는 수(number)와 숫자(numeral)를 명확히 구분하여 사용하고, 이를테면 375는 수가 아니라 숫자이며 7, 3+4, 5+2, 8−1 등은 같은 수를 나타내는 서로 다른 이름인 기호임을 강조했으며, 수학적인 명제의 의미를 명확히 하기 위하여 집합 언어를 구사하여 '방정식을 푼다'는 것을 '열린 문장의 진리집합' 또는 '방정식의 해집합'을 구한다고 표현하고, 변수는 변역의 원소를 나타내는 자리지기이며 상수는 변역이 원소가 하나인 집합인 변수라고 정의하였다. 그리고 함수는 어느 두 순서쌍도 첫 번째 원소가 같지 않은 순서쌍의 집합인 관계로 정의하였다. 각은 끝점을 공유하는 두 사선의 합집합으로 정의했으며, 각과 각의 측도를 구분하였다. 삼각형을 동일직선 위에 있지 않은 세 점과 이를 잇는 선분의 합집합으로 정의했으며, 좌표계를 두 실수의 집합의 적집합으로 정의하였다. 그리고 덧셈과 곱셈은 이항연산으로 정의하였다. 이와 같이 모든 개념을 주의 깊게 정의한 결과 방대한 양의 용어가 도입되게 되었다.

그러나 이와 같이 도입된 많은 새로운 용어는 교육적으로 특별한 도움을 주지 못했으며 오히려 역효과가 초래되었다. 이를테면 수와 숫자를 구분할 경우 수가 무엇인가를 학생들에게 만족스럽게 설명할 수 없기 때문에 수를 이해할 수 없는 신비로운 것으로 여겨지게 함으로써 해로운 결과가 된다. 함수를 순서쌍의 집합으로 정의하게 되면, 순서쌍이 이산적이고 유한개라는 인상을 주어 잘못된 관념을 갖기 쉬우며, 함수의 동적인 측면이 순서쌍의 집합의 정적인 기술 속에서 상실되게 된다. 물론 함수값이 유한개인 함수도 있지만, 그 경우도 순서쌍을 이용한 정의는 별로 도움이 안 된다.

언어사용에서는 경험을 통하여 문맥이 의미를 결정하는 경우가 대부분이며, 오류의 위험성이 없을 때에는 흔히 과도한 장광설을 피한다. 초등수학에서 다루어지는 대부분의 수학적 개념은 학생들이 경험을 통하여 획득한 이해로 충분하며, 그에 대한 형식적인 엄밀한 정의는 필요하지 않다. '새 수학' 에서 도입한 많은 새로운 용어는 현대수학의 패러디에 불과한 거의 불필요한 것이며, 이를 엄밀하게 다르다 보면 중요한 많은 수학적 지식을 다루지 못하게 된다.

그리고 기호의 적절한 사용은 의사소통을 도울 수 있지만, 기호의 지나친 사용은 의미 기억에 부담을 주고 내용에 대한 이해를 어렵게 한다. 기호는 아이디어를 숨길 수 있으며, 더욱이 심리적으로 기호는 학생들을 두려워하게 만든다. 기호는 먼저 그것이 나타내는 아이디어를 배워 알고 있을 때에만 생명력과 의미와 아름다움과 사고의 함축을 지닐 것이다. 문제는 기호를 사용한 엄밀한 언어가 아니라 의미가 분명한 언어를 사용하는 것이다.

기존의 수체계에서 새로운 형태의 방정식의 해에 대한 문제를 제기하고 '형식불역의 원리' 에 의하여 기존의 연산법칙을 새로운 영역으로 확장하여 수를 형식적으로 확장하듯이, 연역적으로 전개되는 수학은 이미 학습한 개념에 대하여 수학적인 문제를 제기하여 새로운 개념을 도입하는 방식으로, 스스로 번식하는 형태로 제시된다. 이렇게 제시된 수학은 현실 및 다른 지식 분야로부터 고립된 수학을 위한 수학이 된다. 이와 같이 확립된 연역적 구조가 우연히 어떤 현실상황과 들어맞고 실제적인 문제에 적용될 수 있는 것으로 여겨지게 되지만, 실제로 그렇게 도입된 수학은 교과서에 나오는 인위적인 연습문제의 해결에 그치며, 실세계와 관계가 없고 적용 가능하지 않다.

수학교육에서 공리적 · 연역적 접근이 교사에게 인기를 얻는 주요한 이유의 하나는 그것이 고등수학의 전개양식이면서 무엇보다도 가르치기 쉽다는 점이다. 논리적 전개는 발견을 안내하고 구성과정에 참여하도록 하고 직관적인 근거나 확신을 주는 논거를 찾는 등의 어려움을 피할 수 있기 때문에 선호된다. 그러나 사소한 내용을 엄밀하게 연역적으로 다루거나 수와 숫자, 각과 각의 크기 등을 구분하듯이 현학적이고 의미 없는 구분을 하거나, 하찮은 것을 과장된 용어나 기호로 나타내어 강조하거나, 풍부한 본질을 숨기고 추상적인 형식을 엄밀하게 제시하거나, 다른 지식으로부터 고립된 무미건조한 일반적인 원리를 제시하거나, 간단한 아이디어에 대하여 세련된 형식을 강조하거나, 깊은 아이디어를 형식적이고 피상적으로 다루는 등의 형식적인 전개는 수학의 건전한 생명력을 부식시키며 전통적인 교재보다 훨씬 쓸모없는 것이다. 그것은 실질을 희생시키고 형식을 제시하는 것이며, 수학과 실세계 및 응용분야와의 관계 및 교육적 원리를 무시하는 것이다. 그것은 교육을 희생시키고 이론을 강조하는 것이다.

대부분의 현대 수학자들은 추상화, 일반화, 구조, 엄밀성, 공리체계를 추구하므로 수학자들이 그러한 현대수학의 본질적인 내용을 초등화한 것을 수학 교육과정에 포함시키도록 요구하는 것은 이상한 일이 아니다. 그러나 좁은 연구분야에 몰입하고 있는 순수 수학자들은 수학사나 수학의 응용과 문화적 의미에 대한 안목, 곧 간학문적인 안목을 갖는 데 필요한 시간을 할애하기 어려우며, 더구나 인간을 다루는 문제에 관심이 많은 어린 학생들을 교육하는 교육자는 아니다. 이학박사 학위를 취득하고 수학에 대한 연구논문을 쓸 수 있는 유명 대학의 교수직에 있는 수학자는 지능의 표본으로 간주되는 이지적인 인물이지만, 그를 수학교육의 전문가라고 믿고 상당한 교육적 지혜가 요구되는 초 · 중등학교 수학 교육과정 구성을 맡기는 것은 잘못이다. 수학자들이 전문적인 관점에서 중요하다고 생각하고 가치를 부여하며 좋아하는 것을 학생들이 그러해야 한다거나, 장래 수학자가 될 학생들의 수학적 능력만이 개발할 가치가 있다고 생각해서는 안 되며, 학교수학은 일반교양으로서 그리고 장래 기술자나 과학자가 되기 위한 준비로서 모든 학생들을 위한 것이어야 한다.

구체적 사실과의 관련성에 대한 충분한 논의 없이 새로운 개념을 도입하고 통합하는 경험 없이 일반적인 통합개념을 도입하거나 구체적인 진정한 응용 없이 도입된 개념을 되뇌이는 것으로는 수학의 정신을 가르칠 수 없으며, 조기 형식화는 사고의 불모를 초래한다. 현재의 학교수학의 큰 결함의 하나는 수학을 다른 지식분야나 탐구분야, 특히 물리학과의 관계를 단절시킴으로써 그 기원과 목적과 유용성, 그리고 학습동기를 잃어버린 점이다.

17세기부터 19세기 말까지 위대한 수학자들의 주요한 관심사는 자연현상을 이해하는 것이었으며, 그들 가운데에는 수학에서보다도 천문학과 물리학 분야에서 더 많은 업적을 남긴 사람들이 많았다. 더욱이 Newton, Euler,

Descartes, Gauss 같은 대수학자들은 수학적 지식을 활용하여 실제적인 문제를 해결하기 위한 연구개발에 주저하지 않았다. 수학은 과학의 일종으로 간주되었으며, 수학과 이론물리학과의 구분은 거의 없었다. 그러나 금세기에 들어와 추상수학이 발전하면서 수학은 실세계와 무관한 일반적인 추상적 패턴을 연구하는 분야로 간주되게 되었다. 수학자들은 과학으로부터 떨어져 나갔으며, 과학을 알지 못하고 수학적 지식을 활용하는 데 더 이상 관계하지 않는다. 수학자들은 아직도 과거의 위대한 수학자들의 업적을 들어 수학의 잠재적인 과학적 가치를 주장하고 과학의 모델 창안을 이야기하지만, 과학을 모르기 때문에 실제로 이는 불가능하다. 더욱이 수학이 비약적인 발전을 이룩하면서 수학자들의 연구활동은 극히 한정된 분야로 전문화되어 있어 과학은 고사하고 수학에 대한 폭넓은 이해조차 용이하지 않은 상황이다. 대부분의 수학자들은 순수수학 분야에서 신속히 두드러진 많은 연구업적을 산출하는 데 몰두하고 있으며, 과학적 목적을 갖는 고전적인 수학의 연구는 수백 년 동안 탐구되어 온 광범한 배경을 요하기 때문에 소수의 응용수학자들만이 추구하고 있다.

현대 추상수학자들은 수학의 응용적 가치보다도 이론적 아름다움을 내세우기도 한다. 그러나 수학이 형식적인 규칙 게임이라는 생각은 교육적으로 적절하지 않으며, 수학을 세계를 이해하는 도구, 자연의 언어로 생각한 Archimedes와 Newton의 정신이 중요하다. 수학은 과학의 언어이자 없어서는 안 되는 도구이며, 수학을 과학과 분리하는 것은 수학의 가장 중요한 원천을 잃는 것이다. 수학과 물리학 및 다른 과학 사이의 밀접한 관련성을 유지하는 것은 수학의 건강을 위하여 매우 중요한 것이며, 수학교사가 이를 명확히 인식하면 수학교육의 많은 병폐에 대한 근본적인 치유가 될 것이다. 우리는 학생들에게 수학의 진정한 가치와 의미와 목적과 유용성을 인식시키고 수학적인 힘을 개발시켜 주어야 한다.

수학의 본질과 활력의 근원은 현실에 깊게 내린 그 뿌리로부터 나온다. 수학은 추상화 · 일반화와 직관적 귀납 사이의 상호작용과 그 종합에 의해서만 생명력을 유지하고 발전한다. 수학적 사고는 연역적 추론이나 형식적인 증명으로만 이루어진 것이 아니며, 증명법을 찾고 추측하고 일반화하고 귀납하고 유추하며 직관적 모델을 찾는 등의 비형식적인 사고 역시 그와 마찬가지로 중요하다. 수학화는 인간의 창조적인 활동의 일종이며, 수학은 인간의 사고가 타당한 만큼 타당하고 인간의 사고가 오류를 내포하는 만큼 오류를 내포한다. 엄밀성에 대한 엄밀한 정의는 없으며, 수학자들이 전문적인 관점에서 강조하는 엄밀성에도 여러 수준이 있다. 학생들은 자신의 경험과 대응되는 수준에서 증명을 하고 증명을 비판하는 것을 학습해야 하며, 엄밀성은 사소한 것을 따지는 데에서보다도 증명으로 진정한 어려움을 해결하는 경험으로부터 학습되는 것이다.

과학은 발생상태에 있을 때 가장 잘 동화되므로 원전을 읽고 그 발생의 근원을 찾아 설명하고 그 역사적 형성과정을 되밟는 것이 자연스러운 학습-지도 방법이다. 논리적인 연역적 전개보다 역사발생적 원리에 따른 전개를 하는 것이 교육적으로 적절할 것이다.

(3) 학교수학의 발견적 전개

초 · 중 · 고등학교 단계의 교육은 진정으로 교양교육이어야 하며, 거기서 학생들은 각 교과가 무엇을 다루는가뿐만 아니라 우리 문화와 사회에서의 그 역할은 무엇인가도 알게 되어야 한다. 학교수학에는 수학 전문가를 기르려는 어떤 명확한 기도도 없으며, 장래 수학을 연구하는 데 필요한 것에 대한 특별한 배려도 없다. 그러면 일상생활에 필요한 산술 이상으로 수학교과는 어떤 가치를 제공할 수 있는가?

수학은 실세계를 이해하고 자연의 신비를 파헤치는 열쇠이며, 수학을 배제하고 진리에 대하여 논의할 수 없다는 점은 인류의 역사가 말해 준다. 수학의 이러한 용도와 가치는 학교수학에서 가르쳐야 한다. 수학을 독립된 분야로 가르치는 것은 진정한 수학적 지식에 대한 왜곡이요 타락이다. 실제적인 이유로 지식을 교과로 분리하지 않을 수 없다고 하더라도, 각 교과는 지식에 대한 하나의 접근법이며 편리하고 교육적으로 유용한 경우에 교과를 통합하는 것은 바람직한 것이다. 수학 그 자체를 초월하여 가르쳐야 할 것은 수학과 인간의 다른 관심 분야와의 관계이며, 주요한 사조 및 문화적 유산과의 친근한 교섭을 하는 폭넓은 문화적인 수학 교육과정이 요구된다. 이들 관계 가운데 어떤 것은 동기유발의 역할을 할 수도 있고 응용이 될 수도 있으며, 수학교과의 내용에 변화를 주고 활기를 불어넣어 줄 흥미 있는 독서 및 토론 자료를 제공할 수도 있을 것이다.

전통적인 학교수학의 중대한 결함은 학습을 위한 동기유발이 결여되어 있다는 점이다. 수학은 추상적이고 형식적인 이론이므로 그에 매료되는 학생들은 매우 적다. 학생들은 생활문제와 결부된 산술의 학습에서는 의미를 찾을 수 있지만, 대수나 기하나 삼각법을 열심히 공부해야 하는 이유를 실감하지 못한다. 학교수학에서 다루어지는 소위 응용문제는 인위적인 것으로 실제적인 문제가 아니다. 이를테면, '도랑을 파는 데 이틀 걸리는 사람과 사흘 걸리는 사람이 함께 일을 하면 도랑을 파는 데 얼마나 걸리겠는가?' 와 같은 문제나 그와 유사한 물통 채우기 문제나 혼합문제, '아저씨의 나이는 철수보다 20살 많다. 10년 후에 아저씨의 나이는 철수의 나이의 배가 된다. 철수는 지금 몇 살인가?' 와 같은 나이 문제, '길이가 70cm인 막대를 한쪽이 20cm 더 길게 두 부분으로 자르려고 한다. 부분의 길이를 구하여라' 와 같은 문제나, 강을 오르내리는 기선문제 등과 같은, 소위 응용문제는 그 유용성을 납득시키기 어려울 것이다. 또한 물리적인 의미에 대한 충분한 배경설명이 없이 제시되는 물리문제도 학생들에게 의미를 갖기 어렵다.

학교를 졸업한 후에 이용될 것이기 때문에 수학을 배워야 한다고 주장하기도 어렵다. 직업적인 과학자나 수학자나 기술자가 되지 않는 한 그러한 지식을 사용할 기회는 거의 없으며, 장래 그러한 직업에 종사할 고등학교 학생들은 불과 몇 %에 불과하기 때문이다. 더욱이 장래에 필요하게 될 수도 있다는 이유로 어린 학생들에게 자료를 진지하게 고려하기를 기대할 수는 없는 것이다. 공부할 당시에 학생들의 흥미를 끌어야 동기유발이 일어난다. 학교수학이 어떻게 유용한가 하는 데 대한 어떤 암시도 주지 않고, 대학에 들어가기 위하여 수학을 공부해야 한다고 설득하는 것은 비인간적이기까지 하다.

수학이 '사고도야'에 유용하다고 흔히 주장되지만, 수학보다 훨씬 이해하기 쉬운 다른 교과내용을 소재로 하여 같은 효과를 달성할 수 있을 것이다. 생활과의 관련성이 명백한 사회문제나 간단한 법률문제와 결부시켜 일반적으로 사용되는 추론형식을 보다 쉽게 지도할 수 있다. 그러한 문제는 수학에서처럼 전문적인 언어나 기호나 추상적인 개념의 숙달을 요하지 않는다. '모든 마름모는 평행사변형이다'와 같은 수학적인 명제를 소재로 사용하여 추론을 하면 관련된 개념을 이해하지 못할 경우에는 추론은 모호해지고 추론을 이해하기가 훨씬 어려워진다. 수학을 가르칠 때 수학적인 논증에 사용된 추론양식을 학생들에게 명확히 설명해 주기 위하여 같은 논거를 포함하는 비수학적인 예를 사용해야 하는 경우가 흔히 있다. 더욱이 사고하는 훈련의 전이문제는 미해결인 상태이다.

중등학교에서의 수학교육을 정당화하기 위하여 흔히 제시되는 또 다른 논거는 수학의 아름다움이다. 그러나 학교수학의 내용은 아름답기 때문에 선택되지는 않았으며, 수학을 계속 공부하는 데 필요하기 때문에 선택된 것이다. 분수의 덧셈이나 인수분해 공식이나 사인법칙이 아름다운가? 더욱이 초심자인 학생들이 이제 알려고 노력하는 내용 속에서 아름다움을 발견하기는 어려울 것이다. 몇몇 학생들은 지적인 도전으로 또는 그들이 잘하는 것을 좋아하므로 수학에 끌릴 수 있다. 지적인 도전을 경험한 극소수의 학생들은 정다면체가 다섯 가지뿐이라는 사실에 흥미를 느낄 것이나, 대다수의 학생들은 그에 관심조차 없을 것이다. 정리의 의미와 그 증명을 이해하려고 노력하는 상황에서 학생들이 수학의 지적인 가치를 인식할 수 있는지도 의문이다.

동기유발이 결여된 상태에서 학생들은 그저 요구되기 때문에 학교수학을 공부하게 된다. 학교수학에 의미를 부여하지 못하는 것은 음악연주를 허용하지 않고 악보를 읽는 법을 가르치는 것과 유사하다. 동기유발은 심리적인 자극 이상이며, 진정한 동기유발은 수학의 의미에 대한 통찰이 제공한다. 이를테면, 이차함수식 $s=16t^2$은 자유낙하운동과 관련됨을 알 때 의미를 갖게 되고, 타원은 태양 주위를 도는 행성의 궤도임을 알 때 단순한 곡선 이상이 된다. 그렇게 되면 이차식이나 타원과 관련된 문제는 물리적인 상황과 관련되기 때문에 의미를 갖게 된다. 물리적인 의미는 수학문제에 대하여 생각하는 힘을 제공한다.

수학교육은 전통적으로 성공적이지 못하였다. 다른 교과에 비하여 학생들의 수학 성취도는 매우 낮으며, 학생들은 더 많은 내용을 배울수록 수학을 싫어하고 수학 공포증마저 갖게 된다. 학교를 졸업하면 대부분의 사람들에게 학교에서 배운 수학내용 가운데 남는 것이 거의 없어지며, 수학은 무익할 뿐만 아니라 해롭기까지 한 교과라고 생각되기도 한다.

차후의 수학학습과 관련해서만 정당화될 수 있는, 학생들에게 의미를 갖지 못하는 관념과 방법의 습득에 오랜 시간을 소비하는 것보다 더 진정한 교육을 파괴하는 것은 없다. 학생들에게 학습이 따분한 것은 자연스럽게 일어나는 사고와 결합되지 않는, 현실성이 없는, 따라서 학생들에게 의미가 없는 너무나 많은 것을 그저 가르쳐 왔기 때문이다. 그 중요성을 학생들이 인식할 수 있도록 기본적인 원리를 단순화하여 다루고 그것을 구체적인 상황에 적용하는 것을 강조해야 한다. 수학은 무엇보다도 실세계를 이해하는 강력한 도구로서의 의미를 가지므로, 그러한 것을 학생들에게 끊임없이 보여주고 경험시켜야 한다. 특히 수학을 과학과 밀접히 관련지워 지도함으로써 수학이 사고영역의 기본적인 실체라는 감을 갖도록 지도해야 할 것이다. 학교수학은 내용중심이기보다 목적중심이 되어야 한다. 추상적인 개념을 다루는 수학의 학습은 방정식의 풀이나 길이 · 넓이 · 부피 구하기와 같은 수학적인 내용을 통해서는 학생들에게 동기유발이 되기 어렵다. 수학에 대한 자연스러운 진정한 동기유발과 의미부여는 실제적인 문제에 대한 연구로부터 나온다. 수학의 풍요함과 가치의 인식 및 수학에 대한 동기유발은 실세계의 연구에 수학을 적용하는 데에서 나온다. 수학교육에서 특히 슬픈 일은 교사가 수학이 왜 중요한지를 모르기 때문에 그것을 학생들에게 보여줄 수 없다는 점이다. 타원은 유성의 궤도이고 이차함수는 물체의 자유낙하 법칙이며 포사체의 궤적이듯이, 많은 수학적 개념은 실제적인 현상으로부터 그 의미를 부여할 수 있다.

학교수학은 연역적이 아니라 발견적으로 전개되어야 한다. 발견적 접근이란 학생들에게 수학을 재발견하고 재창조하게 함을 의미한다. 이는 학생들로 하여금 직관적으로 생각하도록 안내하고 격려함으로써 가능한 것이며, 원래의 창조적인 작업의 결과를 고도로 세련시켜 인위적으로 재구성한 논리적 전개의 골격 내에서는 기대하기 어렵다. 발견적 접근은 이해를 보증하고 독립적이고 생산적인 사고를 가르친다. 발견의 지도는 결코 간단한 일이 아니며 직관, 추측, 시행착오, 일반화, 관련성 찾기, 기하학적인 의미 이용하기, 측정 등과 같은 많은 방안의 사용을 요구한다. 또한 조심성 있게 발견을 안내하는 질문을 하는 Socrates 방법의 사려 깊은 사용이 요구된다. 발견과정에서의 추측의 역할과 방황과 실수와 헛된 노력을 경험해 봄으로써 수학적 발견의 과정을 이해하고, 무엇보다도 발견의 기쁨을 맛보고 수학하는 자신의 힘에 신뢰감을 얻도록 해야 한다. 사고하는 것을 가르치려면 학생들에게 사고하도록 해야 하며, 정리와 증명을 구성하게 해야 한다. 문화는 결과이면서 과정이다.

수학을 재발견하도록 지도하는 데 역사발생적 원리가 크게 도움이 된다. 이에 따르면, 수학의 역사적 발달순서는 자연스러운 교재구성 순서이며, 수학자들이 경험한 어려움은 학생들이 당면하는 어려움이다. 학교수학의 기본적인 접근법은 직관적이어야 하며, 이를 위하여 그림은 유용한 도구가 된다. 그림에 의존하지 않는 Euclid 기하의 엄밀한 전개를 다룬 수학자가 얼마나 되겠는가? Klein은 주저없이 인정한다. “논증과 관련되는 도형을 끊임없이 참조하지 않고 순전히 논리적으로 기하학적인 증명을 살펴보는 것은 나에게는 불가능한 일이다.” 대수에서도 그림은 이해를 돕는다. 이를테면, $(a+b)^2=a^2+2ab+b^2$를 직관적으로 이해시키는 데 넓이를 나타내는 그림이 도움이 될 것이다. 그리고 귀납, 유추, 구체화 모델도 직관적 방법에 포함된다. 이해는 직관적으로 성취되며, 논리적 제시는 잘못하면 그에 결정적인 방해가 된다. 발견과 직관에 앞서 논리적 전개를 해서는 안 된다. 논리는 직관이 정복한 것을 인가할 뿐이며, 논리는 직관된 아이디어를 건강하고 강력하게 유지하기 위하여 수학자가 행하는 건강법이다. 수학시간에 수학 실험실법을 사용하면 직관적 접근법이 매우 강화될 것이다. 실험도구로는 산술지도를 위한 Cuisenaire 색막대, Gattegno의 기하판, 비례관계를 도입하기 위한 스프링 저울, 길이와 주기 사이의 함수관계를 알아보기 위한 진자, 소리에 따라 여러 가지 진동수와 진폭을 가진 사인곡선을 나타내 주어 삼각함수에 생명력을 불어넣을 수 있는 오실로스코프(oscilloscope) 등을 들 수 있을 것이다.

연역적 증명은 직관적인 이해가 선행된 후 학생들이 의문이 생겨 필요하다고 생각할 때 도입되어야 하며, 엄밀성은 학생들의 발달수준에 맞추어야 한다. 증명의 엄밀성을 인식하는 능력은 학생들의 수학적 연령의 함수로 점진적으로 발달한다. 엄밀성은 수학적 추론에 친숙하게 되고 수학적 사고가 성숙하면서 분명하다고 생각하던 것에 의문이 생기게 되고 결함이 보이게 되어 보다 엄밀한 증명을 요구하게 되면서 점진적으로 세련되어야 한다. 이는 수학의 역사적 발달과 수학자의 수학적 사고에 부합되는 교육적 조처이다. 비판적 사고능력 역시 마찬가지이다.

추상적인 개념 대신에 가능한 한 구체적인 예를 제시해야 한다. 학생들이 함수의 일반적인 정의를 제시하지 못하는 것은 큰 문제가 되지 않으며, $y=2x$, $y=x^2$ 등과 같은 구체적인 함수를 알고 그것을 다루는 방법을 알면 족하다. 어느 정도 함수를 다루는 경험을 하면 학생들은 스스로 정의를 할 수 있게 되며, 더욱 경험이 쌓여 그 정의를 수정하게 된다고 하여 어떤 재난도 일어나지 않는다. 이는 1700년경부터 1900년경까지 수학사에서 일어난 일이기도 하다. 모든 지식에 대한 통찰은 경험과 더불어 생기고 성장하며, 일반적인 정의를 통하여 얻어지는 것이 아니다. 되도록 친근한 일상어를 사용하고 전문적인 용어와 기호는 가능한 한 적게 도입해야 한다.

교양교육의 필요성과 동기유발의 필요성은 초·중등학교 수준의 교육을 위한 내용결정에서 우선적으로 고려되어야 한다. 전통적인 교육과정의 내용은 몇 가지를 제외하면 그런 점에서 유용성이 드러난 자료이다. 산술과 대수와 기하는 매우 중요한 내용이며, 집합론은 이러한 내용의 학습에 별로 기여하는 바가 없다. 학교수학의 내용에 관한 한 바람직한 변화는 전통적인 교육과정의 적은 수정 이상이 되어서는 안 된다. 현대사회가 전연 새로운 수학을 요구한다는 이야기는 모두 허튼 말이다.

교육과정 개편에 집중하는 것은 대체로 현실도피이다. 그보다 더 크고 중대한 문제는 교사교육이다. 수학교육이 교양교육이어야 하고 학습자의 동기유발과 수학의 적용을 중시해야 한다면 적절한 교사교육을 담당할 수 있는 수학교육학자가 요구된다. 수학 및 수학의 여러 적용분야에 폭넓은 소양을 구비하고, 교육에 진정한 관심을 가진 폭넓은 교육학적 · 심리학적 통찰의 소유자이면서 초 · 중등학교 수학의 교육적 문제를 다룰 수 있는 능력을 갖춘 수학교육학자의 첫 번째 역할은 수학 교사교육을 개선하는 것이다. 고등학교 졸업생의 50%가 수학을 좋아하며 그 중요성을 인식하고 있다고 정직하게 말하는 단계에 이르면 수학교육은 상당한 정도의 성공을 달성한 것이다.

2. 분석-종합법

문제에는 '답을 구하는 문제(problem)'와 '증명하는 문제(theorem)'가 있다. 답을 구하는 문제이건 증명하는 문제이건 문제의 해결은 그 풀이방법을 발견하는 과정을 거치게 된다. 실제적인 문제해결에서 전형적으로 유용한 발견과 발명의 방법과 규칙, 발견과 발명의 전략과 전술, 곧 발견술에 대한 연구는 그리스 시대까지 거슬러 올라가는 오랜 역사를 가지고 있다.

수학적 발견술˙ 가운데 가장 강력하면서 가장 오래전부터 사용되어 온 방법이 분석법(analysis)이다. 분석법은 기원전 6세기경에 Pythagoras 학파의 수학자들에 의하여 사용되었으며 Platon에 의하여 그 중요성이 강조되었다고 하는데, 《Euclid 원론》에는 분석의 과정은 나오지 않고 종합의 과정인 증명만이 기술되어 있다. 그것은 Socrates의 철학에 기인한 것으로 생각되지만, Lakatos(1978)의 주장대로 분석법의 가치를 높게 평가하여 그것을 소중한 비밀로 간직하기를 원했기 때문인지도 모른다. 분석법을 처음으로 체계적으로 정리한 사람은 기원전 3세기경의 그리스 수학자 Pappus이다. 그리스의 분석법은 기하학에서 정리의 증명법을 찾아내는 데 한정되어 있었으나 이를 대수, 곧 방정식을 이용한 문제해결 방법으로 확장하여 현대수학 나아가 과학발전에 지대한 영향을 미치게 된 것은 Descartes에 의해서이다. 알고리즘화된 산술과 대수는 그 자체가 발견과정이면서 정당화의 과정이 되는 강력한 문제해결 방법이다.

Pappus는 분석법에 대하여 다음과 같이 말하고 있다(Heath, 1981, pp. 400-401).

> 분석은 찾고 있는 것을 마치 인정된 것처럼 여기고 그로부터 잇달은 결과를 거쳐 종합의 결과로 인정되는 것까지 나아간다. 왜냐하면 분석에서 우리는 찾고 있는 것을 마치 이미 이루어진 것처럼 가정하고, 이것이 결과되는 것이 무엇인지를 찾고, 다시 후자의 선행하는 원인이 무엇인지를 찾는 식으로 우리의 발자취를 되밟아 이미 알려져 있는 것이나 제1 원리의 부류에 속하는 것에 이를 때까지 계속하기 때문이며, 우리는 그러한 방법을 분석 또는 거꾸로 풀이하는 것이라고 부른다.
>
> 그러나 종합에서는 그 과정을 뒤집어 분석에서 마지막에 도달한 것을 이미 이루어진 것으로 여기고 앞에서 선행자였던 것을 결과로 자연스러운 순서로 배열하고 그들을 차례로 잇달아 연결함으로써 마지막에 찾고 있는 것의 구성에 이르는데, 이것을 우리는 종합이라고 부른다.
>
> 여기서 분석은 두 종류가 있는데, 하나는 진리탐구를 추구하는 것으로 이론적인 분석이라고 불리며, 다른 하나는 찾도록 요구받은 것의 발견을 추구하는 것으로 문제분석이라고 불린다. ① 이론적인 분석에서는 찾고 있는 것을 마치 존재하고 참인 것처럼 가정한 다음 잇달은 결과를 그들 또한 마치 참이며, 우리의 가정에 의하여 확립된 것처럼 여기고 거쳐서 인정된 것에 이른다. (a) 인정된 것이 참이면 찾고 있는 것도 또한 참이며, 증명은 분석과 역순으로 대응한다. 그러나 (b) 우리가 명백히 거짓인 것으로 인정된 것에 이르면 찾고 있는 것 또한 거짓이다. ② 문제분석에서 우리는 제의된 것을 마치 알고 있는 것처럼 가정한 다음 그 잇달은 결과를 참인 것으로 여기고 거쳐서 인정된 것까

> 지 이른다. 거기서 (a) 만일 인정된 것이 가능하고 얻을 수 있다면, 곧 수학자들이 주어진 것이라고 부르는 것이라면, 원래 제안된 것도 가능할 것이며 증명은 또한 분석과 역순으로 대응할 것이지만, (b) 우리가 명백히 불가능한 것에 이르면 문제도 또한 불가능할 것이다.

이상과 같은 Pappus의 기술은 불명확한 점이 있으나 그 요지는 다음과 같이 정리될 수 있다. 분석에서는 하도록 요구되고 있는 것을 이미 이루어진 것처럼, 구하고 있는 것을 이미 찾은 것처럼, 증명해야 할 것을 참인 것처럼 가정하는 것이다. 그리고 선행하는 어떤 것으로부터 바라는 결과가 유도될 수 있는가를 묻고 다시 그 선행자의 선행자는 무엇인가 묻기를 계속하여 결국 이미 알려져 있거나 참인 것으로 가정한 것에 이르게 된다. 또는 문제에서 구하고자 하는 것을 이미 구한 것처럼 가정하고 그로부터 유도될 수 있는 명제를 도출하고 다시 그로부터 유도될 수 있는 명제를 도출하기를 계속하여 이미 답을 알고 있는 명제에 도달하게 된다. 이러한 절차를 분석 또는 거꾸로 풀기라고 부른다. 그리고 분석의 과정을 거꾸로 하여 분석에서 마지막에 도달한 지점, 곧 이미 알려져 있거나 참인 것으로 가정한 명제로부터 출발하여 분석과정을 거꾸로 되밟아 감으로써 마지막에 요구하는 명제에 도달하는 연역과정을 종합이라고 한다. 분석은 풀이계획을 발견하는 과정이고 종합은 그 계획을 실행하는 과정이다. 증명문제에서 분석의 과정을 거꾸로 되밟는 연역과정인 종합이 곧 증명이다.

그리스 수학에서는 분석과 종합의 변증법적인 통합을 수학적 사고의 본질로 보았으나, '원론', 곧 기본원리인 공리, 공준, 정의를 수학의 논리적·존재론적 기초로 보고 그로부터 정리를 연역하는 종합을 수학적 진리를 구성하고 그 이해를 보증하는 방법으로 생각하여, 발견의 논리인 분석이 감추어진 《Euclid 원론》을 교과서로 사용했으며, 이는 오늘날까지 거역할 수 없는 전통처럼 여겨져 수학 교과서 구성과 수학을 가르치는 지도방법의 전형이 되고 있다. 앞에서도 언급한 바와 같이, 이는 아마도 제1장에서 논의한 Socrates의 철학에 기인한 듯하다.

위의 Pappus의 글은 분석법에는 두 가지 형태가 있음을 말해 주고 있다.

우선 증명문제에서 증명하고자 하는 명제가 이미 성립하는 것처럼 가정하고 그 명제가 선행하는 어떤 명제로부터 유도될 수 있는가를 묻고 다시 그 선행자는 무엇인가를 묻는 방식으로 계속하여 충분조건을 계속 찾아감으로써 이미 참임이 드러난 명제에 도달하는 방법을 생각할 수 있다. 기하에서 명제의 증명방법을 발견하고자 하는 경우, 결론이 증명되었다고 가정하고 그 선행조건인 충분조건을 찾아가는 방법이 이에 해당한다. 위에서 살펴본 Pappus의 세 번째 진술에서는 증명문제에서도 결론의 필요조건을 계속 찾아가 전제에 이르는 방법으로 분석법을 기술하고 있는데, 이는 Euclid 기하의 놀라울 정도로 많은 정리가 그러하듯이, 결론이 전제의 필요충분조건인 경우 곧 그 역도 참인 정리의 증명에서만 성립한다.

(1) 명제의 증명에서의 분석과 종합

종합(증명)

- - - - - - - - - - - - - - - - - - - ►

$P_n \Rightarrow \cdots \Rightarrow P_3 \Rightarrow P_2 \Rightarrow P_1 \Rightarrow C$

(C이기 위한 충분조건)

◄ - - - - - - - - - - - - - - - - - - -

분석

먼저 결론을 가정하고 그 선행명제를 거듭 찾아가 참임이 드러난 명제나 가정에 이르는, 명제의 증명법을 발견하기 위한 분석의 예를 들어 보자 (Gibsh, pp. 54-61).

정리: 모든 삼각형에는 내접원이 하나 존재한다.

이 정리에 대한 분석은 다음과 같은 골격으로 제시될 수 있다.

(a) 삼각형 ABC의 내접원이 존재한다.
(b) 삼각형 ABC의 각 변에 접하는 원이 존재한다.
(c) 삼각형 ABC의 각 변으로부터 같은 거리에 있는 한 점이 존재한다.
(d) 각 A의 이등분선 위의 모든 점은 변 AB, AC로부터 같은 거리에 있다.

각 C의 이등분선 위의 모든 점은 변 CB, CA로부터 같은 거리에 있다.
각 A와 각 C의 이등분선은 서로 교차하며, 그 교점은 변 AB, AC, CB로부터 같은 거리에 있다.

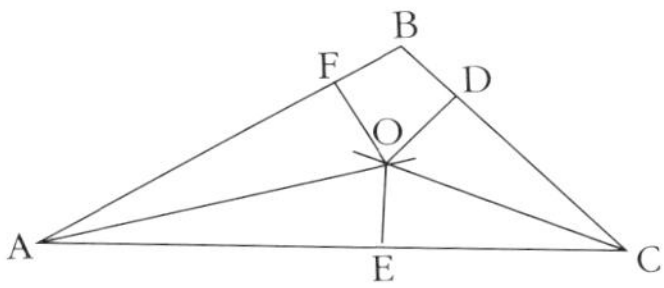

(a)가 유도되는 관계 (b)를 찾은 다음, (b)가 유도되는 관계 (c)를 찾고, 마지막으로 (c)가 유도되는 관계 (d)를 찾는다. 그런데 관계 (a), (b), (c)는 동치이다. 관계 (c)가 타당하려면 관계 (d)가 타당하면 충분하다.

이러한 유형의 분석은 주어진 조건으로부터 증명하려고 하는 결론에 이르는 논리적인 통로를 찾으려고 하는 것, 곧 주어진 조건이 증명하려는 결론을 실현하는 데 충분한 조건이 되는 통로를 확인하려는 것으로 명제를 증명하는 데 적용된다. 위의 예에서 종합은 다음과 같이 구성된다.

각의 이등분선은 그 두 변으로부터 같은 거리에 있는 점의 자취이므로, 각 A의 이등분선은 그 변 AB, AC로부터 같은 거리에 있는 모든 점으로 이루어지며, 각 C의 이등분선은 변 CB, CA로부터 같은 거리에 있는 모든 점으로 이루어진다.

그리고 이들 두 각의 이등분선은 점 O에서 만난다.

따라서 점 O는 삼각형 ABC의 모든 변으로부터 같은 거리에 있다. 곧 $\overline{OD} \perp \overline{BC}$, $\overline{OE} \perp \overline{AC}$, $\overline{OF} \perp \overline{AB}$이고, $\overline{OD} = \overline{OE} = \overline{OF}$이다.

중심이 O, 반지름이 OD인 원을 그리면, 반지름의 끝점에서 그은 반지름에 수직인 직선은 그 원에 접한다는 정리에 의하여, 삼각형 ABC의 각 변에 접하는 원, 곧 내접원을 얻는다.

다음에는 명제의 증명방법을 분석을 거쳐 발견하는 과정을 예를 들어 좀 더 자세히 생각해 보자.

오른쪽 그림과 같이 $\angle A \neq 60°$인 임의의 삼각형 ABC의 각 변을 한 변으로 하는 정삼각형을 그리고 그 각 꼭짓점을 각각 D, E, F라고 할 때, 사

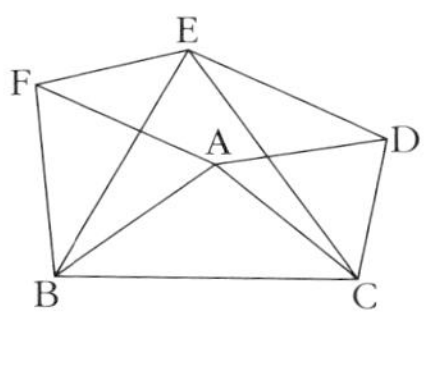

각형 ADEF는 평행사변형임을 증명하여라.

이 명제의 증명방법을 생각하기 위해서는 먼저 다음과 같은 몇 가지 사실을 알고 있어야 한다. 우선 평행사변형의 정의와 그 필요충분조건인 성질을 알고 있어야 한다. 평행사변형이란 두 쌍의 대변이 각각 평행인 사각형이며, 평행사변형은 두 쌍의 대변이 각각 같다는 성질을 갖고 있다. 그리고 다각형의 변의 길이나 각의 크기가 같음을 보이려면 대부분의 경우 삼각형의 합동이나 닮음을 이용해야 하며, 그렇게 하기 위하여 보조선을 그을 필요성이 생기게 된다. 이런 이유로 Euclid 기하학을 '보조선 방법'을 사용하는 '삼각형 기하학'이라고도 한다. 다음은 이 명제에 대한 분석과정이다.

> 사각형 ADEF가 평행사변형이라고 가정하자. 사각형 ADEF가 평행사변형이 되기 위한 (필요)충분조건은
>
> $$\overline{AF}=\overline{DE},\ \overline{AD}=\overline{EF}$$
>
> 여기서 $\overline{AF}=\overline{DE}$이기 위한 (필요)충분조건은, $\overline{AF}=\overline{AB}$이므로
>
> $$\triangle ABC\equiv\triangle CED$$
>
> 그리고 $\triangle ABC\equiv\triangle CED$이기 위한 (필요)충분조건은
>
> $$\overline{BC}=\overline{CE},\ \overline{CA}=\overline{CD},\ \angle DCE=\angle ACB$$
>
> 그런데 $\overline{BC}=\overline{CE}$, $\overline{CA}=\overline{CD}$는 주어진 조건에 의해 성립하며, $\angle ACD=\angle ECB=60^\circ$이고 $\angle ECA$는 공통이므로 $\angle DCE=\angle ACB$이다. 따라서 이 명제는 참이다. $\overline{AD}=\overline{EF}$에 대해서도 마찬가지 방법으로 생각해 볼 수 있다.

이상과 같은 분석과정을 거꾸로 되짚어 결론에 도달하는 종합이 곧 증명이다.

> 주어진 조건에 의하여
>
> $$\overline{BC}=\overline{CE},\ \overline{CA}=\overline{CD}$$
>
> $\angle ACD=\angle ECB=60^\circ$이고 $\angle ECA$는 공통이므로
>
> $$\angle DCE=\angle ACB$$
>
> 따라서 삼각형의 합동조건에 의하여

$$\triangle ABC \equiv \triangle CED$$
$$\therefore\ \overline{AF} = \overline{DE}$$

마찬가지 방법으로

$$\overline{AD} = \overline{EF}$$

따라서 사각형 ADEF는 평행사변형이다.

Birkhoff는 실수를 가정한 평면기하의 공리계를 제시하고 그에 근거한 산술화된 기하 교과서 《Basic Geometry》를 집필하여 오늘날 학교기하에 커다란 영향을 미쳤는데, 이 교과서에서는 기본적인 명제의 증명에 앞서 분석을 제시하고 있다. 흥미로운 것은 이 교과서에 제시된 다음과 같은 Pythagoras의 정리에 대한 분석이다. "분석: 결론이 참임을 가정하고 그로부터 $\angle C$가 직각이어야 함을 보이는 것으로 이 명제를 분석할 수 없다. 제곱한 수는 일련의 비례중항을 구해보고자 할 수 있음을 시사한다. 그러나 이 명제의 증명은 아마도 그런 방식으로 도달되지는 않았을 것이다. 명제 자체가 발견된 것과 같은 방식으로 즉, 많은 특수한 경우에 대한 관찰과 숙고에 근거한 잇달은 일반화에 의해 증명이 확립되었을 가능성이 더 많다."(Birkhoff and Beatley, pp. 90-91) 이어서 변의 길이가 3, 4, x인 직각삼각형의 각 변을 일정한 배수로 확대한 닮은 두 직각삼각형을 그림과 같이 결합한 경우를 예로 들어 $x=5$이며 $x^2(5^2)=3^2+4^2$임을 분석 과정에서 예시한다. 그리고 이를 일반화하여 증명에서 직각삼각형의 각 변을 일정한 배수로 확대한 두 닮은 직각삼각형을 결합하여 닮은 직각삼각형을 구성하고 닮음비를 이용하여 $c^2=b^2+a^2$임을 보인다.

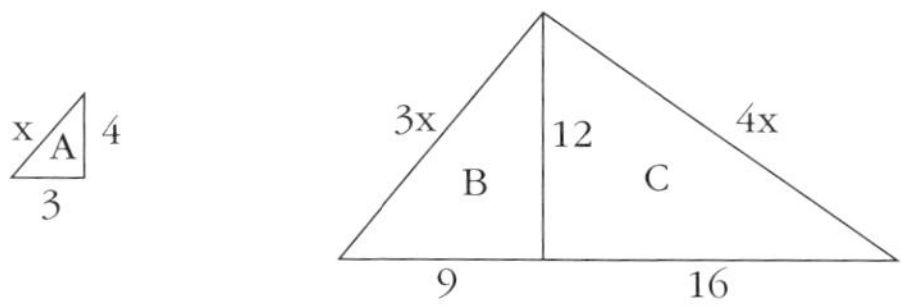

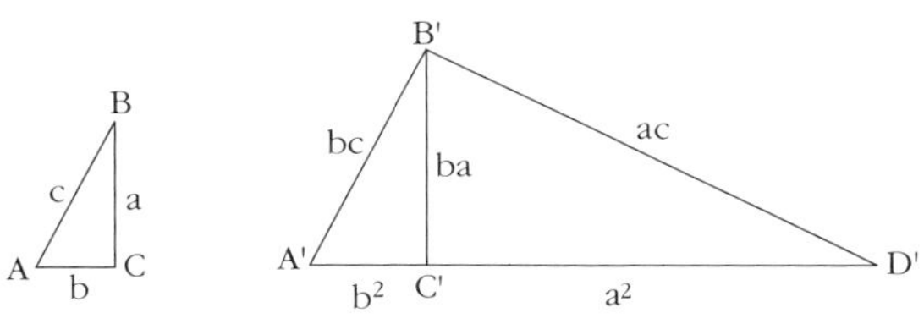

다음에는 답을 구하는 문제에서 구하고자 하는 것을 이미 구한 것처럼 가정하고 그로부터 유도될 수 있는 경제를 도출하고 다시 그로부터 유도될 수 있는 명제를 도출하기를 계속하여 이미 답을 알고 있는 명제에 도달하는 방법을 생각할 수 있다. 다시 말하면, 결론이 성립할 필요조건을 거듭 찾아가는 방법이다. 기하에서 주어진 조건을 만족하는 도형을 작도하는 방법을 발견하기 위하여 도형을 작도했다고 가정하고 그 도형을 작도하기 위하여 필요한 도형을 찾아 작도하는 방법이나, 대수에서 방정식을 푸는 경우 방정식이 풀린 것으로 가정하고 등식의 성질을 적용하여 방정식을 거듭 변형하여 필요조건을 찾아 해결하는 방법이 이에 해당한다.

(2) 도형의 작도제나 방정식 풀이에서의 분석과 종합

종합(작도, 풀이)

$$C \Rightarrow P_1 \Rightarrow P_2 \Rightarrow P_3 \Rightarrow \cdots \Rightarrow P_n$$

(C이기 우한 필요조건)

분석

먼저 작도법을 발견하기 위한 분석법의 예를 들어 보자(Gibsh, pp. 57-59).

문제: 빗변의 길이 a와 그 내접원의 반지름 r이 주어졌을 때 직각삼각형을 작도하여라.

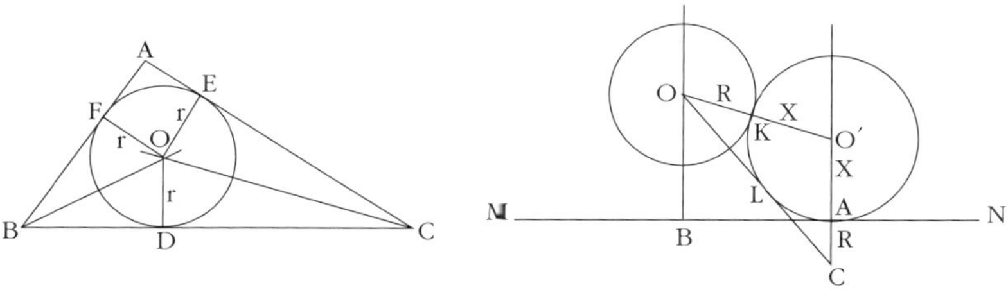

우선 미지인 삼각형이 작도되었다고 가정한다. 그 삼각형은 $\overline{AB}=d$, $\overline{BC}=a$이고 O가 내접원의 중심이고 $\overline{OD}=\overline{OE}=\overline{OF}=r$인 삼각형 ABC라

고 하자. 그림에서 삼각형 BOC는 삼각형 ABC에 의하여 결정된다. 삼각형 BOC에서 $\overline{BC}=a$, 높이 $\overline{OD}=r$, $\angle BOC=180^\circ-\frac{B+C}{2}=180^\circ-45^\circ=135^\circ$. 따라서 ∠A, a, r로부터 삼각형 ABC를 작도하는 문제는 꼭지각 BOC, 밑변 a, 높이 r로부터 삼각형 BOC를 작도하는 문제가 된다.

문제: 반지름 R인 원과 이 원의 중심 O로부터의 거리가 d인 직선 MN이 주어졌을 때 원 O와 접하고 직선 MN과 주어진 점 A에서 접하는 원을 작도하여라.

문제가 풀렸다고, 곧 미지인 원이 작도되었다고 가정하자. 그림과 같이 그 원의 중심은 O′이고 점 K에서 원 O에 접하고 주어진 점 A에서 직선 MN에 접한다고 하자. 그림을 잘 살펴보면 구하는 원의 중심 O′는 점 A에서 직선 MN에 그은 수선 AC 위에 있다. 그리고 중심 O′는 O로부터 주어진 원의 반지름 R과 구하는 원의 반지름 x의 합과 같은 거리에 있다. 그리고 A로부터 거리 x만큼 떨어져 있다. 따라서, 선분 AC를 수선 AC 위에 반지름 R과 같게 잡으면 중심 O′는 점 O, C로부터 같은 거리에 있으며, 선분 OC의 중심 L에서 그은 수선 LO′ 위에 있다. 따라서 구하는 원의 중심 O′는

(1) 점 A에서 직선 MN에 세운 수선 AC 위에 있다.

(2) 점 O와 C로부터 같은 거리에 있다. 따라서 선분 OC의 중심 L에 세운 수선 LO′ 위에 있다.

(3) 수선 AC와 LO′의 교점이다.

이로부터 구하는 원의 중심을 작도하려면 수선 AC와 LO′를 작도해야 된다는 결론을 내릴 수 있다.

이상의 두 보기로부터 내릴 수 있는 일반적인 결론은 주어진 성질 α를 갖는 도형 F를 작도하는 문제를 해결하기 위한 분석은, 도형 F를 작도하기 위하여 도형 F′를 작도하는 것이 필요하도록, 도형 F에 의하여 완전히 결정되

는 성질 α′를 갖는 도형 F′를 찾는 것이라는 점이다.

두 번째 유형의 종합법은 두 번째 유형의 분석법에 의하여 밝혀진 미지인 도형이나 미지인 양이 존재하기 위한 필요조건이 충분조건이기도 함을 보이는 것이다. 작도문제에서 종합은 미지인 도형이 작도된 다음에 이루어지며 분석을 통하여 발견되고 작도에서 사용된, 미지인 도형이 존재하기 위한 필요조건이 충분조건이기도 하다는 증명이다.

> 위의 첫 번째 예에서는 미지인 삼각형 ABC를 작도하기 위하여 삼각형 BOC를 작도하는 것이 필요함을 보였다. 그러나 이 조건은 동시에 충분조건이다. 밑변이 a이고 높이가 r이며 각 O가 135°인 삼각형 BOC를 작도하고, 반직선 BO, CO와 각각 ∠OBC, ∠OCB와 같은 각을 이루도록 반직선 BA, CA를 긋고 만나는 점을 A라고 하면 구하는 삼각형 ABC를 얻는다. 실제로
>
> $\angle OBC+\angle OCB=45°$, $\angle ABC+\angle ACB=2(\angle OBC+\angle OCB)=90°$
>
> 이므로 두 반직선 BA, CA는 만나서 직각을 이룬다. 그리고 점 O는 삼각형 ABC의 ∠B, ∠C의 이등분선 BO, CO의 교점, 곧 내접원의 중심이다. 삼각형 BOC의 높이 CD는 삼각형 ABC의 내접원의 반지름이며 정확히 r과 같다.
>
> 그 다음 예에서는 미지인 원의 중심 O′를 작도하기 위하여 주어진 직선 MN 위의 점 A에서 수선 AC를 긋고 선분 OC의 중심 L에서 수선 LO′를 그어야 함을 보였다. 이 조건은 동시에 충분조건이다. 실제로 $\overline{O'C}=\overline{O'O}$이므로 $\overline{O'A}+R=\overline{O'K}-R$이다. 따라서 $\overline{O'A}=\overline{O'K}$, 곧 중심이 O′이고 반지름이 $\overline{O'A}$인 원은 점 K를 지나므로 K는 원 O, O′의 공통점이며 중심선 OO′ 위에 있으므로 그 접점이다. 직선 MN은 반지름 O′A의 끝점 A를 지나며 그에 수직이므로 원 O′에 접한다. 이러한 증명은 분석에서 미지인 도형을 작도하는 데 필요한 것으로 드러난 조건이 동시에 충분조건임을 보여준다.

방정식을 이용한 문제풀이는 기본적으로 분석법을 이용하는 것이다. 이

에 대한 Descartes의 다음과 같은 규칙(Polya, 1962, pp. 27-28)에 주목하면서 예를 들어 보자.

(1) 우선 문제를 잘 이해한 다음에 문제를 어떤 미지인 양, 곧 수를 결정하는 문제로 환원하여라.

(2) 문제가 풀렸다고 보고 조건에 따라서 미지인 것과 자료 사이에 성립해야 할 모든 관계를 적절한 순서로 그려 보면서 문제를 아주 자연스럽게 개관하여라.

(3) 같은 양을 두 가지 방법으로 나타낼 수 있도록, 조건의 일부분을 분리하여 미지인 것 사이에 성립하는 방정식을 얻도록 하여라. 결국, 조건을 여러 부분으로 쪼개어 미지인 것의 개수만큼의 방정식으로 이루어진 연립방정식을 얻게 된다.

(4) 연립방정식을 한 방정식으로 환원하여라.

문제: 연못에 펌프 2대가 설치되어 있다. 첫 번째 펌프는 물을 연못에 퍼올리고 두 번째 펌프는 같은 양의 물을 연못에서 퍼내는 데 h시간이 더 걸린다. 두 펌프가 함께 가동하면 연못은 a시간 동안에 채워진다. 첫 번째 펌프로 연못을 채우려면 얼마나 걸리겠는가?

이 문제를 풀려면 첫 번째 펌프로 연못에 물을 가득 채우는 데 필요한 미지인 시간수를 x라고 놓고 방정식을 세운다. 방정식을 세우려면 Descartes의 규칙에 따라, 먼저 주어진 문제의 미지인 시간수 x가 존재한다고 가정하고, 조건에 따라 같은 양을 두 가지로 나타내도록 해야 한다. 연못에 들어갈 수 있는 물 전체의 양을 g라고 하면, 첫번째 펌프로 물이 퍼올려지는 비율은 시간당 $\frac{g}{x}$이고 a시간 동안에 퍼올리는 양은 $\frac{g}{x}a$이다. 그리고 두 번째 펌프로 물을 퍼내는 비율은 시간당 $\frac{g}{x+h}$이고 a시간 동안에 퍼내는 양은 $\frac{g}{x+h}a$이다. 두 펌프가 동시에 가동하면 a시간 동안에 연못에 물이 가득 차므로 연못의 물의 양은 다음과 같이 두 가지로 나타내어진다.

$$\frac{g}{x}a - \frac{g}{x+h}a = g$$

이 방정식을 정리하면

$$\frac{a}{x} - \frac{a}{x+h} = 1$$

x가 위의 방정식을 만족한다는 것은 해인 x가 존재하기 위한 필요조건이다. 다시 말하면 오직 이 방정식의 근인 미지인 값만이 문제의 해답이 될 수 있다. 그러나 x가 위의 방정식을 만족한다는 것이 문제의 해가 되기 위한 충분조건은 아니다. 따라서 위의 방정식을 푼 후에 그 근 가운데 어떤 것이 문제의 하 답이 될 수도 있고 어떤 근도 해답이 될 수 없을 수도 있다는 것, 따라서 문제는 해를 갖지 않을 수도 있다는 것을 납득해야 한다. 우리가 그 존재성을 가정한 미지인 값 x에 대하여 주의 깊게 생각해 보면 x는 또 하나의 관계

$$0 < x < a$$

를 만족함을 쉽게 알 수 있으며 이는 문제의 해가 될 x가 존재하기 위한 또 하나의 필요조건이다. 그런데 x > 0이면 위의 방정식에서 $\frac{a}{x} = \frac{a}{x+h} + 1$ 이므로 $\frac{a}{x} > 1$, 곧 a > x이다. 따라서 문제의 해가 될 미지인 양 x의 값이 하나 존재하기 위한 필요조건은

$$\frac{a}{x} - \frac{a}{x+h} = 1, \quad x > 0$$

이다.

그런데 필요조건인 위의 방정식을 풀면 그와 동치인 방정식

$$x = \frac{\sqrt{h^2 + 4ah} - h}{2}$$

을 얻는다.

이상의 과정이 위의 문제의 풀이를 발견하기 위한 분석이다.

이상의 분석과정을 음미해 보면 이 조건, 곧 x가 $x=\frac{\sqrt{h^2+4ah}-h}{2}$ 인 값을 갖는 조건은 동시에 문제의 해가 되기 위한 충분조건이기도 하다. 따라서 이 x의 값은 구하는 문제의 해가 된다.

이 과정은 문제풀이의 종합과정이다.

방정식은 미지수의 값에 따라 참인 명제도 되고 거짓인 명제도 되는 명제함수이다. 그런데 방정식을 풀 때에는 그 방정식이 이미 풀린 것으로 가정하고 등식의 성질을 이용하여 방정식을 변형하여 해이기 위한 필요조건을 찾아 푸는 것이다.

문제: 다음 분수방정식을 풀어라.

$$\frac{2}{x^2-1}-\frac{1}{x-1}-1=0$$

먼저 이 방정식이 풀렸다고 본다. 곧 이 방정식이 등식이라고 생각한다. 등식의 성질에 따라 양변에 분모의 최소공배수 x^2-1을 곱하면

$$2-(x+1)-(x^2-1)=0$$

이 방정식을 정리하면

$$x^2+x-2=0$$

이 방정식을 풀면

$$(x-1)(x+2)=0$$
$$\therefore\ x=1 \text{ 또는 } x=-2$$

이는 주어진 방정식이 참이 되기 위한 필요조건이다.

여기까지의 과정이 방정식의 해를 발견하기 위한 분석과정이다.

> 그런데 $x=1$은 주어진 분수방정식의 분모를 0이 되게 하므로 해가 될 수 없으며, $x=-2$는 주어진 방정식을 만족한다. 곧 $x=-2$는 주어진 방정식이 참이 되기 위한 필요충분조건이다. 따라서, 주어진 분수방정식의 해는 $x=-2$이다.

이 과정이 방정식 풀이의 종합과정이다.

일차방정식과 이차방정식의 풀이과정이나 Euclid 기하에 나오는 대부분의 정리의 증명에서처럼 모든 유도과정이 가역적일 때 곧 필요충분조건에 의한 추론이 이루어지는 경우에는 위의 두 경우가 일치한다. 그리스 시대 이후 분석법과 종합법은 발견술에 관한 거의 모든 저서에 나타나며, 수학뿐만 아니라 모든 종류의 문제해결에 적용되는 일반적인 방법이 되었다. 그러나 수학문헌에서 분석법은 거의 나타나고 있지 않은데, 앞에서도 언급했듯이 이는 제1 원리인 공리, 공준, 정의로부터 그에 함의된 정리를 엄밀하게 연역해 나아가는《Euclid 원론》의 전개양식을 수학, 나아가 학문의 전형으로 여겼기 때문일 것이다.

현행 중등학교 수학 교과서에는 명제의 증명이나 작도제 풀이 및 방정식의 풀이에서 명시적으로 분석과정을 다루고 있지 않다. 이는 아마도 현대수학의 공리적인 연역적 체계가 수학의 구조로 여겨지고 학교수학의 현대수학화를 추구한 '새 수학'이 학교수학에 잔존하던 분석법의 흔적마저 지워버린 때문이 아닌가 추측된다. 그 이유는 '새 수학' 이전의 고등학교 수학의 논증기하 부분에서는 명제의 증명에 앞서 분석과정이 '음미'란 이름으로 다루어졌기 때문이다. 학교수학에 분석과정을 복귀시키는 일은 '사고교육'과 문제해결 교육, 발견술의 교육적 르네상스란 시대정신에 비추어 볼 때 수학교사의 일차적 관심사여야 할 것이다.

참고문헌

강문봉, 〈분석법에 대한 고찰〉, 《대한수학교육학회 논문집》, 제2권, 제2호, 1992, pp. 81–93.

양주동, 〈몇 어찌〉, 문교부, 《중학 국어 3–1》, 1983, pp. 90–94.

Birkhoff, G.D., Beatley, R., *Basic Geometry*, Chelsea Publishing Company, 1940.

Bourbaki, N., "The Architectue of Mathematics(Bourbaki 1948)", W. Ewald(ed.), *From Kant to Hilbert: A Source Book in the Foundations of Mathematics*, Clarendon Press, 1996, pp. 1265-1276.

Dieudonné, J., "Should We Teach 'Modern Mathematics'?", *American Scientist*, vol. 61, 1973, pp. 16-19.

Gibsh, I.A., "Principles, Forms, and Methods of Mathematics Instruction", L.P. Steffe(ed.), *Methods of Teaching Mathematics*, Soviet Studies in the Psychology of Learning and Teaching Mathematics, vol. VIII, National Council of Teachers of Mathematics, 1975, pp. 1-76.

Heath, T., *A History of Greek Mathematics*, vol. II, Dover Publications, Inc., 1981.

Kline, M., *Why Johnny can't Add: The Failure of the New Math*, ST. Martin's Press, 1973.

Lakatos, I., "The Method of Analysis-synthesis", J. Worrall & G. Currie(ed.), *Mathematics, Science and Epistemology*, Cambridge Univesity Press, 1978.

Steiner, H.-G., "Two Kinds of "Elements" and the Dialectic between Synthetic-deductive and Analytic-genetic Approaches in Mathematics", *For the Learning of Mathematics*, vol. 8, no. 3(Nov. 1988), FLM Publishing Association, pp. 7-15.

제 3 장
직관의 원리

1. Kant와 선험적 종합판단으로서의 수학

고대 그리스의 Pythagoras는 현상계의 이면에 놓여 있는 조화로운 수학적인 질서에 감탄하고 만물은 수라고 선언하였다고 한다. 그가 수와 도형의 추상적인 성질을 추구하여 바빌로니아와 이집트에서 실제적이었던 산술과 기하의 연구를 '자유교육'의 중심소재로 전환함으로써 수학의 탄생을 가져온 이래, 2,000여 년 동안 산술과 기하학은 수학교육의 기본이 되어 왔다.

그런데 Euclid 이후 수학적 추론은 흔히 보편적인 전제로부터 논리적 추론 형식에 따라 타당한 결론을 연역하는 절차로 생각되어 왔지만, 이를테면, 삼각형의 내각의 합에 대한 명제를 증명할 때, 우리는 그림을 그리고 'ABC를 임의의 삼각형이라고 하자'와 같은 말로 시작하여 시종 직관을 통해 종합적 판단을 해나간다. 우리의 인식 주체가 특정한 삼각형 및 공준과 관련된 대상을 구체적으로 표상하면서 삼각형의 형상 · 본질, 일반적인 삼각형, 추상적인 삼각형 개념에 대한 보편적인 명제를 구성해 나가는 것이다. Kant에 따르면 수학적 추론은 우리의 선험적 직관에 근거한 '직관적 혹은 구성적 추론'이라고 부를 수 있는 것이다(Beth & Piaget, pp. 11-17).

20세기 중반 이후 Piaget의 '조작적 구성주의' 수학인식론의 뒷받침을 받은 '새 수학'의 등장과 쇠퇴, 인식 주체에 의한 수학적 지식의 구성을 강조하는 준-경험주의적인 구성주의적 수학교육론의 등장과 그에 대한 회의적 비판을 거치면서, 수학교육계에서는 수학이 선험적 직관(*a priori* intuition,

Anschauung)에 의한 개념의 구성에 근거한 보편적 지식이라는 Kant의 수학인식론이 새롭게 관심을 불러일으키고 있다.

Kant는, 경험과 무관하게 진위를 말할 수 있으며 현상계에 관하여 그 본질을 알려주는 보편타당성을 지니는 전형적인 '선험적 종합판단(*a priori* synthetic judgment, synthetisches Urteil)'으로 수학적 지식을 규정하고 있다. Kant에게 수학은 이데아의 세계에 존재하는 것, 그로부터 발견된 것도, 감각적 지각 대상에 근거한 것, 그로부터 추상된 것도 아니며, 인식의 주관적 조건 곧, 인간에게 선험적으로 존재하는 인식능력에서 '경험과 더불어' 비롯되는 지식이다. Kant는 선험적인 인식능력을 感性(sensibility, Sinnlichkeit), 悟性(understanding, Verstand), 理性(reason, Vernunft)의 세 수준으로 구분하고 각 수준의 아프리오리 곧 시간직관과 공간직관, 순수개념인 범주(category, Kategorie), 이념(idea, Idee)으로 수학적 인식의 성립을 설명하고 있다. 그러나 이러한 구분은 인식을 분석적으로 설명하기 위한 것이며 수학적 인식은 경험과 더불어 일어나는 하나의 인식이다. 수학적 개념의 이해에는 오성수준의 아프리오리인 범주만이 아니라 감각수준과 이성수준의 아프리오리인 시간직관과 공간직관 및 이념이 모두 작용한다. 그리고 수학적 인식의 근원적 원천과 지향점은 이념이라고 보는바, Kant에게 수학적 개념의 구성과 통일 및 이념을 지향하는 규제(Regulation) 작용을 하는 최상의 선험적인 인식능력은 순수이성이다. 그리고 Kant에게 이러한 아프리오리가 지니고 있는 자발적인 힘, 그 힘의 작용이 판단이며, 이 판단은 특수한 사례를 보편자로 규정하는, 보편적인 개념에 의해 사물을 파악하는 규정적 판단(determinant judgment, bestimmende Urteil)과, 특수한 사례에서 규제작용을 통해 보편자를 찾아가는, 사물의 궁극적 의미를 추구해가는 반성적 판단(reflective judgment, reflektierende Urteil)으로 구분된다.

Kant에 따르면, 시간과 공간은 후험적으로(*a posteriori*) 지각으로부터 추상된 것이 아니라 선험적인 직관의 형식이다. 여기서 형식이란 일체의 구분이 배제된 변하지 않는 특징을 가리킨다. 수학적 판단은 이념 그 자체에서 비롯된 선험적 형식인 시간직관과 공간직관에 의한 선험적 종합판단이다. 수학의 필연적이고 보편적인 성격은 그것이 근거한 선험적 형식인 시간직관과 공간직관에 의해 보장된다. 수학은 선험적 형식에 기초하므로 마음이 대상을 따르는 것이 아니며 대상이 마음을 따르게 된다.

Kant에게 직관은 개별 대상과 즉각적으로 관련된 단일한 표상(representation, Vorstellung), 주어진 대상에 의해서 마음이 촉발되는 방식을 통해 즉각적으로 얻은 단일한 표상이다. Kant에게 모든 종합판단, 따라서 모든 수학적 지식은 궁극적으로 직관에 기초하므로 개별 대상에 대한 심상, 심안으로 본 형상을 의미하는 직관은 수학적 인식의 기본이다.

> 이러한 순수 지식의 사용은 그것이 적용될 수 있는 대상들이 우리에게 직관 가운데 주어진다는 조건에 좌우된다. 직관이 결여되면 우리의 모든 지식은 대상이 없는 것이며 따라서 완전히 공허한 대로이다(B 87).

> 모든 종합적 판단의 최고의 원리는 따라서 다음과 같다. 모든 대상은 가능한 경험 가운데 직관 다양의 종합적 통일의 필요조건에 속한다(A 158).

Kant는 직관을 여러 사물에 공통인 특성에 대한 조정되고 반성된 일반적인 표상인 개념과 대비시킨다.

> 이러한 지식은 직관이거나 개념이다. 전자는 대상과 즉각적으로 관련되며 단일하다. 후자는 여러 개가 공통으로 가질 수 있는 특성에 의해서 간접적으로 대상과 관계한다(A 320, B 376-7).

직관이 대상에 의해서 영향을 받는 방식으로 표상을 얻는 능력인 감성과 밀접하게 관련되어 있다는 점, 직관과 지각 가능한 대상 사이의 본질적인 관련성은 개념을 통한 사고와 함께 유한 지능의 특성으로서, 즉각적인 지적 직관(intellectual intuition)이 가능한 직관적인 오성(intuitive understanding)과 대비되는 유한 지능의 소유자인 인간의 특성을 나타내는 것이다(Parsons, pp. 46-47).

> 수학은 개념만으로는 아무 것도 달성할 수 없으나 곧바로 직관으로 서둘러 나아간다. 직관 가운데 수학은 개념을 구체적으로(*in concreto*), 경험적이 아니라 그것이 선험적으로 나타낸 곧, 그것이 구성한 직관으로만 고려하며, 직관 가운데 구성의 보편적 조건으로부터 따라오는 것은 무엇이든지 그렇게 구성된 개념의 대상에 대해 보편적으로 타당하다(A 715-6, B 743-4).

Kant에 따르면 현상이 일정한 관계를 통해 정돈되도록 하는 선험적인 직관의 형식이 시간과 공간이다. 절대적이고 원초적인 시간과 공간은 인식주관에 선험적으로 갖추어져 있으면서 현상을 일정한 관계로 정돈하는 선험적인 감각의 조건이며, 수학적 인식을 가능하게 하는, 모든 외적 지각의 근저에 놓인 필연적이고 선험적인 직관의 형식이다. 마음의 본성상 우리가 직관하는 대상은 시간적 공간적이라는 의미이다. 직관의 선험적 조건, 즉 직관의 형식인 시간과 공간이 기하학에서처럼 상상력에 의해 마치 인식 대상인 것처럼 표상되며 그러한 형식적 직관(formal intuition)은 표상의 통일을 가져다준다(B 161). 형식적 직관으로서의 시간과 공간은 어떤 경험적 대상과도 관계를 맺지 않는 직관의 순수한 표상이다. 이것이 산술과 기하학의 선험적 인식이 비롯되는 원리가 된다는 것, 선험적 인식 방식을 Kant는 어떻게 설명하고 있는가?

대수적인 계산법에 매료되어 논리 대수를 창안하고자 한 Leibniz와 논리학으로부터 수학을 연역하고자 《수학 대원리》(*Principia Mathematica*)를 집필한 Russell 등은 수학적 명제가 분석적 명제라고 보았는 데 반해, Kant는 수학적 명제를 종합적 명제로 보았다. Kant에 의하면 "어떤 주어와 술어의 관계를 생각한 모든 판단에서 … 이 관계는 두 가지 방식으로 가능하다. 술어 B가 주어 A의 개념 속에 (은밀하게) 포함되어 있는 어떤 것으로 주어 A에 속하거나, B가 개념 A의 바깥에 있거나. 전자의 경우 나는 그 판단을 분석적 판단이라 부르고, 후자의 경우 종합적 판단이라 부른다. 분석적 판단(긍정 판단)은 따라서 술어의 주어와의 관계를 동일성(identity)을 통해 사고하는 판단이며, 이러한 관계를 동일성 없이 사고하는 판단은 종합적 판단이라고 칭해야 한다. 전자는 술어를 통해 주어의 개념에 아무것도 보태지 않지만 단지 그것을 그 가운데에서 처음부터 내내 사고되어 온 그러한 구성 개념으로 쪼개므로 혼돈스럽지만 또한 해설적 판단이라고 칭할 수 있다. 한편 후자는 주어의 개념에 그 가운데 어떤 방식으로든 생각되어 오지 않은, 어떤 분석도 그로부터 도출할 수 없는 술어를 보태며 따라서 확충적 판단이라고 칭할 수도 있다"(A 7, B 10-11). "가장 일반적인 의미로 종합이란 여러 가지 표상을 한데 모아서 그 가운데의 다양한 것을 한 가지 지식(의 행위)으로 파악하는 것으로 해석한다"(B 103).

Kant에 의하면 원시개념의 조합에 의해 새로운 개념을 도입하는 정의에 기초한 연역적 방법은 종합적 판단에 의해서 이루어진다.

> 철학적 정의는 주어진 개념의 설명 이상이 결코 아닌 반면에 수학적 정의는 원래 마음 자체에 의해서 형성된 개념의 구성이다. 그리고 전자는 분석에 의해서만 얻어질 수 있는 반면에(그 완전성은 결코 필연적으로 확실하지 않다), 후자는 종합적으로 생산된다. 따라서 수학적 정의는 그 개념을 만드는 반면에 철학적 정의에서는 개념은 단지 설명된다(A 730, B 758).

Kant에게 수학적 추론 전반을 지배하는 것은 직관이며, "바른 답이 그 증명과 함께 그로부터 환원에 의해 이끌어 내어지는 방정식을 다루는 대수의 방법조차도, 본질상 실제로 기하학적인 것이 아니지만, 과학의 특징적인 방식에서 여전히 구성적이다. 특히 양의 관계에 관한, 기호에 부가된 개념은 직관 가운데 나타내어진다. 이 방법은 그 발견술적 이점에 덧붙여 각각의 것을 우리의 눈앞에 놓음으로써 모든 추론을 오류로부터 굳게 지킨다"(A 734, B 702). Kant에게 수학적 추론은 순수한 형식적 연역이 아니며 직관적 구성적 추론이다.

Kant에게 "모든 수학적 판단은 예외 없이 종합적 판단이다. 이 사실은 논의의 여지가 없이 확실하며 그 결과가 매우 중요하지만 지금까지 인간

이성의 분석에 종사한 이들의 주목을 끌지 못하였으며 실제로 그들의 모든 추측과 정 반대이다. 왜냐하면 모든 수학적 추론은 (모든 필연적인 확실성의 본질이 요구하는) 모순원리에 따라 진행한다고 이해되었으므로 과학의 기본명제 자체는 그러한 원리를 통해서 참임이 알려질 수 있다고 가정되었기 때문이다. 이는 잘못된 관점이다. 왜냐하면 종합적 명제는 실제로 모순원리에 따라 깨닫게 될 수 있지만 이는 다른 종합적 명제가 전제될 때 그리고 이 다른 명제를 뒤따르는 것으로 이해될 수 있을 때에만 그러하며 그것은 그 자체 가운데 그 자체에 의해 그렇게 깨닫게 될 수 없기 때문이다. 무엇보다도 먼저 수학적 명제는, 엄격히 그렇게 불리는 명제는, 경험적 판단이 아니라 항상 선험적 판단임에 주목해야 한다. 왜냐하면 수학적 명제는 필연성을 수반하며 이는 경험으로부터 이끌어 내어질 수 없기 때문이다"(B 14).

Kant에게 기하학은 선험적인 공간직관에 기초하여 Euclid 공간의 성질을 종합적이면서도 선험적으로 규정하는 학문이다. 그에게 Euclid공준은 사실상 존재 가정이며 논리적인 분석의 대상이 아닌 선험적 종합인 직관적 표상이다. 또한 Kant에게 산술 명제 7+5=12는 선험적 시간직관에 의한 구성인 종합적 판단이다. 술어인 12는 주어인 개념 7, 5, +에 포함되어 있지 않으며, 손가락과 같은 특정한 일단의 대상을 조작하면서, 직관으로만 주어질 수 있는 7에 1을 잇달아 5번 더함으로써 7로부터 12로 나아가는 수 세기 과정에 의해 7+5=12임을 직관 가운데 드러내는 구성이다.

Kant에게 모든 산술과 기하학의 명제는 선험적인 시간직관과 공간직관에 의한 종합판단이며, 산술과 기하학은 결국 선험적 직관의 형식인 시간과 공간의 구조를 구체적으로 기술해 주는 명제들로 이루어진 학문이다 (Körner, p. 33). 현대수학에서 범주적 이론인 Euclid기하학과 수론 곧 산술은 역사적으로 비형식적인 직관적 구성을 통해 구축된 비형식적인 이론의 엄밀한 형식화, 그러나 불완전한 체계로 볼 수 있다는 점에서 Kant의 입장은 주목할 만하다. 그리고 유한순서수 이론이 비형식적인 직관적인 고려에 의한 수의 구성을 통해 구축될 수 있다는 Hilbert의 견해와

'2-1(two-oneness, Zwei-Eines)'의 직관을 각 유한순서수를 '실제로' 구성하는 수학의 기본 직관으로 본 Brouwer의 직관주의는 선험적 시간직관에 의한 수의 구성에 대한 Kant의 입장과 매우 유사하다(Körner, pp. 41-42).

Kant에 의하면 감각에 의해서 지각되지 않는 공간과 시간 및 그 부분이 수학적인 인식의 대상으로 주어질 수 있는 것은 상상력(imagination, Einbildungskraft)의 작용이다. 우리는 오직 단일한 시간과 공간만을 상상할 수 있고 이는 그 부분을 이루는 시간과 공간으로 구성되어 있다고 상상한다. 상상력에 의한 감성적 직관 다양의 선험적 종합을 오성을 통한 결합(지성적인 종합)과 구별하여 형상적 종합(figurative synthesis)이라 한다(B 151). 상상력은 감성적인 동시에 오성적이기 때문에 감성과 오성을 연결해 줄 수 있다. 상상력의 형상적 종합을 통해 형식적 직관으로 표상된 선험적 표상을 오성의 선험적 조건인 순수 개념 즉 범주에 적합하게 규정할 수 있다. 범주는 현상에 선험적으로 법칙을 지정하는 개념이다. 오성의 선험적 조건인 범주는 상상력의 형상적 종합에 의해 직관의 선험적 조건인 시공간과 결합한다. 수학적 판단은 오성이나 직관 어느 하나로만 성립할 수 없고 직관과 개념적 사유라는 인식활동이 결합되어 있을 때 성립한다.

상상력이 형상적 종합을 통해 선험적 직관을 종합하지만, 현상계에서 일어나는 수학적 인식은 "직관의 경험적 의식(현상으로서의)인 지각이 가능한 일종의 경험적 직관 다양(manifold)의 결합인 각지의 종합(synthesis of apprehension, Apperzeption)"(B 160)을 필요로 한다. 경험적인 "어느 직관이나 그 안에 마음이 인상(impression)의 순차적인 계기로 시간을 분별하는 한에서만 그러한 것으로 표상될 수 있는 다양을 포함한다. 왜냐하면 각 표상은 그것이 단일한 순간에 포함되는 한 절대적인 하나 말고는 어느 것일 수 없기 때문이다. 직관의 통일이 이러한 다양으로부터 일어날 수 있게 하기 위해(공간의 표상에서 요구되듯이) 먼저 그것을 일별하고 결합해야 한다. 이러한 행위를 나는 각지(apprehension)의 종합이라고 부른다"(A 99). Kant가 말하는 다양은 우리말의 의미인 雜多, 여러 모양, 다수, 혹은 집합이란 의미로 보아도 무방할 것이다.

상상력의 형상적 종합과 각지의 종합으로 현상적 차원에서 일어나는 구체적인 수학적 인식의 구성 과정이 설명된다. 상상력의 형상적 종합을 통해 선험적 직관인 공간과 시간이 오성의 선험적 조건에 따라 규정되기 때문에 직관의 선험적 조건인 시간과 공간은 오성의 선험적 조건인 범주와 근원적으로 결합되어 있다. 또한 형상적 종합은 선험적 표상, 즉 형식적 직관의 종합이라는 점에서 경험적인 현상의 종합인 각지의 종합과 구별되지만, 각지의 종합 역시 상상력에 의해 가능하기 때문에 오성의 선험적 조건인 범주에 따라 경험적 현상이 규정되고 통일될 수 있다. 이와 같이 수학적 인식의 구성 과정에 관여하는 인식 능력은 직관과 오성이며, 수학적 인식은 직관과 오성의 결합에 의한 것이다.

이와 같이 수학은 선험적 직관인 시공간과 오성의 선험적 조건인 범주만 아니라 경험적 현상과 필연적으로 관계한다. 현상을 규칙 즉, 오성의 선험적 조건 아래로 포섭하는 능력이 판단력이다.

> 오성 일반이 규칙의 능력으로 간주될 수 있다면 판단은 규칙 아래로 포섭하는 능력, 곧 어떤 것이 주어진 규칙 아래 놓이는지 아닌지를 식별하는 능력일 것이다(A 132, B 171).

그런데 오성의 선험적 조건인 범주와 현상은 서로 이질적인 것이기 때문에 Kant는 현상을 범주 아래로 포섭하기 위해서는 한편으로는 오성적이면서도 동시에 다른 한편으로는 감성적인 표상이 요구된다고 본다.

> 경험적 직관, 모든 감성적 직관과 아주 이질적이므로 오성의 순수개념은 어떤 직관에서도 만날 수 없다. 인과성과 같은 범주가 감각을 통해 직관될 수 있고 그 자체가 현상 가운데 포함된다고 말하는 사람은 없을 것이다. 그러면 순수개념 아래의 직관의 포섭, 범주의 현상에의 적용은 어떻게 가능한가? … 우리는 순수개념이 어떻게 현상에 적용될 수 있는지 보일 수 있어야 한다. … 한편으로는 범주와 동질이고 다른 한편으로는 현상과 동질이며 따라서 범주의 현상에의 적용을 가능하게 만드는 제삼의 것이 있어야 한다. 이러한 중재하는 표상은 순

> 수해야 즉, 모든 경험적인 내용이 없어야 하며 그러면서도 동시에 한편으로는 지적이어야 하며 다른 한편으로는 감성적이어야 한다. 그러한 표상이 선험적 도식(schema)이다(A 138, B 177).

> 도식 자체는 항상 상상력의 소산이다. 그러나 감성의 종합이 의도하는 것은 특정한 직관이 아니라 감성을 한정하여 통일하는 것이므로 도식은 형상(image)과는 구분되어야 한다. 가령 다섯 개의 점이 차례로 • • • • • 와 같이 놓여지면 나는 수 5의 한 가지 형상을 갖게 된다. 그러나 다른 한편으로 다섯이건 백이건 일반적인 수를 생각한다면 이러한 생각은 어떤 방법의 표상이며 거기서 다수 이를테면 일천은 형상 자체보다 어떤 개념과 일치하는 하나의 형상으로 표상될 수 있다. 왜냐하면 일천과 같은 그러한 수에 대해서 형상은 거의 개관될 수 없고 개념과 비교될 수 없기 때문이다. 어떤 개념의 한 가지 형상을 제공하는 상상력의 보편적 절차에 대한 이러한 표상을 나는 그러한 개념의 도식이라고 칭한다(B 180).

Piaget는 사고의 본질은 정적인 측면인 형상이 아니라 사고의 동적인 측면인 조작(operation)이며 조작적 인지양식을 schème라고 부르고 있는데 이는 Kant의 도식과 같은 것으로 생각된다.

> 사실 우리의 순수한 감성적 개념의 바탕에 놓여 있는 것은 대상의 형상이 아니라 도식이다. 어떤 형상도 일반적인 삼각형 개념에 적합할 수 없을 것이다. 형상은 직각삼각형이든 예각삼각형이든 둔각사각형이든 모든 삼각형에 대해서 그것을 타당하게 만드는 그러한 개념의 보편성을 결코 획득할 수 없을 것이다. 형상은 항상 이러한 분야의 단지 일부분에 한정될 것이다. 삼각형의 도식은 사고 이외에는 어디에도 존재할 수 없다. 그것은 공간에서의 순수 형태에 관한 상상력이 갖는 종합의 규칙이다. 더구나 경험의 대상이나 그 형상은 경험적 개념에 더욱 적합하지 않다. 왜냐하면 경험적 개념은 어떤 특정한 보편적 개념에 따라 우리의 직관의 결정 규칙으로서의 상상력의 도식과 항상 즉각적으로 관련되어 있기 때문이다. … 현상에의 적용과 현상의 단

> 순한 형식에 관한 우리 오성의 이러한 도식성은 인간 마음의 깊은 곳에 숨겨진 기술이다. … 형상은 재생산적 상상력이라는 경험적 능력의 산물이고, 공간에서의 형태와 같은 감성적 개념의 도식은 순수한 선험적 상상력의 산물이며 말하자면 약도이다. 이런 도식에 의해서 또 이런 도식에 따라서 형상 자체가 비로소 가능하게 된다. 이런 형상은 그들이 속하는 도식에 의해서만 개념과 연결될 수 있다. 그들 자체로는 형상은 결코 개념과 완전히 합치하지 않는다. 다른 한편으로 오성의 순수한 개념의 도식은 결코 어떠한 형상도 될 수 없는 것이다. 그것은 범주가 나타내는 개념 일반에 따라 통일의 규칙에 의해 결정된 순수한 종합일 뿐이다. 그것은 상상력의 선험적인 소산이며 이는 표상들이 통각의 통일에 따라서 선험적으로 한 개념 속에서 연관되는 한 모든 표상에 관해서 그 형태의 조건(시간)에 따라서 내감(inner sense) 일반의 결정에 관여한다(A 141, A 142).

어떤 개념의 도식은 상상력으로 하여금 그 개념에 속하는 대상에 대한 전형적인 표상을 생산하도록 안내하는 규칙이며, “오성의 순수한 개념의 도식은 따라서 이들 개념이 대상과 관련을 맺고 그렇게 의미를 갖게 되는 진정한 유일한 조건이다”(A 146).

Kant에 의하면, 인식의 내용과 형식은 구분된다. 논리학은 단지 표상 사이의 형식적 관계에 관여할 뿐이나, 수학에서 개념의 구성은 표상 사이의 내용적 관계에 관여하는 마음의 능동적 활동이며 직관이 그 사이를 연결한다. 증명 역시 선험적 직관의 매개가 이루어지는 과정을 핵심으로 하며, ‘7+5’와 ‘12’가 같다는 상등관계는 선험적 직관작용에 의해 이미 정립된 내용적 동일성에 수반되는 형식적 관계일 뿐이다. 수학적 판단에는 공간과 시간 직관으로부터 곧바로 읽어내어진다고 볼 수 없는 선험적 종합판단이 있는데 Kant는 이를 구성(construction)이라고 부른다.

> 철학적 지식은 개념으로부터 이성에 의해 획득된 지식이다. 수학적 지식은 개념의 구성으로부터 이성에 의해 획득된 지식이다. 개념

> 을 구성한다는 것은 그 개념에 대응하는 직관을 선험적으로 그려내는 것을 의미한다. 따라서 개념의 구성을 위해서는 비경험적인 직관을 필요로 한다. 이 비경험적 직관은 직관으로서 단일한 대상이며 그러나 그럼에도 불구하고 개념의 구성(보편적 표상)으로서 같은 개념 아래에 오는 모든 가능한 직관의 보편적 타당성을 그 표상 가운데 표현한다. 따라서 나는 삼각형을 순수직관 가운데 상상력만으로 이 개념에 대응하는 대상을 표상함으로써, 혹은 경험적 직관으로 종이 위에도 그와 일치하게 표현함으로써 삼각형을 구성한다. 두 경우 모두 어떤 경험으로부터 패턴을 빌리지 않고 완전히 선험적으로 구성한다. 우리가 그리는 단일한 도형은 경험적이면서도 그 보편성을 해치지 않고 개념을 표현하는 데 도움이 된다. 왜냐하면 이 경험적 직관 가운데에서 우리는 개념을 구성하는 행위만을 고려하며 '삼각형' 개념을 변경시키지 않는 전연 무관계한 많은 결정(이를테면, 변과 각의 크기)으로부터 추상하기 때문이다. 따라서 철학적 지식은 특수를 보편 가운데에서만 고려하고 수학적 지식은 보편을 특수 가운데에서 항상 선험적으로 이성에 의해서이지만 더욱 단일한 예에서도 고려한다. 따라서 이러한 단일한 대상이 구성의 어떤 보편적 조건에 의해서 규정되듯이, 단일한 대상이 단지 그 도식으로서 대응하는 그러한 개념의 대상도 마찬가지로 보편적으로 규정된 것으로 생각되어야 한다(A 713-4, B 741-2).

개념의 구성은 그 개념에 대응하는 구체적인 표상을 선험적으로 그려내는 것이다. 이성은 수학적 개념을 구체적으로 그러면서도 선험적으로 표상할 수 있는, 말하자면 그들을 구성할 수 있는 모종의 순수 지각을 그 바탕으로 가지고 있다. Euclid기하학에서 삼각형의 구성 곧, 선험적 표상은 칠판에 눈에 보이는 삼각형을 그리는 것과 유사하며, 수 2의 구성 곧, 선험적 표상은 하나의 사물을 다른 하나의 사물에 잇달아 놓는 것과 유사하다. 기하학적 개념은 공간 속에서 구성되며 산술적 개념은 시간과 공간 속에서 구성된다(Körner, p. 36). 수학은 선험적 직관에 기초하고 있는 점에서 선험적 직관과 개념의 구성이 그 핵심이라고 할 수 있으며, Kant의 주된 관심은 수학적 개념 구성을 가능하게 하는 선험적 직관에 있다.

산술과 기하학을 가능하게 하는 선험적 직관은 선험적으로 시간과 공간을 표상하는 마음의 작용이며, 인식 일반의 원리가 된다. 수학적 개념의 구성은 선험적 직관, 즉 시간과 공간의 표상 작용에 의해 이루어진다. 수학적 인식의 고유한 특성은 결국 수학이 인식 일반의 선험적 형식인 시간과 공간 자체에 관한 인식이며, 따라서 인간 마음의 인식 활동에 관한 지식체계라는 데에 있다. 산술과 기하학은 인식 일반의 전형이면서 인식 일반의 원리가 되는 것이다. 시간과 공간은 선험적 직관의 형식으로서 감성의 선험적 형식이며 자연과 세계에 대한 인식을 가능하게 하는 선험적 인식 원리이다.

Kant에 의하면 시간과 공간은 경험과는 독립적으로 마음에 존재하는 것으로서 경험의 선험적 조건, 즉 모든 경험의 논리적 원인으로 간주할 수 있다. 선험적 직관은 경험 세계에 투사되는 세계와 자연의 논리적 원인인 이성의 원리를 이끌어 내는 작용이다. 개념의 구성에는 선험적 직관 작용의 개입이 있으며 그 결과로 확립된 산술과 기하학을 통해서 경험 세계에서 어떤 현상들이 '논리적으로' 가능한지를 알 수 있다. 시간과 공간의 속성은 모든 경험의 논리적 가능성이므로 산술과 기하학은 경험의 논리적 가능성 자체가 무엇인지를 말해주는 지식이다. 이렇게 볼 때, 산술과 기하학은 논리적으로 가능한 모든 경험의 형식을 망라하는 인식체계라고 할 수 있다. 그러므로 산술과 기하학을 통해서 자연과 세계를 설명할 수 있다. 경험은 시간과 공간의 수학 즉, 산술과 기하학 명제에 부합하며, 수학적으로 인식된다는 것이 Kant의 주장이다.

Kant는 개념의 구성에 의한 수학적 인식의 유일한 원천은 이성의 본질적이고 진정한 원리라고 천명하고 있다. Kant에게 이성이라는 용어는 좁은 의미에서 이성과 넓은 의미에서의 이성으로 사용된다. 좁은 의미에서의 이성은 마음의 세 가지 인식능력, 즉 직관, 오성, 이성 중 하나인 이성을 가리킨다. 넓은 의미의 이성은 마음의 세 가지 인식능력을 통칭한다. 여기서는 넓은 의미의 이성을 가리킨다.

> 이성으로부터 발생하는 모든 지식은 개념으로부터 이끌어내어지거나 개념의 구성으로부터 이끌어내어진다. 전자를 철학적이라 하고, 후자를 수학적이라고 한다. … 수학적 지식은 그 주관적 성격에서, 그리고 바로 그것이 학습되어온 바와 같이, 이성으로부터 발생하는 지식이라고 간주될 수 있다. … 이는 교사만이 그의 지식을 이끌어낼 수 있는 지식의 원천은 이성의 본질적인 진정한 원리 이외의 다른 데 있지 않고, 결국 초심자도 이성의 원리 이외에 다른 어떤 원천으로부터 획득할 수 없으며, 이러한 지식의 원천은 의문시될 수 없다는 사실에 기인한다. 그리고 이는 또한 이성의 사용이 여기서 마찬가지로 선험적이지만 즉, 순수하고 그런 까닭에 모든 환상과 오류를 제거하여 전혀 틀림이 없는 직관에 의하지만, 유일하게 구체적이라는 사실 때문이다. 따라서 수학은 이성으로부터 발생하는 (선험적인) 모든 과학 가운데 유일하게 학습될 수 있다. 철학은 단지 역사적인 방식이 아니면 결코 학습될 수 없다. 이성이 관계하는 것에 대해서 말하면 우리는 기껏해야 철학하는 것을 배울 수 있다(A 837, B 865).

Kant는 수학적 인식의 선험적 조건을 시간직관과 공간직관, 오성의 순수 개념 즉 범주, 이성의 세 수준으로 논의하면서 그 지향점을 다음과 같이 말한다.

> 따라서 모든 인간의 지식은 직관으로 시작되고 거기서 개념으로 나아가며 이념으로 끝난다(A 702, B730).

이성은 직관을 세련시키고 사고에 최고의 통일성을 부여하는 최상의 인식능력이며, 순수이성 곧, 이념이 구체적이면서도 선험적으로 순수하게 자신을 구현하는 곳이 바로 수학이다. 그리고 수학은 선험적인 과학 가운데 유일하게 학습가능하다.

> 우리는 가끔 일치하는 세계와 자연이라는 두 가지 표현을 가지고 있다. 전자는 만상의 수학적 총계를 의미하고 또 만상의 종합의 총체성을 의미한다. … 이러한 같은 세계를 역학적인 전체로 볼 때 자연이

라고 칭한다(B 446).

Kant에 의하면 세계는 양과 질의 관계 체계인 만상의 수학적 총체이며 자연은 인과성이란 내적 원리에 따라 연관되는 만상의 역학적 총체이다. Kant가 세계를 만상의 수학적 총계로 보았으며 수학을 그 원인인 이념의 구현체이며 과학 가운데 유일하게 학습가능하다고 보았다는 것은, 현상계의 이면에 놓여 있는 조화로운 수학적인 형식에 감탄하고 만물은 모종의 수학적 질서를 반영하고 있으며 수가 우주를 지배한다고 선언하고 수학을 자유교육의 중심 교과로 삼았던 수학의 시조 Pythagoras를 떠올리게 하는 것이다.

1) Kant의 산술론

Kant는 오성 수준의 인식능력으로 순수개념인 12가지 범주를 상정하고 있는데, 그러한 범주 가운데 하나가 양(quantity, quantum)의 범주(하나, 다수, 전체)이다. Kant는 양과 크기(magnitude)를 같은 것으로 본다. Kant는 오성의 순수 개념인 양의 범주의 적용에 있어 바탕이 되는 선험적 원리로 "모든 (현상의) 직관은 외연량(extensive magnitude)"(A 162, B 202)이라는 직관의 공리(axioms of intuition)를 제시한다. 외연량은 부분의 표상이 전체의 표상을 가능하게 하는 양 곧, 가법적인 양이다. 외연량은 단위 '하나'와 가법성(additivity)을 전제로 한다. 양 가운데에는 온도나 밀도나 색도와 같이 가법적이지 않은 양과 길이나 무게와 같이 가법적인 양이 있다. 전자를 내포량(intensive magnitude), 후자를 외연량이라고 한다. Kant에 의하면 현상이 각지(apprehension)되는 것 곧, 경험적 의식 속으로 받아들여지는 것은 그것에 의해 일정한 공간이나 시간의 표상이 생성되는 다양의 종합을 통해서, 곧 동질인 다양의 결합과 그 종합적 통일(synthetic unity)의 의식을 통해서이다. 일반적으로 직관에서 대상의 표상을 가능하게 하는 동질인 다양의 종합적 통일에 대한 의식이 양의 개념이다(B 202-3).

그러나 양은 오성의 선험적 조건인 범주 곧, 순수 개념이므로 현상을 범주 아래로 포섭하기 위해서는 오성적이면서도 동시에 감성적인 도식이 요구된다.

> 오성의 한 가지 개념으로서의 양의 순수 도식(schema)이 수이며, 이는 동질적인 단위의 잇달은 더하기(successive addition)로 이루어져 있는 표상이다. 따라서 수는 일반적으로 동질적인 직관 다양의 종합의 통일이며, 내가 직관의 각지에서 시간 자체를 생산해 내는 데 기인한 통일이다(A 143, B 182).

다시 말하면, Kant에게 수는 양 범주의 도식이며 동질인 시간 단위의 잇달은 더하기로 이루어져 있는 표상이다. 그리고 이는 "시간 급수(time-series)"이며 "대상의 순차적인 각지에서의 시간 자체의 산출(종합)"이다(A 145, B 184). Kant에게 시간은 선험적 직관의 형식으로서 지금과 지금이라는 동질인 부분시간으로 표상되면서 선험적 통각(transcendental apperception)에 의해 그러한 부분시간이 결합, 통일되어 연속인 유일한 시간을 이루는 것으로 표상된다. 그런데 도식은 오성의 순수 개념인 범주에 합치하게끔 감성을 규정하는 것이므로 선험적으로 감성적 직관과 관계한다. 따라서 양 범주에서 직관적으로 동질인 단위를 잇달아 더하는 것은 시간직관인 지금과 지금이 잇달아 더해지는 것과 같다. 결국 양 범주의 도식인 수는 시간 급수이며, 대상의 순차적인 각지에 있어서의 시간 자체의 산출이며 종합이다. 어떤 수의 표상은 시간 급수를 이루는 다수가 동시에 하나를 이루는 표상인 시간직관의 종합이다.

우리가 종이 위나 머릿속에서 처음 n개의 숫자와 같은 기호열을 구성하면 그 구조가 그러한 일련의 조작 가운데, 일반적으로 수 세기와 같이 n개의 대상을 차례로 거치는 일련의 정신적 행위 가운데 표상된다. 여기서 이러한 일련의 구성 행위의 바탕에 시간 급수가 내재한다. 시간직관은 수의 모델의 보편적인 원천으로 우리 의식 가운데 수의 표상을 제공하는 것이다(Parsons, pp. 67-69).

산술은 선험적 형식인 시간과 부분시간 직관에 기초한 수에 대한 인식체계이며, 선험적 성격과 종합적인 성격을 가진다. 이를테면 '7+5=12'라는 산술명제는 선험적인 시간직관에 의해 주어지는 필연성과 보편성을 지니고 있는 선험적 판단이며 종합적 판단이다. 산술의 종합적인 성격은 개념의 구성에 근거한다. Kant에게 덧셈, 뺄셈, 곱셈, 나눗셈과 같은 연산은 개념의 구성이다.

> 수학적 인식은 개념의 구성에 의한 인식이다. 개념을 구성한다는 말은 개념에 대응하는 직관을 선험적으로 그려 낸다는 뜻이다. 개념을 구성하자면, 선험적 직관을 필요로 한다(A 742).

주어 '7+5'에서 술어 '12'를 이끌어 내기 위하여 개념의 구성, 즉 주어 개념에 대응하는 직관으로부터 술어 개념에 대응하는 직관을 드러내야 하며 이때 선험적 직관에 의거해야 한다. 선험적 직관의 드러냄은 수 12가 인식내용이 되기 위해 요구되는 형상의 산출, 시간직관의 표상과 같은 의미가 된다. Kant는 다음과 같이 기술하고 있다.

> 실제로 처음에 우리는 명제 7+5=12는 단지 분석적 명제이며 7과 5의 합이라는 개념으로부터 모순 원리에 의해 따라오는 것으로 가정할 것이다. 그러나 더 자세히 살펴보면 7과 5의 합이란 개념은 두 수의 한 수로의 결합이라는 것을 제외하면 아무 것도 포함하지 않으며 이 가운데에는 두 수를 결합한 그 단일한 수가 무엇인지에 대해 사고가 행해지지 않음을 알게 된다. 12란 개념은 결코 단지 이러한 7과 5의 결합을 생각하는 가운데 그렇게 빨리 생각되지 않으며 그러한 가능한 합의 개념을 원하는 만큼 오래 분석할 수도 있으나 그 가운데 결코 12를 찾아내지 못할 것이다. 우리는 이들 개념 밖으로 가 그들 가운데 한 개념에 대응하는 직관, 이를테면 5 손가락 혹은, Segner가 그의 Arithmetic에서 한 바와 같이, 5개의 점의 도움을 요청하여 직관 가운데 주어진 다섯을 하나씩 하나씩 7의 개념에 더해야 한다. 왜냐하면 수 7로 시작하여 내 손의 손가락의 도움으로 5의 개념을 직관으로 불러들여 이제 수 7에 내가 전에 수 5를 형성하기 위해 함께 택한 단위들을 하나씩 더하여 그 모양(손)의 도움으로 수 12가 생김을 보게 되

> 기 때문이다. 5를 7에 더해야 된다는 것을 실제로 (합)=7+5라는 개념 가운데 이미 생각하였지만 이 합이 수 12와 대등하다는 것은 생각하지 않았다. 따라서 산술 명제는 항상 종합적이다. 이는 더 큰 수를 택하면 더욱 분명하다(B 15-16).

단위에 기초한 선험적 종합판단이 곧 산술이라는 점에서, 단위의 순차적인 종합인 측정 활동은 산술적 인식 활동과 동일한 것이다. 이것은 단위를 표상하는 마음의 선험적인 활동이, 즉 현상을 외연량으로 파악하는 마음의 활동과 동일한 방식임을 뜻하는 것이다. 개수나 크기를 규정하는 인식 활동은 단위를 표상하는 동일한 인식 활동에 기초해 있다. 경험적 현상이 일정한 시간과 공간을 차지하는 것으로 포착된다는 사실을 고려하면, 외연량은 시간적인 크기와 공간적인 크기 모두를 포함하는 것으로 볼 수 있다. 이러한 점에서 시간과 공간은 현상을 일정한 크기를 갖는 것으로 수용할 수 있는 선험적 형식이다. 이 형식 안에서 양 범주가 현상에 적용되어, 마음은 현상을 외연량으로 인식한다.

기하에서 삼각형의 내각의 합이 180°임을 증명하는 경우 한 삼각형을 구성하고 선분의 연장선과 평행선 그리기와 같은 구성이 수반되듯이, Kant에게 개념을 구사하고 수학적 대상의 존재를 보이는 것은 순수직관에서의 개념의 구성에 의해서이다. Kant가 보기에 적용할 대상이 없으면 수학적 명제는 공허한 것이며 진정한 지식이 아니다. 대수에서의 변수, 함수 기호, 등식의 조작 역시 그가 상징적 구성(symbolic construction)이라고 부른, 포함된 조작을 '직관 가운데 드러내는 것(exhibiting in intuition)'을 포함한다. 어떤 조건을 만족하는 대상에 대한 대수식을 구성하는 것은 그러한 대상의 존재에 대한 구성적 증명이다(Parsons, pp. 61-62).

> 수학은 기하에서와 같은 양(quanta)을 구성할 뿐만 아니라 대수에서와 같은 양(quantitas)도 구성한다. 대수에서 그러한 양은 그러한 양의 개념으로 사고하려는 대상의 성질로부터 완전히 추상한다. 그 다음에 그러한 양의 모든 구성, 즉 덧셈, 뺄셈, 제곱근 구하기 등에 대한

> 확실한 기호를 선택한다. 일반적인 양 개념에 대한 기호를 채택하면 그들의 여러 가지 관계에 관한 한 그것은 어떤 보편적인 법칙과 일치하게 양이 생산되고 수정되는 모든 다양한 조작을 직관 가운데 드러낸다. 이를테면, 한 양이 다른 양으로 나누어지게 되면 그들은 나눗셈 부호와 일치하게 함께 놓인다. 그리고 다른 과정에서도 유사하다. 따라서 기하에서 구체적으로 나타내는 구성(ostensive construction)(대상 자체의 기하학적 구성)에 의한 것과 똑같이 대수에서 상징적 구성(symbolic construction)에 의해 추론적인 지식이 단순한 개념에 의해 결코 도달할 수 없었던 결과에 도달하는 데 성공한다(A 717, B 745).

숫자에 의해 감각에(물론 시공간에) 표상된 것으로 자연수를 생각하는 것이 자연스럽다. 기수법에 의해 생성된 숫자의 집합은 자연수와 동치이다. 사물의 집합을 숫자의 집합과 일대일 대응시키는 것이 수 세기이다. 자연수열의 지각은 일종의 형식적 직관이다. 대수학자들은 규칙에 따라서 기호를 조작함으로써 개념에 대한 직관적 표상을 얻는다. 경험적 직관은 추상적 구조를 표상하면 순수직관으로 기능하는데, Kant에 따르면 기하에서 구체적으로 나타내는 구성에 의존하듯이 대수에서 의존하는 직관은 상징적 구성에서 나온다. 기호 조작에 의한 수학과 감성의 관련은 Kant에 의해 다음과 같이 강조되었다.

> 따라서 철학적 지식은 특수를 보편에서만 고려하고 수학적 지식은, 항상 선험적이고 이성에 의한 것이지만, 보편을 특수에서 곧 단일한 예에서 고려한다(A 714, B 742).

수학은 보편을 구체적인 부호로 고려하고 철학은 보편을 추상적인 부호를 통해 고려한다. 수학의 확실성은 부호가 지각 가능하다는 사실과 관련된다. Kant는 순수이성비판을 집필하기 이전의 논문에서 다음과 같이 기술하였다.

> 수학의 부호는 지식의 지각 가능한 수단이므로 자신의 눈으로 보는 것을 확신하는 것과 같은 신뢰를 갖고 어떤 개념도 무시하지 않았

> 다는 것, 모든 방정식이 쉬운 규칙에 의해 유도되었다는 것 등을 알 수 있다. 거기서 일반적으로 표상되는 사물이 아니라 개별적으로 알려진 부호만을 고려해야 한다는 점에서 주목하기가 훨씬 더 쉽다 (Parsons, p. 66에서 재인용).

수학에서 부호는 우리가 규정한 규칙에 따라서 조작되므로 규칙에 따른 부호 조작은 그들이 나타내는 것에 주목하지 않고 그 자체로 타당성에 충분한 보장이 된다. 일반적으로 수학적 명제는 증명이나 계산을 근거로 하여서만 입증될 수 있는데 이는 Kant에게 그 자체가 직관 가운데에서의 구성이다. 산술의 종합성은 기수법에서 그 직관적 바탕을 찾을 수 있으며, 계산은 지각 가능한 숫자를 다루므로 산술적 명제를 직관 가운데에서 뒷받침한다(Parsons, pp. 64-67).

2) Kant의 기하론

Kant가 모델로 삼은 수학의 전형은 초등 Euclid기하학이다. Kant는 보편타당성을 지니는 선험적 종합판단으로 기하학적 방법을 규정하면서 다음과 같이 말하였다.

> 인간의 이성의 역사가 미치는 가장 초기에 수학은 … 이미 학문의 안전한 길에 들어섰다. 이등변삼각형의 성질을 증명한 첫 번째 사람(그가 Thales이든 다른 어떤 사람이든)의 마음에 새로운 빛이 번쩍였다. … 진정한 방법은 … 그가 도형에서나 그에 대한 사실 그대로의 생각 가운데에서 분별한 것을 살펴보고 이로부터 말하자면 그 성질을 읽어내는 것이 아니라, 그 자신이 선험적으로 형성하여 그가 자신에게 제시한 구성 가운데의 도형에 집어넣은 생각 가운데 필연적으로 함의된 것을 끄집어내는 것이었다. 만일 그가 선험적 확실성을 갖고 어떤 것을 알게 되어 있다면 그는 그의 생각과 일치하게 그 속에 자신이 넣은 것으로부터 필연적으로 나오는 것을 제외하고는 어떤 것을 도형에 돌릴 필요가 없다(B x-xi).

> 사실 삼각형의 가능성은 그 개념 자체에서(이 개념은 확실히 경험과 독립적이다) 인식될 수 있는 듯하다. 왜냐하면 사실상 우리는 그에 완전히 선험적으로 하나의 대상을 부여할 수 있기 때문이다. 즉 그것을 구성할 수 있기 때문이다. … 우리가 상상력으로 삼각형을 구성하는 형성적 종합은 우리가 현상의 각지에서, 우리 스스로 그에 대한 경험적 개념을 만드는 데, 행하는 종합과 정확히 같은 것이다(A 223-4, B 271).

Kant에게 직관은 개별 대상과 즉각적으로 관련된 단일한 표상이며 모든 선험적 종합판단, 따라서 모든 수학적 지식은 궁극적으로 선험적 직관에 기초한다. 기하학적 판단은 선험적 형식인 공간직관 곧, 공간표상에 근거한 선험적 종합판단이며 그 필연성과 보편타당성이 선험적 형식인 공간직관에 의해 보장된다. Kant에게 기하학적 명제는 선험적 공간직관에 기초한 구성의 결과이다.

> 기하학적 명제, 이를테면 삼각형에서 두 변의 합은 제 삼의 변보다 크다는 명제는 직선이나 삼각형의 일반적인 개념으로부터 결코 이끌어내어질 수 없고 직관으로브터만 이끌어내어진다. 그리고 이 직관은 필연적인 확실성을 갖는 진정으로 선험적인 것이다(A 25).

> 순수 기하학의 모든 기본 명제는 분석적 명제가 아니다. 두 점 사이의 직선이 가장 짧다는 것은 종합적 명제이다. 왜냐하면, 곧다는 개념은 어떤 양(quantity)도 포함하지 않으며 단지 질(quality)만을 포함한다. 가장 짧다는 개념은 완전히 덧붙여진 것이며 어떤 분석 과정을 통하여 직선의 개념으로부터 유도될 수 없다. 따라서 여기서 직관을 불러들여야 한다. 직관의 도움에 의해서만이 종합이 가능하다(B 16).

Kant에 의하면 선험적인 공간직관에 기초하여 "기하학은 공간의 성질을 종합적이면서도 선험적으로 규정하는 학문이다"(B 40).

Kant는 정의와 공리로부터 명시적 증명(demonstration)에 의해서 직관적으로 확실성이 부여되는 결론에 도달하는 것을 수학적 방법의 특성으로 규정한다.

> 수학의 엄밀성은 정의, 공리, 명시적 증명에 근거한다(A 726, B 754).

여기서 정의, 공리, 명시적 증명에 대한 Kant의 입장이 중요하다. Kant에 의하면 "철학적인 정의는 주어진 개념의 해명에 불과하지만 수학적인 정의는 근원적으로 마음 자체에 의해서 형성된 개념의 구성이다"(A 730, B 758). "수학은 정의를 갖는 유일한 학문이다. 왜냐하면 수학이 생각하는 대상은 그것을 직관 가운데 선험적으로 드러내며 이 대상은 확실히 개념 이상도 이하도 포함할 수 없기 때문이다"(A 729, B 757).

형식적 직관으로서의 공간은 어떤 경험적 대상과도 관계를 맺지 않는 순수한 표상이다. 순수 기하학에서 요구되는 것은 선험적 공간직관에 의해 관련된 개념에 대응하는 직관 곧, 표상을 선험적으로 구성하는 일이다. 수학적 인식은 이성에 의해 선험적으로 표상된 개별자를 통하여 보편자를 사유한다(A 714, B 742). Kant에게 기하학에서 선과 삼각형 그리고 원은 단지 개별적인 사례에 불과한 것이 아니라 보편적인 의미를 가진 것이며, 개별적인 예를 통해서 사유되는 것은 보편자의 일반적인 진리이다.

> 수학은 보편자를 구체적으로 (단일한 직관으로) 그리면서도 동시에 선험적인 순수 표상을 통하여 고려할 수 있다(A 735, B763).

Euclid에게 공리·공준은 기하학의 제1원리로서 분석적 전제이며, 공리는 상식(common notions)이란 의미의 일반적인 원리이며 공준은 기하학적인 수용된 원리이다. Kant에 따르면 공리는 즉각적으로 확실한 선험적인 종합인 원리이다. 철학에서는 공리라는 이름을 붙일 만한 원리를 찾을 수 없지만, "수학은 공리를 가질 수 있다. 수학은 이를테면 세 점은 항상 한 평면에 놓여 있다는 명제에서처럼 대상의 직관 가운데 개념의 구성에 의해 대상의 술어를 선험적으로 또 즉각적으로 서로 결합시킬 수 있기 때문이다"(A 732, B 760).

Euclid기하학의 명제를 보면 관련된 도형에 대한 일반적인 명제에 대한 언명(enunciation)에 이어 전형적인 특정한 도형의 작도를 통해 이를 상설(setting-out, exposition)하고 보조선 작도(auxiliary construction)를 한 다음 증명과 결론이 뒤따르는 방식으로 구성되어 있다. 여기서 주목할 것은 일반적인 개념에 대해 전형적인 하나의 도형을 구성하여 증명한 다음 관련된 모든 도형에 대한 일반적인 언명을 결론으로 내린다는 점이다(Hintikka, pp. 28-29). Kant는 수학적 방법은 보편을 구체적인 선험적 표상을 통해 다룬다는 점에서 철학적 방법과 대비시키고 있으며, "필연적인 증명(apodeictic proof)은 직관적인 한에서만 명시적 증명(demonstration)이라고 부를 수 있다"(A 734, B 702)고 하면서, 명시적 증명은 "용어 자체가 지적하듯이 대상에 대한 직관 가운데 직관을 통하여 진행한다"(A 763)는 점을 강조한다. Kant에 의하면 Euclid 기하학의 증명의 각 단계는 예외 없이 명시적이며 선험적 직관에 의한 개념의 구성이다.

> 오직 수학만이 명시적 증명을 포함한다. 수학은 개념으로부터가 아니라 개념의 구성으로부터 즉 개념에 대응하여 선험적으로 주어질 수 있는 직관으로부터 지식을 이끌어 내기 때문이다(A 734, B 762).

일련의 순수직관 가운데에서의 개념의 구성에 의한 증명, 시종 직관에 의해 안내된 일련의 추론을 통한 증명에 대해 Kant는 '평면에서 삼각형의 내각의 합은 2직각과 같다'는 명제의 증명을 예로 든다.

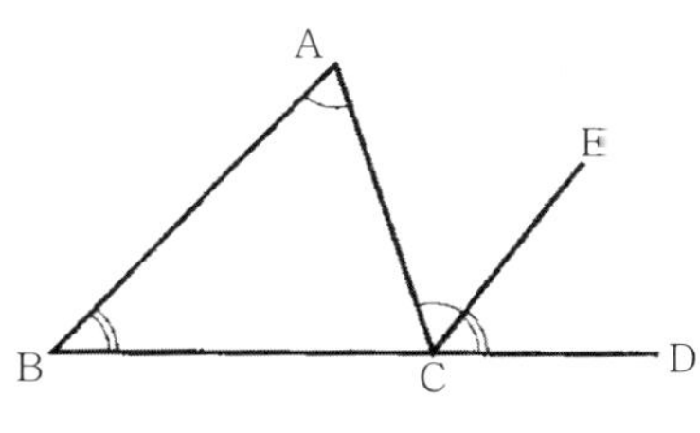

그림 3-1.

> 수학은 개념만으로는 아무 것도 달성할 수 없으며 곧바로 직관으로 나아가 구체적으로, 경험적이진 않지만 그것이 선험적으로 표상하는 즉 그것이 구성한 직관으로만, 개념을 고려하며, 구성의 일반적인 조건으로부터 나오는 것은 무엇이든 이렇게 구성된 대상에 대해서 일반적으로 성립한다.

> … 그에게 삼각형의 각의 합은 직각과 어떤 관계가 있는가를 자기 자신의 방법으로 찾아내도록 한다. … 이제 기하학자에게 이 문제를 처리하도록 하자. 그는 곧 하나의 삼각형을 구성하는 것으로 시작한다. 그는 두 직각의 합은 직선 위의 한 점으로부터 구성될 수 있는 모든 이웃한 두 각에 대하여 그 합과 꼭 같다는 것을 알고 있으므로, 삼각형의 한 변을 연장하여 합이 2직각과 같은 두 이웃한 각을 얻는다. 그 다음에 그는 외각을 삼각형의 대변과 평행한 선을 그어 나누고 거기서 한 내각과 같은 한 이웃한 외각을 얻었다는 것을 관찰한다. - 등등. 이러한 방식으로 시종 직관에 의해 안내된 일련의 추론을 통하여 동시에 완전히 명백하고 일반적인 문제의 해에 도달한다(A 716-7, B 743-5).

이러한 증명에서 본질적인 것은 순수직관 가운데 도형의 구성이다.

> 나는 직선을 아무리 작더라도 그것을 마음속에서 그리지 않고 즉 한 점으로부터 그 모든 부분을 차례로 생성하지 않고 나 자신에게 표상할 수 없다. 단지 이런 방식으로만 직관이 얻어질 수 있다. … 공간의 수학(기하학)은 도형의 생성에서의 생산적 상상력의 이러한 잇달은 종합에 기초한다. 이것이 이를테면 두 점 사이에 단 한 직선이 가능하다는 것, 혹은 두 직선이 공간의 한 부분을 둘러쌀 수 없다는 것 등의, 외적인 현상에 대한 순수개념의 도식만이 일어날 수 있는 감성적인 선험적 직관의 조건을 이루는 공리의 기초이다(A 163, B 203-4).

Kant가 보기에 기하학에서 정의될 수 있는 개념은 선험적 직관에 의한 구성을 허용하는 개념뿐이며, 공리는 즉각적으로 확실한 선험적 종합인 간단한 기본 원리이며, 증명은 전형적인 특정한 도형의 구성에서 시작하는 일련의 선험적 직관에 의한 구성으로 명시적으로 보편적으로 타당한 결론에 도달하는 과정이다. 선험적 직관에 의한 개념의 구성을 통해 성립하는 기하학은 바로 그 구성의 본성에 비추어 필연성과 보편성을 갖으며, 따라서 기하학적 명제는 공간에서 발견될 수 있는 관계에 적용 가능하다.

Kant에게 수학적 진술은 선험적 표상인 시공간과 그 속에서의 구성에 관한 진술이며, 선험적인 직관적 형식으로서의 공간에 관한 선험적 종합

명제의 체계인 기하학은 Euclid기하학이다. 그런데 Kant 시대 이후 비 Euclid기하학이 등장하면서 다양한 공간과 그에 따른 다양한 기하학이 존재한다는 것을 알게 되었고, 현대의 기하학자들은 기하학 체계는 실제에 관해서는 아무 것도 말하지 않는 정합적인 형식적인 체계일 뿐이라고 여기게 되었으며, 선험적 직관의 형식인 공간의 유일성에 근거하여 Euclid기하학의 필연성과 보편성을 주장한 Kant의 생각은 오류로 여겨지게 되었다.

Kant가 보기에 수학은 이념에 기초한 선험적인 성격을 가지고 있을 뿐만 아니라 세계에 적용되는 보편성을 갖는 지식 체계이다. 그에게 수학적 대상의 표상은 마음속에 선험적으로 가능한 것이며 현상에 선험적 원칙과 표상의 의미를 나타낼 수 없다면 그것은 그에게 무의미하다. 수학적 대상에 대한 표상은 선험적으로 성립된 것이기는 하지만, 감성에 생생하게 현존하는 현상으로 나타난다. 수학이 실제적 적용이 없이는 무의미하다는 Kant의 주장은 그의 선험철학에서 따라 나오는 것이다. 선험적 원리는 경험에 적용되어야만 객관적 타당성을 획득할 수 있기 때문이다. Kant가 보기에 수학이 직관에 기초하지 않는다면 그것은 공허한 상상력의 유희에 불과하다. Kant의 입장에서는 선험적 직관에 기초하지 않는 수학은 의미가 없는 것이다.

Kant에게는 선험적 직관에 의한 구성 가능성을 포함하고 있는 Euclid공간만이 실제로 존재하며, 공간직관에 기초하며 이 세계의 경험과 일치하는 Euclid기하학만이 유일한 기하학으로 인정되는 것이었다. 근세 이후 Lobatschevsky, Riemann, Hilbert, Einstein 등의 기하학과 공간에 대한 이론이 제시되면서 Euclid공간과 기하학을 유일한 보편적인 것으로 본 Kant의 입장은 비판을 받고 시대적 한계가 있는 것으로 간주되었지만, 우리가 살고 있는 공간과 현상계의 구조를 추구한 Euclid기하학의 특성에 비추어 볼 때 기하학적 인식의 선험적 조건을 인간의 마음에서 이끌어낸 Kant의 선험철학은 여전히 의미 있는 수학교육적인 함의를 지니고 있는 것이다.

2. Pestalozzi와 '직관의 ABC'

프랑스 혁명은 정치, 문화, 사상 등 서구 사회의 모든 면에 심각한 영향을 미쳤는바, 특히 계몽사상의 발흥으로 교육혁신 운동이 일어나고 학교교육에서의 수학교과의 확립을 보게 되었다. 이 혁명의 시기야말로 사상계의 거성인 Rousseau와 철학계의 거성인 Kant, 그리고 교육계의 거성인 Pestalozzi를 탄생시킨 시대였다. Boyd에 의하면 Kant는 Rousseau의 가장 위대한 제자로 일컬어지고 있으며 *Emile*에 제시된 Rousseau의 자연주의 교육사상과 Kant의 선험철학에서 주장되는 정신작용을 교육의 실제적인 면에서 구체화한 Pestalozzi 역시 Rousseau의 위대한 제자였으며, "교육 문제에 관한 한 Kant 자신보다 더 훌륭한 Kant주의자였다. … 그러나 이렇게 말한다고 하여 페스탈로찌가 먼저 칸트건 누구건 간에 다른 사람의 아이디어를 빌려와서 그것에 따라 교육체제를 만들었다고 생각한다면 그것은 잘못이다. … 페스탈로찌의 교육이론은 그의 교육실제에서 자라났으며, 사실상 그의 교육이론이라는 것은 가장 이론다운 면모를 갖추고 있는 부분조차도 교육실제의 기저에 들어 있는 원리를 불완전하게 언어화한 것에 지나지 않는다"(Boyd, 1964, pp. 474-479).

Rousseau의 자연주의 교육사상과 Kant의 인식론은 이론적 지식 해설 중심의 전통적인 서양 교육에 획기적인 사상적 전환의 바탕을 제공하였으며, 이러한 사상적 풍토 속에서 Pestalozzi의 기초도야의 이념 곧, 사고력, 심정력, 기능력이란 인간이 타고난 3대 근본력의 합자연적인 조화로운 계발을 이념으로 한 국민교육 사상과, 초등교육에서 이를 실현하기 위한 '직관의 ABC'라는 그의 교육방법론이 탄생하게 된 것이다. Pestalozzi에게 교육은 인간에 내재하는 인간성의 힘, 선천적인 근본력의 싹이 그 자연스러운 발전의 원리에 따라 조화롭게 발달되도록 도와주는 術이다. 감각적 인식을 바탕으로 한 내적 직관(Anschauung)의 구성이 인식의 발달에 기초가 된다고 보고 체계적인 직관도야를 시도하기 위해 직관의 기본 요소를 탐구하여 도달한 수 · 형 · 어 직관을 '직관의 ABC'라고 불렀다. 수 · 형 · 어 직관을 기초로 단순한 것을 완결시켜 상호 관련시키며 계열화하는 그의 교수법인 'Methode'는 기초도야 방법의 중핵을 이루는 것이다. 여기서 주목할 점은 Pestalozzi의 그러한 인간도야를 위한 소위 합자연적인 교육방법론에서 산술과 기하가 중심 교과가 되지 않을 수 없었다는 점이다. Pestalozzi에게 수학은 만물의 기본적 특성이며 인간형성에 본질적인 것으로, 자연의 길을 걸으면 누구나 걸을 수 있는 公道이며, 수학 학습은 '인간의 이성의 소질을 이성의 힘으로 높이는 작용'이다. 수 · 형 · 어 직관으로 시작하는 산술과 기하의 학습은 인간의 근원적인 정신력의 합자연적인 도야와 지혜의 기초의 착실한 성장의 길을 여는 것이다(김정환, 1970). 다음에는 이러한 Pestalozzi의 교육사상을 좀 더 자세히 살펴보기로 하자.

Pestalozzi는 교육은 인간 정신의 본성과 양식에 따라 인간성의 밑바탕에 있는 근본적인 소질이 발전되도록 체계적으로 도와주는 것이어야 하며, 아동은 타고난 근본 소질을 자발적으로 발전시키는 활동적 본성을 갖고 있으므로 발견활동을 통해 진리에 도달하는 방법을 스스로 체득하도록 해야 한다는 전제 아래, 감각적 인식을 바탕으로 한 내적 직관의 구성이 인식의 발달에 기초가 된다고 보고, 그에 따라 '기초 도야의 원리', '자기 창조의 원리' 및 '내적 직관의 원리'를 교육방법의 기초로 삼고자 하였다(김정환, 1970).

여기서 '내적 직관의 원리'는 Kant의 인식론과 유사한 생각에 근거한 것으로 생각된다. 앞에서 살펴보았듯이 Kant는 선험적인 인식능력을 감성, 오성, 이성의 세 수준으로 구분하여 시간직관과 공간직관, 범주, 이념으로 인식의 성립을 설명하고 있다. 인식의 과정은 사물에 의한 감성의 촉발과 선험적 형식인 시간직관과 공간직관 및 그 종합, 순수개념인 범주에 의한 개념의 구성 단계를 거친다. 그리고 수학적 인식의 근원적 원천과 지향점은 이념이라고 보는바, 칸트에게 수학적 개념의 구성과 통일 및 이념을 지향하는 규제 작용을 하는 최상의 선험적인 인식능력은 순수이성이다. 이러한 Kant의 인식론에 비추어 볼 때 수학교육에서 무엇보다도 중요한 것은 수학적 인식의 출발이 사물에 의한 감성의 촉발과 선험적 직관의 종합이라는 점이다.

Pestalozzi는 직관을 기초로 한 합자연적인 인간도야 방법을 자신의 전 생애에 걸쳐 탐구하였다고 말한다.

> 이제 과거를 돌아보며 '인간교육의 본질을 위해 나는 무엇을 했는가?'라고 스스로에게 물어볼 때, 나는 직관을 모든 인식의 절대적 기초로 인정하는 데에서 교육의 최고 최상의 원칙을 확립했으며, 모든 구체적인 교수행위를 배제하고 교수 자체의 본질과 인간 육성이 반드시 자연 자체를 통해서만 규정되지 않으면 안 될 원형을 찾아내려고 노력했다는 점을 발견하게 된다네. 또한 나는 일체의 교육을 세 개의 기본수단으로 환원시켰고, 이 세 분야의 교육이 추구하는 모든 교육결과가 필연적으로 도출되도록 특수한 수단들을 탐색했다는 점도 알게 된다네. 마지막으로 나는 이 세 가지 기본수단을 서로 조화시켰고, 이를 통해 교육을 매우 다양하게, 그리고 세 분야 모두에서 자체적으로 조화를 이루도록 만들었다네. 교육을 인간의 본성과도 조화시킴으로써 교육을 인류의 발전과정에 있어서 자연의 진로에 보다 더 가깝게 만들었다는 점을 발견하게 된다네(Pestalozzi, 1991, pp. 223-224).

Pestalozzi가 합자연적인 교육의 출발점으로 간주하는 직관은 그의 數·形·語라는 교육의 기본수단의 기초가 되는 것으로, 그는 "직관은 감각 앞에 외부의 대상을 단순히 내세우는 것, 그리고 감각에 의해 제공된 인상을 단순히 의식시키는 것"(Pestalozzi, 1991, p. 231)이라고 규정하였다. 이는 직관을 개별 대상과 즉각적으로 관련된 단일한 표상, 주어진 대상에 의해서 마음이 촉발되는 방식을 통해 즉각적으로 얻은 단일한 표상이라고 본 Kant의 생각과 다를 바 없는 것이다. 그리고 모든 지식은 직관에 기초하므로 직관은 인식의 기본이라는 Kant의 생각은 Pestalozzi의 교육방법론 그 자체라고 볼 수 있다. Pestalozzi는 당시의 유럽의 교육제도는 직관이 교육의 최고 원천이라는 점, 자연의 본질에 의해서 규정되는 교육의 원형이란 점을 모를 뿐만 아니라 인정하지 않음으로써 자연적 교육의 모든 토대를 잃어버렸으며, 어떤 기본적인 원칙이나 형식에 근거하지 않는 개별적이며 고립적이고 혼란스러운 언어를 통한 형식적인 교수법으로 모든 학습의 본질적인 것을 희생시키며 갖가지 종류의 단편적 진리를 제공함으로써 진리의 정신 자체를 말살시키고 이 정신에 기초를 두는 자립의 힘을 인류에게서 빼앗아 버리며, 모든 인식의 절대적 기초인 직관을 무시함으로써 공교육 본래의 목적, 즉 민중이 그 모든 분야를 배우고 알기 위해서 반드시 필요한 명확한 개념에 도달할 수 없게 한다고 주장하면서 다음과 같이 말한다.

> 교육이 지니고 있는 결함 … 자연적 교육의 인위적 전도 … 시민적 · 윤리적 · 종교적 전도를 막을 수 있는 수단은 오직 하나밖에 없다네. 그 수단이란 우리의 민중교육이 지니고 있는 피상성과 불완전성과 사기행각에서 벗어나 직관이 모든 인식의 절대적 기초라는 점을 인정하는 것이라네. 다시 말하면, 반드시 모든 인식은 직관으로부터 출발하고 직관으로 돌아올 수 있어야만 한다는 것일세(Pestalozzi, 1991, p. 229).

Pestalozzi는 자신의 국민 대중교육 이념과 수 · 형 · 어 방식이란 직관화 교육방법(die Methode der Veranschaulichung)에 대한 구상을 담은 다수의 저서와 초등교육용 수학 교과서를 집필하였다. 《게르트루트는 그의 아이들을 어떻게 가르치는가》(*Wie Gertrude ihre Kinder lehrt*, 1801)는 아동의 본성에 충실한 인간교육을 지향하는 국민교육 이념과 그를 구현하기 위한 교육방법을 14통의 서간문 형태로 기술한 Pestalozzi의 3대 저작 가운데 하나로 꼽히는 책이다. 이 책에서 Pestalozzi는 그의 기초 도야의 이념 가운데 중핵을 차지하는 정신력 도야의 방법론으로서 사물의 본질을 바르게 인식하는 직관력을 도야하고자 한 수-형-어 교수방법론을 기술하고 있다. 그는 가장 단순한 기본요소의 파악에서부터 시작하여 주요 개념을 철저하게 익히며, 개념 사이의 연관성의 학습을 철저히 하고, 심리적인 계열성을 존중하여 직관력을 키우는 데 궁극적인 목표를 두도록 요구하였다. 다음은 이 책과 그의 가정교육론에 대한 저작 *Letters on Early Education, addressed to J. P. Greaves by Pestalozzi, 1818-1819*(1803)의 내용 가운데 그의 수학 교육 사상을 잘 드러내는 부분을 살펴보기로 한다. 여기서 우리는 Boyd (1994, p. 476)가 "교육 문제에 관한 한, 하인리히 페스탈로찌(1746~1827)는 칸트 자신보다 더 훌륭한 칸트주의자였다"고 칭송한 까닭을 알 수 있을 것이다.

> 모든 교육의 목표는 인간의 제반 능력을 향상시키고 제반 개념들을 명확히 하는 것일 뿐이며, 그것 이외의 어떤 것도 교육의 목표가 될 수 없다 … 인간을 교육할 때 혼란, 결점, 피상성을 방지하는 가장 중요한 수단은 원칙적으로 어린이가 인식의 가장 본질적인 대상에 대한 첫 인상을 그가 최초로 직관할 때 가능한 한 정확하게, 가능한 한 올바르게, 가능한 한 포괄적으로 지니도록 돌보아주는 것이라네. … 자연의 영원한 법칙에서 추출해 낸 보다 좋은 권능의 손에 맡기는 일을 시작하지 않으면 안 된다네. … 어린이를 교육의 목표, 즉 명확한 개념에 이르게 하려면 우선 모든 인식 분야에서 매우 세심하게 문제가 되는 분야의 가장 본질적인 특징을 시각적으로 분명하게 지니고 있으며 따라서 그 분야의 본질과 가변적 성질을 구분하게 하는 데 적합한 대상들을 어린이의 눈앞에 제시하는 것이라네. … 이렇게 되면 어린이가 안전한 길 위에서 대상의 본질과 그의 내적 진리를 깊이 의식함으로써 그 대상의 우연적 가변성들을 매우 간단하게 파악하고, 열려 있는 책과 같이 전체 자연을 읽을 수 있는 힘을 나날이 기를 것은 의심할 여지가 없는 것일세. … 이 안전한 길을 걷게 되는 어린이는 나날이 진리에서 진리로 나아가는 것이라네. … 이러한 숭고한 목표를 달성하기 위하여, 그 수단을 조직하고 확보하기 위하여, 그리고 무엇보다도 감각 대상에 대한 최초의 직관 인상에—오류를 방지하고 진리 일반을 확립하는 인식 수단의 빈틈없는 순서를 설정하기 위한 토대로서—매우 중요하게 요구되는 포괄성과 정확성을 부여하기 위하여, 나는 특히 《어머니의 책》에서 온갖 힘을 기울였다네(Pestalozzi, 1991, pp. 245-251).

> 이 명제들은 전체적으로 세 가지 근원을 가지고 있다고 생각되네. 첫 번째 근원은 자연 그 자체라네. 이 자연의 힘에 의해 우리의 정신은 모호한 직관에서 명확한 개념으로 나아가는 것일세. … 복잡하게 뒤엉킨 감각적 인상도 단순한 기본요소들로 이루어진다. 이런 기본요소들을 확실하게 파악하기만 하면 복잡하게 뒤엉킨 것도 단순하게 되는 것이다. … 두 번째 근원은 이러한 직관능력과 뒤섞여 있는 인간 본성의 감각이네. … 세 번째 근원은 인간의 외적 상황과 인간의 의식능력과의 관계에 있네(Pestalozzi, 1991, pp. 139-142).

> 나는 오랫동안 이러한 모든 인위적 교육수단들의 일반적인 심리적 근거를 찾으려고 했네. 왜냐하면 이 심리적 근거를 찾아야만 인류의 교화가 자연 그 자체의 본질을 통해서 규정되는 형식을 발견할 수 있다고 확신했기 때문이네. 다음과 같은 점은 분명한 것이었네. 즉 이 형식은 인간 정신의 일반적 구조에 그 토대를 두고 있으며, 이에 의하면 인간의 이해력은 감각이 자연으로부터 받은 인상들을 인간의 표상 속에서 하나로 통일시키고, 다시 말해서 하나의 개념으로 파악하고, 그런 다음에 이 개념을 점차로 명확한 것으로 발전시켜 나가는 것이네. '모든 선, 모든 측정량, 모든 언어는 성숙된 직관에 의해 생기는 이해력의 결과이며, 우리의 개념을 점진적으로 명확하게 만드는 수단으로 간주되어야만 한다'고 나는 스스로에게 말하곤 했네. 또한 '모든 교육은 이것 이외에 다른 것일 수 없기에, 교육의 원칙은 인간의 정신 발전의 불변적 원형으로부터 추출되지 않으면 안 된다. 따라서 모든 것은 이 원형에 대한 정확한 지식을 갖느냐 못 갖느냐 하는 데에 달려 있다'는 독백도 했네. 그렇기 때문에 나는 이 불변적 원형을 이끌어내야 할 출발점을 계속해서 되풀이하여 새로이 파악했다네(Pestalozzi, 1991, p. 147).

Pestalozzi는 그의 유아교육서한에서 직관도야의 제1법칙 곧, 교육은 사물이 만들어 내는 인상을 기초로 해서 전개되어야 하며 그렇게 되려면 교육은 사물을 통해서 진행되어야 한다는 사물에 의한 방법과, 직관도야의 제2법칙 곧, 아동의 마음이 닿을 수 있는 것, 마음의 성장 순서와 일치시켜 아동이 스스로 자발적으로 활동하게 하는 방법, 그리고 이를 바탕으로 한 자연스러운 정신도야, 사고력 도야 방안인 수・형・어에 의한 기초교육 방법론을 주장하였다(김정환, 1989, pp. 212-213). Pestalozzi는 개념적 사고는 사물을 직관적으로 인식하는 것에서 출발하며, 사물에 대한 직관적 인식은 수적 인식, 형의 인식, 그리고 언어적 인식에서 출발하기 때문에 수, 형, 어 직관을 바탕으로 한 사고력 도야방안을 그의 교수방법의 기본으로 삼았다.

사물에 대한 직관에 의한 감각적 인식으로부터 명확한 개념에 이르게 함으로써 사고력 도야의 기초를 확립하려는 교육의 목적을 달성하기 위한 Pestalozzi의 소위 합자연적인 수・형・어 방식에서, 우리는 기본적인 인식 형식으로서의 수학에 특별한 인간교육적 지위를 부여한 그의 혜안과 그를 위해 그가 고안한 합자연적인 초등수학의 교수방법을 찾아볼 수 있다.

> 일련의 교육방법에 대한 견해의 출발점 혹은 인류의 교화를 인간성 그 자체의 본질을 통해 결정할 수 있게 하는 형식의 출발점을 확실하게 규정할 수도 없었네. 그러나 마침내 … '인간의 모든 인식은 수, 형, 언어(단어)로부터 출발한다'는 생각이, 내가 노심초사하고 있던 문제에 대해 갑자기, 너무도 극적으로 새로운 빛을 던져 주는 것처럼 보였네. … 혼란스럽고도 모호하게 자신의 눈앞에 출현하는 어떤 대상을 정확하게 분석하고 이를 점차적으로 명확하게 하고자 하는 경우에 … 항상 다음의 세 가지 관점에 주목할 것이며, 또 주목하지 않으면 안 될 것이네. 1) 얼마나 많은 사물이 눈앞에 있는가. 2) 그들이 어떻게 보이는가. 그들의 형태와 윤곽은 어떠한가. 3) 그들의 명칭은 무엇인가. 그는 대상 하나하나를 음성을 통해서, 단어를 통해서 어떻게 표현할 수 있는가. 하지만 이러한 행위가 성과를 거두려면 이를 행하는 이에게는 분명히 다음과 같은 힘이 미리 형성되어 있어야만 하네. 1) 서로 같지 않은 대상들을 그 형태에 따라 분별하고 내용을 표현해 내는 힘. 2) 이렇게 분류된 대상의 수를 파악하고 그 개수를 단수 혹은

복수로 표현해 내는 힘. 3) 수와 형태에 따라 표현한 대상들을 언어를 통해 재차 표현하여 잊혀지지 않게 하는 힘. 그래서 나는 수와 형과 언어는 모두 다 교육의 기본적 수단이라는 판단을 내렸네. 이 세 기본적 수단에 의해서 어떤 대상의 외면적 성질들의 총합은 윤곽(형)의 범위와 그들의 수관계에서 하나의 통일체로 형성되고 언어를 통해 의식화되기 때문이네. 따라서 교육방법은 이 세 가지 기본요소들로부터 다음의 세 가지 활동을 한다는 점을 교육방법 형성의 불변적 법칙으로 삼지 않으면 안 되네. 1) 어린이의 의식에 전해지는 각각의 대상들을 하나의 단위로 파악하도록, 즉 그 대상과 연관된 것으로 보이는 것들을 분리해 내서 파악하도록 어린이를 가르치는 일. 2) 각각의 대상들의 형, 즉 그들의 크기와 비례관계를 어린이가 알도록 가르치는 일. 3) 가능한 한 일찍부터 어린이가 인식할 수 있는 모든 대상을 표현할 수 있는 말과 명칭을 어린이에게 알려 주는 일. 올바른 교육방법은 무엇보다도 이 세 가지 교육의 출발점(수, 형, 언어)이 가능한 한 단순하고 포괄적으로, 그리고 서로 조화를 이루도록 하는 일을 그 최초의 과제로 삼지 않으면 안 되네. 이는 아이들 교육이 이 세 가지 기본요소로부터 출발해야 한다는 것과 똑같이 분명한 것이라네. … 일체의 대상은 무조건적으로 수와 형과 명칭을 공통적으로 소유하지만, 그 어떠한 대상도 오관을 통해서 파악되는 이들 이외의 다른 성질을 대상들과 공유하고 있지 않기 때문이네. … 게다가 이 기본적인 성질(수, 형, 명칭)은 우리가 한번 보기만 하면 그대로 파악될 수 있는 정도여서 우리는 이 성질에 따라 상이한 대상들을 구별할 수 있게 된다네. … 이 세 가지 사물의 성질 이외의 다른 어떤 성질도 인간 인식의 기본요소로 볼 수 없다는 것일세. … 우리의 오관을 통해 알려지는 대상의 기본적인 성질 이외의 다른 모든 성질은 인간 인식의 이 세 가지 기본요소에 직접적으로 연결될 수 있다는 점, 따라서 어린이를 가르칠 때 나머지 다른 성질에 대한 지식은 수 · 형 · 명칭에 대한 사전지식에 직접적으로 연결되지 않으면 안 된다는 점을 알게 된 것이네. 이제 나는 어떤 대상의 단위(수) · 형 · 명칭을 앎으로써 그 대상에 대한 나의 인식이 확실한 인식으로 되고, 점차적으로 그 대상의 다른 성질들을 인식함으로써 나의 인식은 간명한 인식이 되고, 그 대상의 모든 특징의 관련성을 앎으로써 나의 인식은 완전히 명확한 인식이 된다는 점을 알았다네(Pestalozzi, 1991, pp. 150-153).

Pestalozzi에 따르면 마음은 최초의 혼란스러운 감각 인상에서 시작하여 이를 명료화하고 그것이 명확한 개념으로 발전해 간다. 따라서 정신력의 도야는 혼란된 감각 인상을 정리하여 명확하게 인식하는 데에서 출발하여야 한다. 아동이 직접 사물을 눈으로 보고 손으로 만지는 경험을 하면서 감각 인상을 형성하게 한 다음, 이를 내적 직관에 의하여 사물의 내적 관계를 인식하여 명확한 관념이 형성되도록 해야 한다. 여기서 요구되는 것이 소위 '직관의 ABC(ABC der Anschauung)'이다. 사물에 대한 감각 인상이 내적 직관을 통하여 명확한 관념으로 변형되기 위해서는 사물을 형에 의하여 분류하고 수에 의하여 분류하며 마지막으로 언어에 의하여 그 속성을 깊게 규정하는 과정을 거쳐야 한다고 보고, 형 · 수 · 어(Zahl-Form-Wort)의 직관을 '직관의 ABC'라고 부른 것이다. Pestalozzi에게 형 · 수 · 어의 직관은 모든 인식의 바탕이 되는 기본적인 직관이다. 이는 Kant가 말하는 인식의 바탕이 되는 감성의 선험적 형식인 시간직관과 공간직관, 그리고 오성의 선험적 개념인 범주의 작용을 통해 구성된 수와 도형 개념이 Kant가 그렇게 생각하였듯이 모든 인식의 기초가 된다는 의미라고 생각된다. 먼저 형을 정확히 판단하여 사물의 공간적인 관계를 파악하고, 수적인 관계를 이해하여 사물의 크기와 순서를 알고, 다시 그것을 명확한 언어와 결합하여 안으로는 사물의 명확한 관념을 확립하고 밖으로는 표현 능력을 발전시키게 된다. 이렇게 형성된 기본적인 내적 직관은 자발적 탐구 활동을 일으키는 힘을 갖고 있어 아동은 점차 지식의 범위와 깊이를 확대해 가게 되고 지적 능력이 발전한다는 것이다. Pestalozzi는 이와 같은 학습을 자연스럽게 마음의 성장 순서에 따라 진행시키기 위해 요소 분석적 심리적 방법을 구사하였는데, 이는 지식의 교육은 그 원형적 요소를 분석하여 기초 직관을 다지는 것에서 출발해야 한다는 것이다. 따라서 Pestalozzi에게 수학학습은 '수-형-어' 방식에 의한 판명한 인식력 도야, 사고력의 도야, '진리감각'과 진리에의 동경심 함양을 위해 생각하면서 배우고(denkend lernen) 배우면서 생각하는(lernend denken) '정신체조'이며, 합리적 생활과 생산력의 바탕이 되는 '두뇌의 질서' 함양과 정신적 기술력의 수련이었다. 그에게 수학은 사고력을 중핵으로 하는 일반력 도야를 위한 영혼의 조작(Operationen der Seele)이며, 누구나 걸을 수 있는 公道였다. Pestalozzi에게 그러한 '마음의 수학'은 사물에 대한 아동 자신의 직관적인 활동경험을 통해서만 내적 직관으로 구성될 수 있는 것이었다. 그에게 합자연적인 수・형・어 교육은 인간도야의 최선의 수단이므로, 교사의 주요한 임무는 기하와 산술과 언어의 각 분야에 대하여 그 기본 개념을 '요소화(elementarisieren)'하고 계열화하여 그러한 순서에 따라 아동의 내적 직관을 도야하는 일이며, 그는 이를 위해 여러 가지 직관표와 교구를 구안하여 사용하도록 하였다. 그가 자와 컴퍼스의 사용을 금지하고 손으로 그리기를 강조하고 목측을 중시한 것도 내적 직관을 중시했기 때문이었다. Pestalozzi는 산술을 단위 1의 가감승제로, 도형을 선분과 곡선으로 구성된 것으로 보고 그 직관적 구성을 중시하였으며 간단한 근거에 바탕을 둔 '작은 추리'를 요구하였다. 이와 같이 내적 직관 곧, 마음의 수학의 구성을 통하여 정신력, 사고력을 도야하려 한 '수-형-어' 방식, '직관-언어-사고(Anschauung-Sprache-Denkkraft)' 방식이 그의 교육방법 'Methode'의 도식이었다(김정환, 1970).

그러나, Pestalozzi에게 인간도야의 초석은 사고력 도야를 바탕으로 높은 인간성의 힘을 기르는 일 곧, 도덕성의 도야이며, 그의 기초도야의 이념이 궁극적으로 추구하는 바는 인간 내견의 순화, 선천적인 도덕적 힘의 계발, 인간본성의 회복임에 주목해야 한다. 도덕성(Sittlichkeit)의 도야는 그의 교수법 'Methode'의 궁극적인 목표였다.

> 나는 직관과 교육을, 감각적 메커니즘과 순수오성의 진로를 조화시킬 수 있었으며 이 방법을 통해서 … 교육을 진리의 길로 되돌려 놓았네(Pestalozzi, 1991, p. 254).

> 알 수 없는 것은 인류가 교수와 교육을, 한편으로는 우리의 정신을 모호한 직관으로부터 명확한 개념으로 이끌어 올리는 물리적 메커니즘의 법칙과, 다른 한편으로는 우리의 내적 본성의 감정과 — 이 감정이 서서히 발전되면서 우리의 정신은 도덕적 법칙의 인정과 존중으로까지 고양됨 — 조화시키려는 노력을 하지 않는다는 것일세.(Pestalozzi, 1991, pp. 282-283)

Pestalozzi는 심성함양을 위한 디딤돌로서의 수학의 교육적 가치를 믿었다. 그에게 수학은 기본적인 인식 형식의 개발, 사고력 도야, 정신적 기술력 개발을 위한 체조이며 생산력 개발의 수단이었을 뿐만 아니라, 진리감각의 함양과 도덕성 도야를 위한 가장 적절한 수단이었다. Pestalozzi에게 산술과 기하 교육은 정서도야와 도덕성 함양으로 이어져야 하는 것이었다. Pestalozzi는 아동의 계산이 매우 명료하고 정확한 감각적 인상의 결과가 되기를 바랐으며 그럼으로써 아동을 진리에 대한 감수성에까지 인도하기를 바랐다. 그에게 '계산정신과 진리감각(Rechnungsgeist und Wahheitsinn)을 분리시키는 자는 신이 결합시킨 것을 분리하는 자'였다. Pestalozzi는 수학학습을 통해 수학의 확실성과 그 속에 내재하는 아름다운 법칙을 음미함으로써 세계와 자연을 지배하는 보편적인 법칙에 대한 감각을 기를 수 있어야 한다고 보았다. Pestalozzi에게 '직관의 ABC'는 순수한 정신적 활동의 도야에 관여하는 모든 가능한 도야의 일반적 기초가 되는 것이며 그는 이를 '순수 수학(reien Mathematik)', '영혼의 조작'이라고 불렀다. 직관과 계열화 원리를 기초로, '생각하면서 배우는' 가운데 인간 정신에 질서를 부여하고 사고하는 힘을 도야하고 진리감각을 불러일으켜 진리를 추구하는 도덕적인 인간이 되도록 하려는 것이 그의 교수방법 'Methode'이었다(김정환, 1970).

Pestalozzi는 교사가 직관적 방법으로 수와 도형을 다루는 초등학교용 지침서인 《양관계의 직관론》(1803)과 《수관계의 직관론》(1803-4)을 스위스 정부의 지원으로 출판하였는데, 이는 고등교육용인 《Euclid원론》과 중세 계산학교용 교과서가 아닌 초등학교용 산술 및 기하교과서로 최초의 것이라는 역사적 의의를 갖는 것이기도 하다. 공리론인 《Euclid원론》과 대비되는 비형식적 직관기하 교과서의 개발, 계산 기술의 습득보다 인간의 일반적 도야를 위한 산술교과서를 개발한 것, 나아가 수학을 인간교육을 위한 교과로서 교육학적으로 자리매김을 하고 그 구현을 위한 교과서를 집필하였다는 것은 수학교육사적 의미가 매우 크다고 생각된다. Pestalozzi는 독일 초등학교의 산술 및 초등기하 교육에 방법론적 교수학(methodischen Unterricht)을 도입한 최초의 학자로 독일 수학교육사를 구분하는 인물로 평가되고 있다. 《양관계의 직관론》은 '직관의 ABC'라는 부제가 붙은 교과서로 측정과 작도의 기초가 되는 도형을 직관적으로 다룬 초등 직관기하 교과서이다(김정환, 1970). 다음에는 《게르트루트는 그의 아이들을 어떻게 가르치는가》와 《어머니의 책》 그리고 이들 교과서를 중심으로 Pestalozzi의 산술 교수법과 초등기하 교수법을 살펴보기로 한다.

1) 수와 산술 교수법

Pestalozzi는 초기에 교육을 통한 사회개혁을 모색하여 실용적 관점에서 수학교육을 실천하였는데, 빈민의 경제적 구제를 위해 빈민노동학교에서 간단한 계산교육과 초등기하 교육을 실시하였다. 생활에 질서가 없는 가정에 가계부를 작성할 수 있게 함으로써 생계를 계획적으로 꾸려가게 하고 가정의 질서를 회복시키고자 하였으며, 수공업적 기술습득에 필요한 기본적인 계산과 수량관계를 파악시키고자 하였는바, 그에게 계산하는 것은 '직업생활을 보장하는 복지의 기초'이었다. 그는 우선 숫자를 바르게 읽고 쓰는 법을 가르친 다음에 계산 지도를 하였다. 특히 사칙연산에 의한 수의 합성과 분해, 덧셈과 뺄셈 및 곱셈과 나눗셈의 역연산 관계를, 패턴에 따라 수를 나열한 표를 통해 말로 나타내도록 지도하였는데 이는 주목할 점이다. 또한 문제풀이에 유용한 전통적인 비례산인 삼수법을 다루었다. 그리고 가계부에 화전과 농기구의 형태까지 기록하도록 한 것도 흥미로운 점이다(김정환, 1970).

Pestalozzi는 프랑스 혁명(1789)을 계기로 봉건사회 체제에서의 빈민의 경제적 구체를 위한 생활교육 이념을 떠나 교육을 통한 인간의 내면적 구제를 추구하는 교육이념을 추구하게 되었다. 따라서 가계부 작성과 수공업적인 직업기술 습득을 위한 실용적 관점에서의 Pestalozzi의 초기의 수학교육은 인간도야(Menschenbildung), 산업인(Mann der Industrie)의 근본력 도야를 강조하는 기초 도야의 이념을 추구하면서 발전적으로 강조점이 변하였다. 위에서 살펴본 바와 같이 교육의 출발점에서 자연이 인간성을 도야하는 과정과 결부된 합자연적인 교육수단의 탐구에 진력하였으며 '수-형-어' 방식을 바탕으로 한 사고력 도야 중심으로 방법적 교수학이 체계적으로 전개되었다. Pestalozzi는 인식의 기본적 수단인 수와 산술의 특성에 대하여 다음과 같이 기술하고 있다.

> 산술은 … 인간이 지닌 어떤 기본적인 힘의 단순한 결과에 불과하네. 이 기본적인 힘이란 모든 직관 대상들 간에 존재하는 많고 적음의 관계를 우리가 의식하도록 해주고, 또 이 무한한 많고 적음의 관계를 극도로 명확하게 표현해 주는 힘을 말한다네. 음성과 도형은 빈번히 여러 가지 오류나 착각을 일으키지만, 수는 그렇지 않네. 수만이 오류가 없는 결과를 낳는다네. … 교육의 목표-명확한 개념-를 가장 확실하게 실현하는 교육수단(산술)이 여러 교육수단들 중 가장 중요한 것으로 간주될 수밖에 없다면, 이 산술은 일반적으로 그리고 특별한 배려와 뛰어난 솜씨로 다루어져야만 하네(Pestalozzi, 1991, pp. 213-214).

Pestalozzi에게 수는 판명한 인식에 이르게 하는 기본적인 인식 수단이며 계산은 오류가 없는 객관적 결과를 산출함으로써 진리감각을 가져다는 매우 중요한 정신도야 수단이다. Pestalozzi는 먼저 산술의 바탕인 수 관계의 '내적 진리'를 인식시켜야 한다고 보고, 그 직관적 교수 방법을 다음과 같이 기술하고 있다.

> 수 역시 직관의 기초가 없다면 우리의 정신에 대해서는 무의미한

것이네. 어린이는 수를 수의 관계로서, 즉 많고 적음을 분명히 파악할 수 있기 전에 이 수들의 관계들이 나타날 수 있는 모든 형식의 내적 성질을 인식하지 않으면 안 된다네. 그래서 나는 《어머니의 책》에서 10까지의 수를 손가락, 손톱, 나뭇잎, 점들로 그 다음엔 삼각형, 사각형, 팔각형 등 여러 가지 다양한 방법으로 앞서 말한 시기의 어린이가 감각적으로 지각(직관)하도록 해주었다네. 나는 세 개의 기본 영역에서 이러한 일을 하고 단순한 직관을 모든 감각적 인식의 절대적 기초로 확립한 다음, 다시 이 세 영역에서 직관을 전체적인 직관의 기술로까지 높인다네. 즉, 직관을 통해 직관의 대상들을 나의 판단 및 기술적 숙련의 대상들로 파악하는 수단으로 끌어올린다는 말일세. … 《어머니의 책》을 통해서 아직 말을 못하는 어린아이에게 10까지의 기본수의 개념을 분명하게 의식하도록 가르친 다음, 하나의 단위에 점차로 하나씩 덧붙여 가는 방식을 통해 모든 사물의 많고 적음에 대한 표현, 즉 2라는 수의 성질, 그 다음 3이라는 수의 성질 등을 어린이가 알게 되도록 한다네. 이렇게 하여 먼저 계산법의 출발점을 어린이들이 가장 명확하게 직관하도록 해주고, 이와 동시에 이들을 표현하는 언어적 양식을 어린이들이 잊지 않도록 주지시켜 주는 것이네. 그래서 나는 산술의 초보 단계를 단축적으로 진행시키는데, 그 차례란 최초의 출발점에서 보면 깊이 인상지어진 직관적 판단들로부터 조금씩 덧붙여지는, 예컨대 1에서 2로, 2에서 3으로 증가되는 식으로 직관으로 나아간다는, 심리적으로 보다 더 신뢰할 만하고 틈이 없는 진전이라네. 경험한 바에 따르면 어린이들이 어떤 종류의 계산에서도 그 초보단계를 완전히 이해한 경우에는 그 이상의 도움이 없어도 이 일련의 순서가 본질상 당연히 안내하는 곳까지 나아갈 수 있게 되네. … 수에 대한 교육을 단순화하고 명확하게 하기 위해 내가 하는 일 중 가장 중요한 것은 직관이란 수단을 통하여 모든 수의 관계에 있어서의 내적 진리를 어린이들이 의식하게 하여 잊혀지지 않도록 하는 것뿐만 아니라, 이 직관의 진리에 대한 의식을 기하학의 진리와 결합시켜 정사각형을 직관기술과 산술에 공통적 기초로 설정하였네(Pestalozzi, 1991, pp. 235-237).

여기서 정사각형을 직관기술과 산술에 공통적인 기초로 설정하였다는 것은 무엇을 의미하는가. Pestalozzi는 자신의 생애의 의의는 정사각형을 국민도야의 기초로 삼은 것에 있다고 술회하였다고 한다. Euclid기하학은 삼각형 기하학이라고 할 만큼 삼각형은 기본적인 도형이다. 그런데 Pestalozzi에게 뒤에서 살펴볼 도형 교수법에서 '직관의 ABC'의 기본은 정사각형이며 아동의 수학은 사각형의 수학이다. 도형지도에서 그 기초로서 사각형의 학습을 우선시킴은 물론이고 자연수와 분수 및 그 계산 지도를 위해 그가 고안한 단위표와 분수표가 정사각형으로 구성되어 있는 것이다. 그리고 Pestalozzi는 언어적 설명식 교육을 단호히 거부하였으나, 직관적 방법과 함께 개념을 의식화시키고 명확히 규정하며 의미에 객관성을 부여하는 데 기여하는 수학적 용어의 사용을 매우 중시하고 있다.

> 수의 요소나 계산의 예비연습 수업은 아이들에게 수의 단위를 나타내는 어떤 사물을 보여주면서 진행되어야 합니다. 어린이는 두 개의 콩, 두 송이의 장미, 두 권의 책은 이해합니다. 그러나 이것으로 '둘'이라는 개념을 바로 추상적으로 이해하기는 어렵습니다. 실제적으로 어떤 물체를 보여주지 않고 둘에다 둘을 더하면 넷이 됨을 어떻게 이해시킬 수 있겠습니까. 추상적인 관념으로 가르치기 시작하는 것은 교육적이기보다는 불합리하고 유해합니다. … 손쉽게 접할 수 있는 물체로 공부하는 방법을 익힌 아이들은 다음 두 가지 큰 이점이 있다는 것을 저는 경험으로 알았습니다. 첫째는, 아이들이 스스로 현재 하고 있는 일이 무엇인가, 그 이유는 무엇인가를 알고 있다는 것이지요. 왜 해답이 이렇게 나오는가에 대한 원리를 알게 된다는 것이지요. … 이 방식은 한편으로는 신뢰감과 안정감을 자아내며 동시에 많은 즐거움을 안겨줍니다. … 이 같은 직관적인 기본연습으로 교육받은 아이들은 뒤에 암산에 뛰어난 기술을 나타냅니다. 이것이 두 번째 이점입니다. … 어린이의 교육은 현실에서 찾은 실례로 진행되어야 합니다. 절대 추상에서 유도한 법칙으로 진행시키지 말라. 즉 말로 가르치지 말고 사물로 가르치라(Pestalozzi, 1989, pp. 158-160).

Pestalozzi는 산술지도의 기본원리를 다음과 같이 기술하고 있다.

> 교육의 궁극적 목표를 달성하는 데 가장 중요한 점은 산술 역시 물리적 메커니즘의 불변적 법칙에 대한 포괄적 지식과 심도 있는 심리학이 제공할 수 있는 모든 장점을 지닌 형식으로 이루어져야 한다는 점일세. 따라서 나는 산술에 특별한 노력을 기울였다네. 나는 인간의 정신 속에서 산술의 기본요소들을 자연의 실제적 인상이 보여주는 단순성으로 환원시키려고 노력했을 뿐만 아니라, 이들이 변화하면서 이룩하는 모든 발전을 정확하고 빈틈없이 그 출발점의 단순성에서부터 풀어 가려고 노력했다네. 왜냐하면 산술이 자연 그 자체에서 단순성을 출발점으로 하여 보여주는 발전순서와 동일한 순서를 밟으면서 인간의 정신 속에서 발전하지 않는 한, 이 산술이라는 교육수단은 아무리 그 극한까지 적용된다 하더라도 명확한 개념과 순수한 통찰력에 이르게 하는 진실한 교육수단이 될 수 없다고 확신하고 있기 때문이라네. 산술은 전적으로 여러 개의 단위를 단순히 묶고 분리하는 것에서 생기는 것이라네. 산술의 기본형식은, 이미 언급한 바와 같이, 본질적으로는 '하나 더하기 하나는 둘, 둘 빼기 하나는 하나'이네. 또한 어떤 수든 각각의 수 자체는 모든 계산의 이러한 본질적 원형을 단축한 수단에 불과하다네. 그러나 중요한 것은 이 계산의 단축수단으로 인해 수관계의 원형에 대한 의식이 인간의 정신 속에서 약화되어서는 안 된다는 것이며, 오히려 그 의식이 산술을 가르치기 위해 사용되는 여러 방식을 통해 상당히 정성스럽게 인간의 정신 속에 깊이 인상지어져야 하고, 이 계산 기술의 발전은 모든 계산에 기초가 되는 사물의 실제적 관계에 대한 의식을 인간의 정신 깊이 유지시키는 견실한 목적 위에서 이루어져야 한다는 점일세(Pestalozzi, 1991, pp. 214-215).

Pestalozzi가 강조한 것은 수와 산술의 핵심은 단위 1이며 계산은 단위의 조작이라는 것이다. 이를테면, 7은 단위 1이 일곱 번 더해진 것이며, 3+4=7은 1 세 개와 1 네 개가 모인 것은 1 일곱 개가 된다는 것을 Pestalozzi는 수관계의 원형, "수의 내적 진리"라고 부르고 아동은 이를 명확히 인식해야 한다고 본다. 모든 계산의 원형인 '수의 내적 진리'를 완전히 의식하고 계산의 단축 수단인 수에 익숙하게 되면 확고한 직관적 기초에 의해 어린이들에게 산술은 믿을 수 없을 정도로 쉬워진다고 보고 학습방법을 다음과 같이 제시한다(Pestalozzi, 1991, pp. 216-219).

Pestalozzi의 산술교육에서 특기할 점은 '직관의 ABC'가 조화를 이루도록 산술을 언어와 통합하여 가르친다는 점이다. 철자판(spelling-board) 위에 문자패(letter-tablet)를 올려놓고 그 문자를 배울 때 수의 관계도 알도록 지도한다. 철자판 위에 문자패를 한 개씩 올려놓아 가면서 하나로부터 시작하여 하나씩 더해, 하나부터 열까지 완전히 파악하고 말할 수 있도록 한다. 다음에는 문자패를 차례로 두 개, 세 개 올려놓고 두 개는 한 개의 두 배, 세 개는 한 개의 세 배임을 분명하게 의식하면, 둘은 하나의 두 배, 셋은 하나의 세 배임을 파악하도록 하여 덧셈, 곱셈, 나눗셈의 간단한 기초를 직관적으로 습득하게 한다. 그 다음 문자패를 한 개씩 세어 열까지 센 다음 한 개씩 차례로 떼어 내어, 열보다 하나 적으면 아홉, 아홉보다 하나 적으면 여덟, … 둘보다 하나 적으면 하나와 같은 방식으로 뺄셈을 다룬다. 다음에는 하나에 둘씩 차례로 더해 가면서 하나 더하기 둘은 셋, 셋 더하기 둘은 다섯, 다섯 더하기 둘은 일곱 등으로 스물하나까지 덧셈을 한다. 그 다음 스물하나에서 둘씩 차례로 빼 가면서, 스물하나보다 둘 적으면 열아홉, 열아홉보다 둘 적으면 열일곱 등으로 뺄셈을 다룬다. 그 다음에는 하나에 셋씩, 넷씩 차례로 열 번 더해 가면서 마찬가지 방식으로 덧셈과 뺄셈을 다룬다. 문자패를 사용하는 구체물을 통한 수 관계의 이러한 직관적인 취급은 이후 점과 선을 사용하는 계산표를 이용한 연습을 통해 강화된다. 그렇게 되면 수 관계에 대한 아동의 의식은 매우 강해져서 숫자를 사용한 단축방법은 직관에 기초하지 않아도 놀랄 만큼 쉬워지며, 아동은 이러한 직관의 성과로 명확한 계산 개념에 이르게 된다고 본다.

Lietzmann(1912, S.29)은 자연수에 대한 관점을 세 가지로 분류하였다. 곧, 기수적 관점에서 집합의 동시적 파악을 강조한 직관론자(Anschauer), 수를 수열의 요소로 보고 잇달은 파악을 앞세운 세기주의자(Zähler), 수를 연역적 수체계의 구성요소로 보는 체계론자(Systematiker)로 분류하고,

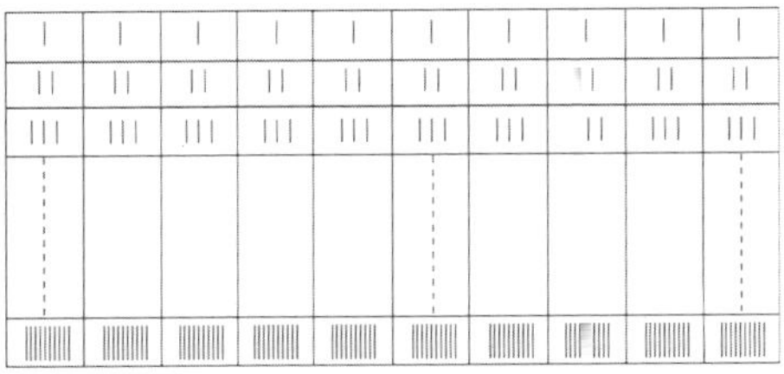

그림 3-2.

Pestalozzi를 직관론자로 보았다. 물론 집합론이 탄생하기 이전이므로 Pestalozzi의 생각은 Cantor의 집합론에 따라 대응개념을 앞세운 20세기 중반의 '새 수학'에서의 SMSG 방식의 기수개념 지도와는 다른 것이며, 수를 개체로 간주하고 구체물의 모임, 數圖(Zahlbilder), 직관표를 이용한 개별 단위 모임의 직관적인 동시적 파악을 강조하는 입장이었다.

Pestalozzi에게 단위 1은 수의 절대적 기초이며 산술은 단위 1의 결합과 분해 조작이다. 그는 수와 산술지도에 콩이나 셈돌, 손가락 등의 구체물, 반구체물인 선분, 언어 교수에 사용하는 문자패, 위의 그림 3-2와 같은 수관계의 직관표 곧, 단위표(Einheittafel)(김정환, 1995, p. 170)와 다음에 소개할 2가지 분수표를 이용하였다. 그의 산술교과서 《수관계의 직관론》에서는 다음과 같은 내용을 다루었다. 신체의 부분이나 구체물을 이용한 수 세기로부터 계산으로 나아가도록 하고, 수 세기와 측정하기를 함께 다루고, 단위표를 이용하여 단위 1의 누가에 의한 10까지의 수의 구성, 20까지의 수의 분해, 곱셈 구구, 인수분해, 수의 다양한 분해와 합성, 배수와 약수, 몫, 제수와 피제수 구하기, 비례산(삼수법), 수의 대소관계를 다루었고, 분수표를 이용하여 분수와 그 가감승제를 다루었고, 수평선, 수직선, 정사각형을 다루면서 분할분수를 함께 다루었다. 직관의 뒷받침을 받지 않는 수의 필산법을 배격하고 시각적 직관에 호소하기 위해 직관표와 함께 평행한 두 선분을 분할한 선분표(Linientabelle)를 이용하여 곱셈구구와 분수계산을 다루었다. 직관표를 이용한 계산과 그에 기초한 암산(Kopfrechnen)을 정신을 도야하는 자연스러운 수의 조작으로 보고 매우 중시하였으며, 숫자셈(Zifferrechnen) 알고리즘은 수의 본질 파악과는 무관계한 기계적인 것으로 보고 금하였다. 그리고 단위표와 분수표를 이용한 분수와 그 계산을 특히 중시하였다. Pestalozzi의 목표는 수의 본질을 직관할 수 있는 머리를 도야하는 것으로 그는 이를 수셈(Zahlrechnen)이라고 불렀다. Pestalozzi의 교과서는 지도 원리를 기술한 서문과 연습문제표로 구성되어 있는데, 연습문제표는 구구나 분모가 같은 분수나 계산 문제를 계열적 단계적으로 구성한 표로서 표에 제시된 내용을 리드미컬하게 제창하면서 수업을 진행하도록 구성되어 있다. 그리고 Pestalozzi의 교과서에서는 먼저 콩, 셈돌, 나무토막 같은 구체물을 콩 한 개, 돌 하나, 나무토막 한 개 등과 같이 명수로 세는 것으로 시작한다. 다음에는 이들을 반구체물인 선분으로 나타낸 다음에 숫자로 나타낸다. 다시 말해 구체물, 반구체물, 숫자의 표현 단계를 거쳐서 수를 추상한다. Pestalozzi에게 정신력은 진리감각 및 도덕성과 밀접하게 관련되어 있으므로 도덕성이 약한 아동은 정신활동인 산술의 학습에도 약하다. 수의 직관적 파악은 표상력을 요구하며 표상력은 상상력을, 상상력은 기억력을 낳는다. 아동의 심신이 활발하지 않을 때에는 이러한 '영혼의 조작'은 기대할 수 없다. 정의로부터 출발하는 무의미한 사고훈련보다 아동의 정신발달 단계에 따라 직관적 대응물의 뒷받침을 제공하면서 사고훈련을 제공한다. Pestalozzi는 자기활동만이 아동에게 도야적이며 그 이외의 어떤 것도 아동에게 기여할 수가 없음을 강조한다(김정환, 1970).

Pestalozzi에 의하면 분수는 계산의 두 번째 형식이며, 단위 1이 자연수 계산의 출발점으로 계산을 직관하는 기초로 간주되지 않으면 안 되듯이 분수의 계산을 직관적으로 보여 주는 도형을 발견해야 한다고 본다.

> 무한히 분할될 수 있는 도형, 아무리 나누어도 항상 동일성을 유지할 수 있는 도형을 찾아내지 않으면 안 되는 것이네. 끝없는 분수 계산의 부분들이 한편으로는 전체의 부분으로, 다른 한편으로는 분할되지 않는 단위로서 직관되도록 해주는 도형을 찾아야 하는 것일세. 이 도형은 어린이가 셋이라는 수에 하나라는 수 셋이 들어 있음을 분명하고 정확하게 알아보는 것과 마찬가지로, 모든 분수의 관계를 전체와 관련한 단순한 계산방법으로, 분명하고 정확하게 어린이에게 보여주어야만 하는 것이라네. 이러한 역할을 할 수 있는 도형은 정사각형

외에는 없네. 이 정사각형을 이용하여 우리는 증감 일체의 일반적 출발점인 하나라는 수로부터 시작하여 점진적으로 단위를 분할한 것, 즉 분수의 관계를 감각적으로 명확하게 직관할 수 있다네. … 우리는 각 열이 10개의 사각형으로 이루어진 11열이 있는 분수의 직관표를 만들었다네(Pestalozzi, 1991, p. 220).

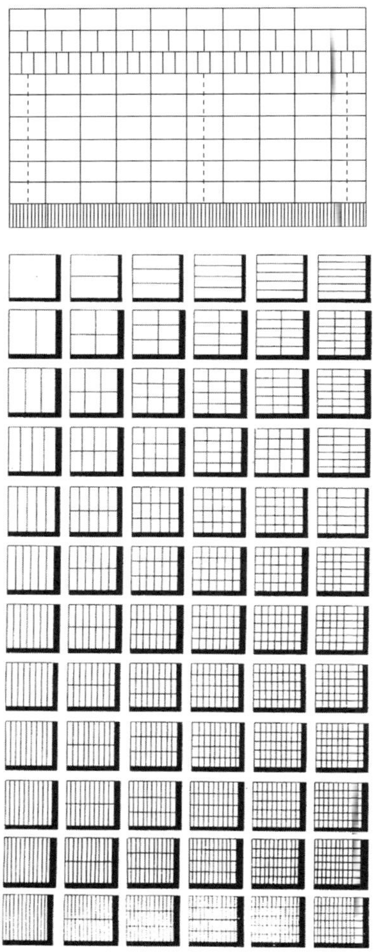

그림 3-3.

Pestalozzi가 제시한 분수의 직관표는 정사각형을 등분한 것으로 그림 3-3과 같은 두 가지가 있다(김정환, 1995, p. 170; Pestalozzi, 1977, p. 239). Pestalozzi는 도형지도에서도 정사각형을 직관의 기초로 사용하고 있는데, 측정도형을 수 관계의 제 1 기초로 사용하기 위하여 도형과 수의 기본 수단을 조화시켰다고 하면서 다음과 같이 말하고 있다.

모든 분수의 실제적 관계에 대한 의식은 이러한 표를 통해 어린이의 마음속에 강하게 자리 잡게 되므로, 어린이는 익히 알고 있는 일반적 수에서의 분수 연습도, 분할되지 않은 단위들의 계산에서와 똑같이 믿을 수 없을 만큼 쉽게 한다네. 경험에 의하면 이 방법에 의해 가르쳐진 어린이는 그렇지 않은 경우에 비해 4, 5년은 더 일찍 이 연습에 숙달하게 된다네. … 계산은 이성의 연습일 뿐이며 결코 단순한 암기작업이나 틀에 박힌 손재주 훈련은 아니라네. 계산은 가장 분명한 직관의 결과이며, 순수한 명확성을 통해 우리를 진리로 이끌어 주는 것이라네(Pestalozzi, 1991, p. 222).

Pestalozzi는 비록 작은 수를 다루지만 수의 '내적 진리'를 직관하고 계산을 함으로써, 비록 초보적인 도형이지만 그것을 명확히 다룸으로써, 아동에게 머리와 마음이 정리되고 질서감이 싹튼다고 생각하였다. 그에게 수와 계산은 현상의 정리 수단이요, 마음과 머리의 질서의 근본이며, 정신적 기술력을 도야하는 정신체조였다. Pestalozzi의 이러한 수학교육관은 기계적인 숫자의 조작으로서의 계산법(Zifferrechnen)이 아니라 수의 본질에 대한 직관적 기초를 바탕으로 한 수의 계산(Zahlrechnen)을 중시하는 산술교육과 그를 통해 본질적인 사고력을 도야하고자 한 것으로 근대 독일의 초등학교 수학교육의 형식도야적 전통을 형성하였다. 형식도야설(形式陶冶說, formal discipline theory)은 20세기에 들어와 Thorndike의 동일요소설과 생활문제 해결에의 즉각적인 유용성을 강조하는 Dewey의 경험주의 교육철학이 등장하면서 비판을 받게 되었다. 형식도야적 입장이 산술교육을 환상에 빠뜨리고 산술의 형식적인 능력에 대한 미신으로 초등학교에서 허울뿐인 오성의 도야를 강조하게 만들었다는 비판을 받게 되었으나(김정환, 1970), Vygotsky에 의하면 형식도야설은 Thorndike가 부정한 특정한 기능의 연습이 아닌 수학이나 고전어와 같은 자각, 추상화, 자기조정을 포함하는 의식의 영역을 활성화시키는 교육과 관련이 깊다. 또한 지식의 구조, 지식의 형식을 강조하는 입장에서 보면 수학을 '제대로' 배우면 '세상을 보는 방식'이 바뀌고, '반성적 사고'를 통해 수학을 배우면 사고능력이 함양된다는 것은 여전히 수용되고 있다.

인간 도야재로서의 수학교육의 이념을 국민 대중교육 사상으로 정립한 위대한 교육자가 Pestalozzi이다. '직관의 ABC'를 통해 근본적인 사고력의 기초를 합자연적으로 도야하고자 한 Pestalozzi의 교육이념은 오늘날 학교수학에서 보다 의미 있게 추구해 가야 할 것이다. 다음과 같은 Pestalozzi의 말은 오늘날에도 변함없이 수학교육자에게 깊은 감명을 불러일으킨다. 수학을 학습하는 것은 '정신체조'를 하는 것이다. "계산 정신과 진리의 감각을 분리시키는 자는 신이 결합시킨 것을 분리하는 자이다." "세는 일 계산하는 일은 두뇌의 모든 질서의 근원이다." "기초적으로 다루어지는 수 및 도형의 교육은 정신적 기술력의 수련이다." "계산하는 일은 직업생활을 보장하는 복지의 기초"이다. 수학은 "기본적인 교육 체조"이다. 수학은 '생각하면서 배우고 배우면서 생각하는'데 가장 적합한 교재이다(김정환, 1970).

2) 초등기하 교수법

Pestalozzi는 독일 초등학교 기하교육에 방법적 교수(methodische Unterricht)를 도입한 최초의 학자 가운데 한 사람이었다(김정한, 1970, p. 25). Pestalozzi는 도형 교육의 결여는 모든 인식의 본질적 기초의 결함을 초래하며 형의 인식은 수와 언어의 인식의 전제가 되고 따라서 교육의 출발점은 도형 교육이어야 한다고 본다. 도형을 명확히 표상하도록 여러 가지 모양과 크기의 구체물로부터 그림과 같은 반구체물, 반구체물로부터 추상적 대상으로 나아가는 계열을 밟도록 교재를 구성하였으며 수학적 용어에 의한 명확한 표현을 하도록 하여 내적 직관에 이르도록 하였다. Pestalozzi는 여러 가지 사물의 형의 감각적 인식을 통해 형의 직관의 기초를 도야한 후 이를 '직관의 기술(art of Anschauung)'로까지 높이기 위해 고안된 도형인 '직관의 ABC(ABC of Anschauung)'를 제시하고 그 사용 방법을 상술하고 있다.

> 직관의 ABC만이 모든 사물의 형을 올바르게 판단하도록 가르치는 가장 본질적이고 유일하고 진실된 교육수단이라는 점을 언급해 두어야만 하겠다. … 형에 대한 교육수단의 결여는 단지 인간의 인식교육에 있어서의 단순한 결함으로만 간주되어서는 안 되네. 오히려 그것은 모든 인식의 본질적 기초에 있어서의 결함으로 간주되어야 하는 것이네. 언어나 수에 대한 인식은 반드시 형에 대한 인식에 종속되어야만 한다는 점에서 보면, 그 결여는 인식의 결함으로 나타나는 것이네. 나의 직관의 ABC는 교육에 있어서의 이러한 본질적인 결함을 제

> 거하고, 다른 모든 교육 수단들이 근거로 삼아야 하는 기초를 확보하려는 것이네. … 이러한 입장을 내 방법의 기초로 인정해 주길 바라는 바이네. 내가 행하는 모든 시도가 가치 있는 것인가, 아니면 가치 없는 것인가 하는 점은 오로지 이 기초가 정당한가, 아니면 부당한가 하는 점에 달려 있는 것이네(Pestalozzi, 1991, p. 195).

Pestalozzi의 교과서 《양관계의 직관론》은 '직관의 ABC'라는 부제가 붙은 교과서로, 직관력을 도야하기 위해 점, 선, 네모꼴, 원 등의 기본도형과 그 대소 및 선분의 평행 수직, 선분의 등분, 도형의 닮음, 비례, 각 등의 간단한 개념을 직관적으로 다루고, 도형을 모눈종이에 그리거나 도구를 사용하지 않고 손으로 그리기, 길이와 각의 측정 등을 다룬 비형식적인 초등직관기하 교과서이다. 《양관계의 직관론》에 드러난 교육이념을 이어받아 여러 제자들이 발전적으로 초등기하 교과서를 집필하여 독일의 공간과 교육(Raumlehre) 발전에 많은 기여를 하였다(김정환, 1970).

그런데 흥미로운 것은 Pestalozzi가 모든 도형은 선과 호로 되어 있으며 오른쪽 그림 3-4와 같은 도형(Pestalozzi, 1977, p. 208)이 모든 도형의 기본적인 요소를 전부 포함하고 있다고 보고 이 도형을 확실하게 연구함으로써 초등기하의 기초를 닦을 수 있다고 보고 이를 '직관의 ABC'라고 불렀다는 점이다. Pestalozzi는 형·수·어의 직관을 모든 인식의 바탕이 되는 기본적인 직관이라고 보고 이를 '직관의 ABC'라고 불렀으나 여기서는 형의 직관을 도야하기 위해 고안된 도형을 '직관의 ABC'라고 부르고 있음에 유의해야 할 것이다.

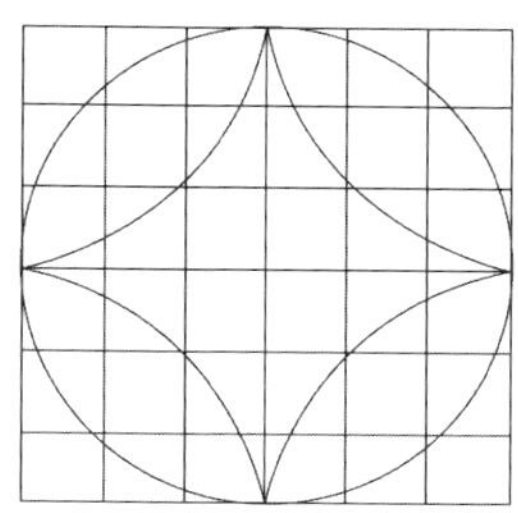

그림 3-4.

> 이 직관의 ABC는 일정한 측정도형들을 만들기 위해 정사각형을 동일한 형태로 분할한 것이며, 따라서 본질적으로 정사각형의 기초인 수직선과 수평선에 대한 정확한 지식이 필요하다네. 정사각형을 직선

> 을 통해 분할하면 모든 각은 물론 원과 호를 규정하고, 측정할 수 있는 일정한 도형들이 생길 것이네. 나는 이 모두를 직관의 ABC라 부른다네. 이것은 다음과 같은 방식으로 어린이들에게 제시되네. 먼저 어떠한 것과도 결합되지 않고 그 자체로만 구성된 직선을 여러 가지 상황에서 임의의 다양한 방향으로 제시하면서, 그 직선의 성질을 보여줌으로써 이 직선들의 다양한 모습들을 다른 응용목적과는 관계시키지 않은 채 어린이에게 분명하게 인식시키네. 그런 다음 직선을 수평선, 수직선, 斜線 등으로 이름 붙이고, 사선은 먼저 상향사선과 하향사선으로 나누어 명명하고, 이어서 우측 상향사선과 좌측 상향사선, 우측 하향사선과 좌측 하향사선으로 나누어 명명하네. 그 다음 여러 평행선의 모습에 대한 명칭, 즉 수평평행선, 수직평행선, 빗금평행선 등의 명칭을 어린이에게 알려 주네. 이어서 어린이들이 알고 있는 선들을 결합함으로써 생기는 주요 각들을 직각, 예각, 둔각 등으로 명명하면서 분명하게 이해시키는 것이네. 이와 같은 방식으로 두 개의 각을 결합함으로써 생기는 정사각형과 이 정사각형을 정확히 이등분, 사등분, 육등분 등으로 분할한 도형, 그리고 원과 원을 타원형으로 만든 여러 가지 모양의 변이형 등을 어린이에게 알려주면서 명칭을 붙여 주네. … 반드시 어린이가 이 도형들을 측정의 수단으로 사용하도록 가르쳐야 하고, 이 도형들을 출현시킨 여러 관계들의 성질을 알게 해야 하네. 이 목적을 달성하기 위한 수단으로는 다음과 같은 것이 있네. 1) 이 측정도형의 관계들을 아이들에게 가르치고 명명하게 하는 노력. 2) 어린이들이 독자적으로 이 도형들을 적용하고 이용할 수 있도록 기도하는 것. … 3) 이 도형들 자체를 모방하여 그리는 것(Pestalozzi, 1991, pp. 195-198).

이와 같이 Pestalozzi는 사물에 대한 감각적 인상의 식별로부터 시작하여 그가 '직관의 ABC'라고 부른 모형을 이용하여 여러 가지 도형의 개념을 명확히 구성하게 하여 이를 측정 수단으로 사용하도록 하고 그리기와 쓰기에 적용하도록 하였다. 다루어진 도형은 직선, 평행선, 직각, 예각, 둔각, 정사각형, 직사각형, 마름모, 원, 반원, 4분원, 타원 등이며, 특히 정신 도야를 위해 내적 직관과 '마음의 수학'을 중시하여 대상에 대한 자연력의 기초를 쓸모없게 하고 정신력을 고정시켜 버린다는 이유로 도형 그리기에서 자와 컴퍼스의 사용을 금하였다. 도형의 특징을 도구를 사용하지 않고 목측하여 머릿속에서 조작하여 손으로 바르게 그리는 것을 요구하였다. 그가 바란 것은 상상력, 목측, 마음의 기술력이었으며 '직관의 ABC'는 그에게 순수수학(reine Mathematik)이었다.

> 이러한 특정한 도형들을 인지함으로써 발달된 측정능력은 인간본성의 안정되지 못한 직관능력을 특정한 규칙의 지배를 받는 기술적 능력으로 향상시키는 것이네. 그렇게 되면 이 기술적 능력에서 모든 형태들의 제 관계를 올바르게 판단하는 능력이 생기는데, 이를 나는 '직관의 기술'이라고 부르네. 이것은 오랫동안 습관화되어 잘 알려진 우리 문화의 기술(讀, 書, 算을 뜻하는 것으로 생각됨)에 대한 견해에 앞서서, 이 기술에 대한 견해의 일반적이며 본질적인 기초가 되어야만 하는 새로운 인위적인 기술이네. 이 기술을 통하여 모든 어린이들은 아주 간단하게 자연계의 모든 대상들을 그들의 내적 관계에 따라서, 그리고 다른 대상과의 관계에 따라서 올바르게 파악할 수 있게 되고, 또 정확하게 표현할 수 있게 되네. … 이러한 기술적 능력을 습득하는 수단은 측정의 기술 그 자체에 있으며, 더 나아가서 그리기 기술을 통해서, 특히 선 그리기 기술을 통해서 어린이 내부에서 더욱 발전하게 되네. 그래서 어린이는 측정 도형들에 매우 익숙하게 되어 이 측정도형들은 어린이에게 있어서 일종의 본능처럼 되네. … 어린이는 측정도형의 도움을 받지 않고 대상들을, 이들의 각 부분이 보여 주는 관계에 따라 올바르게 표상하고 정확하게 표현할 수 있는 것일세 (Pestalozzi, 1991, pp. 198-199).
>
> 형을 가진 사물의 직관적 의식에서 측정의 기술이 생기네. 이 기술은 직관의 기술에 직접적인 근거를 두고 있는데, 여기서 말하는 직관기술이란 단순한 인식능력 및 사물에 대한 단순한 직관방식과 본질적으로 구별되어야만 하네. 그래서 이 인위적인 직관(의 기술)에서 모든 종류의 측정과 결과가 나온다네. 더구나 직관력의 바로 이러한 능력

은 여러 대상의 비교를 통하여 측정술의 규칙을 우리에게 가르쳐 줄 뿐만 아니라 이러한 대상들의 여러 상태에 대한 자유로운 모사, 즉 그리기 기술까지 가르쳐주는 것이네. … 측정의 기술은 직관의 기초를 전제로 하네. 즉, 측정술은 직관에 등장하는 대상들의 모든 상이함을 규칙적인 정확한 구분을 통해 규정하는 기술을 전제로 하는 것이네. … 이를 위해서 내 보고서의 일부분을 여기에 인용하겠네. '직관이 모든 인식의 기초라는 원칙이 인정된다면, 이론의 여지없이 직관이 올바른 판단의 기초가 되는 것입니다. 그러나 기술교육과 관련해 볼 때 완전히 올바른 직관은 판단되어야 할 대상을 측정한 결과이거나 혹은 대상의 측정을 불필요하게 만들 정도로 완전하게 형성된 균형감각(비례감각)의 결과입니다. 따라서 인류의 기술교육에 있어서 올바르게 측정하는 능력은 직관의 필요성에 버금가는 것입니다. 그리기란 형태의 윤곽선이나 표면을 완전한 측정능력을 통하여 바르고 정확하게 규정하여 그 형태를 선으로 분명하게 표현하는 것을 말합니다. 모든 것을 측정하는 능력의 훈련은 그리기 연습에 선행되어야만 한다는, 혹은 적어도 동시에 진행되어야 한다는 원칙은 너무도 당연한 것입니다. … 어린이는 어떤 수단을 통해서 이 모든 기술의 기초에 대하여, 즉 눈앞의 모든 대상을 올바르게 측정하는 것에 대하여 배우게 되는가 하는 문제가 제기되는 것입니다. 그 답은 분명합니다. 그것은 정사각형을 단순하게, 확실하게, 정확한 규칙에 따라 조직되게, 그리고 가능한 한 직관 전체를 포괄하도록 계속적으로 분할하고 이렇게 분할된 것들을 측정해 나가는 것입니다. … 그리기가 교육의 목표인 명확한 개념을 촉진시키는 데 도움을 주려면 본질적으로 형체의 측정과 결합되지 않으면 안 됩니다. … 어린이에게 측정 능력이 없다면 그리기 기술은, 우리가 기대하는 바와는 달리, 어린이 교육 전체에 걸쳐서 모호한 직관에서 명확한 개념으로 나아가게 하는 실제적 수단이 되지 못하며, 또한 교육의 큰 목적과 조화를 이루면서 아이들이 지닐 수 있고 지녀야만 하는 실제적인 가치를 결코 갖지 못한다는 것입니다.' 그러므로 그리기 기술을 이러한 기초 위에 세우기 위해 우리는 반드시 측정의 기술에 종속시켜야만 하며, 정사각형이라는 原型에서 이끌어 내

> 어진 각이나 호로 분할된 것들과 정사각형을 직선으로 분할한 것들을 일정한 측정도형으로 조직해야만 하네. 이것은 이미 이루어졌네. 나는 그러한 일련의 측정도형들을 조직했으며, 이를 사용함으로써 어린이들에게 모든 측정을 쉽게 습득시킬 수 있고, 또 모든 형태의 균형(비례)을 쉽게 이해시킬 수 있다고 믿네. … 나는 이 원칙에 따라 어린이를 지도해 왔네. 내 이론은 바로 이에 관한 결정적인 경험의 결과인 것이네(Pestalozzi, 1991, pp. 191-194).

그리고 또 한 가지 특기할 점은 구체적인 지도내용은 알 수 없지만 분석법의 사용을 언급하고 있다는 점이다. Pappus가 기술하고 있는 Euclid 기하학에서의 증명법이나 작도법의 발견 방법인 분석법이나, 방정식을 이용하여 문제를 해결하는 방법의 바탕이 되는 분석법의 소박한 형태인 '거꾸로 사고하는' 발견적 사고 방법을 구사한 듯하다.

> 형의 요소를 다룬 연습과정을 작성하는 데 있어 저의 동료 교사는 옛날에 분석적 방법이라고 부른 것을 성공적으로 다시 살리고 확장했습니다. 이것은 이론으로 진술하는 대신 문제를 풀면서 사실을 밝히는 방법입니다. 이러저러한 사실이 있다고 말로만 하는 대신 그 같은 사실이 왜 생기는가를 밝혀주는 방법입니다. 타인이 발견한 것에 만족하지 않고 자신이 스스로 발견하도록 도와주는 방법입니다. 이 방법은 참으로 유익하게 지성 개발에 작용했습니다(Pestalozzi, 1989, p. 160).

Pestalozzi의 이러한 초등 기하교육 이념과 이를 구현하기 위한 교수방법은 많은 제자들에 의해 계승되고 발전되어 19세기 前半에 걸쳐 독일 초등학교에서 계산교육과 함께 공간과(Raumlehre) 교육을 이념적으로 지배하였다. 사고력의 도야는 사물을 명확하게 인식하는 직관에서 출발되는 것이므로 먼저 사물을 감각적으로 인식하는 것으로 시작되어야 하며 그 다음에 내적 직관에 의하여 사물의 내적 관계를 인식하도록 하여야 한다고 하는 Pestalozzi의 교육이념은 그의 제자들과 Fichte, Fröbel, Herbart 등을 비롯한 여러 학자들에 의해 계승 발전되어 내적 직관을 도야하기 위한 교과의 구성을 주장하기에 이르렀다. 논증기하의 전단계로서의 직관적인 기하입문을 넘어 도형에 대한 직관 자체의 교육적 의미를 부여하는 '직관기하'가 독일 실과 김나지움 교장이었던 Treutlein(1845~1912)에 의하여 주창되어 오늘날의 초등학교와 중등학교 저학년에서의 도형 교재 구성에 크게 기여하였다.

3. Herbart의 '직관의 ABC'

Pestalozzi는 초등 수학교육에 대하여 매우 주목할 만한 교육이념과 그를 구현하는 실제적인 지도 방법을 제시하여 그 이후의 초등 수학교육 발전에 많은 영향을 미쳤지만, 보다 높은 단계의 교육에 대해서는 학생 자신의 직접적인 경험이 중요하다는 것을 지적하는 정도에 그치고 초등교육을 이수한 이후에 인간의 마음을 도야하기 위해 어떤 내용을 어떻게 다루어야 하는가에 대해 적절한 논의를 하고 있지 않다(Boyd, pp. 490-491). 이는 Pestalozzi의 이념을 이어받은 Fröbel의 경우도 마찬가지이다. 그런 면에서 Pestalozzi의 교육사상이 초등교육을 넘어 교육일반에 적용될 수 있음을 보이고자 한 Herbart(1776~1841)의 수학교육에 대한 논의를 고찰하는 것은 매우 의미가 있다고 생각된다.

Herbart에게 교육의 궁극적 목적은 선량한 인간을 만드는 데에 있으며, 인간의 가치는 지력에 의해서가 아니라 선의지에 의해서 측정되는 것이다. 그리고 선의지의 결여, 인간적 공감의 부재는 올바른 행동의 원천이 되는 관념을 불어넣어주지 못한 데서 생긴다. 그에게 교육자의 가장 중요한 일은 '원만한 선', 인격의 형성을 궁극적 목적으로 삼는 '교육적 교수(educative instruction)'이다. 선의지는 사고권(circle of thought)에서 솟아나오며, 교수는 사고권을 형성한다. 지적인 교수가 인격의 형성에 영향을 미치려면 統覺(apperception) 곧 다양한 표상의 통일적 파악, 지적 내면화(mental appropriation) 곧 새로운 경험이 관련된 이전의 경험에 의하여 의미와 성격을 부여받는 과정에 의존한 '깊은 흥미', 마음이 성숙한 경지에 도달하여 진정으로 도덕적인 상태를 이룰 수 있는 조화로운 다면적 흥미를 육성해야 한다. 다면적 흥미의 통일성을 이룩하기 위해서는 적절한 교수방법이 요구된다. 사물에 깊이 들어가는 專心(absorption)과, 전심을 통해 파악된 대상이 다른 관념들과 관계를 맺으면서 비교, 조정, 통합되는 致思(reflection) 과정이 서로 번갈아 일어나야 하며, 그렇게 되려면 교수의 과정은 다음과 같은 연속적인 네 단계를 따라야 한다. 첫째 단계는 명료(clearness) 단계이다. 이 단계에서는 학습할 대상을 세부적인 요소로 분할하여 그 각각에 집중적으로 관심을 기울인다. 이는 전심에 해당한다. 둘째 단계는 연합(association)단계이다. 어느 정도 이해된 대상은 교사와 학생의 대화를 통해 기지의 관련된 다른 대상과 연합된다. 치사가 시작되는 단계이다. 세 번째 단계는 체계(system)단계이다. 세부적인 사실들의 의미있는 관련성이 명백히 되고 통일된 전체로 파악된다. 두 번째 단계에서 시작된 통각이 이 단계에서 완성된다. 마지막 단계는 방법(method)단계로 후세의 학자들이 적용(application)이라고 부른 단계이다. 앞의 체계에 포함된 사실들을 그 체계에 비추어 점검하는 연습 단계이다. 연습을 통하여 치사에 의한 조정 통합 과정이 완성된다. 현대의 교육학자들은 첫째 단계를 두 단계로 분할하고 명칭을 바꾸어 Herbart가 제시한 교수의 형식적 단계를 준비, 제시, 연합, 개괄, 적용의 5단계로 구분한다(Boyd, 1996, pp. 504-521).

Herbart는 "분리된 그러면서도 언제나 동시에 진전하는 두 급수를 아래로부터 위로 가장 높은 움직일 수 없는 점을 향해, 거기서 그들을 궁극적으로 연결하기 위해서 안내하는 것이 교수의 의무이다. 이들 급수는 인지(cognition)와 공감(sympathy)이라는 이름에 의해 구분될 수 있다. 물론 인지 급수는 직관을 예리하게 하기 위한, 직관의 첫 번째의 세련과 아동에게 가장 가까운 경험을 위한 연습, 간단히 말해, 직관의 ABC로 시작된다"(Eckoff, 1896, p. 111)고 하면서 Pestalozzi가 주장한 직관의 도야와, 인간적 공감을 개발하기 위한 고전교육의 중요성을 강조하였다.

Herbart가 보기에 인문학의 공부와 지식이 증대되면서 학생들의 도덕적 사리 분별이 보다 예리해지지만 도덕적 관념만으로 도덕적으로 행동하는 방법을 가르칠 수 없다. 인간은 자연 가운데 그 일부로 존재하므로 자연의 법칙을 이해하지 못한다면 도덕적 관념은 공허한 사고영역에서 맴돌 것이다. 따라서 Herbart는 자연에 대한 지식이 도덕적 행위에 필요하다고 본다. 그러나 수학을 알지 못하면 자연이 법칙에 따름을 이해하기를 기대할 수 없다. Herbart에게 '직관의 ABC'는 도덕 교육의 지적인 기초가 되는 자연의 법칙을 통각하기 위한 바탕이 되는 초등수학이다.

> 수학은 자료와 법칙 모두를 통각하기 위한 정신적 기초이다. 그러한 직관은 지적인 교육뿐만 아니라 도덕 교육을 위해서도 중요하다. '인간은 일단 배워 자연을 알게 되면 곧 자신을 자연으로 본다. … 그러나 아무도 엄밀한 수학이 그 지도와 함께 부과되지 않으면 자연의 엄밀한 법칙성을 스스로 생각하게 되지 않는다.' … 서양의 발전의 두 가지 커다란 가닥, 실제적인 가닥과 인간적인 가닥을 다시 생각해 보자. … 그러면 우리는 학생을 어디에 놓을까? 문화의 이들 두 가지 필요불가결한 요소가 수렴하는 결절점에 놓는다. 우리는 학생이 철학적으로 유도된 범세계적인 법칙을 파악하고 이 우주를 하나의 통일체로 인식할 수 있을 때까지, 먼저 경험적으로 그 다음에는 과학의 귀납추리에 의해 학생을 지식에 관해 훈련할 것이다. 그리고 감정이 그 가장 신성한 모습을 모아 지식과 사랑이 하나인 그분께 전체 우주가 의존함을 숙고하는 데 그 가장 신성한 열렬함을 얻을 때까지 …. 우리는 동시에 그를 공감에 관해 훈련할 것이다(Eckoff, pp. 82-83).

Herbart에게 '직관의 ABC'는 교육의 출발점에서의 종합적 수학교육과 그 이후의 분석적 수학교육 가운데 전자에 속하며 교육적으로 훨씬 더 중요하다고 본 통각에 포함된다. 앞에서 살펴보았듯이, Pestalozzi에게 '직관의 ABC'의 기본은 정사각형이다. 정사각형을 기본도형으로 보고 우선시킴은 물론이고 자연수와 분수 및 그 계산 지도를 위해 그가 고안한 단위표와 분수표가 정사각형으로 구성되어 있다. Pestalozzi에게 "사각형의 수학은 아동의 수학이며 삼각형의 수학은 청년이나 성인의 수학이다"(김정환, 1970).

그런데 Herbart는 다음과 같은 이유를 들어 삼각법과 유클리드 기하학에서처럼 아동의 수학에서도 삼각형을 기본 도형으로 보았다.

> 단일한 문자 a, b, c, d로 나타낸 관련성이 없는 점들은 형을 목적으로 해서도 측도를 목적으로 해서도 아무것도 아니다. ab, ac 등과 같이 쌍으로 관련지우면 그 점들은 그들 사이에 명확한 방향, 거리, 직선을 갖는다. … 그러나 모든 직선은 길든 짧든 그 형은 같다. 더 정확히 말하면 여기서도 아직 형은 없다. 형은 세 점의 결합에 의해서 처음으로 그러므로 가장 단순한 방식으로 생긴다. 네 점 이상이 결합되면 세 점에 의한 이전의 결합이 포함된다. 따라서 세 점에 의한 결합은 모든 보다 더 복합적인 형태의 기본적인 구성부분으로 간주될 수 있다(Herbart, p. 173).

> 그의 직관의 ABC를 … Pestalozzi는 그의 모든 교육적인 아이디어의 선두에 강조하여 놓는다. 그렇게 하는 것에 대해 나는 그를 높이 평가하지만 형의 과학에서 힌트를 얻어 그의 정사각형을 매우 조심스럽게 철회하고 그의 아이디어를 수행하기 위한 보다 낳은 보조물일 것이라고 생각하지 않을 수 없는 일련의 삼각형으로 그것을 대체하고 싶다(Eckoff, pp. 44-45).

Herbart에게 삼각형은 형의 직관의 기본으로 삼각법과 연결되어 그 이후의 수학적 성향의 개발로 이어지도록 훈련되어야 할 '직관의 ABC' 도야의 기초이다.

> 삼각형은 일반적으로 직관의 기본형이다. 특히 직각삼각형은 다른 모든 삼각형을 결정하는 기본 개념을 삼각법에 제공한다. … 삼각법의 진정한 기초는 고급 해석학이다. 그런데 … 우리는 경험적 측정으로부터 어떤 관계를 발견할 뿐이다. … 따라서 우리는 한 가지 같은 활동에 의해서 수학적 상상력을 생성시키고 오성에 이르는 예비적 훈련을 제공하며 전 과학에의 흥미를 자극할 수 있기를 희망한다(Herbart, pp. 178-179).

Herbart는 Pestalozzi가 중시한 '직관의 ABC'의 도야와 함께 전심과 치사 과정을 거치는 통각 과정을 중시하였다. Herbart는 Pestalozzi의 '직관의 ABC'보다 더 만족스럽고 멀리 영향을 미치는 직관의 기본 요소를 찾아보려고 하였다. 그는 공간적인 형태나 측정은 삼각법을 통해 가장 의미 있게 연구된다고 보고 모든 형을 삼각형으로 분석하고 삼각형의 각의 크기에 따른 변의 길이의 비를 측정하여 삼각비 표를 스스로 작성하고 삼각형 풀이에 적용하는 과정을 거치게 함으로써 삼각형에 대한 지식을 통해 형을 통각하는 도형지도 과정을 제시하였다. 그런데 Herbart에게 삼각법에 의한 삼각형에 대한 지식으로부터 통각되는 일련의 형에 대한 직관 이상으로 중요한 것이 심미적인 형식의 '직관의 ABC'였다. 문명된 삶을 사는 모든 이들은 형식에 대한 심미감, 미적 취향을 가지고 있어야 한다. 삼각형에 대한 지식은 아름다움을 나타내는 형에 대한 단서를 제공하지 않는다. 삼각법과 달리 예술은 아름다운 것을 가르치고 그것을 통해 우리에게 영적인 것을 드러낸다. 따라서 예술은 아름다운 형식에 대한 '직관의 ABC'의 도야가 요구된다. Herbart는 교육의 지도적 원리를 도덕성(morality)이라고 보고 감성 영역에서 실현해야 할 모든 이상을 미적 직관에 포함시키고 도덕적 직관을 강조하고 있다. 도덕성의 중요성에 대한 Herbart의 통찰은 인간 행위의 윤리적 원리로서 인간성에 대한 지식을 제공하는 인문학에 수학과 자연과학을 종속시키게 하였다. Pestalozzi와 마찬가지로 Herbart에게 교육의 궁극적인 목적은 도덕성의 함양이다. 따라서 그가 보기에 삼각형 측정에 대한 학습이 학생의 마음을 세계에 대한 기계적 관점에 기울지 않도록 해야 한다. 삼각형의 각과 변의 크기를 추정하고 측정하는 활동을 지속하면 대상의 크기를 정확하게 예측할 수 있게 되고 직관되는 모든 대상을 삼각형으로 분석하는 습관을 형성하게 될 것이다. 그러나 그만큼 직관되는 대상의 우아함과 도덕적 의미에 주목하지 못할 수도 있다. 우리는 '인지(cognition)'와 '공감(sympathy)'노선 양쪽의 직관의 ABC를 적절한 비율로 도야해야 한다(Herbart, p. xi).

Herbart는 Pestalozzi의 영향을 받아 형의 통각을 위한 직관적인 도형교육에 대한 주목할 만한 저술을 남겼다. Herbart는 *Pestalozzi's Idea of an ABC of Sense-Perception Investigated and Scientifically Carried out as a Cycle of Preliminary Exercise in the Apperception of Forms*에서 Pestalozzi의 '직관의 ABC'에 기초하여, 그러나 사각형을 기본도형으로 본 Pestalozzi와 달리, 삼각형을 모든 도형의 기본으로 보고 형의 통각을 위한 직관적 삼각법의 구체적인 지도과정을 제시하고 있다. 이는 수학교실에 곧바로 적용할 수 있는, Herbart의 교육학 체계를 구체화한 그의 유일한 저술로, 수학교육사적 의미가 큰 것으로 생각된다. 이 저술은 현재 고등학교에서 다루고 있는 평면삼각법에 대한 직관적 전개로, 《Euclid원론》 제1권을 초등화한 중학교 평면기하의 전단계인 직관기하와 대응되는 것이다.

Herbart는 직관은 도야 가능하다고 보고 훈련된 직관의 교육적 가치에 대해 다음과 같이 말한다.

> 직관은 아동기와 소년기의 교육적인 일 가운데 가장 중요하다. 더욱 조용히 더욱 신중하게 아동이 사물을 관찰할수록 장래의 지식과 판단에 더욱 확고하게 기초를 놓게 된다. … 관찰로부터 사물의 본질에 대한 지식이 비롯된다. 그러한 지식은 인정된 필연성에의 순종을 산출하는바, 이는 Rousseau가 시인하고 추천한 유일한 충동이며 이는 다시 분별 있는 행동과 사려 깊은 수단의 선택을 일으킨다. … 직관을 통한 지도 이외에 어떤 지도도 소년기에 적합하지 않다. … 직관은 실제적이고 명확하고 산란하지 않고 예리하게 통각하는 시각에 의한 것과 다른 방식으로 가르치지 않는다(Herbart, pp. 137-138).

Herbart는 교양 없는 시각의 주된 결함은 색에 집착하는 것이며, 이러한 결함과 대비되는 직관의 정확성은 사물의 형에 관련된 모든 것을 종합적으로 연결하는 것이라고 보고, 우리의 시각이 특별히 교육되기를 요구하는 것은 형에 주목하는 것이며 형의 통각이 직관의 ABC의 노력이 향해야 할 방향으로 보았다. Herbart는 직관의 도야는 수학의 영역에 속한다고 하면서 다음과 같이 말한다.

> 형은 오로지 형으로서만 어떻게 체계적으로 연구될 수 있는가? 이는 우리는 직관을 어떻게 가르칠 수 있는가라고 묻는 것과 거의 같은 질문이다. 우리가 체계적으로 하는 것은 개념에 따라서 한다. 그리고 정확하게 말로 옮길 수 있는 것, 정확한 처방으로 형식화될 수 있고 그러한 것으로 교사로부터 학생에게 전달될 수 있는 것은 개념뿐이다. 우리는 모든 시대의 위대한 정신이 개념을 통한 형의 통각을 향해 행하였던 모든 것을 단일한 위대한 과학-수학으로 모았음을 알고 있다. 그래서 무엇보다도 교육학이 헛된 노력으로 지쳐버리는 것을 감행하지 않으려면 지적한 목적을 위해 먼저 수학의 재보 가운데에서 탐색해야 한다(Herbart, p. 143).

Herbart는 나아가 수학은 인간의 심리학적 본성과 가장 밀접히 관련된다고 보고 수학의 교육적 이용에 대하여 다음과 같이 기술하고 있다.

> 수리 과학은 도움을 제공할 가장 완전하고 가장 준비가 잘 된 지식 분야일 뿐만 아니라 그 도움은 인간 사고의 본질과 가장 밀접하게 관련되므로 또한 굉장히 환영받는다. … 교육학에 수학의 사용을 권고하는 훨씬 절박한 이유가 있다. 간단하게 지적하였지만 다음과 같은 고려에 대한 반성은 교육의 본분이 우리에게 요구하는 것과 같은 지도의 초, 중간, 끝에 수학은 필수 불가결하다고 말하는 것이 과장인지 아닌지 독자에게 판단할 수 있게 할 것이다(Herbart, pp. 143-144).

Herbart는 먼저 교육의 초에 감각 훈련을 위한 수학의 입문적 가치를 강조한다.

> 형과 수는 우리의 원천적인 식견의 아주 한가운데 있다. 측정하기와 계산하기의 첫걸음은 가장 자연스러운, 첫 번째의, 거의 피할 수 없는, 가장 약한 이해라도 스스로 자발적으로 확보하는, 사전 수련이다. 그 다음의 수학적 세련은 이러한 첫 걸음과 매우 밀접하게 연결되어 그로부터 파손되지 않은 계열을 거쳐 점진적으로 나아간다. … 교육의 초에 수학의 중요성에 대한 지금까지의 논의는 여기서 엄격히 적절하다. 그것은 직관의 ABC와 곧바로 관련된다(Herbart, pp. 148-149).

그리고 Herbart는 중기 교육에서도 초기 교육에서와 마찬가지로 사고력 도야, 정신 도야를 위한 수학의 유용성을 강조하고 있으며 나아가 자연탐구 도구로서의 수학의 교육적 중요성을 강조하면서, 기하와 초급 대수에 대한 적절한 학습이 그 이후의 교육에 진정한 영향을 미치도록 교육에서 적절한 위치를 부여하기를 바랐다. 또한 Herbart는 교육을 마치는 시기에 수학의 도움이 절실히 요구된다고 하면서 그 주요한 도움의 핵심을 간단히 다음과 같이 지적한다.

> 교육의 진정한 완성자는 철학이다. 그러나 수학의 임무는 철학의 위험성을 제거하는 것이다(Herbart, p. 151).

그리고 그에 대해 다음과 같이 기술하고 있다. 철학의 첫째 임무는 개념을 분리하고 정화하는 것이다. 실제적인 적용분야로부터 떼어낸 개념은 실제적인 한정과 조건이 사라진 대가로 분명함과 명확함을 얻는다. 개념은 완전해지고, 완전을 생각하는 것은 영혼의 행복이고 보다 낳은 생의 기원이다. 진리, 미, 선, 이런 관념은 이렇게 탄생된다. 그런데 철학의 큰 위험이 시작되는 것은 이러한 높이 고양된 것에서이다. 고상한 열망을 파괴하지 말아야 하지만, 점진적으로만 善을 따를 수 있는 것으로 이 세상의 사물을 보도록 젊은이를 습관들게 해야 한다. 세상의 사물을 크기로 보고 그들의 변화를 원동력의 함수 곧, 모든 겉보기의 불규칙성에도 불구하고 법칙과 일치하는 원인의 필연적인 결과로 보도록 습관들게 해야 한다. 해석학의 경이를 그에게 드러내어, 곡선의 오묘한 성질을 보여 주고 연구하게 하여라. 자연에서 실세계의 수많은 운동과 변화의 상징으로 이러한 곡선이 역할을 함을 인식하게 하여라. 그렇게 하여 관찰하는 법을 배우게 될 것이고 법칙이 보이지 않는 곳에서조차 그것을 찾을 것이고 적어도 그것을 가정한다. 그는 조심성 있게 그 자신을 이들 법칙에 적응시킬 것이다. 그는 규칙 자체를 미리 인식한 善의 관념을 제공하는 데 도입하여 그 가운데 보유하려고 힘쓸 것이다. 따라서 그는 인간을 문화에 순종하는 하나의 자연으로 볼 것이다.

그런데 Herbart는 이러한 높은 목적을 달성할 수 있게 하려면 '직관의 ABC'가 필요하다고 본다. 적분법의 사용은 초보적인 바탕이 잘 마련되지 않으면 불가능할 것이다. 그리고 수학이 완전한 교육에 필수불가결하다고 하더라도, 가르쳐야 할 내용은 엄청나게 많을 것이며 그것을 다 가르치려고 하면 학생의 영혼에 상처를 입히고 관념도 감정도 파괴할 것이다. 교육의 기초에 도달할 교육적 통찰의 출발점은 이러한 사실에 대한 심오한 반성이다.

> 교수의 명확한 級數를 갖도록 Pestalozzi를 강제한 것은 그러한 반성이며 그의 직관의 ABC는 그러한 반성의 덕분이다(Herbart, p. 157).

Herbart는 교육적인 목적을 위한 수학의 제시에 관하여 다음과 같은 입장을 밝히고 있다.

> 수학적 심상을 등한시하지 않는 것을 제시의 첫 번째 법칙으로 만들어라. … 먼저 어떤 자료를 심상에 제시해야 하는지는 상관없는 일이 결코 아니다. 불러일으키기 쉬워야 하며 그것을 불러일으키는 것이 모든 장래의 연구에 가장 큰 가능한 이득을 가져와야 한다. 말하자면 삼각법만큼 수학의 중심에 매우 가깝게 놓여 있는 듯한 것이 없다. 삼각형의 고려는 모든 기하학에 기본적인 것이다. … 그것이 직관의 ABC의 다른 목적과 조화된다는 것을 항상 알고 있었다고 하면 이러한 고려만으로도 삼각형이 수학 공부의 첫 번째 주제가 되어야 한다는 것을 바람직하게 만들 것이다(Herbart, p. 162).

Herbart에게 '직관의 ABC'의 세 가지 목적은 "직관을 도야하는 것, 교육을 돕는 것, 수학을 준비하는 것"(Herbart, p. 165)이다. 여기서 논의되는 직관 행위, 즉각적인 심적 지각은 형의 지각이다. 삼각형의 정확한 통각의 기본적인 필요성은 모든 형태의 진정한 기본이 삼각형이라는 데 있다. 그에게 삼각형은 직관의 기본적인 형이며 세계에 관한 모든 지식이 기초하는 개념이다. 그런데 Herbart는 삼각형의 형에 대한 진정한 과학적인 기술은 기하에 속하지 않고 삼각법에 속한다고 보았다. 직각삼각형은 특히 삼각법에 모든 다른 삼각형을 결정하는 기본적인 개념을 제공한다. 이러한 이유로 Herbart는 Pestalozzi가 주장한 정사각형 대신에 삼각형을 형의 기본으로 택하였으며, 모델이 되는 직각삼각형에 대해 그리기, 변의 길이와 각의 실제적인 측정, 변의 길이의 비의 계산과 tangent, secant표의 작성을 통해 삼각형을 통각하는 과정, 곧 직관적인 삼각법을 '직관의 ABC'라고 부르고 그 전개과정을 상술하고 있다.

직각삼각형에서 sine은 작은 변의 길이의 큰 변의 길이에 대한 비이다. 그러나 작은 것으로 큰 것을 측정하는 것이 시각적으로 자연스러우며, Herbart에게 감각 지각은 직관의 ABC에서 가장 상위의 법칙이다. 따라서 Herbart는 삼각비 가운데 tangent와 secant가 보다 직관적이라고 보았다. 단위원의 지름 위에 세운 직각삼각형에서 단위원에 접하는 수선에 tangent, 빗변에 secant라는 명칭을 주고 이를 측정하게 하여 5°간격의 모델 직각삼각형에서 예각에 대한 삼각비표를 얻도록 하였다. '기본 척도가 삼각형의 크기를 결정하고 삼각비가 삼각형의 형을 결정함'을 철저히 이해함으로써, 모델 직각삼각형이 결합된 삼각형을 삼각비에 의해서 통각하기를 바랐다.

모든 삼각형은 꼭짓점에서 밑변에 내린 수선에 의해 두 직각삼각형으로 이루어진 것으로 볼 수 있으므로 모델 직각삼각형의 삼각비는 삼각형의 측정에 필요한 계산의 기초를 제공한다. 모델 직각삼각형으로 분할된 일반 삼각형을 나타내는 표를 학생들이 작성하도록 한다. 그리고 모델 직각삼각형을 이용하여 일반 삼각형의 변의 길이의 비에 대한 계산방법을 다루고, 이를 이용하여 모델 삼각형의 가장 짧은 변에 대한 나머지 두 변의 길이의 비를 나타내는 표를 작성하도록 한다. 이를테면 꼭지각이 100°인 꼭짓점에서 밑변에 내린 수선에 의해 꼭지각이 25°, 75°로 분할되는, 따라서 양 밑각이 65°, 15°인 모델 삼각형의 세 변의 길이의 비는 1 : 3.5017 : 3.8050이다. 이러한 표의 작성으로 Herbart는 기본적인 삼각형의 지각 표상이 학생들에게 획득되었다고 보았으며, 여기서 상상력이 개념과 지각 표상 사이를 중개하게 되는바, 표를 주의 깊게 관찰하고 철저히 탐색하는 연습을 통해 모델 삼각형의 형에 대해 시각 표상, 상상력, 개념적 이해가 이루어지기를 바랐다. 끝으로 Herbart는 지리와 천문에의 이러한 직관의 ABC의 적용을 통해 형을 통각할 수 있게 되기를 바랐다.

Herbart는 이러한 활동에 의해서 수학적 상상력을 생성시키고, 오성에의 예비적 훈련을 제공하며, 전 과학에의 흥미를 자극할 수 있기를 희망한다.

> 직관의 ABC는 수학의 서막일 뿐임을 인정한다. 그리고 그것은 확실히, 사색적인 흥미를 안내하고 자극하고 움직이고 만족시킴으로써, 예술 작업의 형태로 나타나야 하는, 수학이다. 그러나 이러한 작은 서막이라도 결과를 향한 준비에 기여해야 한다. … 그것이 감각에 호소하게 하자. 그러나 무엇보다도 그것이 작은 것으로부터 위대한 것으로 향하도록 하자. 그것은 위대한 과학이 가까이 있음을 모든 곳에서 느끼도록 만들어야 한다(Herbart, p. 181).

Herbart는 학생들의 독립적인 활동을 요구하고 직관의 도야로부터 상상력의 도야에 이르도록 요구한다. 그에 따르면 상상력은 전적으로 직관에 기초한다. 분명하게 보는 것은 분명하게 생각하는 것의 전제조건이다. 직관의 도야는 실제적 대상의 정확한 표상이 중요한 모든 사람들, 의사, 건축가, 기계기사, 목수, 물리학자, 지질학자, 천문학자 등 넓은 의미에서 모든 해부학자들의 매우 필요한 준비가 된다. 매우 많은 능력의 뿌리인 직관은 학생의 마음에 적절히 배양되어야 한다.

Herbart는 자신이 구상한 이러한 '직관의 ABC'에 대해, 검토를 하고 본질적인 요소를 배제하지 않고 주어진 상황에 적합하게 비본질적인 것을 변경하여 실제적인 시도를 하려는 것은 적절하다고 보고, 그 지도를 위한 적절한 연령은 능력과 필요성에 의해 결정된다는 점, sine을 다룰 수도 있지만 구체화의 손상을 피하기 위해 tangent 대신에 처음부터 택해져서는 안 된다는 점을 지적하고 있다. 그런데 Herbart는 이러한 '직관의 ABC'를 통한 삼각형의 통각을 위해 처음부터 아동의 완전한 분류기능과 조합적 사고력을 가정하고 상당히 많은 내용의 무리한 기억을 요구하고 있으며 아동에게 과도하게 어려운 계산을 할 수 있기를 바라고 흥미를 갖기 어려운 복잡한 계산을 반복적으로 행하는 과중한 인내력을 요구하고 있지는 않은가 생각된다.

> 의문은 지적으로 걸출한 사람들이 여기서 논의한 교육학적 관심을 수용하는 경향이 있는가, 여기서의 취급이 그들의 동의를 얻을 수 있는가의 여부이다. … 이러한 지도는 많은 학생들에게 알맞게 하기 위해 어떤 수정을 해야 하는가? 무엇보다도 이러한 예비적 연습에 의해 젊은이의 마음에 우리가 바르게 예견하였기를 희망한 주된 효과 이상으로 어떤 비자발적 효과를 가져올 것인가? 이러한 많은 모든 의문은 다른 사람의 판단과 경험에 맡겨진다. 이렇게 세상에 보낸 직관의 ABC는 아직 정직한 얼굴로 많은 사람으로부터 많은 좋은 선물을 간청해야 하는 가난한 낯선 사람과 같다(Herbart, pp. 275-278).

그러나 Herbart의 이러한 '직관의 ABC'는 그가 말하는 형의 통각을 위한 직관기하의 의미와 학교수학이 추구하는 교육적 이상이 무엇이어야 하는가에 대한 심각한 반성을 제기하고 있음에 틀림없다.

4. Fröbel과 신성의 발현을 위한 수학교육

Pestalozzi의 수학교육 사상은 그의 제자들과 그의 이념적 후계자라고 할 수 있는 Fichte, Fröbel, Herbart 등에 의하여 크게 발전하여 근대 독일의 수학교육 사상의 주류를 형성하게 되었다. Fichte는 '독일 국민에게 고한다'는 유명한 강연을 통해 프랑스 혁명으로 황폐화된 독일 국민을 부흥시키려면 교육을 통해 게르만의 혼을 도덕적으로 소생시켜야 하며 그러한 교육은 Pestalozzi의 교육이념과 방법에 의한 것이어야 한다고 역설하였다. Fichte는 수학교육에 대해서 '직관의 ABC'를 통해 내적 직관을 배양하여 인식력을 고양하고 정신활동을 자극하여 근원적인 사유력을 기르고자 한 Pestalozzi의 교육이념과 방법을 전폭적으로 수용하였다(김정환, 1970). 그런데 수학에 특별한 인간 교육적 가치를 부여하고 수학교육에 대한 많은 논의와 함께 구체적인 지도방안까지 제시한 것은 흔히 5단계 교수법의 제안자, 유치원의 창설자로 기억되는 Herbart와 Fröbel(1782-1852)이었다.

여기서는 Fröbel의 교육이론을 가장 포괄적으로 기술하고 있는 그의 대표적 저서 *The Education of Man*을 중심으로 그의 수학교육관을 정리해 보기로 한다. 이 책은 그가 구상한 책의 제 1권으로 소년기 초까지의 교육 원리와 방법을 기술한 것이다(Fröbel, 1900, p. xii). 수학교과를 통해 아동의 마음에 잠자고 있는 신성이 자발적으로 발현되어 인간성이 도야되기를 바란 그의 수학교육 이념은 '교육 부재'의 시대를 사는 우리에게 많은 시사를 준다. 그가 완성하지 못한 소년기 후반 이후의 수학교육에 대한 부분은 앞 절에서 고찰한 Herbart의 *ABC of Sense-Perception*이 대신해 줄 수 있을 것으로 생각된다.

Fröbel의 교육관은 모든 존재와 생성의 근원을 초월자 곧 신의 정신으로 파악한 당시 독일의 시대사상인 관념철학의 산물이다. Fröbel에 의하면 삼라만상 가운데에는 영원한 법칙, 신성한 통일체, 신이 존재하며 지배하고 있으며 그것이 그 본질이다. 그리고 "그의 본질, 그의 내면에 있는 신성한 광채, 따라서 신을 완전하고 생생하며 분명하게 의식하게 되는 것이 지적이며 합리적인 존재로서의 인간의 특별한 운명이고 필생의 과업이다. … 교육은 사고하는 지적인 존재로서의 인간을 성장시켜 자각이 되도록 하여 신성한 통일체의 내적인 법칙에 대한 순수하고 더럽혀지지 않은, 의식적이고 자유로운 표상에 이르도록 이끄는 것이며 그 방법과 수단을 가르치는 것이다"(Fröbel, 1900, p. 2).

이러한 입장에서 Fröbel에게 인간 역시 신성을 내적 본질로 갖고 있는 존재인바, 인간은 그러한 자신의 신성한 본성으로부터 끄집어내어 전개한 것으로 평가되어야 하는 것이며, 교육은 그러한 본성의 발현, 의식적 진화를 그 본성에 따라 자연스럽게 돕는 것이어야 한다. 교수와 훈련의 목적은 인간 속으로 점점 더 많은 것을 집어넣는 것이 아니라 인간으로부터 가급적 더 많은 것을 끌어내는 것이다. 특히 Fröbel은 "하늘에 계신 아버지께서 아동들에게 주신 생명은 아동들 가운데 그 원래의 전체로 아직 살아있어 그 자유로운 전개는 아직 그들에게 가능하다"(Fröbel, 1900, p. 280)고 하면서 유아기에 그러한 교육관을 구현하는 방안을 구체적으로 논의하고 있다. 생활 가운데에서 활동을 통해 사물을 구체적으로 표현하고 언어와 통합하여 학습하는 것이 아이디어의 언어적 의사소통을 통한 것보다 훨씬 더 도약적이다. 아동 자신이 표현한 것은 그의 내적 존재, 그의 정신, 그의 마음의 법칙의 표현이기 때문이다. 이러한 입장에서 발달의 초기부터 인간의 내적인 본질이 자연스럽게 펼쳐질 수 있도록 이끌지 않으면 안 되는바, 가정교육은 체계적이지 못하므로 학교교육이 일찍부터 시도되어야 한다는 성찰이 Fröbel로 하여금 유치원을 창시하게끔 하였을 것으로 생각된다.

> 그 자신과 그의 영혼의 힘의 모든 측면에서의 자연스럽고 합리적인 전개로서만이 인간은 그의 안녕과 인류의 안녕을 찾는다. … 그러나 외적인 가시적 작업으로, 외적인 생산적 활동으로 우리 자신의 자연스럽고 합리적인 모든 측면에서의 전개 바로 그것에 관해서 우리의 가정교육은 매우 피상적이고 체계적이지 못하다. 따라서 가정교육은 특히 학교교육 곧, 자연스럽고 합리적인 절차 체계의 도입을 필요로 한다(Fröbel, 1900, p. 281).

Fröbel은 아동기를 인간의 발달과정 가운데 가장 중요한 시기라고 보았으며 그의 주요 관심사는 유치원에서 인간 교육을 체계적으로 실현하기 위한 교육과정, 가르치고 배워야 할 교육내용의 성격에 대한 것이었다. Fröbel은 그의 이름을 교육사상 영원히 잊혀지지 않게 할 유치원을 설립하고 유치원 교육의 원리와 방법을 연구하는 데 만년의 생을 바쳤다.

그런데 Fröbel은 아동 자신의 내적 본질의 자연스러운 발현은 어떻게 하여 가능한 것으로 보았는가? Fröbel이 강조하는 것은 "사물의 내적 본질은 외적인 표현 속에서 외적인 표현을 통해서 (인간의) 가장 내면적인 마음에 의해서 인식된다. 내면적인 존재, 마음, 사물과 인간의 신성한 본질은 그 외적인 표현에 의해서 알려진다"(Fröbel, 1990, p. 5)는 것이다. 그런데 여기서 Fröbel이 강조하는 것이 신은 다양성을 가진 개별자를 통해서 자신의 존재를 드러낸다는 것, 모든 개별자는 자신을 삼중의 방식으로 표현할 때 완전하게 드러난다는 점이다.

> 모든 개별적인 존재는 — 그것이 그것의 숙명을 달성하려 한다면 — 그 본성에 필연적이고 불가결하게 순종하여 다음과 같은 삼위일체식으로 자신을 나타내고 드러내야 한다 — 단일성으로, 개별성으로, 끝없이 계속되는 다양성으로.
>
> 모든 것은 그 존재를 단일성(unity), 개별성(individuality), 다양성(diversity)으로, 즉 필요불가결한 삼위일체식 방식으로 표현함으로써만 그 자신을 완전하게 나타낼 수 있다(Fröbel, 1900, p. 150, p. 170).

따라서 교육자는 인류의 경험의 집약적인 구현체로서 개별자의 이러한 삼중적 표현을 통해서 그 속에서 살아 움직이는 신성, 단일성의 본질을 볼 수 있도록 아동을 안내해야 하는 것이다. 그것은 개별성, 다양성을 갖는 현상이나 사물에 대한 탐색이 계기로 작용하여 아동 자신의 내적인 눈이 그 내적 법칙, 신성, 단일성을 봄으로써 아동 자신의 내적 본질이 발현되도록 해야 된다는 것이다. Fröbel의 이러한 인식론과 그에 따른 교육관은 Kant의 선험철학의 인간교육론적 해석으로 볼 수 있을 것이다. Fröbel이 아동의 마음속에 들어 있다고 보는 영원한 법칙, 신성, 단일성은 Kant가 말하는 인식의 근원인 아프리오리와 다름 아니며, 사물의 내적 본질이 그 외적인 표현을 통해서 인식된다는 Fröbel의 생각 또한 모든 인식은 경험과 더불어 생긴다는 Kant의 입장과 맥을 같이하는 것이다.

그러나 Kant는 인식의 선험적 조건인 순수주관성의 존재를 밝히는 데 관심이 있었으나 Fröbel은 교육적 관점에서 그것을 신성으로 보고 그 실현, 의식화에 관심이 있었다. 개별적인 다양한 현상이나 사물이 아동 자신의 마음속에 들어 있는 단일성, 내적 법칙, 신성의 외적 표현임을 인식하게 되어야 한다는 것인데, 그러면 어떤 교재를 어떤 방식으로 지도해야 이것이 가능할 것인가? 여기서 주목해야 할 점이 인간의 내적인 순수한 사유의 법칙과 외적인 자연 법칙의 통일성을 보여주는 것이 수학이라는 것, 따라서 인간과 자연 속에 살아 있는 신적 정신의 의식화는 수학적 지식을 통해 이루어질 수 있다는 것이 Fröbel의 생각이다. Fröbel이 보기에 수학은 삼라만상의 근원이요 선험적인 법칙에 기인하며 인간의 모든 사유법칙의 표현이다. 이는 수학을 선험적 종합으로, 세계와 자연을 수학적 총체로 본 Kant의 견해와 다를 바 없다고 생각된다. Fröbel은 다음과 같이 말한다.

> 인간은 자연의 이러한 모든 다양성의 내적 관련성에 대한 연구에서 어떤 고정점과 안전한 안내자를 필요로 한다. 여기서 모든 다양성이 전개되어 나오는 근원이요, 모든 법칙과 법칙에의 순응의 가시적 표현인 것 곧, 이러한 철저한 성질 때문에 출발 당시부터 mathematics 곧, 배움의 학문이라고 이름 붙여진 수학보다 더 신뢰할 수 있는 통합적인 출발점을 무엇이 제공할 수 있는가. 수학은 (대우주와 소우주의) 내적 세계와 외적 세계 양쪽의 현상으로서 인간과 자연에 똑같이 속한다. 사고의 선험적인 법칙에 기인하며 사고와 그 법칙의 가시적 표현으로서의 수학은 이러한 법칙으로부터 논리적으로 연역된 현상, 조합 및 형식을 독립적으로 확립된 외계 가운데에서 다시 발견한다. … 수학은 말하자면 인간 가운데의 자연의 경향성, 법칙, 원인을 나타낸다(Fröbel, 1900, pp. 204-209).

이러한 입장에서 필연적으로 Fröbel의 다음과 같은 주장이 나오게 된다.

> 수학은 따라서 인간과 자연 사이의, 내적 세계와 외적 세계 사이의, 사고와 지각 사이의 중개자로서 등장한다. 내적 세계와 외적 세계의 구분, 원인과 결과의 법칙과 공존하는 이러한 위대한 사명은 모든 세대에 걸쳐 향유해 온 높은 지위를 수학을 위해 확보하였다. … 순수한 정신적인(선험적인) 형식과 자연의 형식의 통일 … 수학이 없는 (적어도 형과 양에 대한 이따금씩의 지도에 의해서 보충되는, 수에 대한 철저한 지식이 없는) 교육은 따라서 연약하고 불완전한 잡동사니이

다. 그러한 교육은 인간의 정상적인 교양과 발달에 극복할 수 없는 한계를 끼워 넣는다(Fröbel, 1900, pp. 205-208).

이러한 Fröbel의 견해에 따르면 우리는 수학을 통해 인간정신과 현상 속의 '실재'의 내재성을 볼 수 있도록, 수학교과가 '실재'를 내면화하는 지름길이 될 수 있도록 하여, 신성을 실현하도록 교육해야 할 것이다. 우주의 질서를 이루는, 경외감을 일으키는 수학적 지식의 본성은 분명히 수학교과가 실생활의 문제해결을 위한 실용적인 도구를 넘어 인간의 마음과 자연의 세계를 연결하는 고리로서 학생들의 심성을 도야하는 교과가 되기를 요구한다. 수학을 통해 인간은 만물 가운데 있는, 인간과 자연에 함께 깃들어 있는 신성을 자각할 수 있다. 수학을 공부함으로써 자연계 속에 수학적 질서가 있다는 것, 그리고 그러한 질서는 순수한 인간정신의 사유의 법칙으로 표현된다는 것을 알게 된다. 여기서 인간은 인간과 자연계에 깃들어 있는 신성을 자각하게 되고 신의 정신을 깨닫게 됨으로써 신의 존재를 믿으며 신의 뜻에 따라 살아가는 가치 있는 사람이 된다. 따라서 Fröbel에게 수학은 자연과 인간 속에서 신의 정신을 감지하게 하는 교육적 수단이 되어야 하는 것이며, 수학은 인간교육에 필수불가결한 의미를 갖는 교과가 되어야 하는 것이다(한대희, 2000).

Fröbel은 특수한 사례에서 그 본질인 추상적인 수학적 개념을 보는, 추상적인 수학적 개념으로 특수한 사례를 규정하는 규정적 판단이 작용할 때, 그러한 추상적 개념의 신비를 느낌으로써 자연의 법칙성, 신성을 어렴풋하게나마 느끼게 되어, 비록 그것이 매우 초보적인 것일지라도 반성적 판단이 함께 작용함으로, 수학적 개념에 대한 학습이 신의 정신을 감지하는 과정이 되기를 바란 것이다.

Fröbel에게 교과는 아동의 마음속에 있는 신성을 일깨우기 위한 계기로 작용할 수 있는 신성의 표현물이어야 하며, 그러한 교과를 계기로 아동의 마음속에 있는 신성이 발현되도록 안내해야 한다. Fröbel은 신성의 실현이라는 이러한 교육목적을 유치원에서 구현하기 위한 직관적인 매체로 놀이

활동 교구인 은물(gift, Gabe)을 제시하였다. 아동의 마음에는 신성을 알아보는 눈이 갖추어져 있는바 은물을 사용한 놀이를 계기로 그러한 눈을 떠 아동의 마음에 있는 신성이 직관적으로 어렴풋이나마 감지되기를 기대한 것이다. 恩物은 선물, 하사품이란 어의를 갖고 있는데, 유치원에서 교육적 놀이에 사용되는 장난감을 뜻하는 용어이며, 이를 은물이라고 부르는 것은 특별한 의미가 있기 때문이다. 곧 아동의 마음에 내재되어 있는 신성을 일깨우기 위한 신의 선물, 아동의 마음에 외적인 세계의 보편적인 측면, 신성에 대한 감과 의식을 불러일으키기 위한 신이 준 놀이자료라는 의미를 담고 있는 것이다.

그런데, 수학을 인간 속에 있는 자연의 원인, 법칙으로 본 Fröbel의 수학관에 비추어 볼 때 은물은 결국 수학이란 본질을 내포한, 그러한 본질에 대한 감과 의식을 일으킬 수 있는 유아용 놀이교재라고 생각된다. Fröbel이 제시한 은물은 구, 정육면체(작은 정육면체, 직육면체, 각기둥으로 분해된 것 포함), 원기둥, 정사각형, 정삼각형(직각삼각형, 이등변삼각형으로 분해된 것 포함), 직선, 원(반원, 사분원으로 분해된 것 포함), 점 등 여러 가지 기본적인 입체도형과 평면도형(수, 크기, 대칭성, 비례관계 등이 포함됨)의 모형으로 구성된 자료이다. Fröbel은 "구형의 즉 일반적으로 둥근 형태는 아주 일반적으로 볼 때 자연 가운데 있는 것의 첫 번째 형태이자 마지막 형태이다. … 모든 다양성 가운데, 지구상의 자연적인 구조의 겉보기의 극히 양립될 수 없는 차이 가운데, 구는 모든 지구상의 자연적인 형태와 구조가 이끌어내어지는 원시적 형태, 단일성인 듯하다"(Fröbel, 1900, p. 168)고 하면서 은물 가운데 구를 가장 가치 있는 것으로 보고 있으며, 공으로 할 수 있는 다양한 교육적 놀이와 아동과 세계를 이어주는 그 심오한 교육적 의미에 대해 기술하고 있다. 이러한 은물에는 개별성, 다양성 가운데 단일성 곧, 수학성이 삼위일체식으로 표현되어 있어 아동이 놀이를 하는 가운데 추상적 개념의 세계로 눈을 돌리게 되고 법칙성의 신비를 느낌으로써 자연의 법칙, 신성을 어렴풋이나마 감지하도록 하려는 것이다.

Fröbel은 은물을 이용한 형태의 체계적인 표현 활동 — 그에게 이는 아동 자신의 내적인 존재의 외적인 표현을 통한 자기 의식화 활동이다 — 에 대하여 다음과 같이 말하고 있다.

> 인간 가운데의 영적인 것의 외적인 구체적 표현은 인간의 쪽에서 그의 주변의 형체에 생명과 영적인 관계와 의미를 부여함으로써 그것을 靈化하는 노력으로 시작해야 한다. 이는 인류 자체의 발달과정 가운데 나타난다. 영적인 것의 표현이 시작되어야 할 형체 자료는 내적 발달의 법칙과 조건을 그 외적인 형태로라도 드러내고 명료하게 표시해야 한다. 그것은 직사각형, 정육면체, 대들보 모양, 벽돌 모양이어야 한다(Fröbel, 1900, p. 281).

Fröbel은 다음과 같은 이유로 정사각형 그물망을 이용한 선분 그리기를 통해 수직, 수평, 평행, 대칭, 직사각형, 정사각형 등의 기본적인 개념에 대한 인식과 그 표현수단의 발달이 자연스럽게 이루어지도록 지도할 것을 요구한다. 형은 여러 가지 방식으로 내적인 정신적 에너지를 드러내며 이러한 내적인 에너지를 인식하는 것은 인간의 숙명의 일부분이다. 왜냐하면 거기서 인간은 자기 자신, 주변과 자신의 관계, 결과적으로 절대자를 알게 되기 때문이다. 따라서 형을 파악하는 방법뿐만 아니라 나타내는 방법을 인간에게 가르치는 것은 인간교육의 본질적인 한 부분이다. 수평과 수직 방향은 모든 형에 대한 우리의 자각을 중재한다. 무의식적이지만 우리는 모든 형을 이들 방향에 맞추어준다. 우리는 상상으로 우리의 시계를 가로질러 이러한 선을 긋고 그에 따라 보고 생각하므로, 우리의 의식 가운데에는 사물의 형에 대한 고려와 분경함에 보조를 맞추어 선의 그물망이 생긴다. 수평, 수직 관계는 형에 대한 의식의 발달을 도와주는 한, 형에 대한 연구와 표현 수단으로서의 이러한 관계의 외적인 표현은 인간과 교과의 본질에 기초한다.

따라서 Fröbel에게 수평 수직의 정사각형 그물망을 이용한 그리기는 외적 세계의 필연적인 법칙에 따른 그리기이다. 형을 쉽게 표현하고 표현한 것을 쉽게 지울 수 있도록 석판에 같은 크기로 $\frac{1}{4}$ 인치 정사각형 그물망으로 선을 긋고, 그림 3-5(김정환, 1970, p. 151)와 같이 그물망을 따라 5눈금까지 여러 가지 길이의 수직선(수평선)을 이웃하게 긋도록 하고 비교하고 연결하도록 하였다. 표현한 것을 말로 나타내고 말과 생각을 표현하는 것은 본질상 인간성을 이루므로, 그리고 그린 것을 말로 나타내도록 질문하고 대답하는 과정을 생략해서는 안 된다고 보았다. 그 다음에 여러 가지 정사각형과 직사각형 그리기, 경사에 대한 분명한 지각과 표현을 위해 정사각형과 직사각형의 대각선 그리기와 경사를 말로 나타내는 연습을 하도록 한다. 이 시점에서, 외적인 조건에 맞추면서 내적인 필연성에 따라 선을 자발적으로 그리는 발명의 단계에 도달한다.

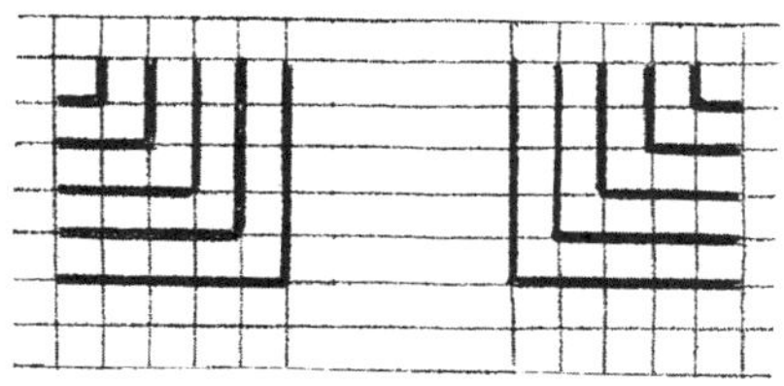

그림 3-5.

Fröbel은 그리기를 통한 대상의 표현으로 분명한 지각에 이르고, 일정한 수의 유사한 대상과의 반복된 접촉으로 수의 발견과 수 세기에 이르게 됨으로써 아동의 수 기능이 계발되어 아동의 인식의 영역이 확장되고 아동의 내적인 존재의 본질적인 필요성, 그의 영혼의 어떤 갈망이 만족된다고 본다. 수관계에 대한 지식은 아동의 생에 매우 많은 것을 부가한다. 아동은 초기에 대상의 많고 적음에 대한 어떤 인식 수단의 결여를 막연히 느끼는데 이러한 아동의 마음이 인간의 사고법칙에 따라 수 개념에 이르도록 도움을 주어야 한다. 구체적인 대상의 배열, 대상의 이름 열거, 대상 세기, 대상을 고려하지 않는 수 세기로 단계적으로 나아가 10이나 20까지의 수를 추상해 나아가도록 하여, 아동이 실제로 대상의 개수를 세는 활동을 하지 않고 의미 없는 공허한 소리로 數詞를 말하지 않도록, 다시 말하면 직관의 뒷받침을 받지 않는 말뿐인 수 세기가 되지 않도록 할 것을 요구한다(Fröbel, pp. 80-83).

Fröbel은 어떤 새로운 교과도 그것이 이전의 것에 근거한다는 것과 심적인 필요성을 만족시킨다는 것을 아동이 적어도 막연히 느끼지 않으면 도입되어서는 안 된다고 하면서, 이러한 수의 사용은 곧바로 아동에게 좀 더 철저하고 포괄적이며 다양한 수에 대한 지식의 필요성을 제기하게 되어 산술을 특별한 교과로서 즐겁게 맞이하게 된다고 본다. 그리고 산술은 자연과 인간의, 외적인 법칙과 내적인 법칙에 따라 수의 증가, 감소 및 비교를 다루어야 하고, 수와 자연 및 그 법칙 사이의 밀접한 관련성, 자연법칙이 인간의 생활, 사고, 행위에서 여러 가지 방식으로 두드러지고 모든 사물 가운데 법칙에의 필연적인 순응이 있다는 감을 산술교육은 충족시켜야 하며, 따라서 수의 법칙을 강조하고 수의 관계의 생생하고 신속한 이해가 가능하도록 연습과 적용을 해야 한다고 본다.

이러한 Fröbel의 수학교육이론은 그가 구상한 인간교육론의 소년기 초까지의 교육원리와 방법을 기술한 제1권에 제시된 것이다. 신의 정신의 실현이란 교육의 내재적 목적과 수학이란 지식의 본질적, 근원적 성격에 기초하여, 수학교과를 계기로 아동의 마음에 내재되어 있는 신성이 자발적으로 발현되도록 해야 한다는 그의 수학교육 이념은 그 이상으로 학교수학을 통해 지속적으로 추구되어야 할 것이다. 초등교육을 통해 자연의 법칙성, 신의 정신의 표현이란 수학의 의미를 어렴풋하게 자각하게 된 아동은 자발적으로 수학의 탐구를 지속하면서 자신과 자연에 내재된 만물의 원천, 신의 정신을 보다 분명히 자각하는 일을 필생의 과업으로 하여 추구해 나갈 것이다. 수학교사는 이러한 과업에 동참하여 수학을 통해 아동에게 초월자에 대한 동경과 열망을 일깨우고 끊임없는 탐구를 안내하는 동반자가 되어야 할 것이다. 이 또한 쉽게 이루기 어려운 지난한 일이며, 이 일을 실현하는 길은 교사가 필생의 과업으로 걸어가야 할 참으로 어려운 그러나 참으로 보람된 길이다.

참고문헌

김정환, 〈ペスタロッチ教育學における數學教育の理論とその數學教育史的位置〉, 히로시마대학 대학원, 교육학 박사학위 논문, 1970.

유충현, 〈칸트의 선험철학과 수학교육〉, 서울대학교 대학원, 교육학 박사학위 논문, 2008.

정혜진, 〈칸트철학과의 관련에서 본 프뢰벨의 교과이론〉, 서울대학교 대학원, 교육학 박사학위 논문, 2004.

한대희, 〈인간교육으로서의 수학교육〉, 서울대학교 대학원, 교육학 박사학위 논문, 2000.

Beth, E.W. & J. Piaget, *Mathematical Epistemology and Psychology*, trans. by W. Mays, D. Reidel Publishing Company, 1966.

Betz, W., "The Teaching of Intuitive Geometry", NCTM, *The Teaching of Mathematics in the Secondary School*, Bureau of Publications, Teachers College, Columbia University, 1933.

Boyd, W., *The History of Western Education*, 이홍우 외 역, 《서양교육사》, 교육과학사, 1996.

Eckoff, W.J., (translated, with introduction, notes, and commentary), *Herbart's ABC of Sense Perception and Minor Pedagogical Works*, D. Appleton and Company, 1896.

Froebel, F., *The Education of Man*, D. Appleton and Company, 1900.

Herbart, J.F., "Pestalozzi's Idea of an ABC of Sense-Perception Investigated and Scientifically Carried out as a Cycle of Preliminary Exercise in the Apperception of Forms", Eckoff, W.J., *Herbart's ABC of Sense Perception and Minor Pedagogical Works*, D. Appleton and Company, 1896, pp. 132-278.

Kant, I., *Critique of Pure Reason*, trans. by N.K. Smith, Macmillan & Co Ltd.,

1956.

______, *Critique of Pure Reason* 최재희 역, 박영사, 1999.

______, *Kritik der reinen Vernunft*, 《순수이성비판》 1, 2, 백종현 옮김, 아카넷, 2008.

Lietzmann, W., *Stoff und Methode des Rechenunterrichts in Deutschland*, Druck und Verlag von B.G.Teubner, 1912.

Pestalozzi, J.H., *Wie Gertrud ihre Kinder lehrt*, trans. by L.E. Holland & F.C. Turner, *How Gertrude teaches her children*, Gordon Press, 1977.

______, *Wie Gertrud ihre Kinder lehrt*, 김정환 역, 《페스탈로찌의 실천》, 젊은 날, 1991.

______, *Letters on Early Education, addressed to J.P. Greaves by Pestalozzi*, 김정환 역, 《페스탈로찌가 어더니들에게 보내는 편지》, 서원, 1989.

Rousseau, J.J., *Emile or On Education*, trans. by A. Bloom, Basic Books, Inc., Publishers, 1979.

Treutlein, P., *Der Geometrische Anschauungsunterricht als Unterstufe einen zweistufigen geometrischen Unterrichtes an unseren höheren Schulen*, 北川久五郎譯, 小學校並ニ中等學校初年級に於ける直觀的空間教授, 南光社, 1920.

제4장
역사-발생적 원리

수학교과는 17세기의 신인문주의 시대부터 중등학교에 도입되기 시작하였다. 중등학교에서는 순수하게 인간적인 학문을 통하여 인간의 정신을 고귀한 것으로 개척하지 않으면 안 되며 그리스적인 이념을 통하여 도야된 정신은 필요한 학문을 충분히 받아들이고 그것을 보다 유효하게 적용시킬 수 있다는 이념 아래, 중등학교에서의 수학교육은 《Euclid 원론》을 교과서로 사용하는 기하교육의 형태로 시작되었다. 그러나 《Euclid 원론》을 교과서로 받아들인 결과 수학교육은 설명과 증명의 해설이 주된 내용이 된 형식적인 교육으로 흘러가게 되었고, 그 이후의 수학교육의 개선운동은 Euclid로부터의 해방을 위한 몸부림의 연속이었다고 해도 과언이 아니다.

발생적 원리는 수학을 공리적으로 전개된 완성된 것으로 '가르치는' 그러한 형식주의의 결함을 극복하기 위하여 제기되어 온 교수학적 원리이다. 발생적 원리란 발달의 개념을 수학교육학의 중심에 놓고 수학의 학습-지도의 문제를 발달에 대한 어떤 해석에 따라 구상하려는 것이다. 다시 말해, 발생적 원리란 수학을 '발생된 것'으로 파악하고 그 '발생'을 학습과정에서 재성취하게 하려는 것이다.

지금까지 대부분의 수학교육학자들은 그것이 어떤 형태이든 발생적 원리를 주장해 왔다. Klein, Poincaré, Toeplitz, Krygowska, Freudenthal, Polya, Brousseau 등 저명한 학자들은 대부분 발생적 원리를 옹호해 온 것이다. 이들은 수학을 완성된 산품으로서가 아니라 수학화의 과정으로서만 바르게 이해되고 학습될 수 있다는 생각을 공유하고 있다. 발생적 원리는 수학적,

인식론적, 심리학적, 교육학적 관점에서 현대 수학교육 이론의 대부분의 주장과 조화되며, 수학적 구조의 발생도 학습자의 인지구조의 발생도 적절히 고려되고 있는 학습-지도 원리이므로 수학교육은 발생적 방법에 따라 조직되어야 한다고까지 주장되기에 이르렀다. 다음에는 수학의 역사적 발생과정에 비추어 학교수학의 연역적 전개의 문제점을 살펴보고, 역사-발생적 원리의 출현과 그 발전과정을 고찰하면서 발생적 원리에 대한 여러 학자들의 주장을 검토해 보기로 한다. 그리고 역사-발생적 원리에 따라 전개된 구체적인 교재구성의 예를 들어 보기로 한다.

1. 수학의 역사적 발생과 학교수학의 연역적 전개

학교수학에서 전통적인 기하교재와 '새 수학'에서의 산술 및 대수의 연역적 전개는 어떤 교육적 이점이 있으며, 실제로 수학의 이해에 도움이 되는가? 수학의 역사를 살펴보면 산술, 대수 및 기하의 초보는 대략 기원전 3천 년경부터 300년경까지 이집트와 바빌로니아 사람들에 의하여 순전히 경험을 근거로 하여 등장했으며, 좀 더 세련된 수학은 쉽사리 인류의 정신에 떠오르지 않았다. 연역적인 수학의 창안은 기원전 600년경부터 300년경까지 절정에 달했던 그리스 문화의 산물이다. 그러나 《Euclid 원론》이 탄생되기까지는 Thales로부터 Euclid에 이르기까지 300년 동안의 미숙하고 직관적인 탐구기간이 있었으며, 연역체계의 구성은 그에 포함된 모든 것에 대한 이해가 이루어진 후에 달성될 수 있었다. Euclid 기하가 첫 번째의 연역체계가 된 이유는 도형 자체가 직관적이기 때문이다.

그리스 사람들을 당황하게 했던 무리수가 수로서 사용되기 시작한 것은 고대 그리스 문화와 경험을 중시한 인도 아라비아 문화가 융합된 알렉산드리아 시대였으며, 그 후 무리수는 그 유용성 때문에 그리고 친근해짐에 따라 비판력이 흐리게 되면서 점차 수용되게 되었다. 음수는 기원후 600년경에 실제적인 정신의 소유자였던 인도인에 의하여 도입되었으나, 직관적인 뒷받침이 결여되었다는 이유로 천 년 동안 수학자들에게 수용되지 않았으며 Cardan, Vieta, Descartes, Fermat와 같은 대수학자들조차 음수를 다루기를 거부하였다. 1540년경에 3차방정식의 풀이과정에서 등장한 복소수도 자유롭게 사용되기까지 200여 년이 소요되었다. 복소수의 기하학적 표현법을 발견한 Gauss조차 "이로써 $\sqrt{-1}$의 직관적인 의미가 완전하게 뒷받침되었으므로 복소수를 산술의 대상으로 받아들이는 데 부족함이 없다"고 말했을 정도이다.

수학에서 미지수를 나타내는 문자의 사용은 그리스 시대까지 거슬러 올라갈 수 있으나, $ax+b$와 같이 임의의 수를 나타내는 a, b와 같은 변수 문자를 도입한 것은 16세기 후반의 Vieta에 의해서였다. 이로써 방정식의 일반해를 구할 수 있게 되고, 대수학 나아가 현대수학 발전의 결정적인 계기가 되었다. 변수 문자의 사용이 이렇게 더디게 나타난 것은 이로써 직관을 크게 초월한 고도의 추상화가 이루어지기 때문이었을 것이다. 미적분의 역사 역시 교훈적이다. 미적분의 창시자인 Newton과 Leibniz는 그 이전의 적지 않은 선행연구에도 불구하고 미적분의 기본개념을 바르게 설명할 수 없었으며, 많은 공격을 받았지만 모호하고 불명확한 직관적인 기초 위에서도 연구를 계속하여 적절한 연역적 구조가 창안되기 전에 풍부한 결실을 맺었으며 성공적으로 적용되었을 뿐만 아니라, 방대한 연구분야가 미적분을 바탕으로 생겨났다. 수학자들은 물리적인 근거, 그림, 간단한 몇 가지 경우를 바탕으로 한 일반화, 경험적 판단 등 직관적 사고를 바탕으로 바른 결론을 이끌어 내었다.

수학의 주요한 분야가 생겨난 수세기 동안 대부분 그에 대한 논리적 전개는 이루어지지 않았으며, 수 체계, 대수학, 해석학의 논리적인 기초는 19세기 후반까지 확립되지 않았다는 점은 매우 중요하다. 위대한 수학자의 직관은 논리보다 더 강력했던 것이다. 직관적인 의미를 갖는 자연수, 분수, 도형 등의 개념은 수용되었으며, 덜 직관적인 무리수, 음수, 복소수, 문자 변수, 미적분의 기본개념 등은 창안되거나 수용되는 데 몇 세기가 걸렸다. 수학자들이 그러한 개념들을 수용하게 한 것은 논리가 아니라 유추, 물리학적인 의미, 바른 과학적 결과의 획득 등에 의한 논거, 곧 직관적인 증거였다. 논리는 훨씬 후에 등장했으며, 논리적 접근을 하기는 훨씬 어려웠다.

연역적 접근을 반대하는 주요한 논거의 하나는 Poincaré와 Klein과 같은 교육에 관심을 가졌던 위대한 수학자들이 주장한 역사발생적 원리이다. 이들은 수학의 역사적 발달의 과정을 따라 소박하고 직관적인 상태에서 점진적인 형식화 단계를 거쳐 마지막에 연역적인 형식체계에 이르도록 지도하는 것이 자연스럽고 과학적인 지도방법이라고 주장한다. 위대한 수학자들이 부딪쳤던 어려움은 학생들이 겪는 장애가 될 것이고, 그러한 어려움을 논리적 장광설로 제거하려는 시도는 성공할 수 없다는 것은 의심의 여지가 없다. 수학자들이 음수개념을 생각해 내는 데 천 년이 걸렸고 수학자들이 음수를 수용하는 데 또 다른 천 년이 걸렸다면, 학생들이 음수 학습에 어려움을 겪을 것임은 분명하다. 더욱이 학생들은 수학자들이 했던 것과 마찬가지로 음수개념에 점진적으로 친숙해짐으로써, 그리고 그것을 다루면서 모든 직관적인 측면을 이용하면서 그러한 어려움을 극복해야 할 것이다. 역사를 단축하고 많은 우회로와 헛된 노력과 함정을 피할 수 있지만, 역사를 제거할 수는 없다. 실수를 반복하도록 요구할 필요는 없다고 보고 올바른 접근만을 제시할 수는 있지만, 이는 이해에 이르는 진정한 길이 되지 못한다. 위대한 수학자들이 수학의 각 분야의 논리적 기초를 세우는 데 수세기 동안 실패했다는 사실은 올바른 논리적 접근이 이해하기 쉽지 않다는 증거가 되는 것이다.

Euclid 기하는 그리스 문화의 덕분으로 역사적으로 일찍 구성되었으며 수세기 동안 연역적으로 가르쳐 왔다. Euclid 기하의 직관적인 의미는 학생들에게 분명하지만, 그 연역적 전개를 이해하기가 결코 쉽지 않다면, 이러한 역사적 사실은 중학교 수학에서 논증기하의 교육적 적절성을 주장하는 논거로는 설득력이 약하다.

다음은 얼마 전까지 중학교 국어 교과서에 실렸던 양주동 선생의 수필 〈몇 어찌〉 가운데에 나오는 '맞꼭지각은 서로 같다'는 정리의 증명이다.

"a+b는 몇 도?"

"180도입니다."
"b+c도 180도이지?"
"예."
"그럼, a+b=b+c이지?"
"예."
"그러니까, a=c 아니냐."

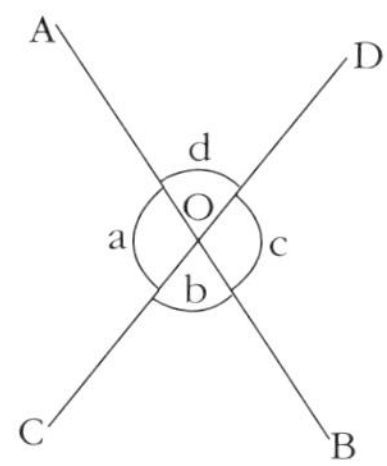

여기서 과연 수재 소년 양주동의 "아하!" 경험은 직관적으로 분명한 이 성질에 대한 증명의 의미를 이해한 것으로 볼 수 있는가? 어떤 명제를 증명했다는 것은 공리나 정의 또는 앞에서 증명한 정리를 이용하여 일반적으로 그 전제가 결론을 함의함을 보였다는 뜻이다. 여기서 소년 양주동은 이 증명이 어떤 명제가 어떤 명제를 함의하고 있음을 보였다는 것을 이해했으며, 평각은 180°라는 성질과 등식의 성질($a=b \Rightarrow b=a$; $a=b,\ b=c \Rightarrow a=c$; $a=b \Rightarrow a\pm c=b\pm c$)을 이용하고 있음을 이해하였을까? 어느 시기부터 어떤 근거로 중학교 수준에서 논증기하를 지도하게 되었는가는 학교수학의 성격을 밝히는 차원에서 연구해 볼 가치가 있는 문제이다. 학생들이 증명의 의미를 이해하기를 기대할 수 없다면, 증명을 계속 가르치는 이유는 전통 때문인가?

초등수학의 연역적 접근에 반대하는 또 다른 논거가 있다. 미적분법의 발달 초기에 함수, 도함수, 적분에 관한 여러 가지 성질은 간단한 함수에 대한 증거나 그 성질로부터 얻어진 물리적 증거를 근거로 수용되었으며, 그런 다음에 그 논리적 기초를 세우는 작업이 시작되었다. 수학에서 논리는 그렇게 수용된 성질을 정당화하기 위한 것이었으며, 그 결과 매우 복잡한 인공적인 공리체계를 구성하였다. 그럼에도 불구하고 '새 수학'에서는 그러한 논리적 기초를 사용하여 이해를 촉진하고자 한 것이다. 유용성이 논리적 접근을 결정하며 그 반대가 아니라는 사실은 수학에서 매우 기본적인 것이며 이를 강조할 필요가 있다. 이를테면 분수의 덧셈이나 곱셈 방법은 실제 상황에서의 경험에 들어맞는 유용한 정의를 채택한 것이며, 덧셈이나 곱셈의 논리적 성질은 그러한 정의로부터 나오는 것이다. 또한 행렬이 이용되는 상황은 곱셈이 비가환적일 것을 요구하므로, 행렬의 곱셈은 비가환적이어야 하며 행렬론의 논리적 기초는 이러한 사실에 적합해야 한다. 논리가 수학의 내용을 지시하는 것이 아니라 유용성이 수학의 논리적 구조를 결정하는 것이다. 수학의 논리적 조직은 이차적인 것이며 도금과 같은 것이다. 처음부터 곱셈의 교환법칙이 공리이므로 3×4=4×3인 것이 아니며, 경험에 따르면 3×4=4×3이므로 교환법칙을 공리로 받아들이는 것이다. 수학이 어떻게 이용되는지 알아야 그 논리적 기초를 구성할 수 있다. 수학의 연역적 구조의 내적인 근거는 수학의 사용에 대한 직관적인 관념이다. 수의 연역적 확장에서 '형식불역의 원리'가 적용되는 것은 수의 사용이 그러한 성질을 요구하기 때문이다. 그러나 논리적인 접근은 학생들에게 그러한 성질이 처음부터 모든 수의 필수적인 성질이라는 인상을 준다.

수학의 논리적 접근은 수학의 발달에 대한 완전히 잘못된 인상을 학생들에게 준다. 수학자들이 참이라고 생각되는 어떤 정리를 증명하고자 할 때 처음에는 서툴고 우회적인 그러나 자연스러운 방법을 사용한다. 일단 증명이 되면 보다 직접적이고 단순화된 우아한 증명법을 찾으며, 보다 강력한 일반화된 정리를 얻게 되어 처음의 자연스러운 생각과 훨씬 동떨어진 결과가 된다. 수학자들은 간결하고 세련된 증명을 시도하는 데 그치지 않고 적은 수의 공리로부터 많은 정리가 연역되는 논리적 구조를 구성한다. 그러한 최종적인 연역체계로 수학을 제시하면 학생들은 이해하기가 더욱 어렵게 된다. 그리고 논리적 접근은 학생들에게 수학이 공리로부터 출발하여 곧바로 정리를 이끌어 내는 천재들에 의하여 창안된 것으로 믿게 함으로써 학생을 속이는 결과가 된다. 수학의 연구는 엄밀한 연역적 방식으로 이루어지지 않으며, 근본적으로 상상력을 이용하고 발견적 수단을 통하여 귀납적으로 이루어진다. 수학이 논리에 의하여 획득되는 것처럼 연역적 접근을 지도하는 것은 지적으로 정직하지 못한 것이다.

연역적으로 전개되는 수학을 제시하는 것은 수학의 역사를 부정하는 것이며 다른 분야와의 관련성을 숨기는 것이다. 역사적으로 보면 중요한 수학적인 개념이나 연산이나 정리 등은 현실적인 상황에 의하여 암시되었으며, 수학은 실제세계에 대한 경험으로부터 발생하였다. 그러나 수학자들은 그러한 발생의 흔적을 지우고 응용과 동떨어진 '순수' 수학에 몰입하여 학생들에게 유용한 수학을 가르치는 문제를 등한시하여 왔다. 그러나 수학은 실세계를 이해하고 정복하는 데 현저한 도움을 주기 때문에 존재하고 강력하게 요구되는 것이며, 수학이 응용되지 않았다면 오늘날과 같이 발전하지 않았을 것이고 학교 교육과정에서도 강조되지 않을 것이다. 교육적 관점에서 볼 때 연역적 접근은 학생들에게 수학에 대한 동기유발과 의미를 부여하는 기회를 박탈하는 것이다. 초등수학은 실제적인 상황으로부터 발생했으므로 그와 대등한 실제상황을 이용하여 수학에 의미를 부여하고 학습동기를 유발할 수 있을 것이다. 예를 들어, 이차함수 $s=16t^2$는 물리적으로 물체의 자유낙하 운동을 나타내며 그 그래프가 아름다운 포물선이 된다는 것은, 자연의 질서와 함수와의 관계를 감동적으로 보여줌으로써 수학의 의미와 가치를 일깨워 줄 수 있는 좋은 기회가 되는 것이다.

2. 역사-발생적 원리의 대두와 발전

수학사상에는 Euclid의 본보기를 따르지 않는, 아니 Euclid의 종합적 · 연역적 방법에 대한 강력한 비판으로 등장한, 분석적 · 발생적 방법으로 전개된 원론(Elements)이 있었다. Arnauld의 *Nouveaux elémens de géometrie* (1667)와 Clairaut의 *Elémens de géometrie*(1741) 및 *Elémens d'algébre*(1746) 등이 그 예이다. 이들 교과서는 발견과 개발정신을 함양하고 지식의 건설과 정당화 및 응용, 그리고 새로운 진리의 발견에 도움이 되는 방법을 찾는 17세기 이후의 과학운동과 관련된다. 중세 스콜라 철학의 명상적이고 권위주의적인 세계관이 퇴조하고 인식과정에서의 주체의 활동적이고 구성적인 역할을 인식하게 되고 실학사상이 등장하게 되면서 제기된 것이 발생적 원리이다. 그러한 사상을 대표하는 초기의 인물은 Ramus, Bacon, Descartes 등이다. 이들은 Euclid의 'Elements'에 대한 해석과 그 위에 건설된 수학에 대한 접근법에 대하여 철학적 · 방법론적 · 교육적 관점에서 강력한 비판을 했으며, 대안적인 해석과 접근법으로 발생적 관점을 주장하였다. Euclid적 방법에 대한 첫 번째의 설득력 있는 비판자는 16세기의 Ramus로, 그는 Descartes에게 영향을 미쳤으며 Arnauld와 Clairaut의 새로운 'Elements'의 선구자로 간주된다. Ramus는 Aristoteles의 삼단논법과 그와 관련된 연역적 정신에 대한 Euclid의 해석은 이미 참임이 알려진 명제를 체계화하는 데에만 유용하며, 삼단논법에서 결여된 것은 새로운 지식을 발견하는 발견술적 도구라고 비판하고, 기존의 지식을 확립하고 정당화하는 동시에 새로운 진리를 발견하는 보편적 방법을 찾고자 하였다. 전통적인 삼단논법을 발견방법으로 보충하는 데 관심이 있었던 것이다. 그러나 Descartes에 따르면 그리스 사람들은 그러한 진정한 수학적 방법을 사용했으나 그것을 고의로 숨겼으며, 그러한 방법을 가르쳐 주는 대신에 그 산물인 메마른 진리를, 감탄하지 않을 수 없도록 교묘히 연역적으로 전개하여 보여주기를 좋아하였다. Viète, Descartes, Fermat는 기호 대수와 방정식을 이용하는 그들의 '분석술'에서 '종합적인' Euclid 방법을 완성하는 '분석적 방법'을 찾아내었다고 확신하였다. 과학적 탐구방법에 따른 자연스러운 지도방법으로 간주된 발생적 접근의 위대한 촉진자는 Bacon이었으나, 수학, 특히 기하에서 특별한 개척자의 역할을 한 사람은 Arnauld와 Clairaut였다. Arnauld는 기하 교과서 *Nouveaux elémens de géometrie*에서 특히 구체물의 참조를 허용하고 초등기하의 개념과 정리의 순서를 보다 자연스럽게 재조정한 새로운 접근법과 증명을 제시하였다.

Clairaut의 기하 교과서 *Elémens de géometrie*는 내용과 학습활동을 조직하는 데 수학의 역사적 발달을 지표로 사용한 최초의 교과서이다. 대수 교과서 *Elémens d'algébre*도 저술한 Clairaut는 당시의 초보자를 위한 교과서가 학습자에게 메마른 학습소재일 뿐인 같은 정의와 공리로 시작함으로써 그 다음에 오는 정리가 정신을 흥미 있는 내용으로 향하게 하지 못하고, 초보자가 이해하기 어려워 학습하기를 기대하는 아이디어를 파악하기 전에 따분해지고 혐오감을 주는 것이 보통이라고 비판하였다. 그는 정리에 이어서 실제적인 응용내용을 다룸으로써 교재의 메마름을 극복하려고 시도한 교과서에 대하여, 그러한 방식은 기하의 학습 가능성을 개선하지 않고 기하의 응용 가능성을 입증하려는 것이며, 그 경우 매 정리는 항상 그 응용에 선행하므로 마음이 추상적인 개념을 학습하는 단조로움을 견딘 후에야만 의미 있게 개념을 파악하게 된다고 비판하였다. Clairaut는 자신의 전개방법을 발생적 방법이라고 하면서 다음과 같이 기술하고 있다.

> 내가 숙고한 바로는 이 과학(곧, 기하학)은 다른 모든 과학과 같이 단계적으로 발달되었음에 틀림없다. 분명히 첫 번째 단계를 일으킨 특별한 필요성이 있었다. 그리고 이러한 첫 번째 단계는 처음 그것을 택한 자들이 초보자였으므로 초보자의 범위 밖에 놓여 있지 않음에 틀림없다. 이러한 생각에 끌려서 나는 기하학을 탄생시킨 것에의 회귀를 고려하여 첫 번째의 발견자가 사용한 것과 같다고 여겨질 수 있는 진정으로 자연스러운 방법에 의하여, 단지 그들이 필연적으로 범했음에 틀림없는 부정확한 시도를 피해야 할 필요성을 염두에 두면서, 원리를 가다듬으려고 노력하였다. 나에게 토지측량은 기하학의 첫 번째 원리를 생성시키는 데 가장 적합한 것으로 생각되었다. … 이러한 방식으로 모든 단계를 거치면서 초보자는 발명가의 동기를 알게 되고 거기서 더욱 쉽게 발견의 본질을 획득할 수 있다.
>
> 자연스러운 순서로 배열된 아이디어는 우리의 기억 가운데 풍요한 구조를 만들기 때문에, 자연스러운 순서로 학습된 것은 보다 쉽게 학습되고 보다 잘 기억된다는 것은 의심의 여지가 없다. … 그 진정한 기초를 관통하여 알게 된 것은 실제로 기억에 의해서가 아니라 판단력에 의하여 유지되므로 매우 강하게 학습자의 자산이 되어 잊을 수 없게 된다고까지 말할 수 있다(Steiner, pp. 11-12).

Clairaut의 *Éléments de géométrie*는 저자가 Chêtelet 후작 부인에게 기하학의 초보를 가르치기 위하여 쓴 것이라고 한다. Chêtelet 후작 부인은 계몽사상의 옹호자로 Newton의 *Principia*를 프랑스어로 번역하는 등 수학과 과학의 보급에 힘쓴 귀부인이었다. 이 책은 산술의 초보를 이해하면 다른 어떤 예비지식 없이도 용이하게 이해될 수 있도록 구성되었다. Clairaut는, 위에서 언급한 바와 같이, 공리나 일반적인 원리로부터 기하학을 시작하는 것은 무미건조함을 역설했으며, 당시의 기하학서가 필요불가결하다고 여겨지는 많은 명제를 최초에 한꺼번에 언급하고 후에 응용을 논의하는 것은 추상적인 명제를 앞세우고 감각적 · 구체적인 것을 뒤에 세우는 것이라고 비난하였다. 그는 기하학의 학습은 필연적으로 발생적 방법에 의할 수밖에 없음을 역설하고, 그렇게 함으로써 탐구적이고 발견적인 정신의 개발이 가능하게 되며, 그를 위하여 직관을 중시하고 논리의 편중을 피하지 않으면 안 된다고 보았다.

Euclid 시대에는 자명한 진리를 부정하는 것을 자랑하는 소피스트들을 극복하지 않으면 안 되었던 필요 대문에 '만나는 두 원은 같은 중심을 갖지 않는다' 등과 같은 명제를 일부러 증명하지 않으면 안 되었으나, 양식(bon sens)만으로 곧바로 결정할 수 있는 것을 하나하나 추론해 가는 것은 오늘날에는 시간의 낭비에 불과하며, 그것은 진리를 불명료하게 하고 독자를 싫증나게 할 뿐이라는 것이 그의 근본적인 생각이었다. 그는 자신의 기하학 원론을 토지의 측량을 하는 데 이용되는 가장 자연스러운 방법, 직선도형을 비교하는 기하학적 방법, 원의 측정과 그 성질, 입체와 그 겉넓이의 측정의 4장으로 나누고, 정의나 공리나 정리 등을 하나하나 확연하게 기술하지 않으면서 자연스럽게 기하학적 지식을 배울 수 있도록 구성하였다. Clairaut의 저서는 기하학 초보의 지도서로서 실로 혁명적인 것이었으며, 독일어, 네덜란드어, 폴란드어 등으로 번역되고 교과서로 채용된 곳도 있었다. 그러나 이 책은 프랑스에서도 그다지 성공적인 것이 아니었으며, 19세기에 들어와 사람들은 이 책을 망각한 것은 아닌가 하는 느낌이 든다. 그러나 Clairaut야말로 Euclid적 정신에 대한 최대의 반역자였다. 이제 우리는 참으로 그를 평가할 수 있는 시대에 와 있다. 그에 대한 재음미야말로 수학교육자에게 흥미 있는 하나의 과제이다(小倉金之助, 1973, pp. 109-113).

발생적 원리가 '역사-발생적 방법'이란 일반적인 교수학적 구상으로 명확히 드러난 것은 19세기에 들어와 Lindner에 의해서였는바, 그는 다음과 같이 발생적 방법을 정의하고 있다.

> 우리는 다음과 같은 교수방법을 발생적 방법이라고 부른다. 즉 소재를 그 자연스런 순서에 따라 다루어, 간단한 것으로부터 합성된 것으로, 원인으로부터 결과에, 보다 작은 것으로부터 보다 큰 것으로, 쉬운 것에서 어려운 것으로 나아가되, 하나하나의 동인을 아주 주의해서 서로 결합하는 것이다(Schubring, S. 62).

특히 Lindner는 발생된 순서에 따라 학문을 지도해야 한다고 보고 수학을 제일 먼저 지도해야 한다는 흥미로운 주장을 하였다. 발생적 원리에 입각한 학교교육의 포괄적인 구상이 Mager에 의하여 19세기 중엽에 이루어졌다. 그는 교과서는 학문의 발달에서의 중요한 과학자의 오리지널한 기여를 인쇄한 집성이어야 한다고 하면서 原典의 연구를 권장하였다. 그리고 경험 분석적 지도방법과 Euclid적인 종합적 지도방법을 비판하고, 그 두 가지 방법의 단점을 극복한 방법이 발생적 방법이라고 주장하면서, 발생적 원리의 개발을 위하여 노력하는 것을 그의 과업으로 여겼다.

발생적 원리는 19세기 후반에 이르러 생물학적 발달이론, 특히 Darwin의 이론에 의하여 새로운 변화를 일으키게 되었다. 그러한 변화는 Darwin주의자인 Haeckel이 형식화한 소위 '재현의 법칙'이 19세기 말 일반적인 발달관념이 되었다는 것으로 잘 표현된다. 이러한 상황 아래에서 교육과정 구성에서는 생물학적 발달관념에 따라 역사-발생적 원리를 따르고, 매 시간의 지도는 Herbart의 교수이론에 따라 '전심(Vertiefung)'과 '치사(Besinnung)'라는 교과를 내면화하여 '통각(Apperzeption)'에 이르는 학습자의 마음의 작용과 상응하게 '명료(Klarheit)', '연합(Assoziation)', '체계(System)', '방법(Methode)'의 4단계로 이루어져야 한다고 주장되었다(이환기, 1995). 그리하여 발생적 원리는 19세기 후반에 형성된 교육학의 기본원리가 되었다.

발생적 원리가 Herbart 학파에 의하여 수학교육의 지배적인 원리가 되어, 그 시대의 수학교수학에 관한 책 가운데에서 가장 좋은 지도원리로 추천되었음에도 불구하고 실제로 중등학교 수학에서 형식주의를 극복하기는 어려웠다. 왜냐하면 수학교과는 형식도야재로서 그 위치를 유지할 수 있었으며, 이는 그리스 수학, 곧 가장 고도한 형태의 Euclid 기하의 연구라고 인식되었기 때문이다. 수학교육에서 발생적 원리의 실현을 위한 새로운 자극이 19세기 말 독일 학교수학의 헌장이다고 일컬어지는 Meraner Lehrplan의 제정과 관련되어 일어났다. 당시 독일의 수학교육 개혁운동을 주도한 Klein은 대학수학과 '초등수학' 사이의 틈을 없애고, 학교수학의 내용을 발달된 수학의 실제적 상태에 보다 근접시켜 전체 학교수학의 근본적인 재조직화를 시도하였다. 그는 형식도야 이론에 반대하고 학교수학이 '함수적 사고'란 주도 관념 아래 형성되어야 한다고 보았으며, 수학교육에서 응용을 매우 강조했고 미적분학의 도입을 주장하였다. Klein은 중등학교 교사를 위한 강의 가운데에서 지도내용의 제시가 역사-발생적 원리를 바탕으로 이루어져야 한다고 주장하면서, 당시 일반적으로 받아들여지고 있던 Haekel의 재현의 법칙에 근거를 두어 다음과 같이 주장하고 있다.

> 물론 우리는 수학교육학적 입장에서 아동에게 너무 일찍 그러한 추상적이고 어려운 것을 제시한다는 인상을 주지 않도록 해야 한다. 이 점에 대한 나의 견해를 명확히 규정하기 위하여 생물학적 기본법칙을 인용하고자 한다. 그에 따르면 개체는 종족의 전 발달단계를 단축된 순서로 거치면서 발달한다. 이러한 생각은 오늘날 모든 사람들의 교양이 되어 있다. 나는 이 기본법칙을 일반적으로 모든 교육에서와 같이 수학교육에서도 일반적으로 따라야 할 것으로 생각한다. 소년의 자연적인 소질과 연결시켜 인류 전체가 그 순진한 원시상태로부터 보다 높은 인식에 다다른 그 길을 따라 천천히 높은 곳으로, 마지막에 추상적인 형식화에 이르러야 한다. 이 요구를 재삼 재사 제기할 필요가 있다. 왜냐하면 중세의 스콜라 철학자의 방식에 따라 그 교육을 가장 일반적인 아이디어로 시작하며, 이 방식만을 '유일한 과학적인 방법'이라고 옹호하려고 하는 사람들이 거듭 존재하기 때문이다. 그러나 이러한 근거는 결코 옳지 않다. 곧 과학적으로 가르친다는 것은 과학적으로 사고하도록 인간을 이끄는 것을 의미할 수 있을 뿐이지 결코 처음부터 차디찬 과학적으로 손질된 체계로 사고하도록 이끌 수는 없다. 그러한

> 자연스러우며 참으로 과학적인 지도방법을 보급하는 데 본질적인 장애는 역사적 지식의 결핍이며, 이는 종종 통감되는 바이다(Klein, 1924, S. 289).

이러한 역사-발생적 원리가 동시대의 위대한 수학자인 Poincaré에 의해서도 다음과 같이 주장되고 있음은 매우 주목할 만하다.

> 어떤 동물의 태아발달은 지질학적 시대의 그의 선조의 전체 역사를 매우 짧은 기간 동안에 경과한다고 동물학자들은 주장하였다. 인간의 정신발달에서도 마찬가지인 듯하다. 교육자는 아동을 그의 선조가 통과한 모든 단계를 매우 빨리 그러나 어떤 단계도 소실되지 않게 인도해야 한다. 이러한 이유에서 학문의 역사는 우리의 첫째 가는 안내자여야 한다(Poincaré, 1953, p. 135).

20세기에 들어와 수학교육에서 발생적 원리의 우세는 종말을 고하고, Dewey의 교육사상의 영향을 받아 지식중심에서 실천 지향적인 아동의 활동중심으로 바뀌었다. 1945년까지 주도적인 교수학적 원리는 '勞作敎育'의 원리였으며 탐구학습, 생활단원 학습이 강조되었다. 아동의 자주성이 강조되고 교사의 역할을 극소화할 것이 요구되었다.

수학교사 교육을 위한 역사-발생적 원리에 따른 수학교재의 구성은 실질적으로 Hilbert의 문하생으로 무한소 계산의 지도과정을 구상한 Toeplitz (1963)에 의하여 최초로 이루어졌다. Toeplitz는 수학의 진정한 이해는 수학적 사실의 단순한 전달을 통해서는 달성될 수 없으며, '관점'의 전달, 곧 수학과 그 방법의 특성에 대한 올바른 파악을 통해서만 가능하다고 보고, 그러한 관점을 교사는 대학에서 획득해야 하며, 본질적인 것은 지식 자체가 아니라 그 관점이라고 보고 이를 터득시키기 위한 수단으로서 '간접적인 발생적 방법'을 제기하였다. 이는 수학사를 연구하여 수학의 내용적인 발달과 문제발생의 본질을 전달하기 위한 것이다. 그는 다음과 같이 말하고 있다.

> 오늘날 우리가 규범적인 필수 요목으로 간주하여 가르치고 있는 무한소 계산의 이러한 모든 대상들, 곧 평균값의 정리, 테일러 급수, 수

> 렴함수, 정적분, 특히 미분상 자체, 이들에 관하여 결코 다음과 같은 질문은 제기되지 않는다. 왜 그러한가? 어떻게 그들에 이르게 되었는가? 이러한 모든 필수 요묵은 또한 한때 흥미진진한 탐구의 목적이었으며, 자극적인 행위였음에 틀림없다. 곧 그들이 창조되었을 당시에 말이다. 개념의 근원으로 거슬러 올라갈 때, 시간의 먼지와 오랜 사용의 상처가 그로부터 떨어져 나가고 그들은 생기 넘치는 존재로 우리 앞에 다시 소생하게 된다. 그리고 이 때 그로부터 두 가지 실천방법이 제기된다. 그 완전한 희극화를 통하여 학생을 직접 발견에 안내하고 그렇게 함으로써 문제설정, 개념 및 사실이 그들에게 생성되도록 할 수 있거나—그것을 나는 직접적인 발생적 방법이라고 부를 것이다—혹은 그러한 역사적 분석을 통하여 그 본래의 의미와 모든 개념의 실제적인 핵심이 무엇인가를 스스로 배울 수 있으며, 그로부터 이들 개념에 대한, 더 이상 역사와 아무런 관계도 없는, 교수를 위한 결론을 이끌어 낼 수 있다.—이를 간접적인 발생적 방법이라고 부를 것이다 (Toeplitz, 1963, p. v).

Toeplitz에게는 수학의 역사가 문제가 아니라 문제, 사실 및 그 증명의 발생이 문제이며, 이러한 발생의 결정적인 방향전환이 문제이다. 그는 발생적 방법에 의한 지도가 고등학교에서 가르치는 수학과 대학과정의 수학 사이의 다리를 놓는 데 가장 적합하다고 확신하고, 발생적 원리에 따른 무한소 계산에 관한 교과서의 집필을 구상했으며, 미완성작인 유저《무한소 계산의 발달》(Toeplitz, 1963)을 남겼다. 역사적 발생에 대한 고찰을 통하여 획득된 미적분의 기본적인 개념에 대한 적절한 관점과, 개념에 대한 메타 지식이 교육문제의 해결을 가져올 것이라는 입장에서 집필된 이 책은 수학 교사교육을 위한 수학의 역사-발생적 전개의 한 전형이 될 수 있다고 생각된다. 책의 구성은 간접적인 역사-발생적 방법에 대한 그의 해석과 대응하여 미적분학의 역사적 발생과정에 따라 각 관점에 대한 상세한 분석이 이루어지고 있다. 먼저 그리스 시대의 무한소 관념과 착출법, 무한과정의 기초가 되는 실수개념 및 무한급수의 발생과정에 대한 고찰을 통하여 미적분의 바탕이 되는 수렴과 극한이란 무한과정에 대한 역사-발생적 분석을 하고 있으며, 다음에는 역사적 발생의 순서에 따라 Archimedes의 구적법, Cavalieri의 원리와 무한소, 곧 불가분량을 이용한 구적법 등 정적분 개념의 발생에 대한 분석을 미분과 부정적분보다 앞서 다룬다. 그리고 미분과 적분 계산법의 발생과정을 다루고, 끝으로 역사적인 의미를 갖는 역학문제에의 미적분법의 적용상황을 다루고 있다. Toeplitz에 따르면, 정적분을 발견한 것은 그리스 사람들이고 Archimedes는 그것을 성숙한 이론의 수준까지 끌어올렸으나, Leibniz의 기호와 함수개념, 그리고 임의의 곡선에 대한 생각만이 결여되어 있었을 뿐이었다. 그는 불가분량을 미적분학의 발견적인 방법론의 기초로 보고, 이를 이용한 Archimedes의 구적법을 현대적인 미적분학이 솟아난 샘으로 간주하고 있다. 그리고 불가분량의 방법은 Cavalieri와 Kepler 및 Leibniz의 방법이었으며, 불가분량을 무한소 계산의 기초로 간주하는 입장은 그 후 Euler, Bernoulli 형제들, Tayler 등에 의하여 엄밀하지는 않지만 발견적인 방법으로 사용되어 미적분학의 바탕이 마련되었음을 강조하고 있다.

제2차 세계대전 후 발생적 원리의 재출현은 구조수학을 바탕으로 한 1960년대의 수학 교육과정 개선운동과 밀접히 관련되어 있다. 소위 '새 수학'에서는 현대수학의 학교수학화를 지향하면서 수학의 발생적 측면을 소홀히 하였다. 이는 1962년 Birkhoff, Courant, Kline, Polya 등 65명의 수학자가 발표한 각서 가운데에서 잘 드러난다. 그 각서에서는 과거에는 교육체제가 직업적인 교육학자들에게 지배되어 교육의 내용이 희생되고 교육학적인 이론이 강조되었던 데 비해, '새 수학'에서는 수학자들이 교육학을 희생시키고 내용을 강조하고 있다는 비난과 함께 그 대안으로 역사-발생적 방법을 요구하고 있는 것이다. 과학은 발생상태에 있을 때에 가장 완전하게 동화되므로 학생들에게 원전을 읽히는 것이 매우 이로울 것이며, 개인의 정신발달을 안내하는 가장 좋은 방법은 종족의 정신발달, 물론 수많은 세세한 오류가 아닌 그 커다란 자취를 되밟도록 하는 것이라고 하면서, 순전히 형식적인 접근보다 발생적 원리를 따르는 것이 보다 큰 성공을 기대할 수 있다고 주장한다.

한편, Polya는 거의 잊혀져 가던 수학적 발견술을 교육적 입장에서 부흥시키고 귀납과 유추에 의한 수학적 발견에 대한 논의를 전개하여 1980년대 이후 수학교육에 커다란 영향을 미치고 있다. Lakatos(1976)는 Euler의 다면체 정리의 추측에 대한 Polya의 논의에 덧붙여, 그 역사적 발달과정에 대한 면밀한 분석을 통하여 소위 증명과 반박을 통한 추측의 개선과 새로운 개념의 발견이란 수학적 발견의 논리를 대화식으로 전개하였다. 이러한 그의 준경험주의적 입장은 증명을 통한 정리의 확립이란 Euclid적인 전통에 대한 새로운 강력한 도전으로 현대 수리철학과 수학교육에서 반Euclid적인 입장을 크게 고무시켰다. 그는 수학 교과서의 발견적 전개양식을 연역주의자의 전개양식과 대비시키고 이를 구체적으로 예시하고 있는바, 이에 대해서는 제11장에서 별도로 논의하기로 한다.

3. 역사-발생적 원리에 따른 교재구성

여기서는 역사-발생적 원리에 따른 구체적인 교재구성, 특히 Toeplitz가 말한 간접적인 발생적 방법에 따른 교재구성의 예를 살펴보기로 한다.

1) 삼각형의 내각의 합

역사-발생적 원리에 따라 전개된 Clairaut의 기하 교과서 가운데 나오는 삼각형의 내각의 합이 180° 임을 지도하는 방법을 살펴보자(Barbin, 1991). 《Euclid 원론》에는 각이 두 직선 사이의 기울기로서 정의되고 있지만 두 각을 비교하고자 할 때는 삼각형의 합동조건을 이용하며, 삼각형의 내각의 합이 180° 임은 평행선 공준을 이용하여 평행한 두 직선이 한 직선과 만날 때 생기는 엇각, 동위각이 같음을 증명한 다음 이를 이용하여 연역적으로 증명하고 있다. 그러나 우리는 그렇게 증명된 삼각형의 내각의 합이 180° 라는 사실을 부정하지 못하지만, 삼각형의 모양이 변할 때 왜 내각의 합이 불변인지를 알지 못한다. 어떻게 하여 삼각형의 내각의 합이 불변이며 180° 임을 알게 되었는가? 기하의 역사발생의 근원을 고려하여 집필된 Clairaut의 〈새 기하학 원론〉에서는 각을 기울기로서 정의하고, 삼각형의 내각의 합에 대한

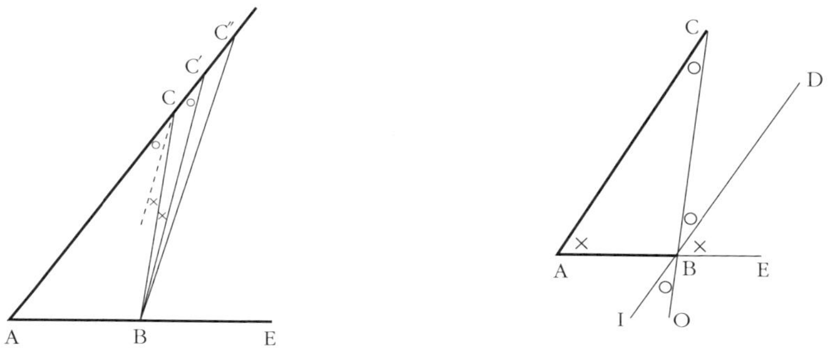

그림 4-1.

성질을 다음과 같이 발생적으로 전개하고 있다. 먼저 그림 4-1과 같이 삼각형 ABC를 머릿속에 그리고 직선 BC를 회전시켜 보라고 한다. 그러면 ∠B가 열리고 ∠C가 닫히는 것을 보게 되고 두 각의 합이 변하지 않을 것으로 느끼게 된다. $\overline{BD}$가 $\overline{AC}$에 평행하게 될 때까지 $\overline{BD}$를 회전시키면 $\overline{AC}$와 $\overline{BD}$는 $\overline{AB}$에 대하여 같은 기울기를 갖게 되고, 따라서 ∠BAC와 ∠EBD는 같아진다. 마찬가지로 $\overline{AC}$와 $\overline{BD}$는 $\overline{CB}$에 대하여 같은 기울기를 가지므로 ∠ACB와 ∠IBO는 같다. 그런데 ∠IBO는 ∠CBD와 같다. 따라서 삼각형 ABC의 내각의 합은 평각과 같으므로 180°임을 알 수 있다. 평행성 공준을 이용한 유클리드의 형식적인 증명과 비교하여 보면 Clairaut가 발생적 전개를 생각한 이유를 짐작할 수 있을 것이다.

2) 로그 개념

다음에는 Toumasis(1993)가 역사-발생적 원리에 따라 시도한 로그 개념의 교재구성을 살펴보자. 로그함수는 지수함수의 역함수로서 정의된다. 곧 $f(x)=a^x (a>0)$일 때 $f^{-1}(x)=\log_a x$와 같이 정의한다. 그리고 양의 실수 x에 대하여 $\log_a x$를 a를 밑으로 한 x의 로가리즘(logarithm)이라고 정의한다.

그러나 x가 무리수일 때 a^x의 의미가 불명확하므로 먼저 로그함수를 $f(x)=\log x=\int_1^x \frac{1}{t}\,dt\ (x>0)$와 같이 정의하고 그 역함수로서 지수함수

$f^{-1}(x)=e^x$를 도입한 다음 $a^x=e^{x\log a}$와 같이 정의하는 것이 수학적으로 보다 우아한 방법이다. 로그함수를 드입하기 전에 먼저 $a(>0)$를 밑으로 한 실수 b의 로가리즘을

$$\log_a b = x \Leftrightarrow a^x = b$$

곧

$$a^{\log_a b} = b$$

와 같이 정의하기도 한다. 어느 경우이든 학생들은 이와 같이 정의하는 이유와 그 실세계와의 관련성을 이해하기는 어려우며, 그것을 왜 로가리즘이라고 부르는지 그 뜻은 무엇인지에 대한 의문을 갖게 될 것이다. 또한 밑이 e인 로가리즘을 자연로그(natural logarithm)라고 하는데, 어떤 이유로 $e=\lim(1+1/n)^n$라는 특별한 수를 밑으로 택했으며, 왜 그러한 로가리즘에 '자연'이란 이름을 붙였는가 하는 의문이 제기될 수 있다.

logarithm은 그리스어 λο'γα'ριθμοσ(logarithmos)의 번역어인데, 이 말은 'λο'γοσ(ratio)'와 'αριθμο'σ(number)'의 합성어로서 비를 계산한 수라는 뜻인데 이는 무엇을 의미하는가? 토가리즘은 천문학에서 큰 수의 복잡한 계산을 단순화하는 방법의 필요성 대문에 만들어졌으며, 그러한 로그체계의 밑으로 e가 자연스럽게 등장하였다. 역사-발생적 원리에 따라 로가리즘의 역사적 발생과정을 반영한 다음과 같은 지도과정을 구상해 볼 수 있다. 먼저 다음과 같은 등차수열과 등비수열의 관계를 알아본다.

0	1	2	3	4	5	6	7	8	9	10	11	12	13 ⋯
1	2	4	8	16	32	64	128	512	512	1024	2048	4096	8192 ⋯

이 수표에서 등차수열의 각 항은 그와 대응되는 등비수열의 항인 2의 거듭제곱의 지수와 일치하며, 따라서 등비수열의 두 항의 곱과 몫은 각각 등차수열의 대응되는 항의 합과 차에 대응된다. 이를테면

$$6+7=13 \qquad 13-7=6$$
$$64\times128=8192 \qquad 8192\div128=64$$

그리고 등비수열의 항의 거듭제곱 및 거듭제곱근과 등차수열의 대응되는 항 사이에도 각각 다음과 같은 대응관계가 성립한다.

$$2\times5=10 \qquad 12\div4=3$$
$$4^5=1024 \qquad \sqrt[4]{4096}=8$$

따라서, 등비수열의 두 항을 곱하거나 나누려면 등차수열의 대응되는 항의 합이나 차를 구하여 그와 대응되는 등비수열의 항을 찾으면 된다. 그리고 등비수열의 항의 n거듭제곱이나 n제곱근을 구하려면 등차수열에서 대응되는 항에 대하여 n과의 곱이나 n으로 나눈 몫을 구한 다음 등비수열의 대응되는 항을 찾으면 된다.

따라서 위와 같은 등차수열과 등비수열의 관계는 큰 수의 계산을 단순화할 수 있다. 이러한 성질이 로가리즘의 이론적 배경이 되는바, 다음과 같은 등차수열과 등비수열을 대응시켜 이를 일반화하여 보자.

$$\begin{array}{cccccccc} 0 & a & 2a & 3a & 4a & \cdots & na & \cdots \\ 1 & b & b^2 & b^3 & b^4 & \cdots & b^n & \cdots \end{array}$$

$l(b^n)=na$라고 놓으면 x, y를 b의 거듭제곱이라고 할 때,

$$l(x)+l(y)=l(xy), \qquad l(x)-l(y)=l\frac{x}{y}$$

$$l(x^m)=ml(x), \qquad l(\sqrt[m]{x})=\frac{1}{m}l(x)$$

이러한 성질은 수열을 다음과 같이 확장해도 마찬가지로 성립한다.

$$\begin{array}{ccccccccccccc} \cdots & -4a & -3a & -2a & -a & 0 & a & 2a & 3a & 4a & \cdots & na & \cdots \\ \cdots & b^{-4} & b^{-3} & b^{-2} & b^{-1} & 1 & b & b^2 & b^3 & b^4 & \cdots & b^n & \cdots \end{array}$$

여기서 등차수열의 각 항은 등비수열의 대응되는 항의 '로가리즘'이다. 이를테면 128의 로가리즘은 7인데, 이는 등비수열에서 128을 찾으려면 잇달은 비례식 $\frac{2}{1}$, $\frac{4}{2}$, $\frac{8}{4}$, $\frac{16}{8}$, $\frac{32}{16}$, $\frac{64}{32}$, $\frac{128}{64}$, … 에서 7개의 'λόγοσ(비)'를 셀 필요가 있음을 가리키는 것이다. 이것을 기호로 $\log_2 128 = 7$과 같이 나타낸다. 일반적으로

$$\log_b a = c \Leftrightarrow b^c = a$$

위의 로가리즘에 대한 성질은 다음과 같이 나타낼 수 있다.

$$\log(xy) = \log x + \log y, \qquad \log\frac{x}{y} = \log x - \log y$$

$$\log(x^m) = m\log x, \qquad \log(\sqrt[m]{x}) = \frac{1}{m}l\log x$$

다음에는 e를 밑으로 하는 로가리즘의 '자연스러운' 출현에 대하여 살펴보기로 한다. 로가리즘이 큰 수의 계산을 간단히 할 수 있는 실질적인 도구가 되기 위해서는 등비수열의 각 항이 계산과정에서 나타나는 여러 가지 큰 수를 끼워 넣을 수 있을 만큼 조밀해야 하며, 등차수열(로가리즘)의 항과 일대일로 대응되어 있어야 한다. 그렇게 되려면 등비수열의 초항이 큰 수이어야 하고 공비가 1보다 약간 크거나 작은 수이어야 한다. 이를테면 초항이 10,000,000이고 공비가 $r = 1.00001 (= 1 + \frac{1}{10^5})$인 다음과 같은 등비수열과 그에 대응하는 등차수열로 이루어진 수표를 구성해 보자.

0	10	20	30	40	…
10,000,000	10,000,100	10,000,200	10,000,300	10,000,400	…

등비수열을 지수를 사용하여 나타내면, $b_0 = 10^7$, $b_1 = 10^7 r$, $b_2 = 10^7 r^2$, …, $b_n = 10^7 r^n$와 같이 되고, 등차수열의 대응되는 각 항은 $a_0 = 0$, $a = 10$, $a_2 = 2 \times 10$, …, $a_n = n \times 10$와 같이 나타낼 수 있다. 여기서 대응되는 항 a_n, b_n 사이의 관계식을 구해 보자.

$$b_n = 10^7 r^n = 10^7(1.00001)^n = 10^7(1 + \frac{1}{10^5})^{\frac{10n}{10}}$$

$$=10^7(1+\frac{1}{10^5})^{\frac{a_n}{10}}=10^7[(1+\frac{1}{10^5})^{10^5}]^{\frac{a_n}{10^6}}$$

$(1+\frac{1}{10^5})^{10^5}$을 계산하여 보면 2.718268…이며, 이는 $\lim(1+\frac{1}{n})^n=e=$ 2.71828182845…과 소수점 아래 4자리까지 일치한다. 따라서

$$b_n=10^7[(1+\frac{1}{10^5})^{10^5}]^{\frac{a_n}{10^6}}=10^7e^{\frac{a_n}{10^6}}$$

$$\frac{b_n}{10^7}=e^{\frac{a_n}{10^6}}$$

여기서 $\frac{b_n}{10^7}=x$, $\frac{a_n}{10^6}=y$라고 놓으면, $x=e^y$이 되므로

$$y=\log_e x$$

곧 y는 e를 밑으로 한 x의 로가리즘이다. 다시 말하면 등비수열의 각 항을 10^7으로 나누고 등차수열의 각 항을 10^6으로 나누면, 등차수열의 각 항은 대응되는 등비수열의 각 항의 e를 밑으로 한 로가리즘이다.

위에서 등비수열의 공비가 $0.999999(=1-\frac{1}{10^6})$이면 $\frac{b_n}{10^7}=x$, $\frac{a_n}{10^7}=y$라고 놓으면 $x=(\frac{1}{e})^y$이 되며 $y=\log_{\frac{1}{e}}x$이다. 곧 두 수열의 각 항을 10^7으로 나누면 등차수열의 각 항은 등비수열의 대응되는 항의 $\frac{1}{e}$를 밑으로 한 로가리즘이다. 17세기 초에 수학자 Burgi와 Napier는 공비가 각각 1.00001, 0.999999인 등비수열을 사용하여 로그표를 만들었다. 그러나 그들은 e 및 e를 밑으로 한 로가리즘까지 생각해 내지는 못하였다. 이와 같이 큰 수의 계산을 단순화하기 위하여 '조밀한' 등비급수를 만들어야 할 필요성이 e를 밑으로 한 로가리즘의 자연스러운 출현을 불가피하게 하였다. 아마도 이것이 e를 밑으로 한 로가리즘을 '자연로그(natural logarithm)' 라고 부르게 된 이유일 것이다.

3) 정적분의 개념

역사적으로 위대한 수학적 발견의 하나인 정적분의 아이디어는 Archimedes가 물리적 직관에 의하여 구의 체적을 계산한 방법 가운데에 제시되

어 있으며, 이미 그에 의하여 그 중요성이 언급되었다. 그 시대에 이미 원추의 부피계산 공식과 좌표기하학적인 생각이 등장했는바, Archimedes는 지레의 원리를 활용하여 다음과 같이 구의 부피를 구하였다(Polya, 1973, pp. 156-157). 중심이 (a, 0)인 원

$$(x-a)^2+y^2=a^2$$

곧

$$x^2+y^2=2ax$$

의 양변에 π를 곱하면

$$\pi x^2+\pi y^2=\pi 2ax \cdots\cdots (1)$$

여기서 πy^2, πx^2은 각각 위의 원과 직선 y=x를 x축 둘레로 회전시켰을 때 생기는 구와 원뿔의 단면의 넓이이다.

(1)의 양변에 2a를 곱하면

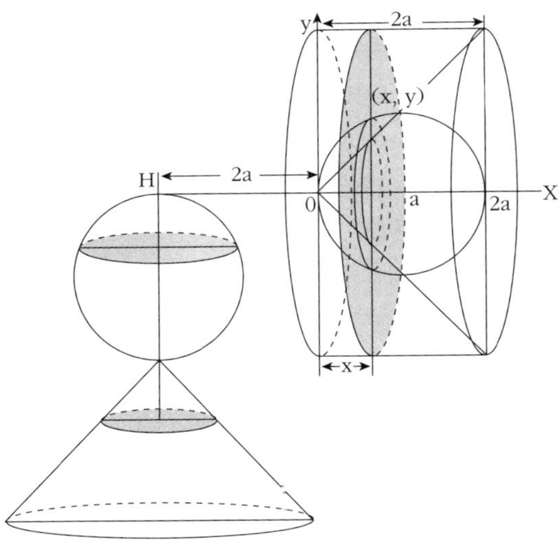

그림 4-2.

$$2a(\pi y^2 + \pi x^2) = x\pi(2a)^2 \cdots\cdots (2)$$

여기서 $\pi(2a)^2$은 밑면의 반지름의 길이가 2a, 높이가 x인 원기둥의 단면의 넓이를 나타내고 있다. 원기둥은 그대로 두고 구와 원뿔을 원점에서 $-2a$의 거리에 x축에 수직으로 매어 단 것으로 생각하면, (2)식은 원점에서 2a의 거리에 있는 구와 원뿔의 단면의 넓이와 원점에서 x의 거리에 있는 원기둥의 단면의 넓이가 지레의 원리에 의하여 균형을 이루고 있는 것으로 해석할 수 있다.

x를 0으로부터 2a까지 변화시키면, 이들 단면은 각각 구, 원뿔, 원기둥을 채우게 된다. 구의 부피를 V라고 하면, 원뿔의 부피를 구하는 공식은 이미 알려져 있었으므로, 다음과 같은 식을 얻을 수 있다.

$$2a\left(V + \frac{\pi(2a)^2 2a}{3}\right) = a\pi(2a)^2 2a \cdots\cdots (3)$$

이 식으로부터 곧바로 구의 부피를 구하는 공식

$$V = \frac{4\pi a^3}{3}$$

이 나온다.

이러한 사고과정은 추측이고 증명은 아니지만 결과가 참일 것이라는 예측을 강력하게 암시한다. (2)식으로부터 (3)식으로의 이행은 무한소 양으로부터 전체 양으로, 곧 미분으로부터 적분으로의 이행이며, 이는 다름 아닌 정적분이란 위대한 아이디어의 착상인 것이다. Archimedes의 다음과 같은 말은 미적분의 원류가 그리스 수학임을 웅변해 주고 있다고 생각한다.

> 나는 이 방법이 수학에 적지 않게 소용이 될 것으로 확신한다. 왜냐하면 이 방법은 일단 이해되면 지금 생존하고 있거나 아직 탄생하지 않은 다른 수학자들이 아직 나에게는 떠오르지 않은 다른 정리들을 발견하는 데 사용할 것으로 예견되기 때문이다(Polya, 1973, p. 158).

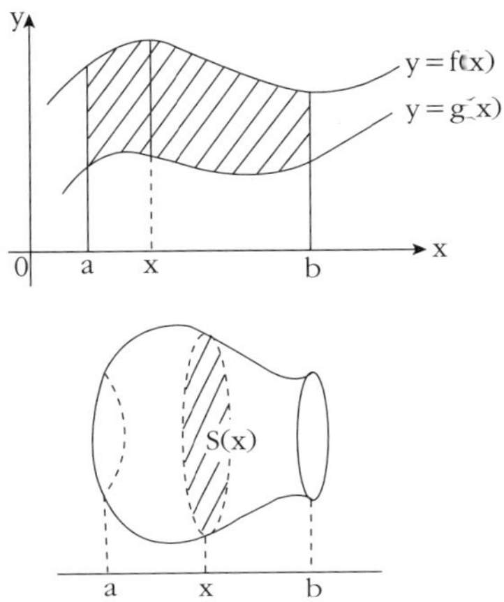

그림 4-3.

정적분 지도에서 그림 4-3과 같은 곡선 사이의 넓이를 구하는 공식

$$S=\int_a^b\{(f(x)-g(x)\}dx$$

와 입체의 부피를 구하는 공식

$$V=\int_a^b S(x)dx$$

을 다루고 있다. 이는 각각 선분(곧, 무한소 넓이)과 평면 영역(곧, 무한소 부피)의 무한합으로 넓이와 부피를 연상하게 하는데, 정적분의 역사적 근원이 Archimedes의 무한소 계산법에 있음을 보여주는 것은 이러한 정적분의 직관적 이해에 도움을 줄 것이다.

4) 미적분학의 기본정리

Toeplitz가 수학교사 교육을 위하여 기술하고 있는 미적분학의 기본정리의 역사-발생적 분석을 살펴보기르 하자. 미적분 지도의 주요한 문제점은 기본적인 개념의 이해에 충실하지 못하고 형식적인 계산법을 습득하게 하는 형식주의에 빠지기 쉽다는 점이다. 미적분학의 기본정리의 역사-발생적 근원에 대한 고찰은 미적분학 책에서 흔히 경시하고 있는 그 의미를 밝히는데 밝은 빛을 던져 줄 수 있다. Fermat, Gregorius a Santo Vincento 등의 연구 결과로, 1650년경에는

$$F(t)=\int_a^t x^n dx=\frac{t^{n-1}}{n+1}-\frac{a^{n+1}}{n+1},\quad F'(t)=t^n$$

$$F(t)=\int_1^t \frac{dx}{x}=\log t,\quad F'(t)=\frac{1}{t}$$

와 같은 결과가 알려져 있었고, Galileo의 대담한 추론에 의하여 속도가 $v=gt$인 낙체의 t초 후의 거리가

$$s(t)=\int_0^t gxdx = g\frac{t^2}{2}$$

임이 알려져 있었다. 그림 4-4(Toeplitz, p. 85)와 같이 속도함수 v=gt의 정적분 s(t)는 곡선 아래의 넓이로 거리를 의미하고, 그 넓이는 순간 t에서의 속도를 나타내는 수선인 불가분량의 합으로 간주되므로 거리, 곧 넓이의 순간변화율은 순간의 수선의 길이, 곧 순간속도가 된다.

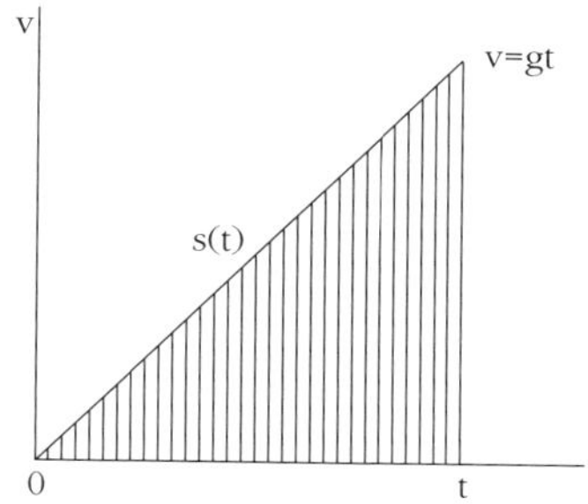

그림 4-4.

이러한 사실 가운데 드러난 기본적인 관계,

> "함수 f(x)가 폐구간 [a, b]에서 연속이고 단조함수일 때, $F(t)=\int_a^t f(x)dx$ 라고 하면 $F'(t)=f(t)$이다."

곧 미적분학의 기본정리를 발견하고 이를 증명한 사람은 1667년 영국의 수학자 Isaac Barrow였다. Barrow의 다음과 같은 증명은 감탄할 만하다.

$$F'(t)=\lim\frac{F(t_1)-F(t)}{t_1-t}$$

여기서

$$\begin{aligned}F(t_1)-F(t)&=\int_a^{t_1}f(x)dx-\int_a^t f(x)dx\\&=\int_t^{t_1}f(x)dx\end{aligned}$$

f(x)는 단조함수이므로, $t<x<t_1$이면

$$f(t)<f(x)<f(t_1)$$
$$(t_1-t)f(t)<\int_t^{t_1}f(x)dx<(t_1-t)f(t_1)$$

따라서

$$f(t)<-\frac{F(t_1)-F(t)}{t_1-t}<f(t_1)$$

그런데 f(x)는 x=t에서 연속이므로 $\lim_{t_1 \to t} f(t_1) = f(t)$

따라서

$$F'(t) = \lim_{t_1 \to t} \frac{F(t_1) - F(t)}{t_1 - t} = f(t)$$

이러한 관계는 이미 Galileo에 의하여 직관적으로 예견되었는데, 그는 F(t)를 폭이 매우 좁은 작은 직사각형의 합으로 보지 않고, 그 넓이가 단지 높이로 주어지는 무한히 좁은 띠인 넓이의 불가분량인 하나하나의 수선의 합으로 간주하였다. 이러한 발상은 Barrow의 발견과 증명의 핵심적인 생각을 포함하고 있다. 만일 Archimedes가 이러한 것을 발견했다면 Galileo가 한 것처럼 발견했을 것이며, Barrow가 한 것처럼 증명했을 것이다.

이와 같이 Barrow는 미적분학의 기본정리를 발견하고 증명함으로써 적분법과 미분법 사이의 관련성을 확립했을 뿐만 아니라, Galileo, Torricelli, Cavalieri, Roberval, Pascal, Fermat와 같은 수학자들이 마련한 바탕 위에서 미분법에 관한 많은 정리를 증명하였다. 그러면 왜 Barrow에게 미적분법의 발명자라는 명예가 돌아가지 않고 Newton과 Leibniz에게 돌아갔으며, 그들 사이에 불행한 우선권 논쟁이 벌어지게 되었는가? Barrow는 상당한 정도로 미적분법의 실질적인 발견자였으나, 그의 연구에는 결여된 것이 있었다. 이를 이해하기 위해서는 먼저 미적분학의 기본정리를 미분법과 적분법 사이의 새로운 관계를 나타내는 다른 형태로 고쳐 써야 한다.

미적분학의 기본정리에 의하면 폐구간 [a, b]에서 연속인 함수 f(x)는 그 원시함수, 곧 부정적분 $F(x)=\int_a^x f(t)dt$를 갖는다. 그런데 f(x)의 임의의 부정적분 $\Psi(x)$는 $\Psi(x)=F(x)+c$(c는 상수)꼴로 나타내어진다. 이는 평균값의 정리로부터 곧바로 증명될 수 있다. 따라서

$$\Psi(b) = F(b) + c = \int_a^b f(t)dt + c$$
$$\Psi(a) = F(a) + c = \int_a^a f(t)dt + c = c$$
$$\therefore \Psi(b) - \Psi(a) = F(b) - F(a) = \int_a^b f(t)dt$$

따라서 미적분학의 기본정리는 다음과 같은 형태로 나타내어진다.

$$\Psi(x)\text{가 } f(x)\text{의 한 부정적분이면, } \int_a^b f(x)dx = \Psi(b) - \Psi(a)$$

그러면 다시 위에서 제기한 논쟁점으로 되돌아가 보자. Barrow는 미적분학의 기본정리를 포함하여 그의 모든 연구결과를 수록한 책의 서문에서 그의 제자인 Newton의 도움에 감사를 표하고 있는데, 기묘하게도 책이 출판된 후 교수직을 젊은 Newton에게 물려 주고 성직자 생활로 복귀했으며 여가 시간에만 수학을 연구하였다. Newton은 무한소 계산법, 곧 미적분법을 계속 연구하여 새로운 발견을 하고, 그것을 만유인력의 법칙을 발견하는 데 사용하였다. 그러나 그는 만유인력의 법칙을 발표할 때 무한소 계산법에 관한 어떤 내용도 공표하지 않았다. Newton은 무한소 계산법을 다룬 원고를 친구인 Collins에게 주었는데, Huygens의 제자였던 젊은 Leibniz가 1672년과 1676년에 London을 방문했을 때 Collins의 원고를 보고 그것을 적어 두었다고 한다. Leibniz 자신은 이p미 Pascal의 연구에서 암시를 받아 미분법을 알고 있었으나, 미분에 관한 그의 생각은 대담하고 엄밀하지 않은 것이었다. 그는 Newton과 마찬가지로 상당히 오랫동안 미적분법에 대하여 아무것도 출판하지 않다가 1684년부터 연구결과를 발표하기 시작하였다.

불행한 우선권 논쟁이 일어나 노년에 접어든 두 사람을 격분시킨 것은 그보다 훨씬 후인 1700년 이후의 일이며, 이는 두 사람의 제자들에 의하여 정치적인 배경을 가진 국가적인 경쟁의식 속에서 매우 격렬하게 진행되었다. 미적분에 대한 기본적인 발견은 모두 1669년에 출판된 Barrow의 연구결과 가운데 들어 있다. 그러나 수학계는 Leibniz가 출판한 '형식'으로 미적분 계산법을 배웠으며, 이전에는 배우기 어려웠던 기술이 이제는 거의 누구나 배우기 쉬운 '계산법(calculus)'이 되었다. 이러한 모든 것이 Leibniz의 깃발 아래 순항하기 시작했을 때, 영국 수학자들은 Barrow와 Newton이 이미 그것을 알고 있었음을 상기하게 되었고 여기서 논쟁이 시작되었다.

논쟁의 진정한 근원은 수학의 발달, 특히 함수개념의 발달에 있었다. 기하학적인 그리스 수학과는 무관하게 바빌로니아와 인도에서 계산 수학이 발달했으며, 아라비아 사람들이 문화적 전통의 수호자가 되었던 중세에 두 종류의 수학이 융합되기 시작하였다. 1250년경부터 시작하여 16세기에 수학문화의 주도권이 서구로 넘어가게 되었는데, Viéte에 의하여 대수학이 발달하고 Descartes에 의하여 해석기하학이 발달하게 되면서 그리스 기하의 많은 부분이 계산화되었다. 그러나 Descartes는 그의 방법을 그리스 수학 전체로 확장하는 것을 자제했으며, 무한과정의 문제를 다루지 않음으로써 오늘날 해석학이라고 부르는 수학분야의 창안은 그 다음 세대에게 넘어갔다.

이 때 함수개념이 발생했는데, 함수개념은 두 가지 서로 다른 형태, 곧 기하학적 함수개념과 계산적 함수개념으로 발달하였다. Galileo, Cavalieri, Barrow에게서 기하학적 함수개념의 싹을 만나게 되는데, 어떤 구간에 속하는 모든 실수에 한 실수를 할당하는 규칙으로서 인식된 함수개념은 기하학적 모델과 역학적 모델로부터 얻어진 추상적인 개념이다. 한편, Viéte의 방정식론과 Descartes의 해석기하학으로부터 발달한 함수개념은 훨씬 좁은 함수개념인 계산식으로서의 함수이다. 다항식, 유리함수, 거듭제곱근, 수렴하는 무한급수 등은 계산적인 함수이다. Cavalieri의 불가분량은 일반적인 기하학적 함수개념과 관련지워 사용될 때에는 분명히 그 타당성이 의심스러운 것이었으나, 협의의 계산적인 함수개념을 사용하는 많은 수학자들의 정신 속에서는 '미분'으로서 생존 가능한 것이 되어 미적분법의 발전이 가능하게 되었다. Gregorius a Santo Vincento와 Huygens는 그리스 식으로 사고하였으나, Barrow는 계산적인 함수개념으로 향하는 조류에 사로잡혀 그것을 그리스적인 사고양식에 맞추려고 시도하였다. Newton은 Barrow보다 몇 년 후에 태어났으나 계산식에 관한 한 새로운 세대에 속하였다. '세대'의 의미를 이해하는 것은 미적분의 역사를 이해하는 데 매우 중요하다. Newton이 처음부터 흡수한 기하학적 함수개념으로부터 계산적인 함수개념으로의 전환, 그리스적인 증명술의 속박으로부터 불가분량에 대한 융통성 있는 취급으로의 전환은 Barrow에게는 일생동안 이질적인 것으로 남아 있었다.

Barrow와 그의 후계자들을 구분한 경계선은 강조점의 차이이다. Barrow가 미적분학의 기본정리를 발견한 것은 사실이다. 그러나 그는 그것으로 무엇을 하였는가? 원칙적으로 우리는 미적분학의 기본정리로 두 가지를 할 수 있다. 곧 $\int_a^b x^n dx$와 같은 이미 알고 있는 정적분을 사용하여 $\int x^n dx$와 같은 부정적분을 이끌어 내거나, 이미 알고 있는 부정적분을 사용하여 기본정리에 따라서 정적분을 구할 수 있다. Barrow는 후자보다 전자, 특히 부정적분의 존재 증명을 정적분의 존재로부터 이끌어 내는 데 더 관심을 두었다. 그러나 대수식의 부정적분이 매우 용이하게 구해질 수 있다는 것은 새로운 세대인 Newton과 Leibniz에 의하여 발견되었다. 미적분학의 기본정리는 여기서 강조점이 변화되고 그 의미 자체가 바뀌었다. 우선권 논쟁이 Barrow와 그 후계자들 사이에서가 아니라 Newton과 Leibniz 사이에서 거세진 것은 불합리하다는 생각이 들 수도 있다. Barrow는 스스로 무대를 떠났으며, 세대의 변화는 그의 사임의 잠재의식적인 이유였을 것으로 생각된다.

Newton이 한 위원이었던 영국 학술협회의 조사위원회에서 Leibniz가 모든 것을 표절했다는 평결을 내린 것은 불합리한 것이다. Leibniz의 미적분법은 독립적으로 하나의 커다란 안목을 갖고 생각해 내었을 수밖에 없는 융통성과 완전함을 갖고 있다. 한 가지 문제가 될 수 있는 점은 미적분학의 기본정리에 대한 것이지만, 논쟁이 잘못된 방향으로 전개된 것은 위에서 언급한 바와 같이 기본정리의 역할을 명확히 인식하지 못했기 때문이며, 이를 처음 지적한 학자는 Klein이다. Leibniz가 미적분학의 기본정리를 알아보고 그것을 자신의 기호로 번역했는지 아니면 그것을 발견했는지는 확실히 알 수 없지만, Barrow의 연구는 인쇄되어 당대의 모든 사람들에게 알려져 있었으며, Leibniz는 Barrow와 개인적으로 서신을 통하여 보기 드물 정도로 광범하고 열심으로 의사교환을 하였다. 우선권은 물론 Barrow에게 있지만, 위에서 언급한 강조점의 이동은 Leibniz와 Newton에 의하여 이루어졌으며, 특히 Leibniz의 미적분법은 그 방식이 매우 분명하고 완전하여 그의 독자성은 의심의 여지가 없으며 증명이 필요 없는 것이다.

미적분학의 발견에 대한 우선권 논쟁에 대한 이러한 분석은 수학을 이해하는 데 도움이 된다. 계산적인 함수개념은 18세기 전반에 걸쳐 두드러졌으며, Euler, Bernoulli 형제들, Lagrange 등의 위대한 발견을 낳게 하였다. 1820년경 Fourier는 물리학의 필요성에 자극을 받아 기하학적 함수개념인 '임의적인 함수' 개념을 부활시킬 필요성을 인식하였다. 이번에는 계산적인 함수개념을 옹호하고, 틈이 있는 함수로 틈의 왼쪽과 오른쪽에서 서로 다른 법칙을 따르는 함수를 공격한 Cauchy, Poisson, Laplace 등이 '구세대'에 속하였다. 다시 새로운 세대가 승리했으며, 의식하지는 못했지만 Barrow가 떠난 곳에서 다시 실마리를 이었다. 계산식과 함수가 그 특성에 따라서 서로 관련을 맺으면서 그러나 독립적으로 완전히 발달하는 데 19세기 전체가 필요하였다. 현대의 수학자들은 계산식과 함수를 구분하여 사용하거나 서로 스며든 상태로 사용하면서 자유로이 다룬다. 그러나 흔히 교과서는 그 차이를 분명히 하기보다 흐리게 하는 경향이 있으므로 학생들이 그것을 구분하는 데 충분한 도움을 주지 못한다.

4. 형식불역의 원리

개체발생은 종족발생을 단축된 형태로 재현한다는 생물-발생적 원리는 수학교육에서 역사-발생적 원리의 주요한 근거로 작용해 왔다. 그러나 우리는 학생들에게 수학의 역사를 재현할 기회를 실제로 제공할 수 있을 만큼 충분히 수학의 역사를 이해하고 있지 못하다. 形式不易의 原理 역시 그러하다.

자연수의 산술체계는 덧셈과 곱셈에 대하여 교환법칙과 결합법칙 및 덧셈에 대한 곱셈의 분배법칙을 만족한다. 19세기 초의 대수학은 이러한 산술을 기호화한 것으로, 그러한 자연수의 기본적인 성질이 일반화되어 추상적인 대수체계의 공리로 간주되게 된 것은 19세기 후반 이후이다. 현대 대수학의 최초의 싹은 1830년에 출판된 영국의 G. Peacock의 저서 *Treatise on Agebra*에서 '산술대수(arithmetic algebra)'와 '기호대수(symbolic algebra)'를 구분한 데에서 찾아볼 수 있다. Peacock는 그 책에서 대수학에 《Euclid 원론》과 견줄 만한 논리체계를 갖추려 하였고, 자신의 책을 '대수학의

Euclid' 라고 불렀다. 그는 자연수로 한정된 '산술대수' 에서는 뺄셈 $a-b$에서 반드시 $a>b$이어야 하지만 '기호대수' 에서는 그러한 제한은 제거되며, '기호대수' 에서의 뺄셈은 항상 가능하다는 점에서 '산술대수' 의 뺄셈과 구분된다고 보았다. 그리고 그는 이러한 '산술대수' 의 '기호대수' 로의 확장을 '형식불역의 원리(principle of the permanence of equivalent forms)' 라고 불렀다. 형식불역의 원리는 그 후 수학에서 강력한 개념으로 간주되었으며, 초기의 복소수 체계의 발전과 자연수 지수로부터 보다 일반적인 지수로의 확장 등 수학의 발전에서 역사적으로 중요한 역할을 했으며, 오늘날에도 여전히 정의를 확장하고 정리를 일반화하고자 할 때 기본적으로 고려되는 지침이 되고 있다(Eves, 1995, pp. 459-460).

형식불역의 원리는 특히 수의 확장에서 매우 중요한 사고양식이 되어 왔다. 기존의 수 체계가 갖고 있던 연산법칙을 그대로 유지하면서 $\frac{2}{3}$는 $3x=2$, -3은 $x+3=0$, $\sqrt{2}$는 $x^2=2$, $a^{\frac{p}{q}}$는 $x^q=a^p$, i는 $x^2=-1$을 만족시키는 한 해로 도입되어 수가 확장된다. 곧 이들 수는 기존의 산술체계에서 각 방정식을 만족하는 것으로 간주된 새로운 형식적인 대상인 x로 도입하는 것이다. 이와 같이 기존의 수체계에서 인정된 성질이 유지되도록 수체계를 확장하고 연산과 관계를 확장하듯이, 기본적인 성질이 유지되도록 대수적인 구조를 확장하는 형식불역의 원리를 Freudenthal(1973, 1983)은 '대수적 원리(algebraic principle)' 라고까지 부르고 학교수학과 관련된 다음과 같은 예를 제시하고 있다. 이는 방정식에서 미지인 것을 x라고 놓고 기존의 수의 연산법칙을 만족하는 것처럼 생각하고 계산하여 해를 구하는 방정식을 푸는 분석법의 바탕이 된다.

대수적 원리에 따라 다음과 같이 자연수 지수를 정수 지수로 확장할 수 있다. m, n이 자연수일 때의 지수법칙

$$a^m a^n = a^{m+n}\ (a \neq 0)$$

이 $m=1$, $n=0$일 때에도 성립한다고 하면

$$a^1a^0 = a^{1+0} = a$$

양변을 a로 나누면

$$a^0 = 1$$

또 위의 지수법칙이 $n = -m$인 경우에도 성립한다고 하면

$$a^m a^{-m} = a^{m+(-m)} = a^0 = 1$$

양변을 a^m으로 나누면

$$a^{-n} = \frac{1}{a^n}$$

또한, 지수법칙 $(a^m)^n = a^{mn}$이 지수가 유리수일 때에도 성립한다고 하면

$$(a^{\frac{1}{n}})^n = a^{\frac{1}{n}\cdot n} = a^1 = 1$$

따라서

$$a^{\frac{1}{n}} = \sqrt[n]{a}$$

지수가 유리수일 때에도 지수법칙 $(a^m)^n = a^{mn}(a > 0)$이 성립한다고 하면

$$(a^{\frac{m}{n}})^n = a^{\frac{m}{n}\cdot n} = a^m$$

그런데 $a^m > 0$이므로

$$a^{\frac{m}{n}} = \sqrt[n]{a^m}$$

대수적인 원리에 따른 수의 확장 가운데, 일차방정식의 근으로서의 분수의 의미에 따라 분수의 약분과 통분 및 사칙계산을 하는 방법을 알아보자. $\frac{2}{3}$와 같은 직관적인 모델을 갖는 분수의 경우에는 초등학교에서 비교적 의미 있는 지도가 가능하지만, $-\frac{2}{3}$와 같은 알고리즘적인 분수의 경우에는 그렇지 못하므로, 유리수 지도는 결국 중학교 수학에서 대수적인 의미에 따라

다루는 과정을 밟는 것이 적절할 것으로 생각된다.

(1) $3x=2$

$12x=8$

$\therefore \frac{2}{3}=\frac{8}{12}$

(2) $3x=2,\ 5y=7$

$15x=10,\ 15y=21$

$15(x+y)=31$

$x+y=\frac{31}{15}$

$\therefore \frac{2}{3}+\frac{7}{5}=\frac{31}{15}$

(3) $3x=2,\ 5y=7$

$15xy=14$

$xy=\frac{14}{15}$

$\therefore \frac{2}{3}\times\frac{7}{5}=\frac{14}{15}$

(4) $3x=2,\ 5y=7$

$7\cdot 3x=2\cdot 5y$

$x=\frac{2\cdot 5}{7\cdot 3}y$

$\frac{x}{y}=\frac{2\cdot 5}{7\cdot 3}$

$\therefore \frac{2}{3}\div\frac{7}{5}=\frac{2}{3}\cdot\frac{5}{7}$

이러한 계산방법은 알고리즘적 분수의 의미에 따르는 수학적으로 타당한 방법으로 분수의 분자, 분모에 같은 수를 곱해도 좋다거나, 분수로 나눌 때에는 뒤집어 곱하는 이유를 간단히 설명할 수 있다.

대수적 원리에 따라 음수의 정의로부터 그 계산방법을 이끌어 낼 수 있다. 이를테면, 음수의 정의에 따라

$$(-3)+3=0, \quad (-4)+4=0$$

여기서 양변을 더하고 덧셈의 교환법칙과 결합법칙을 적용하면

$$\{(-3)+(-4)\}+(3+4)=0$$

따라서

$$(-3)+(-4)=-(3+4)$$

그리고 위에서 양변에 각각 4, -3을 곱하여 분배법칙을 적용하면

$$4 \cdot (-3)+4 \cdot 3=0, \quad (-3) \cdot (-4)+(-3) \cdot 4-0$$

따라서

$$-\{4 \cdot (-3)\}=4 \cdot 3, \quad -\{(-3) \cdot 4\}=(-3) \cdot (-4)$$

곱셈의 교환법칙에 의하여

$$-\{4 \cdot (-3)\}=4 \cdot 3, \quad -\{4 \cdot (-3)\}=(-3) \cdot (-4)$$

곧

$$(-3) \cdot (-4)=3 \cdot 4$$

음수는 양의 표현과 측정 및 뺄셈 계산을 자유롭게 하기 위한 실제적 필요성 때문에, 그리고 대수에서 방정식의 풀이방법에 일반성을 부여하기 위한 이론적 필요성 때문에 발명되었으며, 음수의 연산은 자연수의 연산의 성질이 유지되면서 확장되도록 정의되었다. 그런데 Descartes에 의하여 해석기하학이 탄생하면서 음수와 그 연산은 기하에서 필수불가결한 것임이 분명해졌다. 음수는 평면 전체를 좌표로 기술하고 직선이나 이차곡선 등과 같은 평면 도형을 전체적으로 하나의 방정식으로 간단히 기술하는 데 반드시 필요하다. 음수가 도입되기 전에는 변수는 양, 곧 양수이며 덧셈 $x \rightarrow x+3$, 곱셈 $x \rightarrow 2x$, 뺄셈 $x \rightarrow x-3$은 $x \geq 0$, $x \geq 3$일 때에만 다루어진다. 이들 연산은 함수이며 그 그래프는 반직선이다. 좌표평면 위에서 반직선의 직선으로의 확장과 그 대수적 기술은 음수의 도입으로 가능한 것이다. 대수적 풀이방법의 일반적 타당성에 대한 요구가 Descartes 이후 기하학적 관계의 기술에 대한 일반적인 타당성에 대한 요구에 의하여 강화되었다. Freudenthal(1983)은 이와 같은 수학

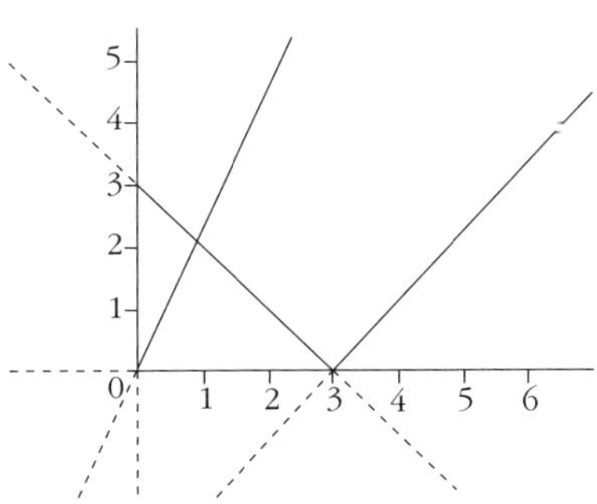

그림 4-5.

적 사고발달의 이면에 내재한 원리를 '기하학적-대수학적 형식불역의 원리' 라고 부르고 있다.

뺄셈 $x \to 3-x$는 음수가 도입되지 않으면 그 그래프는 선분에 불과하며 음수가 도입됨으로써 직선을 나타내게 된다. 또한 곱셈 $x \to 2x$의 그래프는 x의 범위가 0과 양수인 경우는 반직선이며 음수로 확장되면 직선이 된다. 이 직선은 $a(-b)=-ab$가 일반적으로 타당함을 보여준다. 음수가 도입됨으로써 일차함수 $x \to ax+b$의 그래프는 직선이 되며, 일반적으로 직선의 방정식이 일차방정식이 됨은 기하와 대수의 조화를 보여주는 것이다. 대수 지도에서 대수적 연산과 그 성질의 타당성을 학습자에게 확신시키지 않으면 안 되는바, 가장 확신을 주는 논거는 대수의 조작성을 기하에서 보여주는 것이다.

그런데 이를테면 $\sqrt{2}$를 $x^2=2$인 x, 곧 계산수로서 도입하는 것은 형식적 첨가방법이며, 이는 그러한 대상의 존재를 확인하기 위하여 $\sqrt{2}$를 수직선 위의 점과 동일시하고 그것이 무리수임을 밝히는 것과는 다른 것이다. 유리수 Q로부터 출발하여 이를테면 $\sqrt{2}$를 도입하면 체를 이루는 산술체계 $Q(\sqrt{2})=\{a+b\sqrt{2} \mid a, b \in Q\}$를 얻는다. 그러나 학교수학에서는 이를 의식적으로 다루지 않으므로 추상 대수학을 하는 것은 아니나, 그와 대등한 사고활동을 무의식적이고 소박하게 하고 있는 것이다. 이러한 과정은 실수로부터 복소수 $\{a+bi \mid a, b \in R\}$로의 이행과정에서만 의식적으로 다루어지는데, 이러한 논의는 학교 대수의 구조를 현대 대수학적 관점에서 밝혀 주는 좋은 예가 된다. 이러한 유리수, 음수, 제곱근, 유리수 지수, 허수로의 수의 확장 방식은, 말하자면 형식적인 내삽법과 외삽법이다. 이는 수학을 창조하는 자연스러운 원리일 뿐만 아니라 교수학적으로 건전한 교재구성 방법이다.

기존의 연산법칙이 만족되도록 수를 정의하면, $\sqrt{a}\sqrt{b}=\sqrt{ab}(a \geq 0, b \geq 0)$와 같은 성질을 다음과 같이 이끌어 낼 수 있다.

$$x=\sqrt{a}, \quad y=\sqrt{b}$$

라고 하면

$$x^2=a, \quad y^2=b$$
$$(xy)^2=x^2y^2=ab$$
$$xy=\sqrt{ab}$$
$$\therefore \sqrt{a}\sqrt{b}=\sqrt{ab}$$

Dieudonné(1972)에 의하면 대수적 구조의 발달에 포함된 점진적인 추상화 과정은 계산대상의 구체적 특성으로부터의 이탈, 즉 계산대상의 불확정성의 인식과 계산규칙의 중요성에 대한 인식과정이었다. 역사적으로 인류는 오랜 기간을 거치면서 자신들의 산술조작이 두 가지 기본적인 요소, 즉 계산대상과 계산규칙으로 이루어져 있으며 그 가운데 후자가 본질적임을 점차 명확히 인식하게 되었으며, '부분적인 산술' 조작의 구조 및 '완전산술' 조작의 구조, 곧 체(field)의 구조를 추상하기에 이르렀다. 이는 계산조작의 의식화 과정이요 계산조작의 구조의 의식화 과정이었으며, 그 바탕에는 형식불역의 원리가 놓여 있다고 볼 수 있다.

참고문헌

이환기, 《헤르바르트의 교수이론》, 교육과학사, 1995.

小倉金之助, 《數學教育史》, 岩波書店, 1973.

Barbin, E., "The Reading of Original Texts: How and Why to Introduce a Historical Perspective", *For the Learning of Mathematics*, vol. 11, no. 2, 1991, pp. 12-13.

Dieudonné, J., "Abstraction in Mathematics and the Evolution of Algebra", W. Lamon(ed.), *Learning and the Nature of Mathematics*, Science Research Associates, Inc., 1972, pp. 99-113.

Eves, H., *An Introduction to the History of Mathematics*, 이우영 · 신항균 역, 《수학사》, 경문사, 1995.

Freudenthal, H., *Mathematics as an Educational Task*, D. Reidel Publishing Company, 1973.

______, *Didactical Phenomenology of Mathematical Structures*, D. Reidel Publishing Company, 1983.

______, "The Implicit Philosophy of Mathematics History and Education", *Proceedings of the International Congress of Mathematicians*, Aug. 16-24, 1983, Warszawa, pp. 1695-1709.

Klein, F., *Elementarmathematik vom höheren Standpunkte aus*, Este Band, Verlag von Julius Springer, 1924.

Kline, M., *Why Johnny Can't Add: The Failure of the New Math*, ST. Martin's Press, 1973.

Points and viewpoints, "On the Mathematics Curriculum of the High School", *The Mathematics Teacher*, March, 1962, pp. 191-196.

Polya, G., *Induction and Analogy in Mathematics*, Princeton Univesity Press, 1973.

Steiner, H.-G., "Two Kinds of 'Elements' and the Dialectic between Synthetic-deductive and Analytic-genetic Approaches in Mathematics", *For the Learning of Mathematics*, vol. 8, no. 3, Nov. 1988, pp. 7-15.

Schubring, G., *Das Genetische Prinzip in der Mathematik-Didaktik*, Klett-Cotta Typoscript, 1978.

Toeplitz, O., *Die Entwicklung der Infinitesimalrechnung*, trans. by L. Lange, *The Calculus — A Genetic Approach*, The University of Chicago Press, 1963.

Toumasis, C., "Teaching Logarithms via their History", *School Science and Mathematics*, vol. 93, no. 8, 1993, pp. 428-434.

Wittmann, E., *Grundfragen des Mathematikunterrichts*, Vieweg, 1978.

제 5 장

자극-반응 학습원리와 프로그램 학습-지도 방법

어떤 학습이론도 매우 복잡한 인간의 학습과정을 만족할 만큼 규명해 주지 못하고 있으며, 우리는 아직도 학습에 대하여 학습하고 있다. 그러나 학습이론은 아동들이 어떻게 수학을 학습하는가를 이해하는 데, 그리고 그에 따라서 수학의 지도방법을 구상하는 데 적지 않게 기여해 왔다. 실험심리학이 발달하기 전까지 수학교과는 능력심리학에 바탕을 둔 형식도야 이론에 의하여 뒷받침되었다. 능력심리학에서는 인간의 정신은 지각, 기억, 상상, 추리, 감정, 의지 등의 일반적인 능력으로 구성되어 있으며, 이러한 능력은 신체적인 운동에 의하여 근육이 단련되듯이 연습을 통하여 단련될 수 있다고 보았다. 형식도야 이론에 의하면 교육의 목적은 정신도야에 있으며 교육의 내용은 이러한 목적에 비추어 결정되게 되므로, 정신능력을 도야하는 데 적합하다고 여겨지는 교과가 강조되게 되었다. 교과의 중요성은 그 구체적인 내용보다도 그것을 담고 있는 사고형식의 특성 때문에 정신도야의 기회를 제공해 준다는 점에서 판단되었다. 그런데 형식도야 이론은 반복적인 연습을 통하여 도야된 일반적인 정신능력은 그 능력이 요구되는 모든 내용에 전이된다고 하는 소위 '훈련의 전이'를 전제로 하는 이론이다. 수학교과는 이러한 형식도야 이론에 따라 논리적 추론능력과 의지력 등을 도야하는 주요한 교과로 인식되어 학교교육에서 중심적인 위치를 차지해 왔다.

특정한 교과내용에 대한 학습이 일반적인 정신능력의 발달에 차이를 가져오는가를 알아본 '전이실험'을 통하여 이러한 형식도야설, 곧 일반적인 정신능력의 도야 가능성을 부정하고 전이현상에 대하여 소위 '동일요소설'

을 주장한 심리학자가 Thorndike(1874~1949)이다. 그에 의하면 수학적 지식과 기능이 유용한 것이 되려면 실생활 상황과 유사한 문제상황과 관련지워 학습이 이루어져야 한다. 수학학습 심리학의 창시자라고 할 수 있는 Thorndike는 '연결주의(connectionism)'에 입각하여 학습을 자극-반응 bonds의 형성으로 보고 그에 따른 산술 학습-지도 원리와 방법을 논의한 《산술 심리학》(*The Psychology of Arithmetic*, 1922)을 저술함으로써, 초등학교 수학교육에 큰 영향을 미쳤다. 그는 초등학교 학생들은 연역적 추론에 의하여 십진기수법으로부터 계산방법을 유도할 수 없으며, 따라서 초등학교 산술교육에서는 연습에 의한 지적인 습관의 형성을 통하여 생활문제를 해결하는 데 요구되는 계산능력을 개발해야 한다고 생각하였다. 제2차 세계대전 동안 신속 정확한 행동의 숙달을 중시하는 군대식 교육의 영향으로 연결주의 이론은 다시 부각되게 되었고, 학습기계, 프로그램 학습, 컴퓨터 보조학습 등의 등장으로 그에 대한 관심이 증대되었다.

실험심리학적 방법에 의하여 인간행동의 원리와 법칙을 탐구하고 이의 교육적 응용을 시도한 또 다른 행동주의 심리학자로 Skinner를 들 수 있다. 그는 인간의 행동은 외적인 조건, 곧 자극과 강화의 통제방법에 의하여 어떤 형태로든 조정되고 형성될 수 있다고 본 극단적인 환경론자이다. Skinner는 연습에서 단순한 반복보다 반응의 만족스러운 결과가 중요하다고 하는 Thorndike의 '효과의 법칙'을 발전시킨 '강화의 원리'를 제시하고 그에 입각한 프로그램 학습-지도 방법을 주장하였다.

1. Thorndike의 '효과의 법칙'과 산술교육

실제적 유용성과 객관적인 행동결과를 중시하는 미국의 실용주의적 풍토는 내성에 의하여 얻어진 의식을 대상으로 하는 의식심리학에 반대하고 객관적으로 관찰 가능한 행동만을 그 연구대상으로 하는 소위 '인간행동의 과학'으로서의 행동주의 심리학을 발전시켰다. 행동주의 심리학의 창시자인 Watson(1878~1958)은 Pavlov(1849~1936)의 '조건화된 반사(conditioned reflex)' 원리를 인간행동의 '조건화'에 확대적용하였다. '조건화'란 이전에는 무관했던 자극과 반응이 보상에 의하여 결합되어 그러한 자극에 대하여 그러한 반응이 일어날 확률을 증가시키는 과정을 말한다.

고전적인 연합주의(associationism)에서는 사고를 관념의 연합으로 파악하였다. Thorndike는 연합주의적이고 행동주의적인 관점에서 사고를 감각인상과 행동충동 사이의 연합으로 설명하고자 하였다. 그에 따르면 인간의 모든 행동과 사고는 기본적으로 외부적인 자극과 그에 대한 유기체의 반응으로 이루어져 있으며, 학습은 주어진 상황에서의 자극과 반응의 결합의 형성으로 간주되고, 이는 자극과 반응이 인접하여 일어나는가와 반응에 뒤따르는 결과가 어떤가에 좌우된다. 어떤 자극과 반응 사이의 결합이 형성되고 만족스러운 결과가 수반되면 자극-반응의 결합의 강도는 증대되고, 불만족스러운 결과가 수반되면 자극-반응의 결합이 약화된다는 것이 Thorndike의 '효과의 법칙(the law of effect)'이다. 이는 자극-반응 결합의 강도는 반응결과의 자극에 따라 결정된다는 것이다. 동물훈련에서 사용되는 보상이나 처벌과 같이, 문제에 대한 대답을 하고 그것이 정답임을 알았을 때의 즐거움이나 오답임을 알았을 때의 괴로움은 그러한 자극으로 작용한다. 어떤 자극에 대하여 어떤 반응을 보일 때 보상이 뒤따른다면 그 자극과 반응 사이에 결합이 형성되기 시작하며, 그러한 자극과 반응의 짝이 자주 보상을 받으면 받을수록 그 결합은 더욱 강화된다. '효과의 법칙'은 보상이 뒤따르는 연습은 학습이 일어날 수 있는 기본적인 메커니즘임을 말해 주는 것이다. Thorndike는 자신의 이러한 연합주의 심리학 이론을 '연결주의'라고 불렀다.

특히 산술은 정확하고 빠른 계산과 자동적 반응이 가능하도록 연습을 시킬 필요성이 있다고 여겨졌으며, 그 본성상 소단위로 세분하여 연습시키기에 알맞은 측면이 있기 때문에 Thorndike의 이론은 초등학교 수학교육에 많은 영향을 미쳤다. Thorndike는 《산술심리학》(1922, p. xi)에서 다음과 같이 주장한다.

> 초등교육의 목적은, 완전히 정의되면, 학생이 학교가 조직한 상황에 대한 반응으로 어떤 방식으로 생각하거나 느끼거나 행동하며 학교 밖

의 생활에서 당면하는 유사한 상황에서 유사하게 생각하고 느끼고 행동하도록 영향을 받는, 거의 셀 수 없을 정도로 많은 connections 혹은 bonds의 목록에 의하여 나타내어지는, 인간 본성의 변화의 생산임이 드러날 것이다.

Thorndike는 이러한 입장에서 '효과의 법칙'을 이용한 자극과 반응의 결합원리를 산술능력의 개발에 어떻게 적용할 수 있는지를 보이고자 하였다. 그는 먼저 산술을 구성하는 여러 가지 능력을 분석해 내려고 하였다. 그는 개발해야 할 산술능력으로 수계열, 기수, 단위에 대한 비, 수 사이의 관계 등 자연수의 의미에 대한 실용적인 지식, 십진기수법에 대한 실용적인 지식, 덧셈, 뺄셈, 곱셈, 나눗셈의 의미에 대한 실용적인 지식, 측정 단위와 관계에 대한 실용적인 지식, 자연수, 분수, 소수를 더하고 빼고 곱하고 나누는 실용적인 능력, 용어, 기호, 도해와 같은 산술 언어에 대한 실용적인 지식, 위와 같은 지식을 생활문제 해결에 적용하는 능력 등을 들고 있다. 그리고 다시 이를 구성하고 있는 구체적인 자극-반응의 bonds를 명확히 분석하여 선정한 다음 용이한 것부터 차례로 계열적 조직화를 시도하여 매우 세분화된 자극-반응 bonds의 목록을 작성하고, '효과의 법칙'에 따른 연습으로 그러한 bonds를 차례로 형성시킬 수 있기를 기대하였다. 이를테면 두 자리 수의 세로 덧셈에는 심리적으로 구분되며 각기 교육적 처치를 요하는 적어도 다음과 같은 일곱 가지 소기능이 포함된다고 보고 있다.

· 더할 때 列에서 자리를 맞추는 것을 학습하기
· 그 다음 수를 더할 때까지 각 덧셈의 결과를 기억하는 것을 학습하기
· 생각하고 있는 수에 보이는 수를 더하는 것을 학습하기
· 열에서 빈 칸을 무시하는 것을 학습하기
· 열에서 0을 무시하는 것을 학습하기
· 기본 덧셈을 큰 자리 수에 적용하는 것을 배우기. 이것은 재능이 부족한 학생들에게는 원래의 덧셈표를 전부 배우는 것만큼 시간과 노력을 필요로 할 수도 있다. 그리고 가장 재능이 있는 아동에게조차 '8+7=

15' 와 같은 기본계산의 형성은 아마도 '38+7=45' 나 '18+7=25' 와 같은 계산을 결코 완전히 보장하지는 않을 것이다.

· 각 열의 총합이 아니라 단위를 나타내는 숫자를 쓰는 것을 학습하기. 특히 열의 합이 10, 20 등인 경우에 0을 쓰는 것을 학습하기. '받아올리기' 를 학습하는 것도 어떤 방법으로 가르치든 적어도 두 가지 서로 다른 과정을 그 안에 포함한다.

Thorndike는 이러한 여러 가지 하위능력을 종합하여 그들을 조직함으로써 전체능력을 형성시키고자 하였다. 그런데 그러한 일련의 소능력의 형성은 단순한 연습에 의해서가 아니라, 기본 덧셈과 곱셈의 학습 후에 빠진 가수나 승수를 구하는 덧셈이나 곱셈 연습문제를 다룬 다음에 기본 뺄셈과 나눗셈을 다루는 방식으로, 어떤 bonds의 형성이 다른 bonds의 형성을 최대한 도울 수 있고 최소한의 방해가 되도록 적절히 배열함으로써 산술능력의 형성을 크게 촉진할 수 있다고 보았으며, 복잡한 계산을 bonds의 조직화된 협력체로 보고 그것들이 조직화된 통합된 힘으로 함께 작용하도록 연습을 시키고자 하였다. 모든 bonds는 형성되었거나 형성될 다른 모든 bonds를 적절히 고려하여 형성되어야 하며, 모든 능력은 다른 능력과 가장 효과적으로 관련지워 연습됨으로써 산술능력이 효과적인 전체적 능력으로 조직되어 생활문제를 해결할 수 있도록 되어야 한다는 입장이다. 그리고 선택된 각 bonds가 어떤 순서로 어느 정도의 강도로 형성되어야 할 것인지를 결정하고 연습량을 적절히 분배하여 bonds의 강도를 조절하기를 요구한다. 같은 연습량을 여러 가지 방법으로 분배할 수 있는데, 주된 학습기간 이후에 복습시간을 점차 줄이면서 간격을 점차 벌리다가 때때로 연습을 하여 능력이 건강하고 생생하게 유지되도록 하는 것이 보다 효과적이라고 보았다.

다음은 Thorndike가 '팀 경쟁' 방법을 통하여 백분율에 대한 bonds를 강화시키기 위하여 고안한 연습문제이다.

1. 15% of $1.50= …
2. 12% of $2.15= …

21. 1 1/2% of $6000= …
22. 76= … % of 380.

3. 20% of 80₵ = …
4. 4$ of $300 = …
5. 3 1/2% of $16 = …
6. 1/2% of $400 = …
7. 105% of $90 = …
8. $14 = … % of $20.
9. 39 = … % of 70.
10. 56 = … % of 60.
11. 16 = … % of 25.
12. 5 = … % of 7.
13. 8 = … % of 9.
14. 16 = 20% of …
15. $30 = 4% of $ …
16. $75 = 5% of $ …
17. $5 = 10% of $ …
18. $12 = 6% of $ …
19. 6% of $2000 = …
20. 4 1/4% of $24.50 = …
23. 22% of 25 mi. = …
24. 4 = … % of 11.
25. 1/2% of 600 = …
26. 3% of 16 mi. = …
27. 15% of 8 hr. = …
28. $25 = … % of %130.
29. $32 1/3 = … % of $40.
30. 15 = 75% of …
31. 2 1/2% of $450 = …
32. 3/4% of $760 = …
33. 45 = … % of 80.
34. 72 = … % of 80.
35. 140 = … % of 215.
36. 122% of $64.50 = …
37. 18 = … % of 40.
38. 1/8% of $1000 = …
39. 21 = … % of 40.
40. 21 = … % of 15.

Thorndike에게 계산의 부정확성은 그 구성 bonds가 약함을 뜻하므로 기본적인 계산에 포함된 bonds는 현재보다 더욱 강력하게 형성되어야 한다. 반면에, 분수로 나눌 때 뒤집어 곱하는 이유나 세로 곱셈에서 부분곱의 단위 숫자를 곱하는 숫자 아래에 쓰는 이유와 같은, 산술절차에 대한 연역적 이해는 많은 시간과 노력이 들 뿐만 아니라 부가적인 정신적 짐이 될 뿐이며 절차가 습관화되면 잊혀지게 되므로 학습될 필요가 없으며, 그와 관련된 bonds는 초등학교 단계에서는 형성될 필요가 없다고 보았다. Thorndike는 곤란, 곧 일시적 실패나 기존 bonds의 부적절함이 사고와 학습에 본질적이고 필요한 자극이 된다고 보는 것은 잘못이며, 곤란은 그 자체로는 아무런 도움도 되지 않으며, 가끔 그에 수반되는 괴로운 실패의 경험은 사고와 학습을 방해한다고 보았다.

> 곤란과 성공 중에서 성공이 결국 사고하는 데 더 생산적이며, 필요는 발명의 어머니가 아니다. 이전의 발명에 대한 지식이 그 어머니요 원래의 능력이 그 아버지이다(Thorndike, 1922, pp. 279-280).

그에 따르면 교육에서 단순히 정보를 제공하는 것을 격하시키고 학생이 문제나 갈등이나 어려움을 해소하려고 노력하는 과정이 아닌 다른 방식으로 얻어진 사실의 가치를 하찮게 보는 것은 현명하지 못한 생각이다. 학생의 사고에 의하여 얻어지지 않고 획득된 단순한 사실이 흔히 커다란 가치를 가지며 능동적인 사고를 자극할 수도 있다는 것이다.

Thorndike에 의하면, 구체물을 사용한 계산은 초기 산술교육의 기초를 보증하고 명확히 한다는 데 주요한 의미가 있으나, 기본계산이 익숙해진 이후에도 계속 사용하면 산술의 자연스러운 발달을 지체시키고 억제하는 힘으로 작용한다. 가능한 한 빨리 추상적인 아이디어와 일반적인 원리로 나아갈 수 있도록 지도해야 하며, 순수한 사고에 의하여 스스로 획득할 수 있는 의미를 구체적인 경험을 통하여 얻도록 하는 것은 학생들의 지력을 피곤하게 하고 타락시키는 것이다. 더욱이 그는 새로운 아이디어는 그것을 사용하면서 개선되고 분명히 되므로, 처음부터 완전한 개념을 획득하는 것은 불필요하고 헛된 일이라고 보았다.

Thorndike에게 아동들의 산술학습에 대한 흥미는 산술 자체의 성취 및 성공과 직접 연결된다. 따라서 아동이 거의 100% 성공기준에 달할 때까지 학습할 수 있도록 하고 또한 그가 얼마나 달성하고 있는지를 알 수 있도록 학습을 점검하고 확인하는 훈련을 시키거나, 표준화된 연습자료와 검사지를 사용하여 자신의 학습정도를 측정해 보도록 할 수 있다. 그리고 Thorndike에게 산술학습에 진정으로 흥미를 스며들게 하는 중요한 한 가지 수단은 문제의식을 갖고 산술의 필요성을 느끼고 그 진가를 인식하도록 하는 것이다. 산술학습에서 문제의식을 갖게 하는 것이 바람직한 이유는 다음과 같다. 문제에 대한 답으로 들어오는 정보는 보다 더 관심이 집중되고 더 잘 이해되고 기억되며, 학생이 가지고 있는 목표를 달성하기 위한 단계로 나타나는 행동은 적절한 상황과 보다 잘 연결되고 그러한 연결은 오래 파지된다. 그리고 학생이 의문에 답하려고 하고 목표를 성취하고자 하면 할수록 지식이나 기능의 bonds에 수반되는 만족감은 더 커진다. 산술 밖의 일상생활에서 일어나는 문제에만 의존하는 것도 좋지 않지만, 학생에게 호소력이 약한 순전히 지적인 문제나 학생과 거리감이 있는 문제에만 의존하는 것은 옳지 않다. Thorndike는 이러한 이유에서 연습문제를 아동에게 흥미로운 실제적인 문제상황, 산술을 실제적으로 적용하여 해결할 수 있는 생활 속에서 일어나는 문제와 관련지워 구성하고, 경쟁방법을 도입함으로써 보상에 의한 bonds의 강화를 기도할 것을 요구하였다.

두 자리 수 이상의 자연수와 소수의 사칙계산 방법 등이 아동들에게 십진기수법의 성질로부터 연역적으로 이해되는가, 아니면 제시된 절차에 따라 정답을 얻는 경험으로부터 귀납적으로 이해되는가는 산술교육에서 매우 중요한 문제이다. 첫 번째 방식은 연역적인 설명으로 시작하며, 두 번째 방식은 계산법을 곧바로 설명하고 연습시키면서 덧셈은 수세기로, 뺄셈은 덧셈으로, 곱셈은 덧셈으로, 나눗셈은 곱셈으로 확인시키는 방법을 취한다. 이에 대하여 Thorndike(1922, pp. 66-69)는 다음과 같이 말하였다.

> 무엇보다도 거의 대다수의 학생들이 … 특정한 지시를 모방하고 맹목적으로 따르면서 이들 계산법을 학습하며, … 그것을 십진법으로부터의 필연적인 연역으로 이해하지 못한다는 데에는 의심이 있을 수 없다. 교과서나 교사가 아무리 교묘하고 주의 깊게 그러한 연역을 설명한다고 해도 이해하지 못하는 학생들의 비율은 또한 그다지 줄어들지 않을 듯싶다. … 여하튼 대부분의 학생들이 연역적 추론에 의하여 계산법을 학습하지 않는다는 것 곧 그것을 추상적인 원리의 필연적인 결과로 이해하지 않는다는 사실은 확실하다. … 사실 나는 순수한 산술은 배워 알고 있듯이 대체로 귀납 과학이라고 믿는다.

즉 학생들은 교사가 계산하는 것을 보고 지시하는 대로 하면서 자신들의 계산결과로부터 귀납추론에 의하여 계산법을 이해한다고 보고 있다. 그에 따르면 산술의 연역적인 설명은 귀납적인 확인으로 대치하거나 절차가 마스터된 다음 훨씬 후에 습관을 종합하고 이론적으로 설명하는 수단으로 학습되어야 한다. 그는 지적인 습관 형성, 곧 connections 형성의 중요성이 과소 평가되어 왔다고 하면서, 덧셈에서의 '받아올림', 뺄셈에서의 '받아내림', 곱셈의 부분곱에서의 숫자의 값, 나눗셈에서의 숫자의 조작, 소수의 곱셈과 나눗셈 다음에 소숫점 찍기, 분수의 곱셈과 나눗셈에서의 숫자의 조작 등에 대한 연역적 추론에 의한 이해, 곧 십진법으로부터의 연역은 이 연령의 아동들에게는 불가능하며, 그러한 수의 조작방법이 사용되는 것을 봄으로써 연상적 습관으로 다소 맹목적으로 학습된다고 보는 것이다.

> 매우 재능이 있는 학생들을 제외한 모든 학생들에게 산술원리에 대한 이해를 하는 경제적인 방법은 통상 하듯이 규칙을 배운 다음 적용하는 것이 아니라 지시된 연산을 수행하고 그들을 수행하는 과정에서 원리에 대한 통찰을 하는 것이다.
>
> 따라서 모방으로 출발하여 맹목적인 조작 습관으로 시작한 것이 본질적인 요소에 대하여 바르게 반응하는 힘으로 성장할 수 있다. … 수를 가지고 어떤 것을 계속 하면서 바른 결과를 구분해 내면 흔히 결국에는 최초에 필요한 것으로 생각되었던 추상화에 이를 것이다. … 학생이 먼저 원리를 마스터한 다음에 그것을 단지 적용하는 것이라고 생각하는 것-어떤 생각을 먼저 한 다음에 단순한 기계적인 조작으로 계산한다고 생각하는 것은 확실히 최선의 심리학이 아니며 최선의 교육이론이 아니다. 반대로, 적용은 원리를 확립하고, 확장하고, 세련시키는 것을 돕는다. 학생이 수를 다루는 작업은 과학으로서의 산술의 원리에 대한 그의 이해를 증대시키는 주요한 수단이어야 한다(Thorndike, 1922, p. 78, 184).

행동주의 심리학의 입장에서 보면, 의미의 이해란 중요한 것이지만 그 달성여부는 물론 그것을 가능하게 하는 방법조차 알 수 없는 모호한 정신작용이며, 학습의 달성여부는 학습자의 행동이 미리 정해진 준거에 맞는가를 보아 판단할 수밖에 없으므로, 수학교육은 가시적인 행동 변화를 목표로 하지 않을 수 없는 것이다. Thorndike에게 산술지도 문제에서 중요한 것은 산술능력을 분석하여 지적인 습관의 개발을 위하여 형성시켜야 할 기본적인

bonds나 connections을 선택하는 문제와 그들을 형성하는 최선의 순서와 수단을 발견하는 문제이다. 흔히 추론에 의한 원리의 이해는 단순한 습관이나 기억에 의하여 행해지는 기계적인 계산작업과 명확히 구분한다. 그러나 Thorndike에 따르면 추론은 습관의 법칙과 전연 반대되거나 독립적인 것이 아니라 그 필연적인 결과이며, 선택적 사고를 설명하는 데에는 준비성, 연습, '효과의 법칙' 이외에 어떤 원리도 필요하지 않다. 그에게 새로운 자료에 대한 성공적인 반응, 유사성에 의한 연합, 목적을 갖는 행동 등은 연합학습의 기본법칙과 단지 겉보기에만 반대될 뿐이며, 사실 그것들은 연합학습의 아름다운 예이다. 새로운 자료에의 성공적인 반응은 습관에 의한 것이며, connections 형성의 법칙을 능가하는 신비로운 조작이 아니라는 것이다. 새로운 상황에서 아동들이 하는 행동은 그것이 효능이 있었던 상황에서의 행동 요소이거나 그들이 일으키는 반응이거나 그러한 반응이 다시 불러일으키는 연상이다. 유사성에 의한 연합은 그와 관련된 반응을 불러일으키는 습관화된 요소의 경향이다. 그에게 추론은 습관과 반대로 작용하는 그와 근본적으로 다른 종류의 힘이 아니라, 많은 습관의 조직화요 협력이다. 문제와 관련된 학생 자신의 총체적인 bonds의 목록이 선택하고 거부하는 것이다. 그에 따르면, 산술의 거의 모든 것은 이미 습득된 습관과 관련되거나 다른 습관과 조직되어 일어날 습관으로서 가르쳐져야 하며, 그러한 조직된 습관의 체계를 사용하여 새로운 문제를 해결하는 것이 추론이다.

이러한 Thorndike의 이론은 수학을 그 구조를 고려하지 않은 채 관련성 없는 고립된 요소로 분해하여 기계적으로 연습시키는 것을 정당화하는 이론으로 오해되기 쉽다. 그러나 Thondike는 앞에서 언급한 바와 같이 아동들은 귀납적 추론에 의하여 계산방법을 이해한다고 보았으며, 수와 양적인 상황에 대한 정돈되고 합리적인 사고체계로 발달할 수 있는 적절한 connections의 형성을 중시하고 생활과 관련된 실제적인 상황에서 요구되는 bonds를 형성시킬 것을 주장하였다.

그러한 문제가 만들어 지려면 답이 알려져야 하므로 실제로는 일어날 수 없는 문제를 교과서에 제시하는 습관은 어떤 과정이나 답에 맞

> 추기 위하여 문제를 만들어 내는 게으른 저자의 경향의 자연스러운 결과이다. 그러한 위조된 문제는 매우 흔하다(Thorndike, 1922, p. 93).

그러면서 그는 '어떤 사무실에서 서기가 주어진 목록에 따라 편지에 받는 이의 주소와 성명을 썼다. 2,500명분을 썼는데 목록에 있는 이름의 $\frac{4}{9}$가 사용되지 않았다. 전체 목록에는 몇 명의 이름이 있었는가?' 와 같은 문제를 그 예로 들고 있다.

Thondike의 학습이론은 수학을 수많은 connections이나 사실로 분해함으로써 수학을 관련 없는 사실이나 절차의 집합으로 보게 하고, 의미나 관련성의 이해와 개념 · 원리 · 법칙의 발견 및 문제해결보다 분리된 개별적 사실의 암기를 강조하고 연습에 의한 습관화를 중시한다는 비판을 받아 왔다. 실제로 모든 수학문제가 간단한 하위문제로 분석되고 잘 알려진 원리나 사실을 습관적으로 적용함으로써 해결되는 것은 아니며, 이해를 위한 교육의 중요성은 재언을 요하지 않는다. 앞에서 언급한 바와 같이, 이러한 비판은 Thorndike를 바르게 이해하지 못한 데에서 기인하는 바가 없지 않지만, 기본적인 입장의 차이는 분명한 듯하다. 일찍이 소위 의미 충실한 산술학습에 대한 고전적인 연구가 1942~1943년에 Brownell과 Moser(Higgins, pp. 113-114)에 의하여 행해졌다. 그들은 약 1,300명의 초등학교 3학년 아동들에게 뺄셈을 기계적 방법과 의미 있는 합리적 방법으로 지도하였다. 당시 미국에서는 '받아내리는 방법(minuend regrouping process)' 이 일반적으로 3학년에서 도입되었다. Brownell은 어떤 학급에서는 '받아내리는 방법' 으로 가르치고 어떤 학급에서는 '같은 수를 더하는 방법(equal additions process)' 으로 뺄셈을 가르쳤다. 그리고 두 경우 모두 의미 있는 설명을 통하여 가르친 결과와 기계적인 절차로 가르친 결과를 비교하였다. 이를테면, 다음 보기와 같이 '같은 수를 더하는 방법' 에서는 346에 10을 더하여 340+16꼴로 만들고 같은 수 10을 239에 더하여 249로 만든다, '받아내리는 방법' 에서는 346을 330+16으로 바꾸어 쓴다.

$$\begin{array}{ccc} 3 & 4 & {}^{1}6 \\ 2 & {}^{4}\not{3} & 9 \\ \hline 1 & 0 & 7 \end{array} \qquad \begin{array}{ccc} 3 & {}^{3}\not{4} & {}^{1}6 \\ 2 & 3 & 9 \\ \hline 1 & 0 & 7 \end{array}$$

사전 검사로 덧셈과 기본 뺄셈 능력 검사와 IQ 검사를 실시했으며, 3주 동안의 실험수업 후에 뺄셈계산 검사와 개별 면접을 실시하였다. 검사에서는 정확도, 계산속도, 새로운 상황에의 전이도를 알아보았으며, 면접에서는 공부습관과 이해수준을 알아보았다. 6주 후에 파지도를 알아보기 위하여 계산 검사를 실시했으며, 공부습관의 변화를 알아보기 위하여 면접을 실시하였다.

실험결과는 의미 있는 방법으로 지도를 받은 학생들이 실험처치 후에 실시한 계산 검사와 6주 후에 실시한 파지도 검사에서 기계적인 방법으로 지도를 받은 학생들보다 뺄셈능력에서 우수한 것으로 나타났으며, '받아내리는 방법'이 '같은 수를 더하는 방법'보다 높은 점수를 보여주었다. 이 실험은 3학년의 뺄셈 학습-지도에서 뺄셈방법에 대한 설명뿐만 아니라 십진기수법에 따른 계산 원리를 다룰 때 성취도가 더 나을 것임을 보여주었다.

Brownell은 아동이 7+5에 대하여 재빠르게 12라고 대답할 수 있다고 하여 그것이 알고 있다는 것을 보증하지는 않는다고 보았다. 7+5가 왜 12인가를 이해하고 자신과 다른 사람에게 설명할 수 있으며, 그것이 올바른 답이라는 것을 확신하고 지적으로 이용할 수 있을 때까지, 다시 말해 그 계산이 그에게 의미가 있을 때까지 진정으로 알고 있는 것이 아니라는 입장이다. Brownell에게 수학적인 사고를 증진시키고 바르게 적용할 수 있게 하기 위해서는 자동적인 반응보다는 계산의 바탕이 되는 원리에 주목하게 해야 하며, 연습을 통해서는 의미의 이해에 이르게 할 수는 없는 것이다. 그에게 연습은 이해를 증진시킬 수 있을 때에만 가치 있는 것이다.

그런데 이러한 연구결과는 실제로 이미 받아들여져 왔던 전제, 곧 수학에서 의미는 매우 중요하므로 학습과정에서 무시될 수 없는 요소라는 전제에 대한 일반적인 증명으로 받아들여졌으며, 산술학습에서 의미 있는 학습-지도의 우수성을 보증한 것으로 간주되었다. 그러나 Brownell의 실험수업을 통한 연구는 수학학습의 심층적인 메커니즘을 설명하려고 하고 그에 따른 학습-지도 방안을 모색한 Thorndike의 연구와는 질적으로 다른 것이며, 실험수업이 갖는 실제적인 한계가 엄존함을 또한 간과해서는 안 된다. 더욱이 신속하고 정확한 계산과 알고리즘의 수행능력은 기본적인 수학적 능력이며, 이는 상당한 양의 연습을 전제로 한다는 점을 간과해서는 안 될 것이다. 특히 기본적인 계산기능은 자동적인 반응수준까지 숙달시키지 못하면 두뇌의 작동기억(working memory)의 제한된 용량 때문에 복잡한 계산이나 문제해결 과정에 심각한 장애를 초래하게 된다.

2. Skinner의 강화의 원리와 프로그램 학습-지도 방법

다음에는 Thorndike의 '효과의 법칙'을 확장한 Skinner(1954)의 '강화(reinforcement)의 원리'와 그에 따른 수학의 프로그램 학습-지도 방안에 대하여 살펴보기로 한다. 프로그램 학습을 뒷받침하는 기본원리를 제공하고 있는 Skinner는 두 가지 형태의 학습을 구분하고 있다. 그는 먼저 반응을 두 가지 부류로 분류한다. 밝은 빛을 비출 때의 눈꺼풀의 깜박임이나 무릎반사, 소름끼침, 침흘리기, 심장박동 등의 반사적 행동과 같이 어떤 자극에 의하여 일어나며 다른 자극에 조건화되는 반응을 수동(respondent)이라고 한다. Pavlov의 고전적인 조건화된 반사실험이 보여주는 바와 같이, 고기와 중립자극인 종소리를 함께 거듭 제공하면 조건화가 일어나 종소리만 울려도 개는 침을 흘리게 된다. 조건화 과정에서 가장 중요한 특징은 두 자극의 동시성과 반복 횟수이다. 그러나 그러한 학습에 의하여 획득되는 것은 여러 가지 반사작용이며 수학과 같은 교과의 학습이 아니다. 한편, 어떤 특별한 자극 없이도 일어나는 유기체의 자발적인 반응을 작동(operant)이라고 한다. 작동이 일어난 다음 그 결과로 강화자극이 뒤따르면 작동이 다시 일어날 가능성이 증대된다는 것이 '작동 조건화의 법칙(the law of operant conditioning)'이다. 강화란 어떤 특정한 행동이 일어날 확률을 높이는 자극의 효과를 말한다. 작동이란 자극에 의해서가 아니라 강화에 의하여 통제되는 행동이므로, Skinner는 반응에 뒤따르는 자극에 관심이 많다. 그는 아동이 반응을 하도록 교사가 행하는 것은 아동이 반응한 후 교사로부터 받는 자극만큼 중요하지 않다고 본다. 이 자극은 아동의 그 작동을 다시 일으킬 가능성을 증대시킨다. 행동조종에서 반응의 만족스러운 결과는 그 강도를 증대시키고 불만족스러운 결과는 반응의 강도를 약화시킨다는 Thorndike의 '효과의 법칙'이 중요한데, Skinner의 '강화의 원리'는 반응결과의 효과는 학습을 일으킨다는 그러한 '효과의 법칙'을 확장한 것이다. 학습이라는 변화를 일으키는 데 최적인 조건에서 반응결과의 효과가 있다는 것이다.

대부분의 유의미한 인간행동은 작동의 범주에 속하며, 작동학습이 수동학습보다 훨씬 중요하다. 처음에 발생된 작동은 가르치려고 하는 것과 꼭 같을 필요는 없으며, 선별적 강화에 의하여 바라는 마지막 행동에 도달할 때까지 일련의 점진적 접근과정을 통하여 변화시켜 갈 수 있다. 이러한 잇달은 점진적 접근법은 Thorndike의 조건화와 전연 다르며, '작동형성(operant shaping)'이라고 불린다. Skinner에 따르면 반복은 반응의 강도를 증대시키지만, 기계적인 반복은 잇달은 근사 접근법에서와 같이 원하는 방향으로 반응을 변화시켜 특이한 새로운 반응을 하도록 하는 데 도움이 안 된다. 그에게 강화는 작동학습의 가장 중요한 측면으로 반응이 강화되는 방식은 학습의 질을 결정한다. Skinner의 많은 연구는 여러 가지 강화 패턴과 스케줄의 효과에 관한 것이었으며, 그러한 연구결과는 유기체에 대한 효과적인 행동조종이 가능함을 보여주었다. 그의 연구는 대부분 실험실에서 쥐나 비둘기와 같은 동물을 상대로 한 것이었으나, 그 결과는 인간행동의 수정에도 적용될 수 있는 것이었다. 그는 강화를 이용하여 유기체의 어떤 행동도 형성할 수 있으며 형성된 행동을 유지할 수 있다고 보았다. 그리고 강화의 효과를 잘 분석하고 강화기술을 적절히 고안함으로써 유기체의 행동을 원하는 대로 조절하고 통제할 수 있으며, 경쟁과 협동 등의 사회적 행동, 문제해결, 자기통제, 성격형성 등도 가능하다고 보았다. 실제로 행동의 형성과 형성된 행동을 유지시키기 위한 강화의 다양한 스케줄에 대한 그의 연구결과는 동물 조련방법을 크게 향상시켰다. 비둘기 한 쌍이 탁구경기를 하고 댄스를 하도록 하는 등 경쟁하고 협동하는 복잡한 사회적 행동을 형성시킬 수 있었다. 이를 위해서는 점진적으로 강화를 변화시키는 주의 깊게 고안된 프로그램과 형성된 행동을 강하게 유지시키는 스케줄의 숙련된 이용이 요구되었다.

작동은 보상 곧 강화를 매 반응마다 하지 않고 간헐적으로만 하여도 형성될 수 있다. Skinner에 의하면 강화에는 고정간격 강화 패턴과 고정비율 강화 패턴과 같은 기본적인 패턴이 있다. 훈련의 초기에는 그렇지 못하지만 매 200번 반응에 한 번 강화를 제공하는 수준까지 점차로 강화 비율을 감소시킬 수 있다. 기묘하게도 고정비율 강화 스케줄에서 강화를 적게 제공할수록 동물은 더 빨리 반응하였다. 마치 더 빨리 반응해야 더 빨리 강화를 받을 것이라고 생각하고 있는 듯이 반응하는 것이다. 고정간격 강화 스케줄이나 고정비율 강화 스케줄에서 동물은 한 번 강화를 제공하면 바로 그 다음 반응에는 다시 즉각적인 강화를 받지 못한다는 것을 아는 듯이 한 번 쉬는 특성을 보였다. 그러나 강화 스케줄을 무작위로 하면 쉬는 일은 일어나지 않았다. 시간간격과 비율간격이 무작위로 변화되면 강화 다음의 반응이 또 다른 강화를 가져올 수 있는 가능성이 항상 있으므로 동물은 쉬지 않는 것이다.

이러한 기묘한 동물의 행동은 인간의 행동에도 반영된다. 매 5단위를 끝마칠 때마다 급료를 지불받는 공장 노동자는 보통 급료 강화를 받은 후 잠시 쉰다. 반면에 가끔 이득을 보는 변동 비율 스케줄에 따라 작동하는 슬롯머신 게임을 하는 사람은 쉬지 않고 게임을 한다. 이와 마찬가지로 10문제씩을 푼 다음 평가를 받는 아동은 다시 10문제를 풀기 시작하기 전에 얼마동안 쉬지만, 교사가 순회하면서 무작위로 완성된 풀이를 평가하게 되면 아동들은 쉬지 않고 풀게 된다.

조건화된 작동반응이 소멸될 때 그것은 잊혀지게 된다. 동물의 경우 망각은 시간만의 함수는 아니며, 조건화된 반응에 강화가 뒤따르지 않으면 반응비율이 감소하다가 완전히 멈추게 된다. 소멸에의 저항도가 클수록 반응의 감소율은 작아진다. Skinner에 의하면 조건화된 작동반응의 소멸에의 저항은 조건화 과정에서 사용된 강화 스케줄에 크게 의존된다. 간헐적 강화 스케줄로 개발된 조건화된 반응은 연속적 강화로 개발된 반응보다 소멸에 훨씬 강력하게 저항한다. 강화가 더 많이 주어지면 소멸에의 저항은 더 커지지만, 강화의 총수를 비교하면 간헐적 강화가 더 우세하다. 이는 처음에 이따금씩 작동한 라이터를 켜려는 끈질긴 시도를 하는 이유를 설명해 준다.

그 라이터가 전에 매번 작동했다면, 곧 연속적인 강화를 받았다면 그는 훨씬 빨리 포기할 것이다. 간헐적 조건화의 우수성은 아동들이 이따금씩만 어머니에게 자기들이 원하는 방식으로 영향을 미침에도 불구하고 그렇게 끈질기게 짜증을 부리는 이유를 설명해 준다.

어떤 행동을 소멸시키기 위하여 흔히 사용되는 처벌은 처음에 일시적인 효과를 가질 수도 있지만, 행동을 조종하고 수정하는 빈약한 방법이며 바람직하지 않은 정서적인 부작용을 낳을 수 있다. 처벌은 반응의 확률을 증대시키지 않으므로 강화가 아니다. 수학학습은 흔히 앎의 즐거움 때문이 아니라 처벌이나 실패의 두려움 때문에 지속되는 경우가 많다. 작동 조건화는 이러한 수학학습에 변화를 가져올 수 있을 것인가? 전통적으로 우리는 학습내용을 서술한 교과서를 사용하여 모든 아동들이 같은 방법으로 학습하기를 기대하면서 전체 학급을 대상으로 수업을 해왔다. 작동 조건화는 개인에 초점을 맞추고 있고 집단행동에 대해서는 아무것도 말해 주는 바가 없으며, 개인적인 작동으로 시작하여 제공된 강화에 의하여 개인의 행동을 형성한다. 아동들이 작동 조건화 과정을 통하여 학습한다는 것을 믿는 교사는 적절한 개별화 교수를 시도하지 않을 수 없게 된다. 또한 작동 조건화는 행동에 초점을 맞추는 활동적 학습이므로, 행동 형성이 교육의 궁극 목적이어야 하고 교수목표는 행동적 용어로 진술되어야 하며, 과제분석을 통하여 점진적인 접근법으로 마지막 행동이 형성되도록 지도계획을 수립해야 할 것이다.

Skinner에 의하면 다양한 강화 패턴으로 복잡한 일련의 강화 스케줄을 구성하여 자극을 조종함으로써 복잡한 행동을 수행하고 이를 유지하게 할 수 있다. 학습속도를 증대시키는 데는 계속적 강화가 효과적이며, 단속적 강화 특히 변동비율 강화가 학습된 행동의 소거를 가장 느리게 한다. 그리고 고정비율 강화 스케줄이 고정간격 강화보다 반응속도를 높이고 지속적이 되게 한다. 일반적으로 학습 초기에는 계속적 강화를 제공하고 나중에는 단속적 강화를 제공하는 것이 바람직하다. Skinner의 입장에서 보면, 전통적인 수학교육에서는 강화의 횟수가 너무 부족하고, 학생의 반응과 강화자극 사이의 시간적 간격이 너무 크고, 부적인 강화가 주로 사용되며, 강화 스케줄이 부족하다. 행동주의의 입장에서 볼 때 수학교육은 언어적인 많은 특정한 반응을 학생들에게 형성시키는 것이며, 학생들이 문제해결과 같은 수학적 사고에 포함된 복잡한 일련의 반응을 하기를 기대하는 것이다. 어떻게 그러한 복잡한 행동이 구성되도록 하였는가? 전통적으로 수학교육에서 이용되어 온 강화는 회초리와 처벌, 교사의 노여움, 학급 친구의 비난이나 조롱, 경쟁에서의 불명예스러운 모습, 낮은 성적, 교무실로의 호출, 부모의 꾸지람, 상급학교 입학시험 등에 대한 두려움 등 혐오스러운 것이 대부분이었으며, 계산분야에서 기능의 향상에 부수되는 약간의 긍정적인 강화와 드물긴 하지만 문제해결이나 발견에 부수되는 자동적인 강화 등이었다.

또한 Skinner의 입장에서 보면, 전통적인 교육에서는 강화의 배치와 관련된 심각한 문제가 있다. 학생의 계산행동이 '옳다' 는 강화를 언제 받는가? 물론 언젠가는 학생이 자신의 해답을 검사할 수 있고 자동적인 강화를 받을 수 있겠지만, 초기단계에 옳다는 강화는 통상 교사에 의하여 주어진다. 그러나 교사가 제공하는 강화는 최적인 것이 못된다. 명백한 중재행위가 없으면 반응과 강화 사이의 단 몇 초의 경과라도 대부분의 효과를 파괴한다. 그럼에도 불구하고 전형적인 교실에서는 통상적으로 오랜 시간이 경과된다. 이를테면, 학생들이 문제를 푸는 동안 교사는 통로를 왔다 갔다 하면서 이곳 저곳에서 멈추어 옳고 그름을 말해준다. 학생의 반응과 교사의 강화 사이에는 수십 초 혹은 수분의 간격이 있으며, 과제를 검사하기 위하여 수합하는 경우에는 하루 이상이 걸린다. 그러한 상황에서 어떤 효과가 있다는 것은 놀라운 일이다.

그리고 Skinner에게 전통적인 교육의 주목할 만한 문제점은 원하는 복잡한 최종 행위에 점진적으로 접근해 가는 노련한 프로그램이 결여되어 있다는 것이다. 학생들에게 가장 효과적으로 수학적인 행위를 소유하게 하려면 긴 일련의 강화가 필요하다. 그러나 교사는 한 번에 하나씩 학생의 반응을 다룰 수 없기 때문에 그러한 일련의 강화를 매 단계마다 할 수 없다. 익힘책의 한 쪽을 한 번에 수정해 주듯이 흔히 일괄적으로 행동을 강화하는 것을 피하기 어렵다. 그러한 일괄적으로 처리되는 반응은 반드시 상호 관련된 것은 아니며, 따라서 복잡한 행동 패턴에 점진적으로 접근하는 단계의 수는 적으며 그만큼 과제는 더 어렵게 된다. 초등 산술의 익힘책조차도 수학적 행위를 형성하는 효과적인 프로그램의 예시와는 거리가 멀다.

Skinner에게 오늘날의 수업에 대한 가장 중대한 비판점은 강화가 상대적으로 드물다는 것이다. 학생은 통상 반응의 옳고 그름에 대하여 교사에게 의존하며 많은 학생들이 통상 같은 교사에게 의존하므로, 각 아동에게 배려될 수 있는 강화의 총수는 매우 적을 것이다. 그러나 Skinner에 의하면 초등학교 4학년까지 효과적인 수학적 행위를 하려면 대략적으로 어림잡아 25,000번 정도의 강화가 요구되며, 전체적인 수학적 행동을 숙달하여 다양한 문제를 해결할 수 있으려면 신중하게 추정하더라도 대략 50,000번의 강화가 필요하다. 이에 비추어 볼 때 오늘날 산술 지도에서 각 아동에게 매일 부여되는 강화의 횟수는 보잘것 없이 미약해 보인다.

오늘날 학교교육에서 수학교과는 교육적 비효율성과 실패가 가장 두드러진 교과 가운데 하나이다. 대부분의 학생들은 학습 결손의 누적으로 주어진 수준의 내용을 학습할 준비가 되어 있지 못하며, 수학적인 행위의 결과로서 자동적인 강화가 뒤따르는 단계에 이르는 학생들은 극소수이다. 그 반대로 숫자와 수학적인 기호가 부정적인 정서적 자극이 되어 있으며, 대수 기호나 적분 기호가 아니라 숫자만 얼핏 보아도 수학적인 행동이 아니라 불안, 죄의식, 공포반응을 일으키는 것 같다.

이러한 상황에서 수학교사는 회초리에 의한 조종 기회를 거부당한 채 대처방안을 찾지 못하고 있으며, 교육과정에서는 불필요한 것을 가르치지 않도록 한다는 입장에서 학생들에게 부과되는 내용은 필수적인 최소한의 것으로 조심스럽게 축소되고 있다. 교육방법의 허약함이 교육목적의 재형식화를 초래하게 되었으나, 불행히도 그러한 결과 또한 교육방법의 개선과 보다 나은 수업을 계획하는 데 거의 드움이 되지 못한다. 개선이 불가능하다면 이러한 결함을 강조하는 것은 의미가 없을 것이다. 우리는 이러한 수학교육 현실의 위급성을 받아들이고 근본적인 변화와 개선을 요구해야 한다.

Skinner는 여기서 프로그램 학습-지도 방법을 제안한다. 그러면 수학 학습-지도에서 어떤 행동을 구성해야 하며, 어떤 강화를 이용할 수 있고, 최종 행동에 이르는 점진적인 접근 프로그램을 시작하는 데 어떤 반응을 이용할 수 있으며, 행동을 강력하게 유지하기 위하여 어떻게 강화 스케줄을 효과적으로 짤 수 있는가 등의 문제가 특히 저학년에서 수학 학습-지도 문제를 고려하는 데 관계가 된다. 학습될 자료는 상당한 자동 강화를 제공할 수 있으나, 그러한 교재에 내재된 자연스러운 강화로 충분하지 않다면 다른 강화를 사용해야 한다. 가장 중요한 원리는 강화의 양은 거의 중요하지 않으며, 약간의 강화라도 현명하게 사용되면 행동을 조종하는 데 매우 효과적일 수 있다는 것이다. 강화가 원하는 행동에 부수되도록 하려면 형성시키고자 하는 복잡한 행동 패턴을 매우 많은 수의 매우 작은 단계로 나누어 강화가 각 단계의 성취에 부수되도록 해야 한다. 이렇게 하면 행동을 강력하게 유지시키는 문제도 해결된다. 물론 학습될 자료의 계획에서 강화 스케줄이 효과적으로 조정되도록 해야 한다. 잇달은 단계를 가능한 한 작게 만듦으로써 강화의 횟수를 최대로 높일 수 있으며, 반면에 틀리는 데에서 결과되는 혐오스러운 자극은 최소로 줄어든다.

학습에 대한 Skinner의 실험연구에서 드러난 사실은 유기체를 조종하는 데 가장 효과적인 강화는 실험자의 개인적인 중재를 통해서는 조정될 수 없다는 점이다. 유기체는 인간의 조정능력을 벗어나는 미세한 강화에 의하여 영향을 받는다. 따라서 기계장치와 전자장치와 같은 학습기계가 사용되어야 한다. 한 시간에 수천 번의 민감한 반응을 하는 유기체에 대하여 강화의 개인적인 조정이나 그 결과의 관찰은 도저히 생각할 수 없다. 따라서 인간 학습의 효과적인 조종은 도구의 도움을 필요로 한다. 한 교사가 한 아동에게 모든 시간을 바친다고 하더라도 그러한데, 한 교사가 한번에 많은 아동들에게 강화장치로서 작용한다면 그 부적절성은 수배로 커진다.

여기에 필요한 장치를 제작하는 기술적 문제는 이제 특별히 어려운 문제가 아니다. 학습목표를 그 달성 여부가 명확하고 관찰 가능한 행동적 목표로 진술한 다음 목표에 이르는 과정을 많은 소규모 단계(small steps)로 나누어 계획된 순서대로 각 단계를 차례로 통과하도록 한다. 학생의 반응은 작동이 되고 그가 정확하게 반응했다는 것을 알게 되는 것은 강화 자극이 되므로, 문항을 아주 단순하게 구성하고 학생의 반응결과에 대한 지식을 즉각적으로 제공한다. 개별학습이 가능하도록 흔히 발생되는 오류유형에 따른 준비학습 문제나 심화학습 문제를 제공하고, 정답률을 계산해 주는 등 대부분의 주요한 문제가 해결된 수많은 저렴한 프로그램이 개발되어 있다. 이러한 프로그램의 중요한 특징은 정답에 대한 강화가 즉각적이며 단순한 조작으로 적절한 시간 동안 학습을 지속하는 데 충분한 강화를 받는다는 점이다. 한 교사가 그러한 프로그램으로 학습하는 전체 학급 아동들을 동시에 관리할 수 있으며, 각 아동은 가능한 한 많은 문제를 다루면서 자신의 속도로 학습을 진행시킬 수 있다. 그러한 프로그램은 제시된 문제가 그 선행하는 문제의 답에 좌우되고, 아동들이 어려워하는 곳에 보조단계를 삽입하여 평균 아동이 거의 항상 정답을 제시하여 강화를 받으면서 결과적으로 복잡한 수학적 행동에 매우 효과적으로 접근할 수 있도록 주의깊게 고안된 자료로 작성되어 있다. 자료 자체가 충분한 강화를 제공하지 못하는 것으로 드러나면 학습의 진전에 따라 교사는 다른 보충 강화를 제공해야 한다.

그러한 프로그램을 사용하는 수학수업에 대한 반대의견이 있을 수 있다. 아동을 단순한 동물로 취급하며 중요한 인간의 지적인 성취를 부당하게 기계적으로 분해하고 있다고 비판한다. 수학적 행위는 보통 수와 연산을 포함하는 반응의 목록으로서가 아니라 수학적 능력이나 추론능력으로 간주된다. 학습에 대한 실험연구로부터 나오는 지도방법은 사고력을 개발하고 수학적 관계에 대한 이해를 깊게 하도록 고안된 것이 아니며, 그러한 정신적인 상태나 과정의 증거가 되는 행동을 확립하기 위하여 고안된 것임은 사실이다. 행동주의에 따르면 인간의 사고를 정의하는 행동은 교육의 실질적인 목적으로 간주될 가치가 있다. 물론 교사는 맞다 틀리다는 지적을 하고 점수를 기록하는 것보다 중요한 기능을 가지고 있으며, 프로그램 학습으로 아동의 계산기능이 신장되면 교사는 아동들과 보다 더 지적이고 문화적이며 정서적인 접촉을 할 수 있게 될 것이다. 그리고 아동들을 효과적인 방법으로 높은 성취도에 이르도록 교육할 수 있다는 그러한 프로그램 학습의 가능성과 필요성을 받아들인다면 그에 따른 경제적인 문제는 어렵지 않게 해결될 것이다. 문제는 전통을 불가피한 것으로 받아들이는 문화적인 관성이다. 교육현실의 전면적인 개혁이 불가피하며 이는 가능하다. 학교가 해야 할 과제의 본성을 알고 그를 구현할 방법을 확보함으로써 교육이 창안할 양식 있고 유능한 시민에 의하여 뒷받침을 받는 학교체제를 기대할 수 있을 것이다.

이상이 수학교육을 보는 Skinner의 입장이다. 행동주의에서는 교육을 관찰 가능한 행동의 변화라고 주장한다. 따라서 교수목표는 그 달성 여부가 관찰 가능한 실행적인 용어로 상세화되어 진술되어야 하며, 가르침을 받은 학생은 그 이전에는 할 수 없었던 무엇인가를 할 수 있어야 한다. 행동적 용어로 진술된 목표는 소위 과제분석을 통하여 하위 행동으로 분해되며, 그 행동이 학습자에 의하여 무리없이 수행될 수 있는 단계까지 계속된다.

행동주의적 접근은 교육과 훈련을 동일시하며, 기존 지식의 습득과 계산 기능의 개발을 강조하는 측면에서는 적합해 보이지만, 이해와 사고교육, 문제해결 교육을 지향하는 학교수학의 본질적인 부분을 소홀히 하기 쉽다. 개인차를 고려한 프로그램 학습을 통한 기본적인 지식의 습득 및 기능의 숙달과 탐구 및 재발명 활동이 균형을 이루도록 프로그램 학습을 적절히 이용하는 방안이 요구된다.

3. Gagné의 과제분석

프로그램 학습-지도를 위해서는 먼저 도착점 행동의 달성 여부가 관찰 가능하도록 교수목표의 행동적 진술과 상세화가 요구된다. 학습목표가 열거한다, 암송한다, 쓴다, 계산한다, 예시한다, 구별한다, 지적한다, 그린다, 제시한다, 이름을 말한다, 비교한다 등의 행동적인 술어로 진술되면 Gagné는 목표로 하는 과제의 분석을 요구한다. 도착점 행동으로 기술된 능력을 나타내는 과제('do-able task')에 대하여 그 선행요소가 되는 하위행동을 확인하고 다시 그 하위행동을 확인하여 학습자가 이미 소유한 능력에 이를 때까지 계속한다. 그리고 그러한 행동요소 사이의 선후·좌우 관계를 분석하여 학습 위계구조를 작성할 것을 요구한다. 그러한 학습과제의 위계분석은 임의적인 것이고 여러 가지로 작성될 수 있지만, 학습위계에서 상위단계의 행동은 하위단계의 행동의 형성을 전제로 한다는 점은 명확히 되어야 한다. 이러한 과제분석은 프로그램 학습 자료를 개발하는 데, 그리고 진단검사를 실시하여 학생들이 어느 수준의 행동을 마스터하고 있는지를 결정하여 지도계획을 작성하는 데, 나아가 학습결과를 평가하는 데 매우 필요하다. 그

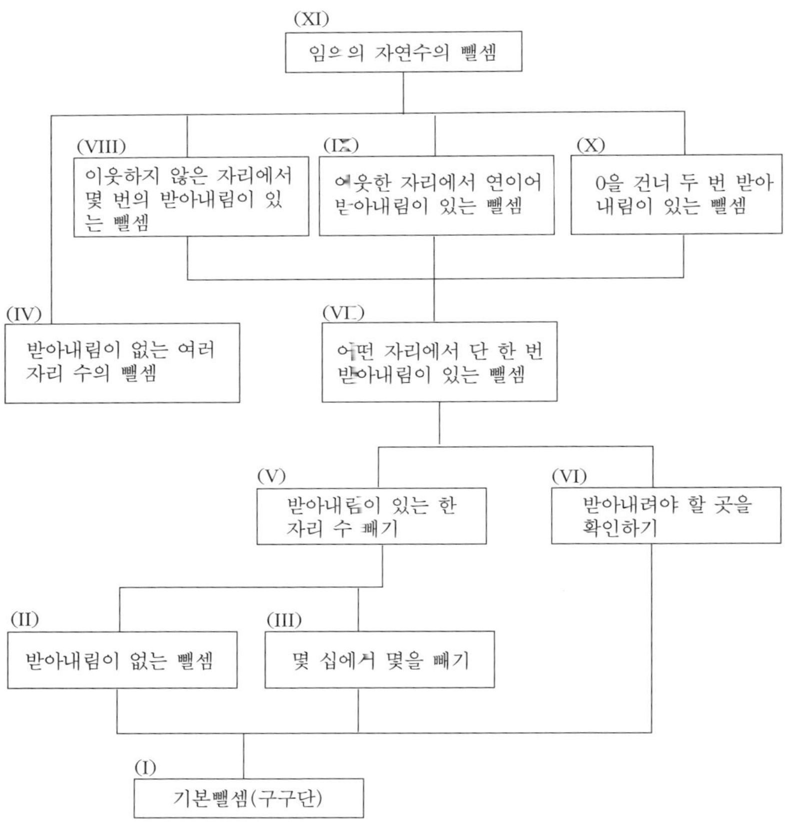

그림 5-1. 자연수의 뺄셈에 대한 학습 위계구조

림 5-1은 Gagné & Briggs(1974)가 제시하고 있는 학습 위계구조의 한 예이다.

한편 Gagné는 인지학습을 신호학습, 자극-반응 학습, 연쇄, 언어연합, 다중식별, 개념학습, 규칙학습, 문제해결 등 여덟 가지 수준의 학습유형으로 구분하고 있다. 과제분석에서 목표로 하는 능력이 문제해결 능력인 경우, 학습자는 그에 앞서 규칙을 알아야 하며, 그러한 규칙을 이해하기 위해서는 관련된 개념을 알아야 한다. 그리고 그를 위한 선행조건은 관련된 사실의 연상이나 명확한 식별이다. 이러한 여덟 가지 학습유형은 계층을 이루고 있으며, 가장 원시적인 학습이 신호학습이고 문제해결 학습이 가장 복잡하고 고도의 지적 능력을 요구하는 것이다. 신호학습은 동물의 울음소리에 대한 공포반응, 수학에 대한 공포감 등과 같이 어떤 신호나 자극에 대하여 무의식적인 반사적 반응을 보이는 것을 말한다. 자극-반응 학습은 숫자 읽기, 기본 계산, 도형의 이름 대기 등에서 흔히 관찰된다. 연쇄는 옷을 입거나 연필을 깎거나 숫자를 쓰거나 도형을 그리는 등 둘 이상의 자극-반응이 연결된 운동행위가 이루어지는 것을 말한다. 언어적 연합은 시나 구구단 암기하기와 같이 자극-반응이 연결된 언어학습이며, 다중식별은 숫자나 연산 기호, 관계 기호를 구별하는 경우와 같이 여러 가지 자극에 대하여 바른 반응을 보이는 것을 말한다. Gagné에게 개념학습은 서로 다른 자극에 대하여 공통된 반응을 보이는 것이며, 규칙 학습은 둘 이상의 개념의 연쇄를 의미하고, 문제해결 학습은 둘 이상의 규칙을 관련지워 보다 높은 수준의 규칙을 형성함으로써 이루어진다. 그러나 실제로 학습-지도는 Gagné가 제시하고 있는 학습유형의 순서대로 이루어지지 않는 경우가 많다. 예를 들어, 그림을 보고 바른 네모꼴이라고 말할 수 있으면서도 바른 네모꼴을 바르게 그리지 못하는 아동이 있으며, 흔히 개념을 도입하고 나서 그 용어와 기호가 도입된다. 기본계산의 지도에서도 먼저 그 개념을 지도한 다음에 언어연합과 다중식별학습, 곧 구구단의 암기와 계산연습을 시키는 것이 바람직하며, 그렇지 못할 경우 기계적인 학습이 일어난다고 주장되고 있다.

참고문헌

이성진,《행동수정의 원리》, 교육출판사, 1973.

今田惠,《心理學史》, 岩波書店, 1968.

Gagné, R.M., *The Conditions of Learning*, Holt, Rinehart and Winston, 1977.

Gagné, R.M. & L.J. Briggs, *Principles of Instructional Design*, Holt, Rinehart & Winston, 1974.

Higgins, J.L., *Mathematics Teaching and Learning*, Charles A. Jones Publishing Company, 1973.

Renick, L.B. & W.W. Ford, *The Psychology of Mathematics Learning*, Lawrence Erlbaum Associates, Publishers, 1981.

Skinner, B.F., "The Science of Learning and the Art of Teaching", *Harvard Educational Review*, vol. 24, Spring 1954, pp. 86-97.

Thorndike, E.L., *The Psychology of Arithmetic*, The Macmillan Company, 1922.

제 6 장
발견방법과 설명방법

1. 발견방법

Shulman(1970)이 지적한 바와 같이, 소위 '발견방법(discovery method)'은 그 의미가 명확히 조작적으로 정의되어 있지 않으며 여러 가지 다양한 측면과 형태를 생각할 수 있다. 발견방법이라는 동일한 용어를 구사한다고 하더라도 교사에 따라 다양한 방식으로 구현될 수 있는 것이다.

이 절에서는 발견적인 수학 학습-지도 방법 가운데 Moore의 교수법과 Bruner가 제시한 발견 학습-지도 방법에 대하여 살펴보기로 한다. Moore의 교수법은 수학자 양성기관인 대학원에서의 수학 교수방법이고, Bruner가 논의하고 있는 것은 구조, 조기 준비성, 발견, 직관적 사고와 같은 핵심적인 용어로 표현되는 구조중심 교육과정의 기본정신에 충실한 초등학교 학생을 대상으로 한 수학 학습-지도 방법이다. 두 방법 모두 학생으로 하여금 발견하는 과정의 경험을 통하여 발견 · 발명하는 태도와 능력을 개발한다는 공통된 목표를 갖고 있다. Moore의 경우는 주어진 공리체계 내에서 명제에 대한 증명의 발견활동을 통하여 '수학하는' 능력의 개발을 목표로 하고 있고, Bruner의 경우는 구조화된 교구를 다루는 활동을 바탕으로 EIS 전략을 통하여 법칙의 발견경험을 시키는 것을 목표로 하고 있다. Moore의 방법은 순수한 발견방법이라고 볼 수 있고, Bruner의 방법은 안내된 발견방법이라고 할 수 있다.

1) Moore 방법

소위 'Moore 방법(the Moore-Method)'은 20세기 초에 Robert Lee Moore (1882~1974)가 주창한 대학원에서의 수학 교수법이다. Robert Lee Moore는 미국 Chicago 대학 수학과를 세계적인 수학 연구기관으로 만드는 데 큰 역할을 했으며, 당시 미국의 수학교육 개혁운동을 선도한 Eliakim Hastings Moore의 지도를 받고 그에게서 많은 영향을 받았다. 강의를 하지 않는 Moore의 수학 교수법은 그 동안 널리 받아들여졌다고 말할 수는 없지만, 많은 뛰어난 수학자들을 배출함으로써 주목을 받아왔으며, 대학뿐만 아니라 중등학교의 수학교육자들에게 적지 않은 영향을 미쳤다. 다음은 Moore에게서 직접 지도를 받은 경험이 있는 Whyburn(1970)과 Jones(1977)의 Moore 방법에 대한 기술을 중심으로 엮은 것이다.

Moore는 학생들이 수학책에 기술된 정리와 증명에 대한 해설이 중심이 된 강의를 수동적으로 듣거나 책을 읽고 얻은 지식을 문제풀이에 그대로 적용하는 공부를 하는 것을 거부하였다. 그는 학생들의 창의적인 수학적 능력을 개발하고, 논리적 추론을 바르게 하고, 아이디어를 엄밀하게 표현하는 능력을 개발하고자 하였다. 자즈관리 제도를 도입하여 경쟁적인 분위기 속에서 관련된 자료를 읽거나 문헌에서 아이디어를 표절하지 않으면서 학생 자신의 힘으로 주어진 정리의 증명을 발견하고 개념을 정의하는 등 수학을 '하는' 경험을 통한 교육을 실시하였다.

Moore는 Chicago 대학의 대학원생이었을 때 그러한 다소 급진적인 수학 교수법에 이르게 된 기본적인 착상을 하게 되었다. 영리하고 활동적인 정신의 소유자인 그는 강의방식이 좀 따분하게 여겨졌으며, 지루한 강의에서 활기를 얻기 위하여 강사가 칠판에 정리를 쓰고 증명해 나아갈 때 필기를 하지 않고 스스로 증명을 발견할 수 있는지 알아보는 경주를 하였다. 빈번히 그는 경주에서 이겼는데, 여하튼 그러한 시도를 한 후부터 그는 전보다 의미 있는 시간을 보내고 있다고 느꼈다. 그래서 학생들에게 정리를 스스로 증명하게 할 수 있다면 보다 깊고 지속적인 이해를 가능하게 할 뿐만 아니라, 학생들의 수학적 능력과 흥미가 강화될 것이라는 생각을 갖게 되었다. 정리가 너무 어려울 경우에는 보다 쉬운 보조정리로 정리를 분할해야 할 것으로 생각되었다. Moore는 내용의 주요한 흐름을 학생들 스스로 발견하도록 하는 그러한 방법이야말로 학생들을 연구하도록 만들 수 있을 뿐만 아니라, 학생들에게 매력적이기도 할 것이라는 확신을 갖게 되었다. 그가 학생들로 하여금 연구하도록 한다는 자신의 계획을 교수들에게 말했을 때 E.H. Moore의 반응은 다른 교수보다 사려가 깊었으며, 그러한 방법은 장점을 갖고 있을 것이라고 하였다.

신임 강사로서 Moore는 그러한 생각을 자유롭게 실천할 만한 학과를 찾기가 쉽지 않았으나, Pennsylvania 대학에서 특히 기하학 기초론을 가르치면서 비로소 그러한 기회를 가질 수 있었다. 그리고 Texas 대학의 교수직에 임명되면서 그의 강의방법을 기하학 기초론과 위상수학뿐만 아니라 미적분, 고급 미적분, 측도론 등 그의 모든 담당 과목으로 확장하였다. Moore의 지도는 그의 지도를 받은 제자들의 박사학위 취득 이후의 연구 생산성이란 점에서 실로 괄목할 만한 결과를 가져왔다. 1915년부터 1954년까지 미국과 캐나다의 각 대학에서 배출된 이학박사 가운데 생산성 면에서 전국 상위 15%에 속하는 학자들과 그렇지 못한 학자들의 백분율은 U.C.(Berkely), Chicago, Harvard, Princeton 대학이 각각 5%, 8%, 16%, 20%였으나 Texas 대학은 25%였다. 높은 생산성은 높은 자질과 관련되는 것이다.

Moore의 교수방법을 대학원의 위상수학 과정을 예로 들어 살펴보기로 한다. 일정한 분량의 내용을 다루고 그것을 기억시키는 것이 그의 목적은 아니었다. 그는 우선 수강생들의 선정에 유의하였다. 학급을 가능한 한 위상수학에 대한 지식이 없는 동질인 학급을 구성하기 위하여 다른 곳에서 이미 위상수학을 배웠거나 너무 많은 내용을 읽은 학생들은 배제했으며, 경우에 따라서는 그러한 학생들을 위하여 별도의 강의를 하였다. 학생들에게 위상수학 책을 읽지 말고 자기 자신의 능력만을 사용하도록 주의를 주었다. 경쟁은 주요한 추진력의 하나이므로 가능한 한 공정하게 경쟁이 이루어지기를 바랐다. 먼저 공리적 방법에 대한 자신의 견해를 간략하게 언급한 다음,

위상공간의 무정의 용어와 공리를 제시하고 그 의미를 예시하기 위한 한두 가지 보기를 들었다. 그 다음에 그가 집필한 책에 나오는 몇 가지 정의와 정리를 읽어 주고 학생들에게 받아 쓰게 하였다. 그러고 나서 학생들에게 스스로 정리의 증명을 찾아보고, 정리의 전제가 약화되거나 생략되거나 부분적으로 생략될 수 없음을 보이는 예를 만들어 보도록 지시하였다.

그 다음 시간에 학생들에게 정리 1을 증명해 보도록 요구하였다. 처음에는 공리나 이전에 확립된 결과로부터 정리의 결론으로 나아가는 데 단지 한 단계의 추론만이 요구되었다. 과정이 진전되면서 여러 단계의 추론이 요구되고 보조정리의 유용성이 드러나는 어려운 정리가 제시되고, 보다 많은 시간과 사고와 탐구가 필요하게 되었다. 그리고 보다 진전된 과정에서는 학생들에게 그것이 실제적인 연구문제라는 것을 분명히 해 주지 않고 미해결인 문제를 제시하였다. 증명이 제시되면 발표를 시키고 면밀히 검토하게 한 다음 그것을 자세히 쓰도록 요구하였다.

그는 흔히 여러 개의 관련된 정리를 난이도순으로 한 번에 불러 주었다. 학생들의 능력을 파악한 다음부터는 능력의 역순으로, 보다 성공적이지 못한 학생들이 증명을 한 경우에 우선적으로 발표할 기회를 부여하였다. 어떤 학생이 제시된 정리를 증명할 수 있다고 하면 칠판에 그의 증명을 제시하도록 요구했으며, 다른 학생들, 특히 증명을 발견할 수 없었던 학생들은 제시된 증명이 옳고 수긍이 되는지 확인하도록 하였다. Moore는 질문공세를 퍼붓는 것을 단호히 금했는데, 그러한 일은 전체적인 분위기가 논증을 이해하려는 공동의 진지한 노력으로 가득 찼기 때문에 거의 일어나지 않았다. 그는 잘못된 추론이 제시되면 그것을 건설적으로 사용했으며, 제시된 증명의 모든 오류를 들추어 낼 수 있는 비판적 감각이 개발되기를 학생들에게 기대하였다. 그러나 칠판에 기술한 학생의 증명에 결함이 나타날 때 모든 학생들은 그 학생이 증명을 수선하도록 끈기 있게 기다리도록 했으며, 그것이 불가능할 때 그 학생은 자기 자리로 돌아와 앉았다. 그러면 Moore는 그 다음 학생에게 시도해 보도록 요구하거나, 당면한 어려움이 매우 흥미 있는 것이라고 생각되면 다음 시간까지 그 정리를 보류하고 그 다음 정리로 나아갔다. 가끔 미루어 둔 정리가 많이 생겼지만 그 다음 해에 거의 다 증명되었다. 증명에 결함이 드러나면 (정리가 참이라고 하더라도) 모든 학생들이 그 논증에 대한 반례를 찾아보는 시간을 가졌다. 증명이 거듭 실패하면 정리에 대한 반례를 찾는 것이 그 다음 절차가 되었다. 그러한 경험은 수업시간이나 연구활동 이외의 어느 곳에서도 거의 부딪치지 않지만, 그러한 활동은 연구자에게 매우 필요한 것이다.

가끔 Moore는 자신의 정리가 개선되면 그 정리에 관련 학생의 이름을 붙여 '…의 정리'라고 불렀다. 그의 책의 개정판에는 그와 같은 이름이 많이 나왔으며, 어느 경우에는 부록에 어떤 증명과 개념의 기원에 관한 주석을 넣었다. 정리의 개선이 그리 의미 있는 것은 아닐 수도 있지만 '공적인 인정'이 주는 격려는 대단하였다. 그와 동시에 앞에서도 언급했듯이 학생들의 오류를 억제하지 않았으며, 어떤 정리에서는 오류를 범한 경험으로부터 알게 되는 경우도 있었다. Moore는 학생들에게 증명을 발표하기 전에 완전히 써 보도록 고집하여 잘못 출발하는 경우를 줄였으며, 학생들에게 유용한 쓰기연습의 기회를 주었다.

이러한 Moore의 공리적 방법의 사용은 그 내용과 결과가 흔히 대하는 공리적 전개와 달랐다. 공리체계는 성숙한 수학자들에게는 매혹적인 것이며 그들의 통찰을 깊게 해 줄 수 있다. 공리는 고등학교 학생들에게도 이해될 수 있으며, 공리적 접근법이 여러 분야에서 거듭 사용되면 결국 공리의 역할과 수학적 구조의 아름다움과 공리적 접근법의 이점도 파악될 수 있을 것이다. 그러나 Moore의 학생들은 공리만을 제시받고 어떤 모델이나 유익한 예도 제공받지 못한 채 상상과 추측에 의하여 공리로부터의 논리적 추론에 의미를 부여하여 구조의 이해를 창안해 가야 하는 것이다. 이러한 Moore의 방법은 독립적인 자유로운 연구와 자발적인 참가의욕, 독특하고 자신감 있고 자기 주도적이며 의사를 교환하고자 하는 욕구, 자발적인 자주관리 체제와 같은 엄격한 개성을 개발해 주었다. Moore의 표현대로 "가장 적게 강의를 들은 학생이 가장 좋은 가르침을 받는다"는 것이 입증된 것이다. Moore 방법의 본질은 공리적 접근법을 사용하여 학생들에게 수학하는 창조적인 노력의 즐거움과 자신감의 정신을 만들어 주는 것으로, Bourbaki(1950)가 강조하고 있는 유연하고 생산적인 조작적 탐구도구로서의 공리적 접근법이다.

Moore는 교육자가 우월한 지식을 학생들에게 부과하는 것을 금기시하고, 학생들을 연구에 몰입하게 하여 새로운 개인적인 발견에 이르게 하며, 학생 각자가 자신의 페이스로 나아가게 하였다. 강의도 교과서도 유인물도 없고 설명도 없는 탐구중심의 이러한 Moore의 지도방법은 재능이 있는 학생들을 찾아 창조적인 수학자를 만들려고 하는 경험 있는 학자의 흥분을 자아낼 수 있을 것이다. Moore 자신이 그러한 수학자로 수학을 즐기고 수학을 하며 수학을 가르쳤다. 그가 그렇게 성공적으로 학생들을 교육할 수 있었던 것은 그 자신이 개개 학생들이 성실하게 최선의 노력을 하도록 하려면 무엇을 언제 어떻게 해야 할 것인가를 알고 있었기 때문이었다. 학생들을 다루고 격려하고 뒷받침하는 그의 능력과 열성은 최고 수준의 것이었으며, 지도기술이 뛰어나고 학생들을 끄는 인간적인 매력이 있었다. 그는 언어의 엄밀한 사용을 매우 강조했으며, 신문이나 잡지로부터 오려 낸 기사를 갖고 와서 학생들에게 정밀하게 분석해 보도록 요구하였다. 그러한 그의 태도는 학생들의 생활철학에 큰 영향을 미쳤다. 그는 학생들에게 수학이 모든 것을 처리하는 정연한 방식이고 자기시험 방법이며 자기발견 방법인 하나의 삶의 방식이라는 느낌을 주었다. 더구나 그는 육체적인 면에서건 학문적인 면에서건 경쟁을 두려워하지 않았으며, 다른 사람을 고무하여 그 자신의 정신력을 느끼게 하였다. Moore가 훌륭한 교사가 된 공로는 그의 교수법이 아니라 그의 인간됨에 돌려져야 하며, Moore 자신이 아닌 다른 어떤 사람도 Moore 방법으로 가르칠 수 없다고 그의 제자가 말할 정도였다.

학생들은 경쟁을 즐기면서 매일 수학을 만들어 내는 활동을 함으로써 그것이 습관을 형성하게 되고, 스스로 발전하고 있고 수학연구자가 될 준비가 되어 가고 있으며, 자신의 발로 서서 수학을 만드는 데 참가하고 있다는 느낌을 갖게 되었다. 그리하여 학생들은 박사학위를 받고 나서 계속하여 수학을 만들어 내는 활동을 지속할 수 있게 되었다. 대학에 교수직을 얻은 Moore의 제자들은 폭넓은 수학적 지식의 필요성을 느끼게 되어 시야를 넓히기 위한 자기교육에 몇 해를 보내게 되었으며, 새로운 전망을 얻어 가치 있는 창조적인 활동과 교육 및 저술활동, 학회활동 등으로 미국 수학계에 많은 공헌을 하게 되었다.

이러한 교수법에서 가장 분명한 어려움은 학급을 균질화하는 것이다. 만일 경쟁이 평등한 발판 위에서 합리적으로 이루어지지 않는다면 기본적인 학습의욕 중 하나가 약화될 것이다. 분명히 오늘날은 1920년대와 현저히 달라서 이는 거의 불가능하다. 그러나 시간이 흐르면 학생들의 배경적 지식은 균질화되어 가므로 이는 심각한 장애는 아니다. 너무 겁이 많아 칠판에 증명을 제시하지 못하는 학생들을 다루는 문제도 생길 수 있다. 그러한 학생들을 토론으로 이끌어 들이려고 노력하고 그 결과를 칠판에 써 보도록 제안하라. 6개월 정도 지나면 특히 미묘한 논쟁이 가열될 때 그들이 무엇을 하고 있는지도 의식하지 않고 일어나 자신의 생각을 발표하게 될 것이다. 사람들은 흔히 오류, 특히 공개적인 오류에 당황하는 경향이 있는바 비판을 조롱으로 느끼게 만들지 않도록 주의해야 한다. 연구활동에 종사하는 수학자들은 오류를 범하는 데 너무 익숙하여 젊은 학생들이 겪는 고통을 잊는 경향이 있다.

그런데 여기서 학생들에게 수학책을 읽히는 심각한 문제가 발생하게 된다. 학생들이 몇 개월 동안 자력으로 증명을 연구하게 되면 수학책을 읽게 하기가 매우 어려워진다. 학생들은 책을 읽고 이해하려고 하기보다 스스로 증명해 보고자 할 것이다. 그러나 짧은 기간에 풍부한 수학적 교양을 얻으려면 어느 정도 시간이 흐른 다음에 일정한 기간을 할애하여 자력으로 수학책을 읽어 나아가도록 하는 것이 반드시 필요하다. 그보다도 이러한 교수법의 가장 어려운 측면은 교육자가 인내심을 가져야 한다는 점이다. 교육자는 학생을 연구하도록 교육하는 것, 학생들의 수학적 능력을 개발하는 것이 단지 지식을 전달하는 것보다 훨씬 더 중요하다는 신념에서 비롯된 인내심을 갖고 있어야 한다. 교육자는 학생을 도와주려는 충동을 억제해야 하며, '분명한 것' 도 지적해서는 안 된다. 비록 분명한 것일지라도 그것이 분명해지기 전에는 얼마나 어려운가를 우리 모두 잘 알고 있다. 교육자는 학생들의 정신적인 화학반응이 일어나도록 기꺼이 기다려야 한다. 학생들이 결국 몇 가지 아이디어를 바르게 조합하는 방법을 알게 될 때 교육자는 보상을 받았다고 느끼면 된다. 학생이 제시한 증경은 비록 그것이 세련되지 못한 것일지라도 그를 만족시켜야 한다. 우아한 증명을 이따금씩 보여주거나 전연 보여주지 않는 것이 좋을 것이다. 우아한 증명을 보여주면 학생의 마음 가운데에서 학생 자신의 것인 세련되지 못한 증명을 추방하게 되고 그러한 우아한 방법이 적용되지 않는 곳에서 그것을 거듭 회상하려고 함으로써, 비록 세련되지는 못한 것이지만 학생 자신의 방법이 적용될 수 있는 기회가 사라져 버리는 것이다. 사고의 표현과 명료화의 문제는 학생 자신의 힘으로 점진적으로 달성되어야 한다.

아무도 정리를 증명하지 못할 때 어떻게 할 것인가 하는 어려운 문제도 제기된다. 물론 새로운 내용을 도입하여 동기유발을 시키고 적합한 예를 구성해 보게 할 수도 있으나, 이런 방법을 너무 자주 취하면 미해결 문제가 너무 많아져 어수선하게 되고 학생들이 집중적으로 문제에 몰입할 수 없게 된다. 학생들의 능력을 고려하여 정리를 접근 가능한 보조정리로 분할하거나, 결론을 약화시키거나 가정을 강화시키는 방식으로 문제를 변경할 수 있는 준비를 하는 것이 좋을 것이다. 주제와 좀 벗어나지만 유용한 내용이나 수학사 또는 증명된 정리와 관련된 간단히 해결할 수 있는 응용문제를 다룰 수도 있을 것이며, 곧 다루게 될 정리에 유용한 관념을 여러 가지 예와 관련시켜 암묵적으로 도입함으로써 후에 학생들이 그 정리를 증명할 때 자발적으로 그러한 관념을 이용하도록 할 수도 있을 것이다. 중요한 것은 학생들이 도전할 수 있는 문제를 잇달아 제공함으로써 문제를 해결하는 능력과 욕구가 풀이와 더불어 증대되도록 하는 것이다.

학생들의 수학적 능력을 개발하는 데 도움이 될 수 있다고 생각되는 자신의 방안을 가미하여 Moore의 교수법을 변경할 수도 있을 것이다. 윤번제로 몇 명의 학생에게 서기 역할을 맡겨 전체 학생들을 위한 기록을 하도록 하는 방안, 거짓인 명제를 제시하고 예나 반례를 들도록 요구하는 방안, 정리를 학생들에게 제기하도록 요구하는 방안 등을 융통성 있게 사용할 수 있을 것이다. 이러한 지도방법에 확신을 갖고 6개월 정도 실천하면, 처음에는 증명한다는 것을 생각도 해 보지 못했기 때문에 어찌할 바를 몰랐던 학생들이 제시되는 거의 모든 문제를 해결할 수 있는 정도까지 발전할 수도 있을 것이다.

Moore의 제자들은 Moore 방법의 생산적인 부분을 찾아내어 사용하려고 노력했으며, 그 방법을 다른 수학자들에게 소개하고 또한 그 방법을 수정하여 부분적으로 책을 읽히고 강의를 하는 등의 방식을 적용해 보고자 시도하였다. 대부분의 과정에서 가르치는 지식은 위대한 사고가가 발견하는 데에도 오랜 세월이 걸린 것인데, 학생들이 한두 학기에 발견하기를 기대할 수는 없으며, 더욱이 각 과정에 포함된 내용은 최소한의 것으로 더 줄여서는 안 된다는 반론이 제기될 수 있다. 그러나 학생들은 들은 것보다 스스로 발견한 것을 보다 잘 이해하고 더 오래 기억하며, 다른 사람에게 이야기할 때 아이디어를 보다 철저하게 파악하게 되며, 효과적인 쓰기와 명료한 사고는 밀접히 관련되어 있다는 기본적인 생각을 바탕으로, 그들은 학습할 내용을 일련의 과제로 나누어 각 소집단에 분배하여 연구하게 하고 결과를 정리하여 전체 학생들 앞에서 발표하게 하는 소집단 탐구학습 형태의 수정된 Moore 방법으로 수학을 가르치려는 시도를 하였다. 또한 미국 수학협회(The Mathematical Association of America)의 후원을 받아 수학교사 재교육 프로그램에서 Moore 방법을 시범하려는 노력이 이루어졌다. E.E. Moise는 Harvard 대학에서 Moore 방법을 반영한 교사교육 프로그램을 운영했으며, Wisconsin 대학 교육대학원에서 Moore 방법에 대한 상당한 연구가 이루어졌다. Moore식의 수학 학습-지도 방법은 '수학을 하는 것을 가르치는' 보람과 만족을 교육자에게 가져다 줌으로써 참으로 살아 있는 수학교육을 지속적으로 할 수 있는 열의를 유지시켜 줄 것이다.

2) Bruner의 발견방법

(1) 교수이론과 EIS 이론

Bruner는 《교수이론을 향하여》(1968)에서 교수이론의 성격에 대하여 논의하면서 학교수학과 관련지워 그것을 예시하고 있으며, 또한 이와 별도로 수학 학습-지도에 대한 자신의 견해를 밝히고 있다(Bruner, 1960). 여기서는 먼저 구조의 조기교육을 뒷받침하기 위한 EIS 이론을 중심으로 교수이론에 대한 그의 서설적 논의를 살펴보기로 한다.

Bruner는 교수이론의 주요한 구성요소로 학습성향, 지식의 구조와 표현양식, 효과적인 학습자료 제시순서, 보상과 처벌의 특성과 조정방식의 문제 등을 들고 있다. 교수이론은 지식과 기능을 획득시키는 효과적인 방법에 관한 규칙을 제시하는 처방적이고 규범적인 이론이며, 학습과 발달에 대한 심리학의 이론과 조화되어야 한다. 교수이론은 학습자에게 학습에 대한 성향을 효과적으로 불어넣는 경험을 구체화해야 하며, 지식이 학습자에 의하여 쉽게 파악될 수 있도록 구조화하는 방식을 구체화해야 한다. 그리고 교수이론은 학습될 자료를 제시하는 가장 효과적인 계열을 구체화해야 하며, 학습-지도 과정에서의 보상과 처벌의 본질을 구체화해야 한다. 학습이 진전됨에 따라 교사의 칭찬과 같은 외적인 보상으로부터 어려운 문제를 스스로 해결하는 데 내재된 내적인 보상으로, 수행에 대한 즉각적인 보상에서 거치 보상으로 이행해야 하며, 그 시기가 매우 중요하다.

학습에 대한 태도와 욕구에 영향을 미치는 문화적 요인과 동기유발 요인 및 개인적 요인은 학습성향의 형성에서 매우 중요한 요인이다. 교사의 학습자에 대한 권위적인 관계 역시 학습자의 학습의 본질에 대한 인식과 독립적인 태도의 개발, 학습자가 그의 능력을 신뢰하는 정도 등에 많은 영향을 미친다. 학습-지도는 학습자의 대안 탐구를 촉진하고 조정해야 한다. 대안의 탐구에는 탐구의 활성화, 유지, 지향성의 세 측면이 있다. 탐구를 활성화하는 주요조건은 적절한 불확실성이 존재하는 것이다. 호기심은 불확실성과 모호함에 대한 반응이다. 그러나 너무 불확실한 것은 혼동과 불안을 야기할 것이다. 탐구가 지속되려면 탐구로부터 얻는 소득이 위험보다 커야 하며, 탐구가 방향성을 갖게 하려면 학습자가 과제의 목표와 탐구된 대안의 목표 성취에의 적절성을 인지하도록 해야 한다.

지식의 구조를 강조하는 1960년대의 학문중심 교육과정의 사조는 Bruner의 저서 《교육의 과정》(1963) 가운데에 나오는 구조, 발견, 학습의 준비성,

직관적 사고와 같은 핵심어 가운데 잘 표현되어 있다. 이 사조는 각 학문 분야는 그 학문의 독특한 기본적인 구조, 곧 기본적인 개념이나 원리 및 탐구 방법을 가지고 있으며 학교 교육과정은 그것을 중심으로 하여 조직되어야 한다는 것이다. 그리고 학습의 준비성과 조기교육의 가능성은 "어떤 교과 내용이든 어떤 발달단계에 있는 어떤 아동에게든 어떤 지적으로 정직한 형태로 효과적으로 지도할 수 있다"는 그의 유명한 가정으로 대변되어 왔다. 이는 각 교과의 교육에서는 관련 학문의 구조, 곧 기본적인 아이디어를 다루어야 하며, 그러한 기본적인 아이디어는 학문적인 표현방식으로 표현하는 것이 아니라, 아동의 사고양식에 맞게 적절한 표현수단으로 재구성하여 제시하면 초등학교 단계의 아동들에게도 지도할 수 있다는 주장이다.

여기서 고려해야 할 것은 '지도할 수 있다'는 말의 의미로, 이는 그 전제가 되는 표현양식의 문제와 함께 소위 '나선형 교육과정'의 원리를 바탕으로 한 것이다. Bruner(1963, p. 13)는 다음과 같이 말하고 있다.

> 자연과학, 수학, 사회학, 문학에 대한 초기교육은 이러한 교과가 양심적인 지적 정직성을 가지고, 그러나 아이디어의 직관적인 파악과 그러한 기본적인 아이디어의 사용을 강조하여 지도되도록 기도되어야 한다. 교육과정은 그 전개과정에서 학생이 그에 대한 완전한 형식적인 장치를 파악할 때까지 되돌아와야 하며, 그 기본개념 위에 건설되어야 한다.

학문의 기본적인 개념의 지도는 마지막의 결론적인 취급이 가능하다고 여겨질 때까지 연기되어서는 안 되며, 그 이전 단계에서 보다 직관적인 형태로 도입되어야 하며, 점차 학습이 진전되어 감에 따라 다시 되돌아와 배운 것을 보다 심화 · 확대하여 점차적으로 강력한 개념으로 재구성해 나아갈 수 있도록 해야 한다는 것이다. 그리고 이는 초기의 학습이 충실하면 할수록 보다 쉽게 이루어진다고 보는 것이다.

위에서 언급한 Bruner의 주장에 따르면, 어떤 지식이든 어떤 학습자라도 이해할 수 있도록 적절한 형태로 제시될 수 있다. 지식의 구조는 그것을 이해하는 학습자의 능력에 영향을 미치는 표현양식과 그 경제성 및 효력으로 특징지워지며, 이는 학습자의 연령과 학습양식 및 교과내용에 따라 변한다. 어느 분야의 지식이든 어떤 문제이든 적절한 일련의 행동에 의하여(행동적 표현, enactive representation), 어떤 개념을 완전히 정의하지는 않지만 그것을 나타내는 일단의 대략적인 이미지나 그림에 의하여(영상적 표현, iconic representation), 명제를 형성하고 변형하는 규칙과 법칙에 의하여 지배되는 어떤 상징체계로부터 이끌어 낸 일단의 상징적 혹은 논리적 명제에 의하여(상징적 표현, symbolic representation) 세 가지 방식으로 표현될 수 있다. 이를테면 어린 아동은 저울대의 '원리'에 근거하여 명백하게 행동할 수 있으며 스스로 시소를 조종할 수 있다. 말하자면 그는 자기 쪽을 더 내려가게 하려면 받침대로부터 더 멀리 굴러나야 한다는 것을 알고 있다. 좀 더 나이가 든 아동은 고리를 걸어 균형을 잡을 수 있는 모형이나 그림으로 저울대를 표현할 수 있다. 저울대의 '이미지'는 여러 가지로 세련될 수 있다. 마지막으로 저울대는 도해를 하지 않고 일상어로 기술될 수 있으며 수학적으로 기술될 수 있다. 행동, 그림, 기호 표현은 연령, 배경, 학습양식에 따라 그 어려움과 유용성이 변한다.

이것이 소위 EIS 이론이다. 이는 제8장에서 논의하겠지만, 1951년 Piaget의 제자인 Aebli가 행동의 내면화를 촉진하기 위한 전략으로 도입한 것으로 Genéve 학파의 착상으로 볼 수 있는 것이다. 학문의 기본적인 아이디어를 그 본질을 손상시키지 않으면서 아동의 지적 능력에 따라 구체적인 활동적 양식으로 제시할 수도 있고 시각적 표현이나 추상적인 기호적 표현으로 제시할 수도 있다는 것으로, 이러한 입장에서 보면 학습의 준비성의 개념은 소멸되고, 아동의 능력에 맞추어 교재를 번역하여 제시하는 문제가 교육의 근본문제로 대두되게 된다. Piaget에 따르면 어린 아동은 사물을 그에 대한 행동을 통하여 인식하게 되며, 초등학교 단계인 구체적 조작단계까지 인지발달에서 행동은 결정적인 역할을 하며 구체적 대상과 결부된 행동이 내면화된 구체적 조작이 구성되게 된다. 따라서 초등학교 단계에서는 활동적 표현이 필수적으로 요구되며, 그 이상의 단계에서도 매듭 짓는 행동을 통하여 매듭짓기를 알게 되는 것처럼 행동은 사고발달에 중요한 역할을 한다. 어린 아동의 경우에 이미지는 자기중심적이고 불안정하며, 일반적으로 이미지는 정적인 사고의 단면에 불과하지만, 사고발달에 있어서 이미지의 형성은 그 나름의 중요한 역할을 한다. 그리고 도형을 나타내는 그림, 數圖, Venn 다이어그램, 통계적인 그래프, 함수의 그래프, 대응도, 수형도, flow chart, 여러 가지 도해 등과 같은 그림 표현은 일종의 기하학적 언어로, 관련된 요소의 공간적인 동시적 표현이 가능하여 사고를 요약해 주고 문제해결 과정에서 사고를 돕는 등 매우 중요한 수학적 사고수단이 된다. Bruner는 이를 영상적 표현이라고 부르고 있는데, 이는 학교수학뿐만 아니라 모든 수준의 수학적 사고에서 매우 중요한 역할을 한다. 상징적 표현은 모국어의 발달과 더불어 발달되기 시작하며 추상적인 개념, 원리, 법칙을 나타내는 문장이나 수식, 여러 가지 기호, 특히 문자변수는 수학적 사고에 필수불가결한 언어이다. 여러 가지로 표현될 수 있는 지식은 유연성이 크고 문제해결 능력을 높여 주므로, 학습내용을 여러 가지로 바꾸어 표현하는 능력을 길러 주어야 할 것이다. 이를테면, 행동적 표현을 해 보게 하거나 그림으로 나타내어 보게 하고, 말로 설명해 보고 기호로 나타내어 보게 하는 방법을 생각해 볼 수 있다.

지식의 구조의 학습은 그 표현양식과 함께 그 경제성과 생성력에 따라 영향을 받는다. 어떤 지식 영역을 표현하는 데 있어서의 경제성은 그것을 이해하기 위하여 기억하고 처리해야 하는 정보의 양과 관련된다. 어떤 것을 이해하거나 어떤 문제를 처리하기 위하여 많은 정보를 가지고 있을수록 정보를 처리하는 데 더 많은 단계를 거쳐야 하며 더욱 비경제적이 된다. 이를테면 자유낙하운동의 특성은 서로 다른 중력장에서 여러 가지 거리를 낙하한 여러 가지 물체에 대한 광범한 관찰결과를 정리한 도표보다 공식 $S=\frac{1}{2}gt^2$으로 요약하는 것이 더 경제적이다. 요구되는 정보처리의 양인 경제성은 표현양식에 따라 변하지만, 또한 자료가 제시되는 계열이나 자료가 학습되는 방식의 함수이다. 한편, 특정한 학습자를 위하여 어떤 영역의 지식을 구조화하는 특정한 방식의 효력이란 학습된 명제의 생성력을 말한다. 아동에게 '철수는 순이보다 키가 크고, 영이는 순이보다 키가 작다' 고 말하면 흔히 아동은 철수는 영이보다 큰지 어떤지 말하지 못한다. 이는 이 문장의 생성력이 적기 때문이다. 학습자가 이러한 질문에 보다 잘 대답할 수 있게 하는 방법은 추이율에 따르도록 표현하는 것이다. 곧 '철수는 순이보다 키가 크고 순이는 영이보다 키가 크다'고 표현하면 철수는 영이보다 키가 큰지 어떤지를 판단하는 데 보다 큰 생성적인 힘을 갖는다. 교재를 구조화하는 방식의 효력은 그 교과의 내재적인 논리의 생성력을 초월하지 못하며, 교과의 진정한 이해는 그 구조를 파악하는 이상이 될 수 없다. 구조가 경제적이지만 힘이 없을 수 있음은 분명하지만, 강한 구조화가 비경제적인 경우는 드물다. 자연이 이해될 수 있는 것은 합리적으로 단순화될 수 있을 때뿐이다. 표현의 힘은 표면상 전연 무관한 것을 학습자가 연결하게 하는 그 힘으로 기술될 수도 있으며, 이는 특히 수학 학습-지도에서 결정적인 것이다.

이해나 탐구활동은 학습될 자료제시 순서에 필연적으로 영향을 받는다. 최적의 자료제시 순서는 과거의 학습, 발달단계, 자료의 성질, 개인차 등을 포함하는 다양한 요인에 좌우된다. 통상적인 지적 발달과정은 활동적 표현으로부터 영상적 표현을 거쳐 상징적 표현으로 나아가는 것이 사실이라면 최적의 계열은 같은 방향일 듯하다. 학습자가 잘 개발된 상징체계를 가지고 있으면 처음 두 단계를 우회하는 것이 가능할 수도 있지만, 학습자가 문제해결에서 목표를 달성하는 데 실패했을 때 의지할 심상을 소유하지 못할 위험성이 있다. 학습속도, 망각에의 저항력, 전이 가능성, 표현형식, 학습된 것의 경제성과 효력 등과 같은 준거와 무관하게 자료제시 순서가 규정될 수는 없다.

학습결과의 인식은 학습자가 결과에 대한 교정정보를 받는 시간과 장소에 따라, 그러한 교정정보가 사용될 수 있는 조건에 따라, 교정정보가 수용되는 형식에 따라 유용하거나 그렇지 않을 수 있다. 학습결과에 대한 지식은 문제해결자가 수행결과를 그가 달성하고자 하는 목표와 비교하여 확인하는 시점에서 주어져야 하며, 학습자가 지나친 정서적 불안감에 사로잡혀 있을 때 주어서는 안 된다. 결과에 대한 인식이 유용하려면 그의 특정한 행동이 성공을 가져왔는가 어떤가뿐만 아니라 그 행동이 달성하고자 하는 목표의 위계를 따라서 나아가고 있는지 어떤지에 대한 정보도 제공해야 한다. 흔히 학습자는 자신의 행동이 수행되었는지는 말할 수 있지만, 그것이 목표를 향하고 있는지 어떤지는 말할 수 없다. 교사가 특별한 역할을 하는 곳이 여기이다. Polya가 기술하고 있는 '발견술'의 기본법칙 가운데에 문제 전반을 개관하는 것을 다루고 있다는 것은 흥미롭다.

교수활동은 학습자에게 그의 노력의 적절성에 대한 정보를 제공해야 한다. 교수활동은 결국 끝나게 되므로, 학습자는 그 자신의 행위에 대한 그러한 고차적인 안목을 개발해야 한다. 그리고 학습자는 그가 이해하지 못했음을 인지하는 것을 학습하고 도움을 받을 수 있도록 교사에게 알리는 것을 학습할 필요가 있다. 이해하지 못했음을 알리는 것은 자기신호가 되고 일시적인 정지명령과 대등하게 된다. 정보를 바르게 사용하는 문제해결자의 능력은 내적인 기능이며 변하는 것이다. 정보가 거의 유용하지 않은 상태는 강한 충동과 불안의 상태이거나, 문제해결자가 실제로 교정정보를 오로지 잘못된 단일가설을 평가하는 데에만 사용하는 '기능적 고착' 상태이다. 그러한 상태에서는 문제해결을 거의 할 수 없게 되며, 교수활동은 거의 치료에 가깝게 된다. 문제가 너무 어려울 때에는 문제를 외면하라는 권고와 같은 치료법과 같은 충고를 찾아볼 수 있다. 정보가 효과적으로 사용되려면 문제해결을 시도하는 학습자의 방식으로 번역되어야 한다. 그러한 번역 가능성이 없으면 정보는 쓸모없는 것이 된다. 그리고 개념을 이해하려고 시도하는 사람에게 '부정적 정보'는 논리적으로는 유용하지만 심리학적으로는 도움이 되지 않는다. 학습이나 문제해결이 어떤 표현양식으로 진행되면 교정정보도 같은 양식으로 제공되거나 그것으로 번역되어 제공되어야 한다. 학습자의 정보처리 능력을 초월하는 교정정보는 분명히 낭비이다. 지도는 잠정적인 것이며 학습자나 문제해결자가 자급자족할 수 있게 만드는 것을 목적으로 한다. 교사는 학습자가 교정기능을 스스로 접수해 가도록 학습자를 교정해야 한다.

(2) 발견 학습-지도 방법

Bruner는 수학학습의 본질에 대하여 다음과 같은 견해를 밝히고 있다. 수학은 문제의 가장 심오한 성질과 여러 가지 문제의 공통구조를 연구하는 분야이다. 수학 학습-지도 방법에는 두 가지가 있는데, 하나는 경험적인 문제해결의 이면에 있는 추상적인 성질을 발견하게 하는 방법이고, 다른 하나의 보다 더 통상적인 학습-지도 방법은 수학 자체를 직접 다루는 방법이다. 이와 관련하여 Bruner는 발견의 역할, 직관, 번역, 준비성의 문제에 대하여 다음과 같이 논의하고 있다.

수학교사들은 대체로 학생들을 도와 수학적인 아이디어를 스스로 발견하게 할 수 있으며, 각기 학생의 발견을 자극하는 자신들의 방책과 접근법을 구사한다. 발견은 발견된 산물로서 정의하기보다 활동과정으로 정의하는 것이 보다 나을 것이며, 발견방법의 주요한 장점은 그러한 활동과정 혹은 그러한 태도를 격려하고 개발한다는 것이다. 발견과 문제해결에는 언어학습에서의 청취자의 접근법과 대화자의 접근법에 비유될 수 있는 두 가지 유형의 태도가 있다. 전자는 들어오는 순서로 정보를 수용하고 그 문맥 내에서 패턴을 분간하려는 노력을 하는 수동적인 입장이며, 후자는 보다 적극적으로 대화내용의 순서를 정하고 정보를 조직하여 말하며 청취자를 참여시키기까지 하는 능동적인 입장이다. 문제를 해결하고자 할 때 어떤 아동들은 경험에 비추어 답이나 적어도 어떤 암시를 찾기를 기대하며 청취자로서 수동적으로 문제에 접근하는 반면, 어떤 아동들은 정보의 순서와 활동의 목적을 결정하면서 대화자로서 문제해결에 접근한다. 또한 어떤 사람은 자신의 아이디어에 더 관심이 있고 어떤 사람은 자연현상에 더 관심이 있다. Piaget가 지적한 바와 같이 동화와 조절기능의 균형은 효과적인 인지작용을 위하여 필수적인 것이다. 발견적 접근법이 중요하다고 생각하는 것은 이러한 균형의 유지에 관심이 있기 때문이다. 지나치게 수동적인 학습방법인 청취자의 태도는 재배열, 본질을 드러내기, 단순화 등과 같은 능동적인 활동을 요구하는 수학적 조작과 맞지 않는다. 발견적 접근법을 강조하는 또 다른 이유는 발견은 그 성취와 함께 탐구활동에 고유한 보상을 내포한다는 점이다. 발견의 강조가 학습과 사고에 대한 보다 더 활동적인 접근을 가능하게 한다면 현실적인 어려움과 기술적인 문제는 극복할 가치가 있는 것이다.

자신이 다루고 있는 것이 무엇인지에 대한 어떤 직관적인 이해도 없이 수를 기계적으로 다루는 아동들이 있다. 명칭을 부여하기 전에 개념을 직관적으로 인식하게 해야 한다. 직관은 분석적 사고를 거치지 않고 문제의 의미와 구조를 파악하고 가설을 제기하고 증명법을 발견하는 것이다. 직관은 구체화된 아이디어를 직감하는 것이며, 외계에 대한 자신의 내면화된 모델을 구성하는 것이다. 아동들은 여러 가지 수학적 원리에 의하여 지배되는 세계에 대한 직관적인 모델을 갖고 있으며, 그에 대하여 이야기할 수 없지만, 그를 바탕으로 여러 가지 것을 할 수 있다. 예를 들어, 양의 보존, 결합법칙, 가역성, 일대일 대응 등이 그러한 것이다. 그러한 아동들에게 우리는 어른의 방식대로 수학은 논리적인 학문이고 규칙을 가지고 있다는 것을 전달하며 알고리즘을 가르친다. 더욱 나쁜 것은 아동들에게 수학적 언어와 수학의 마지막 산물인 형식의 조숙한 사용을 하도록 하는 것이며, 이는 수학이 아동들 자신이 이미 알고 있는 것이 아닌 새로운 것이라고 생각하게 만든다. 이러한 형식주의 교육은 아동 자신이 수학을 생각해 왔다는 것을 인식하지 못하게 함으로써 수학적 사고를 수행하는 아동 자신의 능력에 대한 신뢰를 제거시키는 결과를 가져오고 있다. 아동들에게 그의 자연스럽고 직관적인 사고방법을 사용하도록 허용하고 그렇게 하도록 격려하는 것이 중요하다. 우리는 수학교육에서 직관적 사고를 금하는 습관을 버려야 한다.

수학적인 내용을 학생들에게 이해시키고자 할 때, 구조의 문제, 계열의 문제, 구체화의 문제가 제기된다. 어떤 것을 이해했다는 것은 관련된 여러 가지 예의 바탕에 놓여 있는 구조를 깨달았다는 것이다. 우리의 지식은 대부분 복잡한 함의를 갖는 단순한 구조를 이루고 있으며, 관찰결과의 규칙성으로부터 이끌어 낸 간접적인 것이다. 그러한 구조에 대한 우리의 이해를 다른 사람에게 전달하고자 할 때에는, 그 사람이 같은 것을 설명하려고 시도한다면 구사할 수 있는 언어와 아이디어, 우리의 관념을 적절히 포함하고 있으며 엄밀성을 너무 소실시키지 않고 그것을 전달해 주는 동형인 표현을 발견하는 문제에 당면하게 된다. 그리고 개념의 이해에는 순서가 있으므로 지도계열의 문제가 생긴다. 이를테면, '대소 비교 → 계열화 → 추이성 이해'와 같은 순서가 필요한 것이다. 또한 추상적인 개념의 구체화의 문제가 제기된다. 여기서 학습-지도와 교육과정 구성과 관련된 두 가지 실제적인 문제, 곧 교육과정의 계열과 교구의 문제에 당면하게 된다. 이는 소위 나선형 교육과정과 관련된다. 아이디어는 조기에 직관적인 동형인 형태로 제시되며, 후에 보다 정확하고 강력하게 되돌아와 결국 관련된 지식체를 마스터할 때까지 더욱 개발되고 확장된다. 따라서 여러 수준의 아동들이 여러 가지 수학적 개념을 직관적으로 파악하고자 할 때 사용하는 언어에 대한 연구를 바탕으로 하여 수학을 번역하여 제시해야 할 것이다. 수학적 아이디어와 아동이 그러한 아이디어를 이해하는 방식 사이의 간격을 연결시키는 방안을 고안하는데 심리학적 연구가 도움을 줄 수 있을 것이지만, 지금까지의 심리학적인 연구는 그러한 복잡한 학습과 관련된 문제에 대하여 거의 기여한 바가 없다.

미국 학술원의 과학 교육과정에 관한 Woods Hole 회의의 결론 가운데 하나는, 어떤 교과든지 어떤 발달단계에 있는 어떤 아동에게든 지적으로 정직한 어떤 형태로 가르칠 수 있다는 것이었다. 대체적인 증거는 이를 뒷받침하며 직관과 번역에 관한 앞의 논의 역시 이를 뒷받침한다. 학습의 준비성은 성숙보다 아동들의 언어와 개념으로 번역하려는 교육자의 의도와 기능에 좌우된다. 어느 수준에서의 지식교육이건 적용 범위와 깊이라는 두 이상 사이의 이율배반의 문제가 있다. 증가속도와 양의 증대에서 지식이 폭발하는 이 시대에 개인이 대처할 수 있는 길은 지식의 관련성을 파악하는 것이다. 알 가치가 있는 지식은 어떤 것인가? 즐거움을 주고, 그 내부에 일반화의 기초를 포함하고 있어서 주어진 정보를 초월하여 지적 여행을 할 수 있고, 유용한 지식인가 하는 점이 그 준거가 될 수 있을 것이다. 이러한 입장에서 보면 적용범위보다 깊이와 계속성을 우선시켜야 할 것이다. 지식인은 어떤 탐구분야의 지식의 본질에 대한 감을 소유해야 하며, 관련성이란 면에서 그 분야를 알아야 하며, 그 지식이 획득되는 방법에 대한 느낌을 갖고 있어야 한다. 그렇게 되려면 그 내용에 대한 원시적인 미약한 이해로부터 보다 세련되고 강력한 이해단계에 이르는 사고경험을 직접 하도록 해야 한다. 그것은 아주 단순하고 약한 형태로 왜곡되지 않게 일찍 도입될 수 있으며, 거듭 논의되어야 한다. 인간의 지적인 생활에서 가장 기본적인 즐거움을 주는 사고과정은 놀라움과 복잡성을 예언 가능성과 단순성으로 환원하는 것이다. 가장 중요한 중심적인 주제는 학습자 자신의 지식에 대한 이해감각의 증대이며, 이는 지식에 대한 즐거움을 생성한다.

발견을 강조함으로써 자극할 수 있는 능동적인 태도, 직관의 강조, 지식을 아동들의 사고형식으로 번역하기 위한 노력으로 교육과정을 구성해야 한다. 그러한 교육과정은 계속성과 깊이를 가지며 알 가치가 있는 강력한 아이디어와 개념에 대한 이해의 증대감을 줌으로써, 궁극적으로 세계를 보다 더 잘 예측할 수 있고 덜 복잡하게 만드는 즐거움을 주기 때문에 보답을 받게 된다.

다음은 8세 아동 4명을 대상으로 Dienes가 지도한 실험수업에 대한 관찰결과이다. 여기서 아동들은 독립성과 자기 페이스 및 반성을 매우 강조하는 접근법에 대하여 특별한 훈련을 받았다. 먼저 여러 가지 종류의 구체물을 이용한 구성활동을 통하여 수학적 아이디어를 인식하게 한다. 그리고 구성된 형태로 수학적 아이디어에 대한 지각적 이미지를 형성하도록 안내한다. 그 다음에 그가 구성한 것을 기술하기 위한 기법을 개발하도록 인도한다. 그리고 그가 다룬 아이디어와 수학적으로 동형인 구체화를 다른 자료로 다른 외관을 가진 것으로 구성하도록 안내한다. 그리고 아동에게 앞에서 다룬 것과의 관련성을 발견할 기회를 주고, 앞에서 사용한 기호체계를 확장하도록 한다. 이러한 내용과 학습-지도 상황은 초등학교 3학년의 전형적인 수학교실과는 전연 다르지만, 여기서 관심을 갖고 있는 것은 수학학습에 내포된 사고과정이며, 여기서 아동들에게 일어나는 사고과정은 8세 아동들에게 아주 통상적인 것이라고 가정하는 것은 매우 합리적이라고 Bruner는 생각하였다.

처음 과제는 일정한 개수의 정육면체 모형을 직사각형이나 직육면체 형태로 배열하는 여러 가지 가능한 방법을 알아보게 하고 이를 기록하게 하여 수의 인수분해 아이디어를 파악하게 하려는 것이었다. 그 다음에 저울대의 한쪽에 이를테면 9의 눈금에 한 개의 고리를 놓았을 때 저울대의 다른 쪽에 여러 가지로 고리를 놓는 가능한 방법을 찾아보게 하는 저울대의 균형문제를 다루어 인수분해 아이디어를 더욱 깊게 하고자 하였다. 이 문제는 앞의 문제와 동형이지만 다른 외양으로 구체화되어 있어 흥미를 자극할 수 있다.

다음 과제는 나무판을 이용하여 여러 가지 크기의 정사각형 모형을 구성하게 하여 이차식의 완전제곱꼴의 인수분해의 규칙을 발견하게 하려는 것이다(Bruner, 1968, pp. 59-64). 나무판의 종류는 그림 6-1과 같이 변의 길이가 알려져 있지 않은 x×x 정사각형 나무판, 변의 길이가 1×x인 직사각형 나무판, 변의 길이가 1×1인 정사각형 나무판의 세 가지 종류이다. 아동들 각자에게 이러한 나무판을 여러 개씩 주고 그것을 갖고 놀 기회를 충분히 주어 친밀감을 갖게 한 다음에, 이러한 나무판을 마음대로 사용하여 x×x 정사각형보다 큰 정사각형을 만들어 보도록 한다. 학생들은 그림 6-2와 같은 여러 가지 정사각형을 쉽게 만들 수 있다. 그 다음에 아동들에게 자기들이 만든 것을 표현해 보도록 요구한다. 그리고 각각의 정사각형을 만드는 데 필요한 나무판의 수를 기록해 보도록 하고, 정사각형 나무판을 x□로, 직사각형 나무판을 1x 곧 간단히 x로, 작은 정사각형을 간단히 1로 나타내도록 하면, 아동들은 구성한 정사각형을 이를테면 x□+4x+4와 같이 나타낼 수 있게 된다. 그리고 각 정사각형의 변의 길이에 주목하도록 하면, 이를테면 (x+2)□와 같이 나타낼 수 있게 된다. 따라서

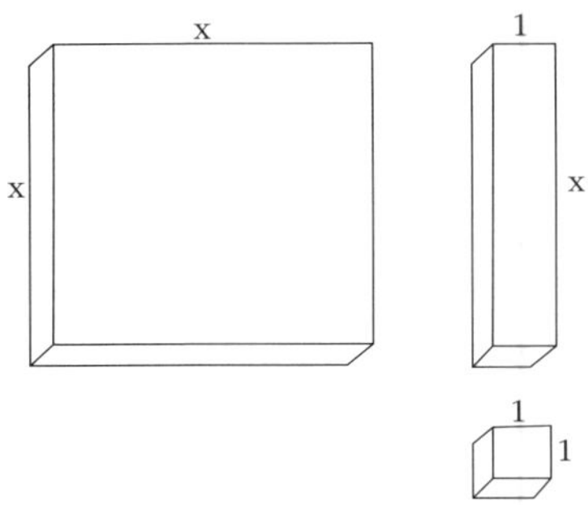

그림 6-1.

$$(x+2)^{\square} = x^{\square} + 4x + 4$$

와 같은 등식을 쓸 수 있게 되며, 구성한 정사각형 모형을 번역할 수 있는 기호체계를 갖게 된다. 결국 다음과 같은 구성결과를 얻게 된다.

$$x^{\square} + 2x + 1 = (x+1)^2$$
$$x^{\square} + 4x + 4 = (x+2)^2$$
$$x^{\square} + 6x + 9 = (x+3)^2$$
$$x^{\square} + 8x + 16 = (x+4)^2$$

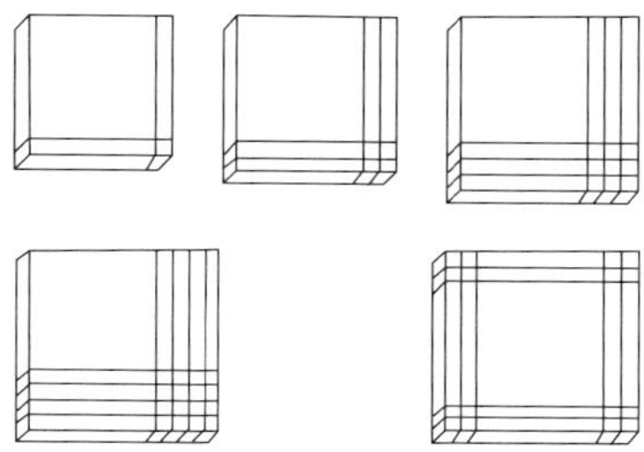

그림 6-2.

여기서 아동들은 패턴이 있음을 인식할 것이며, Socrates식의 질문을 하여 발견을 유도할 수 있다. 아동들이 처음에 실마리를 잡을 수 없다고 하더라도 어떤 패턴이 있다는 것을 느끼고 그것을 발견하려고 시도할 것이며, 좌변의 x의 계수 2, 4, 6, 8과 상수항 1, 4, 9, 16 및 우변의 상수항 1, 2, 3, 4에 주목하고 규칙성을 발견하지 않을 수 없게 된다. 기호의 규칙성에 대한 통찰은 관련된 자료에 대한 지각적-조작적 통찰과 대응된다.

그 다음에 구성된 기호체계에 대한 새로운 조작이 발생한다. 어떤 아동들은 $(x+2)^2$을 새로운 방법으로 재구성한다. 아동들은 그림 6-3과 같이 같은 나무판으로 전연 다른 모양을 만들 수 있으며, 이는 다른 기호표현을 갖는다는 것을 알게 된다. 수학적 성질을 다룰 때에는 기호 자체를 다루어야 하므로, 여기서 문제는 아동이 알게 된 기호를 구체적이고 시각적이며 조작가능한 구체화로부터 어떻게 분리하느냐 하는 것이다. 아동들이 기호표현에 대한 지각적 구체화로부터 자유롭게 되는 것은 변동과 대조의 본성에 기인하는 것으로 생각된다.

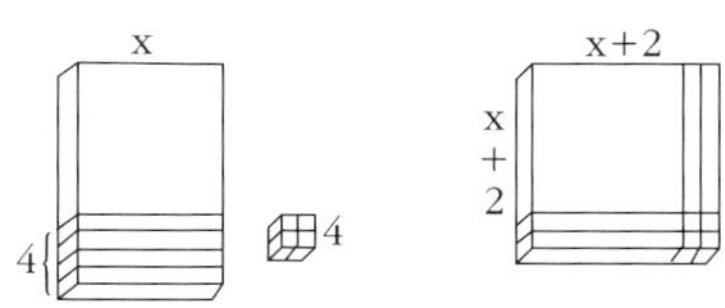

$$x(x+4)+4 = (x+2)^2$$
$$= x^2+4x+4$$

그림 6-3.

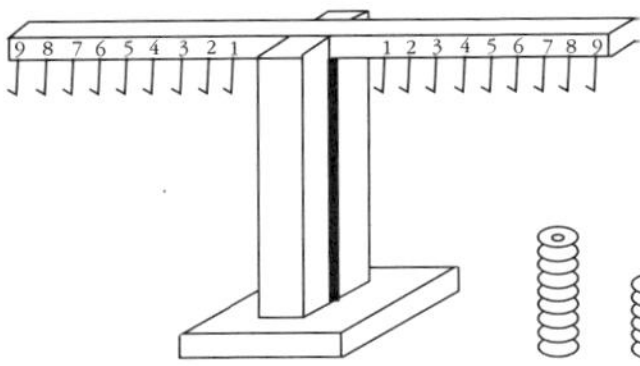

그림 6-4.

아동에게 다시 저울대를 보여주고 다음과 같은 과제를 제시한다. "저울대의 한쪽에서 눈금을 임의로 택하고 그 눈금과 같은 수의 고리를 거기에 걸어라. 그리고 저울대의 다른 쪽에 고리를 걸어 균형을 잡아라. 그것을 기록하여라." 아동은 인수분해에 대한 작업으로 저울대에 친근하고 눈금 n에 m개의 그리를 거는 것은 눈금 m에 n개의 고리를 거는 것과 균형을 이룸을 알게 된다. 정사각형의 구성과 같은 것을 저울대 위에 구성할 수 있는가? 아동은 용이하게 다음과 같은 번역을 한다. x가 5라고 하면, 눈금 5에 고리 5개를 거는 것은 x^2이고, 눈금 4에 고리 5개를 거는 것은 4x이며, 눈금 1에 고리 4개를 거는 것은 4이며, 이를 모두 시행하면 x^2+4x+4이다. 아동은 이것이 $(x+2)^2$과 같다는 것을 곧바로 이해한다. x가 5이면 x+2는 7이므로 그것은 는금 7에 고리 7개를 거는 것과 같다. 그러면 저울대는 균형을 이룬다.

하나의 기호표현이 현저하게 다른 두 가지 지각적 구성물을 나타내고 있다. 기호표현은 분명히 구체화브다 경제적이며, 이러한 보다 더 편리한 언어의 사용에 대한 저항은 없다. 다음에는 저울대를 통하여 분배성질 $x(x+4)+4=x^2+4x+4$와 교환성질을 탐구할 수 있다. 대조는 너무 분명하여 인식할 수 없던 것에 주목하게 하는 도구이다. 일상언어와 계열적으로 일어나는 일상적 행위에서의 가환적인 경우와 비가환적인 경우에 대한 논의로부터 아동들을 일반적인 교환성질과 그 기호표현으로 안내할 수 있다. 이러한 전개의 목적은 행해질 수 있고 그성될 수 있는 것, 곧 활동적 표현으로부터 시작하여, 제한적인 것이긴 하여도 영상적 표현으로 나아가고, 표기법을 개발하면서 변동과 대조를 통하여 상징적 체계로 전환하는 것이었다. 여기서 목적은 가능한 한 경제적인 표현으로 시작하여 아동들이 복잡한 예를 이전의 보다 간단한 것과 관련지울 수 있을 때 복잡성을 증대시키는 것이다. 아동들의 수행에서 매우 두드러진 것은 초기에는 즉각적인 지각적 파악 이상으로 사물을 표상할 수 없었다는 것이다. 보다 포괄적인 통찰을 하려면 그러한 즉각적인 심상을 초월하며 일련의 행동과 이미지를 단일하고 동시적인 것으로 만드는 중개 표상구조의 구성이 요구된다. 아동들은 어떤 개념의 구체화, 곧 조작적 정의를 목적으로 하는 구체적인 모델의 구성으로 시작하였다. 그러한 구성의 결실은 개념을 나타내는 이미지와 조작이었다. 거기서 특정한 조작과 이미지와 무관한 표현수단을 제공하는 것이 과제가 되었으며, 상징적 조작만이 이런 방식으로 아이디어를 표현하는 수단을 제공한다.

아동에게 통상적인 기호로 표현된 일반적인 아이디어에 대한 여러 가지 구체화를 제공함으로써 특정한 감각적 성질을 갖는 개념을 '비워' 추상적인 성질을 파악하게 할 수 있다. 우리가 관찰한 바에 따르면 여기서 아동들은 학습한 추상적인 성질을 이해할 뿐만 아니라, 그것을 예시하는 구체적인 이미지를 갖게 된다. 그리고 새로운 문제를 다루는 방안을 찾을 때 그 과제는 통상적으로 단지 추상적인 수단에 의해서가 아니라 '잘 조화되는' 이미지에 의하여 수행되었다. 아동들은 이차식의 나무판 모형의 구체적인 특성을 저울대의 구체적인 특성과 같다고 생각하고 중요한 구체적인 버팀대로 사용하였다. 수학자들도 문제를 다룰 때 버팀대가 되는 발견술이나 다른 문제의 이미지를 이용한다.

아동들은 수학을 학습할 때 그가 다루고 있는 것의 바탕을 이루는 추상적인 아이디어의 확고한 관념뿐만 아니라 그것을 구체화한 시각적 이미지를 가지고 있을 필요가 있다. 그것이 없으면 대응되는 것을 추적하고 기호로 다루고 있는 것을 점검하기 어렵다.

Bruner는 Dienes의 도움을 받아 10명의 9세 아동에게 군론의 기초를 가르쳤다. 먼저 군의 아이디어를 구체화하기 위하여 책을 좌로 $\frac{1}{4}$회전, 우로 $\frac{1}{4}$회전, 반회전, 원위치에 머무르기의 네 가지 움직임으로 된 4원군의 예를 제시하였다. 아동들은 군의 중요한 성질을 빨리 파악하였다. 이를테면 일련의 움직임은 원위치에서 단일한 움직임으로 재생될 수 있다. 이러한 우아한 성질을 군을 이루지 않는 움직임과 대비시켰다. '닫힌' 게임의 성질을 갖는 네 가지 움직임의 게임, 여섯 가지 움직임의 게임 등을 구성하게 하는 과제를 제시한다. 아동들은 $\frac{1}{3}$ 좌회전, $\frac{1}{3}$ 우회전, 반회전, 원위치에 머무르기와 같은 움직임을 제안하고 반례를 제시하였다. 분명해진 것은 움직임의 조합을 기억하고 게임이 동형인지 어떤지를 발견하기 위하여 이미지의 도움을 필요로 한다는 점이다. 이 경우에 버팀대는 군승표였다. 군승표가 없이는 구조가 다른 4원군이 있는가와 같은 문제를 다루기는 지극히 어렵다. 수학에 대한 통찰은 '예가 필요 없는' 추상화에 좌우되는 반면 이는 그 이미지를 포기하게 하지는 않는다. 정반대로 풍부한 이미지는 새로운 문제를 다루는 데 매우 유용하다. 지적인 발달은 도구적 활동, 행함으로 사물을 파악하는 것으로 시작한다. 그러한 조작은 특정한 이미지의 형태로 표현되고 요약된다. 그리고 마지막으로 이미지의 변환에 대하여 불변인 상징적 표기의 도움으로 학습자는 그가 다루고 있는 것의 형식적 혹은 추상적인 성질을 파악하게 된다. 일단 추상화가 성취되면 학습자는 사물의 외관에 대하여 자유롭게 되지만, 그럼에도 불구하고 추상적인 이해의 도중에 구성한 이미지에 계속 의존한다. 문제를 탐구하고 그것을 이미 해결한 문제와 관련지우는 편리하고 엄밀하지 않은 수단으로 발견술 수준에서 연구를 가능하게 하는 것은 이러한 이미지이다.

교육과정을 준비하는 데 있어서 문제해결 성향의 형성과 유지, 학습자료의 내적 구조와 그 제시순서 및 강화의 문제 등을 고려해야 한다. 개인차는 문제해결 성향의 정도, 흥미도 구체적인 자료를 다루는 기능, 선호하는 표현양식, 특정한 순서로 쉽게 나아가는 능력, 초기에 교사의 외적인 강화에 의존하는 정도 등 광범하게 존재한다. 교육과정이 교실에서 효과적이려면 아동의 활동을 활성화하는 여러 가지 방법, 여러 가지 자료제시 순서, 어떤 아동에게는 일부분을 건너뛰게 하고 다른 아동은 지속하게 하는 여러 가지 기회, 사물을 제시하는 여러 가지 방법 등 같은 목적에 이르는 여러 가지 길을 포함해야 한다. 특히 수학적인 내용을 학습하는 것뿐만 아니라 더욱 중요한 것은 수학하는, 곧 수학을 발견하는 학습을 하는 것이다.

> 교수이론은 교육과정이 지식 자체의 본질뿐만 아니라 아는 자와 지식을 얻는 과정의 본질도 반영한다는 사실을 고려하려고 애쓰고 있다. 그것은 특히 교과내용과 방법 사이의 구분이 필연적으로 불분명해지는 기획이다. 대학 교수단 가운데 간직되어 있고 일련의 권위 있는 책 가운데 구체화되어 있는 일단의 지식은 이전의 많은 지적 활동의 결과이다. 이러한 학문 가운데 있는 어떤 것을 누군가에게 가르치는 것은 그로 하여금 결과를 정신에 위탁하게 하는 일이 아니다. 오히려 그것은 그에게 지식의 확립을 가능하게 한 과정에 참여하도록 가르치는 것이다. 우리가 교과를 가르치는 것은 그 교과에 대한 작은 살아 있는 도서관을 만들려는 것이 아니라, 학생으로 하여금 스스로 수학적으로 생각하게 하고, 역사가가 하듯이 사건을 다루게 하고, 지식획득 과정에 참여하게 하는 것이다. 앎은 과정이며 산물이 아니다(Bruner, 1968, p. 72).

Bruner가 기술하고 있는 수학의 일반적인 학습과정은 다음과 같은 방식으로 일어난다. 먼저 아동은 구체적인 자료를 다루는 가운데 그가 이미 이해하고 있는 직관적인 규칙성과 대응하는 규칙성을 발견하게 된다. Bruner에게는 아동이 하고 있는 것이 그가 이미 지적으로 파악한 어떤 모델과 그가 외계에서 하고 있는 것과의 사이에 어떤 대응이 있음을 발견하는 것임에 주목할 필요가 있다. Bruner에게 있어, 학습자가 발견한 것은 학습자 밖의 어떤 것이 아니다. 발견은 앞서 알고 있는 아이디어의 내적인 재구성을 포함하며, 이는 그러한 아이디어와 학습자가 조절해야 할 사태의 규칙성을 보다 잘 조정하는 것으로 생각되고 있는 것이다. 이는 바로 Socrates 방법의 바탕에 있는 교육철학인 것이다. 제1장에서 논의한 Socrates와 노예 소년과의 대화를 생각해 보자. 거기서 아무런 교육도 받지 않은 한 노예 소년이 주어진 정사각형의 넓이의 두 배가 되는 정사각형은 주어진 정사각형의 대각선을 한 변으로 하는 정사각형임을 이해하게 된다. 이 대화에서 Socrates는 자신은 소년에게 새로운 어떤 것을 가르치고 있지 않으며, 단지 그가 알고 있는 것을 재조직하고 회상해 내도록 도와주고 있을 뿐이라고 주장하고 있다.

Bruner의 발견 학습-지도 방법에 대한 이상과 같은 논의는 고전적 합리주의와 결부된 현대적인 발달이론의 다이내믹한 적용으로, Piaget와 Platon의 이론적 혼합물이라고 볼 수 있다. Bruner의 발견 학습-지도가 구체적 자료의 취급으로 시작됨에 주목해야 한다. Bruner는 지능의 발달을 표현수단의 증대와 그 조정능력의 증대라고 보고 있다. 처음 수준은 활동적 수준으로, 여기서 아동은 자료를 직접 다룬다. 다음에는 영상적 수준으로 나아가는데, 거기서는 대상을 직접 다루는 것이 아니라 대상의 이미지를 다룬다. 마지막에 상징적 수준으로 옮아가는데, 여기에서는 대상의 이미지가 아니라 기호를 다룰 수 있게 된다. 지적 발달 모델의 중심된 아이디어로서의 구체적인 자료의 취급이라는 생각과 발견을 회상으로 보는 Socrates적인 관념을 EIS 이론과 결합한 것이 Bruner의 발견 학습-지도 방법의 배경인 것이다.

2. 설명방법

1960년대에 구조중심의 교육과정 개선운동이 일어난 이후 발견학습이나 탐구중심의 학습-지도가 강조되어 왔으나, 그에 대한 구체적이고 명확한 연구가 결여되어 있고 그에 따른 학습-지도상의 어려움이 제기되어 왔다. Ausubel(1973)은 전통적인 지도방식인 설명식 지도방법의 의미를 새롭게 강조하면서 여러 세대에 걸쳐 축적되어 온 방대한 양의 문화유산을 교육하기 위해서는 설명식 지도가 가장 효율적인 방법이라고 주장하였다.

1) 의미 충실한 설명식 지도

Ausubel에 따르면 발견학습과 반대되는 것은 '기계적 학습(rote learning)'이 아니라, '의미 있는 언어적 학습(meaningful verbal learning)'이다. Ausubel에게 학습은 새로운 지식을 기존의 인지구조와 의미 있게 연결짓는 과정이다. 여기서 인지구조란 학습자의 내부에 위계적으로 조직되어 있는 사실, 개념, 원리의 구성체를 일컫는 것이다. 그에게 학습은 학습자가 학습내용을 받아들일 인지구조상의 관련된 아이디어를 소유하고 있을 때, 학습내용을 그와 관련지움으로써 그 체계 속에 포섭되는 인지구조의 변화과정을 의미하는 것이므로, 학습에 있어서 가장 중요한 요소는 학습자의 인지구조이다. 그는 기존의 인지구조에 학습과제가 의미 있게 융합되는 경우를 의미 있는 학습이라고 하고, 그렇지 못한 학습을 기계적 학습이라고 부르고 있다. Ausubel(1968, p. vi)은 다음과 같이 주장하고 있다.

> 교육심리학 전체를 단 하나의 원리로 환원해야 한다면 나는 다음과 같이 말할 것이다. 학습을 위하여 가장 중요한 단일요인은 학습자가 사전에 무엇을 알고 있는가 하는 것이다. 교사는 그것을 확인하고 그에 따라서 학습자를 지도해야 한다.

이러한 요구를 실현하기 위한 교사의 결정적인 수단은 학습자의 인지구조로부터 의미를 획득하도록 지도자료를 선택하여 제시하는 것이다.

Ausubel은 발견과정을 거치지 않는 설명식 지도로 의미 있는 학습이 일어날 수 있음을 강조하면서, 교육의 과정 가운데에서 체계적으로 인도된 설명이 매우 중요함을 역설하고 있다. 전통적으로 교실수업에서 주류를 형성해 온 것은 설명식 지도이며, 흔히 설명식 지도가 기계적 학습을 초래하는 것은 학습자의 인지구조에 동화되지 못하기 때문이지 설명식 지도 자체가 문제는 아니라고 주장한다. 열쇠가 되는 것은 지도자료의 주의 깊은 체계화에 의하여 지도된 내용이 그에 선행하는 것과 밀접하게 관련되도록 하는 것이다. 새로운 학습자료를 의미 충실하게 만드는 것은 학습자의 기존의 인지구조와 학습된 자료 사이의 연속성이다. 그렇게 될 경우 판단은 학습자에 의하여 내려지게 되며, 새로운 지식과 기존 지식 사이에 조정과 분화가 일어나 융합되거나 보다 포괄적인 원리로 통합되어 인지구조가 재조직되게 된다. 따라서 수용학습의 결과가 반드시 기계적으로 학습된 것이라고 주장할 근거는 없게 된다는 것이다.

Ausubel은 발견과 의미 충실성의 혼동을 다음과 같이 논박하고 있다. 수용학습에서는 지도될 전체적 내용이 최종적인 형태로 학습자에게 제시된다. 학습과제는 어떤 독자적인 발견도 포함하고 있지 않다. 그는 단지 그에게 제시된 자료를 내면화시키거나 합체시켜 장래 이용될 수 있도록 하는 것만이 요구된다. 의미 있는 수용학습의 경우에 잠재적으로 의미 있는 과제나 자료가 내면화 과정을 통하여 이해되거나 의미 충실하게 된다. 기계적인 수용학습의 경우에는 학습과제는 잠재적으로 의미가 있는 것도 아니고, 내면화 과정에서 의미 있게 만들어지지도 않는다. 발견학습의 본질적 특성은 학습될 주된 내용이 주어지는 것이 아니고, 학습자에 의하여 발견되어 그의 인지구조 가운데 의미 있게 통합될 수 있도록 되어야 한다는 것이다. 다시 말하면, 우선적인 학습과제가 어떤 것을 발견하는 것이다. 발견학습의 첫 번째 단계는 수용학습의 경우와 전연 다른 과정을 포함한다. 학습자는 주어진 정보를 재배열하고 그것을 기존의 인지구조에 통합하며 통합된 인지구조를 재조직하여 바라는 최종산물을 생성시키거나, 결여된 수단과 목적 사이의 관계를 발견하게 된다. 그러나 Ausubel은 발견학습 자체가 완결된 후에 발견된 내용은 제시된 내용이 수용학습에서 의미 있게 되는 것과 똑같은 방식으로 의미 있게 된다고 본다.

이러한 입장에서 보면 언어적 수용학습이 반드시 기계적인 학습은 아니며, 실제로 많은 개념이나 법칙이 발견학습에 의하지 않고도 내면화되어 의미 있게 적용될 수 있으므로 Ausubel은 발견하는 활동이 개념이나 규칙의 내면화에 선행되어야 할 이유가 없다고 생각하고 있는 것이다. 그는 다음과 같이 주장한다. 학습자료가 교사에 의하여 의미 있게 조직되어 제시되면, 아동이 발견할 필요성은 없어지며, 학습과정이 훨씬 더 효과적으로 된다. 더욱이 발견학습은 시간이 많이 소요되고 일정한 수준 이상으로 진전하기 어려우며, 따라서 많은 양의 교과지식을 획득하는 주요한 수단이 될 수 없다. 수천 년 동안 축적된 발견의 결과가 아동기와 청년기 동안에 새로운 세대에게 전달될 수 있는 것은, 그것을 학생들에게 재발견하게 하기보다 교사가 아이디어를 의미 있게 전달하고 설명하는 데 훨씬 시간이 적게 소요되기 때문에 가능하다. 그리고 의미 있는 언어적 수용학습은 인지적으로 미성숙한 학생들에게 큰 제한점이 있지만, 지식을 의미 있게 획득하는 데 실제적인 발견과정 자체는 결코 필요한 것은 아니며, 설명식 지도에서 구체적이고 경험적인 수단을 동원함으로써 그러한 결함을 보상하는 것이 보다 더 효과적인 교수법이 될 것이다. 바탕이 되는 개념이나 원리의 이해가 부족한 상태에서의 발견학습은 기계적 학습으로 전락하거나 주관적이고 자기중심적이며 제한된 경험으로부터의 일반화가 일어날 위험성이 있다. 수용학습이 반드시 기계적 학습이 아니듯이 발견학습이나 문제해결 학습도 반드시 의미 있는 학습을 보장하는 것은 아니며, 그것은 학습이 일어나는 조건에 좌우된다. 그리고 문제해결 능력의 개발은 그 자체가 교육의 목적이지만 교과내용을 학습하는 것보다 중심적인 목표는 아니다. 더욱이 문제를 해결하는 능력은 사고의 유연성, 창의성, 기지, 민감성 등과 같은 성향을 요구하며, 이는 언어적으로 제시된 아이디어를 이해하고 파지하는 능력보다 일반적인 것이 아니고, 가르치기가 용이하지 않으며, 비교적 소수의 학생들만이 훌륭한 문제해결자로 훈련될 수 있는 것이다.

Ausubel에 의하면, 의미 있는 학습은 어느 경우이건 학습과제가 학습자의 인지구조와 관련될 때에만 일어난다. 그렇게 되려면 학습자 자신이 새로운 학습과제를 그가 이미 알고 있는 것과, 임의적이거나 축어적이 아니라, 합리적이고 실질적인 근거를 갖고 관련지우려는 의도와 성향을 갖고 있어야 한다. 그리고 학습과제가 잠재적으로 의미 있는 것이어야, 곧 학습자의 인지구조와 관련될 수 있는 것이어야 한다. 학습자는 잠재적으로 의미 있는 학습자료를 그의 인지구조 내에 이미 확립되어 있는 아이디어와 합리적인 근거를 갖고 관련지으려고 함으로써 새로운 지식을 이해하고 통합하기 위한 조직 모체인 기존 지식을 효과적으로 탐색할 수 있다. 그렇게 하여 학습과제의 본질이 인지구조의 적절한 부분으로 통합되면 새로운 의미가 획득되어 관념체계의 일부가 된다. 수용학습이 얼마나 의미 있는가는 학습자가 얼마나 능동적으로 주어진 자료를 그 자신의 관념적 배경과 일치하는 용어로 번역하려고 노력하며, 그러한 목적의 달성 여부를 판단하는 데 얼마나 자기 비판적인가에 좌우된다. 이러한 인지구조 속으로의 정착은 임의적인 연합에 의한 기계적인 축어적 학습과 다르며 파지력이 매우 크다. 설명식 지도는 이와 같은 의미 있는 수용학습을 전제로 할 때 지식교육에서 중요한 역할을 하게 된다.

학습자료가 아무리 잠재적으로 의미 있는 것이라고 하더라도 학습자가 그것을 임의적이고 축어적으로 내면화하려고 하면 학습은 기계적이고 의미 없는 것이 될 수밖에 없다. 학생들이 기억에만 의존하는 기계적인 학습성향을 갖게 되는 주된 이유는, 수학학습의 만성적인 실패 때문에 자신이 의미 있게 학습할 수 있는 능력을 갖고 있음을 신뢰하지 않게 되고, 기계적 학습으로 이해의 거짓된 외양을 꾸미는 이외에 과도한 압박과 불안으로부터 벗어날 대안을 깨닫지 못하기 때문이다. 수용학습의 주된 위험성은 학습자가 드러내 놓고 기계적 학습성향을 갖게 될 것이라는 데 있다기보다, 학습내용을 자신의 인지구조 속에서 진정한 의미를 갖도록 충분히 조정하려고 하지 않음으로써 그 자신과 교사를 속여 공허하고 모호하며 부정확한 언어가 진정으로 의미 있다고 믿게 되는 데 있다.

2) 선행조직자 모델

의미 충실한 언어적 학습은 교사에 의하여 잠재적으로 유의미한 학습자료가 제시되고 학습자가 실제로 이를 수용할 인지구조를 갖추고 있으면서 학습하는 내용을 이미 학습한 내용과 관련지우려는 능동적인 태도를 갖추고 있을 때 일어날 수 있다. 무엇보다도 학습자의 인지구조는 의미 있는 언어적 학습에 영향을 미치는 가장 중요한 요인이다. 교과내용에 대하여 기계적인 학습이 일어나거나 의미 있는 학습이 적절히 일어나지 않는 주요한 이유의 하나는 관련된 적절한 정착 아이디어의 기초가 마련되어 있지 않은 상태에서 생소한 내용을 학습하도록 요구하기 때문이다. 특정한 학습내용과 합리적이고 실질적으로 관련될 수 있는 인지구조 내의 아이디어가 결여되어 있을 때 그러한 학습내용은 잠재적인 의미를 잃게 되는 것이다.

의미 있는 언어적 학습에서의 해당 교과내용과 관련된 이러한 인지구조의 중요성에 비추어 Ausubel은 '점진적 분화의 원리'와 '통합적 조정의 원리'라는 학습-지도 원리를 제시하고 있다. '점진적 분화의 원리'는 교과의 가장 포괄적이고 일반적이며 설명력이 있는 통합개념과 원리를 먼저 제시하고 점차 특수화되고 세분화되는 방향으로 학습-지도를 조직해야 한다는 원리이다. 그리고 통합적 조정의 원리는 새로운 학습내용과 이미 학습된 내용의 유사성과 차이점을 분명하게 하여 새로운 학습내용이 인지구조 내에서 의식적으로 조정되고 명확히 분별되어 통합되도록 되어야 한다는 것이다. 수학은 그 학문적 특성상 이러한 학습-지도 원리에 따라 일반에서 특수로 나아가는 하향식으로 그리고 관련성을 강조하면서 교재를 구성하고 학습-지도를 하기에 적합한 교과로 생각된다.

설명식 지도에서 의미 충실한 학습이 보다 효과적으로 이루어지기 위해서는 특수한 학습내용을 전체적인 입장에서 조망하여 그 관련성을 파악할 수 있는 일반적이고 포괄적이며 설명력이 있는 아이디어가 학습자의 인지구조 내에 구성되도록 하는 것이 무엇보다도 중요하다. 그러한 포괄적인 아이디어는 특별한 학습과제에 적절성과 의미를 부여하고 확고한 정착지를 제공하며 관련된 지식을 통합하는 역할을 수행한다. Ausubel은 학습내용의 배열에서 '점진적 분화의 원리'를 실현하는 효과적인 전략의 하나로 '선행조직자(advance organizer)'의 사용을 제안한다. 새로운 내용을 학습할 경우에 인지구조 내에 이미 확립된 배경적 아이디어를 고려하면서 적절한 수준의 일반성, 추상성, 포괄성을 갖는 개념으로 다음에 제시될 분화된 학습자료에 적절한 관념적 발판을 제공하는 조직자를 먼저 도입하자는 것이다. 여기서 의도하는 것은 새로운 것의 기존 인지구조에의 최적의 의미 있는 관련성의 형성을 위한 매개의 역할인 것이다. 선행조직자는 학습자의 인지구조 내의 적절한 정착 아이디어를 동원하게 하여 새로운 학습자료에 잠재적 의미를 부여한다. 이는 학습과제가 학습자에게 전혀 생소한 내용일 때 이를 친숙하고 안정되게 파악할 수 있게 해 주며 새로운 학습내용에 의미를 부여해 줄 뿐만 아니라, 학습할 내용을 기존의 유사한 개념과 통합하고 조정하며 분별력과 파지력을 높여 주는 역할을 하게 된다. 선행조직자는 학습할 내용보다 높은 수준의 일반성을 지닌 것이어야 하며, 흔히 교과서 앞부분에 제시되는 요약이나 개관과는 구분되는 것이다. 이를테면, 수학 학습-지도에

서 덧셈과 뺄셈의 역연산 관계

$$(5+3)-3=5, \quad (5-3)+3=5$$
$$5+3=8 \Leftrightarrow 8-3=5$$

를 지도하기에 앞서, 일어서다-앉다, 문을 열다-닫다, 옷을 벗다-입다, 책을 펴다-덮다 등과 같은 '하기와 되돌리기(doing and undoing)' 라는 '선행조직자' 를 제시할 수 있다. 이러한 역연산 관계는 곱셈과 나눗셈, 다항식의 전개와 인수분해, 지수와 로그 도함수와 부정적분 등 학교수학에서 거듭 다루어지는 기본적인 수학적 사고양식이며, 그러한 관계를 의미 있게 지도하는 데 '하기와 되돌리기' 라는 선행조직자의 제시는 매우 유용할 것으로 생각된다.

참고문헌

이홍우, 《인지학습의 이론》, 교육출판사, 1973.

Ausubel, D.P., *Educational Psychology: A Cognitive View*, Holt, Rinehart & Winston, 1968.

______, "Facilitating Meaningful Verbal Learning in the Classroom", J.L. Higgins (ed.), *Mathematics Teaching and Learning*, Charles A. Jones Publishing Company, 1973, pp. 202-209.

Bourbaki, N., "The Architecture of Mathematics", *The American Mathematical Monthly*, vol. 57, 1950, pp. 221-232.

Bruner, J.S., "On Learning Mathematics", *The Mathematics Teacher*, vol. LIII, no. 8, Dec., 1960, pp. 610-619.

______, *The Process of Education*, Vintage Books, 1963.

______, "Some Theorems on Instruction Illustrated with Reference to Mathematics", E.R. Hilgard(ed.), *Theories of Learning and Instruction*, NSSE,

1964, pp. 306-335.

______, *Toward a Theory of Instruction*, W.W. Norton & Company, Inc., 1968.

Burton Jones, F., "The Moore Method", *The American Mathematical Monthly*, vol. 84, no. 4, 1977, pp. 273-278.

Chalice, D.R., "How to Teach a Class by the Modified Moore Method", *The American Mathematical Monthly*, vol. 102, no. 4, 1995, pp. 317-321.

Cohen, D.W., "A Modified Moore Method for Teaching Undergraduate Mathematics", *The American Mathematical Monthly*, vol. 89, no. 7, 1982, pp. 473-474, 487-450.

Shulman, L.S., "Psychology and Mathematics Education", E.G. Begle(ed.), *Mathematics Education*, NSSE, 1970, pp. 23-71.

Whyburn, L.S., "Student Oriented Teaching — The Moore Method", *The American Mathematical Monthly*, vol. 77, no. 4, 1970, pp. 351-359.

제 7 장
조작적 구성의 원리

그리스 이래 전통적으로 수학교육의 배경에는 수학을 현상계의 정리수단이 되는 보편성을 갖는 형식체계로 보는 Platon적인 수학관이 굳건하게 자리잡고 있어 수학교육의 강력한 지주가 되어 왔음은 부정하기 어렵다. 그 결과 교육현장에서는 오랫동안 수학적 지식의 교육은 주로 학생의 앎을 깨우치기 위한 교사의 해설형식으로 이루어져 왔으면서도, 학습은 학습자 자신의 능동적인 활동을 통하지 않고는 진정으로 이루어지기 어렵다는 오래된 통찰이 또한 통념으로 받아들여져 왔다. 여기서 한 걸음 더 나아가 근래 수학교육학계에서 설득력 있게 논의되어 온 주요한 주제의 하나가 '앎'과 의미의 주관성을 강력히 주장하고 학습자 스스로 지식을 '구성'할 수 있도록 안내하지 않으면 의미 있는 수학학습은 이루어지기 어렵다는 소위 구성주의 교육철학이다. 구성주의자들은 모든 지식은 주체에 의하여 자주적으로 구성되는 것이며 사회적인 상호작용을 거쳐 합의됨으로써 공적인 지식이 되는 것으로 보고, 따라서 학습자의 자발적이고 능동적인 사고활동, 토론과 의사교환, 안내자로서의 교사의 역할을 보다 강조한다. 그러나 이러한 일반적인 주장 이상으로, 구성의 의미와 구성의 메커니즘 및 그에 바탕을 둔 구체적인 구성적 수학 학습-지도 원리와 방법에 대한 논의가 보다 중요한 의미를 갖는다고 생각된다.

여기서는 구성주의의 철학적 · 심리학적 모태가 되는 Dewey의 《수의 심리학과 그 산술 교수법에의 적용》(1895) 및 Piaget의 조작적 구성주의에 입각한 조작적 학습원리, '새 수학' 시대에 아동에 의한 수학의 구성을 주장한 Dienes의 이론과 관계적 이해를 강조한 Skemp의 이론, 그리고 최근에 제기되어 온 구성주의에서 주장하는 수학 학습-지도 방안에 대하여 살펴보기로 한다.

1. Dewey: 측정활동으로부터의 수의 구성

미국이 낳은 20세기 최대의 교육학자라고 일컬어지고 있는 Dewey (1859~1952)는 실용주의 · 도구주의 철학에 입각한 경험중심 교육사상의 대표자이다. 그에 따르면, 이론은 실제에서 파생되고 실제에 적용되는 정도로 가치를 지니며, 민주시민의 교육에서 지식은 생활문제를 해결하는 도구로서 교육되어야 한다. Dewey에게 있어 교육은 인간이 자연환경과 사회문화적 환경에 적응하기 위한 경험의 계속적인 재구성 과정인 '삶'을 영위하기 위한 필연적 조건이며, 삶의 사회적 연속성을 유지하고 발전시켜 나가는 필수적인 수단이다. 결국 그에게 있어 지식교육은 학습자의 일차적 경험과 이차적인 반성적 사고경험의 계속적인 재구성을 통한 성장과정을 돕는 것이어야 하며, 학습자의 관심사인 생활현실과의 관련 속에서 문제를 해결하는 반성적 사고과정을 통하여 도구적 지식의 구성으로 이루어져야 한다. 20세기 초반에는 이러한 Dewey의 교육사상에 따른 혁신적 교육운동인 소위 '진보주의 교육(the Progressive Education)' 운동이 세계적으로 일어나 아동중심의 활동주의 교육, '생활단원(life unit)' 학습, 문제 교수법(problem method) 등이 강조되고, 지역사회학교 운동이 일어났다.

Dewey의 저서 《수의 심리학과 그 산술 교수법에의 적용》에는 Dewey의 교육사상이 수개념의 활동적 · 도구적 본성과 그에 따른 산술교육을 주제로 구체적으로 논의되고 있다. 이 책은 Dewey와 McLellan과의 공저이며, McLellan은 당시 사범학교 교장으로 교육현장의 연구자였다고 생각된다. 이 책은 수학교육을 주제로 Dewey의 사상이 구체화되어 있어 수학교육사적으로 큰 의미를 갖고 있으며, 세계 각국의 산술교육에 매우 큰 영향을 미쳤다. 이 책의 편집자 서문에 나오는 다음과 같은 구절은 수학교사에게 엄중한 경고로 들린다.

> 좋지 않은 교수법이 사용되면 학생들의 정신을 둔화시키고 그 발달을 구속하는 방식으로 학생들에게 수학보다 더 위험한 교과는 없다 (McLellan & Dewey, 1895, p. v).

이러한 생각은 수학을 가르치고 배워 본 경험이 있는 사람이면 대체로 수긍할 수 있는 것이면서도 그 동안 이를 애써 외면해 오지 않았나 생각된다.

Dewey는 결과적인 지식체계 그 자체를 전달하려는 생각을 거부하고, 수학은 사회적 삶의 현실과의 관련 속에서 제기되는 문제해결을 위한 도구로서 구성된 지식이라는 입장에서, 그러한 본질에 입각하여 그 구성과정에 대한 경험을 통하여 수학을 교육하려는 입장에 서 있다. 그는 수를 객관적인 관념으로 생각하지 않고 생활의 필요에서 비롯된 측정이라는 인간활동의 소산이라고 생각하고, 측정활동을 통하여 수 발생의 과정을 아동에게 경험시키는 형태로 수의 교육을 시도하고 있어, 구성적인 수학 학습-지도의 구체적인 모습을 제시해 주고 있다고 생각된다. 이러한 Dewey의 교육사상은 Dewey의 저서 《사고하는 방법》을 프랑스어로 번역한 벨기에의 Ovide Decroly(1871~1932)와 스위스 제네바의 유치원 창설자인 Audemars를 거쳐 Piaget에 미치고 있다고 한다(Hirabayashi, 1961). 우리는 Piaget의 조작적 구성주의 수학인식론의 기본발상을 이 책에서 접할 수 있다.

당시의 산술교육에서는 수관념은 실물의 면밀한 관찰에 의하여 얻어진다고 보는 실물교수법(method of things)에 따라 구체물을 통하여 직관적으로 수관념을 형성시킨 다음 수의 합성과 분해 및 계산 지도에서 세세한 분석이 이루어졌다. 실물교수법은 단지 문자나 기호에만 의존하는 기호방법(method of symbols)보다 진전된 방법이지만, Dewey에게 수관념은 사물에 의하여 마음에 새겨지는 것이 아니라 구체적 대상을 다루는 측정활동과 관련되므로, 수관념을 지도할 때 구체물을 이용하지 않는 것도 구체물의 관찰만으로 하는 것도 잘못된 생각이다. Dewey는 심리적 측면에서 상반된 두 가지 조작, 곧 대상을 서로 다른 몇 개의 개별적인 단위로 인식하는 분석과 단위의 유사성의 인식으로 대상을 하나의 전체로 보는 종합에 의하여 수관념이 추상화 · 일반화된다고 본다. 교육은 이러한 자연스런 조작을 돕는 것이어야 함에도 불구하고 당시의 산술교육은 인위적인 교육방법으로 그것을 파괴하고 있다고 Dewey는 말한다. Dewey에게 수는 사회적인 삶의 필요성에서 비롯된 도구적 개념이다. 인간은 생활하는 가운데 자원의 한계 때문에 문제가 생기고 그에 대처하기 위한 적응활동, 곧 자원의 효율적인 사용을 위한 조정활동인 세기와 비교활동, 곧 측정을 하지 않을 수 없게 된다. 사물의 개수를 세는 것은 측정하는 것이고 측정활동은 연속량에 포함된 단위량의 수를 세는 것이다. 말하자면, 셀 때는 재고 잴 때는 세게 된다. Dewey에 따르면 인간은 이와 같이 생활의 필요에서 막연한 전체를 명확히 하기 위한 분석수단으로서 단위를 도입하여 단위량과 비교하여 전체를 명확히 하려는 측정활동을 하게 되고, 그로부터 수라는 지식이 구성되어 문제해결을 위한 도구로서 이용된다는 것이다. 다시 말하면, 수를 단지 지각을 통하여 인식될 수 있는 대상의 속성이 아니라, 막연한 전체를 확정된 것으로 만드는 측정활동을 하는 가운데 인간의 정신이 구성한 조작으로 보는 것이다. 그러한 과정에는 대상을 단위로 나누어 그 개별성을 인식하고 그것을 다시 확정된 전체로 인식하는, 분리하고 관련짓는 분석과 종합의 과정이 포함되게 된다.

Dewey에 따르면, 수란 측정하고자 하는 전체량과 단위량의 比이다. 따라서 수 지도에서는 측정해야 할 막연한 전체량을 도입하고 그것을 측정하기 위한 단위를 선택하고 전체량과 단위와의 비로서 수가 구성되도록 해야 한다. 여기서 단위는 고정된 것이 아니며 상대적인 것이라는 점이 중요하다. 단위는 양의 분석을 위하여 인간이 만든 상대적인 것이다. 이런 의미에서 Dewey는 개개 사물을 단위로 보는 산술교육을 고정된 단위방법(fixed-unit method)이라고 부르고 그 바탕에 있는 단위의 절대관을 신랄히 비판하고 있다. 단위는 상대적인 것으로 보다 기저에 있는 단위로 환원하여 보다 정밀하게 구성될 수 있는 것이며, 그에 따라서 막연한 전체는 보다 정밀한 전체로서 확정되어 가는 것이다. 단위를 설정하는 것은 측정하려는 당사자의 자주적 선택에 의한 것으로 측정활동의 핵심적인 활동이며, 수개념 구성의 핵심적인 부분이다. 단위를 처음부터 고정된 것으로 다루는 것은 측정활동의 소산인 比로서의 수의 구성의 본질을 외면하는 것이다. 측정활동을 통한 수의 이러한 구성적 특성을 무시하고 기호에 대한 형식적인 취급을 강조하거나, 수가 사물을 다루는 활동의 조정의 산물임을 간과하고 수가 사물의 속성인 것처럼 다루거나, 개별적인 사물만을 단위로 취급해서는 안 된다는 것이다. 단위의 적절한 선택에 의하여 막연한 전체가 보다 정확한 전체로 확정되어 간다는 생각은 측정수로서의 유리수의 본질과 연결되는 매우 중요한 점이라고 생각된다. 분석을 통하여 단위를 선택하고 종합을 통하여 전체량과 단위와의 比로서 수를 구성하도록 지도해야 하며, 그렇게 되면 예를 들어 6개의 구슬을 제시할 때 거기서 6뿐만 아니라, 2개를 단위로 하여 3, 3개를 단위로 하여 2, 6개를 단위로 하여 1을 볼 수 있게 될 것이다. 또한 수에는 다수(multiplicity)와 단일체(unity)라는 두 측면이 있다. 이를테면 6은 어떤 단위의 6배이며 또한 5×6과 같은 다른 수를 구성하는 한 단위이다. 수의 이러한 이중성은 곱셈과 나눗셈에서 보다 명확히 되며, 比로서의 수의 본질은 분수 표현에서 보다 명확히 된다. 초등학교 수학에서는 현재 比 관념이 제거된 등분할 분수가 강조되고 있고 유리수의 본질인 比와 선형사상에 주목하기 어렵게 되어 있다. 이는 모두 개개 사물을 단위로 보는 '고정된 단위방법'에 기인하는 것으로 생각된다.

수는 측정활동으로부터 구성된다는 Dewey의 생각을 다시 음미해 보자. 7m는 측정결과 확정된 전체량으로, 이는 수가 아니며 수는 횟수 7이다. 수 7은 측정된 대상을 나타내는 것이 아니며 정신이 구성하는 비교행위, 곧 比이며, 대상으로부터 추상된 개념이 아니라 대상에 대한 행위로부터 추상된 개념이다. 이는 Piaget가 말하는 '물리적 경험', 곧 대상의 성질에 대한 '단순 추상화'와 대비되는 '논리-수학적 경험', 곧 행동이나 조작으로부터의 '반영적 추상화'에 대응하는 것이다.

수가 양의 측정활동을 통하여 구성되므로, 사칙연산도 측정활동과 관련지워 자연스럽게 다룰 수 있게 되며, 따라서 서로 상호 관련되게 된다. 덧셈은 단위의 이어서 세기로, 뺄셈은 그 역으로 그와 동시에 도입되며, 곱셈은 복합단위에 의하여 측정된 양에서 기본 단위의 수를 구하는 조작으로, 나눗셈은 그 역으로 동시에 도입될 수 있다. 그리고 자연수를 전체량과 단위의 比로 보는 관점은 곧바로 유리수 개념으로 자연스럽게 확장될 수 있다. 이러한 입장을 충실히 반영한 수와 산술교육에 적합한 교구로 오늘날 널리 보급되어 이용되고 있는 것이 Cuisenaire 색막대이다.

수와 연산이 이와 같이 생활의 현실적 필요성으로부터 발생하는 측정이란 자연스러운 정신활동을 따라 구성되도록 지도되면 생활문제를 해결하는 의미 있는 도구적 지식이 될 것이다. Dewey에게 있어 수학은 일차적으로 이와 같이 생활 가운데에서 문제해결을 위한 도구로서 구성된 것이며, 여기에서 그의 도구주의의 진수를 블 수 있다. Dewey는 이러한 고찰을 바탕으로 소위 '합리적인' 산술 교수법을 막연한 전체(vague unity) → 단위(units) → 확정된 전체(defined unity)라는 형태로 도식화하고 있다. 여기서 말하는 막연한 전체란 좁은 의미에서는 측정하고자 하는 전체량이지만, 넓은 의미에서는 생활 가운데 발생하는 문제의식이며 사고의 전제가 되는 상황(situation)이다. 이것이 산술의 출발이 되지 않으면 안 된다는 것은 산술의 출발은 생활이 아니면 안 된다는 것이 되며, 그 이후의 '생활 산술' 이념의 근거가 된다. 전통적으로 산술은 일상생활과 밀접하게 관련지어 생활의 도구로서 지도되어 왔다. 그러나 Dewey가 생각하는 생활의 도구로서의 산술은 생활 가운데에서 문제해결을 위하여 구성된 것이며, 결코 밖으로부터 주어진 것이 아니다. 이러한 이념의 가장 구체적인 영향은 산술교재의 구성이 종래 마지막에 나오던 응용문제와 같은 형태의 도입문제로 시작하게 되었다는 점이다. 그리고 단위는 측정활동에서의 단위를 포함하여 문제상황에 대한 주체적인 분석활동으로 해석될 수 있다. Dewey의 생각은 학교수학이 현실 문제상황의 분석을 통한 구성활동에 의하여 실용적인 도구적 지식으로 학습되기를 기대하는 것이다.

2. Piaget: 수학의 조작적 구성

1) 수학의 심리적 발생

Piaget는 생물학적인 발생적 인식론자이면서 발달심리학자이다. 그는 유기체의 생물학적인 기능인 환경에의 적응기능과 지적인 적응기능을 본질적으로 같은 것으로 보고, 적응기능, 곧 동화와 조절기능과 조직기능이란 불변적 인지기능에 의한 인지구조의 변화를 인지발달로 파악하고 있다. 동화는 기존의 인지구조에 의한 대상의 해석, 곧 인지구조의 일반화이며, 조절은 그것이 여의치 않을 때 동화를 위한 인지구조의 분화와 조정을 의미한다. 그리고 Piaget는 합리적 사고와 지식의 본질을 내면화된 가역적 행동, 곧 조작(operation)으로 보고 있으며, 행동과 조작을 반복 가능하게 하고 일반화할 수 있게 하는 인지구조를 schèmes이라고 불렀다. 이를테면, 젖을 빠는 schème, 쥐는 schème, 던지는 schème, 순서짓고 배열하는 schèmes, 수를 세고 대응시키는 schèmes, 더하고 빼는 schèmes, 모든 대수적 · 기하학적 · 해석학적 조작의 schèmes 등 인간의 모든 행동과 조작을 가능하게 하는 인지적 작인이 되는 것이 schèmes이다.

행동과 조작의 schème은 적응상황에서 일반화되거나 분화되고 다른 schèmes과 조정되면서 보다 가동적이고 일반적인 구조로 재구성되어 간다. 환경에의 적응과정에서 끊임없이 일어나는 인지적 균형의 파괴와 동화 · 조절에 의한 새로운 균형화가 반복되는 schèmes의 끊임없는 재구성 과정이 인지발달이요 학습이다. 그리고 Piaget는 인지발달은 개인에 따라 사회문화적 환경에 따라 상당한 개인차가 있을 수 있지만, 감각 · 운동단계, 직관적 사고단계, 구체적 조작단계, 형식적 조작단계를 거치면서 정해진 통로(chroeds)를 따라 일어난다고 본다.

그런데 Piaget의 발생적 인식론은 인지발달에서 수학적 사고의 발생에 특별한 의미를 부여하고 있으며, Bourbaki의 '수학의 건축술'에서와 같은 모구조와 그 분화와 조정에 의한 수학적 구조의 전개양식의 대응물을 인지구조의 발달에서 확인하고자 한 수학적인 인식론이기도 하다. 이는 언어학과 사회학에서의 구조주의적 접근이 그러하듯이 인지구조의 발생에 대한 그의 연구가 패턴의 과학인 수학에 의존하는 것은 필연적인 귀결인 듯하다. 그는 형식적 조작이 群과 束의 구조를 이루고 있으며, 구체적 조작은 그 발생 중인 구조인 군성체(groupement)를 이루고 있고, 전조작기의 직관적 사고는 카테고리를 이루고 있음을 주장하고 있다.

수학의 발생에 대한 Piaget의 소위 조작적 구성주의 수학인식론의 요지는 대략 다음과 같다(Beth & Piaget, 1966). 논리-수학적 개념은 생물학적 유기체의 구조를 출발점으로 하여, 감각 · 운동의 구조를 거쳐, 행동의 일반적 조정(regulation)으로부터 '반영적 추상화(reflective abstraction)'에 의하여 구성된 조작과 그것을 바탕으로 구성된 보다 고차의 조작이다. 여기서 반영적 추상화란 행동이나 조작의 일반적 조정에 의한 추상화를 말한다.

예를 들어, 대수적 구조의 전형인 群의 심리적 발생을 생각해 보자. Poincaré는 어린 아동의 움직임 가운데에서 移動群을 볼 수 있다고 하였다. 아동들에게 컴퍼스를 주면 흔히 자기대칭인 그림을 '본능적으로' 그려 가며 즐긴다. 고대인의 유적이나 유물에서 대칭은 중요한 역할을 하고 있음을 발견할 수 있으며, 이는 현대에도 마찬가지이다. 지구상의 수많은 동식물의 아름다움은 그 대칭성에서 찾아볼 수 있으며, 북반구와 남반구의 기후와 계절의 관계도 대칭성으로 설명될 수 있다. 자연과학에서는 그리스 시대 이래로 대칭성을 자연현상을 설명하는 하나의 원리로 인식하고 사용해 왔으며, 현대 양자론의 가장 중요한 원리인 보존의 법칙은 대칭성과 관련되어 있다. 수학의 아름다움은 그것이 기하학적인 것이든 대수학적인 것이든 대칭성과 관계되는 것이 많다. 群이 중요한 것은 그것이 어떤 구조의 자기동형 체계로서 나타나기 때문이다(Freudenthal, 1973).

1870년 Jordan이 《치환론》이란 논문 가운데에서 군론을 형식화하기 이전에 약 반세기 동안 수학자들은 거의 본능적으로 群의 관념을 무의식적으로 수학연구에 이용했다고 수학사에 기록되어 있다. Galois가 자기동형군을 이용하여 일반적으로 5차 이상의 다항방정식의 경우에는 계수에 사칙연산과 거듭제곱근을 구하는 연산을 적용하여 일반적인 해를 구하는 근의 공식을 얻을 수 없음을 증명했으며, Klein이 Erlangen Programm에서 변환군을 기하를 분류하는 수단으로 사용했듯이, 오늘날 수학과 과학 연구에서 群은 기본적인 도구적 개념이 되어 있다. 그러면 자기동형군이란 군론의 '혼'은 인간 모두가 공유하고 있는 일반적인 행동양식이며 사고양식이요, 나아가 수학자들의 탐구적 사고양식이며 그 근원은 자연 가운데 있는 것인가? Piaget에 의하면 群이란 그러한 행동과 조작의 양식이 반영적 추상화에 의하여 형식화된 것이다.

Piaget는 형식적 조작기의 인간의 사고양식이 群을 이룸을 주장하고 있다. 11, 12세가 되면 대부분의 인간은 어떤 인과적인 상황에 당면하면 다음과 같은 자문을 한다. 'p이면 q인가, p이면서 q가 아닌 경우가 있는가, 반대로 q이면 p인가, q이면서 p가 아닌 경우가 있는가?' 이러한 사고 사이의 다음 도해와 같은 변환 I, N, R, C를 생각해 보자. 이 때 변환은 합성이 가능하고 결합법칙을 만족하며 표 7-1을 만족하므로 변환의 집합 {I, N, R, C}는 Klein의 4원군을 이룬다.

특히, Piaget는 변환 N과 R을 사고의 가역성이라고 하여 사고변환의 결합성질과 함께 조작적 사고양식의 결정적 특징으로 보고 있다. 이 가역성과 결합성질은 조정되고 균형화된 가동적이고 유연한 사고조작의 주된 메커니즘으로 파악되고 있는 것이다. Piaget는 다음과 같이 주장한다.

표 7-1.

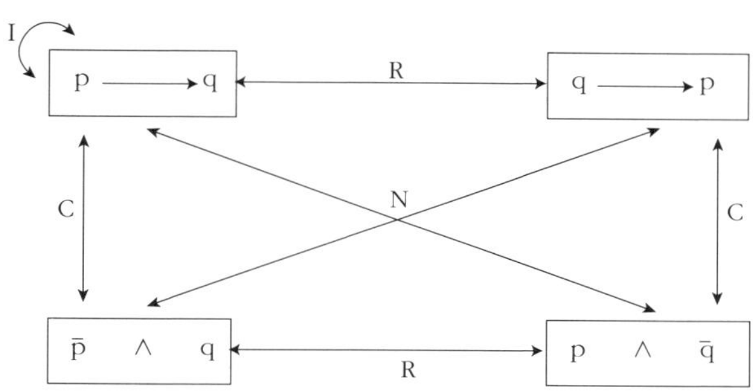

	I	N	R	C
I	I	N	R	C
N	N	I	C	R
R	R	C	I	N
C	C	R	N	I

> 일반적으로 말하여, '群'이란 지적 행동의 기본적인 특성, 곧 행동의 조정 가능성과 되돌림 가능성 및 우회 가능성의 상징적 번역이다(Piaget, 1972, p. 124).

Piaget의 조작적 구성주의 수학인식론의 또 하나의 요지는 다음과 같다. 수학의 역사적 발생의 메커니즘과 개인에 있어서의 수학의 심리적 발생의 메커니즘 사이에는 평행성이 있으나 그 발생의 순서는 역이다. 왜냐하면 심리적으로 최초에 구성된 것은 논리적 · 반성적 분석에서는 최후에 나타나기 때문이다. 예를 들어, 변환군 아래에서의 도형의 불변성으로서 곡선의 개폐성, 내부, 외부, 경계점, 순서, 연결성−곧음, 오목 볼록, 평행성, 길이의 비−각의 측도−길이 등을 생각해 볼 때 이들은 차례로 위상변환군, 사영변환군, 아핀변환군, 닮음변환군, 합동변환군 아래에서의 불변성으로 포개어져 들어간다. 그런데 Piaget의 실험결과에 따르면 아동의 공간표상은 위상적 성질, 사영적 성질, Euclid적 성질의 순서로 발달하며, 이는 기하의 역사적 발달의 역순이 되는 것이다. 또한 함수개념의 역사적 발생은 비례관계, 변수, 특수한 대응관계의 순서로 이루어져 왔는데, 아동의 함수개념의 발달을 연구한 Piaget는 함수개념의 심리적 발생은 역사적 발생의 역순으로 이루어짐을 주장하고 있다. Piaget의 수학인식론은 결국 반영적 추상화에 의한, 말하자면 심적 고고학으로서의 수학의 발달상을 제시하고 있다고 볼 수 있다. 행동과 조작의 schèmes이 무의식 속에 깊이 묻혀 있어 아주 당연한 것으로 여겨지는 것일수록 그것을 의식적으로 수학적 사고면에 반영하는 데 오랜 시간이 걸린다는 생각이다. Piaget는 Cantor가 일대일 대응조작을 바탕으로 집합론을 건설한 것을 행동과 조작으로부터의 반영적 추상화에 의한 수학의 구성의 두드러진 예로 들고 있다. 일대일 대응조작은 구체적 조작단계에서 구성되는 기본적 조작이지만, 그 조작에 주목하여 수학적 의미를 부여함으로써 현대수학의 발달에 커다란 계기가 마련된 것은 19세기 말에 이르러서이다.

2) 수학적 사고의 조작적 특성

Dieudonné(1972)는 대수적 구조의 역사적 발생, 인류의 대역적 학습과정에서 드러난 추상화 과정을 다음과 같이 개관하고 있다. 대수적 구조의 역사적 발달에서의 점진적인 추상화 과정은 문제의 구체적 특성으로부터의 이탈, 즉 문제에 포함된 대상의 불확정성의 인식과 그 조작적 규칙의 중요성에 대한 의식화 과정이었다. 오랜 역사적 발전을 거치면서 산술의 두 가지 기본적인 요소가 조작되는 대상과 조작 규칙으로 되어 있으며 후자만이 본질적이라는 사실이 점차 명확히 인식되게 되었으며, 급기야 '부분적인 산술' 조작의 구조를 추상하기에 이르렀다. 이는 '조작'의 의식화 과정이요 '조작의 구조'의 의식화 과정이었다. 이는 수학의 역사적 발달단계에 대한 Piaget(1966)의 해석과 일치하는 매우 흥미로운 사실이다. Piaget는, 인간은 자신의 조작을 의식하기 전에 그 외적인 결과를 의식하며 조작의 내면적 구조의 인식은 최후에 온다는 의식의 법칙에 따라 Boutroux가 구분한 수학의 역사적 발달의 3단계를 다음과 같이 해석하고 있다. Platonism으로 대변되는 그리스 수학의 '명상적' 성격은 조작의 결여를 뜻한다. 이는 Euclid가 변환을 거듭 사용하면서도 그것을 기하학적 조작으로 간주하지 못한 사실에서 명확히 드러난다. 서구적인 대수학, 해석기하학, 해석학이 싹트면서 수학을 구성한다는 인상을 가졌던 '종합의 이상'의 시대는 조작의 자각의 시대이다. 19세기에 들어와 보다 풍부하고 복잡한 구조를 대하게 되면서 수학자들은 더 이상 자신이 수학을 구성한다는 느낌을 갖지 못하게 되었으며, 그 자신의 법칙성을 갖는 무한한 세계 가운데에서 선택한다는 인상을 갖게 되어 결과적으로 Platonism으로 복귀하게 된 '본질적인 객관성'의 시대는 조작의 가장 심오한 특성, 곧 그 구조가 발견되기에 이르른 시대이다.

더욱이 현대수학에서의 '함수적 사고'의 중요성은 말할 필요도 없고 최근에는 수학에서의 조작적 정의가 처음부터 대상과 사상을 내포하는 경향을 보이고 있으며 집합보다는 사상을 중시하는 경향을 나타내고 있는바, category 개념은 그러한 생각을 일반화한 것이다. Category 이론의 창시자인

Eilenberg와 MacLane(1945, pp. 236-237)은 이 이론의 기본 아이디어에 대하여 다음과 같이 말하고 있다.

> 이 이론은 또한 다음과 같은 것을 강조하고 있다. 새로운 추상적인 대상이 어떤 특정한 방법으로 주어진 대상으로부터 구성될 때에는 언제나 그에 대응하여 야기된 그러한 새로운 대상에 관한 사상을 그들의 정의의 한 통합된 부분으로 간주하는 것이 바람직하다. 이러한 프로그램의 추구는 대상과 그 사상의 동시 고려를 포함한다(우리의 용어로 이는 개별적 대상이 아닌 category의 고려를 의미한다). 사용된 사상의 형태를 상세화하는 것을 이렇게 강조하면 포함된 여러 가지 개념의 불변성의 정도를 보다 더 잘 통찰할 수 있게 된다. … 이는 변환군을 가진 기하학적 공간이 사상의 대수를 가진 category로 일반화된다는 의미로, Klein의 Erlanger Programm의 계속으로 간주될 수 있다.

그런데 실제로 category에서 중요시되는 것은 대상이 아니라 사상이라는 것, category의 정의도 사상의 집합만을 가지고 가능하며 대상은 사상의 보조역할밖에 하지 못한다는 점은 매우 주목할 만하다. 수학적 구조란 대상 사이에 존재하는 조작적인 관계체계이기 때문에 그 본질을 보다 명확히 드러내려면 그 관계를 강조하지 않을 수 없는 것이다.

이러한 수학적 사고의 조작적 특성을 명확히 인식하고 그것이 다름 아닌 인간의 일반적인 지적 행위의 조작적 특성에 기인한다는 것을 설득력 있게 주장하고 있는 것이 Piaget의 '조작적 구성주의'이다. Piaget(1953, p. 20)는 "지능은 조작의 체계이며, 모든 수학도 조작체계이다"라고 단언한다. 그리고 Piaget는 조작은 전체성을 갖는 조작체계를 이룸으로써 조작이 된다고 본다. 조작이란 내면화된 행동으로 가역적이 되고 '조작적 구조'라고 하는 형태로 상호 조정되어 그 구조에 관하여 전체성의 법칙을 나타내는 것이다.

Piaget의 지적 구조의 질적인 발달에 대한 전체적인 이론의 핵심적인 생각과 밀접하게 연결되어 있으며 풍부하고 포괄적인 의미를 내포하고 있는 관념이 schème(schèmes)과 schéma(schémata)이다. 이들 관념은 매우 포괄적인 특성을 갖고 있기 때문에 명확히 정의하기가 매우 어렵다. 실제로

Piaget 자신조차 이들 관념에 대하여 면밀하고 철저한 정의를 하려고 시도하고 있지는 않다. 이들 관념을 이용하는 데 대한 Piaget의 의도는 다음과 같은 말 가운데 잘 나타나 있다.

> 인식론에서 새로운 단어나 개념이 이용될 때, 그 유용성은—그것이 잘 선정되고 그리고 무엇보다도 그 수가 작으면—새로운 관점에서 문제를 가장 잘 생각하도록 강제하는 데 있다(Piaget, 1950, p. 143).

Schéma란 용어는 신경학자 Head가 도입한 것이다. Head는 schéma에 대하여 다음과 같이 기술하고 있다. 대뇌 피질은 의식 밖에 남아 있는 과거의 인상의 저장고이며, 그 인상은 schéma라고 불리는 조직을 이루고 감각적 자료로부터 생기는 모든 미래의 인상을 수정한다. 따라서 모든 지각은 과거의 것에 의하여 영향을 받는다. Head는 schéma를 주로 감각기능을 나타내는데 이용하고 있으나, Bartlett는 나아가 schéma의 개념을 이용하여 기억요인을 설명하였다. 그러나 Bartlett는 활동적인 반응 패턴이나 조직화된 정신적 자세와 같은 다이내믹한 의미로 schéma라는 용어를 사용하였다. 이는 Piaget의 schème의 관념과 가까운 것이다(Inhelder, 1976).

Piaget는 사고를 조작적 측면과 형상적 측면으로 구분하고 있다. 조작적 측면(행동이나 조작)은 상태의 변환과 관계되는 것이며, 형상적 측면(지각, 모방, 이미지)는 상태의 정적인 표상과 관련되는 것이다. 그러나 Piaget는 지능의 발달을 주체의 능동적인 균형화 과정이라고 보고 있는바, 내면화된 능동적인 행동, 곧 조작적 측면을 지능의 본질적인 것으로 생각하고 있다. schème이란 이와 같은 인지활동의 본질이 되어 있는 행동과 조작을 반복가능하게 하고 그것을 일반화할 수 있게 하는 것, 다시 말하면 행동과 조작의 일반적 구조를 가리키는 말이다. 이에 대하여 어떤 특정한 행동이나 조작의 결과의 단순화된 표상, 즉 이미지를 나타내는 것이 schéma이다. 다시 말하면, 사고의 형상적 측면에 상당하는 것이 schéma이고, 조작적 측면에 상당하는 것이 schème이다. 사고는 그것이 어떤 단순화된 표상을 문제로 하고 있으면 schéma이고, 일반화의 절차로 간주되면 schème이라고 할 수 있을 것이다.

그런데 Piaget는 Gonseth에게 헌정한 논문 가운데에서 이상과 같은 입장을 다음과 같이 표현하고 있다.

> 이 논문이 헌정되는 예민한 저자의 저서를 읽어 보면 그의 이론체계의 중심이 되어 있는 이 용어(schéma)에는 여러 가지 해석이 있어 깜작 놀랄 것이다. 그 가운데 두 가지 극단적인 것만을 생각해 보자. 일반적인 대수적 구조(군, 속 등)는 우리가 '조작적 schème' 이라고 부르고 있는 것이다. 즉 그것은 다양한 범주의 대상에 대하여 그 성질과 무관하게 적용할 수 있는 일단의 행동형식이라고 하는 의미에서의 schéma이다. 이와 반대로 지형학적 schéma는 확실히 전자와는 다른 의미의 schéma이다. 즉 이것은 어떤 정해진 현실의 간략히 단순화된 표상이다. 그 때문에 우리는 그것을 '표상적 schéma(schéma représentatif)' 라고 부르기로 하자. 이 두 가지 의미작용 사이에는 무언가 혈족관계가 있다고 생각해도 좋을까? 확실히 있을 듯하다. 그러나 일련의 중간자가 이 두 극단적인 것의 사이에 늘어서 있다고 하는 조건 아래에서 그렇게 말할 수 있다. 솔직히 모든 철학을 무시하고 단순한 심리학자의 입장에서 보면, 우리는 '조작적 schème' 은 일종의 구성의 schéma, 혹은 일종의 생산과정이며, '표상적 schéma' 는 일종의 구성된 schéma라고 말하고 싶다. · · 우리는 최초의 것을 일종의 schéma화 되어 가고 있는 schéma(schéma schématisant)이며, 두 번째 것은 일종의 schéma화된 schéma(schéma schématiséd)라고 하는 것을 생각나게까지 된다(Piaget, 1950, p. 143).

이상과 같은 Piaget의 기술로부터 추측해 보면 다음과 같이 생각할 수가 있다. 사고의 본질이라고 일컬어지는 조작적 측면에 상당하는 schéma, 즉 '조작적 schème' 과 사고의 형상적 측면에 상당하는 '표상적 schéma' 를 포함하는 보다 포괄적인 상위개념이 schéma이다. 따라서, 사고에 있어서는 오히려 부차적인 의미밖에 갖고 있지 않은 '표상적 schéma' 를 경시하면 일반적으로 schéma란 '조작적 scheme' 을 가리키는 것이라고 생각하여도 지장이 없다고 생각된다.

그런데 Piaget에 의하면 논리-수학적 개념은 대상으로부터의 단순추상에 의한 정적인 이미지가 아니라, 대상에 대한 주체의 행동의 일반적인 조정으로부터 '반영적 추상화'에 의하여 구성된 것이다. 즉 전체의 동시적인 파악이 되지 않는 상태에서 행해지는 일련의 행동의 schèmes이 상호 조정되어 반영적 추상화에 의하여 조작적 schème으로 구성되고, 다시 그렇게 하여 구성되는 조작적 schème은 다음 단계의 조작적 schème의 출발점이 된다고 보고 있다. 이러한 조작적 schèmes이 논리-수학적 개념이라고 할 수 있다.

Piaget에 의하면, 논리-대수적 조작은 순수한 조작적 schème이고, 기하학적 조작은 표상적 schéma을 수반하는 조작적 schème이며, 함수 조작은 인과율과의 관련성이 강한 조작적 schéme이다(Piaget, 1974). 어느 경우든 수학의 본질은 조작적 schème이다. 즉 수학적 구조, 개념, 증명방법, 알고리즘, 명제, 정리 등 모든 것이 조작적 schème이다. 결국, 수학적 활동이란 schèmes을 구성하고 적용하는 것이라고 할 수 있다. 수학의 본성을 조작적 schème이라고 보는 이러한 입장은 수학을 완성된 절대적인 것으로 보는 입장에 반대하는 것으로서, 수학의 본성을 생성과정에 있는 활동으로 보는 상대적인 수학관, 발생적이며 구조적인 조작적 수학관을 나타내는 것이라고 해석된다.

그런데 Piaget에 의하면 조작으로 내면화된 행동의 경우, 그 행동의 schème은 일반적인 조정인자를 포함하고 있다. 그리고 이들 조정인자는 類와 관계에 대한 기본적인 조작의 출발점이 되어 있는 행동의 schèmes, 즉 결합(분리), 순서화, 대응 등의 행동 schèmes으로 이루어져 있다고 보고 있다(Beth & Piaget, 1966). 즉 모든 조작적 행동은 어떤 요소를 결합하든가 순서화하든가 하는 조정작용을 전제로 하여 행해지는 것인바, 이러한 조정인자를 이루고 있는 행동 schéme은 매우 기본적인 것이며, 또한 일반적인 특성을 갖고 있다고 할 수 있다.

또한 Piaget에게 있어서는 schème의 형성 · 발달에 있어서 중요한 기능인 동화에는 주체가 동일 schème을 반복 적용하는 재생적 동화, 주체가 새로운 대상이나 상황에 schème의 적용분야를 계속 확대해 가는 일반화 동화,

주체가 schème을 적용할 때 대상을 변별하든가 고정하든가 하는 것을 가능하게 하는 재인적 동화, 몇 가지 schème 사이의 조정을 가능하게 하는 상보적 동화 등 기본적인 형태의 동화가 있다(Piaget et al., 1977). 이들 제 동화에 대응하는 기본적인 schèmes을 Piaget는 각각 반복자, 단순대치, 확인자, 결합적 조정자라고 부르고 있으며, 이들 기본적인 schèmes을 조정자라고 부르고 있다. 앞에서 언급한 것처럼 동화란 지능이 갖고 있는 기능적 불변체임을 생각해 보면 모든 schème은 기본적 요소로서 이러한 기본적인 schème, 즉 조정자를 갖고 있다는 것을 이해할 수가 있다.

그런데 여기서 함수적 사고교육과 관련하여 주목할 만한 매우 흥미 있는 사실이 있다. Piaget는 어린 아동이 자신의 어떤 기본적인 행동 schèmes(즉, 반복자, 단순대치, 확인자 등) 가운데 대상 x, y를 동화하는 것은 x와 y 사이의 종속관계를 구성하는 것이라고 보고, 그것을 '형성과정에 있는 함수'라고 부르고 함수개념의 발생적 근원이라고 생각하고 있는 것이다. 또한 그러한 관점으로부터 결합적 조정자를 생각해 보면 그것은 함수의 합성의 근원이 되는 것이라고 생각된다. Piaget가 어린 아동의 행동 schèmes으로 이루어진 아동의 논리를 '함수의 논리'라고까지 부르고 그것이 조작과 인과율의 근원을 이루고 있다고 해석하고 있는 것도 이러한 관점에서이다(Piaget et al., 1977).

그런데 여기서 아동이 취급하고 있는 대상의 집합과 그에 대한 행동 schème으로 된 '형성과정에 있는 함수' 및 그 합성체계는 카테고리를 이루고 있다고 하는 해석이 될 수 있는 것이다. 이러한 것은 Piaget의 수학인식론과 심리학의 기본적인 입장을 뒷받침하는 중요한 의미를 갖는 것으로 생각된다. 즉 이러한 것은 수학의 역사적 발생의 순서와 개인에 있어서 수학의 심리적 발생의 순서와의 사이에 역평행 관계가 있다고 하는 그의 발생적 인식론의 기본가설을 뒷받침하는 결과가 되는 것이다.

3) 반영적 추상화

Piaget는 발생적인 입장에서 인지발달의 메커니즘으로 다음과 같은 네 가지를 들고 있다(Beth & Piaget, 1966). 첫 번째는 신경계의 내적인 성숙에 의한 점진적인 조정이다. 이를테면, 보는 것과 쥐는 것의 조정이나 걷게 되는 것은 이러한 요인과 연습 요인에 의한 것이다. 두 번째는 경험에 의한 학습이다. 경험에는 '물리적 경험'과 '논리-수학적 경험'이 있다. 전자는 무게의 개념의 획득과 같이 대상으로부터의 추상화를 수반하는 것이며, 후자는 덧셈의 교환법칙의 획득과 같이 행동으로부터의 추상화를 수반하는 것으로 다음의 균형 요인과 관련된다. 세 번째는 언어 혹은 교육적 · 사회적 전달의 기능에 의한 지식의 획득이다. 이를테면 세는 능력의 획득은 이 요인에 의한 것이다. 네 번째는 점진적 균형화이다. 이를테면 물질량의 보존은 상보적 변환, 즉 가역성의 인식에 의한 균형화의 결과이다. 따라서 논리-수학적 지식은 곧 언어적 · 교육적 요인에 의하여 세련되어 가는 것이지만, Piaget에 의하면 그 발생은 행동으로부터의 추상화와 균형화라고 하는 메커니즘에 의한 것이라고 하는 것이다. 여기서는 행동으로부터의 추상화의 메커니즘을 보다 상세하게 고찰해 보기로 한다.

먼저 대상으로부터의 추상화와 행동으로부터의 추상화의 근본적인 차이는 무엇인가? Aristoteles는 수학자들은 온도, 무게, 색 등의 성질을 무시하면서 지각 가능한 대상을 연구하고 있다고 주장했으며, 수학적 개념도 단지 현실을 단순화하는 추상화에 의하여 물리적 실체로부터 얻어진 것이라고 생각하였다(Beth & Piaget, 1966). 그러나 Piaget는 관념이 현실로부터 추상화되었다고 하는 Aristoteles의 입장에 공명하면서도 지각과 조작, 지각된 대상으로부터의 추상화와 대상에 대한 행동으로부터의 추상화를 구분함으로써 논리-수학적 개념의 성격을 보다 명확히 하려 하고 있다. 그는 일단의 지각할 수 있는 대상으로부터 단지 그 공통성질을 이끌어 내는 것을 경험적 추상화(abstraction empirique)라고 부르고, 행동(과 조작)의 일반적인 조정으로부터의 추상화를 반영적 추상화(abstraction réflechissante)라고 부르고 있다(Beth & Piaget, 1966). 전자는 감각론적 · 경험론적인 사고방식을 나타내는 용어이고, 후자는 내적인 구성을 나타내는 용어라고 생각된다. 수개념, 도형개념 등에 대한 Piaget의 수많은 연구의 목적은 논리-수학적 개념이 반영적 추상화에 의하여 구성된 조작이라고 하는 그의 주장을 발생적으로 규명하려는 데 있었다.

이를테면 어린 아동이 큰 사과는 작은 사과보다 무겁다는 것을 발견했을 때 그는 물리적인 경험을 한 것이다. 그러한 성질은 아동이 작용하기 전에도 사과가 갖고 있던 성질이며, 아동이 그 성질을 단지 경험한 데 불과하다. 물론 그 때에도 동화 도구로서 논리-수학적인 schèmes(부등관계, 대응관계 등)이 작동한다. 그와 같이, 경험으로부터 무게의 개념을 추상했을 때 그것은 경험적 추상화에 의한 것이다. 이러한 추상화 과정에는 일반화가 수반되게 된다. 이에 대하여, 사과를 어떤 모양으로 늘어놓고 어떤 순서로 세어 보아도 같은 수가 된다는 것을 발견했을 때, 아동은 논리-수학적 경험을 한 것이다. 이러한 성질은 사과 자체와는 무관계한 것으로서 아동은 자신의 활동과 그 결과에 대한 경험을 한 것이다. 이와 같은 경험으로부터 원소의 순서와 무관계한 집합의 원소의 개수라고 하는 개념을 추상했을 때 아동은 반영적 추상화를 했다고 Piaget는 말하고 있다. 그러한 개념은 사물을 다루는 가운데 아동 자신이 그의 행동 schèmes의 조정에 의하여 구성한 것임에 틀림없다. Piaget는 모든 논리-수학적 개념은 주체 자신에 의하여 구성된 것이라고 주장한다. 그런데 여기서 주의하지 않으면 안 될 것은 논리-수학적 경험은 항상 주체의 행동과 관련되어 있다는 것만이 그 특징은 아니라고 하는 점이다. Piaget에 의하면 주체의 행동과 관련된 경험에는 두 종류가 있다(Beth & Piaget, 1966). '논리-수학적 경험'과 '심리적 경험'이 그것이다. 심리적 경험이란 주관적인 행동 특성의 내성을 통한 발견과 관련된 것이다. 이를테면 '너무 오래 계속하여 일을 하면 피곤해지지만, 잠시 동안 쉬면 일의 능률이 올라간다'라고 하는 경험은 심리적 경험이다. 이에 대하여 논리-수학적 경험은 내면화되어 조작으로 변환될 수 있는 행동, 이를테면 정열하기, 결합하기 등과 같은 행동만을 포함하고 있으며, 일반적으로 조정된 객관적이고 필연적인 행동결과와 관련되어 있다. 그러한 행동결과는 너무나도 객관적이기 때문에 주체는 스스로 그러한 행동을 수행하면서 단지 그 결과를 확인하는 데 그쳐 그것이 자기가 수행한 행동의 결과임을 의식하지 않는다. 즉 논리-수학적 경험은 내성이 결여되어 있으므로 주체는 그것이 대상에 부여한 자신의 행동임을 알지 못하고 마치 대상의 물리적 성질을 경험한 것처럼 느끼는 것이다. 여기서 Piaget는 인식 주체(sujet épistemique)와 심리적 주체(sujet psychologique)를 구별한다. 전자, 즉 인식 주체는 동일한 발달수준에 있는 모든 개인에게 공통적인 것으로, 그 인지구조는 행동의 조정(개인적 · 사회적)이라는 가장 일반적인 특성을 갖고 있는 메커니즘, 즉 논리-수학적 경험에 의하여 구성되어 가는 것이다. 이에 대하여 후자, 즉 심리적 주체는 개인의 의식적인 자아를 가리키는 것으로 그 작용이 심리적 경험인 것이다.

인식 주체와 심리적 주체를 구별한 것은 '2+2=4' 혹은 'A=B, B=C이면 A=C' 와 같은 객관성 · 보편성을 갖고 있는 수학이 인간 정신의 구성물이라고 주장하는 Piaget의 조작적 구성주의의 진수를 나타내는 것이다. 실제로 Piaget의 주장은 주관에 의한 자의적인 구성을 용인하지 않으며 매우 객관적이고 생명체의 본질이라고도 말할 수 있는 행동의 조정에 의한 구성, 즉 보편성의 실현을 주장하는 일종의 Platonism인 것이다. Piaget는 이러한 입장에서 반영적 추상화의 메커니즘을 다음과 같이 기술하고 있다(Piaget et al., 1977). 반영적 추상화는 상보적인 두 가지 의미로 반영적(réfléchissante)이다. 첫째로, 전단계에서 얻은 것을 보다 상위의 면에 옮긴다고 하는 의미이다. 이러한 이전 혹은 투사를 반사(réflechissement)라고 부른다. 반사결과 전단계에서의 사고의 도구가 사고의 대상이 되는 주제화(thématisation)가 일어난다. 둘째로, 전단계에서 이전된 것을 새로운 면에서 재구성하거나 혹은 거기에 이미 놓여 있는 것과 전단계의 요소와를 관련짓는다고 하는 의미이다. 이 재구성을 반성(réflexion)이라고 부른다. 반영적 추상화는 반사와 반성이란 이러한 두 가지 성분을 갖고 있다. 반영적 추상화 가운데 특히 반성이 사고의 대상이 되어 있는 상위수준에서의 의식적인 구성의 메커니즘을 반영된 추상화(abstraction réfléchie) 혹은 반성적 사고라고 부른다. 그런데 전조작적 수준의 아동이나 구체적 조작수준의 아동은 자신이 확인할 수 있는 구성결과에 근거하지 않고는 구성을 실행할 수가 없다. 이 경우에 그 결과의 확인이 대상에 대하여 행해진다고 하는 점에서는 경험적 추상화와 관련된 것처럼 보이지만 확인된 성질은 주체의 활동에 의하여 그 대상에 도입된 것인바, 그것을 의사 경험적 추상화(abstraction pseudo-empiriques)라고 부른다.

Piaget(1971, p. 320)는 수학적 사고의 발달, 곧 수학적인 조작적 schèmes의 변화에 대하여 다음과 같이 말하고 있다.

> 논리-수학적 추상화의 경우, 주어져 있는 것은 주체 자신의 이전에 행한 행동이나 조작 및 그 결과의 집적이다. 이 경우 추상화는 첫째, 이들 행동이나 조작 가운데의 하나의 존재를 인식하는 것, 즉 그 때까지 등한히 해 온 것에 대하여 그 잠재적 중요성에 주목하는 것이다. 예를 들면, 대응의 지각은 아동에게서 발견되지만 Cantor 이전까지지는 수학적으로는 주목되지 못하였다. 둘째, 주목된 행동은 다른 면, 예를 들면 실제적인 행동면과 대립되는 사고면, 혹은 구체적인 사고면에 대립되는 추상적인 조직화의 권(말하자면, 산술 대 대수)에 사상되어 (물리적인 의미에서) '반영' 되지 않으면 안 된다. 셋째, 그것은 새로운 구조로 통합되지 않으면 안 된다. … 새로운 구조는 이전 구조의 재구성이 아니면 안 된다. … 그러나 그것은 이전의 구조를 새로운 사고면 특유의 요소와 통합함으로서 이전 구조의 범위를 확장하지 않으면 안 된다.

그런데 특히 주목해야 할 것은 반영적 추상화는 이전의 구성결과인 조작을 단지 바꾸어 놓는 식으로 새로운 조작을 구성하는 것이 아니라, 이전의 구성을 특별한 경우로 통합하면서 그것을 뛰어넘는 재구성을 하여 나아간다고 하는 것이다. 이러한 구성적 일반화 메커니즘을 갖고 있기 때문에 주체의 지식체계는 정합성을 유지하면서 발달할 수가 있는 것이다.

특히, 반영적 추상화 가운데 Piaget 이론을 교육적으로 적용할 때 가장 중요한 원리로서 들고 있는 활동성의 의미를 명확히 해 주는 것은 의사 경험적 추상화이다. 이 경우 주체는 자신의 활동에 의하여 대상을 변환시킨다든가 자신의 그러한 행동의 결과로부터 이끌어 낸 성질을 대상에 부여함으로써 대상의 성질을 풍부하게 한다. 그러나 앞에서도 언급했듯이 주체는 대상을 다루고 대상에 대한 실제적인 관찰을 하지만, 추상화되는 성질은 이전부터 대상 가운데 존재한 것이 아니라 주체의 행동의 조정에 의하여 대상에 도입한 것이다. Piaget는 반영적 추상화의 교육적 중요성을 논하는 가운데 그의 친구인 저명한 수학자의 일화를 예로 들고 있다(Piaget, 1973). 그 수학자의 이야기에 의하면, 그의 수학에 대한 흥미는 그가 4~5세였을 때 일어난 다음과 같은 경험에 의하여 시작되었다고 한다. 그는 정원에 앉아 작은 돌멩이를 가지고 놀고 있었다. 처음 작은 돌멩이를 직선으로 놓고 왼쪽에서 오른쪽으로 세어 보았다. 10이었다. 다음에는 오른쪽에서 왼쪽으로 세어 보았다. 또 10이 되어 놀랐다. 그 다음에는 작은 돌멩이를 원형으로 배열하고 세어 보았다. 또 10이었다. 다시 역방향으로 세어 보았지만, 마찬가지였다. 이어서 작은 돌멩이를 여러 가지 방법으로 배열하여 세어 본 다음 결국 합계는 작은 돌멩이의 순서와 관계없이 10임을 알았다.

이 예의 경우 아동이 실제로 작은 돌멩이를 배열하여 세어 보기까지는 합계도 순서도 작은 돌멩이의 물리적 성질이라고 생각되지 않았다는 것은 분명하다. 아동이 발견한 것은 작은 돌멩이를 세는 행동은 작은 돌멩이를 늘어놓는 행동과 무관하게 같은 결과를 가져다 준다고 하는 것이고, 작은 돌멩이는 그러한 행위의 도구의 역할을 한 데 지나지 않으며, 작은 돌멩이의 물리적 성질은 어떤 역할도 하고 있지 않다. 여기서 문제가 되어 있는 것은 순서화와 수세기라고 하는 행동 schèmes의 조정에 의한 수의 보존이란 조작적 schème의 구성이다. 이러한 예는 의사 경험적 추상화에 의한 논리-수학적 개념 획득의 메커니즘을 꽤 명확히 해 주는 것으로 교육적으로 매우 큰 시사를 주는 것으로 생각된다.

그런데 위에서 언급한 것처럼 Piaget에 의하면 수학적 지식 획득의 원동력이라고도 할 수 있는 반영적 추상화는 반사와 반성이라고 하는 두 가지의 분리될 수 없는 요소로 이루어져 반사된 내용은 반성에 의한 새로운 형식의 구성에 이르러 일시적 균형상태로 되지만 곧바로 불균형에 빠진다. 즉 점진적으로 보다 포괄적인 조작적 schème을 구성해 가지만, 완전한 지식의 획득이란 있을 수 없으므로 그러한 메커니즘은 보다 높은 균형을 향하여, 즉 보다 포괄적인 조작적 schèmes을 향하여 언제까지나 만족됨이 없이 반복을 되풀이하는 것이다. 이러한 schèmes의 역동적인 잇달은 재구성에 대하여 Piaget는 다음과 같이 말하고 있다.

> 우리는 나선적인 과정을 주장하고 있다. (관찰할 수 있는) 내용의 모든 반사는 어떤 형식(반성)의 개재를 전제로 하며, 또한 이전된 내용은 반사에 의한 새로운 형식의 구성을 강요한다. 따라서, 반사 → 반성 → 반사, 그리고 (혹은) 내용 → 형식 → 보다 세련된 내용 → 새로운 형식 등과 같이 끊임없는 교대가 행해진다. 그리고 (이 과정은) 절대적인 시작도 없고 끝도 없이 계속되어 개념영역은 점차 증대되어 간다 (Piaget et coll., 1977, p. 306).

그러나 Piaget는 여러 가지 수학적 개념의 발생을 연구했지만, 그러한 수학적인 개념의 구성과정을 이러한 반영적 추상화의 메커니즘으로 명확히 기술하고 있지는 않다.

반영적 추상화에 의하여 구성된 논리-수학적 조작은 경험적 추상화에서의 동화도구로 작용한다. 경험적 추상화는 반영적 추상화에 의하여 구성된 동화구조인 논리-수학적인 schèmes을 통해서만 가능하다. Piaget에 의하면 이러한 반영적 추상화에 의한 논리-수학적 조작의 구성은 발견이 아닌 것은 명백하지만, 자유로운 새로운 조합이라고 하는 의미에서의 발명이라고도 할 수 없는 독특한 과정이다. "새롭기는 하지만, 명확히 정해진 가능성의 체계 내에서의 조합의 무한한 연속"(Beth & Piaget, p. 207)이다. 즉 Piaget의 구성주의는 가능성의 전체 체계를 가정하고 있으므로 Platonism이라고도 할 수 있는 것으로, 그 가능성이 발생적으로 주체에 의한 구성과정(반영적 추상화)을 통하여 점진적으로 실현되어 가는 것으로 보고 있는 것이다. 그러나 주체가 미리 모든 조작적 구조를 포함하는 골격을 가지고 있다고는 할 수 없으므로 선험론은 아니다. 주체가 가지고 있는 것은 조작적 구조의 구성을 가능하게 하는 그 어떤 활동성(행동 schèmes)뿐이다. 즉 주체적 구성의 가능성만을 가지고 있고, 그것만을 바탕으로 하여 주체가 지식을 구성해 간다고 하는 것이 Piaget의 소위 조작적 구성주의(constructivisme opératoire)의 입장이다. 그러나 그 구성이라고 하는 것은 행동의 '일반적 조정'에 의하여 점차적으로 보다 나은 균형을 향해 나아간다고 하는 것이므로, 조작적 구성주의는 결국 어떤 보편적인 이데아에 접근할 수 있다고 하는 Platon적인 신념을 갖는 것으로 생각된다. 단, 가능성을 이미 실현된 것, 이미 '존재하는 것'이라고 말하지 않을 뿐이다(Beth & Piaget, 1966).

4) 조작적 학습원리

이러한 Piaget의 발생적 인식론과 심리학의 기본전제에 따르면, 학습은 발달에 종속되어야 하며 지도는 또한 학습에 종속되어야 한다. 학습은 schèmes의 자율적인 내적인 재구성 과정으로 이는 사회적 상호작용과 인지적 갈등에 의하여 촉진된다. 그리고 학습은 아동의 발달단계의 특징에 따른 한계를 넘어서 이루어질 수는 없는 것이며, 동화 · 조절에 의한 schèmes의 내적인 구성과정과 조화된 지도방법만이 바람직한 것이며, 무리한 조기교육이나 학습의 촉진은 아동의 자기구성을 불가능하게 하는 것이다. 무엇보다도 중요한 것은 사고와 앎의 본질은 내면화된 가역적 행동인 조작이므로 학습은 학습자의 활동을 통하지 않고는 이루어질 수 없다. 그리고 조작적 schèmes이 보다 가동적으로 통합되고 조직될수록 환경에 보다 잘 적응할 수 있으므로 수학적 지식의 관계망과 의미관련성의 형성을 목표로 노력해야 할 것이다. 특히 수학학습은 활동을 통한 조작의 내적인 구성과정이므로 교육방법이 학습자의 활동을 전제로 해야 할 필요성은 무엇보다도 우선한다. 이는 Piaget 이론에 의하여 뒷받침되고 있지만, 활동적 학습원리는 인류의 오랜 경험을 통하여 다음과 같이 격언화되어 있을 정도이다. 이는 중국의 고전인 《說苑》에 나오는 구절을 영역한 것이라고 한다.

> I hear, and I forget — I see, and I remember — I do, and I understand.

아동의 상상에 호소하는 설명식 교육은 아동이 내면적으로 조작을 스스로 구성하는 것을 전제로 하는 것이다. 예를 들면, 분수 지도의 경우 과자의 등분할을 말로 설명하면서 그것을 상상하도록 하여 그 부분을 $\frac{1}{2}$이라든가 $\frac{1}{3}$이라고 부른다고 설명하는 방법이다. 특히 어린 아동의 교육에서 그러한 방법의 효과가 얼마나 빈약한 것인지는 말할 필요도 없다. 다음에는 미리 준비한, 변형되지 않는, 아동은 다룰 수 없는 구체물이나 그림과 같은 자료를 이용하는 소위 직관적인 지도방법을 생각해 볼 수 있다. 예를 들어 분수 지도의 경우, 미리 분할되어 있는 원판의 그림 등을 제시하는 것과 같은 방법이다. 이 경우에는 조작을 상징하며 조작의 구성에 도움을 주는 것을 아동이 지각함에도 불구하고 실제로는 아동에게 등분할을 상상하도록 요구하게 되어 교사는 다시 언어적 설명을 덧붙이게 된다. 다음에는 아동 앞에서 실제로 행동을 해 보이는 방법을 생각해 볼 수가 있다. 분수 지도의 경우, 교사가 아동 앞에서 여러 가지 구체물을 등분하여 보이는 방법이 그것이다. 이 경우 아동들은 예시된 행동을 내면적으로 모방하도록 기대되지만, 대다수의 아동의 실질적인 내면적 모방을 기대하기는 어렵다.

결국 아동에게 가장 용이하면서도 흥미 있는 조작의 구성을 위한 수단은 아동 한 사람 한 사람에게 구체적 자료를 다루는 실제적 행동을 시키는 것이다. 행동의 내면화란 관점에서 보면, 아동에게 구체적 활동을 시키지 않고 위에서 언급한 방법으로 지도하면 아동은 충분한 이해를 하지 못한 채 공식이나 규칙 또는 정의를 외우거나 여러 가지 계산방법을 기계적인 연습에 의하여 자동화하는 경우가 많게 되는 이유를 잘 알 수 있다. 기호의 취급에 대한 습관의 형성이 아닌 참다운 이해를 의미하는 것이 조작의 구성이다. 수학적 개념이 조작으로서 형성되게 하기 위해서는 가역성을 적절히 고려하지 않으면 안 된다. 예를 들면, 덧셈과 뺄셈, 곱셈과 나눗셈은 역연산 관계로 다루어야 할 것이며, 다항식의 전개와 인수분해, 지수와 로그, 도함수와 부정적분 등도 관련지워 다루어야 할 것이고, 대소관계 $a < b$도 $b < a$, $b > a$ 등과 함께 다루는 것이 좋을 것이다. '지능은 조작의 체계이며, 모든 수학도 조작체계이다. 조작은 행동에 불과하다. 곧 조작은 실제적인 그러나 내면화된 가역적으로 된 행동이다(Piaget, 1953, p. 20).' 이는 수학학습이 활동적이어야 할 필요성을 잘 표현해 주는 구절이다.

Piaget 자신은 그의 조작적 구성주의 수학인식론에 근거하여 다음과 같은 일반적인 수학 교수학적 원리를 제시하고 있다(Piaget, 1973). 첫째, 수학적 개념의 발달은 아동의 실제적인 행동의 조정을 바탕으로 한 반영적 추상화에 의한 연속적인 구성과정이므로, 조작기의 문턱에 와 있는 유치원과 초등학교 입학 초기의 아동의 수학교육에서는 구체물을 다루는 아동 자신의 행동과 그 조정의 결과를 경험하는 '논리-수학적 경험'을 강조함으로써 그 기초를 다져야 한다. 둘째, 모든 지적 조작의 본질은 조작이며, 조작은 행동의 조정과 내면화의 산물이므로 구체적 조작단계에 있는 초등학교 아동에 대한 수학교육은 활동적 교수법에 의한 것이 아니면 안 된다. 셋째, 아동이 발달의 초기부터 현대수학적인 '자연스런' 조작적 schèmes을 갖고 사고할 수 있도록 수학교육의 본질적인 체질 개선이 요망된다. 그렇게 하려면 아동의 자발적이면서 무의식적인 행동과 조작의 구조를 반성의 대상으로 하는 교수학적 문제가 제기된다. 그러한 문제의 해결을 위해서는 발견적 교수법, 소집단 활동 및 적절한 대화를 통한 의식화 방법, 직관 교수법 등의 교수원리를 고려해야 한다.

위에서 언급한 Piaget의 발생적 수학인식론의 기본전제에 따르면, 수학의 역사적 발달과정에서 그 구성의 기초를 보다 깊게 탐구해 감에 따라 인간정신의 기본적 구조와 보다 밀접하게 연결되게 된다. 이 견해에 따르면 '현대' 수학의 기본적인 사고방식에 따라 수학교육의 근본적인 개혁을 계속적으로 기도하여 조기교육을 시도하는 것이 바람직할 것이다. 그러나 구성적이면서 반성적이 아닌 조작의 구조를 반성하여 의식화시키고 이론화하도록 이끄는 것은, Thom(1973)의 비판과 같이 일상언어의 구조를 의식화시키는 것처럼 오히려 수학적 사고에 방해가 될는지도 모르며, 덜 성숙한 태아를 제왕절개하여 꺼내는 것처럼, 수학적인 생명의 생존, 곧 의미의 개발을 위협하는 일이 될는지도 모른다.

그러나 초기의 직관적인 구조의 구성 후 점진적이고 필연적인 형식화를 기대하는 Piaget의 의도를 고려한다면, 그리고 그러한 수학적 구조가 아동의 수학적 사고의 형성 · 발달을 위한 진정한 모체가 되도록 하려면 발달의 초기부터 그러한 schèmes에 의한 의식적 사고가 이루어지도록 하는 것이 바람직하다고 하면, Piaget의 생각을 곧바로 부정하기는 어려울 것이다. Inhelder는 일찍이 1958년 발표된 논문과 1959년 유명한 Wood Hole 회의에 제출한 보고서 가운데에서 이러한 Piaget의 견해를 일층 구체화하여 제기하고 있다(Bruner, 1963). 이는 Piaget 이론에 근거한 발생적 원리의 명확화란 점에서 주목할 만한 기여라고 생각된다. Inhelder는 먼저 전조작단계에 있는 입학 초의 아동들에 대한 수학교육에서 논리-수학적인 경험의 중요성을 강조하여 그것을 사전-교육과정(pre-curriculum)으로 제공할 것을 다음과 같이 제안하였다.

> 이 모든 것에 비추어, 누구든지 학교교육의 최초 2년 동안 논리적인 가법, 승법, 포함관계, 계열화 등의 기본조작을 강조하면서 여러 가지 물체를 다루고 분류하고 순서에 따라 늘어놓는 연습을 시키는 것이 효과적이 아닐까 하는 생각이 들 것이다. 왜냐하면 이런 논리적 조작이야말로 수학과 과학의 모든 분야에서 보다 특수한 조작과 개념의 기초를 이루는 것이기 때문이다. 사실인즉 그러한 조기의 과학 및 수학 '사전-교육과정'은 아동으로 하여금 수학과 과학의 주요개념을 직관적으로, 또한 보다 귀납적으로 이해할 수 있도록 해 줄 것이며, 아동의 이러한 이해는 나중에 수학과 과학의 정규의 교육과정에서 명확한 형태를 띠게 될 수 있을 것이다. 우리의 의견에 의하면 이러한 교육방법의 효과는 과학과 수학교육에 연속성을 부여한다는 것과, 또한 아동으로 하여금 기본개념을 보다 잘 또 보다 확실하게 이해하도록 한다는 것이다. 만약 이런 조기의 기반이 없을 때 아동은 나중에 그 기본개념을 입에 올릴 수는 있되 그것을 전혀 효과적인 방법으로 사용할 수는 없을 것이다(Bruner, 1963, p. 46).

또한 Inhelder는 수학 교육과정의 구성원리로서 앞에서 언급한 Piaget의 발생적 수학인식론의 기본 가설을 바탕으로 다음과 같은 주장을 하고 있다.

> 특별히 수학 교육과정의 배열과 관련된 또 다른 문제가 있다. 흔히 어떤 교과에 관한 아동의 심리적 발달의 계열은 그 교과에 나오는 개

> 념의 역사적 발달순서보다 그 교과 자체 내의 공리적 순서에 더 가깝다. 예컨대 한 도형이 다른 도형에 접해 있다든가, 떨어져 있다든가, 안에 들어 있다든가 하는 위상적 개념은 Euclid 기하나 사영기하의 개념보다 역사적으로는 나중에 발달한 개념이지만, 아동의 발달과정상으로 보면 먼저 형성된다. 사실, 어떤 교과의 구조를 가르칠 때 그 역사적 발달순서보다 그 자체의 올바른 논리적, 즉 공리적 순서를 따라 가르치는 데 대한 어떤 특별한 정당화가 필요하다면 이러한 사실이 그것을 제공해 준다(Bruner, 1963, pp. 43-44).

이러한 Piaget와 Inhelder의 주장은 반-역사발생적인 심리발생적 원리라고 부를 수 있는 것이다.

Aebli(1951)는 Piaget가 서문을 쓴 《심리학적 교수학—Piaget 심리학의 교수학에의 적용》에서 다음과 같은 교수학적 원리를 제시하고 있다. Piaget 이론에 의하면 사고하는 것은 조작하는 것이다. 어떤 것을 안다는 것은 어떤 조작을 실행하는 것이다. 교육이 해야 할 일은 이 조작의 형성을 도와주는 것이다. 따라서 교사는 지도할 내용을 조작으로 해석하고 아동이 그러한 조작을 구성할 수 있는 상황을 만들어 주지 않으면 안 된다. 그런데 모든 지적 행위는 그것보다 원시적인 행위로부터 출발하여 점진적으로 구성된다. 따라서 새로운 조작을 구성하게 하기 위해서는 아동의 그 당시의 schèmes에 호소하지 않으면 안 된다. 새로운 조작을 구성하려고 하는 정신활동이 탐구이며, 이는 schèmes의 불변적 기능인 동화기능의 발로이다. 따라서 아동에게 그의 자주적인 탐구에 의하여 수학적 조작을 구성하도록 하지 않으면 안 된다. 그런데 조작은 본질적으로 조작적 구조를 이룸으로써만 조작일 수 있으므로 아동은 먼저 주요관계를 구성하지 않으면 안 된다. 그런데 탐구의 동인은 아동의 사고 내에 생동하는 문제의식이다. 따라서 문제는 예상 schèmes, 즉 구성하려고 하는 조작체계의 예상이 가능하도록 '적당히' 어려운 정도여야 한다. 그러한 예상적 schèmes이 탐구과정을 통하여 조작으로 구조화되고 세련된다. 이상의 것을 간단히 요약하면 다음과 같다.

> 사고의 형성은 곧 조작의 형성이며, 조작의 형성은 곧 조작의 구성

> 이다. 조작의 구성은 탐구를 통하여 이루어지며, 모든 탐구는 문제로부터 시작한다(Aebli, 1951, p. 80).

탐구가 끝나면 결과를 보고시키고 교사가 개재하여 그 결과를 수정하여 완성하는 기회를 갖는다. 다음에는 조작의 구조화와 가동성을 촉진하기 위하여 '조작적 연습'을 시킨다. 조작의 특징적인 성질인 전체성, 가역성, 결합성을 고려하여 구별되는 조작을 서로 관련시키면서 구성되도록 하며, 특히 조작을 그 역조작과 관련시켜 다루고 문제에 주어진 자료를 여러 가지로 바꾸어 제시하고 문제 자체를 다양하게 변형하여 제시하는 동시에 여러 가지 해결방법을 연구하도록 하는 조작적 연습단계를 강조하고 있다. 이러한 심리발생적 방법의 특징은 아동에 의한 조작의 점진적인 구성을 유발시키는 것으로, 실제적인 행동결과의 관찰로부터 '반영적 추상화'에 의한 조작의 구성이 이루어지도록 행동의 내면화를 도와주는 것이다. 여기서 중요한 것은 단지 행동을 시킨다고 하는 것만이 아니라, 행동이 내면화되어 조작이 되게 하기 위한 교수전략을 구사한다는 점이다. 이 행동의 내면화라고 하는 생각이야말로 교육이 요구하는 활동의 본질을 가장 잘 나타낸 것이며, Dewey를 중심으로 한 20세기 초의 활동주의를 초월하는 가장 기본이 되는 발상 가운데 하나이다. 이를 위하여 처음에는 구체물을 다루는 실제적 행동으로서, 다음에는 그림을 이용하여, 마지막에는 기호만을 이용하여 순수하게 표상적인 수준에서 문제를 취급하기를 요구한다. 이는 앞 장에서도 언급했지만 표현양식에 관한 Bruner의 'EIS 이론'의 선구자로 간주된다.

Aebli는 이와 같이 문제해결 과정, 탐구과정을 통하여 행동으로부터 조작으로의 내면화, 조작의 구조적 구성, 조작의 가동성, 조작의 적용 가능성을 지향하는 교수학적 원리를 이끌어 내었다. 이 원리는 그 후 독일에서 '조작적 교수학(Operative Didaktik)'이라고 불리는 교수원리로 발전되었다. 여기서 주목할 만한 것은 행동의 내면화라고 하는 아이디어와 조작의 구조화, 가동화를 위한 조작적 연습이다. Fricke(1970)는 이러한 Aebli의 연구를 발전시켜 다음과 같이 Piaget 이론에 근거한 교수학적 원리를 일층 상세화하여 '조작적 학습원리' 라고 부르고, 그에 따른 초등학교 수학 교과서를 개발하여 제시하였다. 그가 말하고 있는 '조작적 학습원리' 란 목표로 하고 있는 조작과 동형인 활동을 통하여 그 조작을 구성시킨다는 것으로 조작적인 전체적 취급, 도입으로부터 연습에 이르기까지의 철저한 조작적 연구, 발견적 · 탐구적 학습, 일반적인 것으로부터 특수한 것으로, 활동을 통한 개념형성, 조작적 연습 등의 원리로 되어 있다. 특히 그는 이러한 조작적 학습원리에 따른 '조작적 계산' 의 실현을 위한 교구로서 Cuisenaire 색막대를 사용하고 있는데, 이 교구는 Piaget(1971, p. 49, 73)도 지적하고 있듯이, 아동자신에 의한 활동적 방법으로 이용되는 경우에는 수학적인 조작을 구성시키는 데 매우 유용한 교구인 것으로 생각된다. Cuisenaire 색막대에는 눈금이 없기 때문에 각 색막대에 특정한 수를 고정적으로 대응시키는 바람직하지 못한 직관의 형성을 지양하고, 하나의 색막대를 다른 색막대와 비교하는 활동에 의하여 작용소, 곧 조작으로서의 수를 형성시킬 수 있는 것이다.

Piaget 이론에 따르면 수학의 학습은 수학적 조작의 구성이다. 따라서 조작의 특성을 고려하여 그와 동형인 행동을 아동에게 실행시켜 그 내면화를 도모하는 것이 바람직할 것이다. 우선 조작이 가동적인 구조를 이루고 있다는 생각은 수학교육에 커다란 의미를 준다. 수학의 학습이 기호의 취급에 관한 고정된 습관이 아닌 참다운 이해를 가능하게 하려면 수학적 조작이 이루고 있는 관계망의 동시적 파악이 이루어지도록 해야 할 것이다. 즉 구체적 조작의 구조, 곧 군성체의 특성에 비추어 문제를 거꾸로 생각해 보게 하기, 여러 가지 해결방법을 찾아보고 그들 사이의 관계를 조정하기, 근친관계에 있는 문제를 함께 다룸으로써 전체적인 관련성을 이해하도록 하기 등 조작적인 전체적 취급을 해야 할 것이다. Piaget에 의하면 군성체는 합성 가능성, 가역성, 결합성질, 항등조작, 특수항등조작 등의 특성을 갖고 있는 가동적인 구체적 조작체계를 의미한다. 한편 이러한 전체적인 취급은 구조를 이루고 있는 조작의 구성이 철저하게 이루어지도록 도입단계로부터 정리단계, 연습단계에 이르기까지 꾸준하게 행해져야 하며, 아동 자신에 의한 조작체계의 구성을 꾀하는 것이므로 발견학습, 탐구학습에 의한 문제해결

과정이 전제되어야 한다. 또한 조작의 본질상 수학적 개념의 구성은 실제적이건 사고면에서이건 아동의 능동적인 활동을 통하지 않으면 불가능함도 명확하다. 또한 학습된 수학적 관계에 대한 가동적인 조작적 사고활동을 가능하게 하기 위해서는 단순한 반복학습 대신에 조작적 연습이 필요하다. 즉 여러 가지 해결방법을 탐구하고 문제를 여러 가지로 변형시켜 다루어 보면서 그 상호 관련성을 조정하고, 문제에 나오는 양을 여러 가지로 변화시켜 다루는 활동을 통하여 가동적인 수학적 사고의 발달을 조장해야 한다. 결국, 관계적 구조를 이루고 있는 조작적 사고의 가동성은 이해를 보증하는 학습지도의 근거를 제공함과 동시에 그러한 학습의 목표가 되고 있는 것이다.

Piaget의 균형이론에 의하면 지능은 그 기능적 불변체로서 적응기능과 조직기능을 갖고 있고, 적응은 동화와 조절기능으로 나누어진다. 이는 인지구조, 곧 schème의 기능으로, schème은 이러한 기능으로 말미암아 안정성, 정합성을 가지면서 유연성, 적응 가능성을 갖고 일반화, 분화 가능성을 갖는 발전적인 것이다. 일반적으로 학습은 행위의 변화이며, 적응행동의 하나이다. Piaget의 입장에서 보면 학습은 schèmes의 변화이며, 그것은 동화와 조절이라는 인지기능에 의한 것이다.

동화는 학습심리학의 용어르 말하면 전이와 일반화에 대응하며, 조절은 가소성이나 분화와 조정 같은 변화에 대응한다고 말할 수 있다. 일반적으로 학습상황에는 주체가 가지고 있는 schème과 주체가 당면한 사태와의 사이에 어떤 불일치가 포함되어 있지 않으면 안 된다. 학습이란 그러한 불일치의 해소를 목표로 하는 것이며, 그 때 동화와 조절기능이 작용하여 schème의 변화가 일어나 새로운 schème이 구성되고 일시적인 균형이 확립되게 되는 것이다. 이 균형은 학습의 진행과 함께 점차 증대되는 방향으로 나아간다. Piaget에 의하면 새로운 통찰이 일어나는 것은 이러한 균형에 도달했을 때이며, 그 때 이전의 것을 특별한 경우로 포함하는 형태로 행해짐으로써 지식의 통합이 가능해진다. 즉 무엇인가를 이해한다는 것은 Piaget에게 있어서는 새롭게 형성된 schème 가운데 그 대상을 동화하는 것이다. 수학학습에서는 schème의 구성을 무엇보다도 중시하지 않으면 안 된다.

그런데 새롭게 구성된 schème과 이전의 schème 사이의 연속성은 지식의 통합을 가능하게 하는 중요한 특성임과 동시에 교육의 초기에 어떤 기본적인 schèmes이 형성되는가 하는 것은 미래의 학습을 위하여 결정적으로 중요하다고 하는 것이 된다. 이러한 관점에서 보면 유치원과 초등학교 입학 당시의 아동의 수학교육에서 '논리-수학적 경험'의 중요성을 언급한 Piaget의 요구와 그것을 '사전 교육과정'이라는 용어로 표현하고 논리적이고 정성적인 취급의 중요성을 강조한 Inhelder의 주장은 이러한 관점에서 보면 잘 이해된다. 그러나 수학적 사고에서 개념표상을 중시하는 입장이나, 표현수단의 증대와 그 사이의 조정능력의 증대를 지능의 발달로 보고 EIS 이론을 주장한 Bruner식의 학습이론은 Piaget의 입장에서 수용하기 어렵다고 생각된다.

어떤 것을 이해한다는 것은 그것을 적당한 schème에 동화하는 것이므로 schème은 새로운 내용의 이해를 위한 도구가 되며, 기존의 지식을 통합하는 기능을 갖는다. 새로운 학습은 적절한 schème의 기능에 의존하고 있으므로, 현존하는 schème과 새로운 학습자료 사이의 간격이 지나치게 커서 동화는 물론 조절에 의한 재구성도 되지 않는 경우에는 학습은 불가능하며, 학생들은 기계적인 학습밖에 되지 않는다. 이러한 것은 논리적 계통성을 본질로 하는 수학의 학습에 있어서 특히 중요한 문제이다. 학생들의 마음 가운데 적절한 schèmes이 존재하고 있다고 하는 것, 즉 소위 학습의 준비성이 제1 요건이며, 적절한 schème이 구성될 수 있도록 학생들에게 부여하는 활동을 어떻게 준비해야 하는가 하는 것이 학습-지도의 결정적인 요건이 된다.

반영적 추상화는 논리-수학적 지식획득의 심적인 메커니즘이다. Piaget 자신도 그의 생각에 비추어 유치원과 초등학교의 수학교육에서 활동적 교수법의 중요성을 무엇보다도 강조하고 있지만, 반영적 추상화에 내재하는 활동성의 역동성은 유치원과 초등학교뿐만 아니라 모든 수준에서 수학학습의 중심이 되어야 한다.

그런데 앞에서 지적한 바와 같이, Piaget 심리학에 그 이론적 근거를 두고 있다고 주장하고 있는 많은 활동주의적 교수학습 이론에서는 위에서 고찰한 바와 같은 활동성의 의미와 관련된 학습의 메커니즘에 대하여 충분한 이해를 결여하고 있기 때문에 종종 단순한 경험론에 빠지는 경우가 있다. 대상에 대한 구체적 활동과 마찬가지로 혹은 그것 이상으로 중요한 것은 내적인 재구성, 즉 행동과 그 결과에 대한 반성임을 간과해서는 안 된다. 이는 Piaget 심리학에 근거한 활동적 학습이론이 필연적으로 탐구학습 이론이 되지 않을 수 없다는 것을 의미하는 것이다. 이는 이미 Piaget 심리학의 교수학에의 적용연구 가운데 최초의 것인 Aebli의 심리학적 교수학에서도 주장되고 있다. 그러나 Aebli의 연구에서도 그 교수학의 심리학적 근거는 명확히 규명되어 있지 않다. 이는 다마도 그가 주로 참고한 《지능심리학》에서는 이 관념이 아직 명확히 논해지고 있지 않기 때문이라고 생각된다. 《지능심리학》이 출판된 것은 1947년이지만, Piaget가 반영적 추상화의 관념을 도입한 것은 1950년에 출판된 《발생적 인식론 서설》을 통해서였다(Piaget et coll., 1977).

Piaget의 인지발달 이론은 균형이론이며, 반영적 추상화도 균형화의 한 메커니즘이다. 이러한 관점에서 보면 탐구활동에의 동기를 유발하는 요인은 이 불균형성 가운데에서 찾지 않으면 안 된다. 불균형은 갈등을 초래하고 갈등은 주체를 자극하여 현재의 상태를 뛰어넘어 새로운 해결을 모색하려고 하는 몸부림이다. 불균형은 반영적 추상화를 강조한 재구성의 원천이 되는 것이다. 이러한 사고방식에 따르면 갈등을 야기시키는 학습상황은 Piaget 심리학에서 보아도 수학학습의 원동력이 되는 것이다.

Piaget의 반영적 추상화 이론에 따라서 수학의 학습-지도론을 구성하려고 한 시도 가운데 Wittmann(1969)과 Dienes(1959) 및 Dubinsky(1991)의 연구를 살펴보자. Piaget에 의하면 수학적 구조는 아동 자신의 행동이나 조작의 일반적 조정으로부터 반영적 추상화를 통하여 나선적으로 구성되어 가는 것이다. 따라서 새로운 형식의 구성은 전단계에서 획득한 내용의 재구성에 의한 일반화로서만 행해진다. 즉 모든 수학적 형식의 이해에는 전단계의 내용의 이해가 필요하고, 단계적 구성을 통해서만 수학적 형식의 이해가 가능해지는 것이다. Wittmann은 이러한 단계적인 수학적 구조 형성의 메커니즘인 반영적 추상화를 '반성을 통한 추상화(Abstraktion durch Rückschau)'로 받아들이고 그 교육적 의미를 논하고 있다. 이는 의식적 수준에서의 반성적 사고의 연속이라고 할 수 있는 것으로 Piaget의 '반영된 추상화'에 상당하는 것이다. 이를테면, 3 · 4=4 · 3, 5 · 2=2 · 5 등과 같은 구체적인 예로부터 반성을 통한 추상화에 의하여 보다 높은 형식적 수준에서의 교환법칙, 곧 모든 자연수 a, b에 대하여 a · b=b · a에 이들이 포괄되도록 단계적으로 지도해야 한다고 보고 있으나, 이 정도의 것은 종래의 지도방법과 그다지 다르지 않은 것으로 생각된다. 더구나 곱셈의 교환법칙을 직사각형 배열에 의하여 지도하려는 것은, Piaget 심리학에 근거한 수학교육을 논하면서 감각론적 직관주의에 빠지는 오류라고 볼 수 있다.

그리고 Wittmann은 반성을 통한 추상화에 의하여 보다 포괄적인 문제해결 전략을 구성하도록 지도해야 하며, 반성적 사고가 자주적 · 생산적인 가장 중요한 수학적 사고활동임을 강조하고 있다. 그런데 이러한 논의 가운데에는 반영적 추상화의 핵심이 되는 가장 중요한 특성에 대한 논의가 빠져 있음을 지적하지 않을 수 없다. 그것은 Piaget의 반영적 추상화의 경우, 반성이 중요하지 않은 것은 아니지만, '아동 자신의 행동과 조작 및 그들 사이의 일반적인 조정을 수반하는 아동 자신의 의식적인 반성을 통한, 말하자면 형식의 구성적 추상화'가 핵심적인 것이며, Piaget의 인식론 및 심리학에 근거한 수학교육을 논할 때 간과해서는 안 될 점이다. 조작은 내면화된 가역적인 조정된 행동이며 내용과 형식의 교대작용을 거치면서 점진적으로 추상화 · 일반화되어 가는 schème을 이루고 있다. Piaget가 반영적 추상화에 의한 구성의 예로 들고 있는 수의 보존은 대상의 개수는 대상들을 여러 가지로 배열하고 세어 보는 활동과 무관하다는 사실로부터 배열하고 세어 보는 활동의 조정결과 구성된 것이다. Piaget는 자연수 개념은 분류조작과 계열화 조작의 종합인 조작적 schème이라고 보고 있다.

Dienes(1959)는 수학적 개념형성이 이루어지는 과정을 수학적 개념형성의 일반적인 '심리역학(psycho-dynamics)'으로 파악하고 그의 수학적 개념형성의 3단계론의 심리학적 근거로 삼고 있다. Dienes는 수학적 개념이 대상에 대한 아동 자신의 행동으로부터의 추상화에 의하여 구성되는 것이라고 하는 Piaget의 사고방식을 근거로 그러한 '심리역학'에 따른 놀이경험을 시킴으로써 수학적 개념을 형성시키려고 하고 있다. 그리고 일단 형성된 개념은 보다 높은 수준의 새로운 개념형성을 위한 자료로 이용되면서 그러한 수학적 개념형성의 사이클이 연속적으로 일어난다고 보고 있다. Dienes는 이러한 개념형성의 사이클을 거폐연속체라고 부르고, 이와 같이 중단 없이 확장되면서 구조화가 진전되어 가는 사고가 수학적 사고의 본질이라고 보고 있다. 그러나 Dienes의 수학 학습이론 가운데에는 반영적 추상화와 그를 바탕으로 한 수학교육적 논의는 찾아볼 수 없다.

Dubinsky(1991)는 반영적 추상화의 관점에서 고등수학적 사고의 본질과 그 획득과정 및 고등수학적 개념학습에서 학생들이 겪는 어려움의 근원을 분석하고 학생들의 고등 수학적 사고능력의 개발을 도울 수 있는 방안에 대한 시사점을 찾고자 하였다. 그는 반영적 추상화에 의한 수학적 사고구성의 메커니즘으로 행동의 내면화, 조절, 대상화, 일반화, 가역성 등을 들고 함수와 그 합성, 역함수, 합성함수의 도함수, 미적분학의 기본정리, 벡터공간과 그 쌍대공간, 위상공간, 위상벡터공간, ε−δ방법, 수학적 귀납법 등을 예로 들어 수학적 사고의 본질과 그러한 사고구성의 어려움의 근원을 그러한 메커니즘으로 설명하려고 하였다. 이를테면, 수학적 귀납법에 대한 이해에는 함수, 명제함수, 후자함수, 무한개념, 명제 논리, 함의관계, 여러 가지 증명방법, 긍정논법 등과 관련된 행동의 내면화, 대상화, 일반화 메커니즘이 개재되며, 수학적 귀납법은 무엇보다도 이들 조작의 대상화와 조작화·조정을 넘나들면서 구성되는 것인바, 이는 학생들이 수학적 귀납법의 의미를 이해하기 어려운 이유가 된다. 이러한 분석결과는 학습의 준비성, 곧 지도하려는 수학적 지식의 구성에 필요한 선행 schèmes의 구성이 필수적으로 요구됨을 말해 준다. 수학적 귀납법의 지도는 학생들이 증명 schème을 이미 가지고 있고, 여러 가지 증명방법을 이해하고 있으며, 거기에 새로운 증명방법을 고려할 수 있는 사고능력이 있음을 전제로 하는 것이다. 그러한 schèmes을 갖고 있지 못한 학생들이 수학적 귀납법을 학습한다는 것은 의미가 없는 것이다. 수학의 학습-지도가 모방과 암기에 의한 학습을 탈피하고 진정한 이해를 가능하게 하려면, 이러한 schème 구성의 메커니즘을 충실히 고려하여 그 자연스러운 구성을 안내하는 방안을 찾아야 할 것이다.

조작적 학습원리는 반영적 추상화를 통한 거듭된 사고수준의 비약을 위한 원리로 심화·확장되어야 한다. 먼저 각 지도영역에 대하여 조작적으로 해석된 학습수준을 확인하는 것이 필요하며, 다음에는 학생의 어떤 학습이, 따라서 교사의 어떠한 지도가 그러한 수준의 비약을 일으키는가에 대한 고찰이 필요하게 된다. 여기서 고려될 수 있는 것이 van Hieles의 기하학습 수준이론이다. 그리고 학교수학의 전 영역에 걸쳐 보다 상세화된 학습수준을 조작적 관점에서 설정하고 수준의 비약을 위한 교수학적 배려가 요구되는 것이다. 이는 많은 연구를 필요로 하는 조작적 교수학의 중심문제이다. Freudenthal의 《수학적 구조의 교수학적 현상학》(1983)은 그 기초연구로 간주될 수 있으며, van Hiele(1976)가 제시한 학습수준의 비약을 위한 5단계, 곧 안내－제한된 탐구－명확화－자유로운 탐구－통합의 5단계나 Polya (1965, pp. 102-106)가 제시한 탐구단계－형식화 단계－동화단계를 빠짐없이 거쳐야 한다는 '비약 없는 단계'의 원리는 그 한 가지 방안으로 고려될 수 있을 것이다.

Griffiths와 Howson(1974)의 주장대로 수학적 활동을 여러 수준의 categories로서 파악하고 수준의 비약을 위한 학습과정을 funtors에 비유하여 해석한다면, Aebli와 Fricke가 발전시킨 조작적 학습원리는 수학적 조작이 행동으로부터 내면화를 통하여 조작적 구조로 구성되는 것을 목표로 한 것이었는바, 이는 기초수준 곧 구체적인 대상에 대한 category로부터 제1 수준, 곧 수와 그 연산에 대한 category로의 학습수준의 상승을 위한 학습과정으로서의 functor에 관한 것이었다고 볼 수 있다. 그러나 수학적 사고교육은 $n-1$ 수준의 조작적 schèmes인 category C_{n-1}로부터 n 수준의 조작적 schèmes인 category C_n으로 재구성되면서, $n-1$ 수준의 조작이 n 수준의 대상이 되는 소위 수단의 대상화·패턴화와 대상화의 반복과정이 되풀이되어 가도록 지도되어야 할 것이다. 학습수준 상승을 위한 학습과정은 category C_{n-1}로부터 category C_n으로의 functor에 비유될 수 있을 것이다.

3. Dienes: 놀이를 통한 수학의 구성

현대 추상수학은 공리라는 규칙을 따르는 '놀이'로 간주될 수 있을 것이다. Dienes는 1960년대에 학교수학의 현대수학화를 지향한 '새 수학'의 이념에 충실하여 수학적 구조가 내포된 다양한 교구를 개발하고, 그것을 다루는 놀이활동을 통하여 수학적 구조의 구성을 시도하는 수학 학습-지도 원리와 방법을 제시하였다. 그는 Bruner와 공동으로 수학적 구조의 조기교육을 위한 실험수업을 실시한 것으로도 유명하다. 여기서는 Dienes의 그러한 이론을 그의 저서《수학의 건설》(1960)을 중심으로 살펴보기로 한다.

Dienes는 다음과 같이 기술하고 있다. 수학은 관계적 구조이며 수학적인 명제는 구조 내의 관련성에 대한 명제이다. 이를테면, 명제 $2(a+b)=2a+2b$는 실수 구조의 덧셈을 다루는 부분과 곱셈을 다루는 부분 사이의 관계를 나타낸다. 그러나 흔히 학교수학에서 구조에 대한 그러한 형식적인 명제가 구조 자체에 대한 이해 없이 다루어지고 있다. 수학이란 수 및 도형과 관련된 개념 사이의 구조적 관계와 실세계에서 일어나는 문제에의 그 적용을 다루는 분야이다. 수학학습이란 그러한 관계의 이해와 그 기호화 및 실세계에서 일어나는 실제적인 상황에의 관련된 개념의 적용능력의 획득을 의미한다. 학습을 자극-반응의 조건화 과정으로 간주하는 이론이 이러한 수학학습에 적용될 수 있다고 보기는 어렵다. 그러나 종래의 수학교실에서 흔히 대할 수 있는 것은 자극을 제시하고 설명에 의하여 '정답'이라고 불리는 반응과 그것을 관련지우는 조건화 과정이다. 그리고 보상체계가, 어떤 경우에는 처벌에 의하여 강화되어, 자극에 정답 반응을 제시하도록 조건화한다. 여기서 설명은 구조에 주목하게 하는 유일한 부분이지만, 대체로 강조하는 것은 특정한 자극에 대하여 특정한 반응을 확립하는 것이다. 따라서, 정답을 대는 학생들도 실제로 관련된 구조를 이해한다고 확신할 수 없다.

패턴화는 수학적 사고의 본질이며, 확립된 패턴은 곧 수학적 대상이 되어 새로운 패턴을 찾게 되며, 그 새로운 패턴은 다시 친근해지면서 수학적 대상으로 간주된다. 이는 문법의 용어를 빌리면 '술어의 주어화'의 거듭된 교대로 비유될 수 있다. 어떤 대상의 집합에 적용되는 술어의 확립은 일종의 울을 둘러치는 일과 같다. 수학적 기질이 있는 사람은 그러한 닫힌 공간에서 곧 수학적인 폐소 공포증을 느끼며, 술어를 창안하면서 거의 곧바로 새로운 술어에 대하여 생각하기 시작한다. 이러한 거듭된 패턴화와 구조화, 끝없는 열린 사고가 세속적인 일상적 사고와 근본적으로 다른 수학적 사고의 본질이다. 학습과 사고의 문제를 연구한 심리학자들은 거의 수학자가 아니었으며, 이것이 지금까지 수학학습을 설명하는 적절한 이론이 제시되지 못한 이유이다.

Dienes는 심리학에서 Piaget, Bruner, Frederick Bartlett경 등과 같은 수학 지향의 연구자 및 자신이 수집한 실험결과를 근거로 실행 가능한 수학 학습-지도 이론의 골격을 제시하고 있다. Dienes는 Piaget가 기술하고 있는 수학적인 개념발달의 3단계, 이를테면 수의 보존개념 발달에서의 비보존기, 이행기, 조작적 보존기와 같은 3단계를 수학적 개념형성의 일반적인 '심리역학(psycho-dynamics)'으로 받아들여, 수학적 개념형성의 3단계론을 제시한다. Piaget에 의하면 개념형성 과정은 지금까지 생각되어 온 것보다 훨씬 오래 걸리며, 개념의 구성요소를 다루는 오랫동안의 무의식적인 예비 놀이단계가 있다. 그리고 그러한 경험이 의미 있는 전체로 점차 구성되어 가는 방향에 대한 느린 깨달음이 일어나면서 수학적 경험이 시작되는 두 번째 단계가 온다. 그리고 갑작스럽게 구조에 대한 통찰, 곧 '이해'의 순간이 오고 개념이 형성된다. 이어서 구성된 개념이 정착되는 시기가 온다. 내성적 활동에 의한 분석 검토와 문제해결에 적용하는 과정을 통하여 개념에 보다 정통하게 된다. 그런데 이와 같은 상태가 되면 형성된 개념은 보다 높은 수준의 새로운 개념형성을 위한 자료, 곧 놀이의 대상이 되고 있는 것이며, 다음 수준의 개념구성의 사이클이 시작된 것이다.

Dienes는 이와 같은 개념형성의 사이클을 '개폐연속체(open-closed continuum)'이라고 부르고 있다. 앞에서 언급한 개념형성의 3단계를 거쳐서 일단 형성된 개념은 닫힌 상태로 되지만 내성적 분석과 적용의 과정에서 열린 상태로 변해 보다 높은 수준에서의 재구성이 이루어진다는 것이다. Dienes는 이와 같이 구조화되어 가는 한없이 열려진 사고가 수학적 사고의 본질이라고 보고 있다. 이러한 수학적 개념형성에 대한 Dienes의 설명은 수학적 사고가 내용과 형식의 교대작용으로 끝없이 재구성되어 가는 '반영적 추상화' 과정이라는 Piaget의 설명과 본질적으로 일치되는 것이다.

수학 학습과정에 대한 Dienes의 이러한 기술은 골격에 불과하며, 학습과제의 논리적 구조, 문제의 유형, 개인의 사고유형에 따라 상황은 달라진다. Dienes는 형식적인 논리적 관계개념은 닫힌 형태의 사고이며, 새로운 '술어'를 구성하는 것과 같은 구성적인 형태의 수학적 사고는 논리적으로 분석하기 어려우며 Bartlett가 기술하고 있는 예술가의 '모험적 사고(adventurous thinking)'에 더 가깝다고 보고 있다. 수학적 개념형성의 개폐연속체에서 닫힌 상태로부터 열린 상태로 옮겨지기 위해서는 내적인 모순이나 갈등의식이 요구되며, 새로운 구성적 사고가 전개될 때 예술가식의 모험적 사고가 개재된다는 것이다.

Dienes는 이러한 수학적 개념형성 과정을 '놀이'를 통한 구성적 활동이라고 보고 있다. 예비적 놀이단계에는 방향이 없고 목적이 없는 듯한 그 자체를 위하여 수행되고 즐기는 활동이 대응된다. 이는 흔히 놀이라고 기술되는 행동이며, 놀이를 가능하게 하려면 실험해 볼 자유가 필수적이다. 따라서 이 단계의 개념학습은 개념의 구성요소가 놀이자료에 포함되지만 가능한 한 자유로워야 한다. 두 번째 단계는 보다 더 목적 지향적이지만 찾고 있는 것에 대한 분명한 인식이 결여되어 있다는 특징이 있으며 어느 정도 구조화된 활동이 바람직하다. 개념의 구조와 학생의 사고방식에 따라 전개 방법이 좌우되겠지만 개념에 이르는 많은 경험을 제공할 필요가 있다. 세 번째 단계에서는 개념이 형성된 후 형성된 개념을 정착시키고 적용하기 위한 적절한 연습을 제공해야 한다. 결국 각 단계에서 예비적인 게임, 구조화된 게임, 연습게임이 요구된다. 연습게임은 그 다음 개념의 예비게임으로 작용할 수 있다. 여기서 연습게임을 같은 수준의 수학적 개념에 대한 예비게임으로 사용하지 않는 것이 중요하다. 이는 초등교육에서 흔히 일어나는 오류인바, 거기서 아동들은 그들이 학습하고 있다고 생각되는 것을 이미 알고 있지 않으면 실제로 행할 수 없는 게임으로부터 학습하기를 기대한다.

수학학습은 '술어'의 구성 후에 구성된 것에 대한 비판적이고 논리적인 검토가 뒤따르는 특징을 갖는다. 학생들은 구성적 사고와 분석적(논리적) 사고에 종사하는 혹은 할 수 있는 정도가 다르다. 아동들은 분석적 사고보다 훨씬 이전에 구성적 사고를 한다. 수학적인 술어 혹은 개념이 완전히 조작적이 되기 전에 위에서 언급한 세 단계의 성장이 필요하다. 어떻게 하면 보다 적절한 경험을 제시하여 수학적 개념의 성장을 촉진할 수 있을 것인가가 문제이다. 수학적 개념은 통상 일정한 수의 변수를 포함하며, 그러한 변수는 변하는 반면 수학적 개념을 구성하는 것은 관계의 불변성이다. 개념의 성장을 조장하도록 구조화된 경험을 제공하려면 개념은 그대로 둔 채 모든 가능한 변수를 변하게 하는 것이 바람직한 것으로 생각된다. 이를테면, 기수법의 기본원리인 자리값의 원리의 경우 밑, 숫자, 거듭제곱을 다양하게 변화시킬 필요가 있으며, 평행사변형의 개념의 경우 대변은 평행하게 유지시킨 채 각과 대변의 길이를 변화시켜 모양을 변화시키고 위치를 변화시킬 필요가 있다. 개념성장을 위하여 최적의 경험을 제공하기 위하여 가능한 한 많은 변수를 변화시켜야 한다.

특히 어린 아동들의 경우에는 구성적인 과제가 적합하며, 상황을 비판적으로 파악하는 분석적 방법은 보다 더 성숙한 사고방법으로 12세 이전의 아동들에게는 거의 나타나지 않는다. 증명과 같은 분석적 과제는 12세 이후에 판단하기 시작한다. 분석은 수학적 구성이 이루어진 후 점차 도입될 수 있다. 개념형성에서의 개인차에 대처하기 위하여 같은 개념에 대한 여러 가지 매체에 가능한 한 많은 변화를 시키는 것이 좋다. 같은 개념적 구조를 갖는 전연 달리 보이는 과제를 제공함으로써 개념적 구조를 일정하게 유지하면서 지각적 표현을 변화시키는 것이 바람직하다. 이를테면, 평행사변형은 종이 위에 그릴 수도 있고, 두 개의 합동인 나무 삼각형으로 만들 수도 있으며, 못판 위에서 구성할 수도 있고, 벽종이 패턴 가운데에서 찾을 수도 있다. 그리고 3진법을 나타내는 그림 7-1과 같은 서로 다른 모형을 사용할 수

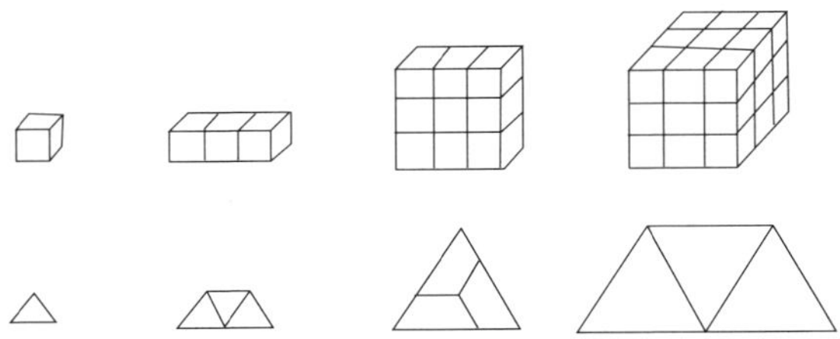

그림 7-1.

있다. 아동들은 그러한 여러 가지 표현 가운데 공통인 본질적인 특성, 곧 수학적 개념이 있음을 알게 된다.

Dienes는 이상과 같은 수학적 개념 학습형성에 대한 논의와 실험을 바탕으로 수학적 개념의 학습-지도 과정을 수학적 구조가 내재된 자료를 자유롭게 다루는 자유놀이 단계, 규칙놀이 단계, 다양한 동형인 규칙놀이를 하며 공통성을 파악하는 단계, 추상된 수학적 구조의 비형식적인 표현 단계, 기호화 단계, 기본적인 성질로부터 체계화를 시도하는 형식화 단계의 6단계로 제시하고 있다. 이상을 요약하면 다음과 같다.

역동적 원리(dynamic principle): 수학적 개념은 경험으로부터 구성되는 조작인바, 조작이 구성되도록 실제적인 경험을 거치는 성숙 사이클을 제공해야 한다. 조작이 형성되는 정해진 심리역학 과정인 예비적인 게임 → 구조화된 게임 → 연습게임이란 자연스러운 과정에 따라 경험과 학습상황이 조직되어야 한다. 개념구성이 충분히 이루어질 때까지 새로운 사이클이 시도되어서는 안 된다. 아동들이 어린 동안에는 부득이 구체적인 자료를 다루어야 하지만, 모든 게임 가운데 가장 매력적인 수학연구의 맛을 보여주기 위하여 정신적인 게임을 점진적으로 도입할 수 있다.

구성의 원리(constructivity principle): 아동들은 논리적으로 사고할 수 있기 오래 전에 구성적으로 사고할 수 있다. 분석적 사고는 구성을 전제로 하며 분석은 12세까지의 아동의 학습에서 거의 결여되어 있다. 따라서 분석적 사고보다 구성적 이해에 이를 수 있도록 학습상황을 조직하는 것이 좋다.

새로운 개념을 이미 알고 있는 개념으로부터 구성되도록 해야 하며 그 논리적 관계는 그 후에 분석될 수 있다.

수학적 다양성의 원리(mathematical variability principle): 일반적인 수학적 개념을 이루는 불변인 특성이 드러나게 하기 위하여 비본질적인 모든 특성을 변화시켜야 한다. 변수를 포함하는 개념은 가능한 한 많은 경우를 다루는 경험에 의하여 학습되어야 한다. 개념의 적용 가능성의 범위는 그 일반성에 비례한다. 이는 수학적 개념의 충실한 일반화를 위한 전략이다.

지각적 다양성의 원리(perceptual variability principle): 추상화의 본질은 여러 가지 다른 상황에서 공통인 성질을 이끌어 내는 것이다. 개념형성에서 관련된 변수에 대하여 가능한 한 넓은 범위를 허용하기 위하여, 그리고 아동들이 추상적인 개념의 본질을 추측하도록 유도하기 위하여, 같은 개념을 지각적으로는 다르지만 구조적으로는 동치인 다양한 구체적인 자료로 제시해야 한다. 이는 다중 구체화의 원리(multiple embodiment principle)라고도 하며 추상화를 용이하게 하기 위한 전략이다.

여기서 기술하고 있는 수학학습은 전통적인 교실에서 자주 일어나는 연합적인 학습이 아니다. 심리역학적인 과정을 통하여 개인적인 경험으로부터의 일련의 수학적 개념이 구성되는 과정이다. 개인차를 고려하여 학습은 개별적으로 이루어지거나 소집단으로 이루어져야 한다. 구성적 학습을 가능하게 하기 위하여는 상당한 양의 구체적인 자료가 필요할 것이다. 그러한 자료의 적절한 조작 경험은 아동들의 마음에 수학의 개념적인 구조를 구성하게 할 것이다. 구조화된 게임으로 추상적인 개념형성에 이르게 한 다음, 실제적이고 의미 있는 충분한 연습문제로 개념이 조작적이 되도록 하여 개념형성의 다음 사이클이 시작되도록 해야 할 것이다.

Dienes가 제안하는 이러한 학습상황에서는 교사의 독단적이고 권위주의적 태도는 도움이 되지 않을 것이다. 권위주의는 탐구정신을 배양하지 못한다. 교사는 주어진 문제를 해결하려고 애쓰는 아동 자신을 돕는 책임 있는 상담자나 조력자로 행동해야 한다. 창의적인 탐구학습 상황과 수학적 활동의 자발적인 수행 및 탐구과제데의 흥미는 자기규율과 자기동기 유발의 특성을 갖는다. 창의적인 학습의 정당성에 확신을 갖고 열성적으로 책임을 갖고 학생을 돕는 교사는 학생을 사로잡을 것이다. 학생을 사랑하고 학생과 공감하는 교사의 인간적인 태도와 겸손의 태도가 매우 중요하다.

4. Skemp의 관계적 이해

수학은 사고력을 도야하기 위한 중심적인 교과로 간주되어 왔으면서도 역설적으로 암기에 적합한 교과라고도 말할 수 있을 것이다. 특히 자극-반응 연합의 습관화를 통한 계산기능의 훈련이 Thorndike와 Skinner 등의 이론에 의하여 뒷받침되고 실제로 상당한 성과를 자랑하고 있을 정도이다. 그러나 수학적 개념의 이해의 문제는 아직도 수학 학습-지도에 대한 논의의 핵심적인 부분을 이루고 있다. Skemp(1997)는 '직관적 지능'과 '반성적 지능', schèmes과 동화 · 조절 기능이라고 하는 Piaget 심리학의 기본적인 아이디어를 수학 학습심리학적인 입장에서 해석하여, 수학적 개념의 이해를 위한 학습-지도 이론, 곧 스키다의 형성을 위한 '스키마 학습(schematic learning)' 이론을 전개하고 있다.

먼저 Skemp는 인간은 지능에 따라 행동하는 존재로 보고, 지능의 본성에 대한 논의를 바탕으로 그에 충실한 능동적인 수학학습이 이루어져야 한다고 주장한다. Skemp에 의하면 지능은 목표지향적인 행동이며, 현 상태와 목표 상태를 파악하고 비교하여 그 간격을 좁히기 위한 계획을 세우고 그에 따라 행동하게 하는 정신적 도구인 지시체계(director system)를 본질로 한다. 그리고 지시체계는 외부환경으로부터 정보를 수용하여 실제적인 대상에 대하여 행동하게 하는 지시체계와 그러한 지시체계가 경제적이고 적응력을 갖고 작용하도록 하는 지식구조, 곧 스키마(schema)를 이루는 지시체계로 나뉘어진다.

Piaget에 의하면 지능은 서로 보완적 역할을 하는 '직관적 지능'과 '반성적 지능'의 두 수준으로 구분하고 있다. 직관적 지능이란 감각기관을 통하

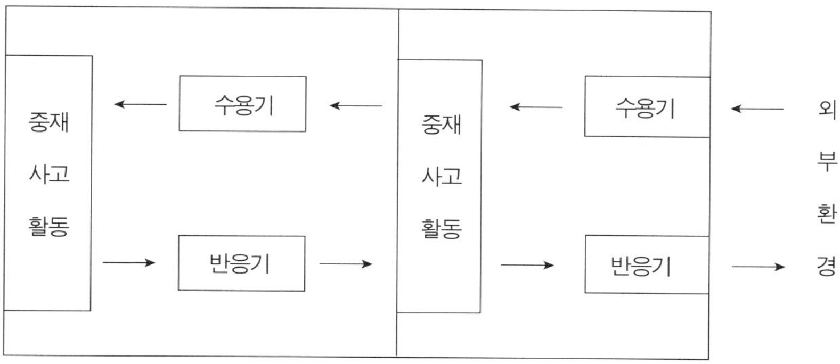

그림 7-2.

여 지각된 실제적 대상 사이의 관계, 혹은 아동 자신의 대상에 대한 행동 사이의 관계를 인식하는 능력을 가리키는 것이며, 반성적 지능이란 직관적 지능에 의하여 구성된 개념이나 개념 사이의 관계를 인식하고 내면적 활동을 조정하는 능력이다. 반성적 지능은 표상과 관련된 행동에 대하여 그 결과뿐만 아니라 과정도 의식함으로써 추론과 탐구활동, 문제해결 활동을 의식적으로 지속할 수 있게 된다. Skemp는 직관적 지능을 뒷받침하는 감각-운동 체계와 반성적 지능체계의 관계를 그림 7-2(Skemp, p. 58)와 같이 도해하고 있다. 반성적 지능은 감각-운동 체계에 의하여 외부세계에 대한 경험으로부터 이끌어 낸 1차적인 개념 및 그 관계를 인식하고 조정할 수 있는 2차적인 개념 및 그 관계체계, 곧 스키마의 구성을 가능하게 한다.

Skemp에 의하면 '실제적인 산술' 학습은 직관적 지능에 의한 것이며, 수학의 학습은 반성적 지능에 의한 것이다. 아동들이 때때로 산술문제에서 바른 해답을 찾을 수 있음에도 불구하고 그 해결방법의 논리적 이유를 설명할 수 없는 것은, 산술이 반성적 지능에 의한 것이 아니고 직관적 지능에 의한 것임을 보여주고 있다고 Skemp는 해석하고 있다.

Skemp는 학습자의 '개념적 구조(conceptual structure)'를 의미하는 schema라는 용어를 도입하여 수학 학습이론을 전개하고 있다. Skemp가 사용하고 있는 schema는 고정된 정적인 이미지가 아니라 동적인 인지양식 내지 인지구조에 가까우며, Piaget 이론에서의 schème에 해당하는 것이다. 앞에서 살펴본 바와 같이 Piaget 이론에서 schème이란 행동이나 사고를 반복 가능하게 하고 일반화할 수 있게 하는 인지구조를 말하며, 적응, 곧 동화·조절기능과 조직기능을 갖고 재조직되어 가는 것이다. 어떤 내용을 이해한다고 하는 것은 그것이 적절한 schème에 동화된다는 것이다. Piaget는 지적 발달에 있어서 성숙과 경험, 사회적·교육적 전달, 언어의 역할을 무시하지 않지만 내적인 자기조절 요인을 보다 강조한다. Skemp는 schema가 경험, 사회적 전달, 직관적 구성, 실험, 비교, 토론 등에 의하여 구성되는 것으로 보지만, 지능에 의한 구성기능을 보다 강조하며, 이해와 적용을 schema에의 동화로 본다. Skemp의 '스키마 학습' 이론은 결국 동화·조절기능에 의한 schème의 재구성으로서의 Piaget의 학습개념을 바탕으로 한 수학 학습이론이라고 할 수 있다. 이러한 입장에서 보면, 학습의 결정적인 요인은 아동의 마음 가운데 적절한 schema가 존재하는가 어떤가 하는 학습의 준비성이다.

Skemp에 의하면 결국 수학학습의 주요 목적은 스키마, 곧 개념적 구조를 형성하는 것이다. 개념은 사고의 단위로 사고가 관련된 경험을 통합하고 적절히 조정하면서 경제적이고 집약적으로 전개되는 것을 도와주며, 원리와 법칙의 이해, 나아가 추론과 문제해결의 바탕을 이루는 매우 중요한 사고양식이다. Skemp는 수학학습의 기초로서의 개념학습의 중요성을 강조하면서, 언어적인 개념정의를 통한 전통적인 학습-지도 방법은 개념학습에 부정적인 결과를 초래하고 있음을 지적하고 있다. 그리고 대상의 분류와 추상화에 의한 개념형성, 곧 적절한 예로부터 공통성질의 추출을 통한 개념형성을 주장한다. 그러한 추상화 과정을 거쳐 형성된 개념에 부여된 명칭과 정의는 개념을 보다 명확화하고 관련 개념과의 관계를 분명히 해 주며, 보다 상위의 개념형성을 가능하게 하는 데 도움을 준다고 본다. 그리고 Skemp는 개념은 위계조직을 이루고 있으므로 특정개념의 학습에 앞서 관련된 하위개념의 형성이 선행되어야 함을 강조하고, 개념의 지도에 앞서 관련된 개념에 대한 위계분석을 통하여 개념지도(concept map)를 작성할 것을 요구한다.

이해한다, 안다는 것이 무엇을 의미하는가 하는 문제는 개념 학습-지도에서 무엇보다도 먼저 논의되어야 할 문제이다. Skemp는 사고활동에는 직관적 양식과 반성적 양식이 있으며, 이해에는 네 가지 유형이 있다고 보고 있다. 어떤 규칙을 기억하고 있으면서 그 규칙이 왜 그렇게 작용하게 되는지 알지 못하고 그것을 문제해결에 적용하는 상태를 '도구적 이해(instrumental understanding)' 라고 하고, 방법과 이유를 아는 상태, 곧 일반적인 수학적 관계로부터 특정한 법칙이나 알고리즘을 연역할 수 있는 상태를 '관계적 이해(relational understanding)' 라고 부르고 있다. 그리고 여기에 '논리적 이해(logical understanding)' 와 '기호적 이해(symbolic understanding)' 를 덧붙이고 있다. 논리적 이해는 수학적 기호체계와 표기를 적절한 수학적 아이디어와 관련시키고 그 아이디어를 논리적 추론 고리와 결합시켜 기술하는 능력을 포함하며, 기호적 이해는 기호체계와 개념구조 사이의 상호동화를 뜻한다. Byers와 Herscovics(1977)는 도구적 이해와 관계적 이해에 '직관적 이해(intuitive understanding)' 와 '형식적 이해(formal understanding)' 를 덧붙이고 이를 네 꼭짓점에 놓은 이해의 사면체 모델을 제시하고 있다. 이 모델에 따르면 이해란 이러한 네 가지 차원이 상호작용하여 구성되는 것이며, 학생의 이해상태는 사면체 내부의 한 점으로 표현된다. 직관적 이해란 분석에 의하지 않고 문제의 의미와 구조를 곧바로 파악하는 것이며, 형식적 이해란 Skemp가 논리적 이해라고 부른 것이다.

도구적 이해는 관계적 이해에 비해 상대적으로 용이하고 그 보상이 즉각적이고 분명하게 나타나며, 과학과 같은 다른 교과에서 수학을 도구적 지식으로 요구하기 때문에 많은 학생들이 도구적 이해 상태에 그치는 경우가 많게 된다. 그러나 규칙은 기호의 조작방법 이상으로 개념 사이의 관련성이므로 새로운 상황에 적용하기 위해서는 개념적 관련성의 이해, 곧 스키마의 구성이 필요하게 된다. 비록 보다 많은 시간이 소요되고 용이하지는 않지만 진정한 이해를 보증하고 발전적 학습을 용이하게 하며, 파지력이 높고 적용가능성을 보장할 수 있는 것은 개념적 구조 곧 스키마의 구성을 바탕으로 한 관계적 이해이며, 수학 학습-지도는 이를 목표로 해야 한다. 여기서 주목할 만한 것이 이해를 위한 조건으로서의 관계망의 형성이라고 하는 점이다. 어떤 개념을 이해하려면 그 관계망의 형성을 필요로 하며, 이것이 이해 활동이다. 따라서 수학의 학습-지도는 기존의 스키마를 바탕으로 관련된 개념적 관계망의 구성, 곧 스키마의 재구성을 목표로 하지 않으면 안 되며, 나아가 수학적 아이디어를 계속 탐구하여 스키마의 재구성을 스스로 시도하도록, 수학을 배우는 방법을 가르치도록 해야 한다.

5. 구성주의

수학교육 분야에서 구성주의라는 용어가 등장한 것은 비교적 최근의 일이지만, 구성주의의 인식론적 기원은 현상에 대한 설명의 진위 판단을 의심하여 유보한 고대 그리스 시대의 회의주의자의 입장으로까지 거슬러 올라갈 수 있으며, 인식의 근원을 이성에서 찾고 이성에 의한 진리탐구를 중시한 Descartes, 실제적 대상으로부터 모사된 표상을 인식의 원천으로 본 경험론을 비판하고 주체에 내재한 선험적 형식, 곧 공간, 시간, 범주(단일성, 다수성, 전체성, 실재성, 부정성, 제한성, 실체성, 인과성, 상호성, 가능성, 현존성, 필연성)에 대한 직관에 의한 경험적 대상의 구성을 주장함으로써 대상에 대한 모사론에서 인식 주체에 의한 구성론으로의 전환을 가져온 Kant, 그리고 지식을 생활문제의 해결을 위하여 주체가 능동적으로 구성한 도구로 본 Dewey 역시 구성주의의 기원이 된다.

구성주의에서는 지식의 형이상학적인 실재론을 부정하고 모든 지식을 인식 주체가 적응과정에서 능동적으로 구성한 구성물로 보고, 구성의 수단은 본유적인 것이거나 구성의 산물인 인지구조라고 간주한다. 따라서 지식은 감각이나 언어를 통하여 곧바로 획득되거나 전달될 수 없으며, 교사는 학생 개개인이 다양한 방식으로 지식을 구성하도록 안내하는 역할을 해야 한다고 주장한다. von Glasersfeld(1991)의 소위 '급진적 구성주의'에서는 인식 주체에 의한 지식의 구성을 주장하는 데 그치지 않고, 개인의 주관과 독립된 객관적인 보편적 지식의 존재를 거부하고 지식의 의미를 적응을 위한 도구로서의 상대적인 적합성과 유용성 · 실용성 및 그에 따른 도태와 생장의 원리에서 찾는다. 이러한 구성주의적 입장은 인지행위와 지식의 본질을 조작으로 보고 그 구성, 곧 발생의 근원을 행동과 조작으로부터의 반영적 추상화와 균형을 향한 자기조절 요인에서 찾고 있는 Piaget의 조작적 구성주의를 그 원형으로 간주한다. 수학적 지식의 구성이 이루어지는 심리적 과정이 von Glasersfeld가 주장하듯이 경험적 추상화 → 표상 → 반성을 거치는 것이라면 이는 Piaget의 조작적 구성주의를 그 바탕으로 한다고 보기 어렵다. Gallagher(1976)도 지적하고 있듯이, Piaget 심리학에 근거한 많은 활동주의 교수이론이 경험론에 빠지고 있음에 유의해야 할 것이다.

Piaget(Beth & Piaget, 1966)는 수학적 지식에 대한 발생적, 곧 구성적인 관점을 취하고 있으나, 앞에서 논의한 바와 같이 '인식 주체(epistemic subject)'에 내재된 실현되지 않은 객관적인 수학적 지식의 잠재성과 그에 이르는 불변의 발달 통로를 가정하고 있다는 점에서, 이데아의 보편성과 수학적 지식의 실재성을 믿고 회상설을 제기한 Platonism의 발생론적 해석으로 볼 수 있다. Piaget는 발생적 관점에서 수학적 사고와 지식의 본질을 모든 주체에 공통된 '인식 주체'가 구성하는 조작적 schèmes으로 본다. 구체적인 대상을 다루는 행동이나 조작을 수행하고 그 결과를 반성해 보는 가운데 행동이나 조작의 '일반적' 조정이 일어나면서 반영적 추상화에 의하여 새로운 조작적 schème이 구성된다고 본다. 이러한 수학의 개체 발생은 수학을 학습하는 모든 주체에 공통된 유전적인 '인식 주체'에 내재된, 차후의 모든 발생 가능성을 내포한 초기 행동 schèmes의 분화와 조정과정이며, 이는 Platon적인 수학적 실체의 점진적인 상기과정이라고 해석될 수 있을 것이다. 급진적 구성주의는 수학적 인식의 주관적 구성과 적응적 기능, 따라서 비객관적 성격을 주장하며 Piaget의 조작적 구성주의를 그 이론적 근거로 내세우고 있지만, 이상과 같은 Piaget의 기본 입장에 비추어 볼 때 그에 바탕을 둔 주장이라고 보기 어렵다. 급진적 구성주의는 수학적 인식의 보편성을 부정하고 주관성과 상대성을 주장하는 그 근본적인 성격상 이성중심의 합리주의 사상, 과학의 권위와 가치, 확실성과 보편성, 정초주의를 부정하고 상대성과 다원성, 불확정성, 문화적 · 사회적 · 개인적 다양성 등을 중시하는 현대적 사조인 postmodernism적 경향의 수학교육 철학으로 보아야 할 것이다.

구성주의에서는 언어의 의미를 경험에 따른 주관적 구성의 산물로 간주하며, 의사소통은 언어의 의미의 거듭된 수정을 통하여 가능해진다고 본다. 이러한 구성주의의 입장에 따르면 모든 지식이 결국 '앎'의 과정, 곧 개인의 주관적인 구성과정에 의하여 끊임없이 재구성되어 가는 불완전한 산물에 지나지 않는다. 급진적 구성주의에서처럼 객관적인 수학적 지식의 실체를 완전히 부정하면 교육되고 있는 지식의 가치와 정당성을 크게 훼손하게 되므로 수학교육은 딜레마에 빠지게 된다. 이를 해소하기 위하여 수학적 지식의 객관성을 역사적으로 사회 구성원들에 의하여 구성된, 곧 수학 공동체의 상호 교섭과 조정활동을 통한 '공통 주관적인' 합의개념으로 해석하는 입장이 Cobb(1990)의 소위 '인류학적 구성주의'이다. 그리고 언어가 사고와 의미의 발달, 지식의 형성에 결정적인 역할을 한다고 본 Vygotsky의 주장을 수용하면서, 수학적 지식의 바탕을 사회적 · 문화적 규약으로서의 언어로 보는 규약주의의 관점을 취하고, 수학의 발견을 추측과 증명 및 반박의 논리에 의한 사회적 구성과정으로 본 Lakatos의 준-경험적인 오류주의 수학관을 바탕으로 하여, 수학적 지식의 사회적 성격을 강조하고 수학적 지식의 객관성을 사회적 공유성으로 파악하는 입장이 Ernest(1991)의 소위 '사회적 구성주의'의 관점이다. 그러나 객관적인 지식을 사회 구성원의 공통 주관적인 것이라고 하든 사회문화적으로 인정된 형식 또는 규약이라고 하든, 주관과 독립된 수학적 지식의 객관적 실재를 부정하는 구성주의의 기본입장은 변함이 없다.

그러면 구성주의에서 주체가 사회적 상호작용을 통하여 지식을 구성한다고 할 때 '구성'의 의미는 무엇인가? 수리철학에서의 구성주의는 직관주의를 뜻하며, 어떤 수학적 대상이 존재한다는 것은 자연수 개념을 바탕으로 경험과 무관하게 순수한 이성에 의하여 구성할 수 있다는 것을 뜻한다. Kant에 따르면 주체가 선험적 형식에 대한 직관을 바탕으로 대상을 구성함으로써 인식이 가능해진다. 그러나 문제는 주체가 지식구성을 어떻게 하는

가 하는 점이며, 그에 입각하여 실천적인 학습-지도 방안을 모색하는 일이다. 주관적인 의미부여에 의한 지식의 자주적 구성과 적응도구로서의 상대적인 적합성에 따른 지식의 생장원리 및 사회적 상호작용을 통한 지식의 구성을 주장하는 구성주의적 관점은, 지식이 외부로부터 교육적 전달에 의하여 학습자에게 전달될 수 있다는 전통적 관념을 단호히 거부하고 학습자에 의한 수학적 지식의 자주적 구성을 요구하게 된다. 그러나 구성주의에 대한 일반적인 이론적 논의는 무성하지만, 구성주의에서 도출될 수 있는 고유한 구체적인 교육방안은 찾아보기 어렵다.

구성주의에 따르면, 개인이 지식을 구성한다는 것은 주체가 본유적인 능력이나 이미 구성된 인지구조를 바탕으로 자의적으로 만들어 내는 것이며, 지식의 구성과정은 개인에 의하여 구성된 지식이 사회적으로 공표되어 검토 · 비판 · 수정 과정을 거쳐 합의된 지식만이 유효한 지식으로 존속하여 사회적 집단 내의 객관성을 얻게 되는 과정이다. 따라서 수학학습이란 교사의 안내하에 학습자가 주체적 활동을 통하여 수학적 지식을 구성하여 발표하고 검토 · 협의 · 비판 · 수정 과정을 거쳐 합의에 도달한 것을 규정하고, 그 가운데 보다 나은 것을 스스로 선택해 나아가는 '구성적 활동'이라는 것이 구성주의자의 입장이다. 이는 종래의 소집단 탐구학습과 다를 바 없다.

학습의 내적 동기를 유발시키고 지식의 진정한 의미를 재발명할 수 있도록 하기 위하여, 학습자 개개인의 개성과 지적 자율성을 존중하는 학습자 중심의 교육과 이를 위한 안내자 · 산파로서의 교사의 교육활동과 교육태도, 적절한 문제상황의 설정, 적절한 표현방법의 도입, 사고를 유발하는 질문과 대화, 인지적 갈등상황의 야기를 통한 지식의 자주적 구성활동의 안내와 조력, 추측과 논박, 의사교환과 토론과 협의 등 사회적 상호작용의 조정, 자신과 타인의 활동을 반성하는 반성적 사고태도, 조작적 활동과 그러한 자신의 활동을 사고의 대상화하는 메타인지적 활동, 문제해결을 위한 탐구활동 모형 등을 강조하는 수학 학습-지도의 활동주의적인 전개 및 그러한 사고과정의 평가를 강조하는 수행평가 등의 원론적인 당위성을 확인시켜 주는 이상 아동의 수학적 지식구성에 이르게 하는 독특한 구체적인 원리와 방법을 찾아보기가 쉽지 않다. 수학적 지식의 발생의 근원이 되는 문제상황 제시, 문제해결을 위한 탐구활동과 문제해결 도구로서의 수학적 지식의 원형 구성, 유사한 문제의 탐구, 활동의 반성을 통한 수학적 지식의 추상화와 해결방법의 일반화, 합의결과의 형식화 및 그 적용이라는 수학적 지식의 구성과정을 거치면서 능동적인 구성적 활동과 의사교환과 토론과정을 강조하는 방안 등이 제시되고 있다.

학교수학을 객관적인 지식체계로 보고 이를 가르쳐 온 전통적인 수학교육의 입장에서 볼 때, 객관적인 지식으로 간주되어 온 엄청난 양의 문화유산의 집약체인 학교수학의 가치와 그 교육적 전달을 부정한다면, 실제적으로 무엇을 어떻게 가르치고 평가할 것인가? 그에 대한 구체적인 대처방안이 극히 모호한 상황에서 아동에 의한 주관적인 의미구성, 다양한 접근방식과 의사교환을 통한 합의과정, 아동이 구성한 소위 '대안적인 수학', 다문화적인 접근 등에 큰 의미를 부여하는 것과 같은 구성주의적 전개를 강조하는 것은 수학 학습-지도상의 심각한 문제점을 야기할 수 있다. 더욱이 학습자 중심의 구성적 토론학습은 교사의 철저한 준비를 요구한다. 학습할 내용에 대한 수학적 · 심리학적 · 교수학적 분석을 거쳐 구성적 지도방안에 대한 구상을 하고, 수학학습을 인도하는 가상의 '사고실험'을 거치는 철저한 준비가 요구되는 것이다. 그러한 준비를 바탕으로, 학습장면을 설정하고 아동의 활동과 토론을 유발하고 조정하는 등 수업이 교사의 면밀한 주도 아래 이루어지지 못한다면, 특히 학습의 주도권이 아동에게 있도록 조심성 있게 안내하는 교사의 훌륭한 지도에 의하여 인도되지 않는 한 진정한 구성주의적 수학학습은 기대하기 어려울 것이다.

지금까지 이해를 위한 수학교육과 이를 바탕으로 한 의미 있는 응용을 위한 수학교육을 지향하며, 학습자 중심의 안내된 재발명 방법에 의한 활동주의적 수학 학습-지도가 거듭 강조되어 왔다. 급진적 · 사회적 구성주의라는 소위 '앎의 이론'은 이러한 활동주의 학습-지도관에 그 나름의 이론적 근거를 제시해 줌으로써 학습자 중심의 교육관 형성에 기여한 것으로 생각된다.

참고문헌

박영배, 〈수학교수 · 학습의 구성주의적 전개에 관한 연구〉, 서울대학교 대학원 교육학 박사학위 논문, 1996.

유연주, 〈사회적 구성주의 수학교육론 연구〉, 서울대학교 대학원 교육학 석사학위 논문, 1999.

홍진곤, 〈반영적 추상화와 조작적 수학 학습-지도〉, 서울대학교 대학원 교육학 박사학위 논문, 1999.

中原忠男 編著, 《構成的アプローチによる算數の新しい學習つくり》, 東洋館出版社, 1999.

Beth, E. & J. Piaget, *Mathematical Epistemology and Psychology*, trans. by W. Mays, D. Reidel Publishing Company, 1966.

Bruner, J.S., *The Process of Education*, Vintage Books, 1963.

Byers, V. & N. Herscovics, "Understanding School Mathematics", *Mathematics Teaching*, vol. 81, 1977, pp. 24-27.

Cobb, P., "Multiple Perspectives", L.P. Steffe & T. Wood(ed.), *Transformings of Children's Mathematics Education; International Perspectives*, Lawrence Erlbaum Associates, Inc., Publishers, 1990, pp. 200-215.

Dienes, Z.P., *Building Up Mathematics*, Hutchinson Educational, 1960.

Dieudonné, J., "Abstaction in Mathematics and the Evolution of Algebra", W.E. Lamon(ed.), *Learning and the Nature of Mathematics*, Science Research Associates, Inc., pp. 99-113.

Dubinsky, E., "Piaget's Notion of Reflective Abstraction", D. Tall(ed.), *Advanced Mathematcal Thinking*, Kluwer Academic Publishers, 1991, pp. 95-123.

Eilenberg, S. & S. MacLane, "General Theory of Natural Equivalences", *Transaction, American Mathematical Society*, vol. 58, 1945, pp. 236-237.

Ernest, P., *The Philosophy of Mathematics Education*, Falmer Press, 1991.

Freudenthal, H., "What Groups Mean in Mathematics and What They Should Mean in Mathematical Education", A.G. Howson(ed.), *Developments in Mathematical Education*, Cambridge Univesity Press, 1973, pp. 101-114.

______, *Didactical Phenomenology of Mathematical Structures*, D. Reidel Publishing Company, 1983.

Fricke, A., "Operative Lernprinzipien im Mathematikunterricht der Grundschule", A. Fricke und H. Besuden, *Mathematik — Elemente einer Didaktik und Methodik*, Ernest Klett Verlag, 1970, S. 79-116.

Hirabayashi, I., "The Place of Dewey's Psychology of Number in the History of Arithmetic Education", *Journal of Japan Society of Mathematical Education*, Reports of Mathematical Education, vol. 1, 1961, pp. 57-67.

McLellan, J.A. & J. Dewey, *The Psychology of Number and Its Applications to Methods of Teaching Arithmetic*, D. Appleton and Company, 1895.

Lamon, W.E.(ed.), *Learning and the Nature of Mathematics*, Science Research Associates, Inc., 1972, pp. 99-113.

Gallagher, J.M., "Reflexive Abstraction and Education", J.M. Gallagher and Jr. J.A. Easley(ed.), *Knowledge and Development*, vol. 2, 1976.

Inhelder, B., "Memory and Intelligence in the Child", B. Inhelder & H.H. Chipman(ed.), *Piaget and His School*, Springer-Verlag, 1976.

NCTM, Constructivist Views on the Teaching and Learning of Mathematics, *Journal for Research in Mathematics Education*, Monograph no. 4, 1990.

Piaget, J., "Schémas mathématiques, biologique et physiques", *Études de Philosoohie des Sciences*, Éditions du Griffon, 1950.

______, "La genèse du nombre chez l'enfant", *Initiation au Calcul, Cahiers de Pédagogie Moderne*, Editions Bourrelier, 1953, pp. 5-20.

______, *Biology and Knowledge*, The University of Chicago Press, 1971.

______, 方賀純 譯, 《發生的認識論》, 評論社, 1972.

______, "Comment on Mathematical Education", A.G. Howson(ed.), *Devel-*

opments in Mathematical Education, Cambridge University Press, 1973, pp. 79-87.

______, *Understanding Causality*, trans. by Donald & M. Miles, W.W. Norton & Company, Inc., 1974.

______ et al., *Epistemology and Psychology of Functions*, trans. by F.X. Castellanos & V.D. Anderson, D. Reidel Publishing Company, 1977.

______ et collaborateurs, *Recherches sur l'âbstracton réfléchissante*, 1, 2, presses Universitaires de France, 1977.

Skemp, R.R., "The Need for a Schematic Learning Theory", *The British Journal of Educational Psychology*, vol. XXXII, part 2, June, 1962.

______, *The Psychology of Learning Mathematics*, Penguin Books, 1971.

Thom, R., "Modern Mathematics: Does it Exist?", A.G. Howson(ed.), *Developments in Mathematical Education*, Cambridge at the Univesity Press, 1973, pp. 194-209.

von Glasersfeld, E., "Abstraction, Re-presentation, and Reflection: An Interpretation of Experience and Piaget's Approach", L.P. Steffe(ed.), *Epistemological Foundations of Mathematical Experience*, Springer-Verlag, 1991, pp. 45-67.

Wittmann, E., "Die Bedeutung der Piagetschen 'abstraction réfléchissante' für die Entwicklung der mathematischen Formen", *Die Deutsche Schule*, Heft 9, 1969, SS. 537-542.

제8장
Lakatos의 증명과 반박 방법

Platon 철학과 Euclid 원론, 형식주의 · 논리주의와 '새 수학' 및 그에 대한 직관주의자의 반격, 조작적 구성주의와 활동주의 수학교육 등이 보여주듯이, 수학에 대한 철학적 입장은 수학교육 활동에 깊은 영향을 미치며, 그에 대한 논의는 수학교육 개선을 위한 유익한 시사점을 제공할 수 있다. 수학교육의 주요목적은 학생들의 수학적 사고능력과 태도를 개발하는 일이나, 그렇게 하기 위해서는 수학적 사고의 본성과 기원, 그 성장과 발달에 대한 인식론적 논의가 심리학적 논의와 함께 선행되어야 하며, 이를 바탕으로 학생들이 그러한 사고능력과 태도를 형성하는 데 도움을 줄 수 있는 교수전략이 연구되어야 할 것이다. 문제는 수학의 구성에서 기본적인 역할을 하며, 수학학습을 보다 용이하게 하고 그 진정한 기초를 제공함으로써 강력한 정신적 자산이 되게 할 수 있는 자연스러운 수학적 사고과정이 무엇인가 하는 것이다.

수학은 경험적 사실과는 무관하게 논리적 · 연역적으로 전개되므로 보편적 필연성을 갖고 있으며, 따라서 그 발전은 오류를 내포하지 않는 정리의 축적이라는 전통적인 관념은 현대 형식주의 수학자들과 논리적 실증주의자들에 의하여 한층 강화되어 수학은 토톨로지 체계라고까지 주장되었다. 그러나 Freudenthal(1973)과 Polya(1954)가 지적하고 있듯이, 수학에는 완성된 과학으로서의 형식적인 수학과 구성 도중에 있는 비형식적인 수학이 있으며, 수학의 개발과 교육에서는 개연적 추론이 결정적인 역할을 한다.

그런데 수학교육은 전통적으로 수학을 완성된 산물인 형식적인 체계로 보고 이를 가르치고 습득해 왔다. 기성 수학의 논리적인 표현, 곧 공리 연역적인 특성과 증명에 교육의 초점이 모아졌으며, 수학적인 탐구과정이나 수학이 형성되어 가는 역동적인 과정을 거의 고려해 오지 않았다. 일찍이 Descartes는 Euclid적인 종합적 양식을, 정신을 질식시킨다고 하여 비판하면서 다음과 같이 말하고 있다.

> 일찍이 철학의 첫 번째 발견자들이 수학에 숙달되지 않은 자를 지혜를 연구하는 데 받아들이기를 원하지 않았던 일이 왜 일어났는지 의아하게 생각되었을 때, 이 학문이 무엇보다도 접근하기가 가장 쉽고 다른 주요한 분야의 지식을 이해하도록 교육하고 준비시키는 데 매우 필요하다고 생각되었으므로, 내가 강력하게 의심한 것은 그들이 수학으로 인식한 것이 우리 시대의 사람들이 받아들이고 있는 것과 매우 달랐다는 점이었다(Descartes, 1961, pp. 15-16).

이러한 상황은 수학을 확실성과 진리의 전형으로 간주하는 Platon 철학에 따른 Euclid적인 전통과 수학적인 확실성의 바탕을 확립하려는 기초주의가 수리철학을 지배한 데 기인하는 바가 큰 것으로 생각되나, 수학적 탐구의 논리가 명확히 제시되지 못한 데에도 그 큰 원인이 있다고 생각되며, 학교수학을 진정한 수학적 사고경험을 한다기보다 기성의 수학적 기록에 대한 서툰 모방을 하는 데 지나지 않는다고 가볍게 여기는 '지적 정직성'의 결여에도 그 한 원인이 있다고 생각된다. 돌이켜 보면 수학교육 개선운동은 이러한 형식주의와 지적 정직성의 결함을 극복하고 진정한 수학적 사고교육을 구현하기 위한 노력이었다고도 볼 수 있다. 소위 '새 수학'은 구조주의적인 현대수학의 학교 수학화를 시도한 것인바, 논리주의와 형식주의 수리철학이 그 배경을 이루고 있었다. 형식적인 수학체계는 발생과정에 있는 수학적 사고, 수학의 창조적인 과정을 숨기고 있으며, 반례나 반박, 비판의 여지는 물론 실험적 · 분석적 사고를 용납하지 않는다. 따라서 Bruner가 강조한 학문의 구조, 곧 학문의 기본개념과 탐구과정은커녕 기성 지식의 표층만을 강조한 결과가 되고, 진정한 사고경험은 등한시되었으며, 활동주의 교육이념을 구현하기가 어려웠다. 이것이 수학교육 현대화 운동이 좌절되게 된 한 원인이었다고도 생각된다.

수학적 탐구의 본성은 철학적 입장의 차이에 따라 서로 다르게 파악될 수 있다. 과학적 지식의 성장에서의 비판적 사고의 중요성을 적절히 설명해 주는 입장으로 여겨져, 근래 과학철학에서 적지 않은 관심의 대상이 되어 온 것이 '비판적 오류주의'이다. 이는 Popper가 과학적 발견의 논리를 기술하기 위하여 제기한 철학적 입장으로, 지식의 성장을 추측과 반박의 과정으로 규정하며, 모든 지식은 잠정적인 것으로 끊임없는 비판의 대상이 된다는 입장이다. 1980년대 이후 수학교육에서는 수학적 사고교육, 문제해결 지도를 강조하는 시대적 사조에 따라, 이러한 Popper의 비판적 오류주의와 Polya의 수학적 발견술에 대한 교육적 연구의 영향을 받아 Lakatos가 발전시킨 오류주의 수리철학이 수학교육학자의 관심을 끌고 있다. Agassi(1980)는 Lakatos의 '증명과 반박'을 제2차 세계대전 후 수리철학에서의 가장 혁명적인 연구결과라고 말하고, 수학교육에서의 'Lakatos적인 혁명'을 요구하고 있다.

Lakatos는 비판적 오류주의의 입장에서 수학적 지식의 성장을 '증명과 반박'의 논리로서 설명하고 있다. 그에 따르면 비형식적인 수학은 의심의 여지가 없이 확립된 정리의 수가 단조롭게 증가됨으로써가 아니라 비판에 의하여, 증명과 반박에 의하여 추측의 부단한 개선을 통하여 성장하는 사고실험 과학이며, 수학적 지식은 추측에 불과하다. 이러한 수학관과 수학의 발견과정에 대한 Lakatos의 해석은 수학교육의 활동주의적 전개를 위한 새로운 가능성을 열어 주고 있다고 생각된다.

Lakatos(1976, pp. 19-23)는 "수학의 역사는 철학의 인도를 받지 않아 맹목적이 되었으며, 반면에 수리철학은 수학사에서 가장 흥미를 자아내는 현상에 등을 돌림으로써 공허하게 되었다"고 하여 수학의 역사발생적 인식론을 전개하고 있으며, "대화형식은 실화의 변증법을 반영할 것이다. 대화에는 일종의 합리적으로 재구성된, 곧 '증류된' 역사가 포함되도록 할 것이다"라고 하여, 수학적 탐구의 논리를 대화형식으로 전개하고 있는바, 이러한 그의 입장은 발생적-소크라테스적-예제식의 수학교재 구성원리의 구현 가능성을 강력히 시사하고 있는 매우 주목할 만한 이론으로 평가될 수 있는 것이다. Lakatos는 수학교육의 문제를 포괄적으로 논하고 있지는 않지만, 수리철학에 대한 그의 논문에서 수학교육의 문제점에 대한 강렬한 관심을 드러내는 단평을 발견할 수 있을 뿐만 아니라, 수학 교과서의 연역적인 구성을 비판하고, 그가 제시하고 있는 수학적 발견의 논리에 따라 수학교재를 구성할 것을 요구하고 평등수렴 개념의 도입을 예로 들어 이를 예시하고 있다. Lakatos의 《증명과 반박—수학적 발견의 논리》는 수리철학서이기도 하지만, Polya의 현대적 발견술의 이론적 확장인 그의 수학적 발견의 논리에 따라 대화법에 의한 발견적 교재구성을 시도한 수학교육론이다.

1. Lakatos의 수리철학과 수학적 발견의 논리

Lakatos의 수리철학과 그가 제시하고 있는 '증명과 반박'이란 수학적 발견의 논리의 주요한 관념적인 근원은 Hegel의 변증법, Popper의 비판철학, 그리고 Polya의 수학적 발견술이다(Lakatos, 1976, 1978). Lakatos는 '증명과 반박'의 논리, 곧 '보조정리 합체법'은 증명과 반박의 변증법적인 통일을 나타내며, '발견의 논리'와 '정당화의 논리'의 본질적인 통합이 '보조정리 합체법'의 가장 중요한 측면이라고 말하고 있으며, 평등수렴의 개념을 예로 들어 증명과 반박이란 발견적 논리에 따른 교재구성을 예시하면서, 원시적 가정의 제시를 테제, 반례에 의한 반박과 증명을 안티 테제, 문제가 되는 보조정리의 발견과 가정의 개선, 곧 정리와 증명생성 개념의 출현을 진테제로 기술하여 Hegel식 언어를 구사하고 있다.

회의론자들은 정의와 증명에서의 '무한 후퇴'를 근거로 의미와 진리를 결정적으로 확립할 수 없으며 따라서 지식의 기초 확립은 불가능하므로 인간은 '알지 못한다'고 주장해 왔으며, 합리주의자들은 Euclid적인 프로그램, 경험주의적인 프로그램, 귀납주의적인 프로그램을 통하여 이성과 경험에 의하여 지식을 연역체계로 조직하고 '무한 후퇴'를 정지시켜 지식의 기초를 확립하려는 노력을 계속해 왔지만 이를 해결하지 못하였다. Popper의 비판적 오류주의에서는 증명과 정의에서의 '무한 후퇴'를 정지시키려는 이러한 시도를 버리고 절대로 확실한 진리의 획득에 대한 회의적인 비판을 받아들인다. Popper는 지식의 성장을 추측과 반박의 과정으로 규정하며, 따라서 모든 지식은 잠정적인 것으로 끊임없는 비판의 대상이 된다고 보고 있는 바, 그는 자신의 생각을 다음과 같이 기술하고 있다.

> 지식, 특히 과학적 지식이 진전하는 길은 합리화되지 않은(합리화될 수 없는) 예상, 추정, 우리의 문제에 대한 잠정적인 해답, 추측에 의해서이다. 이들 추측은 비판에 의하여, 곧 엄격하게 비판적인 검사를 포함하는 기도된 반박에 의하여 조종된다. 그들은 이들 검사를 헤어날 수도 있지만, 확실하게 참인 것으로 확립될 수도 없으며, (확률계산이란 뜻에서) '확률적인' 것으로조차 확립될 수 없다. 우리의 추측에 대한 비판은 결정적으로 중요한 것이다. 우리의 오류를 이끌어 냄으로써 비판은 우리가 해결하려고 하는 문제의 어려움을 이해하게 해 준다. 이것이 우리가 문제에 보다 더 정통하게 되고 보다 더 성숙한 해답을 제공할 수 있게 되는 방식이다. 어떤 견해, 곧 우리의 문제에 대한 어떤 중대한 잠정적인 해답의 반박 자체는 항상 진리에 보다 접근하는 일보 전진이다. 그리고 이것은 우리가 우리의 오류로부터 학습할 수 있는 방식이다. 우리는 우리의 오류로부터 학습하면서, 결코 알지 못할지라도, 곧 확실히 알지 못할지라도 우리의 지식은 성장한다(Popper, 1963, p. vii).

이러한 입장에서 보면, 철학자와 교육자의 중심적인 문제는 어떻게 아는가가 아니라 어떻게 추측을 개선하는가가 된다. 한편, Popper는 과학적 지식의 성장에서의 귀납의 논리를 거부한다. 가설의 착상과 확인에서의 관찰을 바탕으로 한 귀납적 추론을 받아들이는 것은 논리적으로 심리적으로 '무한 후퇴'에 이른다고 보고 귀납 자체를 거부하는 것이다. 과학의 실제적인 절차는 추측을 다루는 것이며, 단일한 관찰 후 곧바로 결론으로 비약하는 것이라고 생각하고 있는 것이다. Popper에게 과학적 지식의 성장이란 사실이나 관찰경험의 단순한 축적이 아니라 시행착오, 곧 추측과 반박의 과정이며, 제기된 과학적 이론의 비판과 폐기, 보다 나은 보다 더 만족스러운 이론으로의 거듭된 대치를 뜻한다.

Popper에게 어떤 이론이 과학적이기 위한 준거는 그 반증 가능성, 반박 가능성이며, 과학적 지식은 추측과 반박, 시행착오에 의하여 성장하는 것이다. 과학적인 탐구에서는 문제에 대한 해답을 추측한 다음에는 그를 검증할 수 있는 예를 발견하려고 기도하는 대신에 그를 반박할 수 있는 엄격하고 모험적인 검사를 시도해야 하며, 검증이 되는 증거는 진정한 검사의 결과일 때, 곧 이론을 반증하려는 진지한 그러나 성공적이지 못한 기도로서 제시될 수 있을 때에만 고려되어야 한다는 것이다. Popper에게 과학적으로 보다 진보된 이론, 잠재적으로 보다 만족스러운 이론이란 보다 엄격한 검사에 통과할 수 있는 이론이다. 이러한 비판적 오류주의에 따르면, 과학적 지식은 추측과 반박에 의하여 성장하며, 지식은 결코 확실성을 가질 수 없고 단지 잠정적일 뿐이다. 인간은 결코 진리를 알 수 없으며, 단지 추측할 수 있고 추측을 개선할 수 있을 뿐이다. 추측을 검사하고 추측에 대한 반박을 고려하여 추측을 강화하거나 이를 제거할 수 있는 새로운 추측을 창안하여 대체함으로써 지식의 성장이 이루어진다.

Lakatos는 이러한 Popper의 비판적 오류주의에 입각하여 수학적 지식의 성장을 '증명과 반박'의 논리로서 설명하고 있다. 그에 의하면 수학은 의심의 여지 없이 확립된 정리의 수가 단조롭게 증가하면서 성장하는 것이 아니라 추측-증명-반박의 논리에 의한 추측의 끊임없는 개선을 통하여 성장한다. Lakatos는 Euler의 다면체 정리를 예로 들어 이러한 주장을 역사적 사실을 바탕으로 입증하고자 했으며, 연속함수의 임의의 수렴하는 급수의 극한 역시 연속이라는 추측에 대한 Cauchy의 증명－Fourier 급수에 의한 반례의 등장－Seidel에 의한 증명 분석과 평등수렴 개념의 출현을 다루면서 이를 입증하기 위한 예를 덧붙이고 있다.

Popper와 Lakatos의 비판적 회의론의 입장에서는 '무한 후퇴'의 문제 때문에 확실한 지식의 기초를 찾는 것은 불가능하다고 보지만, 합리주의적 입장에서는 확실성을 갖는 지식체계를 확립할 수 있다고 보고 진리값의 흐름의 방향에 따라 여러 가지 입장을 취한다. Euclid적인 프로그램의 특징은 이론체계의 정상, 곧 공리수준에서 참인 진리값을 주입하고 전체 체계에 스며들어 내려가게 하려고 한다. 따라서 Euclid적인 이론은 의심의 여지없이 참인 명제만을 포함하며 그 안에는 추측도 반박도 없다고 주장되지만, 원시적인 자명한 진리의 집합의 존재성 때문에 '무한 후퇴'에 빠지게 된다. 수학적 명제는 경험적인 증거로 확립될 수 없기 때문에 경험주의는 수학에 적용될 수 없다. 귀납주의는 기초적인 명제에 진리를 주입하고 진리의 재전달 원리에 의하여 진리가 아래로부터 위로 흘러들어 전체 체계에 충만되게 하려는 입장이나, 기초적인 명제에 진리를 주입하려는 귀납적 기도는 '무한 후퇴'의 문제를 피할 수 없게 한다. 한편 수학에서의 Hilbert적인 프로그램은 Gödel의 불완전성의 정리가 무모순성의 대가는 불완전성임을 보임으로써 좌절하였다.

Lakatos의 비판적 오류주의는 이러한 제 입장에 대한 대안으로 제기된 주장이다. 증명과 정의에서의 '무한 후퇴' 문제 때문에 수학적 지식의 확실성은 확립될 수 없으며 단지 추측될 수 있을 뿐이나, 이를 비판하고 개선할 수 있다고 본다. Lakatos에 의하면 수학은 추측과 증명과 반박에 의하여 성장하는 준-경험과학이며, 수학적 지식은 반박되지 않을 때 잠정적으로 확인될 수 있을 뿐인 추측에 불과하다. Lakatos는 고전적인 수학의 완전한 Euclid적인 재조직을 시도한 논리주의자와 형식주의자의 시도가 좌절되고 수학의 절대적 확실성에 대한 믿음이 상실되면서 현대 수리철학에서의 경험주의가 부흥되고 있음을 밝히고 있으며, 결국 수학이론도 과학이론과 유사하게 준-경험적인 이론이며, 거기서 명제는 검증될 수 있을 뿐인 가설적인 것이며, 기본 명제는 다른 명제에 의하여 설명될 뿐이라고 주장한다.

과학의 방법론은 Euclid적인 이상을 추구하느냐 준-경험적인 이상을 추구하느냐에 따라 크게 좌우된다. 수학이 준-경험적인 과학이라면 수학은 이론의 중핵이 되는 자명한 공리체계의 확립과 엄밀한 증명에 의한 정리의 집적이 아니라, 문제로부터 시작하여 설명력 있는 해답이 추측되고 엄격한 검사와 반박이 뒤따르며, 대담한 추측과 반례의 탐색, 반박과 비판을 통한 추측의 개선이 수학발전의 도구가 된다. Lakatos는 현대 수리철학의 가장 중대한 위험은 수학의 오류 가능성과 과학과의 유사성을 인식하고 있으면서 수학적 발견의 논리를 직관과 귀납으로 그릇되게 파악하는 경향이라고 주장하면서, Popper의 비판적 오류주의에 입각한 추측과 반박의 논리를 수학적 지식의 성장의 논리로 받아들일 것을 요구한다.

이러한 Lakatos의 주장에 의하면, 수학은 문제로부터 출발한다. 문제를 풀기 위한 기도를 하는 가운데 추측을 하게 되고, 추측을 엄격히 검사하게 된다. 추측이 검사에 견디면 잠정적으로 보유되고 그 증명이 시작된다. 추측이 어떻게 하여 제기되는가에 대한 최종적인 해답을 얻기는 불가능하나, 오류주의의 입장에서는 귀납에 의한 일반화를 거부하고 추측은 어떤 심리적인 기대에 의하여 인도된 추정일 뿐이며 검사가 뒤따른다고 주장된다. 모든 추측은 문제로부터 일어나며 추측은 문제에 대하여 제안된 해답이므로, 추측을 제기하려면 해답을 탐구해야 할 문제가 존재해야 한다. 탐구란 알고 있는 것으로부터 미지인 것으로 나아가는 것이 아니라, 그 반대로 미지인 것에 대한 추측이 먼저 이루어져야 한다. 추측은 확인과 증명에 앞서며 문제로부터 생긴다.

완전 무결한 엄밀성을 추구하는 형식주의적인 현대 추상수학자들에게는 수학의 불확실성과 그에 대한 비판적 논의는 용납될 수 없을 것이나, 수학자 자신의 진정한 수학하는 사고과정, 비형식적인 실질적인 수학과 그 성장과 관련된 문제, 수학 문제해결의 논리와 관련된 문제의 논의에서는 이는 오히려 자연스러운 것이다. 수학 발생의 논리에 대한 관심이 최근의 수학교육 사조에 따라 증대되어 왔는바, Lakatos의 연구는 이와 무관하지 않은 것이다. Lakatos는 수학의 역사적 발생에 대한 분석과 함께, 수학적 발견술을 교육적 측면에서 부흥시키고 과학적 발견술과 수학적 발견술의 유사성을 강조하고 있는 Polya의 연구에서 수학적 발견의 논리의 근거를 찾고 있다. Lakatos가 *Dialogues on Mathematics*의 저자인 A. Réyni의 도움을 받아 Polya의 저서 *How To Solve It*을 헝가리어로 번역한 사실은 그의 학문적 성향에 깊은 영향을 미친 듯하다(Davis & Hersh, 1981). 수학적 발견에서 고려되어야 할 중요한 측면이 Polya가 제기하고 있는 개연적 추론과 그 역할이며, 거기서 연역적 추론의 위치를 밝히는 일이 또한 중요한 문제가 된다.

Lakatos는 수학적 사고의 개체발생은 계통발생을 단축된 형태로 반복한다는 발생적 원리에 입각하여, 역사적 발생의 메커니즘을 단축된 형태로 대화형식으로 재구성하여 제시하고 있다. 그는 수학적인 탐구에서의 개연적 측면과 연역적인 측면은 상보적이란 입장에서, 다면체의 꼭짓점, 모서리, 면의 수 사이의 관계에 대한 문제로부터 출발하여 추측과 그 확인과정에 대한 Polya의 논의가 끝난 지점에서 논의를 시작한다. 곧 Descartes-Euler 추측에 관한 Cauchy의 증명에 대한 논의로부터 시작하여 수학적 발견의 논리를 논하고 있다. Lakatos가 Descartes-Euler 추측을 주제로 택한 것은 Polya의 권고에 따른 것이었음은 양자 사이의 학문적 관련성을 웅변해 준다(Davis & Hersh, 1981). Polya는 *Induction and Analogy in Mathematics*에서 문제제기단계와 추측단계, 확인단계에서 논의를 그치고 있는데, Lakatos는 이 지점에서 시작하여 추측을 증명하고 반박하고 비판적인 증명분석을 통하여 추측을 개선하고 개념을 구성하는 과정에 대하여 논의하고 있다.

Lakatos는 증명에 대하여 추측을 '증명'하여 의심의 여지가 없는 정리로 확립하는 과정이라는 입장을 부정하고, 증명이란 본래의 추측을 부분추측, 곧 보조정리로 분해하여 비판과 반박의 시야를 넓히는 사고실험이라고 보고 있다. 증명, 곧 추측을 부분추측으로 분해하는 것은 검사를 위한 새로운 전망을 여는 것이며, 추측을 전개시켜 비판의 표적을 보다 많게 하는 것이다. 따라서 원래의 추측뿐만 아니라 많은 부분추측이 반례에 의하여 반박 가능해짐으로써 보다 넓은 범위에 걸쳐 검사 가능해지고 보다 더 위험해지고 보다 더 반증 가능해진다. 증명을 추측을 개선하고 그 과정에서 이론적 개념을 생성하는 주요한 발견적 도구로 간주하고 있는 것이다. Lakatos는 반례가 제기되었을 때 비판적인 증명분석을 통하여 숨겨져 있는 결함이 있는 보조정리를 찾아내어 그에 해당하는 조건을 원래의 추측에 부가하여 추측을 개선하는 '보조정리 합체법', 곧 증명과 반박의 방법을 주요한 수학적 발견의 논리로 보고 있는데, Lakatos는 이러한 증명분석의 패턴을 Polya와 Szego에게서 찾고 있다.

Polya는 과학적 방법의 핵심은 추측과 검사라고 단언하고 있으며, 수학적 발견에서의 추측의 중요성을 강조하고 있는 점에서 Lakatos와 의견을 같이 하고 있다. 그러나 Polya는 귀납에 의한 발견과 귀납적 정당화, 곧 귀납적 논리를 주요한 수학적 발견의 논리로 간주하고 있는 데 반해, Lakatos는 귀납의 논리를 부정하고 있다.

> 금세기의 수학적 발견술의 부활은 Polya의 덕분이다. 과학적 발견술과 수학적 발견술의 유사성을 그가 강조하고 있는 것은 그의 훌륭한 연구의 주요한 특징의 하나이다. 그의 유일한 약점으로 간주될 수 있는 것이 이러한 강점과 관련된다. 그는 과학이 귀납적이라는 데 결코 의문을 갖지 않았으며, 과학적 발견술과 수학적 발견술 사이의 깊은 유사성에 대한 그의 올바른 시각 때문에 그는 수학도 귀납적이라고 생각하게 되었다(Lakatos, 1976, p. 119).

Lakatos에 따르면, 수학적 발견에서는 소박한 추측으로부터 시작하여 사고실험이 뒤따르며, 주요한 것은 가능한 한 빨리 시행착오로부터 벗어나 사실을 너무 귀납적으로 고려하지 않고 사고실험으로 나아가는 것이다.

증명이란 의심을 제거하고 참임을 보증하여 추측을 정리로 확립하는 과정이란 전통적인 관념과 달리, Lakatos는 증명을 원래의 추측을 부분추측으로 분해하는 사고실험 과정이라고 생각하고 있다. 이에 대하여 Polya는 수학적인 증명의 개념은 시대에 다라 변하여 온 여러 가지 측면이 있으며, Descartes와 같이 직관의 연계로 볼 수도 있고 형식적 체계에서의 공리에 따른 기호조작으로 볼 수도 있으며 Lakatos의 생각과 같은 측면도 중요하다고 하면서, 증명의 상대적 성격을 받아들이고 중등학교 학생들에게 증명을 제시할 때에는 Descartes의 생각에 보다 가깝게 제시해야 한다고 말하고 있다 (Polya, 1965).

다음은 Lakatos가 제시하고 있는 증명과 반박의 방법의 개요이다. Lakatos의 증명의 개념에 따르면, 결국 반례에는 두 가지 형태가 있을 수 있는데, 부분추측을 반박하지만 원래의 추측을 반박하지 않는 반례인 '국소적 반례'와, 원래의 추측을 반박하는 '전면적인 반례'가 그것이다. 국소적인 반례이지만 전면적인 반례가 아닌 반례는 증명의 비판이지만 추측의 비판은 아니다. 이러한 반례가 발견되면 반박된 부분추측을 대체시킴으로써 증명, 곧 부분추측 체계를 개선할 수 있다. 전면적 반례이지만 국소적 반례가 아닌 반례의 출현은 수학적 지식의 성장을 위한 주요한 계기가 된다. 그 경우 원래의 추측은 반박되지만 증명은 반박되지 않으므로, 증명이 실제로 증명하는 것은 무엇인가를 결정하는 것이 중요하게 되고 원래의 추측이 개선되게 된다. 여기서 추측에 포함된 용어의 명확화, 재정의를 통하여 개념의 명료화가 불가피하게 된다. 용어의 재정의를 통하여 반례를 괴물로 간주하여 배제하고 추측을 구하는 방법을 Lakatos는 '괴물 배제법' 이라고 부른다. 이러한 '괴물 배제법' 의 구사는 감추어진 가정을 들추어 내고 명확한 정의를 창조하여 추측을 명확화하기 위한 자극이 되므로 유용한 잠재력을 갖는다. 결국 수학적 지식의 성장은 이러한 반례에 의하여 촉진되게 된다. 특이하고 극단적인 경우는 괴물 또는 병적인 예라고 부르고 배제하기보다는 내용의 핵심에 대하여 수학적인 분석을 하게 하는 수학 진보의 결정적인 계기를 줄 수 있는 것으로 존중되어야 한다. 개념을 제한하여 추측을 보호하는 대신에 괴물을 배제하여 원래의 추측이 타당한 영역을 구하는 방법을 Lakatos는 '예외 배제법' 이라고 부른다. 추측이 타당한 영역으로 추측을 제한하여 개선을 시도하는 '예외 배제법' 은 과소 과대 일반화를 초래할 위험성이 있으나 추측을 개선하는 데 도움을 줄 수 있다. 그러나 Lakatos는 반례가 원래의 추측의 반박이지만 그 증명의 반박이 아닌 것은 증명에 문제가 있다고 보고, 증명분석을 통하여 감추어진 조건이나 보조정리를 들추어 내어 추측에 합체시킴으로써 추측을 개선하는 '보조정리 합체법' 이야말로 수학적 지식의 성장을 위한 최선의 방법이라고 보고 있다. 결국, 그에게 증명의 기능은 확실성을 갖는 정리를 확립하는 것이 아니라 추측을 개선하는 것이며, 이와 같은 발견의 논리와 정당화의 논리의 통합은 '보조정리 합체법' 의 가장 중요한 특징이다.

증명에 대한 이러한 오류주의적 관점은 오늘날에는 널리 받아들여지고 있지 않으며, 대부분의 수학자들은 어떠한 증명도 Q.E.D.(Quod Erat

Demonstrandum)이라는 말로 결론을 맺을 수 없음을 이해하지 못한다. 대부분의 수학자들은 반박없이 참의 단조로운 증가에 의하여 추측을 개선하고 싶어하며, 추측을 증명하거나 반박할 것이며, 증명과 반박을 동시에 시도하지 않는다. '보조정리 합체법'은 증명과 반박을 분리시킬 수 없음을 보여주는바, Lakatos는 이를 중심으로 한 수학의 발견술을 '증명과 반박의 방법'이라고 부르고 이를 다음과 같은 발견술적 규칙으로 요약하고 있다.

규칙 1: 추측을 하면 그 증명이나 반박에 착수하여라. 증명을 주의 깊게 조사하여 자명하지 않은 보조정리의 목록을 마련하여라(증명분석). 추측에 대한 반례(전면적인 반례)와 의심스러운 보조정리에 대한 반례(국소적인 반례)를 양쪽 다 찾아보아라.

규칙 2: 전면적인 반례가 있으면 반례에 의하여 반박될 적절한 보조정리를 증명분석에 추가하고 그 보조정리를 조건으로 합체시킨 개선된 추측으로 추측을 대체시켜라. 반례를 괴물이라고 보고 버려지도록 허용하지 말아라. 모든 감추어진 보조정리를 명백하게 하려고 시도하여라.

규칙 3: 국소적인 반례가 있으면 그것이 또한 전면적인 반례인지 아닌지 검사해 보아라. 만약 그러하면 규칙 2를 쉽게 적용할 수 있다.

규칙 4: 만일 국소적인 반례이지만 전면적인 반례가 아닌 반례가 있으면 반증되지 않는 보조정리로 반박된 보조정리를 대체시켜 증명을 개선하도록 시도하여라.

규칙 5: 만약 어떤 유형이든 반례를 얻었다면 연역적 추정에 의하여 그것들이 더 이상 반례가 되지 않는 보다 깊은 정리를 발견하도록 시도하라.

증명과 반박의 방법을 통하여 '국소적인 땜질'을 하여 점차적으로 보다 엄밀한 증명분석에 도달할 것이고 보다 확실한 정리에 도달할 것이지만, 증명분석에 첨가되는 새로운 보조정리는 개선된 정리의 새로운 조건으로 부가되므로 그 영역을 축소하게 되어 확실성이 증가할 때 내용이 감소하게 된다. 보조정리 합체에 의하여 정리의 영역을 좁히는 대신에, 반증되지 않는 수정된 보조정리로 거짓임이 입증된 보조정리를 대체시키거나, 완전히 다른 보다 포괄적이고 깊은 증명을 발명함으로써 전혀 새로운 보조정리로 모든 보조정리를 대체하여 보다 심오한 증명과 개선된 정리를 얻을 수 있는데, Lakatos는 규칙 4를 정리의 내용을 증가시키는 중요한 발견적 패턴으로 간주하고 있다.

이러한 증명과 반박이란 입장에서 보면, 증명분석의 엄밀성은 달성될 수 없다. 사고실험의 언어적 정교화의 어려움이 증명분석의 엄밀성을 도달 불가능하게 만들고, 더욱 기괴한 반례들이 증명분석 과정을 끝없는 과정으로 만들기 때문이다. 엄밀한 증명분석에 대한 요구는 수학에서 그 아름다움을 빼앗고 사소한 것을 따지는 현학을 자초하며 결국 사악한 무한에 빠지게 할 것이다. 엄밀성은 결코 성취되지 않으며 확실한 기초는 결코 놓일 수 없다. 결국, 수학은 문제의 해결에 다소 적절히 엄밀한 타당성을 갖는 증명으로 만족하게 되며, 최종적인 증명과 그에 대응하는 필요충분조건을 향한 충동은 성취될 수 없는 것이다.

문제로부터 출발하여 그에 대한 해답으로 추측이 뒤따르고, 검사 사고실험, 곧 분석을 통과하면 증명 사고실험, 곧 종합이 시도되고 반례를 통하여 추측을 개선해 가는 패턴을 Lakatos는 '소박한 추측'이라고 한다. Lakatos가 제시하고 있는 또 다른 추측이 '연역적 추측'이다. 만약 반례에 의하여 반박된 추측이 있으면 추측을 검사해 보아야 한다. 그러는 가운데 새로운 증명과 마주칠 수 있다. 여기서 출발점은 문제와 함께 이미 마음속에 존재하게 되는 아이디어이다. 곧바로 아이디어로부터 출발하여 일련의 연역적인 과정을 거쳐 새로운 추측에 이른다. 이 때 추측은 연역적 수단에 의하여 제기되므로 동시에 증명된다. 그러나 이는 최종적인 것은 아니며, 반례가 제기되고 숨겨진 보조정리가 발견되어 추측이 개정되고 확장되며 개념의 재정의와 확장을 통하여 수학적 지식이 성장하게 된다. 이러한 연역적 추측의 강점은 연역의 특성상 내용의 증가를 수반하게 된다는 점이다. 규칙 5는 증명 사고실험을 확장하고 세련시켜 논리적으로도 만족스러운 추측을 시도하는 발견적 규칙이다. 수학적인 문제에 대한 연구의 초기단계에서는 소박한 패턴이 보다 많이 사용되고, 그 결과를 세련시킨 후의 단계에서는 연역적 패턴이 이용된다.

이와 같이 수학적 발견술은 소박한 추측과 연역적 추측이란 두 가지 패턴을 따른다. 소박한 추측에서는 문제로부터 출발하여 추측을 하고 증명과 반례에 의한 반박의 단계를 거쳐 추측이 개선되고 세련된 개념이 나타난다. 연역적 추측은 문제로부터 연역적 증명을 통하여 추측에 이르고 검사와 반박이 뒤따른다. 어느 쪽이건 반박은 약점에 초점을 맞추어 비판함으로써 추측을 개정하고 확장하고 수정하며, 개념의 재정의와 확장을 통하여 지식의 성장을 촉진한다. 결국 반박은 수학적 지식의 성장에 이르지만 확인은 그렇지 않다. 확인은 추측과 정리와 이론의 무비판적인 수용에 이르게 하지만, 반박은 겉보기에 자명한 명제에 대하여 의심을 지속시키고 주의를 집중하게 한다. 증명과 반박은 소박한 추측을 개선된 추측으로, 소박한 개념을 증명생성 개념, 곧 이론적 개념으로 대체시킴으로써 지식을 성장시킨다.

그런데 반박은 은밀한 개념확장에 의하여 제기되는 것이 보통이며, 이는 논리적 반례는 아니지만 지식의 성장에 박차를 가하는 발견적 반박이다. 증명과 반박은 소박한 개념을 이론적인 개념으로 대체시킨다. Descartes-Euler 추측의 본래의 소박한 영역인 '입체의 이론'은 Gergonne, Cauchy, Poincaré에 의하여 증명되면서 변형되고 개조되어 각각 사영기하학, 해석적 위상수학, 대수적 위상수학에 등장한다. 온건한 개념확장에 의한 발견적 비판이 수학적 성장의 중요한 도구이나, 급진적인 개념확장을 받아들이는 것은 수학의 역사에 있어서 전환점이 된다.

'보조정리 합체법'은 결론에 대한 반례는 적어도 그 한 전제의 반례가 된다는 결론으로부터 가정으로의 '거짓의 재전달 원리'에 근거하여, 전면적인 반례가 또한 국소적인 반례일 것을 요구한다. 전면적 반례이지만 국소적 반례가 아닌 반례가 이 원리를 어기면 적당한 보조정리를 증명에 첨가함으로써 그것을 복구시킨다. '거짓의 재전달 원리'는 따라서 발생상태에 있는 증명분석을 위한 조정원리이며, 전면적 반례이지만 국소적 반례가 아닌 반례는 증명분석을 성장시키는 발효제가 되는 동시에 증명-분석이 추측의 개선을 위한 발효제가 되게 한다.

Lakatos는 이러한 증명과 반박, 증명분석을 통한 수학의 역사적 발생에 대한 장애의 근원은 Euclid적인 방법의 무오류주의 철학의 배경이었으며, 그로 인한 '예외 배제법'의 사용이었다고 보고 있다. Lakatos가 제시하고 있는 증명과 반박의 방법에 의한 수학적 발견, 곧 비형식적인 수학이론의 성장에 관한 패턴, 수학의 탐구양식은 다음과 같은 단계로 정리될 수 있다. 즉 제기된 문제를 시행착오에 의하여 잠정적으로 해결하는 과정에서 소박한 추측을 얻거나 연역적 과정을 통하여 추측을 얻는 단계, 연역적 추측에서는 증명이 추측의 제기에 포함된다. 추측을 부분추측, 곧 보조정리로 분해하여 그 비판 가능성을 높이는 사고실험인 증명 단계, 전면적인 반례의 출현으로 증명이 재검토되고 전면적인 반례가 국소적인 반례가 되는 유죄인 보조정리가 발견되어 추측의 조건으로 합체되어 추측이 정리로 개선되고 이론적 개념이 출현하는 단계, 나아가 보조정리가 기본원리, 곧 공리로 되면서 풍부한 연구 프로그램을 얻게 되는 단계를 거친다. 결국 Lakatos는 Euclid 기하의 발견적 방법으로 Descartes가 대수 분야로 확장한 분석법을, 다시 비판적인 증명분석을 통하여 감추어진 가정을 들추어 내어 추측과 개념을 개선해 가는 과정으로 확장하여 수학적 발견의 논리의 근간으로 삼고 있다고 볼 수 있다. 발견의 논리와 정당화의 논리 사이의 이러한 본질적인 통일성은 Lakatos의 '보조정리 합체법'의 가장 중요한 측면이다.

2. Lakatos의 발견적 접근법

앞에서 고찰한 Lakatos의 비판적 오류주의 수리철학과 그에 입각한 수학적 발견의 논리가 수학 학습-지도 방법의 개선을 위하여 시사하는 점을 찾아 보기로 한다. Polya가 주장하듯이 수학교육의 중심이 종래와 같이 이론적인 명제를 가르치고 배우는 것으로부터 방법적 지식을 가르치고 배우는 것으로 옮겨야 한다면, 수학은 산물과 과정이란 두 얼굴이 있으며 발생상태 그대로의 수학, 발명되고 있는 과정에 있는 수학의 바로 그 방식대로의 수학하는 경험이 수학의 교육이어야 한다면, 증명과 반박의 논리는 추측하고 검사하고 증명하고 반박하는 수학의 탐구과정을 통하여 학생들의 비판적이고 합리적인 사고능력과 태도의 개발, 수학하는 방법의 학습을 수학교육의 주요 목표로 제기한다.

Lakatos는 수학에서 권위주의적인 전통적인 연역적 패턴을 낳았으며, 추측의 발표와 논의를 막고 수학적 비판의 출현을 불가능하게 한 것은 Euclid적인 방법의 무오류주의 철학적 배경이었다고 하면서, "이것이 Euclid가 특히 수학사에 대하여, 그리고 도입수준과 창조적 수준 양쪽 모두에서 수학교육에 대하여, 사악한 천재였던 이유이다" (Lakatos, 1976, p. 140)라고 말하고 있다.

Lakatos의 입장에서는 수학은 준-경험과학이며 수학적 지식은 추측에 불과하다. 증명이란 원래의 추측을 부분추측으로 분해하는 사고실험이고, 수학은 증명을 통한 정리의 확립이 아니라, 증명을 통하여 반례의 발견과 반박을 용이하게 함으로써 추측의 개선이 시도되는 과학이다. 이러한 수학관은 기성의 지식체계의 독단적인 제시와 설명, 그 가운데 암묵적으로 내포된 비판적 사고의 거부를 거부하지 않을 수 없게 하며, 문제해결을 통한 발견적 학습-지도를 요구하게 된다. 수학자들의 수학연구에서 가장 중요한 단계는 자신의 문제를 선택하는 것임을 생각해 보면, 학생들은 교과서나 교사에 의하여 제시되는 문제를 제시받는 데 그쳐서는 안 되며 문제를 제기하는 데 한몫을 하도록 해야 한다. 수학학습은 문제상황으로부터 시작해야 하며, 추측과 사고실험, 의사소통을 통한 비판적 사고를 자극해야 한다. 해답의 추측, 검사, 증명, 사고실험, 반박을 통한 추측과 증명의 개선과 이론적 개념의 구성이란 수학의 발견과정에서의 정신적인 긴장을 교육활동 가운데에서 자극하고 재구성할 것을 요구하는 것이다.

불확실성과 변화의 사회이며 컴퓨터가 지배하는 정보산업 사회를 사는 현대인은 완전한 지식체계에 회의를 갖게 되고, 인간의 사고과정은 오류나 수정 가능성을 내포한다는 것을 당연한 것으로 받아들이게 되었다. 교사는 학생들에게 지식은 끊임없이 변하며 교사를 포함하여 어느 누구도 완전한 지식을 소유할 수 없다는 입장을 견지해야 할 것이며, 학생들에게 능동적으로 사고과정의 질을 평가하고 오류를 수정해 가는 능력과 태도를 개발해 주어야 할 것이다. 수학교사는 문제를 제기하고, 학생의 추측에 대하여 권위적인 가치판단을 유보하고, 조심스럽게 안내역을 하면서 학생들을 격려하여 자신이나 다른 학생들의 추측에 대하여 독립적으로 비판적 검사를 하고, 토론을 인도함으로써 반례를 발견하여 그들의 수학적 지식이 성장하도록 하는 동시에, 수학적 지식에 대한 합리적인 비판적 학급풍토가 조성되도록 해야 할 것이다. 학생들은 비판과 반박의 능력과 태도, 곧 추측에 대한 합리적이고 비판적인 분석능력과 태도를 개발해야 하고, 비판이 개인에 대한 공격이 아니고 아이디어에 대한 공격임을 이해하여 자신의 추측이 교사와 동료들에 의하여 비판되기를 기대하도록 해야 하며, 교사는 비판과 반박을 기꺼이 수용하여 학생이 교사의 행동 패턴을 모방하도록 해야 할 것이다.

Agassi(1980)는 수학교육에서 기존의 틀을 부수고 다음과 같은 'Lakatos적인 혁명'을 실현할 것을 제안하고 있다. 학생이 자신이 할 행동의 진정한 목적을 이해하지 못한 상태에서 여러 가지 심리학적 수단을 구사하여 학생을 자극하고 부추기고 강화를 주어 학생이 하기를 좋아하지 않는 것을 하도록 만드는 동기유발 방법은 일종의 교육적 사기이다. 교육의 목적은 독립적이고 자유롭고 유능한 시민을 양성하는 데 있으므로, 교사는 학생에게 학습할 목적을 설명해 주고, 발견과 개선의 즐거움에 대하여 그리고 필요한 능력을 개발하려는 학생들의 욕구에 대하여 논의하고, 흥미를 돋우는 지적인 모험에 참여하도록 안내하는 진정한 발견적 방법이 요구된다. 동기유발 이론은 의존성을 기르는 교육을 뒷받침한다는 점에서 문제가 된다. 지적인 성취는 억압이 없는 상황에서 독립적이며 책임감 있는 진정한 연구를 통하여 달성될 수 있으며, 그러한 교육은 일찍부터 시작해야 한다. 이는 수학교육에서 아동의 의식에서 벗어난 권위주의적인 지도를 포기하고 아동을 존경하는 분위기 가운데에서 아동 자신의 시행착오를 통하여, 아동의 발달수준에 맞는 증명과 반박의 논리를 통하여 이루어질 수 있다. 이와 같은 추측에 대한 구성적 비판을 전제로 한 아동과의 대화는 수학교실의 권위주의적인 분위기를 인간적인 분위기로 변화시킬 것이다.

일반적인 수학적 아이디어, 개념, 원리는 여러 가지 예로부터 귀납에 의하여 획득된다는 생각은 수학교육의 일반적인 실천원리의 하나이며, Dienes의 '다양성의 원리'나 자극-반응 학습원리와 같은 심리학적 뒷받침을 받고 있다. 그러나 앞에서 고찰한 바와 같이 Lakatos는 수학적 발견에서의 귀납의 논리를 부정한다. 이러한 Lakatos의 입장은 개별적인 여러 가지 사물이나 현상에서 일반적인 원리를 추상해 내도록 하려는 추상이론을 거부하는 것이며, 전형적인 예로부터 구조를 파악하여 법칙성을 획득시키는 예제식의 접근을 여러 가지 예를 통하여 귀납적으로 법칙을 획득시키는 접근보다 우선시킬 것을 요구한 Freudenthal의 주장을 뒷받침하는 것이다. 그러한 접근은 지도내용과 학습과정에 대한 상당한 통찰을 요하므로 그러한 통찰을 얻기가 어려우며, 교사나 교육과정 개발자나 교과서 저자들이 그러한 통찰을 받아들여 그러한 시도를 하기가 어렵다는 데 문제가 있으나, 구조의 파악으로 넓은 범위에 걸친 동형인 문제에의 전이가 신속하고 확실하여 발전적인 적용 가능성이 높다는 장점이 있는 것이다.

수학은 Euclid적인 전통에 따라 연역적 양식으로 전개되는 학문으로 간주되어 왔으며, 그러한 연역적인 구성이 바르게 되었는가 하는 엄밀성의 문제는 역사적으로 수리철학의 주요한 문제가 되어 왔으며, '새 수학' 이래 교육적으로도 거듭 논란의 대상이 되어 왔다. Lakatos는 증명과 반박의 논리에서 언어의 모호함은 엄밀성을 도달 불가능하게 만들고 정리 형성을 끝없는 과정으로 만드므로, 문제의 해결에 다소 적절히 엄밀한 타당성을 갖는 '다소 엄밀한' 명제를 받아들일 것을 요구한다. Thom(1971)의 주장대로 엄밀성의 엄밀한 정의는 없으며, 어떤 정리의 진실됨에 대한 우리의 신념의 최후의 판단은 직관에 의하며, 증명은 적절히 교육을 받아 그것을 이해할 만한 준비가 되어 있는 독자들에게 받아들여지면 엄밀한 것이고, 포함된 기호의 의미와 그들을 결합하는 방법을 이해하면 충분한 것이다. Freudenthal의 주장과 같이, 엄밀성은 국소적 조직화를 거치는 수학하는 경험을 통하여 여러 수준의 엄밀성을 거치면서 각 수준에 적합한 엄밀성의 재발명을 통하여 학습되어야 한다. 엄밀성 수준의 이행은 그 때까지 믿고 있었던 엄밀성을 의심하면서 시작되어 비약적으로 일어나는바, 그러한 비판적인 의식이 형성되지 않을 때 새로운 엄밀성의 준거를 요구하는 것은 의미가 없을 것이라는 점은 van Hieles의 기하 학습수준 이론이 뒷받침한다.

그리스 수학에서는 분석과 종합의 변증법적인 종합을 수학적 사고의 본질로 보았으나, '원론' 곧 기본원리인 정의, 공준, 공리를 수학의 논리적 · 존재론적 기초로 보고 이로부터 수학적 지식을 연역하는 종합을 수학적 진리를 구성하고 그 이해를 보증하는 방법으로 생각하여 발견의 논리인 분석이 감추어진 《Euclid 원론》을 교과서로 사용했으며, 이는 오늘날까지 수학교과서의 전형이 되고 있다. 더욱이 1934년 이후 Bourbaki 학파에서 추상적인 공리론에 입각하여 수학적 구조를 중심으로 현대수학을 재구성한 《수학원론》은 대학의 수학전공 학생을 위한 교과서를 집필하려는 계획에서 비롯된 것으로, 수학자 사회의 의사소통과 대학수준에서의 수학교육은 물론 학교 교육과정, 나아가 인지발달을 Bourbaki의 모구조와 대응하는 schèmes의 변형으로 설명한 Piaget 이론과의 관련성 등으로 수학교육학에 강력한 영향을 미쳤다. Bourbaki 학파의 창시자의 한 사람인 Dieudonné(1973, pp. 16-19)는 다음과 같이 수학의 엄밀한 연역적 전개를 통한 교육적 의사소통의 중요성을 강조한다.

> 그들이 수학에 대하여 꽤 훌륭한 이해에 도달하고, 그것을 그들의 학생들에게 전달할 수 있는 유일한 길은 그들 자료의 주의 깊은 제시를 통해서이다. 거기서 정의, 가정 및 논증은 어떤 오해도 피할 만큼 충분히 정밀하며, 가능한 오류와 함정은 필요성이 생길 때마다 지적된다.

Steiner(1988, p. 9)가 지적하고 있듯이, "과학과 관련된 교수학적 문제는 제도화된 교육을 다룰 때 비로소 등장하는 이차적인 문제라기보다 과학의 구성요소로서 간주되는 것이 매우 자연스럽다. 이러한 과학의 '내적인 교수학' 은 현존하는 지식의 경제적이고 명료한 배열, 개념과 언어의 개발과 선택 및 표준화, 그리고 지식, 해답, 도구 등에 대한 의견교환과 배포의 문제와 관련된다."

그러나 16세기 이후 Euclid 원론은 교육적 측면에서 발견과정을 숨기고 있다는 점에서 비판을 받기 시작했으며, 그 대안으로 앞에서 살펴본 바와 같은 분석적 · 발생적 접근법이 요구되고 옹호 · 발전되어 왔다. Lakatos (1976, p. 22)는 Haeckel의 '재현의 원리'를 수학교육 원리로 원용할 것을 주장한 Poincaré와 Polya를 인용하면서 역사발생적 원리를 옹호하고 있으며, 연역적 전개양식을 다음과 같이 비판하고 있다.

> 연역주의자의 양식에서는 모든 명제는 참이고 모든 추론도 타당하다. 수학은 영원히 변치 않는 진리의 계속 증가하는 집합으로 제시된다. 반례, 반박, 비판 등은 도저히 들어올 수 없다. … 원시적인 추측, 반박, 증명에 대한 비판을 억압함으로써 이 과목에는 권위주의적인 분위기가 확보된다. … 전체적인 이야기는 사라져 버리고, 증명 절차를 거치는 과정에서의 그 정의에 대한 일련의 시험적인 형식화는 망각되도록 운명지어진 반면, 최종결과는 성스러운 무오류성을 지닌 것으로 치켜세워진다. … 현재의 수학교육은 권위주의의 온상이며 독립적이고 비판적인 사고의 가장 나쁜 적이라는 사실이 아직도 충분히 자각되지 못하고 있다(Lakatos, 1976, p. 216).

그리고 그는 Rudin의 *Principles of Mathematical Analysis*(1953)에서의 평등수렴 개념의 도입방법을 예로 들어 연역적 전개의 문제점을 비판하고 있다. Rudin(1953)은 평등수렴의 개념을 도입하기에 앞서 먼저 '주요 문제에 대한 논의'에서 함수의 무한수열의 극한이나 함수의 무한급수의 합인 함수를 정의하고, 연속성, 미분 가능성, 적분 가능성 등과 같은 함수의 중요한 성질이 극한함수에서도 성립하는가 하는 문제를 제기한다. 그리고 연속인 함수의 수열의 극한인 함수가 연속인가 하는 것은 $\lim_{t \to x} \lim_{n \to \infty} f_n(t) = \lim_{n \to \infty} \lim_{t \to x} f_n(t)$인가, 곧 극한과정이 실행되는 순서는 교환 가능한가 하는 것과 같으며, 여러 가지 예를 들어 그렇지 않음을 보인 다음, 그러한 성질을 갖기 위한 조건으로 보다 강한 수렴양식이 필요하다고 하면서 평등수렴 개념을 정의한다. 먼저 원초적인 추측과 그 반박을 제시한 다음 평등수렴의 정의를 도입하고 있는 것이다. 여기서 Lakatos는 다음과 같이 그 문제점을 지적한다.

> 이러한 진술은 다음 두 가지 흠이 있다. (a) Rudin은 원초적인 추측과 그 반박만을 제시하고 있는 것이 아니라, 도리어 원초적인 추측이 참인지 거짓인지를 묻고, 잘 알려진 예에 의하여 거짓임을 보이고 있다. 그러나 이렇게 함으로써 그는 무오류주의자의 양식을 넘지 않고 있다. 그의 '문제상황' 가운데에는 추측은 없고 도리어 날카롭고 정교한 질문이 있으며, 확고한 대답을 제공하는 (반례가 아니라) 예가 뒤따른다. (b) Rudin은 평등수렴의 개념이 증명으로부터 생긴다는 것을 보이고 있지 않으며, 도리어 그의 진술에서 정의가 증명에 선행한다. 이는 연역주의자의 양식에서 달리 될 수가 없을 것이다. 왜냐하면 만일 그가 먼저 원래의 증명을 제공하고 그리고 나서 비로소 반박에 뒤따라 개선된 증명, 증명생성 정의가 나온다면, (영원히 정적인) 수학의 움직임, Euclid적인 전통과 모순되는 (전혀 틀림이 없는) 수학의 오류 가능성을 드러냈을 것이다. (Rudin의 책을 계속 인용하고 있는 것은 그 책이 이러한 전통에 따른 가장 훌륭한 교과서 중의 하나이기 때문임을 아마도 덧붙여 두어야 할 것이다.) 서문에서, 예를 들어 Rudin은 다음과 같이 말한다. '어떤 정리의 가정이 결론의 타당성을 보증하는 데 참으로 필요하다는 것을 명백하게 보이는 것이 특히 초보자를 위하여 중요한 듯하다. 이러한 목적으로 꽤 많은 수의 반례가 교과서 가운데 포함되었다.' 불행히도 이들은 실제로 정리에 모든 가정을 포함시키려면 수학자들이 얼마나 현명해야 하는가를 보이는 예이므로 가짜 반례이다. 그러나 이들 가정이 어디에서 나오는가 하는 것, 그들은 증명 아이디어로부터 나온다는 것, … 수학자의 머리로부터 튀어나오지 않는다는 것을 그는 말하고 있지 않다. 그가 '반례'란 용어를 사용하고 있다는 것이 오류주의자의 양식을 기대하도록 우리를 오도해서는 안 될 것이다(Lakatos, 1976, pp. 219-220).

Lakatos는 자신이 주장하는 수학적 발견의 논리에 비추어 평등수렴 개념에 대하여 다음과 같은 발견적 교재구성 과정을 제시하고 있다.

① 원초적인 추측: 연속함수의 임의의 수렴하는 수열의 극한함수는 연속이다.

② 증명(원초적인 추측을 부분추측이나 보조정리로 분해하는 대강의 사고실험): 연속함수에 대한 Cauchy의 정의와 증명

③ (전면적인) 반례(원초적인 추측에 대한 반례)의 출현: 반례인 Fourier 급수 $\cos x - \frac{1}{3}\cos 3x + \frac{1}{5}\cos 5x - \cdots$ 및 여러 가지 전면적인 반례의 제시

④ 증명의 검토, 전면적인 반례가 국소적인 반례가 되는 '유죄인 보조정리'의 발견과 증명 및 추측의 개선, 새로운 증명생성 개념의 출현: ε-δ 방법에 의한 증명분석, 평등수렴 개념의 도입

Lakatos에 따르면, 증명생성 정리를 그 '증명 전신'으로부터 분리시켜서는 안 되며, 오늘날 대부분의 대학의 수학 교과서에서처럼 그것이 발견적으로 그에 부차적인 것이 되는 그러한 증명에 앞선 절이나 장 속에 불시에 제시해서는 안 된다. 이러한 발견적 양식의 도입은 교과서의 재집필을 요구할 것이고, 교과서를 너무 길게 만들어 읽기 힘들게 할 것이라는 반론에 대한 Lakatos의 대답은 시도해 보자는 것이다.

Lakatos에게 전통적인 수학 교과서의 연역적인 전개양식은 Euclid적인 전통을 따라 결과에 이르른 발견적인 사고과정인 분석과정을 숨기고 전개되는 교수학적으로 전도된 방법이다. Lakatos의 《증명과 반박》(*Proofs and Refutations—The Logic of Mathematical Discovery*)은 '증류된' 역사를 포함하고 있는 대화형식으로 되어 있는데, 그가 이러한 서술형식을 택한 것은 수학 교과서를 대화형식을 통하여 발견적 양식으로 전개하기를 원했기 때문인 것으로 생각된다. Hawkins(1985)는 Platon의 〈대화〉편과 Lakatos의 저서에 나오는 대화형식 사이에는 예와 증명, 반례와 반박, 재형식화 등의 공통적인 내재적 구조가 있다고 말하고 있다. Socrates의 대화법은 사고실험 방법이라고 할 수 있으며, 발견방법의 전형으로 지금까지 교육자들의 많은 관심의 대상이 되어 왔다. Freudenthal(1978)은 교과서는 Socrates 방법의 주요한 적이 되어 왔다고 하면서, 실제로 교사의 사고실험 결과에 따라 재발명을 거치면서 가르치고자 하는 대로 교과서를 구성할 것을 요구하고, 그러한 교과서 구성의 전형적인 예로서 수학적 발견술에 관한 Polya의 저서의 전개

방식을 들고 있다. Lakatos의 입장은 이러한 생각과 근본적으로 다를 바 없으나, 귀납의 논리를 중시하는 Polya의 전개방식과는 구별됨은 이미 언급한 바와 같다. 엄밀성과 체계성을 추구하는 수학자의 입장과 확정적인 것을 인쇄해야 한다는 전통적인 관념은 수학 교과서의 발견적 대화식의 전개를 어렵게 하고 있으나, Polya와 Lakatos가 그 가능성을 충분히 예시하고 있다고 생각된다.

3. 반-양자택일률

1960년대에 '새 수학' 운동이라고 불리웠던 수학 교육과정 개혁운동은, 학문의 기본개념과 탐구방법을 의미하는 학문의 '구조'를 강조하는 구조중심 교육과정의 구현이 그 중심이념이었다. Bruner는 지식인이란 어떤 탐구분야에서의 지식이 어떤 것인가에 대한 감각을 소유해야 하며, 그 관련성이란 측면에서 그 지식을 알아야 하며, 그 지식이 어떻게 획득되는가에 대한 느낌을 가져야 하며, 그렇게 하기 위해서는 그러한 사고경험을 직접시켜야 하는바, 이는 왜곡되지 않게 일찍 도입될 수 있다고 주장하였다. Bruner가 학문의 탐구방법의 교육적 중요성을 그토록 강조했음에도 불구하고, '새 수학'에서는 학교수학의 현대 수학화라는 슬로건 아래 현대수학의 기본개념과 수학적 구조의 지도를 위한 교육적 노력이 지나친 결과, 'Back to Basics'란 반동을 초래하였고, 그 후 40년이 지난 오늘날 수학의 탐구방법과 적용에 대한 교육적 노력이 소홀히 되었던 점을 새롭게 반성하면서 문제해결 지도란 슬로건 아래 이를 강조하는 결과를 초래하였다.

이러한 흐름이 시사하는 교훈은 1975년 수학교육 현대화 운동을 반성하면서, 미국 '수학교육 국가자문위원회'에서 발표한《K-12 학교수학의 개관과 분석》이란 연구 보고서 가운데 제시된 정책적 권고사항 가운데 명확히 나타나 있다. 동 보고서에서는 학교수학에서 오래된 것과 새로운 것, 기능과 개념, 구체적인 것과 추상적인 것, 직관과 형식주의, 구조와 문제해결, 귀납과 연역과 같은 상보적인 입장 가운데 어느 한쪽을 지나치게 강조하는 잘못을 범하지 말고 조화로운 입장을 취하라는 반-양자택일률을 첫 번째 권고사항으로 제시하고 있다. 수학교육에서 지나친 극단론은 독단이며 대립되는 여러 가지 입장의 상보적인 관점이 바람직함은 수학교육의 역사적 교훈이다.

수학자 자신의 진정한 수학하는 사고과정, 비형식적인 실질적인 수학 및 그 성장과 관련된 문제, 수학 문제해결과 관련된 문제에의 관심이 최근의 수학교육 사조에 따라 증대되어 왔다. 무엇을 가르칠 것인가 하는 것보다 어떻게 가르칠 것인가에 관심이 보다 집중되고, 수학적인 탐구양식, 수학적 know-how 지도의 결여가 수학교육과 수학교사 교육에서의 가장 큰 결함으로 지적되고 있다. 그러나 수학적 발견의 논리에 대한 명확한 이해가 없이 수학교육에서 수학적 발견의 경험을 지도의 초점으로 삼기를 기대할 수는 없는 것이다. 앞에서 고찰한 Lakatos의 비판적 오류주의 수리철학과 그에 입각한 수학적 발견의 논리 및 그에 따른 수학 교육적 논의는 수학적 사고교육으로 요약되는 시대적 요구의 실현을 위하여 시사하는 바가 큰 것으로 생각된다.

Lakatos의 수학적 탐구양식에 대한 모델은 그의 비판적 오류주의 철학에 입각한 것이며, 다른 철학적 입장을 택하면 수학의 탐구양식에 대한 모델은 달라질 수 있을 것이다. 그러나 어떤 철학적 입장에서 생각하건 수학은 수학하는 사고과정이며, 수학을 학습한다는 것은 수학하는 사고경험을 하는 것이다. 추측과 반박의 논리는 추측하고 검사하고 증명하고 반박하는 탐구과정, 문제해결 과정을 통하여 학생들의 비판적이고 합리적인 사고태도의 개발, 수학하는 방법의 학습을 수학교육의 주요 목표로 제기한다.

수학은 성공과 실패를 거듭해 온 인간적인 활동이다. 수학교육은 수학적 사고활동의 결과인 수학적 지식의 기록을 전달하는 데 그쳐서는 안 되며, 인간적인 수학적 활동을 촉진하는 교육이 되어야 할 것이다. Piaget에 따르면, 수학의 역사적 발달사는 수학적 조작의 의식화의 과정이요, 조작의 구조의 의식화 과정이라고 한다. 사고는 정신적인 역학의 의식화의 결과이며 의식화만이 교육 가능하다고 한 Gattegno(1971)의 주장처럼 의식성의 개발은 교육적으로 매우 중요하다. Lakatos가 제시하고 있는 수리철학과 수학적 발견의 논리는 수학의 역사발생 과정을 학습자로 하여금 의식적으로 재경험하게 할 것을 요구하며, 수학의 재발견 과정을 통하여 추측하고 비판하며 개선하는 합리적인 사고능력과 태도의 개발을 요구한다.

또한 Lakatos의 입장은 수학교육에서의 전통적인 Euclid적인 연역적 전개 양식과 귀납적 일반화의 논리를 거부하고, 비판적 오류주의적 접근, 곧 발생적—발견적—Socrates적—문제상황을 통한—전형적인 예를 통한 접근에 의하여 수학교육에서의 활동주의 이념의 구현을 위한 새로운 가능성을 열어주고 있다. 그러나 Euclid 원론이 표준적인 교과서가 된 이래 그러한 특성을 가진 교과서의 지도를 통한 교육이 습관이 되어 왔으며, 오늘날까지 수학교육 철학은 Platon적인 틀에 얽매어 이러한 요구를 외면해 왔다. Lakatos의 입장은 그러한 형식주의적인 전통에 도전하는 것이며, 그 구체적인 대안을 제시하고 있다고 볼 수 있다.

그러나 이는 수학의 논리적 구성을 무시해도 좋다는 것은 절대로 아니라고 생각한다. 수학에는 기성 수학과 발생과정에 있는 수학이란 두 얼굴이 있으며, 상보적인 관점이 바람직함은 앞에서 언급한 수학교육의 역사적 교훈이다. 기성의 지식체계로서의 수학의 체계성과 논리적 · 연역적 구성은, 수학을 만들어 가는 발견과정 및 예제식 발견적 교재구성과 조화를 이루도록 해야 할 것이다.

분석은 그리스 이래 수학연구에 특징적인 발견적 패턴이다. 분석은 종합에 필요한 추측에 감추어진 가정을 들추어 내는 창조적 개선과정이며, 증명하려고 시도한 정리가 소박한 추측임을 드러내게 한다. 결국 조건을 보조정리로 합체시킨 증명생성 정리와 증명생성 개념을 얻게 되며, 증명하려고 착수한 추측이 아닌 개선된 추측을 증명하게 된다. 거듭된 증명과 반박 절차를 거치면서 점차 복잡해지는 증명생성 정리가 생기고, 처음에 감추어져 있던 보조정리가 노출되어 기본원리, 곧 공리로 전환되면서 풍부한 연구분야가 생기게 된다. 이 단계에서 추측이 제기되면 그것이 공리로부터 연역되는가 어떤가 하는 것이 문제가 되며, 새로운 보조정리와 공리에 이르는 수단으로서의 분석은 그 기능을 잃게 되고 종합에 필요한 증명된 보조정리를 동원시켜 연결시키는 발견적 도구가 될 뿐이다.

이러한 Lakatos의 수학적 발견의 논리는 수학학습 과정에서 '국소적 조직화' 과정을 거치면서 단계적으로 재발견되어야 할 것이다. Lakatos가 제시하고 있는 평등수렴 개념에 대한 발견적 접근은 그러한 '국소적 조직화'의 한 예가 될 것이다. 그러나 Lakatos 자신이 언급하고 있듯이, 증명과 반박의 방법이 오늘날에도 수학자들에게 적절히 인식되고 있지 못하다는 현실적인 문제점은 이러한 접근의 실현을 어렵게 하고 있음은 간과할 수 없는 점이다. 더욱이 Lakatos는 형식주의에 도전하여 비형식적인 수학의 중요성과 그 발생의 논리를 제시하고 있지만, 군론의 발생은 그러한 논리와는 달리 다양한 내용의 통합을 향한 충동에서 비롯된 공리적 추상화의 결과로 설명되고 있음을 볼 때(Wussing, 1984), Lakatos의 설명이 완전한 것으로 볼 수는 없으며, 여러 가지 수리철학적 입장은 서로 다른 수학적 탐구의 논리의 제시를 가능하게 할 것이라는 점도 간과해서는 안 될 것이다.

학제적 성격은 현대과학의 주요한 성격의 하나이다. 수학교육학은 순수수학과 응용수학, 수리철학, 수학사, 교육학, 심리학 사이의 경계과학이므로 매우 난해하다. 이 분야를 전공하는 학생들은 지금까지 한편으로는 교육학과 심리학과 철학, 다른 한편으로는 수학을 지도받는 방식에 불만이 있음에 틀림없다. 교육학, 심리학, 철학의 교수는 수학을 보고도 못본 체할 수밖에 없으며, 수학교수는 비판적 논의를 배제한 권위주의적인 연역적 양식으로 일관된 지도로 수학적 사고의 경험을 손상시키고 있다. 수학교육학은 교육학, 심리학, 철학이 딸린 수학으로서, 한편으로는 수학의 본성을 교육학, 심리학, 철학 가운데 드러내고, 다른 한편으로는 교육학, 심리학, 철학의 본성을 수학 가운데 드러내어야 한다. 수학교육학은 전통적인 문학분야에 관심을 갖고 있으면서 수학을 두려워하지 않는 재능 있는 인재를 필요로 한다. Lakatos의 수리철학과 수학적 발견의 논리에 관한 연구는 수학교육학 이론의 한 모형이 될 수 있으며 그 연구자를 위한 시금석이 될 수 있을 것으로 생각된다.

참고문헌

강문봉, 〈Lakatos의 수리철학의 교육적 연구〉, 서울대학교 대학원 교육학 박사학위 논문, 1993.

Agassi, J., "On Mathematics Education: the Lakatosian Revolution", *For the Learning of Mathematics*, vol. 1, no. 1, 1980.

Ernest, P., "The Philosophies of Mathematics and Mathematics Education", *International Journal of Mathematical Educaation in Science and Technology*, vol. 16, no. 5, 1981, pp. 603-612.

Conference Board of the Mathematical Sciences, National Advisry Committee on Mathematical Education, *Overview and Analysis of School Mathematics*, Grades K-12, 1975.

Davis, P.J. & R. Hersh, *The Mathematical Experience*, Penguin Books, 1981.

Dawson, A.J., *The Implications of the Work of Popper, Polya, and Lakatos for a Model of Mathematics Instruction*, doctoral dissertation, The University of Alberta, 1969.

Descartes, R., *Rules for the Direction of the Mind*, trans. by L.J. Lafleur, The Bobbs-Merrill Company, Inc., 1961.

Dieudonne, J., "Should We Teach 'Modern Mathematics'?", *American Scientist*, vol. 61, 1973, pp. 16-19.

Freudenthal, H., *Mathematics as an Educational Task*, D. Reidel Publishing Company, 1973.

______, *Weeding and Sowing*, D. Reidel Publishing Company, 1978.

Gattegno, C., *What We Owe Children*, Routledge & Kegan Paul, 1971.

Lakatos, I.(ed.), *Problems in the Philosopy of Mathematics*, North-Holland Publishing Company, 1967.

______, *Mathematics, Science and Epistemology*, J. Worrall & G. Currie(ed.),

Cambridge University Press, 1978.

______, *Proofs and Refutation—The Logic of Mathematical Discovery*, 우정호 역, 《수학적 발견의 논리》, 민음사, 1991.

Nickles, T., "Lakatosan Heuristics and Epistemic", Brit. J. Phil. Sci., 38, 1987, pp. 181-205.

Pavia, T.S., "Teaching Mathematics Through Proofs and Refutations: The Suggestions of Imre Lakatos", *Zentralblatt für Didaktik der Mathematik*, 5/1989, S. 179-182.

Polya, G., *Mathematics and Plausible Reasoning*, vol. I, Induction and Analogy in Mathematics, vol. II, Patterns of Plausible Inference, Princeton University Press, 1954, 1968.

______, *Mathematical Discovery*, I, II, John Wiley & Sons, Inc., 1962, 1965.

______, *How To Sove It*, 우정호 역, 《어떻게 문제를 풀 것인가》, 천재교육, 1986.

Popper, K.R., *Conjectures and Refutations*, The Growth of Scientific Knowledge, Routledge and Kegan Paul, 1963.

Rudin, W., *Principles of Mathematical Analysis*, McGraw-Hill Book Company, Inc., 1953.

Steiner, H-G., "Two Kinds of 'Elements' and the Dialectic between Synthetic-deductive and Analytic-genetic Approaches in Mathematics", *For the Learning of Mathematics*, vol. 8, no. 3, 1988, pp. 7-15.

Thom, R., "Modern Mathematics: An Educational and Philosophic Error?", *The American Scientist*, vol. 59, 1971, pp. 695-699.

van Hiele, P.M., Structure and Insight, *A Theory of Mathematics Education*, Academic Press, 1986.

Wussing, H., *The Genesis of the Abstract Group Concept*, The MIT Press, 1984.

제 9 장
Polya의 문제해결 교육론

1. 수학적 발견술의 역사

발견술이란 답을 구하는 문제이든 증명하는 문제이든 실제적인 문제해결에서 전형적으로 유용한 발견과 발명의 방법과 규칙, 실제적인 발견과 발명의 전략과 전술이며, 이를 찾는 것은 인류의 오랜 꿈 가운데 하나였다. 발견술은 주어진 문제의 해답을 발견하는 데 도움을 주지만, 그에 따라 사고한다고 하여 문제의 해결이 보증되는 것은 아니며, 해답이 발견되었다고 하더라도 그것이 옳다는 것을 보증해 주지도 않는다.

발견술에 대한 연구는 그리스 시대까지 거슬러 올라가는 오랜 역사를 가지고 있다. 수학적 발견술 가운데 가장 강력하면서 가장 오래전부터 사용되어 온 방법이 분석법이다. 분석법은 기원전 6세기경에 Pythagoras 학파의 수학자들에 의하여 사용되었으며 Platon에 의하여 그 중요성이 강조되었다고 하는데, 분석법을 처음으로 체계적으로 정리한 사람은 기원전 3세기경의 그리스 수학자 Pappus이다. 분석법에 대해서는 제2장에서 상세하게 다루었으므로 여기서는 논의하지 않기로 한다.

분석법은 풀이계획을 발견하는 과정이고, 종합법은 그 과정을 거꾸로 하여 계획을 실행하는 과정이다. 그리스 시대 이후 분석법과 종합법은 발견술에 관한 거의 모든 저서에 나타나며, 수학뿐만 아니라 모든 종류의 문제해결에 적용되는 일반적인 방법이 되었다. 그러나 수학문헌에서 분석법은 거의 나타나고 있지 않은데, 이는 제1 원리인 공리, 공준으로부터 그에 함의된 정리를 엄밀하게 연역해 나아가는 Euclid 원론의 전개양식을 수학, 나아가 학문의 전형으로 여겼기 때문일 것이다.

인식과정에서 주체의 능동적인 사고활동을 강조하는 현대철학의 창시자라고 일컬어지는 Descartes는 모든 문제를 해결할 수 있는 보편적인 방법을 찾으려는 꿈을 갖고 있었으며, 미완성으로 끝난 그의 연구결과는 《방법서설》과 《정신 지향 규칙》 가운데 정리되어 있다. 그중에서 유명한 '규칙'이 그가 모든 문제의 해결에 이용되기를 바랐던 다음과 같은 사고 패턴이다(Polya, 1962).

첫째, 어떤 문제이든 수학문제로 환원하라.
둘째, 어떤 수학문제이든 대수문제로 환원하라.
셋째, 어떤 대수문제이든 한 방정식의 풀이로 환원하라.

이러한 패턴을 모든 경우에 적용할 수는 없지만 한없이 다양한 경우에 적용 가능하다. 해석기하학은 이러한 패턴에 따른 기하학의 연구이며, Euclid적인 전통에 도전하여 대수적 방법을 우선시킴으로써 현대수학과 과학의 발전에 결정적인 역할을 했음은 잘 알려진 사실이다. 중등학교 학생들이 방정식을 세워 문제를 해결할 때 이는 이러한 사고 패턴을 따르고 있는 것이다. 이러한 패턴의 핵심은 방정식을 세워 제시된 문제를 대수적인 언어로 번역하는 것인바, 이에 대한 Descartes의 다음과 같은 규칙은 주목할 만하다(Polya, 1962, pp. 27-28).

① 우선 문제를 잘 이해한 다음에 문제를 어떤 미지인 양, 곧 수를 결정하는 문제로 환원하여라.

② 문제가 풀렸다고 보고 조건에 따라서 미지인 것과 자료 사이에 성립해야 할 모든 관계를 적절한 순서로 그려 보면서 문제를 아주 자연스럽게 개관하여라.

③ 같은 양을 두 가지 방법으로 나타낼 수 있도록, 조건의 일부분을 분리하여 미지인 것 사이에 성립하는 방정식을 얻도록 하라. 결국 조건을 여러

부분으로 쪼개어 미지인 것의 개수만큼의 방정식으로 이루어진 연립방정식을 얻게 된다.

④ 연립방정식을 한 방정식으로 환원하여라.

Descartes의 이러한 사고방법에 대한 연구결과, 특히 사고과정은 '순서 있고 체계적이어야 하며', '사고방법이란 우리가 주의를 집중해야 할 것을 적절히 순서 짓고 배열하는 것'이라는 Descartes의 '규칙'은 Polya의 현대적 발견술의 골격이 되고 있다. 문제에 대한 이해, 계획의 작성, 계획의 실행, 반성을 거치는 '질문과 권고의 목록'은 주의를 집중해야 할 곳과 그 순서를 제시한 것으로 해석할 수 있기 때문이다. '복잡한 체계를 단순한 요소로 분해하여 단순한 부분에 정통한 다음에 재결합하여 전체가 잘 이해되도록 하여라', '그림을 그려 보아라' 등과 같은 사고전략 역시 Descartes의 '규칙'과 무관하지 않다.

계산법에 매료된 Leibniz는 한 걸음 더 나아가 모든 문제를 해결할 수 있는 일반적인 알고리즘을 찾으려는 시도를 하였다. 그는 인식의 문제를 표상작용과 관련지워 설명하고 있는데, '인간 사고의 알파벳'이라고 부른 가장 기본적이고 간단한 원시표상을 추출하여 기호로 나타내고 이를 체계적으로 조합하여 모든 기지의 개념을 나타내고 새로운 개념을 구성해 보고자 하였다. 모든 정수는 소수의 곱으로 유일하게 표현된다는 소인수분해 유일성의 정리를 이용하여 원시개념을 소수로 나타내고, 원시개념의 조합으로 나타내어지는 개념을 그와 대응되는 소수의 곱으로 표현해 보려고 하였다. 미분법과 적분법을 일컫는 소위 calculus는 모든 문제를 기호의 조작으로 기계적으로 해결할 수 있을 것으로 보고 그러한 알고리즘을 찾으려고 한 그의 노력의 소산이며, 오늘날과 같은 컴퓨터를 이용한 문제해결의 기본적인 발상을 그에게서 찾아볼 수 있다.

Descartes와 Leibniz 이후 발견술에 대한 연구로 주목할 만한 수학자는 19세기 체코슬로바키아 신부였던 수학자 Bolzano이다. 그는 문제해결에서 문제를 분명히 이해할 것과 사람은 여러 가지 아이디어에 동시에 주의를 집중하기 어렵다는 점을 고려하여 문제와 관련된 모든 것을 기록할 것을 권했으며, 적절한 기호를 선택할 것과 문제를 해결하는 동안에는 강한 감각적 자극을 피할 것, 그리고 분석법과 종합법을 모두 구사하면서 미지인 것과 주어진 조건의 양 끝에서 동시에 사고할 것을 권하였다.

모든 종류의 수학문제에 대하여 알고리즘이 발견될 수 있다는 생각은 수학의 발달과 더불어 확고한 듯했으나, 1931년 Gödel의 불완전성의 정리가 발표됨으로써 불가능함이 입증되었다. 문제해결 방법을 알고리즘화 하려는 노력은 그 후 잠시 멈춰지는 듯했으나, 20세기 후반에 들어와 지능을 요하는 문제를 해결하는 컴퓨터에 대한 연구와 더불어 문제를 해결하는 알고리즘에 대한 연구가 다시 활발하게 이루어지고 있다.

문제를 해결하는 보편적인 열쇠를 찾는 일은 많은 수학자들이 끊임없이 도전해 온 인류의 오래된 꿈이었다. 현대에 들어와 수학적 사고교육의 중요성에 비추어 거의 주목받지 못하고 잊혀져 가고 있던 이러한 발견술에 대한 연구결과를 교육적 측면에서 현대적인 형태로 부흥시킨 선각자가 Polya이다. Polya는 훌륭한 교육은 학생들에게 독자적인 발견의 기회를 체계적으로 제공하는 것이라고 보고, '수학적인 발견은 어떻게 이루어지며 문제는 어떻게 해결되는가' 라는 문제를 연구하여, 발견 · 발명의 방법과 그 교육방법에 대한 체계적인 설명을 시도하였다. 그 결과가 집약된 *How To Solve It*이 출판된 1945년은 수학적 사고와 문제해결에 대한 연구와 그 교육에 대하여 Polya 이전과 이후란 두 시대의 구분을 하는 경계선으로 간주되고 있다. Polya는 이 책에서 자신의 수학연구와 교수경험에 대한 반성과 Pappus로부터 Descartes, Leibniz, Bolzano에 걸쳐 연구되어 온 발견술에 대한 기록으로부터 문제해결에 전형적으로 유용한 사고조작을 추출하여 이를 '상식적인' 질문과 권고형태의 대화체로 표현하여 적절한 순서로 배열해 놓았다. Polya의 이러한 현대적 발견술이 문제해결 능력의 개발을 지표로 삼고 있는 20세기 후반 이후의 수학교육계에 지대한 영향을 미치고 있는 것이다.

한편, 인공지능 분야가 등장하여 문제해결 방법을 알고리즘화 하려는 노력이 진행되면서 Polya의 발견술은 교육적 차원이 아닌 '정보처리 과정' 이란 측면에서 주목을 받고 있다. Polya의 발견술은 문제해결 교육을 위한 대화체로 된 비형식적인 사고방법이며 알고리즘화 될 수 없는 것이다. 그러나 인공지능 분야에서 수학문제, 열역학 문제, 의학진료 문제 등과 같이 보다 전문적인 영역의 문제해결 방법에 대한 연구가 절실히 요구되고 있고, Polya의 모델은 수학분야에서 지금까지 연구된 발견술을 체계적으로 정리한 것이라는 점에서 장래 이 분야의 연구를 위한 기초를 제공해 주고 있는 것이다.

2. Polya의 문제해결 교육론

1) 수학적 사고방법의 교육

Polya는 다음과 같은 수학 교육관을 갖고 있다. 수학교육은 수학의 성격과 그 교육적 가치판단에 따른다. 수학교육은 수학적 사고, 곧 수학을 하는 정신적 활동의 교육이다. 완성된 수학은 연역적 과학이며, 발생과정의 수학은 실험적이고 귀납적인 과학이다. 수학적 사고과정에서는 귀납, 유추, 추측이 있은 다음 증명이 뒤따른다. 수학적으로 사고한다는 것은 그것이 비록 하찮은 것이라고 하더라도 수학적 발견을 하는 것이고, 그것은 답을 구하는 문제이건 증명하는 문제이건 문제를 해결하는 것이다. 따라서 Polya는 귀납과 유추에 의한 '사려 있는 추측'을 통한 발견적 사고와 문제해결 교육의 중요성을 강조하고 그 실제적인 지도방법론을 제시하였다. 발견 · 발명의 방법과 규칙, 문제해결 전략, 곧 발견술은 방법적 지식이며, 이는 시범, 모방과 실행, 질문과 권고로 이루어진 언어의 미묘한 구사법, 곧 대화법에 의한 조력에 의하여 습득될 수 있다. Polya의 문제해결 교육방법은 이러한 일반적인 방법적 지식의 교육방법과 일치하는 것이다. 그는 일반적인 사고방법, 발견술을 곧바로 가르쳐서는 수학적 사고능력은 개발되지 않으며, 일반적인 방법은 구체적인 문제를 실제로 해결하는 경험을 통하여 터득될 수 있는 것임을 강조한다. 이는 그가 문제해결 교육에서의 교사 자신의 방법적 지식 체득의 중요성을 강조하면서 수학교사 양성과정에서의 문제해결 세미나 과정의 필요성을 강조하고 있는 데에서도 명확히 드러난다. 그리고 그는 적절한 문제의 제시와 적절한 조력을 하는 산파법의 중요성을 강조한다.

Polya는 이러한 입장에서 발견술에 대한 연구와 자신의 수학하는 경험을 토대로 문제에 대한 이해, 해결 계획의 작성, 계획의 실행, 반성의 네 단계로 이루어진 질문과 권고형태의 대화법을 통한 체계적인 문제해결 방법을 제시하고, 그것을 자신의 시범적 예시의 모방과 실행을 통하여 체득하도록 요구하고 있다. Polya가 제시한 목록은 문제해결을 지도하는 교수법으로서의 대화법인 동시에 수학적으로 사고하는 방법으로서의 자신과의 대화술이다. Polya는 분석법, 단순화, 유추, 패턴 찾기, 대칭성에 주목하기, 극단적인 경우 고려하기, 보조문제 고려하기 등 사고전략을 강조하고 있다. Polya의 이러한 소위 '현대적 발견술'은 대화를 통하여 반성적 사고와 사고를 관리하는 기능, 곧 메타인지 기능을 신장시키고자 하는 것으로 볼 수 있다. Polya는 문제를 해결하는 사고과정을 관념의 연상에 의한 관련된 지식의 동원과정으로 설명하기도 하고, 문제와 관련된 요소를 재조직하는 과정으로 설명하기도 한다. 그리고 Polya는 문제를 제기하는 과학적 태도, 지적인 인내의 교육적 중요성을 강조하고, 수학 및 수학교육에서의 사고 패턴의 중요성을 강조한다. 또한 스스로 활동하여 발견하게 하는 학습-지도, 추측하고 발표하게 하는 학습-지도, 탐구단계, 형식화 단계, 동화단계를 거치는 학습-지도를 통하여 학생 스스로 생각하면서 배우는 수학교육을 할 것을 강조한다. 다음에는 Polya의 이러한 문제해결 교육론을 좀 더 자세히 살펴보기로 한다.

수학교육은 수학의 성격과 그 교육적 가치를 어떻게 파악하느냐에 따라 크게 좌우되며, 무엇을 가르치느냐 하는 것과 마찬가지로 어떻게 가르치느냐 하는 것에 크게 좌우된다. 수학교육은 수학적 지식에 내포된 수학적 사고의 교육이며, 수학적 사고는 '수학을 하는 정신적 활동'을 말한다. 수학교육은 수학적 사고의 교육을 그 성격에 충실하게 그를 훼손하거나 저해하지 않는 방식으로 이루어져야 함은 말할 필요도 없다.

그리스 이래 수학은 전제가 참일 때 결론이 필연적으로 참이 됨을 보증하는 논리에 따라 전개되는 연역적 과학으로 논쟁의 여지가 없이 확립된 지식 체계의 전형으로 여겨져 왔으며, 이러한 신념은 Hilbert 이후 형식적인 엄밀한 공리체계로서의 추상수학의 발달로 더욱 굳어진 듯하다. 그러나 발생과정의 수학적 사고활동은 관찰과 귀납, 유추, 추측에 의한 발견과 검사 및 실험, 모델화, 일반화, 추상화 등과 같은 비형식적 사고, 시행착오를 수반하는 탐구과정, 경험적인 사고과정을 바탕으로 하지 않을 수 없으며, 연역하고 증명하는 형식적 사고 역시 그러한 사고를 전제로 한다. Polya는 이에 대하여 다음과 같이 말하고 있다.

> 수학적 정리를 증명하기에 앞서 먼저 추측을 해야 한다. 세세한 부분을 수행하기 전에 증명에 대한 아이디어를 추측해야 한다. 관찰한 것을 결합시키고 유추를 해야 한다. 몇 번이고 시도해 보아야 한다. 수학자의 창조적인 연구의 결과는 연역적 추론, 곧 증명이다. 그러나 그 증명은 개연적 추론, 추측에 의하여 발견된다(Polya, 1954, p. vi).

이러한 입장에서 Polya는 실험적이고 귀납적인 수학적 발견의 논리의 교육적 가치를 중시한다. 수학교육의 목표는 수학적으로 사고하는 것을 가르치는 것이며, 수학적으로 사고한다는 것은 그것이 비록 하찮은 것이라고 하더라도 수학적인 발견을 하는 것이고, 그것은 답을 구하는 문제이건 증명하는 문제이건 문제를 해결하는 것이므로 문제해결 방법의 교육을 강조하지 않을 수 없게 되는 것이다. 그러나 발견술에 대한 연구결과를 통하여 문제를 해결하는 방법적 규칙을 단지 알았다고 하여 문제해결 능력이 신장되는 것은 아니다. 이는 가죽과 실과 고무를 이용하여 이러저러한 방법으로 구두를 짓는다는 제조방법을 알고 있다고 해서 모양 좋고 발 편한 구두를 지을 수 없는 것과 같다. 이러한 입장에서 보면, 이미 확인된 발견의 방법과 규칙인 발견술은 이미 방법적 지식이 아니라 명제적 지식이요 기술적 모델이며 처방적 모델이 될 수 없을 것이다. 오랜 시일을 거쳐 많은 문제를 해결하는 경험을 통해서만 문제해결 능력이 개발될 수 있다는 것은 전통적인 도제교육의 철학이다. 여기서 중요한 것은 방법적 지식은 모방과 학습자 자신의 실제적인 경험을 통하지 않고는 습득될 수 없다는 점이다. 문제를 해결하는 방법의 교육, 판단력의 개발은 수학자의 사고가 자연스럽게 녹아 있는 여러 가지 발견술적 질문과 권고로 이루어진 언어의 미묘한 구사를 통하여 문제해결에 전형적으로 유용한 사고를 유발시키면서 학생으로 하여금 적절한 몫의 활동을 할 수 있도록 자연스럽게 도와주면서 문제해결 경험을 시키고, 그러한 교사의 문제해결 예시를 모방하면서 학생 스스로 교사가 제기한 질문과 권고를 적절하고 자연스럽게 구사하면서 실제로 많은 문제를 해결해 보는 실천을 통해서만 이루어질 수 있다는 것이 Polya의 현대적 발견술의 기본 전제이다. 여기서 주의해야 할 것은 문제해결 활동은 경험과 판단이 요구되는 발견·발명의 활동이며, Polya가 제시한 질문과 권고가 기계적인 절차적 기능으로 왜곡되어 Polya의 표현을 빌면 '현학적으로' 사용되어서는 안 된다는 점이다. 결국 교사가 어떻게 가르치느냐 하는 것이 무엇을 가르치느냐 하는 것보다 더욱 중요하다. 이러한 입장에서 보면 교사의 교육적 능력이 무엇보다도 중요한바, 수학의 방법적 지식의 교육에 거의 주의를 기울이지 않는 현재의 수학 교사교육은 재고되어야 하며, 수학 문제해결 세미나를 통한 풍부한 수학적 사고활동 경험이 요구된다. 그리고 실제 지도에 사용할 수 있는 형태로 학교수학에 대한 깊은 지식을 획득할 수 있는 기회를 제공할 필요가 있다. 문제를 직접 해결하고 풀이를 분석해 보며 다른 사람에게 문제를 제시하고 문제의 해결과정을 반성해 봄으로써, 문제가 어떻게 해결되며 학생의 문제해결 활동을 어떻게 안내하고 도와줄 것인가에 대한 통찰을 얻을 수 있을 것이다.

Polya는 '수학하는' 사고의 비형식적인 실천적 특징에 주목하여 역사적 사례의 광범한 분석을 바탕으로 발생상태의 수학을 실험적이고 귀납적인 과학으로 규정하고 있다. 그리고 귀납과 유추에 의한 '추측하는' 교육의 중요성을 강조하고 그 실제적인 방법론을 구체적으로 예시하고 있지만, Euclid식의 엄밀한 연역과학으로서의 수학의 전통적인 관념과 엄밀한 증명의 가치를 결코 부정하고 있지는 않다. 앞에서 살펴본 바와 같이, Lakatos(1991)는 Polya의 이러한 경험주의적 수학관에서 한 걸음 더 나아가 증명된 정리가 논의의 여지가 없고 최종적인 것이라는 전통적인 관념에까지 의문을 제기하고 있다. 그에 의하면 어떤 명제를 증명하는 것은 수학적 발견의 논리인 비판을 용이하게 하기 위하여 그 명제를 보조정리로 분해하는 과정이다. 수학을 '준-경험과학'으로 규정한 Lakatos의 오류주의 수리철학이 이러한 Polya의 연구를 출발점으로 하고 있음은 특기할 일이다. Polya의 현대적 발견술은 Descartes의 정신에 따라 체계적으로 구성한 수학적 사고방법을 교육적으로 기술한 Socrates식의 대화법이다. Polya(1986)의 현대적 발견술은 문제에 대한 이해, 계획의 작성, 실행, 반성의 네 단계로 나누어진 질문과 권고형태의 대화체로 이루어져 있는데, 그 바탕에 있는 사고전략을 정리해 보면 다음과 같다.

① 문제에 대한 이해: 목표에 주의를 집중하기, 문제의 주요부분에 주목하기, 조건에 주목하여 문제를 조망해 보기, 그림을 그리고 적절한 기호를 붙이기, 조건을 분해하여 써 보기

② 계획의 작성: 관련된 지식을 동원하기, 유용한 패턴 찾아보기, 관련된 문제나 정리를 알아보기, 미지인 것이나 결론이 같거나 유사한 문제를 생각해 보기, 관련된 문제의 풀이 결과와 방법을 활용하기 및 보조요소를 도입하여 그것을 활용하기, 문제를 달리 진술해 보기, 정의를 되짚어 보기, 보다 단순한 문제, 보다 일반적인 문제, 보다 특수한 문제, 유사한 문제 등 관련된 문제를 풀어보기, 미지인 것과 조건 및 자료를 변형하여 보조문제를 작성하여 문제를 부분적으로 해결해 보기, 진척이 없을 때 상황을 재평가하기, 자료, 조건, 핵심적인 개념의 사용 여부 점검하기

③ 계획의 실행: 매 단계를 점검하면서 풀어가기

④ 반성: 풀이 결과와 논증과정을 점검하기, 다른 풀이방법을 알아보기, 일별해 보기, 풀이 결과나 방법을 활용할 수 있는 문제를 찾아보기

이 밖에도 Polya는 거꾸로 연구하기, 단순화해 보기, 유추하기, 간단하고 쉽고 익숙한 것을 먼저 고려해 보기, 문제를 전체적으로 이해한 다음 세부적인 부분에 주목하기, 문제를 형태별로 분류하기, 패턴 찾아보기, 대칭성에 주목하기, 동치인 문제를 고려하기, 극단적인 경우를 점검해 보기, 차원

에 의한 검증을 해 보기 등을 중요한 발견적 사고전략으로 강조하고 있다.

Polya는 특히 반성단계의 중요성을 강조하고 있는데, 이는 풀이 과정과 결과를 개관하고 음미해 봄으로써 오류를 발견 · 수정하고 문제풀이를 개선할 수 있으며, 다른 문제와의 관련성을 조사하고 적용 가능성을 생각해 보는 가운데 획득한 지식이 견고히 되고 풀이과정이 단순화되어 한눈에 알 수 있게 됨으로써 그 내적 바탕이 인식되고 사고양식화 되어 문제를 해결하는 능력을 발달시키는 데 매우 중요한 단계가 된다고 보기 때문이다.

특히 공식의 세부적인 의미를 점검해 봄으로써 공식의 의미를 '한눈에' 알 수 있게 되기를 바라고 있는데 이는 교육적으로 매우 중요한 것으로 생각된다. 이를테면, 사다리꼴의 넓이 구하는 공식 $S=\frac{(a+b)h}{2}$ 는 $\frac{(a+b)}{2}\cdot h$ 로 볼 때의 의미와 $(a+b)\cdot\frac{h}{2}$로 볼 때의 의미가 달라지며, 윗변의 길이와 높이, 각의 크기의 변형으로 평행사변형과 직사각형 나아가 정사각형의 넓이를 구하는 공식으로 변형되고, 극단적인 경우에는 삼각형의 넓이 구하는 공식으로 변형됨을 이해하면 여러 가지 사각형의 넓이 구하는 공식의 의미와 그 사이의 관계가 한눈에 파악될 것이다. 또한 직사각형의 넓이 구하는 공식과 직각기둥의 부피 구하는 공식이 같은 형식이 되어 있음에 주목하면 그 의미가 새롭게 느껴질 것이다. 그리고 등차수열 ⟨n⟩의 합의 공식 $1+2+3+\cdots+n=\frac{n(n+1)}{2}$ 는 $n(n+1)\div 2$, $(n+1)\cdot\frac{n}{2}$, $\frac{n+1}{2}\cdot n$으로 볼 때 그 의미가 달라짐에 주목하도록 하는 것은 공식에 새로운 의미를 부여해 줄 것이다. 또한 이차방정식의 근의 공식의 의미를 반성해 보게 하는 것은 매우 중요하다고 생각한다. 근의 공식은 모든 이차방정식은 덧셈, 뺄셈, 곱셈, 나눗셈, 거듭제곱 및 거듭제곱근을 구하는 연산으로, 곧 대수적 조작으로 항상 풀이가 가능하다는 것을 보여주고 있으며, 또한 모든 이차방정식은 복소수의 범위에서 항상 근을 가지며 판별식이 0인 경우 근이 중복된 것으로 볼 때 항상 2개의 근을 갖는다는 것, 그리고 이차방정식의 한 근이 복소수이면 나머지 한 근은 그 켤레 복소수임을 보여주고 있다.

Polya에게 문제 푸는 방법이란 문제해결자의 전형적인 사고조작을 유발하는 적절한 질문과 권고의 목록을 소유하고 그것을 '적절히' 사용하는 것이다. 그러한 질문과 권고는 문제를 마음속에서 계속 굴리기 위한 것이며, 지식을 동원하고 동원된 지식을 조직하며 문제의 요소를 분리하여 보충하고 재분류하고 재결합해 가는 가운데 해답에 이르는 길을 발견하기 위한 것이다. 초보자는 그에 따라서 사고하려고 노력하면서 성공과 실패를 통하여 그 진정한 의미를 배울 수 있어야 한다.

한편 Polya(1965)는 수학교육의 주요목적을 수학적으로 사고하는 능력, 문제해결 능력의 개발에 두고, 수학 학습-지도 원리로서 활동적 학습의 원리, 최선의 동기유발 원리 및 비약 없는 단계의 원리를 제시하면서 다음과 같이 주장하고 있다. 학습하는 최선의 길은 스스로 발견해 내는 것이다. 스스로 발견하지 않을 수 없었던 것은 필요성이 생겼을 때 다시 사용할 수 있는 길을 마음속에 남겨 놓는다. 효과적인 학습을 위해서는 가능한 한 생각할 시간을 충분히 주어 학습자 스스로 발견하도록 해야 하며, 교사는 이를 돕는 질문과 권고를 통하여 산파역을 해야 한다. 당신의 모든 비밀을 단번에 누설하지 말라. 말하기 전에 추측해 보게 하라. 가능한 한 자유와 주도권을 학생에게 주고, 성급하게 해답을 제시하고 개념과 규칙을 형식화하지 말아라. 학생들로 하여금 질문하게 하고 대답하게 하여라. 아무튼 아무도 묻지 않은 질문에 답하는 것은 피하라. 교실에서 교사가 말하는 것이 중요하지 않은 것은 아니지만, 학생이 생각하는 것은 그보다 수천 배 더 중요하다. 지식의 세일즈맨으로서의 교사의 의무는 수학이 흥미있고 노력할 가치가 있음을 학생들에게 확신시키는 일이다. 학생의 경험과 관련이 있고 학생에게 의미가 있도록 문제를 선정하고 제시함으로써 학습내용 자체에 대한 지적 호기심을 갖게 하고, 학습 그 자체에서 오는 기쁨과 발견의 희열을 경험하도록 해야 한다. 학습내용에 대한 흥미는 학습을 위한 최적의 동기가 되며, 집중적인 정신적 활동의 즐거움은 그러한 행동에 대한 최선의 보상이다. 결과를 추측하게 하고 발표하게 하는 것은 학습동기를 유발하고 지속시키는 한 방법이 될 수 있을 것이다. 관련된 구체적인 사실에 대한 배경이 없이 새로운 개념을 도입하거나 통합해 보는 경험이 없이 통합개념을 도입하거나 구체적인 적용상황과 무관하게 도입된 개념을 되뇌이도록 하는 것은 쓸모가 없는 정도가 아니라 유해한 것이 될 수 있다. 문제가 당신을 가질 정도로 문제에 몰입하여 이를 해결하고자 하는 강한 욕구와 의지, 지적인 인내가 중요하다. 이를 위하여 적절한 문제를 선택하도록 노력하고 문제의 제기에 학습자를 참여시키도록 하며, 또한 결과를 추측하고 발표하게 함으로써 학습동기를 유발하고 지속시킬 뿐만 아니라 바람직한 과학적 사고태도를 갖도록 교육하자.

Polya(1965, pp. 103-104)는 "인간의 모든 인식은 직관으로 시작하여 개념이 형성되고 사상을 갖게 된다"는 Kant의 말을 교육적인 입장에서 "학습은 행동과 지각으로 시작하여 용어와 개념이 형성되고 바람직한 정신적인 태도를 갖게 된다"고 해석하면서 수학학습은 행동과 지각을 통하여 직관과 발견이 이루어지는 탐구단계, 개념, 용어, 정의, 증명이 도입되는 형식화 단계, 교재의 내적인 바탕이 인식되어 정신적으로 소화되고 학습자의 정신적인 안목으로 흡수되어 적용과 보다 높은 일반화가 가능해지는 동화단계를 거쳐야 의미 있게 이루어질 수 있다고 보고 있다. 다시 말하면 효과적인 수학학습을 위해서는 탐구단계가 언어화와 개념형성 단계에 선행야 하며, 결국 학습된 자료는 정신적 태도에 합체되어야 한다. 그런데 흔히 학생들에게 제시되는 교과서적인 판에 박힌 문제는 탐구단계와 동화단계를 빠뜨리게 되어 주변 세계 및 다른 지식과 관련지울 기회를 제공하지 못하므로, 때때로 도전적인 문제를 제공해 주고 문제를 해결하기 전에 예비적인 탐구기회를 주고 풀이가 완성되었을 때에 반성적 논의시간을 주는 것이 필요하다. 중요한 것은 교사가 철학을 가지고 있는가 어떤가 하는 것이며, 더욱 중요한 것은 그러한 철학에 따라 교육하려고 노력하는가 하는 것이며, 말뿐인 지도원리가 되어서는 안 된다는 점을 Polya는 강조하고 있다.

2) 문제제기의 중요성

Polya에 의하면, 관찰은 수학적 발견의 풍부한 원천이며 귀납은 수학자의 창조적인 사고에서 본질적인 역할을 한다. 창조과정의 수학은 귀납과 유추를 통하여 발견에 이르는 '관찰과학'으로서, 자연과학과 매우 유사하다. 수학교육은 많은 학생들에게 수학을 이해하도록 해야 할뿐만 아니라, 과학적 사고방법과 수학하는 활동에 친숙하게 해야 하며, 특히 독립적인 창조적 활동, 만들어지고 있는 수학을 맛볼 수 있는 기회를 주어야 한다. 그렇게 하기 위해서는 수학교사는 학생들 수준에 맞고 흥미로운 적절한 문제를 선택하여 적절한 방법으로 제시하고 조심성 있고 적절히 도와줌으로써 학생들에게 독자적인 수학적 탐구활동에 가까운 경험을 제공해야 한다.

Polya의 지적과 같이 문제해결 교육에서 단지 주어진 문제의 해결에만 몰두하는 것은 충분하다고 할 수 없다. 주어진 문제가 어디에서 비롯된 것이며 문제가 주어진 문제와 다르게 제기될 수는 없는지를 묻는 것은 과학자의 자연스러운 태도이다. 수학 문제해결 교육에서는 주어진 문제만을 다룰 것이 아니라 이를 발전적으로 취급하여 새로운 문제를 제기하는 과정을 함께 다루어야 할 것이다. Polya(1986)는 문제제기의 중요성을 다음과 같은 입장에서 강조하고 있다. 수학자들의 창조적인 사고에서 결정적인 단계는 문제를 선택하고, 자신의 능력을 크게 벗어나지 않으면서 가치있고 매력적인 문제를 발견하고 만들어 내는 것이다. 문제를 제기하는 것은 수학을 창조하는 결정적인 사고단계인바, 문제를 제기하고 형식화하는 데 학생들을 참여시키는 것은 학습동기를 유발시켜 줌은 물론이고 바람직한 과학적 태도를 가르치는 것이다. 또한, 문제제기는 문제를 해결하는 수단이 될 수 있다. 문제해결 계획의 작성단계에서 문제의 조건이나 자료, 가정이나 결론을 변형하여 보조문제를 작성, 해결하여 봄으로써 원래의 문제를 해결할 수 있는 단서를 찾는 우회전략 혹은 '징검다리' 전략은 매우 중요한 문제해결 전략이다. 나아가 Polya는 학생들의 수학적인 사고경험은 '혼자 고안한' 문제를 풀어볼 기회가 없었다면 불완전하다고 하면서, 어떤 문제를 푸는 데 성공하고 나면 반드시 반성단계에서 미지인 것과 자료, 조건의 역할을 바꾸거나 일반화, 특수화, 유추 등을 통하여 또는 응용상황을 고려하여 발전적으로 새로운 문제를 찾아 해결해 보도록 요구하고 있다.

학생들이 문제를 제기하는 데 한몫을 하도록 배려해야 한다. 좋은 문제란 주변 세계나 다른 사고분야와 관련된 풍부한 배경을 가진 문제로 관련된 여러 가지 문제를 암시하는 문제이다. Polya(1965, pp. 143-158)는 교과서에 나오는 통상적인 문제를 소재로 하여 문제를 제기하고 해결해 나아가는 과정을 다음과 같이 예시하고 있다.

(1) '둘레의 길이가 100m인 직각이등변삼각형의 넓이를 구하여라'는 문제는 중학교 3학년 수준의 교과서에 나오는 통상적인 문제이지만, 이를 다음과 같이 제시할 수 있다. '전설적인 미국 서부개척 시대는 땅은 풍부했지만 그 밖의 모든 물자는 매우 브족하던 시절이었다. 당시에 서부로 이주한 한 농부는 매우 넓은 초원을 소유하고 있었지만, 가축을 가둘 울타리를 칠 철망은 100m밖에 가지고 있지 않았다. 그는 여러 가지 모양을 생각하고 울타리를 두른 땅의 넓이가 몇 m^2가 될지를 생각하였다. 넓이를 가장 크게 하려고 할 때 여러분이라면 어떤 모양을 택하겠는가?' 학생들은 정사각형, 가로 세로의 길이가 30m, 20m인 직사각형, 정삼각형, 직각이등변삼각형, 원 등을 제시할 것이며, 여기에 가로 세로의 길이가 40m, 10m인 직사각형, 변의 길이가 42m, 29m, 29m인 이등변삼각형, 변의 길이가 42m, 13m, 32m, 13m인 등변사다리꼴, 정육각형, 반원 등을 고려해 볼 것을 제안한다. 먼저 넓이가 가장 큰 것과 가장 작은 것을 추측해 보도록 한 다음, 넓이를 계산하여 순서대로 나열해 오도록 숙제를 내준다. 다음과 같이 나열된 도형과 그 넓이에 주목하고 관찰을 통하여 의견을 개진하도록 조심스럽게 유도질문을 한다.

원; 795	정삼각형; 481
정육각형; 722	등변사다리꼴 42, 13, 32, 13; 444
정사각형; 625	직각이등변삼각형; 430
직사각형 30, 20; 600	이등변삼각형 42, 29, 29; 420
반원; 594	직사각형 40, 10; 400

원, 삼각형, 사각형에 주목해 보도록 하고, 삼각형은 한 변이 퇴화된 사각형으로 볼 수도 있다는 것을 말해 준다. 가능한 한 학생 스스로 다음과 같은 추측을 하도록 한다.

둘레가 같은 평면 도형 가운데 원은 최대의 넓이를 갖는다.

둘레의 길이가 같은 사각형 가운데 정사각형은 최대의 넓이를 갖는다.

둘레의 길이가 같은 삼각형 가운데 정삼각형은 최대의 넓이를 갖는다.

둘레의 길이가 같은 n각형 가운데 정n각형이 가장 큰 넓이를 갖는다.

둘레의 길이가 같은 정다각형 가운데 변의 수가 더 많은 다각형의 넓이가 더 크다. 곧 다각형이 원과 더 닮을수록 그 넓이가 더 크다.

이러한 추측을 할 합리적인 이유가 있으며 더 많은 경우를 검사해 보면 신뢰감이 증대되지만 이들 명제는 증명된 것은 아니다. 이 문제는 둘레의 길이가 일정한 평면도형 가운데 넓이가 최대인 도형을 구하는 등주문제로, 그리스 시대부터 연구된 'Dido의 문제'라고 불리는 유명한 문제이다. 이를 증명한 것은 20세기에 들어와 Schwarz에 의해서이다.

(2) Heron의 공식, 곧 변의 길이가 a, b, c인 삼각형의 넓이는 그 둘레의 길이의 반을 $s=\frac{a+b+c}{2}$ 라고 할 때 $\sqrt{s(s-a)(s-b)(s-c)}$임은 고등학교 수학에서 삼각함수를 이용하여 증명할 수 있다. 그러나 Polya는 아직 증명이 안 된 상태에서 수학자가 하듯이, 이를 다음과 같은 방법으로 귀납적으로 검사하는 문제를 제기할 수 있음을 보이고 있다. 정삼각형의 경우에는 $a=b=c$, $s=\frac{3a}{2}$, 직각삼각형인 경우에는 $a^2=b^2+c^2$, 이등변삼각형인 경우에는 $b=c$이므로 공식이 성립함을 보일 수 있다. 삼각형이 퇴화하여 선분이 되는 극단적인 경우에도 $s=a$(또는 b, 또는 c)이므로 공식은 성립한다.

다음에는 공식이 성립함을 보인 삼각형을 해석기하학적인 방법으로 좌표평면에 나타내 보임으로써 문제를 명확히 할 수 있다. 삼각형의 세 변의 길이를 x, y, z라고 하고 $0 < x \le y \le z$, $x+y > z$라고 하자. 삼각형의 모양에만 관심이 있으므로 $z=1$이라고 가정한다. 그러면 부등식 $x \le y$, $y \le 1$, $x+y > 1$을 얻는다. 세 변의 길이가 x, y, 1인 삼각형 (x, y, 1)을 좌표평면 위의 점 (x, y)로 나타내면, 위의 부등식이 나타내는 그림 9-1의 왼쪽 그림과 같은 (한 변을 제외한) 삼각형 영역은 모든 삼각형의 모양 전체를 나타낸다.

Heron의 공식이 성립함을 보인 정삼각형 (1, 1, 1)은 점(1, 1)으로 나타

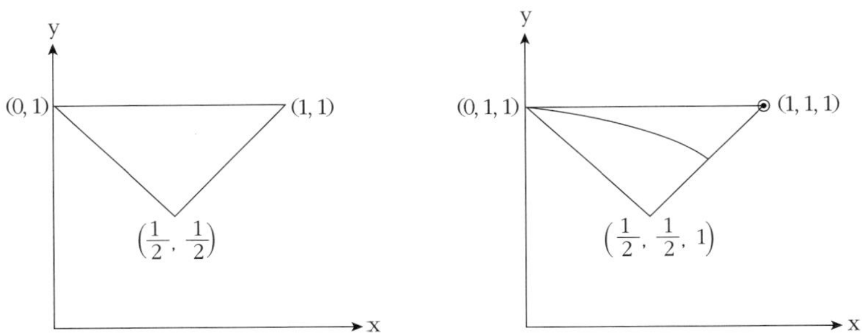

그림 9-1.

내어지며, 직각삼각형 (x, y, 1)은 $x^2+y^2=1$이므로 삼각형 영역 내의 단위원으로 나타내어진다. 이등변삼각형은 긴 변이 같은 경우는 y=1, 짧은 변이 같은 경우는 x=y이므로 삼각형의 두 변으로 나타내어진다. 또한 선분으로 퇴화된 삼각형은 x+y=1인 경우로 이는 삼각형의 다른 변을 나타낸다. 귀납 추론의 과정을 이와 같이 시각화해 보면, 대부분의 삼각형에 대하여 공식이 확인되지 않았음을 보게 되며, Heron의 공식이 삼각형의 경계와 내부의 원호에서 입증되었으므로 나머지 모든 경우에도 성립할 것이라는 강한 암시를 받게 된다.

사고를 유발하는 질문을 조심성 있게 하면서 관찰을 통하여 규칙성, 패턴, 법칙을 추측하고 이를 극단적인 경우를 포함하여 여러 가지 경우에 대하여 검사해 봄으로써 일반화하도록 하고, 유추를 통하여 발견에 이르게 하는 경험을 하게 하는 것은 과학적 사고방법에 대한 통찰을 제공해 줄 것이다. 과학적 방법의 핵심은 추측하고 검사하는 것이다. 수학적 사고에서는 한 걸음 더 나아가 추측하고 검사한 것을 증명해야 한다. 먼저 추측하게 한 다음 증명하게 하자.

Brown과 Walter(1983)는 문제제기의 중요성으로서, 문제를 해결하는 과정에서 새로운 문제를 제기함으로써 원래의 문제를 재해석하게 되고 원래의 문제를 해결할 수 있는 단서가 생기게 된다는 점과, 새로운 문제를 만들어 봄으로써 원래의 문제를 이전과는 전혀 다른 새로운 관점에서 볼 수 있게 함으로써 그 의미를 보다 명확하게 이해할 수 있게 할 뿐만 아니라 그로부터 새로운 생각을 하게 하기도 한다는 점을 들고 있다. 그리고 그들은 '만일 그렇지 않다면 어떻게 될 것인가(What-if-not)' 라는 문제제기 전략을 제시하고 있다. 이 전략은 문제를 해결한 시점에서 문제의 속성을 열거한 다음 '만일 이 성질이 성립하지 않으면 어떻게 될까?' 라는 자문을 차례로 함으로써 문제를 제기한 다음 그 가운데에서 적절한 문제를 택하여 분석해 나아가는 절차로 되어 있다. Pythagoras 정리를 예로 든다면 '직각삼각형의 각 변에 세운 도형이 정사각형이 아니라면 어떻게 될 것인가?' 라는 문제를 제기할 수 있고 그 도형이 반원, 닮은 직각삼각형, 닮은 다각형, 일반적인 닮은 도형일 경우에도 성립함을 보임으로써 Pythagoras 정리를 일반화할 수 있을 것이다. 그리고 '직각삼각형이 아닌 경우에는 어떻게 될 것인가?' 라는 문제를 제기하여 일반삼각형에서의 제2 코사인 법칙($c^2=a^2+b^2-2ab\cos C$)으로 일반화시킬 수 있음을 언급할 수 있을 것이다. 또한 'a, b, c가 일반적인 직각삼각형의 변의 길이가 아니고 그 특수한 경우인 자연수라면 어떻게 될까?' 라는 문제를 제기하여 Pythagoras 수(m^2-n^2, $2mn$, m^2+n^2)를 구하는 문제를 제기할 수 있을 것이다. 그리고 여기서 다시 '만일 제곱이 아니라면 어떻게 될 것인가?' 라는 문제를 제기하여 'n이 3 이상인 자연수일 때 $x^n+y^n=z^n$인 양의 정수해는 없다' 는 'Fermat의 마지막 정리' 를 소개할 수도 있을 것이다.

3. Polya의 문제해결 교육론의 심리학적 배경

과학적 심리학이 성립되기 이전의 뇌의 기능에 대한 흥미 있는 학설 가운데 하나는 두개골의 모양에 의하여 개인의 정신적 특징과 능력을 알 수 있다고 하는 소위 골상학이다. 이는 19세기 초에 Gall에 의하여 제창된 학설로 정신은 뇌의 특정한 부분과 결부된 몇 가지 특징과 능력으로 이루어져 있으며, 어떤 정신적 특징과 기능이 뛰어난 사람은 그와 결부된 뇌의 부분이 발달되어 있고 이는 두개골의 외형으로 나타나며 따라서 두개골의 융기에 의하여 뇌수의 발달 부분을 알 수 있다는 학설이다. 오늘날 골상학의 과학적 가치는 인정되고 있지 않지만, 뇌의 기능에 관한 연구에서 대뇌기능 국재설의 선구로서 역사적 의미가 있다. 골상학에 따르면 수학적 능력과 관련된 뇌의 기능이 발달한 사람의 두개골의 외형은 앞이마와 눈과 귀 사이의 윗부분이 융기된 형태이다.

특히 1950년대부터 생물학자, 심리학자, 신경학자 및 외과의사들에 의하여 진행되어 온 뇌에 관한 연구는 신경심리학, 생리심리학의 발달로 더욱 활발해져 대뇌의 기능분화에 관하여 많은 연구결과가 얻어졌다. 이들 연구결과에 의하면 대뇌는 구조적으로 좌반구와 우반구로 나누어져 있고, 좌반구는 언어적 · 분석적 · 논리적 · 산술적인 기능을 담당하고, 우반구는 직관적 · 유추적 · 종합적 · 기하학적 · 공간적인 기능을 담당한다. 그리고 좌반구는 언어적 · 계열적 · 논리적 · 분석적 방법으로 문제를 해결하고, 우반구는 공간적 · 직관적 · 전체적으로 문제를 해결한다(강호감, 1991).

연합주의자들은 사고를 관념의 연합으로 파악하며, 관념의 연합은 연습과 반응 효과에 의하여 강화되는 습관에 의한 것으로 간주한다. 이러한 입장에서 보면 문제해결 과정은 특정한 문제상황이란 자극과 그에 대한 가능한 여러 가지 반응의 시행착오적 적용과정이며, 주의 깊은 과제분석을 거쳐 적절한 반응에 적절한 강화 스케줄을 제공함으로써 문제해결에 이르는 자극-반응 연쇄를 형성할 수 있다. 알고리즘을 적용하는 재생적 사고과정이 중심을 이루는 초보적인 수학 문제해결 과정은 이러한 이론에 의하여 설명 가능하며, 이는 학습기계와 프로그램 학습의 이론적 근거가 되지만, 이러한 이론은 창의적인 사고가 요구되는 문제해결 과정에 대한 설명으로는 불충분하다.

Gestalt 심리학자들에 따르면 인간의 지각이나 사고에는 전체적인 형태를 보려는 일반적인 경향이 있으며, 이는 good Gestalt와 균형을 추구하는 경향성에 의하여 조종된다. 그리고 Köhler의 원숭이 실험이 보여주는 바와 같이 문제해결에서는 관련 요소의 재조직으로부터 비롯되는 구조의 통찰이 결정적인 역할을 한다. 형태심리학자인 Wertheimer(1959)는 '때로 사고가 참으로 생산적으로 작용할 때 (사고에는) 어떤 일이 일어나는가?' 라는 질문에 대답하기 위하여 문제해결 과정을 분석하고 있다. 그에 의하면 '생산적인 사고' 과정은 공식을 맹목적으로 적용하거나 시행착오적인 '조잡한(ugly)' 사고과정이 아닌 '우아한(elegant)' 사고과정이다. 이는 구조적으로 혼란된 間隙이 있는 문제상황에서 갈등이 야기되어 평형화를 추구하는 심리적 역학이 작동하게 되면서 부분의 전체와의 '내적인 구조적 관련성' 이 파악되고, 부분의 재조직화로 구조의 개선적 변화가 일어나 구조적 혼란이 해소되고 간격이 메워짐으로써, 전체가 의미 있는 간단 명료한 형태(good Gestalt)로 바뀌는 순간에 일어나는 통찰에 의한 과정이다. 문제해결 과정에서는 문제의 구조적 특성과 문제해결 사이의 내적 관련성의 파악과, 부분의 전체에 대한 구조적 기능의 파악이 핵심을 이루게 된다. 그가 기술하고 있는 평행사변형의 넓이 구하는 문제나 1부터 n까지의 자연수의 수열의 합을 구하는 문제에 대한 논의는 문제해결에 대한 통찰이, 전체의 구조적 특성에 합치되는 방향으로 부분의 재구조화가 일어나는, good Gestalt로 향하는 잠재의식적인 경향, 곧 '회임의 원리(Prägnanz principle)' 에 의하여 내적인 구조적 관련성이 파악되면서 돌연히 일어남을 보여주고 있다. 평행사변형의 넓이를 구하는 방법을 배운 아동이 그림 9-2(Wertheimer, p. 15)와 같은 평행사변형의 넓이를 구하라고 했을 때 당황하게 되는 이유는 확실히 평행사변형의 넓이를 구하는 방법의 구조적 이해, 곧 통찰이 결여된 탓일 것이다. 그러나 여기서 '생산적 사고' 과정이 부분의 전체에 대한 구조적 기능이 파악되어 '구조의 개선적 변화' 가 일어나는 지적 과정임을 분석 · 기술하고 있지만, 그러한 사고과정을 유발하는 구체적인 교육적 조처는 명확히 논의되고 있지 않다.

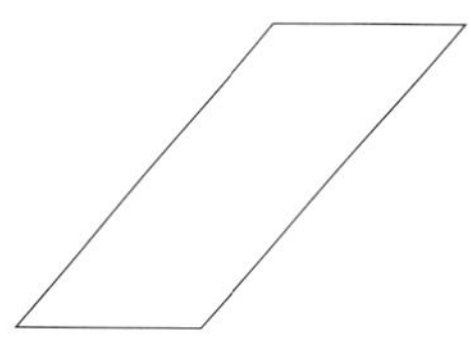

그림 9-2.

Wertheimer는 '생산적 사고' 과정은 전통적인 연역적 논리학과 귀납적 논리학 및 연결주의 심리학으로는 설명하기 어려운 특성을 갖는다고 보고 있다. 전통적인 논리학에서는 명제의 진위와 타당한 추론형식 등 사고의 眞

僞 문제, 엄밀성과 정확성에 대한 논의가 핵심을 이루며, 정의, 비교와 변별, 분석, 추상화, 일반화, 類 개념의 형성, 포섭, 명제의 형성, 추론, 삼단논법 등의 사고조작을 다룬다. Bacon 이후 근대 과학적 사고방법의 일환으로 발달한 귀납적 논리학에서는 경험적 관찰, 사실의 수집, 문제의 실증적 검증, 실험적 방법 등을 통하여 관찰된 사실 이면의 법칙성을 발견하고 이를 실증적으로 규명하는 데 강조점이 놓여 있다. 그리고 연결주의 심리학에서는 사고를 관념의 연합으로 보고 그것이 반복적 연습에 의하여 형성된 습관에 의한 것으로 본다. 이러한 이론은 문제를 해결하는 생산적 사고과정을 설명하는 데에는 부적합하며 한계가 있다는 것이다. 전통적 논리학은 사고의 타당한 형식만을 다루고 있고 그 역동적인 사고과정의 해명에는 관심이 없으며, 사고를 반복연습에 의하여 형성된 습관에 의한 반응으로 보는 연결주의 이론으로는, 간극과 혼란이라는 문제의 구조적 이유에서 비롯되는 사고과정과 전체의 구조적 특성과 부분이 전체와의 관계 속에서 갖는 '기능적 의미'를 파악함으로써 일어나는 통찰에 의하여 이루어지는 문제해결 과정을 적절히 설명할 수 없다는 것이다.

Wertheimer의 제자로 사고심리학에 신뢰성이 적은 내성적 방법에 대한 대안으로 '말소리를 내면서 푸는 방법(solving aloud method)'을 도입한 Dunker(1945)는 사고과정을 주어진 자료와 목표 사이의 갈등의 해결과정으로 보고 자료의 기능적 가치를 중요시하였다. 사고가 진행됨에 따라 관련된 요소의 기능적 · 구조적 의미는 계속 변화하며, 그러한 의미의 변화를 깨닫지 못하거나 무시하게 되면 생산적인 사고과정이 저해되게 된다. 그는 문제해결에 이용될 수 있는 발견적 방법으로 주어진 자료로부터의 암시를 이용하기, 기억 속에서 공명을 활성화하여 부분적인 유추를 이용하기, 출발상황과 목표 사이에 있는 갈등의 분석과 목표의 요구조건 분석을 통한 문제의 재구성에 기초한 '위에서부터의' 해결전략과 그와 반대되는 '아래에서부터의' 해결전략, 곧 자료분석의 효과를 모두 인정하고 있으며, 상황의 여러 측면에 주목함으로써 한 측면에 고정되는 것을 피하기, 특수화, 전제조건의 분석 등을 들고 있다. 이 가운데 해의 발견에 결정적인 기능을 하는 숨겨진 원리를 찾기 위하여 전제조건을 분석해 보는 것은 수학연구에서 매우 일반적인 사고양식이다. 이를테면, abcabc꼴의 6자리 수가 13의 배수임을 밝히라는 문제는 쉽지 않은 문제로 여겨지지만, 조건에 주목함으로써

$$\begin{aligned} abcabc &= 10^5a + 10^4b + 10^3c + 10^2a + 10b + c \\ &= 100100a + 10010b + 1001c \\ &= 1001(100a + 10b + c) \end{aligned}$$

와 같이 1001의 배수, 따라서 13의 배수임이 곧바로 드러나게 된다. 특수화 역시 매우 자연스러운 사고양식이며, 위의 문제는 특수한 경우를 생각해 보면

$$\begin{aligned} 357357 &= 357 \cdot 1000 + 357 \\ &= 357 \cdot 1001 \end{aligned}$$

이 되므로 abcabc꼴의 수는 일반적으로 1001의 배수가 됨을 알 수 있게 된다.

Gestalt적인 문제해결 경험은, 왕관의 순금도를 알아내는 방법을 찾고자 고심하던 중 목욕탕에서 부력의 원리에 대한 영감이 떠올라 '알았다(Eureka)!'는 고함을 연발하며 벌거벗은 채로 아테네 거리를 질주했다는 Archimedes의 일화나 수학적 발견에 대한 Poincaré 자신의 기록 가운데에서 찾아볼 수 있다. 우리의 사고는 '생각한다', '생각이 든다'는 표현 가운데 드러나듯이 의식적인 것과 무의식적인 것이 있으며, 수학적 · 과학적인 문제해결에서 결정적인 역할을 하는 것은 후자임을 부정하기 어렵다. Poincaré(1908)는 자신의 수학적인 발견에 관한 자성적인 기록 가운데에서, 수학적 발견을 동원된 지식의 유용한 조합, '아름다운' 조합이요 '과학적 심미안'에 의한 그 식별과 선택으로 보고 있으며, 문제를 해결하려는 의식적인 노력에 뒤따르는 무의식적인 사고의 존재를 입증하는 여러 가지 경험을 기술하고 있다. Hadamard(1945)는 Poincaré의 그러한 기록을 바탕으로 수학자들을 대상으로 한 조사연구를 통하여 이를 확인했으며, Wallis는 이를 바탕으로 문제해결의 심리적 과정을 4단계로 구분하였다. 해결하고자 하

는 문제의 특징을 파악하고 심사숙고하여 선택된 관련된 표상의 결합을 의식적으로 시도하는 준비기, 의식적인 탐색노력이 포기되고 무의식적인 사고활동이 이루어지는 부화기, 돌연히 해결의 실마리가 떠올라 '아하' 경험을 하는 통찰의 순간이 오는 계시기, 의식적 사고를 통하여 문제를 해결하고 결과를 명확하게 정리하는 검증기가 그것이다. Hadamard가 지적하고 있듯이 기하나 대수문제를 풀려고 애를 쓰는 학생들의 사고활동과 수학자의 창조적인 사고활동 사이에는 오직 정도의 차이와 수준의 차이만이 있을 뿐이며 본질적으로 유사한 활동이라고 한다면, 이러한 창조적인 수학자의 사고활동은 아동을 위한 문제해결 교육과 무관하지 않을 것이다.

문제해결을 위해서는 논리적인 연역이나 귀납적 추론, 유추, 직관적인 판단 등의 의식적인 사고뿐만 아니라 무의식으로부터 오는 영감이 필요하다. 그러나 계시기는 부화기를, 부화기는 준비기를 전제로 한 것이라면 문제해결에서 준비기 동안의 의식적 사고활동이 주의 깊고 효과적으로 수행되지 않으면 안 될 것이다. 풀이를 열망하는 의식적 노력과 긴장이 없이는 무의식적인 장치는 작동하지 않을 것이고 유익한 결과를 만들어 내지 못할 것이다. 한편, 검증작업은 다음 단계의 문제해결을 위한 출발점이 된다. 무의식은 정확한 결과를 제공하지 않으므로 정확화를 위한 작업은 후속적인 사고에 큰 영향을 미치게 된다. Hadamard가 지적하고 있듯이, 사과와 달의 만유인력 상수가 같다는 Newton의 이론은 Kepler의 세 가지 법칙으로부터 정확하고 면밀한 계산에 의하여 유도된 것이며, 이는 Newton의 계산 펜의 위력이다. Polya의 발견술은 부화기의 효과적인 작동과 영감의 출현을 돕기 위하여, 미지인 것이나 결론을 지향하여 유용한 관련지식의 동원과 주어진 자료와 조건 및 전제와의 조합을 시도하는 준비기와 해결의 실마리를 확인하여 실행하고 점검하며 결과를 정리하고 반성하는 검증기의 의식적인 사고활동에 강조점이 놓여 있다고 볼 수 있다. 이러한 사고심리학에서의 문제해결 연구와 달리 Dewey는 교육철학적 입장에서 도구주의적 · 구성주의적 지식관에 입각하여 문제교수법을 주장하고, 문제해결에서 예상되는 해결책의 암시, 문제상황에 대한 지적인 인식, 암시의 가설화, 추리를 통한 가설의 정교화, 실제적인 행동에 의한 가설의 검증이라는 단계를 거치는 소위 반성적 사고의 교육적 중요성을 강조하였다.

Polya(1965)는 문제를 해결하는 사고과정을 관념의 연상에 의한 관련된 지식의 동원과정으로 설명하기도 하고, 문제와 관련된 요소를 재조직화 하는 과정으로 설명하기도 하는바, 이는 연결주의 심리학과 형태심리학의 입장을 모두 수용하고 있는 것으로 해석된다. 문제를 해결하기 위해서는 문제의 진술 가운데에서 어떤 친숙한 특징을 인식하고 그와 관련된 정리나 전에 풀어본 문제와 그 풀이 등을 회상해야 한다. 문제에 동원된 지식을 보충하여 간극을 메우고 관련된 요소를 재분류해 봄으로써 문제의 구조가 바뀌게 된다. 그리고 문제의 세부적인 내용을 분리하여 검토한 후 다시 결합해 보는 과정을 통하여 문제의 내적인 구조적 관련성이 파악되고 문제의 해결방안을 예견하는 통찰의 순간이 올 수 있는 것이다. 다시 말하면, 문제의 요소를 분리하여 인식하고 그와 관련된 지식을 회상하여 동원하고 이를 조직하고 분리하고 재결합하며 문제와 관련된 개념을 재분류하고 보충해 가는 가운데 문제의 재구조화가 일어나 전체 모습이 변하게 되며 해답에 이르는 단서를 예견하게 된다고 보고 있는 것이다. Polya의 현대적인 발견술은 이와 같은 심리적 과정을 유발시켜 문제와 관련된 관념이 동원되고 연결되며 문제와 관련된 요소와 자료가 재조직되어 전체와의 관련성과 기능이 파악되어 문제의 구조적 관계에 대한 통찰이 일어날 수 있도록 도와주는 데 전형적으로 유용한 질문과 권고로 이루어진 대화술로 볼 수 있다.

최근에 개념학습과 문제해결 학습에서 반성적 사고의 중요성이 강조되면서 메타인지에 대한 관심이 증대되고 있다. 메타인지란 자신의 사고과정을 반성의 대상으로 하는 정신활동, 곧 자신의 인지과정 및 그와 관련된 사실에 대한 지식이나, 자신의 인지활동을 감시하고 평가하고 조정하고 통제하는 기능을 말한다. 문제해결에는 주어진 문제해결에 필요한 지식과 지적 기능은 물론 발견술적 전략과 자신의 사고활동을 인지하고 조정하고 통제하는 관리기능인 메타인지 활동이 요구된다. 지금까지 개념학습이나 사고교육에서 Dewey의 경우 '반성적 사고', Piaget의 경우 '반영적 추상화',

Skemp의 경우 '반성적 지능' 등과 같이 비록 메타인지라는 용어는 사용하지 않았다고 하더라도 메타인지적 기능이 강조되어 온 것이 사실이다. Polya 자신 역시 메타인지라는 용어는 사용하고 있지 않지만, 앞에서 살펴본 그의 문제해결의 심리적 과정에 대한 설명은 그의 현대적 발견술이 대화를 통하여 반성적 사고와 사고를 관리하는 기능을 유발시키고자 하는 메타인지적 조언임을 보여주는 것으로 볼 수 있다. 다음과 같은 Polya의 글은 그의 문제해결 교육론 가운데 정의적인 측면과 자기조절 요인이 깊게 자리잡고 있음을 말해 준다.

> 문제를 해결하는 법을 가르친다는 것은 의지의 교육이다. 자신에게 쉽지 않은 문제를 해결해 봄으로써 학생들은 실패를 통하여 인내하는 것을 배우고, 조그만 진전의 가치를 평가하는 것을 배우며, 핵심적인 아이디어를 기다리는 것을 배우고, 그것이 나타났을 때 모든 힘을 집중시키는 것을 배운다. 만일 학생이 학교에서 해결방안을 찾으려고 노력하는 과정에서 일어나는 여러 가지 정서의 변화에 익숙해질 기회를 갖지 못한다면 그의 수학교육은 가장 중요한 점에서 실패할 것이다 (Polya, 1986, pp. 126-127).

참고문헌

강호감, 〈두뇌의 기능분화에 따른 교수전략이 창의력 및 자연과 학업성취도에 미치는 영향〉, 서울대학교 대학원 교육학 박사학위 논문, 1991.

이홍우, 〈원리는 가르칠 수 있는가: 발견학습의 논리〉, 《교육학 연구》, 제17권, 제1호, 한국교육학회, 1979, pp. 61-71.

______, 《인지학습의 이론》, 교육출판사, 1988.

정은실, 〈Polya의 수학적 발견술 연구〉, 서울대학교 대학원 교육학 박사학위 논문, 1995.

Brown, S.I. & M.I. Walter, *The Art of Problem Posing*, The Franklin Institute

Press, 1983.

Descartes, R., *Rules for the Direction of the Mind*, The Bobbs-Merrill Company, Inc., 1961.

Dewey, J., *How We Think*, D.C. Heath and Company, 1960.

Dunker, K., "On Problem-Solving", *Psychological Monographs*, vol. 58, no. 5, The American Psychological Association, Inc., 1945.

Groner, M., R. Groner & W.F. Bischof, *Methods of Heuristics*, Lawrence Erlbaum Association, Inc., 1983.

Hadamard, J., *An Essay on the Psychology of Invention in the Mathematical Field*, Dover Publications, Inc., 1945.

Lakatos, I., *Proofs and Refutation — The Logic of Mathematical Discovery*, 우정호 역,《수학적 발견의 논리》, 민음사, 1991.

Poincaré, H., *Science and Method*, Dover Publications, Inc., 1908.

Polya, G., *Mathematics and Plausible Reasoning*, vol. I, II, 1954, 1968.

______, *Mathematical Discovery*, vol. I, II, John Wiley & Sons, Inc., 1962, 1965.

______, *How To Solve It*, 우정호 역,《어떻게 문제를 풀 것인가》, 천재교육, 1986.

Schoenfeld, A.H., "A Brief and Biased History of Problem Solving", F.R. Curcio(ed.), *Teaching and learning — A Problem-solving Focus National Council of Teachers of Mathematics*, 1989, pp. 27-46.

Wertheimer, M., *Productive Thinking*, Harper & Row, Publishers, 1959.

제 10 장
귀납과 유추 및 은유

추론이란 이미 알고 있는 판단으로부터 새로운 판단을 이끌어 내는 사유 작용이다. 인간은 즉각적인 직관적 인식을 초월하여 명제로부터 명제를 이끌어 내는 간접적인 인식수단인 추론을 통하여 보다 풍부한 인식을 한다. 귀납적 논리에 의하면 인간은 개별적이고 구체적인 사실들의 관찰과 실험으로부터 귀납추론에 의하여 법칙을 발견하고 지식을 확장한다. 그리고 일반적 원리로부터 연역추론으로 특수한 주장을 정당화하는데, 이러한 입장에서 보면 연역추론에서 사용하는 일반적 원리는 경험으로부터 얻은 귀납적 추론의 결과이다. 이를테면 '지금까지 살았던 사람치고 안 죽은 사람은 없다. 따라서 모든 사람은 죽는다' 고 귀납추론을 하고, 이를 바탕으로 '모든 사람은 죽는다. 따라서 (아무리 바둥거려도) 너는 죽는다' 고 연역추론을 하는 것은 너무도 자연스러운 우리의 일상적인 사고양식인 듯하다. 이러한 입장에 따르면 수학도 귀납적 추론에 의하여 발견되고 연역적 추론에 의하여 확립되어 간다. 이를테면

$$1+2=2+1,\ \ 2+3=3+2,\ \ 3+4=4+3,\ \cdots$$
$$1+(2+3)=(1+2)+3,\ \ 3+(4+5)=(3+4)+5,\ \cdots$$

이므로, 자연수의 덧셈은 교환법칙, 결합법칙을 만족하며, 이를 일반적인 기본법칙

$$a+b=b+a,\ \ a+(b+c)=(a+b)+c$$

으로 수용한다. 그리고 자연수의 덧셈은 교환법칙, 결합법칙을 만족하므로

$$
\begin{aligned}
8+7 &= 8+(5+2) \\
&= 8+(2+5) \\
&= (8+2)+5 \\
&= 10+5 \\
&= 15
\end{aligned}
$$

와 같이 연역적으로 사고하게 되는 것이다. 이와 같이, 귀납하여 새로운 지식을 창안·발견하고 이를 연역에 의하여 확실히 해 나아가면서 수학은 발전해 왔다고 볼 수 있다. 수학이 귀납적 사고에 의하여 발견되고 연역적 사고에 의하여 확립되어 가는 것은 인간의 정신적 메커니즘에 기인하는 것인지도 모른다. 앞 장에서 언급한 바와 같이, 인간의 우뇌는 직관적·공간적·창의적 능력을 제어하고, 좌뇌는 논리적·언어적 사고를 제어하며, 이 둘이 보완적으로 작용함으로써 정신활동은 발전되어 간다고 한다.

Polya(1986, p. 6)는 완성된 수학은 연역과학이지만 만들어지고 있는 과정의 수학은 실험적이고 귀납적인 과학이라고 하면서, 발견/발명되는 방식대로 수학을 지도할 것을 강조한다. 그리고 그는 "누구나 수학이 연역적 추론을 배우는 뛰어난 훌륭한 기회를 제공한다는 것을 알고 있지만, 나는 또한 개연적 추론을 배우는 데 그와 필적하는 기회를 제공하는 통상적인 학교 교육과정에 포함된 교과는 없다고 주장한다"고 하면서, "증명하는 것을 가르치자, 그러나 추측하는 것도 가르치자"고 주장한다(Polya, 1954, pp. v-vi). 그는 수학은 그 독특한 단순성과 명확성 때문에 다른 어떤 교과보다도 귀납적 추론을 경험시키기가 용이하다고 보고 있으며, 귀납적 추론의 효과적인 사용은 실제적인 기능이므로 모방과 실행을 통하여 학습되어야 한다고 보고, 귀납과 유추에 의한 수학의 발견과정에 대한 풍부한 예와 함께 그것을 모방하도록 하기 위한 많은 예와 실행을 위한 기회를 제공하고 있다.

특히 유사성에 미루어 추측하는 유추적 사고는 일상적인 사고는 물론이고 수학과 과학, 문학, 예술 등 모든 분야의 창의적 사고와 문제해결 과정

에 충만해 있으며 이는 학습-지도상에서도 마찬가지이다. 더욱이 수학은 패턴의 과학이요 구조를 연구하는 과학이므로 유추는 수학적 사고의 바탕을 이룬다고 볼 수 있을 것이다. Kepler는 다음과 같이 말하고 있다.

> 나는 다른 어떤 것보다도 나의 가장 신뢰할 만한 주인인 유추를 더욱 소중히 여긴다. 유추는 자연의 모든 신비를 알고 있으므로, 기하에서 소홀히 되어서는 안 된다(Polya, 1954, p. 12).

한편 수학과 그 학습-지도에서는 다양한 비유가 사용된다. 표현체계는 수학의 본질적인 부분이며, 은유(metaphor)와 환유(metonymy)는 수학적인 아이디어를 표현하고 그 의미를 이해하는 데 큰 도움을 준다. 수학에서의 귀납과 유추 및 은유의 역할과 그 교육적 중요성에 대한 바른 이해는 수학 학습-지도 개선에 기여하는 바가 클 것이다.

1. 귀 납

연역적 추론은 옳은 전제로부터 반드시 옳은 결론을 이끌어 내므로 지식을 확립하지만 전제 속에 들어 있지 않은 내용을 이끌어 낼 수는 없으며, 근본적으로 새로운 지식으로 내용을 확장할 수 없다. 수학에서도 연역추론은 전제와 결론 사이의 필연성을 확보함으로써 전제 가운데 함의된 내용을 명백하게 드러내어 지식의 체계화를 가능하게 하지만, 지식의 범위를 확장하는 것은 귀납추론이다. 연역추론은 전제와 결론의 관계가 필연적이지만 귀납추론은 그 관계가 蓋然的이다.

귀납추론이란 관찰된 특수한 사례의 공통성에 주목하여 그러한 사례 전체에 대하여 성립될 수 있는 숨겨져 있는 일반적인 법칙을 이끌어 내는 추론을 말한다. 귀납적 추론은 근대과학이 발전하면서 자연탐구 방법이 문제시되던 시대적 요청에 따라 17세기에 영국의 Bacon(1561～1626)에 의하여 그 중요성이 강조되고 체계적으로 연구되었으며, Mill(1806～1873)에 의하여 보완되어 과학적 사고방법의 전형으로 여겨져 왔다. Mill이 주장한 바와 같이,

귀납적 추론에서는 소위 귀납적 비약을 하지 않을 수 없음에도 불구하고 귀납적 추론이 학문적 방법이라는 느낌이 드는 것은 자연의 균일성, 곧 자연은 동일한 상황 아래에서는 동일한 현상을 일으키는 통일된 질서를 가지고 있다는 원리를 바탕으로 한다. 다시 말하면, 귀납추론이란 관찰된 사실 뒤의 규칙성을 찾는 사고과정이며 그 근거는 다수의 사례에서 관찰되는 법칙이 동종의 다른 사례에서도 성립한다고 보는 자연의 균일성에 두고 있다. 그러나 Hume(1711～1776)이 귀납의 타당성에 회의를 제기한 이래 귀납의 문제는 현대철학의 주요한 논쟁점의 하나가 되었다. 최근 Popper나 Lakatos 같은 학자들은 과학적 지식의 발견은 귀납추론에 의한 것이 아니며, 전형적인 보기로부터의 단일한 관찰과 실험을 통한 추측, 반례에 의한 반박, 개선된 추측에 의하여 성장한다는 주목할 만한 주장을 펴고 있음은 앞의 장에서 고찰한 바와 같다. 그러나 귀납추론은 오랫동안 그리고 지금도 여전히 과학적 탐구와 발견 및 그 교육을 위한 유용한 방법으로 여겨지고 있다.

Euler(Polya, 1954, p. 3)는 수학연구에서의 귀납추론의 중요성에 대하여 다음과 같이 언급하고 있다.

> 통상 순수수학이라고 불리는 수리과학의 그 부분에서조차도 관찰에 커다란 중요성을 부여하는 것은 매우 역설적인 것으로 생각될 것이다. 왜냐하면 관찰은 감각에 인상을 지우는 물리적 대상에 한정된다는 것이 현재의 견해이기 때문이다. 우리는 수를 순수지성에만 의지해야 하므로 관찰과 擬似실험이 수의 성질을 탐구하는 데 어떻게 유용할 수 있는지 거의 이해할 수 없다. 그러나 실제로 내가 여기서 아주 충분한 이유가 있어서 보여주려고 하듯이 오늘날 알려져 있는 수의 성질은 대부분 관찰에 의하여 발견되었으며, 그 진실성이 엄밀한 논증에 의하여 확증되기 오래전에 발견되었다. 우리가 잘 알고 있지만 아직 증명할 수 없는 수의 성질도 많이 있다. 우리를 그 지식에로 안내한 것은 관찰일 뿐이다. 따라서 우리는, 아직 매우 불완전한, 수론에서 관찰에 가장 큰 희망을 걸 수 있다는 것을 알고 있다. 관찰은 우리를 계속해서 새로운 성질로 안내할 것이며, 그 후에 우리는 그것을 증명하려고 노력할 것이다. 관찰에 의해서만 뒷받침되고 아직 증명되지 않은 유형의 지식

> 은 참인 것과 주의 깊게 구별되어야 한다. 우리가 통상 말하고 있듯이 그것은 귀납에 의하여 얻어진다. 그러나 우리는 단순한 귀납이 오류에 이른 경우를 보아 왔다. 따라서 우리가 관찰에 의하여 발견한, 귀납에 의해서만 뒷받침되는, 그러한 수의 성질을 참인 것으로 받아들이지 않도록 많은 주의를 해야 한다. 실제로 우리는 그러한 발견을 발견된 성질을 더 정밀하게 조사하고 증명하거나 반증할 기회로 사용해야 한다. 어느 경우든 우리는 유용한 것을 배울 것이다.

귀납추론은 부분적 사례로부터 일반적 결론을 이끌어 내는 것이므로 경험적 · 확률적 판단이라고 볼 수 있으며, 항상 참이라고는 할 수 없고 최선의 가정을 제공해 줄 수 있을 뿐이다. 귀납추론의 유형으로는 列擧에 의한 귀납, 집단적인 자료에 대한 수량적인 결정을 하는 통계적 귀납, 인과관계를 추정하는 인과적 귀납, 유사성에 미루어 추정하는 유추, 어떤 현상을 설명하기 위한 가설의 설정 등이 있다. 통계적 귀납은 열거에 의한 귀납으로 간주될 수 있으며, 인과적 귀납과 가설의 설정은 과학적 탐구에서 주로 사용된다.

귀납에 의한 오류에는 선입견이나 부주의 등으로 관찰해야 할 사례를 간

표 10-1.

×	…	+3	+2	+1	0	−1	−2	−3	…
…	…	…	…	…	…	…	…	…	…
+3	…	+9	+6	+3	0				…
+2	…	+6	+4	+2	0				…
+1	…	+3	+2	+1	0				…
0	…	0	0	0	0				…
−1	…								…
−2	…								…
−3	…								…
…	…	…	…	…	…	…	…	…	…

과하는 데에서 오는 오류, 착각이나 편견 등으로 인하여 왜곡된 관찰을 하는 데에서 오는 오류, 조급하게 일반화하는 데에서 오는 오류, 검증 없이 사실의 단순한 열거만으로 일반화하려는 오류, 외형상의 유사점만으로 유추하는 데에서 생기는 오류, 원인 오인이나 인과의 상호작용 간과나 인과 전도나 원인과 조건의 혼동 등 인과관계 추정의 오류 등을 생각할 수 있다.

귀납추론은 이와 같은 오류를 범할 가능성이 항상 있음에도 불구하고 인간은 본능적으로 귀납적 추론을 하므로 귀납은 탐구와 발견을 위한 유용한 방법이면서 자연스러운 수학 학습-지도 방법이다. 학교수학에서 사용되는 귀납적 추론에는 당면한 문제를 해결하기 위하여 자료를 수집 · 정리하여 어떤 법칙성을 찾고자 하는 경우와, 구체적인 사례가 관찰될 때 그 가운데에서 어떤 법칙성을 발견하는 경우가 있다. 이를테면 (음수)×(음수)=(양수), $(-1)\times(-1)=(+1)$와 같은 '신비스러운' 성질은 표 10-1을 이용하여 귀납적으로 지도될 수 있다.

그리고 우연히 다음과 같은 사실에 접했다고 하자(Polya, 1986).

$$1+8+27+64=100$$
$$1^3+2^3+3^3+4^3=10^2$$

여기서 '잇달은 수의 세제곱의 합은 어떤 수의 제곱의 합이 될 것인가?'

$$1^3+2^3+3^3+\ \cdots\ +n^3=?^2$$

와 같은 의문이 제기된다. 이 질문에 답하기 위하여 특수한 다른 경우를 조사해 본다.

$$\begin{aligned}
&1 &&=1=1^2\\
&1+8 &&=9=3^2\\
&1+8+27 &&=36=6^2\\
&1+8+27+64 &&=100=10^2\\
&1+8+27+64+125 &&=225=15^2
\end{aligned}$$

그 결과 '처음 n개의 수의 세제곱의 합은 어떤 수의 제곱이 된다' 는 법칙을 강력하게 암시받는다. 제곱수에 대하여 무엇을 생각할 수 있을까?

$$1=1$$
$$3=1+2$$
$$6=1+2+3$$
$$10=1+2+3+4$$
$$15=1+2+3+4+5$$

따라서 다음과 같은 법칙을 귀납적으로 얻게 될 것이다.

$$1^3+2^3+3^3+\cdots+n^3=(1+2+3+\cdots+n)^2$$
$$=\left\{\frac{n(n+1)}{2}\right\}^2$$

물론 이 단계에서 이 법칙은 잠정적인 것이다. 이와 같은 자연수와 관련된 일반적인 명제는 '수학적 귀납법(mathematical induction)' 에 의하여 증명된다. 자연수의 부분집합 가운데 1이 포함되어 있고, n이 포함될 때 n+1이 포함된다면 그 부분집합은 자연수 전체의 집합이 된다. 이러한 자연수의 기본성질을 '수학적 귀납법의 원리' 라고 한다. 이를 이용하여, 자연수와 관련된 명제가 1일 때 성립함이 증명되고 n일 때 성립한다고 가정하면 n+1일 때 성립함이 증명되면 모든 자연수에 대하여 그 성질이 성립한다는 결론을 내릴 수 있다. 이와 같은 증명법이 수학적 귀납법이다. 수학적 귀납법은 귀납이 아니라 자연수의 기본성질을 이용한 연역이다. 귀납적 추론에 의하여 이끌어 낸 법칙은 추측에 지나지 않으며, 그것이 참임을 보증하려면 연역적 추론, 곧 증명과정이 뒤따라야 한다. 그러나 학교수학에서는 추측된 일반적 성질이 참임을 보다 확실히 하기 위하여 새로운 사례를 검사해 보는 것으로 그치는 경우가 많다.

귀납은 몇 가지 예에 대한 충실한 관찰로 시작되므로, 귀납을 용이하게 해 주는 적절한 예를 제공해 주는 교수학적인 문제가 제기되며, 학생들이

의도된 추측에 이르도록 하고 나아가 발견적 사고습관이 들도록 도와주는 적절한 질문과 권고를 통한 안내를 하는 교육적 문제가 제기되는바, 이에 대한 Polya(1986)의 연구는 1980년대 이후 오늘날까지 지속되고 있는 문제해결 교육운동의 이론적 근거가 되어 왔다.

2. 유 추

類比推論, 곧 類推(analogy)는 유사성을 바탕으로 어떤 대상에 대하여 성립하는 성질로부터 그와 유사한 대상의 성질을 추측하는 것이다. 어떤 종류의 대상이 다른 종류의 대상과 몇 가지 점에서 서로 유사하다는 사실이 확인될 때, 첫 번째 종류의 대상이 그 밖의 다른 특성을 갖고 있으면 두 번째 종류의 대상도 그 성질을 가지고 있을 것이라고 추리하는 것이 유추이다. 유추의 강도는 두 종류의 대상 사이의 관련된 점에서의 유사성에 좌우된다.

유추는 우리가 일상적으로 선례에 따라 사고하고 여러 가지 상황을 다른 것에 비추어 판단하듯이, 우리의 일상적인 사고나 대화에서는 물론 역사적으로 수학과 과학 및 예술에서의 창의적 사고와 문제해결에 충만해 있다. Polya(1986, p. 233)는 다음과 같이 말하고 있다.

> 유추는 예술적 표현과 최고 수준의 과학적 업적에는 물론이고, 우리의 모든 사고와 일상 회화, 그리고 사소한 결론에 충만해 있다. 유추는 매우 다양한 수준에서 사용된다. 사람들은 종종 애매하고 불명료하며 완전하지 못하거나 충분히 설명되지 않은 유추를 사용하지만, 유추는 수학적인 정확성의 수준에 도달할 수도 있다. 모든 종류의 유추는 해답을 찾아내는 데 일익을 담당할 수 있으므로 우리는 어떤 종류의 유추도 무시해서는 안 된다.

수학이 패턴을 연구하는 학문이라는 점을 생각하면 유추는 수학에서 발견의 도구 이상의 본질적인 의미를 갖는다. 영어단어 'analogy'의 어원인 그리스어 'analogia'의 한 가지 의미는 '비례식'이다. 두 수쌍 6, 9와 10, 15는 대응되는 항의 비가 같다는 점에서 유사하다. 비례식 6:9=10:15는 유추의 일종이다. 나아가 수학에는 평면기하와 입체기하 사이의 유추, 해석기하학에서처럼 수와 도형 사이의 유추, 대수적 대상과 기하학적 대상 및 관계 사이의 유추, 무한급수와 미적분에서의 무한과 유한 사이의 유추 등 유추적 사고로 충만해 있다. 그리고 실수의 가법군과 승법군과 같이 유추는 수학의 구조적 사고와 밀접히 관련된다. 두 집합 S, S′가 일대일로 대응되고, S의 원소 사이에 어떤 관계가 성립할 때 그와 대응되는 S′의 원소 사이에도 어떤 관계가 성립할 경우, 그러한 관계가 보존되는 일대일 대응이 동형사상(isomorphim)이고, 그 때 두 체계는 동형($S \cong S'$)이다. 동형인 두 체계는 구조가 같다. 동형사상은 구조의 전이를 나타내는 수학화된 유추이다. 그리고 준-동형사상(homomorphism) 역시 수학화된 유추이며 구조의 체계적인 축소번역이라고 볼 수 있다. 준-동형사상은 수세기, 분배법칙이 성립하는 여러 가지 일항연산, 지수함수, log함수, 확률 등 학교수학에 편재하는 통합개념이다. 수학은 구조를 연구하는 학문이라고 할 수 있으므로 유추는 수학적 사고에서 더없이 중요한 의미를 갖는다.

유추는 상황 사이의 관계적 성질에 주목하는 것인바, 패턴이나 법칙을 다루는 수학학습에 매우 필요한 강력한 사고도구가 된다. 구체물이나 그림을 이용하여 수학적 아이디어를 다양하게 표현하는 것은 그 학생들로 하여금 유추에 의하여 그 이면에 있는 추상적인 개념, 원리, 법칙을 파악하도록 하기 위한 것인바, 유추는 수학 학습-지도의 기본 바탕이 된다. 훌륭한 유추 모델은 거의 설명을 하지 않고도 많은 정보를 시사하며, 과학적 발견을 고무하고 친근하지 않은 영역에 대하여 새로운 정보를 제공한다. 그러나 이러한 이점에도 불구하고, 학습자에게 친근하고 단순하면서도 유용한 정보를 충분히 제공할 수 있으며, 전이력이 큰 유사한 모델을 찾기가 어렵다는 근원적인 어려움이 있다. 적절하지 않은 표현은 유추와 전이를 어렵게 한다.

1) 유추 모델

여기서는 Fischbein(1987)의 논의를 중심으로 유추 모델에 대하여 살펴보기로 한다. 유추적 사고의 본질은 어떤 정보군의 제 측면과 다른 정보군의 제 측면 사이의 불완전한 일대일 대응을 발견함으로써 일어나는 한 상황으로부터 다른 상황으로의 사상에 의한 지식의 전이이다. 표면적인 유사성을 고려하여 공통인 구조적인 성질을 확인하려고 하지만, 모든 성질이 공통인 것은 아니며 유사성의 한계를 확인해야 한다. 유추적인 모델은 간결하고 구조화된 상대적으로 친근하고 내적으로 일관된 심상을 제공하여 추론과정의 생존력 있는 요소를 제공한다. 따라서 유추 모델을 통하여 사고를 고무하고 안내하는 구체적으로 구조화된 본질적인 요소가 되는 것을 얻게 되므로, 흔히 유추 모델을 연구하여 원형의 가능한 성질을 추리하고 적합한지를 알아보려고 한다.

직관적인 유추는 구체적이고 행동적인 의미를 갖는 영상적 표상을 얻는데 도움을 주어 직관적인 이해가 가능해진다. 유추는 이론의 확립을 돕는 정도를 넘어서 이론의 본질적인 부분이라고 할 수 있으며, 그것 없이는 이론은 완전히 가치 없는 것이 될 것이고 이론이라 할 만하지 않다. 우리는 보통 모델로 사고하는데, 그 이유는 모델은 추론과정에 창조적 과정에 필요한 구조화하고 자극하는 요소를 제공하기 때문이다.

유추는 흔히 수학적 추론에 개재된다. 직사각형의 넓이가 B×H임을 아는 학생은 이러한 원리를 각기둥이나 원기둥의 부피로 자연스럽게 확장할 수 있다. 이 때 B는 밑면의 넓이가 된다. 유사한 유추적 전이는 삼각형으로부터 각뿔이나 원뿔로, 사다리꼴로부터 각뿔대나 원뿔대로 일어난다.

Polya는 수학에서의 '위대한 유추'에 대하여 기술하고 있다. 그는 수의 영역과 도형의 영역 사이의 기본적인 유추에 대하여 언급하고 있는데, 이러한 유추는 해석기하의 바탕을 이룬다. Polya는 또한 유한과 무한 사이의 유추에 대하여 기술하고 있다. 수학적 추론에 암묵적으로 혹은 명시적으로 개재되는 여러 가지 형태의 유추를 구분해 보는 것은 의미가 있다. 먼저, 모델과 원형이 모두 명백한 직관적인 수단을 사용하지 않고 수치적-대수적 기호만을 사용하는 유추를 생각할 수 있다. 이를테면, 복소수의 연산은 실수의 연산과의 유추로 정의되며, 초한수의 연산은 유한기수와의 유추로 정의된다. 다음에는 한쪽은 직관적인 기하학적인 표현이고 다른 한쪽은 기호적인 표현인 유추를 생각할 수 있다. 수와 도형 사이의 기본적인 동형대응에 근거한 함수의 기하학적인 표현은 이러한 부류에 해당하는 가장 중요한 예이다. 그리고 수학적 개념을 수학 외적으로 독특하게 물질적인 것으로 표현한 유추적 모델이 있다. Dienes 자료나 Cuisenaire 막대와 같은 구조화된 자료는 이 부류에 속한다. 수나 도형의 그림 표현도 이 부류에 포함시킬 수 있다. 연속함수의 개념은 연속인 곡선의 관념과 결부되는데, 후자는 전자의 유추적인 기하학적 모델이다. 함수와 대응된다고 생각하는 이상적인 곡선은 실제로 그림 모델을 통하여 상상된다. 그러한 기하학적 모델의 가치는 재언을 요하지 않지만, Weierstrass가 발견한 모든 점에서 연속이지만 미분가능하지 않은 함수는 그러한 관계의 심각한 결과를 보여주고 있다. 이에 대해서는 뒤에서 보다 자세히 논의하겠지만, 우리는 추론과정에서 연속이란 아이디어를 기하학적 의미로부터, 그리고 그러한 의미를 암묵적인 그림 표현으로부터 완전히 해방시킬 수 없기 때문에, 모든 점에서 도함수(혹은 접선)를 갖지 않는다는 관념을 직관적으로 수용할 수 없다. 그림으로 표현된 연속인 곡선은 직관적으로 여러 점에서 곡선의 기울기를 나타내는 접선을 가져야만 한다.

Polya는 수학의 창조과정에서의 유추의 역할을 광범하게 논의하고 있다. 이를테면 그는 무한급수 $1+\frac{1}{4}+\frac{1}{9}+\frac{1}{25}+\frac{1}{36}+\frac{1}{49}+\cdots$ 의 합을 구하는 문제에 대한 풀이의 역사를 인용하고 있다. 이 문제는 Euler가 유한차 방정식으로부터 무한차 방정식으로의 추상적인 유추에 바탕을 둔 직관적인 도약으로 해결하였다. Euler의 결론은 당시에는 형식적인 증명에 의하여 엄밀하게 정당화되지 않았으며, Euler가 그의 풀이에 대하여 형식적인 증명을 한 것은 10년 후였다.

수학사에서 대수방정식을 풀 때 '상상적인' 근이 수학자들에게 수수께끼로 여겨졌다는 것은 잘 알려져 있다. '상상적인'이라는 말은 이러한 근이 합리적인 판단으로 얻어진 것이 아니라는 사실을 가리킨다. 그들은 진정한 수가 아니라 가상의 수로 생각되었다. 복소수의 기하학적 표현은 물리학에서 그것을 사용하는 가능성을 제공했으며, 복소수의 실수부와 허수부는 실

제적인 직관적인 해석을 얻게 되었다. 복소수는 점이 되고 점은 그림 표상을 갖는다. 함수 모델의 중개를 통하여 복소수와 실수 사이의 함수적 관계 $|z|=\sqrt{x^2+y^2}$을 얻는다. 유령의 세계로부터 온 듯한 복소수는 이제 직관적으로 수용 가능한 실수의 표상영역에 일관되게 사영될 수 있으며, 실수와의 유추에 의하여 더하고 곱하고 빼고 나눌 수 있다. 복소수의 덧셈은 이를테면 힘의 덧셈과 같이 두 벡터의 덧셈이란 표상 가능한 실제적인 대상이 된다. 복소수로의 수개념의 확장은 수학에 거대한 결과를 가져왔으며 여러 가지 기술분야에서 현저한 역할을 하게 되었다. 이는 수학적 사고에서의 유추 모델화의 심오한 의미를 예시해 준다.

수학 외적인 수단이 개재되는 유추 모델의 예로서 등호의 해석을 생각해 보자. 아동들은 등호에 등식의 형식적인 관계적 성질을 부여하는 것이 아니라 입력-출력 과정이란 행동적 해석을 부여하는 경향이 있다. 왼쪽에서 어떤 활동을 수행하면 오른쪽에서 그 결과를 얻는다. 이러한 은유 때문에 여러 가지 결과가 생긴다. 아동은 $3+7=10$과 같은 명제는 쉽게 수용하지만 $10=3+7$과 같은 명제는 의미 없다고 생각한다. 입력-출력 과정은 가역적이 아니므로 여기서 대칭성의 인식은 가능하지 않다. 이러한 유추적 모델에 근거하면 $3+7=6+4$와 같은 명제는 등식을 나타내는 것으로 직관적으로 수용되기 어렵다. 두 집합을 더하면 (행동적으로 합성하면) 곧바로 다른 두 집합이 되지 않는다. 아동들은 $3+7=6+4$를 $3+7=10$, $6+4=10$과 같이 해석할 것이다. 곧 $3+7=6+4$에서 등호는 (입력-출력 모델이 적용되지 않으므로) 아동들에게 의미를 갖지 않는다. 우리는 아동들에게 등식이 대칭성을 갖는다는 것을 가르치려고 한다. $x^2+5x+6=(x+2)(x+3)$과 $(x+2)(x+3)=x^2+5x+6$은, 관계로서의 등식은 대칭성을 포함하므로($A=B \leftrightarrow B=A$), 같은 명제를 나타내지만, 인지적으로는 대칭이 아니며 인수분해와 다항식의 전개는 같지 않다. 아동에게 등호는 직관적으로 입력-출력 은유에 충실한 채로 남아 있기 때문에 등호의 암묵적인 입출력 해석을 유지하는 경향이 있어 형식적인 관계적 해석이 그와 공존한다. 수학자는 등호의 관계적 의미에 익숙해 있어 직관적인 해석을 조종할 수 있지만 아동들은 그렇지 못하

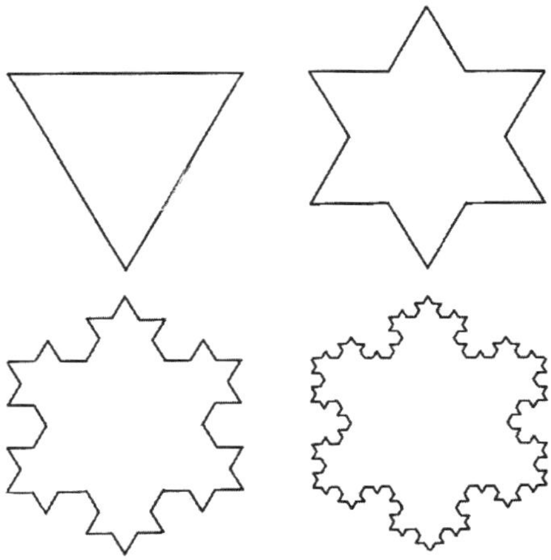

그림 10-1.

다. '철수는 구슬 10개를 가지고 있었는데 병수가 5개를 주었고 순이에게 7개를 주었다. 철수는 지금 구슬 몇 개를 가지고 있는가?' 와 같은 문제에 대하여 $10+5=15-7=8$과 같은 오류를 범하는 아동이 많다. 이러한 오류의 원천도 마찬가지로 유추적인 과정-산출 모델이다.

수학에서 유추는 오개념의 원천이기도 하다. 모든 점에서 미분 가능하지 않은 연속인 함수의 문제를 생각해 보자. Weierstrass는 1872년 a가 홀수이고 b가 1보다 작은 양수일 때 $\cos x+b\cos ax+b^2\cos^2 ax+\cdots$ 와 같은 급수의 합은 $2ab>2\pi+2$이면 x의 모든 값에 대하여 연속이지만 미분계수를 갖지 않음을 보였다. 우리는 함수의 그래프에 부여한 암묵적인 그림 모델 때문에 연속인 함수는 각 점에서 미분계수를 가져야 한다고 직관적으로 믿으려는 경향이 있다. 그림 10-1(Devaney, p.137)은 Koch 눈송이 곡선이라 불리는 프랙탈을 구성하는 과정을 나타낸 것이다. 변의 길이가 1인 정삼각형으로 시작하여 각 변의 중간 $\frac{1}{3}$을 제거하고 이를 길이가 같은 두 선분으로 대체하여 길이가 $\frac{1}{3}$인 12개의 변을 갖는 별모양이 되게 한다. 이러한 과정을 무한히 계속한다고 생각할 때, 그 궁극적인 곡선이 무한히 섬세하게 주름진 곧,

각 점에서 접선을 갖지 않는 Koch 눈송이 곡선이다. 우리는 그러한 구성과정이 무한히 진행될 수 있다는 생각을 받아들일 수 있으나, 그러한 과정의 극한인 곡선 자체는 물리적으로 존재하지 않으므로 직관적으로 실현할 수 없다. 미분계수가 없는 곡선은 작은 잉크 반점으로 구성되는 것이 아니라 순수한 개념적인 차원이 없는 점으로 구성된다. 우리는 수학적인 곡선의 그림 표현을 포기할 필요는 없다. 많은 함수에 대하여, 그리고 그들의 많은 성질에 대하여 유추를 계속 사용할 수 있다. 그림 유추의 혼용을 버리려는 기도는 해결하기 어려운 갈등상황을 초래한다. 컴퓨터 그래픽의 발달은 그림 유추의 범위를 확대하는 것을 가능하게 만들고 있다. 이를테면 'zooming' 기능은 그래프의 어떤 특별한 부분의 크기를 유연하고 역동적으로 확대시킬 수 있어, 어떤 점에서 미분가능한 함수와 미분 불가능한 함수의 그림 표상을 제공해준다.

한편, Hilbert는 정사각형의 내부를 완전히 메우는 연속인 곡선 곧 Peano 곡선을 그림 10-2(岩波 數學辭典, p.521)와 같은 방법으로 생각하였다. 점, 곡선, 평면은 개념적인 존재임을 수용하지만 실제적으로는 그림으로 생각한다. 그림 10-2와 같이 정사각형 D와 선분 [0,1]을 각각 4등분하여 D_i와 T_i를 대응시킨다. 다음에 각 D_i와 T_i를 다시 4등분하여 D_{ij}에 T_{ij}를 그림과 같은 순서로 대응시키는 조작을 계속해 나아간다. 이 때 정사각형 열과 선분 열 $D_i \supset D_{ij} \supset D_{ijk} \supset \ldots$, $T_i \supset T_{ij} \supset T_{ijk} \supset \ldots$에 대해 각각 하나의 공통점 $P_{ijk\ldots}$와 $T_{ijk\ldots}$가 결정된다. 이 때 대응 $P_{ijk\ldots} \to T_{ijk\ldots}$는 선분 [0,1]로부터 정사각형 D위

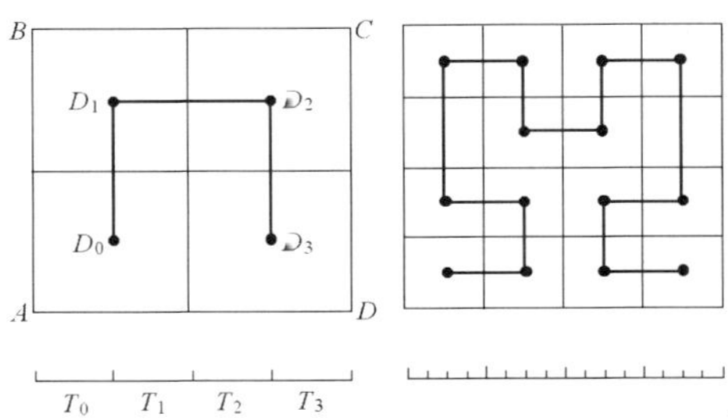

그림 10-2.

로의 연속사상이 되며 그 연속곡선은 Peano곡선이다. 여기서 점, 선분, 평면은 물질적인 존재가 아니므로 그림을 포기하고 논리적 추상적 형식적으로만 생각하여 추론해야 한다. 그러나 증명에 확신이 들지 않는다. 이 상황에서 진정으로 중요한 것은 두 집합의 대등성을 수용하지 않는다는 사실이 아니라, 추론과정의 이중성이다. 곧 추론과정은 표면적인 의식적 수준에서 그림의 간섭으로부터 정화되는 듯하지만 실제로 '이면에서는' 그림 유추에 의해서 계속 조작된다. 미세한 움직이는 반점은 그것이 아무리 미세하더라도 유한시간 내에 전체 정사각형면을 덮을 수 있다. 문제는 차원이 없는 기하학적 점에 의해서 생성된 추상적인 기하학적 곡선을 고려할 때 문제가 생긴다. 점은 크기가 없으므로 아무리 좁은 띠라도 덮을 수 없다. 어려움의 근원은 실제적으로 두 가지 표상체계, 곧 기호적이고 순수하게 수학적인 표상과 영상적 표상을 혼합하고 있다는 사실에 있다. 움직이는 점에 의하여 평면영역을 생성할 수 있다는 문제는 원칙적으로 순수하게 개념적 수단에 의해서 일관되게 나아가거나 그림이나 물질해석에 호소하여 처리하면 어떤 어려움도 발생되지 않는다. 순수하게 개념적으로 선분을 이루는 점의 집합과 정사각형을 이루는 점의 집합 사이의 대등성을 형식적으로 수용하고, 점 0으로부터 출발한 동점이 점 1까지 움직이면, 대응점이 전체 정사각형 영역을 생성할 수 있음을 논리적으로 수용할 수 있다. 그런데 점과 선분을 정의에 의하여 순수하게 개념적인 실체로 생각하는 반면에, 점과 선분에 일종의 물질적인 구성 가능성을 자동적으로 거의 저항할 수 없이 부여하는 경향이 있기 때문에 심리적인 어려움이 생긴다.

위의 문제 자체는 모순된 용어로 제기되었기 때문에 모순된 해답을 암시한다. 수학적인 점은 물질적인 존재가 아니며 움직일 수 없고 다른 점과 연결될 수 없다. 기하학적 실체에 실세계로부터 은유적으로 빌린 성질과 가능성을 할당함으로써 어떤 상황에서는 직관적인 모순에 이르게 된다. 심리학적으로 순수하게 개념적인 것으로 사고를 할 수 없다는 점은 이러한 모순을 피할 수 없게 만든다. 그것을 극복하기 위해서는 그 기원을 이해하고 추론과정에의 그 영향을 가능한 한 조종할 수 있어야 한다. 이는 인식론적인 문제인 동시에 매우 복잡한 교수학적인 문제이다.

유추는 가설을 생성하는 발견적인 수단으로서, 그리고 직관적으로 접근 가능한 구조를 제공함으로써 연구하고자 하는 원래의 체계와 관련된 어려운 조작이 촉진된다. 이러한 심적 조작의 산물은 원래의 체계로 해석되고 평가될 수 있다. 수학에서의 유추는 어떤 영역 내의 조작이 더 큰 영역으로 유추적으로 확장되는 형식적인 수준에서, 기호적 표현과 보다 직관적인 (기하학적인) 표현 사이에서, 수학적인 구조와 그와 동형인 수학 외적인 구체화 모델 사이에서 발생한다. 유추는 두 체계 사이에 구조적 대응이 가정될 때 오류의 원인이 될 수 있다. 흔히 그러한 오개념은 모델화되는 체계의 형식적인 성질과 의식적으로 혹은 암묵적으로 모델의 직관적인 성질 사이의 양립 불가능성 때문에 일어난다.

2) 문제해결과 유추

문제를 해결하고자 할 때 주어진 문제보다 좀 더 단순한 유사한 문제를 알고 있다면 우리는 그 유사한 문제의 방법이나 결과를 이용할 수도 있다. 이를테면, 직사각형은 직육면체와 유사하다. 직사각형의 변 사이의 관계는 직육면체의 면 사이의 관계와 유사하다. 따라서 이웃하는 세 모서리의 길이가 a, b, c인 직육면체의 대각선의 길이를 구하고자 할 때, 보다 단순한 유사한 문제를 찾게 되고, 직사각형의 대각선의 길이를 구하는 문제를 생각하게 된다. 직사각형에서 이웃한 두 변의 길이를 a, b라고 하면 대각선의 길이는 Pythagoas의 정리에 의하여 $\sqrt{a^2+b^2}$이다. 이로부터 암시를 얻어 구하는 직육면체의 대각선의 길이 $\sqrt{a^2+b^2+c^2}$를 구할 수 있다. 또한 평면 위에서의 삼각형과 공간에서의 사면체는 유사하다. 따라서 사면체의 무게중심을 구해 보려고 하면, 보다 단순한 유사한 문제를 찾아보게 되고, 삼각형의 무게중심을 구하는 문제를 생각하게 된다. 삼각형의 무게중심은 세 중선의 교점이다. 마찬가지로 생각해 브면 사면체의 무게중심은 여섯 개의 중면의 교점이 될 것이다.

문제해결에서 '이 문제와 유사한 것은 없을까?', '그와 유사한 방법으로 안 될까?', '지금까지 알고 있는 것 가운데 유사한 어떤 것을 사용할 수 없을까?' 와 같이 유추적인 사고방식을 구사하는 것은 매우 자연스럽다. Polya (1986)는 문제해결 전략으로, '친숙한 문제로 미지인 것이 같거나 유사한 문제를 생각해 보아라', '관련된 문제로 전에 풀어 본 일이 있는 문제가 있구나. 그것을 활용할 수 있을까? 그 결과를 활용할 수 있을까? 그 방법을 활용할 수 있을까?', '만일 제기된 문제를 풀 수 없다면, 먼저 어느 정도 그와 관련된 문제를 풀어 보아라. 보다 접근하기 쉬운 관련된 문제를 생각해 낼 수 있는가? … 유사한 문제는?' 이는 교사가 문제를 해결하는 학생을 돕는 질문이거나 문제를 해결하는 사람이 자신에게 묻는 자문으로 유추적인 사고방식을 불러일으키기 위한 것이다.

수학 문제해결에서의 유추의 주된 역할은 Polya(1954, pp. 44-52)가 제시한 다음 예에서 잘 드러난다. '공간은 일반적인 위치에 있는 5개의 평면에 의하여 몇 개의 영역으로 나누어지는가?' 찰흙 덩어리를 칼로 5번 자른 다음 펼쳐 놓으면 몇 개의 조각으로 나누어질까? 개수를 알아내기가 어려우므로 문제를 단순화해 보자. 보다 단순한 유사한 문제를 생각해 보자. 1개의 평면은 공간을 2개의 영역으로 나눈다. 일반적 위치에 있는 2개의 평면은 서로 교차하며 공간을 4개의 영역으로 나눈다. 일반적인 위치에 있는 3개의 평면은 공간을 8개의 영역으로 나눈다. 이 경우는 건물에서 서로 교차하는 두 수직인 벽과 수평인 바닥을 생각해 보면 쉽게 알 수 있다. 그러면 일반적 위치에 있는 4개의 평면은 공간을 몇 개의 부분으로 나눌까? 이 문제는 곧바로 대답하기 어렵다.

평면의 개수와 공간의 분할영역의 수를 관찰해 보자. 규칙성, 패턴, 법칙을 찾아보자. 평면의 개수가 n이면 분할된 공간의 영역의 개수는 2^n인 규칙성이 있는 듯하다. 과연 그러한가? 4개의 평면은 공간을 16개의 영역으로 나누는가 검토해 보자. 일반적인 위치에 있는 4개의 평면은 공간을 여러 개의 영역으로 나눈다. 그 가운데 하나는 사면체 영역이다. 이러한 형태는 평면 위에서 일반적인 위치에 있는 3직선과 그것으로 둘러싸인 삼각형을 생각나게 한다. 3직선에 의하여 평면은 몇 개의 부분으로 분할되는지 그림을 그

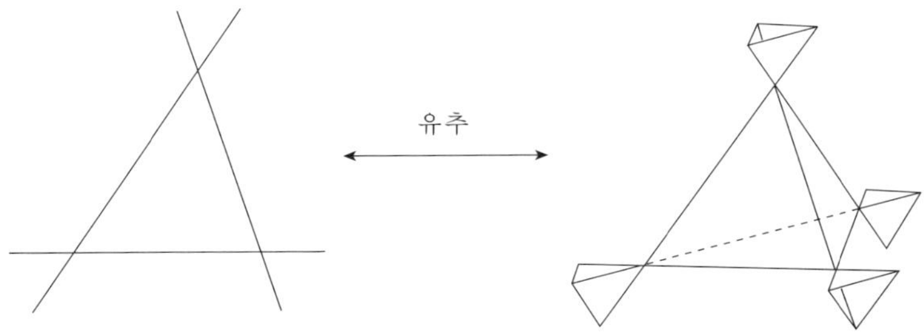

그림 10-3.

리고 세어 보자. 두 문제는 유사한 문제이다. 삼각형의 내부로 이루어진 유한한 영역이 1개이고, 삼각형의 변 및 꼭짓점을 공유하는 무한한 영역이 각각 3개이므로 분할면의 개수는 모두 1+3+3=7이다. 이와 유사한 방법으로 4개의 평면에 의한 공간의 분할영역의 개수를 세어 보자. 사면체의 내부로 이루어진 유한한 영역이 1개이고, 사면체의 면, 모서리, 꼭짓점을 공유하는 무한한 영역이 각각 4개, 6개, 4개씩이므로 분할영역의 개수는 모두 1+4+6+4=15이다. 우리는 유추를 이용하여 이러한 결과를 얻었다.

표 10-2.

분할요소의 개수	분할된 영역의 개수		
	공간/평면	평면/직선	직선/점
0	1	1	1
1	2	2	2
2	4	4	3
3	8	7	4
4	15		5
...	..	...	...
n			n+1

이는 앞에서 추측한 16개와 다르다. 따라서 앞에서 추측한 패턴은 성립하지 않음을 알 수 있으며, 원래의 문제는 여전히 해결되지 않았다. 원래의 문제는 평면에 의한 공간의 분할에 대한 문제이다. 2차원에서의 유사한 문제는 무엇인가? 문제를 일반화시켜 n개의 평면에 의한 공간의 분할영역의 개수와 n개의 직선에 의한 평면의 분할영역의 개수를 생각해 보자. 그리고 한 단계 더 나아가 n개의 점에 의한 직선의 분할에 대하여 알아보자. 그리고 여기서 극단적인 경우, 곧 분할되지 않는 경우를 고려해 보자. 얻어진 결과를 표로 정리해 보면 표 10-2와 같다.

아직까지 우리는 원래의 문제를 해결하지 못했으며, 관련된 유사한 문제를 만들어 내었다. 하나의 문제를 해결하는 것보다 관련된 여러 가지 문제를 함께 해결하는 것이 도움이 될 수 있다. 표 10-2를 관찰해 보고 어떤 관련성, 규칙, 패턴이 있는지 알아보자.

$$\begin{matrix} 8 & 7 \\ 15 & \end{matrix}$$

에서 8+7=15라는 주목할 만한 관련성이 있음을 알게 되고, 이러한 관련성이 표 전체에서 성립한다는 것은 단순한 우연은 아닌 듯하다. 이는 관찰된 규칙성을 일반화할 수 있음을 암시한다. 따라서 우리는 그러한 규칙성이 일반적으로 타당할 것이라는 추측을 하게 되고, 그것이 참이라면 원래의 문제는 해결될 수 있다.

0	1	1	1
1	2	2	2
2	4	4	3
3	8	7	4
4	15	11	5
5	26		

그러한 추측이 옳다면 일반적인 위치에 있는 5개의 평면은 공간을 26개의

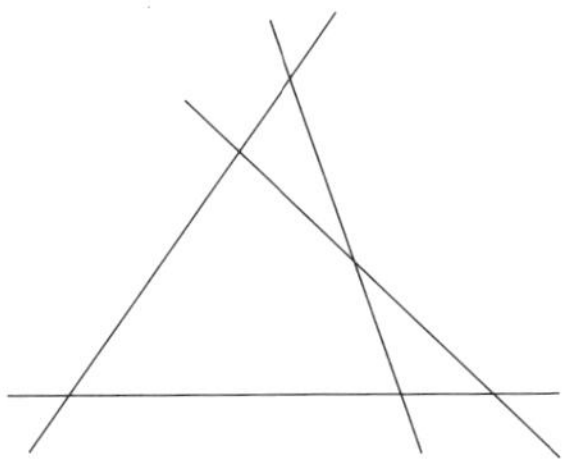

그림 10-4.

영역으로 분할한다. 그러한 규칙성의 타당성을 알아보기 위하여 4개의 직선으로 분할된 평면영역의 개수를 알아보자. 위의 추측이 옳다면 그것은 11개여야 한다. 다음과 같이 그림을 그려서 실제로 세어 보면 11개임을 확인할 수 있다. 이는 위의 추측을 뒷받침하는 하나의 귀납적 증거가 되며, 성공적으로 검사를 통과했으므로 그 추측은 강화되었다. 그러나 증명된 것은 아니며, 일반적인 패턴을 발견하고 이를 증명하는 문제가 남아 있다. 직선은 n개의 점에 의하여 n+1개의 부분으로 나누어지며, 평면은 일반적인 위치에 있는 n개의 직선에 의하여 $1+n+\frac{n(n-1)}{2}$개의 영역으로 나누어지고, 공간은 일반적 위치에 있는 n개의 평면에 의하여 $1+n+\frac{n(n-1)}{2}+\frac{n(n-1)(n-2)}{3!}$개의 영역으로 나누어진다.

3. 수학의 은유적 특성에 대한 Lakoff와 Núñez의 견해

수학에는 '교차한다', '교환한다', '접근한다', '접한다' 등과 같은 일상적인 언어를 사용한 은유적 표현으로 충만해 있다. 우리는 새로운 생각을 표현할 언어가 없는 경우 은유를 사용하게 되며, 은유를 사용하여 경험을 새롭게 조직하여 의미를 창조하기도 한다. 은유를 사용한 설명은 이해에 도움이 되기도 하지만, 조절이 불충분할 경우 중요한 점을 놓치기도 한다. 은유는 수학적 사고의 발달에서 '인식론적 장애'의 근원이 되기도 한다.

일반적으로 은유는 어떤 이름이나 서술적 용어를 글자 뜻 그대로 적용할 수 없는 대상에 적용하는 것 또는 어떤 경험을 다른 경험과 연결하여 그 관계로부터 의미를 창안하는 것으로, '전이'나 '이전'을 의미하는 그리스어 metaphora에서 유래된 말이다. 은유는 암묵적인 형태의 유추로 간주될 수 있다. 두 경험을 비교할 때 유추에서는 'A는 B와 같다'고 말하는 데 비해, 은유에서는 'A는 B이다'라고 말한다. 어느 경우건 두 영역의 몇 가지 요소만을 언급하며, 유사한 요소는 비교의 근거가 되고 유사하지 않은 요소는 긴장을 초래한다. 근거와 긴장은 은유의 본질적인 요소이다. 은유에 이전 경험으로 새로운 경험을 구조화하는 특별한 힘이 부여되고 표현의 불가피한 요소인 모호성이 수반되는 것은 이러한 유사성과 비유사성의 동시적인 인식 때문이다. 은유의 힘은 그것이 이미 존재하는 개념으로 새로운 개념의 의미를 이해하는 데 사용된다는 데 있다. 이미지 수준에서의 이해는 기본적으로 은유적인 것이다.

환유는 이름을 바꾸는 것을 나타내는 그리스어 metonymia에서 유래한 말로, 어떤 말을 다른 말 대신에 사용하거나, 어떤 범주의 원소나 그 현저한 속성을 사용하여 다른 원소나 전체 범주를 나타내는 것이다. 이를테면 '우리는 Vergil을 읽는다'에서 Vergil은 그의 시나 저작을 가리키며, 함수 f(x)라고 할 때 이는 흔히 함수식 f(x)로 나타내어지는 함수를 의미한다. $\frac{2}{3}$는 그것이 나타내는 유리수를 대표하는 기호이고, 삼각형이나 원의 그림은 흔히 모든 삼각형이나 원을 나타내며, 변수는 변역의 모든 원소를 나타낸다. 환유는 수학적 의사소통에서 경제적인 언어사용을 가능하게 하지만, 수학학습에서 일반화나 개념 이해에 장애로 작용하기도 한다.

이 절에서는 수학에서의 은유의 역할과 의미에 대하여 Lakoff와 Núñez (1997)의 분석을 중심으로 살펴보기로 한다. 수학적 아이디어는 어떤 본성을 갖고 있으며 수학을 이해한다는 것은 무엇인가는 수리철학에 좌우된다. 서구의 전통적인 철학에 의하면, 수학은 추상적이고 초월적이며 보편적인 이성의 산물로 그와 같은 특성을 갖는 추상적인 고도의 순수형식이다. 20세기의 형식주의 수학은 객관적이고 보편적인 수학의 존재성을 믿는 그러한 전통적인 Platonism에 회귀하여 수학은 본질 · 형식 · 패턴의 과학으로 간주되어 왔다. 이를테면 운동을 나타내는 수학적인 법칙은 실세계의 운동의 본질이며 인간의 마음과 무관한 우주의 객관적인 실제적 측면으로 간주된 것이다. 그러나 다른 한편으로는, 사고작용에 대한 신경과학, 심리학, 인류학, 언어학 등의 연구결과에 의하여 이성이 객관적이고 보편적인 존재가 아니라 인간 두뇌의 산물임이 주장되면서 이성의 본질에 대한 이해에 변화가 일어났으며, 그에 따라 수학의 재개념화가 시도되었다. 수학을 포함하여 본질이라는 것은 인간의 개념체계에 의하여 만들어 낸 것이며, 수학이 일반성을 갖고 안정적인 것은 인간의 두뇌와 경험이 공통성을 갖고 안정되기 때문일 뿐이라는 것이다. 이를테면 사물을 분류하고 수를 세고 계산하는 것은 마음의 작용이며 인간이 창안한 것이라는 입장이다.

Lakoff와 Núñez는 수학은 인간의 상상의 산물이며, 은유적 사고와 심상은 모든 정상적인 인간의 공통된 신경구조에 의하여 실현된 천부적인 재능의 일부이고 수학의 추상성은 그에 바탕을 둔 의미의 조정과 관계된다고 주장한다. 그들에 의하면, 개념적 은유는 수학적 아이디어의 중심적인 것이며, 수학적 증명의 추론구조가 안정된 이유의 하나는 평범한 은유의 추론구조가 안정적이기 때문이다. 수학은 평범한 경험과 아이디어로부터 상상적으로 구성된 것이다. 수학적 개념체계에 대한 연구는 수학적 사고를 구성하는 무의식적인 개념체계와 수학을 구성하는 아이디어를 확인하기 위한 것이고, 수학을 가르치려고 할 때 어떤 아이디어를 가르치려고 하는 것이므로 수학에 대한 개념체계를 아는 것은 매우 유용하다. 수학을 발생시킨 개념체계, 수학을 실행하고 가르치고 배우는 사람들이 갖고 있는 개념적인 은유나 환유와 같은 상상적 자원에 의하여 수학이 어떻게 계속 창안되고 유지되고 있는가를 살펴보는 일은 수학교육에 매우 유용한 과제가 된다.

은유란 사고영역 사이의 개념적 사상으로, 일상경험에 의하여 동기화되어 바탕영역의 구조를 목표영역으로 사영한다. 은유적인 언어표현은 은유적 사고의 표층적인 표현이다. 은유를 사용하여 수학을 개념화할 때 우리는 '수학적 대리인'을 창안한다. '수학적 대리인'이란 은유의 바탕영역에서 수학의 어떤 측면을 특성화하는 이상화된 배우이다. 예를 들어, 덧셈이 대상을 모으는 것으로 개념화될 때 '수학적 대리인'은 모으는 것을 하는 수집자이다. 덧셈이 어떤 방향으로 어떤 길이만큼 발걸음을 옮기는 것으로 개념화되면 은유적인 수학적 대리인은 움직이는 여행자이다.

수학적 아이디어를 형성하는 데 사용되는 은유에는 두 가지 기본적인 형태, 곧 기초은유(grounding methaphor)와 연결은유(linking methaphor)가 있다. 기초은유는 수학적 아이디어의 기초를 일상적인 경험에 두게 한다. 예를 들어 산술연산은 사물을 모으고 구성하고 이동하는 것으로 개념화된다. 은유는 추론구조를 보존하므로 사물을 모으고 구성하고 이동하는 것에 대한 추론이 추상적인 산술영역으로 사영된다. 은유는 인지양식을 보존하므로 우리가 친근하게 알고 있고 이해하고 있는 일상적인 영역으로부터 얻은 이미지 양식과 일상적인 세계에 대한 추론을 수학영역에 사영한다. 결국 산술에 대한 우리의 이해는 사물을 모으고 구성하며 이동하는 것과 같은 친근한 이해에 근거하게 된다. 기초은유가 친근한 경험영역에 기초하여 수학을 이해하도록 허용하는 반면, 연결은유는 한 분야의 수학을 다른 분야와 관련짓게 한다. 예를 들어, 수를 직선 위의 점으로 은유적으로 이해할 때 우리는 산술과 기하를 연결지우며, 기하의 지식을 은유를 통하여 산술로 사영하게 된다. 'B는 A이다' 라는 형식의 은유적 표현은 비대칭적인 은유적 사상 'A → B' 이다.

1) 산술의 은유

산술은 대상의 집합과 관련되며 대상을 구성하는 행위라는 은유가 산술의 바탕에 깔려 있다. 산술연산은 대상의 집합을 구성하는 행위로 간주된다. 이를테면, 덧셈은 두 집합을 합쳐서 더 큰 집합을 만드는 것이며, 곱셈은 같은 크기의 집합을 거듭 더하는 것이다. 또한 이를테면, 덧셈은 대상을 다른 대상과 합쳐서 더 큰 대상을 만드는 것이며, 곱셈은 같은 크기의 대상을 거듭 더하는 것으로 간주된다. 이러한 두 개념적 은유는 산술은 대상의 조작이라는 은유에 속하며 산술적 언어의 바탕을 이룬다. 이를테면, "8은 5보다 얼마나 '많은가'?"라든가 "12에서 5를 빼면 7이 '남는다'" 등은 그러한 개념적 은유의 언어적인 예이다. 한편 산술에는 이동이라는 은유가 사용된다. 수는 수직선 위의 위치이며, 산술연산은 수직선을 따라 움직이는 행위이고, 0은 출발점이며, 덧셈은 오른쪽으로 주어진 거리만큼 걸음을 옮기는 것으로 개념화된다. 이러한 개념적 은유는 산술에 이를테면, "어떤 수도 '건너뛰지' 말고 20까지 세어라"든가 "20으로부터 '거꾸로' 세어라" 등과 같은 언어를 제공한다. 개념적 은유는 산술에 이러한 용어와 함께 그 의미 및 그러한 용어가 제공하는 추론 패턴을 제공한다.

그러나 자연수의 대상집합 은유와 대상구성 은유는 자연수와 그 기본적인 연산에 한정되며 음수, 유리수, 실수로 자연스럽게 확장되지 못한다. 그러한 은유를 확장하는 자연스러운 일관된 방법은 없으며, 부자연스러운 임시적인 은유를 만들어 확장을 시도하였다. '음수는 반대되는 성질을 가진 대상'이라는 은유로 대상집합 은유를 확장하여 3+(−3)=0과 같은 음수의 덧셈에 의미를 부여할 수 있지만, 이는 음수의 곱셈으로 확장될 수 없다. 자연수에 대한 은유 가운데 음수로 비교적 자연스럽게 확장되는 것은 이동은유이다. 이동은유로 음수와 그 연산에 의미를 부여한다. 그러나 그러한 은유는 인위적인 것이며, 자연스러운 기초은유도 연결은유도 아니다. 따라서 그것은 수학적 아이디어의 자연스러운 기초도 다른 수학분야와의 연결도 아니며, 진정한 수학 밖에 있는 무리하기까지 한 교육적 은유이다.

2) 집합론의 은유

수학에서 집합은 容器 스키마로, 집합의 원소는 그 안에 있는 대상으로, 부분집합은 용기 내의 용기로 개념화된다. 용기 스키마의 부과에 의하여 대상이 개념적으로 함께 모아진다는 은유는 합집합, 교집합, 여집합의 은유적 정의로 확장된다. 그러나 집합을 대상으로 보는 은유는 통상적인 은유가 아니며, 전문적인 집합론을 뒷받침하는 특별한 은유이다. 매우 강력한 이 은유가 용기 스키마로서의 집합은유와 결합될 때 집합이 다른 집합의 원소가 되는 것이 가능해진다. 용기는 그 자체의 본성 때문에 자신의 내부에 있을 수 없으므로, 용기 스키마로서의 집합 은유가 집합을 개념화하는 데 사용될 때 '자신이 자신의 원소인 집합'이라는 표현은 무의미하다. 따라서 일상 개념적인 수학에서는 자신이 자신의 원소가 아닌 모든 집합의 집합에 관한 Russell의 고전적인 집합론적 패러독스는 생길 수 없다. 이것은 아이디어를 명확하게 규정하지 않고 집합론이 공리적으로 전개되는 추상수학에서만 일어나는 것이다.

집합이 집합을 만드는 인지적 용기 스키마로서가 아니라 대상으로 개념화되면, 어떤 집합의 부분집합이 집합의 원소가 되는 것을 가능하게 한다. 그리고 집합이 용기-대상으로 개념화되면 공집합, 곧 아무런 대상도 담고 있지 않은 용기를 개념화하고 공집합이 모든 집합의 부분집합임을 개념화하는 것이 가능하다. 집합의 용기 스키마 은유와 집합의 대상은유가 합쳐지면 임의의 집합은 멱집합－모든 부분집합의 집합－을 갖는다는 것이 수반된다.

그러나 일상적 개념인 同數의 개념과 Cantor의 집합의 대등성의 개념은 다른 개념이다. 동수의 원소를 가지는 유한집합은 일대일 대응이 된다. 그러나 이것이 동수와 대등의 개념이 같다는 것을 의미하지는 않는다. 동수와 대등을 같은 것으로 보는 것, 즉 원소의 개수가 같다는 우리의 일상적인 개념을 특히 무한집합에 대하여 일대일 대응이라는 개념으로 개념화한 것은 Cantor의 은유이다. 그러나 이것이 은유라고 명확히 기술된 적은 없다. Cantor는 짝수가 자연수와 꼭 같은 개수만큼 있다는 것을 증명한 것이 아니라 단지 두 집합이 대등하다는 것을 증명하였다. Cantor는 은유적으로 짝수와 자연수는 꼭 같은 개수만큼 있다는 것을 증명한 것이다. Cantor의 다른 증명에서도 마찬가지이다. 유리수에서 자연수를 빼내면 많은 것이 남지만, Cantor는 두 집합이 대등함을 증명했으므로, Cantor의 은유에 의하면 두 집합은 같은 수의 원소를 갖는다고 말할 수 있다. 산술에 대하여 집합론적 은유체계를 사용할 수 있지만, 집합론으로 산술을 개념화한 것이 절대적인 것은 아니다. 산술의 집합론적 개념화가 은유적이라는 사실은 그것이 잘못 되었다는 것을 의미하지 않으며, 집합론적 개념화가 객관적인 산술의 기초를 제공하지는 않는다는 것을 의미한다.

통상적인 직관적 집합개념은 용기 스키마라는 은유를 바탕으로 한다. 용기 스키마는 그 자신의 내부에 있을 수 없기 때문에 집합은 자신의 원소가 될 수 없다고 생각되었으며, 그러한 집합을 받아들이면 Russell의 패러독스에 이른다. 따라서 모든 집합의 집합은 거부되게 되었다. 집합은 일상적인 개념에 의존하지 않고 공리체계나 형식적인 모델로 볼 수도 있다. Russell이

제기한 비정상적인 집합은

$$x = 1 + \cfrac{1}{1 + \cfrac{1}{1 + \cdots}}$$

곧 $x = 1 + \frac{1}{x}$와 같은 재귀적 현상으로 표현될 수 있다. 이런 재귀적 표현은 수학과 컴퓨터 과학에서는 흔하고, 자신이 자기 자신에 속할 수 없다는 집합론의 제한은 모델링의 가능성을 제한하는 것이다.

3) 함수의 은유

함수의 이해를 뒷받침하는 은유를 살펴보자. 먼저 기계로서의 함수은유를 생각할 수 있다. 여기서 함수의 정의역은 투입물의 집합이고, 치역은 산출물의 집합이며, 함수의 조작은 각 투입물에서 유일한 산출물을 만드는 것이다. 알고리즘의 관념은 기계은유에 기초한다. 대상 구성으로서의 산술의 은유는 투입대상으로부터 산출대상을 구성하는 기계, 곧 산술적 함수인 알고리즘으로 확장된다. 또한 함수는 집합 사이의 대응으로서 은유되고, 행동을 수행하는 대리자로서 환유된다. 함수는 나르고 보내고 사영하는 행동을 수행하는 대리자로 간주되는 것이다. 또한 순서쌍의 집합으로서의 함수은유를 생각할 수 있다.

4) 데카르트 평면의 은유적 구조

수는 직선 위의 점이며 0은 원점이고 수의 크기는 거리이며 '보다 크다'는 위(수직방향의 직선에 대하여)에 있거나 오른쪽(수평방향의 직선에 대하여)에 있다는 은유는 유클리드 기하를 산술로 사상한다. 이는 기하와 산술의 영역을 연결하는 은유이다. 흥미로운 것은 이 은유가 은유적 혼합, 은유의 바탕영역과 목표영역의 합성, 즉 수와 수직선 위의 점의 합성에 사용된다는 점이다. 수직선은 이 은유에서 바탕영역(기하)을 목표영역(산술) 위에 겹쳐 놓음으로써 형성된 개념적 혼합이다. 이 혼합은 수-점(numberpoint), 곧 은유적으로 점인 수이다. 이 혼합은 기하와 산술을 결합하여 목표영역인 산술에 대한 새로운 추론을 가져다 준다. 수직선의 은유적 개념을 사용하면 훨씬 더 복잡한 은유적 개념인 좌표평면을 구성할 수 있다. 여기서 x-좌표직선은 좌표점 x에서 x축을 가로질러 y축에 평행인 직선이며, y-좌표직선은 좌표점 y에서 y축을 가로질러 x축에 평행한 직선이다. 좌표계는 x-좌표직선과 y-좌표직선의 집합이다. 좌표평면에서는 점이 x-좌표직선과 y-좌표직선의 교점, 또는 x, y축 위에 있는 수의 순서쌍 (x, y)로 개념화된다. 이는 은유적인 개념화이다. 반드시 점은 직선의 교점으로 개념화될 필요도 없고 다른 점의 순서쌍으로 정의될 필요도 없다. 좌표평면은 점의 집합으로서의 그래프를 정의할 수 있게 하며, 이는 2변수인 방정식을 개념화한다. $y=ax+b$는 직선이라든가, $x^2+y^2=r^2$은 원점을 중심으로 하고 반지름이 r인 원이라는 것은 방정식의 은유적 개념화이다.

좌표평면은 산술과 기하의 혼합으로, 거기서 산술은 수직선의 개념을 통하여 기하로 개념화된다. 그리고 점은 x-수직선과 y-수직선 위의 수-점의 순서쌍으로 개념화되며, 이로부터 함수는 순서쌍의 집합이라고 정의할 수 있게 된다. 이 경우에, 수와 점을 혼합했기 때문에 함수는 두 가지를 동시에 사상한다. 곧 점을 점으로, 수를 수로 사상한다. 점에서 점으로의 사상은 기하에 의하여 구속되며, 수에서 수로의 사상은 산술에 의하여 구속된다.

함수를 좌표평면에서 점의 순서쌍으로서 개념화할 때 아주 유용한 은유를 발명할 수 있다. 산술의 연산은 은유적으로 수에서 함수로 확장될 수 있으며, 산술과 동일한 방법으로 함수는 은유적으로 더해지고 빼지며 곱해지고 나누어질 수 있다. 은유를 통하여 산술연산이 함수로 확장되는 것이다. 곧 $f(x, y)=\{(x, y)\}$, $g(x, y)=\{(x, y')\}$라 하면, $f+g$는 $\{(x, y)\}+\{(x, y')\}$를 의미하며, $\{(x, y)\}+\{(x, y')\}$은 $\{(x, y+y')\}$이다. 다시 말하면, 두 함수의 합은 함수의 각 점 x에서의 y값의 합이다. 이를 기호로 나타내면, $(f+g)(x)=f(x)+g(x)$이다. 여기서, 좌변의 '+'는 은유적인 +이고 '='는 은유적 정의를 나타내는 것이다. 마찬가지로 $\{(x, y)\}-\{(x, y')\}$은 $\{(x, y-y')\}$이며, $\{(x, y)\}\cdot\{(x, y')\}$은 $\{(x, y\cdot y')\}$이고, $\{(x, y)\}\div\{(x, y')\}$은 $\{(x, y\div y')\}$이다($y\neq0$). 이를 기호로 나타내면 $(f+g)(x)=f(x)+g(x)$, $(f-g)(x)=f(x)-g(x)$, $(f \cdot g)(x)=f(x) \cdot g(x)$, $(f \div g)(x)=f(x) \div g(x)$ $(g(x) \neq 0)$와 같이 된다. 그리고 좌표평면에서 함수는 은유적으로 곡선으로 개념화되므로, 함수의 산술화 은유는 그 곡선들을 더하고 빼고 곱하고 나누는 것이 무엇을 의미하는지 개념화할 수 있게 한다. 이것이 고전적인 수학에서 중심적인 역할을 하는 개념이다.

5) 연속함수의 은유

Euler는 연속함수를 좌표평면에서 '손을 자유롭게 움직여 그려지는 하나의 곡선'으로 규정하였다. 이러한 연속함수의 직관적 규정은 중요한 성질을 갖는다. 곧 연속함수는 시간에 따라 발생하는 이동에 의하여 형성되며 방향성이 있다. 그러나 결과적으로는 이동은 '비약'이 없는 정적인 곡선이 되며 그 곡선에는 방향성이 없다.

여기서 함수는 가상적인 운동으로서 은유된다. 좌표평면에서 독립변수 X는 x축을 따라 움직이는 여행자로, 종속변수 Y는 y축을 따라 움직이는 여행자로서 개념화된다. 각 순간에 여행자-변수는 각 축 위의 한 점에 있다. 그 점이 그 순간의 변수의 값이다. 곧 독립변수 여행자 X는 x축 위에서 독립적으로 움직인다. 독립변수 여행자 X가 x축 위에서 x 위치에 있을 때, 종속변수 여행자 Y는 y축 위에서 $y=f(x)$인 위치에 있다. 변수와 관련된 함수 자체가 평면을 가로지르는 여행자로 개념화될 수 있다. 이 역동적인 함수는 여행자 F가 밟는 경로이고, 그 이동은 여행자 X, Y의 이동에 의하여 결정되며, 여행자 X가 x축 위에서 점 x에 있고, 여행자 Y가 y축 위에서 점 y에 있으면, 여행자 F는 좌표평면에서 점 (x, y)에 있다. 이 은유는 이동에 대한 일상적인 추론을 수학으로 사상하기 때문에 우리의 수학적 이해는 이동에 대한 일상적이며 평범한 이해에 좌우된다. Euler가 한 것처럼 함수를 규정하는 곡선을 따라서 비약 없는 이동으로 연속함수를 개념화하는 것은 당연하다. 이러한 은유에 따라 우리는 함수가 움직이고 커지고 진동하고 극한에 도달한다고 말한다. 곡선은 이와 같이 직관적으로 역동적이고 정적인 가상적인 개념화로 규정되며, 연속성은 가상적인 이동에 의하여 규정된다. 이것이 함수의 연속성에 대한 Euler의 직관적 개념이다. 이것은 수학적 개념이 일상적 개념으로부터 어떻게 구성되는지를 전형적으로 보여준다. 精查는 응시하는 움직임이다. 보는 것은 건드리는 것이다. 우리가 마음속으로 精查하는 능력은 일상적인 연속성 개념의 핵심이다. 우리의 응시가 곡선에 접촉하는 데 실패하는 어떠한 장소도 없이 곡선을 따라 精查할 수 있으면 곡선을 연속이라고 이해한다.

수평선을 응시할 때 우리의 시야는 하나의 점에 도달하는데, 무한히 확장되는 직선이 시각적으로 그 점에 포함되게 된다. 이것이 무한대를 한 점으로 개념화하는 은유의 근거이다. 한 직선의 무한확장은 그 직선의 끝에 있는 위치(점)이다. 그 점을 '∞'라고 한다. 여행자가 한 직선을 따라 무한히 갔을 때 그는 ∞점에 더 가깝게 다가간다는 것은 사실적으로는 거짓이지만 은유적으로는 옳다. 그것은 'x가 무한대에 접근할 때' 또는 '무한대에서의 함수값'과 같은 표현을 이해하는 것은 이러한 은유에 의해서이다.

변수 x가 양쪽에서 점 a에 한없이 가깝게 접근할 때 f(x)는 유일한 값 L에 한없이 가깝게 접근하면, L을 'x가 a에 접근할 때의 극한'이라고 정의한다. 극한의 관념은 x가 a에 접근하지만 도달하지 않고 f(x)가 L에는 접근하지만 도달하지 않을 때 흥미 있게 된다. a는 f의 정의역 안에 없을 수도 있으며, 그러한 경우에 a에서 함수값을 주려고 원할 수도 있다. 이 경우 개구간과 폐구간의 관념이 도입되며, 그러한 구간은 용기 스키마로 개념화된다. 수가 직선 위의 점이고 실수가 이러한 점들 전체라는 은유가 주어지면, 개폐구간은 실수의 집합으로 은유적으로 개념화된다.

어떤 함수의 독립변수를 좌표평면에서 X축 위를 따라 움직이는 여행자로 은유적으로 개념화하고, 그 함수는 개구간에서만 정의된다고 가정하자. 이 경우에 변수는 그 구간의 경계에 점점 다가갈 수 있지만, 한없이 긴 시간 동안 계속 움직인다고 하더라도 거기에 도달할 수 없다. 여행자의 위치와 경계의 차가 '소멸할 정도로 작아져서' '사라진다'고 할 때, 우리는 그 차이는 존재하지 않는다고 개념화한다. 이것은 x가 a에 접근할 때 함수 f(x)가 극한 L에 접근하는 경우에 일어난다. 어떤 점에서 f(x)와 L의 차이는 '소멸할 정도로' 작아지고, x가 a에 다가갈 때 '사라질' 것이다. 흥미 있는 것은 함수 f는 a에서 정의되지 않는 경우로, f(x)와 L의 차이는 x가 a에 다가갈 때 소멸할 정도로 작아질 때, 수학자들은 은유적으로 f(a)=L이라고 말함으로써 함수를 a로 은유적으로 확장한다. 다시 말하면, f가 a에서 정의되지 않을 때 x가 a에 다가갈 때 L은 f(x)의 극한이라고 하면 f(a)는 L이라는 일반적인 극한의 은유를 사용하는 것이다.

도함수와 적분, 수렴하는 수열, 멱급수, Tayler 급수 등이 이러한 일반적인 극한의 은유를 사용하여 전개되었다. 이상화된 점, 직선, 평면에 대한 유클리드의 개념화도 이러한 은유의 예가 될 수 있다. 예를 들면, 점은 그 지름이 점차적으로 작아져 0을 극한으로 가지는 일련의 원으로 개념화될 수 있으며, 극한에서의 원이 점이다. 일반적인 극한의 은유는 무한대가 하나의 점이라는 은유와 결합될 때 특히 흥미롭다. 예를 들어 $f(x)=\frac{1}{x}$인 경우를 고려해 보자. x가 점점 더 커질 때 $\frac{1}{x}$는 0에 점점 더 다가가지만, 실제로 거기에 도달하지는 않는다. 말하자면, $\frac{1}{x}$이 0이 되는 수직선상의 실제의 수는 없다. 그러나 수학 교과서에는 보통 $\lim_{x\to\infty}\frac{1}{x}=0$과 같이 기술된다. 실제로 이것은 의미가 없다. 왜냐하면 무한대는 수가 아니고, $\frac{1}{x}$은 어떠한 수에 대해서도 0이 되지 않기 때문이다. 그러나 이것은 무한대가 하나의 점이고, 점은 수이고, 극한의 경우 f(a)는 L이라는 은유가 주어지면 의미를 갖는다. 이 경우에 은유적으로 $a=\infty$, $f(\infty)=\frac{1}{\infty}$, $L=0$이다. 이것은 함수 f를 은유에 의하여 정의되는 새로운 함수로 확장한다. 위에서 살펴본 바와 같이 함수는 더하고 빼고 곱하고 나누어질 수 있는 수로 은유적으로 개념화되는데, 함수의 극한이 함수 자체와 같이 산술적인 연산을 할 수 있게 된다. 또 다른 예 $f(x)=\frac{1}{x}$을 생각해 보자. x값이 매우 작아질 때, $\frac{1}{x}$은 한계가 없이 커진다. 함수 $\frac{1}{x}$은 $x=0$에서 정의되지 않는다. 그리고 x가 0에 접근해 갈 때, $\frac{1}{x}$이 접근해 가는 극한인 수 L은 없다. 그럼에도 수학 교과서에는 흔히 $\lim_{x\to 0}\frac{1}{x}=\infty$와 같이 기술된다. 이것은 무한대가 하나의 점이고 점은 수라는 은유와 극한 은유가 주어지면 완전한 의미를 갖는다. 이 경우에 은유적으로 $a=0$, $f(0)=\frac{1}{0}$, $L=\infty$이다.

6) 점의 집합으로서의 직선은유와 연속성의 엄밀한 개념화

오늘날에는 일반적으로 Euler가 사용한 연속성에 대한 직관적인 개념은 좀 더 엄밀한 개념으로 대체되어야 할 것으로 간주되고 있다. 그러나 연속성의 '좀 더 엄밀한' 번안도 마찬가지로 은유적인 것이다. 곡선이나 평면을 개념화하는 데는 두 가지 중요한 방법이 있다. 첫 번째는 곡선이나 평면을 자연적인 연속체, 곧 이산적이지 않고 절대적으로 연속이며, 점은 곡선이나 평면 위에서의 위치(무한히 정밀한 위치)로 보는 것이다. 두 번째 방법은 은유적인 것으로 곡선이나 평면을 점의 집합이라고 보는 것이다. 이 은유에 따르면 점은 곡선이나 평면을 구성하는 실체이다. 곡선, 평면, 공간을 개념화하는 이러한 두 가지 방법은 수학의 역사에 나타난 매우 중요한 방법으로, 어떤 것도 '옳거나' '틀린' 것은 아니지만, 매우 다른 성질을 가지고 있다.

이들 두 가지가 우리들의 일상적인 개념체계에서 일어난다는 데에서 두 개념 모두 자연스럽다. 우리는 헤아릴 수 있는 실체들의 다수를 은유적으로 양으로서 개념화할 수 있다. 한 무리의 양떼를 점점 뒤로 물러나서 보면 각 양들이 더 이상 개개의 것으로서 구분 가능하지 않게 되어 구분할 수 없는 덩어리로 보일 것이다. 그러나 양으로 파악되는 그것이 개개의 것들의 모임이라는 것을 알고 있다. 마찬가지로 소금은 개개의 결정체이지만, 멀리서 보면 유동적인 양처럼 보인다. 텔레비전 스크린상의 곡선도 가까이서 보면 점으로 구성되어 있다는 것을 알지만, 멀리서 보면 연속적인 것으로 보인다. 이러한 경험을 바탕으로, 우리는 다수를 양으로, 연속인 양을 다수로 개념화할 수 있다. 숲이라는 단어는 별개의 단일체의 다수로 개념화되는 양을 가리킨다. 점의 집합으로서의 곡선의 은유는 '다수로서의 양'이라는 은유의 수학적 번역이다. 실수를 개념화하는 데에도 우리는 이러한 은유를 사용한다. 수직선 위에서 점으로서 실수를 개념화할 때, 우리는 그 점의 집합을 연속적인 직선으로 개념화한다.

우리의 일상적인 개념체계에는 곡선은 운동으로 그려지는 자취라는 은유가 있다. 이는 앞에서 가상적인 운동은유라고 부른 것이다. 결국 연속인 곡선은, 정적이고 연속이고 나누어질 수 없는 양과 같은 관념, 점의 집합으로 개념화되는 관념, 운동에 의하여 그려지는 연속적인 자취라는 관념의 세 가지로 개념화된다. 곡선을 움직이고 있는 점과 같은 대상에 의하여 그려지는 것으로 보는 가상적인 운동개념은 수학에서 오랜 역사를 가지고 있다. 예를 들어, 앞에서 언급한 바와 같이 Euler는 연속함수를 데카르트 평면에서 '손을 자유롭게 움직여 그려지는' 곡선으로 규정하였다. 연속인 양으로 보는 곡선의 일상적인 직관적인 관념은 점의 집합으로서의 곡선이란 은유에 의하여 도전을 받아 왔다.

19세기 말의 수학에서 가장 중요한 지적인 움직임은 Weierstrass를 추종하는 미적분학의 산술화, Cantor를 추종하는 집합론적인 기초운동, Frege를 추종하는 형식주의 철학 등이었다. 이러한 움직임은 그 목표는 다르지만 세부적으로 연결되어 있으며, 그들 모두 직선, 평면, 공간을 점의 집합으로 개념화하는 것을 요구하였다. 우리의 일상생활과 기하학에 대한 직관적인 개념체계의 견지에서 이들은 모두 점의 집합으로서의 곡선은유를 사용한다. Cantor의 집합론은 직선, 평면, 공간이 모두 점의 집합으로 개념화되는 것을 요구하였다. 그렇지 않으면 기하학에 대한 집합론적인 기초가 설 수가 없다. 형식주의 철학은 공리, 정리, 그리고 증명이 의미 없는 기호로 구성되어 있으며, 그것들은 집합론적인 구조로 해석되어야 한다고 주장하였다. 이러한 형식주의자의 의미없는 일련의 기호체계로서의 공리체계가 기하학에 적용되려면, 공간은 점집합으로 이루어진 집합론적 구조로서 해석되어야 하였다. Weierstrass의 미적분학의 산술화는 유량, 변량, 접선과 같은 Leibniz와 Newton의 기하학적인 아이디어들을 재개념화하였다. 이러한 기도의 핵심은 곡선을 점의 집합으로 개념화하는 것이다. Cauchy와 Dedekind는 집합으로서의 수의 은유를 확장하여 실수를 유리수의 무한집합으로 규정하였다. 실수의 집합론적인 구성이 이루어지면 점으로서의 수의 은유는 연속체인 직선을 구성하는 점으로서 실수를 개념화하도록 확장될 수 있다. Weierstrass는 그의 극한과 연속성의 개념의 산술화에서 이러한 점의 집합으로서의 곡선, 집합으로서의 수, 점으로서의 수라는 은유를 결합하였다. 특히 점의 집합으로서의 곡선은유는 19세기 말의 주요한 지적인 프로젝트의 중심적인 것이었고, 그 광범한 수용은 20세기 수학에서 중심적인 역할을 하였다.

가상적인 운동해석, 곧 움직이는 점에 의하여 그려지는 것으로의 직선의 개념화는 미적분학의 중심적인 아이디어인 '극한에 접근한다'는 관념을 규정하는 데 널리 이용되었다. '곡선'의 '전형적인' 직관적인 성질은, 곡선은 점의 움직임에 의하여 형성되어질 수 있고, 연속이고, 접선을 가지고 있으며, 길이를 가지고 있고, 닫혀 있을 때 그것은 영역의 완전한 경계를 형성하며, 그 영역은 넓이를 가지고 있고, 곡선은 곡면이 아니며 두 곡면이 만나 형성된다는 것이다. 이들은 전형적인 '곡선'의 필요충분조건으로 간주된다. 모든 함수가 이러한 직관적인 기하학적인 성질을 가지고 있는 곡선으로 특성화되어지리라고 여긴 시기가 있었다. 그러나 19세기 말경에 그러한 성질을 갖지 않은 '병적인' '괴물' 함수들이 발견되었다. 실제로 이들은 마치 고래가 비전형적인 포유류이고 타조가 비전형적인 새이듯이, 위의 특성 가운데 몇 가지 성질을 갖지 못하여 전형과 다른 구성요소들일 뿐이며 애매할 이유가 없는 것이다. 그러나 범주는 필요충분조건에 의하여 정의된다고 본 수학자들에게 그러한 병적인 것을 제거하는 유일한 방법은 애매함의 근원이 되는 직관을 제거하는 것이었다.

Hilbert, Klein, Peano와 같은 수학자들은 그러한 '괴물'은 '엄밀함'의 부족과 위의 여덟 가지로 특성화되는 기하학적인 직관에 지나치게 의존하기 때문이라고 생각하였다. 우리의 직관으로부터 야기되는 관념들은 애매모호하고 불완전하며, 직관으로부터 도출되는 어떠한 추론도 정당화되어질 수 없다고 보았다. 교정수단은 산술화, 집합론적 기초 및 형식주의 철학을 수용하는 것이었다. 점집합으로서의 곡선, 실수로서의 직선의 점, 집합으로서의 수의 은유를 일상적인 기하학적 개념보다 우수하고 참인 것으로 받아들이는 것은 오늘날 표준적인 견해가 되었다. 그것이 '옳다'거나 '틀렸다'는 이야기를 할 수 없지만, 그것을 선택해야 할 객관적인 이유는 없는 것이다.

Weierstrass의 미적분학의 산술화가 '보다 더 엄밀'하며 안전한 기초를 갖는다는 것이 일반적인 지혜가 되었다. 가장 완전한 형태의 논증을 확보하려면 완전히 산술적이어야 한다는 것이 규범이 되었다. 기호를 사용하는 수학적 형식주의와 그것이 나타내는 아이디어 사이의 관련성에 대한 연구는 경시되었다. 수학은 절대적으로 아이디어에 관한 것이지만 미적분학의 산술화, 집합론적 기초론, 형식주의 철학이라는 지적인 프로그램이 제공하는 엄밀성을 거부할 수 없게 되었다. 'Weierstrass 학교' 에서 훈련을 받은 현대 수학자들은 수학을 절대적으로 엄밀한 과학이라고 말하기를 좋아한다. 그러나 수학적인 아이디어는 엄밀하게 기호 속에 넣을 수 없다. 명료함이 지불한 대가인 '수학의 感의 세계로부터의 완전한 분리' 는 바람직한 것만은 아니다. 직관적인 수학적 아이디어가 경시되게 되었을 뿐만 아니라 극복되어야 할 적으로 간주되게 된 것이다.

기호의 형태인 수학적인 형식이 수학적인 엄밀함을 지니면서 어떠한 직관적인 아이디어를 표현한다고 말하는 것은 분명히 잘못된 것이다. 직관적인 아이디어는 형식적인 수학의 일부분이 아니기 때문이다. 형식주의가 직관적인 아이디어를 수학적으로 엄밀하게 표현할 수 없으면서도 우리가 형식주의를 고집하는 이유가 어디에 있는가를 살펴보기 위하여, 형식주의의 대표적인 예로서 Weierstrass의 미적분학의 산술화, 특히 그의 극한과 연속성의 아이디어를 살펴보기로 하자. 이러한 것들은 실제로 모든 현대적인 교과서에서 극한과 연속이란 아이디어를 형식적인 엄밀함을 가지고 표현한 커다란 진보라고 가르쳐지고 있다. Weierstrass는 괴물을 길들이고 병적인 함수들을 치유한 사람으로 묘사된다. 그가 한 것을 이해하기 위하여, 먼저 Weierstrass 이전의 극한과 연속성의 관념을 살펴보고, 다음에 그의 번안을 살펴본 다음 마지막으로 '병적인 괴물' 함수를 살펴보자.

일상적인 직관에 따른다면 직선은 틈이 없는 자연적인 연속체이다. 수학에서 논의되는 '연속' 이라는 용어는 자연적인 연속, 점의 집합으로 틈이 없음, 근접성의 보존(함수에 대하여)의 세 가지 아이디어를 의미한다. 자연적인 연속체인 직선에서 점은 직선 위의 위치이며 직선 그 자체와는 다른 것이다. 직선을 따라 움직이면 우리는 점-위치를 통과해 간다. 만약 우리가 직선을 따라 위치 A로부터 위치 B까지 연속적으로 움직여 간다면, 우리는 A와 B 사이의 모든 점-위치를 하나도 빠뜨림이 없이, 곧 점-위치 사이의 어떤 틈도 남겨 놓지 않고 통과할 것이다. 선분 AB가 자연적인 연속체일 때 A와 B 사이의 점-위치에는 틈이 없다고 한다. 직선은 점의 집합이라는 은유에서는 자연적인 연속체 위의 점이 직선 자체를 구성하는 것으로 본다. 그러한 은유적인 '직선'은 자연적인 연속체가 아니라 점의 집합일 뿐이다. 자연적 연속체인 선분도 점의 집합으로 개념화될 때 그 점의 집합은 틈이 없을 것이다. 점의 집합으로 개념화된 직선은 자연적 연속체가 아니며 단지 틈이 없을 뿐이다.

근접성의 보존이라는 연속성의 아이디어를 논의하기 전에 Weierstrass의 미적분의 산술화에 대하여 살펴보자. 극한과 연속성에 관한 Weierstrass의 연구는 철학적이고 이론적인 '해석학의 산술화'의 구체화, 곧 미적분의 수와 산술적 관계로의 환원이다. 이것은 미적분으로부터 산술의 특성이 아닌 것으로 보이는 모든 개념들을 제거하려는 시도를 수반한다. 수와 산술적인 관계는 시간과 무관한 정적인 것이므로 시간과 움직임에 관련된 것은 모두 제거되어야 한다. 이것은 Euler의 운동을 사용한 연속함수의 직관적인 규정과 Newton, Leibniz로부터 Cauchy에 이르기까지의 극한을 정의하려는 직관적인 기도를 애매하다고 비판하고 제거하는 것을 의미한다. '애매모호함'은 엄밀함의 부족과 산술로부터 얻어지는 존재론적 확실성을 갖지 못하는 문제가 있다고 보았다. 미적분을 산술화하는 Weierstrass의 프로그램은 집합론적인 기초론과 형식주의라는 수학적 프로그램을 수용한다. Weierstrass는 따라서 자연적인 연속체로서의 직선의 관념을 거부하고 대신에 점의 집합으로서의 직선의 개념을 받아들인다. Weierstrass는 따라서 실수는 점이고, 실수는 유리수의 집합이라는 Dedekind의 은유를 암묵적으로 가정하였다. 점의 집합으로서의 직선의 은유가 주어지면, 직선 위의 점이 실수(무한소수)라는 은유는 실수의 집합으로서의 실직선의 개념화를 일으킨다. Dedekind가 주장한 바와 같이 실수의 집합, 따라서 실직선은 틈이 없다. 이와 같이 Weierstrass는 자연적인 연속체를 틈이 없는 실수의 집합으로 대체하였다.

미적분을 산술화하기 위하여 Weierstrass는 단지 수만을 사용하는 산술적인 용어로 극한, 연속성, 미분가능성을 정의해야만 하였다. 미적분은 데카르트 평면에서 정의되었으므로, Weierstrass는 모든 기하학적인 개념을 제거하여 산술만으로 데카르트 평면을 재정의해야 하였다. 원래 자연적인 연속체로 개념화되었던 x-축, y-축은 직선이 점의 집합이고 축 위의 점은 실수이고 실수는 집합이라는 은유로 대체되었으며, 데카르트 평면 위의 점은 실수의 쌍으로 재개념화되었다. 이러한 은유는 미적분을 엄밀하게 만드는 프로젝트의 본질적이고 절대적으로 필요한 부분이었다.

이러한 은유에서는 단지 수의 집합만이 있고 모든 정의, 공리, 그리고 증명은 집합론과 형식논리의 틀 안에서 형식화되게 된다. 이러한 틀 안에서 데카르트 평면에 있는 축은 틈이 없는 실수들의 집합으로 대체되어, 자연적인 연속체의 개념이었던 직관적인 직선은 제거되었으며, 데카르트 평면은 더 이상 평면이 아니다. Weierstrass는 이러한 은유와 일치하는 극한의 정의, 여행자가 움직여 극한에 '접근하는' 아이디어가 없는 정의를 제시하였다. 그의 정의는 순수하게 정적이고 비기하학적이며, 형식적인 논리를 사용하여 집합론적으로 형식화된 산술의 아이디어만을 사용한다. 그 방법은 그러한 은유에 적합한 극한에 대한 은유적인 정의를 제시하는 것이다. 그는 '실수의 근방에서의 근접성의 보존' 개념을 사용하여 순수하게 정적이고 이산적인 용어로 극한에 접근하는 관념을 다음과 같이 재개념화하였다.

함수 f가 a를 포함하는 개구간에서 정의되고, L을 실수라고 하자. 이 때, $\lim_{x\to a} f(x)=L$ 는 모든 $\varepsilon > 0$에 대하여, $\delta > 0$가 존재하여, $0 < |x-a| < \delta$이면 $|f(x)-L| < \varepsilon$임을 의미한다. 여기에는 움직임도 시간도 '접근'도 없다. 그 대신에 정적인 조건이 있다. '개구간'은 틈이 없는 실수의 집합이다. 여기서 데카르트 평면에는 점도 직선도 평면도 없으며, 실수의 쌍의 집합만이 있다. x가 a에 접근해 갈 때 함수 f가 극한 L에 접근한다는 함수의 아이디어는 실수 근방의 근접성을 보존하는 것, x가 충분히 a에 접근해 있을 때 f(x)가 임의로 L에 접근해 있다는 아이디어로 대체된다. $\varepsilon-\delta$ 조건은 이것을 형

식논리로 명확하게 묘사한다. Weierstrass가 한 것은, 극한에 접근해 가는 것은 한 점의 근방에서 근접성을 보존하는 것이라는 새로운 은유를 제공한 것이다.

Weierstrass가 함수에 대하여 '연속성을 정의할 때' 그는 보통의 직선에 대하여 Newton이 가정한 자연적인 연속성을 의미하지 않았다. 그는 산술을 이용하여 기하학을 재개념화하도록 허용한 은유를 사용하였다. 그는 극한에 접근하기 위하여 새로운 은유를 필요로 했던 것처럼, 함수의 연속성을 위해서도 새로운 은유가 필요하였다. 그는 먼저 임의의 한 실수에서의 연속성을, 그 다음에 한 구간에서의 연속성을 정의하였다. 그의 연속성에 대한 새로운 은유는 극한에 대한 그의 은유와 같은 근접성의 보존이라는 아이디어를 사용한다. 한 실수에서의 연속성은 그 실수 근방에서뿐만이 아니라 바로 그 실수에서의 근접성의 보존으로 개념화된다. 함수 f는 a를 포함하는 개구간에서 정의되고, $\lim_{x\to a} f(x)$ 가 존재하고, $\lim_{x\to a} f(x)=f(a)$ 이면 수 a에서 근접성을 보존하며 연속이다. 전 구간에 걸친 함수의 연속성은 그 구간에 있는 모든 실수와 그 근방에서의 근접성의 보존으로 설명된다.

자연적인 연속성의 관념, 실수의 집합에 틈이 없다, 함수에서 근접성의 보존이 있다는 연속성의 아이디어는 서로 다른 아이디어이고 따라서 혼동하지 말아야 한다. 그러나 이러한 개념들은 보통 혼동스러운데, 거기에는 이유가 있다. 전형적인 곡선은 직관적으로 기하학적인 직선으로, 말하자면 자연적인 연속체이고 자연적으로 연속이다. Newton, Leibniz, Euler 등에 의하여 논의된 모든 연속함수들은 이와 같은 것이다. Weierstrass의 '연속개념'은 이러한 모든 경우들을 다 만족시키는 것처럼 보인다. 그러나 그 정의는 실수의 집합에 적용되고 자연적인 기하학적 연속체에 적용되는 것이 아니다. 우리는 그것을 자연적인 연속체에 대한 Weierstrass의 산술화된 번안으로 생각한다. Weierstrass의 근접성의 보존에 대한 정의에 따르면, 자연적으로 연속인 모든 함수는 실수의 순서쌍의 집합으로 개념화되었을 때 근접성을 보존할 것이다. 다시 말하면, Weierstrass의 소위 근접성을 보존하는 것으로서의 '연속성의 개념'은 Weierstrass의 은유를 통하여 산술화되었을 때 모든 고전적인 경우의 자연적인 연속성에 적용될 것이다. 따라서 Weierstrass의 근접성의 보존의 정의는 자연적인 연속에 관한 '우리의 직관에 적합한' 것으로 여겨질 것이다. 그러나 그것은 Weierstrass의 은유들이 적용된 후에 우리의 직관에 적합한 것으로 여겨질 뿐이다.

수학을 하는 많은 학생들은 미적분의 산술화에서 엄밀성을 구성하는 것은 이러한 정의의 ε－δ 부분이라고 믿도록 오도되고 있다. ε－δ 부분은 실제로는 좀 더 제한된 역할을 할 뿐이다. ε－δ 부분이 성취한 것은 x가 a에 접근할 때 f(x)의 값이 L에 '대응하여' 접근해 간다는 극한의 동적인 정의에서 일어나는 '대응하여'의 관념을 정확하게 특성화하는 역할이다. 그것은 ε－δ 정의에 의하여 정확하게 만들어진 유일한 모호한 것이다. 실제로 우리는, 운동으로 정의되는 함수와 극한에 접근하는 동적인 관념에 Weierstrass의 정의의 ε－δ 부분을 첨가하는 것으로, 이것을 다음과 같이 보여줄 수 있다. 여행자에 의한 움직임으로써 은유적으로 개념화된 함수의 동적인 정의를 가정해 보자. 어떤 함수 f가 a를 포함하는 개구간에서 정의되어 있다고 하고, L을 실수라고 하자. $\lim_{x \to a} f(x) = L$ 은 모든 ε > 0에 대하여 δ > 0가 존재하여, x가 a로 움직여 a로부터의 거리 δ 안에 다달아 머무를 때, f(x)가 L로 움직이고 L로부터의 거리 ε 안에 다달아 머무는 것을 의미한다.

이 정의는 극한의 동적인 정의에 있는 '대응하여'라는 용어의 애매함을 제거한다. 그러나 이는 Weierstrass를 만족시킬 수는 없는데, 그 이유는 움직임과 시간의 관념을 보유하고 있기 때문이다. 그것은 기하학적인 것이고 산술화되지 않았으며, 따라서 미적분학의 산술화에 기여할 수 없는 것이다. 우리가 채택한 은유는 물리적인 위치에 접근하는 여행자에 대한 명확하고 일상적인 아이디어에 기초한 형식화된 사상을 사용하여 '접근'을 특성화한다. 여기에는 이해할 수 없거나 모호한 것이 없다. 독립변수가 a값에 가까워질 때 그에 대응하면서 극한값 L에 다가가는 종속변수의 은유는 그 은유와 ε－δ 정의에 의하여 명확해진다. 이 형식화는 산술화되지 않았고 집합론적인 기초와 형식논리를 이용하지 않았다.

그러면 Weierstrass의 산술화는 '병적인 괴물 함수'를 길들이고 병적인 것을 치료하였는가? 앞에서 언급한 바와 같이, 전형적인 곡선은 다음과 같은 직관적인 성질을 갖는다. 곡선은 점의 움직임에 의하여 생성될 수 있고, 연속이고, 접선을 가지고 있으며, 길이를 가지고 있고, 닫혀 있을 때 그것은 영역의 완전한 경계를 형성하며, 그 영역은 넓이를 가지고 있고, 곡선은 곡면이 아니며, 두 개의 곡면이 만나 형성된다. 이들은 전형적인 '곡선'의 필요충분조건이다. 이러한 성질을 갖지 않는 함수는 '병적인 괴물'이다. 괴물함수 $f(x)=x\sin\frac{1}{x}\ (x\neq0),\ 0(x=0)$, 구간 〔0, 1〕이 영역 〔0, 1〕×〔0, 1〕과 대등함을 보여주는 Cantor의 '홀수-짝수 함수'와 Hilbert의 '공간 메우는 곡선'은 인접성을 보존하는 덕분에 Weierstrass의 연속의 정의에 따라 연속이나 Euler가 의미한 자연적인 연속은 아니다. Weierstrass의 '연속의 정의'는 자연적인 연속성을 규정하지 않으며 근접성의 보존을 정의한다. 전형적인 곡선으로 규정될 수 있는 함수의 경우에 그러한 정의는 자연적인 연속성과 일치한다. Cantor의 은유, 극한은유, 점의 집합으로서의 공간은유, 인접성의 보존으로서의 함수의 연속성 은유, 실직선 위의 점으로서의 실수은유 등의 결합으로 미적분학의 엄밀성이 정의된다. 그것은 형식주의 철학과 집합론적 기초론에 의하여 정의된 엄밀성이다.

Weierstrass의 근접성의 보존에 대한 정의가 '연속성의 정의'라고 널리 인식된 이유가 있다. 그 주된 이유는 Weierstrass 은유가 우리의 정상적인 직관과 일치하는 것으로 생각한 것이다. 직선이 실수의 집합이라는 은유가 주어지면 자연적인 연속성은 은유적으로 틈이 없는 것으로 개념화될 수 있다. Weierstrass의 개구간 조건은 함수에의 투입이 틈이 없음을 보증하므로 인접성의 보존은 틈이 없는 산출을 보증한다. 투입이 은유적으로 연속이면 산출도 은유적으로 연속일 것이다. 은유가 은유임이 인식되지 않기 때문에 Weierstrass의 정의는 틈이 없는 투입이 틈이 없는 산출을 보증하므로 자연적인 연속의 정의로 생각되는 것이다. 연속성을 그 정반대인 불연속인 것으로 개념화하고 이해하려는 기도는 Weierstrass의 은유를 바탕으로 해서만 가능한 것이다. 중요한 것은 그러한 바탕에 있는 수학적 아이디어를 이해하는 일이다.

7) 수학적 아이디어의 교육

인지적 관점에서의 수학은 형식적인 추상수학과 다르다. 수학은 수학적 아이디어에 대한 것이며, 수, 공간, 크기, 집합 등과 같은 기본적인 관념을 개념화하는 여러 가지 방법에 대한 것이다. 형식적인 기법과 형식적인 증명은 수학적 아이디어를 표현하는 한에서만 흥미로운 것이다. 그러나 수학적 아이디어는 수학적 엄밀함을 가진 형식으로만 표현될 수 없다. 형식적인 기초 프로그램의 많은 수학적 내용은 점의 집합으로서의 곡선(공간), 직선 위의 점으로서의 실수, 유리수의 집합으로서의 실수, 집합으로서의 수, 일대일 대응으로서의 집합의 상등성, 근접성의 보존으로서의 연속성, 점으로서의 무한대 등과 같은 은유의 결과이다. 이러한 은유는 옳은 것도 틀린 것도 아니며, 문제가 되는 것은 그 은유적 성격에 주목하지 못하는 것이다. 수학은 궁극적으로 인간의 두뇌와 경험에 바탕을 둔다. 기본적인 수학적 개념은 인간의 일상적인 개념의 전문적인 번안이다. 기본적인 수학적 개념은 일상적인 경험에 은유적으로 기초하고 있으며 일상적인 개념체계를 사용한다. 가장 흥미로운 수학은 연결은유의 사용을 통하여 일어난다. 대부분의 =은 은유적인 것이다. 연결은유는 목표영역의 아이디어에 대한 식의 증명에서 바탕영역의 아이디어에 대한 식를 대입하는 데 =을 은유적으로 사용한다. 연속성은 그 정반대인 불연속적인 것으로 엄밀하게 정의될 수 없으며, 수학의 절대적인 기초를 찾으려는 것은 어떤 은유를 지배적인 것으로 만들려는 기도로, 수학의 흥미로운 대안적 형식의 가능성을 소홀히 할 위험성이 있는 것이다. 수학은 수학적 아이디어로 가르쳐져야 한다. 형식적 증명의 기법이나 계산기법을 지나치게 강조하는 것은 위험스러운 것이다. 학생들은 수학을 그 아이디어로 이해할 권리가 있다. 매우 많은 수학적 아이디어가 은유적인 것이므로 수학교육은 필연적으로 수학의 그러한 은유적인 구조를 가르칠 것을 요구한다.

참고문헌

日本數學會, 岩波 數學辭典, 岩波書店, 1978.

Devaney,R.L., *Chaos, Fractals, and Dynamics-Computer Experiments in Mathematics*, Addison-Wesley Publishing Company, 1990.

English, L.D., "Reasoning by Analogy: A Fundamental Process in Children's Mathematical Learning", L.V. Stiff & F.R. Cucio(ed.), *Developing Mathematical Reasoning in Grades K-12*, NCTM, 1999, pp. 22-36.

Fischbein, E., *Intuition in Science and Mathematics — An Educational Approach*, D. Reidel Publishing Company, 1987.

Krause, E., "Homomorphism: A Unifying Concept", *The Mathematics Teacher,* Dec. 1969, NCTM, pp. 617-622.

Lakoff, G. & R.E. Núñez, "The Metaphorical Structure of Mathematics: Sketching Out Cognitive Foundations for a Mind-Based Mathematics", L.D. English (ed.), *Mathematical Reasoning — Analogies, Metaphors, and Images*, Lawrence Erlbaum Associates, Publishers, 1997, pp. 21-89.

NCTM, *The Growth of Mathematical Ideas, Grades K-12*, The National Council of Teachers of Mathematics, Inc., 1959.

Polya, G., *Mathematics and Plausible Reasoning, vol. 1, Induction and Analogy in Mathematics*, Princeton University Press, 1954.

______, *How To Solve It*, 우정호 역, 《어떻게 문제를 풀 것인가》, 천재교육, 1986.

Presmeg, N.C., "Metaphoric and Metonymic Signigication in Mathematics", *Journal of Mathematical Behavior*, vol. 17, no. 1, 1998, pp. 25-32.

Rattermann, M.J., "Commentary: Mathematical Reasoning and Analogy", L.D. English(ed.), *Mathematical Reasoning — Analogies, Methaphors, and Images*, Lawrence Erlbaum Associates, Publishers, 1997, pp. 247-264.

제 11 장
Freudenthal의 수학화 학습-지도론

1980년대 이후에 르네상스를 맞고 있는 Polya의 수학 문제해결 교육론과 더불어 근래 주목을 받아온 이론이 Freudenthal(1973, 1978, 1983, 1991)의 수학화 학습-지도론이다. Freudenthal은 인간활동으로서의 '현실주의적인 수학교육(realistic mathematics education)' 이념을 구현하고자 한다. 그에 따르면 수학은 실제적인 문제상황으로부터 그 정리수단으로 출발하여 점진적 수학화 과정을 거쳐 구성된 실제적인 지식이다. 따라서 학교수학은 '학생들에게 현실적인' 문맥으로부터 출발해야 하며, 그에 대한 학생들의 실제적인 정신활동인 비형식적인 상황적 지식으로 시작하여 재구성되어 가는 '상식'으로 경험되어야 한다. 학교수학은 학생들의 상호작용을 통한 반성적 사고를 거치면서 자율적인 정신활동으로서의 점진적인 수학화 과정을 거침으로써, 자연성 · 조작적인 발전가능성 · 넓은 적용의 폭을 갖는 실제적인 정신활동이 되어야 한다.

Freudenthal은 이러한 입장에서 전통적인 수학교육에서와 같은 기성의 '닫힌' 지식체계에 따른 수학의 지도, 구체화를 통한 개념형성을 위한 지도, 나아가 '새 수학'의 EIS 방법론을 '반교수학적 전도'라고 규정한다. 그리고 그는 그에 대한 대안으로 현상의 정리수단으로서의 수학과 '실행하는 수학'의 경험, mental objects의 구성과 그 점진적인 형식화, 수학 학습과정의 관찰과 수준의 비약을 통한 수학화 경험을 골격으로 하는 재발명 방법을 제시하고 있다. 그리고 그것을 실현하기 위한 기초연구로서 《수학적 구조의 교수학적 현상학》을 제시하고 있다. 이러한 Freudenthal의 수학화 학습-지도론의 해명은 그가 주장하고 있는 수학의 본질과 수학적 인식에 대한 철학적 입장 및 그를 바탕으로 한 활동주의 수학교육관과 수학 교수학적 현상학에 대한 분석적 고찰을 전제로 한다.

1. 수학관

수학관은 교육관과 함께 수학교육의 방향을 결정한다. Freudenthal(1978)은 명제체계로서의 과학보다 활동 그 자체로서의 과학을 생각하고, 과학은 그 연구문제와 연구방법 및 연구태도가 적절성, 일관성, 공공성이란 특성을 갖는 활동으로 보며, 결과적 지식인 명제체계로서의 과학의 특성인 진리성은 과학의 준거가 될 수 없다고 보고 있다. 결과적 지식으로서의 과학은 국소적인 연역적 체계 이상이 아니며, 논리적으로 닫힌 체계, 완비된 연역체계인 과학은 존재하지 않음을 강조한다.

이러한 입장은 수학은 절대적으로 확실한 객관적으로 존재하는 완전한 지식체계이며 상기, 곧 발견을 통하여 알게 된다는 전통적인 Platon적인 관념을 수용하지 않는 것이다. Freudenthal은 수학을 현실로부터 출발하여 현상을 정리하는 인지적 수단을 찾아 확실성을 추구하는 활동으로 본다. 자연수 체계가 소박한 수세기, 그렇게 무한히 계속된다는 식의 수학적 귀납법의 소박한 실행, 그 의식화, 형식화, 공리화와 같은 발달과정을 거쳐 발달되듯이, 수학을 상식으로부터 출발하여 내용과 형식의 교대작용을 거치면서 점진적으로 형식화되어 가는 인간의 활동으로 보는 입장이다.

Freudenthal(1973-2, 1983-2)의 이러한 관점은 Brouwer의 직관주의 수리철학의 영향을 받은 것이다. 셈수를 수학의 초석으로 보고 있으며, Cantor의 집합론에 따른 농도로서의 자연수 개념에 대한 이론은 수학적으로도 교수학적으로도 오류이며, 자연수에 대한 어떠한 이론도 수학적 귀납법의 원리에 대한 인식을 전제로 한다고 보고 있다. 수학을 기본적인 직관을 바탕으로 일련의 정신적 활동에 의하여 구성되어 가는 것으로 보는 직관주의 수리철학적 입장은 그의 수학화 학습-지도론의 기초가 되고 있다.

Freudenthal은 수학을 결과적 지식체계로서의 수학, 곧 기성 수학과 활동 중의 수학, 곧 실행되는 수학으로 구분한다. 이러한 생각은 일찍이 지식과 지식의 기록을 구분한 Dewey(1916)에게서 찾아볼 수 있으며, 또한 Bruner (1968)에 의하여 강조되었다. 이는 체계적인 연역적 과학으로서의 수학과 발생상태의 수학을 구분한 Polya(1986)의 생각과 같고, 이러한 Freudenthal 의 생각은 그의 활동주의 수학교육론의 바탕이 된다. Freudenthal은 수학교육의 주요문제는 주로 전자의 입장에서 수학을 보고 교육하려 하는 데에서 기인한다고 보고, 후자의 입장에서 수학교육의 문제점을 지적하고 있다. 알고리즘의 집합체요 '동화판'의 수학인 학교수학은 고등수학도 생활수학도 아니며, 이는 기성 과학인 연역체계로서의 수학을 가르치려는 노력과 활동적인 학습을 자극하려는 노력이란 양립하기 어려운 두 가지 노력의 결과이다. 기성의 산물로서의 수학을 가르치므로 학생들의 활동을 위하여 남겨진 유일한 기회는 변수에 특별한 수치를 대입하는 형태의 연습문제의 해결이 된다. 연습문제는 검사자료가 되고 결국 교육의 목표가 된다. 대부분의 문제는 알고리즘을 연습하기 위하여 제시되며, 이는 수학을 응용하는 것을 가르치는 기회가 되지 못한다. 학교수학의 가장 중대한 결함은 무엇보다도 그 무용성에 있으며, 학생들은 수학에 대한 그러한 잘못된 이미지를 갖고 학교를 떠나게 된다.

Freudenthal은 실행되는 수학의 주요한 수학적 활동을 수학화 활동으로 보고 있다. 수학화란 수학적 수단에 의하여 현상을 정리하고 조직하는 활동이며, 현실상황이든 수학적 상황이든 현상 가운데에서 그 정리수단인 본질을 찾는 활동, 즉 현상에 질서를 부여하는 활동을 말한다. 공간적 형상을 도형으로 파악하는 것은 공간을 수학화하는 것이며, 평행사변형의 한 가지 성질을 정의로 받아들이고 그것을 기초로 평행사변형의 여러 가지 성질을 정리하는 것은 평행사변형의 개념적 영역을 수학화하는 것이다. 기하의 공리화도, 기호체계에 의하여 그 언어적 표현을 세련시키는 형식화도 수학화이다. 기하를 대수적 방법으로 다루는 것은 기하를 대수화하는 수학화이며, 해석학의 산술화도 수학화이다. 자연현상이나 경제현상 등을 함수관계로 파악하고 기술하는 것은 현실세계를 수학화하는 것이다. 이러한 수학화 활동에는 형식화, 국소적 조직화, 공리화뿐만 아니라, 관찰, 실험, 귀납, 유추, 시행착오, 추측, 일반화, 도식화, 추상화, 기호화, 정의, 알고리즘화, 패턴화, 구조화, 추론, 분석, 증명 반성적 사고, 관점의 전환, 재구조화, 구체화, 모델링 등의 활동도 모두 포함된다. 이러한 수학화 활동의 원동력은 사고수준의 비약을 위한 전제가 되는 반성적 사고태도이다. Freudenthal (1983)은 "대체로 수학은 자신이나 다른 사람의 실제적 · 정신적 · 수학적인 활동을 반성하는 것이다"라고까지 말하면서 실행된 수학을 반성하는 것을 중요한 수학적 태도로 보고 있다.

그는 수학적 활동을 수학화 활동과 그 의식성의 현재화 활동으로 보며, '현상 → 정리수단인 본질 → 현상 → 보다 높은 차원의 본질'과 같이 교대가 일어나면서 인식수준의 상승이 일어나는 불연속적인 과정으로 본다. 곧 현상과 경험을 조직화하고 정리하는 수단인 본질이 그 다음 수준에서는 현상, 곧 연구의 대상이 되는 과정을 반복하면서 수학적 사고활동이 이루어진다는 것이며, 수학학습의 본질은 이러한 불연속성이라는 것이다. 이러한 그의 생각은 근본적으로 van Hieles의 수학 학습수준 이론과 일치하는 것이지만, 조정된 행동으로부터의 반영적 추상화에 의한 수학적 조작의 발생이 내용과 형식의 교대를 통한 점진적인 형식화의 경향을 내포한다는 Piaget (1977)의 주장과 일치하고 있음은 매우 흥미로운 일이다.

Dewey가 수를 측정활동의 소산인 比로 보고 기하학의 기원이 측량활동에 있듯이, 수학은 인간의 실제적인 활동에 그 기원이 있으며 반영적 추상화에 의한 점진적인 형식화 과정을 거치면서 현실과의 관계가 점점 빈약해지는 구조를 이루게 된다는 입장이다. Freudenthal은 수학을 현상을 조직하는 수단인 본질로 보고 있으나 앞에서도 언급한 바와 같이 Platon적인 형상이 아닌 구성적이며 상대적인 조직화 수단으로 간주한다. 수학화는 관찰, 실험, 귀납, 유추 등을 통하여 현실을 수학적 수단으로 조직하는 수평적 수학화로 시작하지만, 수학적 경험이 축적되면 수학 자체의 수학화, 곧 수직적 수학화가 시작되며, 처음에는 국소적으로, 점차적으로 공리적 이론체계의 구성으로 총체적인 수학화가 시도된다. 이를테면, 구체물을 세어 2+7=7+2임을 인식하는 것은 수평적 수학화이고, 이러한 덧셈의 성질이 일반화되어 법칙으로 인식되는 것은 수직적 수학화이다. 수학을 재조직화하는 것도 주요한 수학적 활동이며, 수학을 재조직화한 가장 화려한 예는 Bourbaki의 《수학원론》이다.

Freudenthal은 현대수학의 새로운 조직개념인 카테고리에서 중요시되는 것은 대상이 아니라 사상이며, 카테고리의 정의도 사상만을 가지고 가능하며 대상은 사상의 보조역할밖에 하지 못한다는 점을 예로 들어, 집합보다 사상과 함수를 중시하는 경향을 강조하고 있는바, 이는 수학적 사고의 조작적 특성을 중시하고 있는 것으로 해석된다. 그는 사고는 단지 정신적으로 계속되는 행동일 뿐이며, 이론은 확장된 행동이라고 하여, Piaget가 주장하고 있는 수학적 사고의 조작적 성격을 받아들이고 있다. 그러나 Freudenthal은 수학적 개념발달에 대한 Piaget의 연구는 활동으로서의 수학에 대한 진정한 해석과 체계적인 분석으로 볼 수 없으며, 수학학습의 본질적인 특성을 드러낼 가망이 없다고 주장한다. 그러나 Freudenthal은 수학적 사고의 조작적 특성과 그 발달의 메커니즘에 대해 Piaget와 같은 입장을 취하고 있으며, 비판의 주요한 표적은 Bourbaki식의 구조주의 수학에 대한 정신구조적 대응물을 확인하려 한 Piaget의 수학 인식론에 맞추어지고 있다고 생각된다(졸고, 1984).

이러한 입장에서 Freudenthal은 실제로 행하는 수학의 분석에 기여한 연구로, 발생 중의 수학이 관찰, 귀납, 유추에 의한 실험과학임을 주장한 Polya의 저서를 들고 있으며, 수학을 감정이입이 중요한 역할을 하는 활동으로 간주한다. 그리고 Freudenthal은 현대수학의 특징인 엄밀한 표현과 형식화는 일상언어로부터 점진적으로 이루어져 왔으며, 현대수학의 전형적인 개념구성 패턴인 외연적 추상화, 공리적 추상화와 암묵적 정의 역시 일상적인 개념구성 방법이 형식화된 것으로 보고 있다. 이를테면 무게는 '무게가 같다'는 동치관계에 의하여 정해지는 무게류로 인식되며, 의자는 그 용도에 의하여 암묵적으로 규정된다는 것이다.

Freudenthal(1991)에 의하면 수학이란 확실성을 추구해 가는 정신적 활동으로, 상식에 바탕을 두고 더 높은 차원으로 상식화되면서 발전해 나아가는 과정이다. 지식은 상식적으로 납득될 때 확실성을 얻는다. 일상적인 언어가 된 '수' 나 '닮음' 과 같이, 상식화된 수학의 구성을 바탕으로 개념이 발달하며, 따라서 수학은 현실성을 갖게 된다. 수학은 상식적인 내용이 체계화 · 형식화되고 다시 그 형식은 다른 단계의 상식적인 내용이 되는 과정이 반복되는 활동이며, 따라서 내용과 관계가 풍부한 구조에서 빈약한 구조로 발달해 나아간다. 그러나 수학의 연역적 체계는 그와 반대로 일반적이며 추상적인 '빈약한' 구조에서 특수한 '풍부한' 구조로 위계적으로 전개된다.

수학에 대한 이러한 그의 입장은 대중 수학교육의 중요성을 강조하고 인간주의 수학교육을 주장하는 다음과 같은 그의 입장과 연결된다고 생각된다.

> 교육자는 고도의 정신을 가진 사람에 의하여 행해지는 활동으로서의 수학의 상이 학생들에게 근어지는 것을 예방해야 한다. … 지적인 천부 가운데 수학만큼 실제적이고 조화 있게 교육에 관계되는 것이 없다. 그러나 거기서 우리는 또한 교육의 내용적인 것과 형식적인 것에 끼워 넣는 것과 함께 피교육자의 인격에 끼워 넣는 것을 강조해야 한다(Freudenthal, 1963, S. 13).

명확히 그 의미가 파악되지 않는 '닫힌' 수학, 擬似 현실적인 상황으로 가득찬 형식적인 수학교육으로 정신력의 퇴보만을 초래하는 비인간적인 교육을 극복하고, 수학이 피교육자의 인격에 합체될 수 있게 하는 '만인을 위한 수학' 을 추구하는 수학교육, 학습자의 현실 가운데에서 조직화의 수단으로 발명되고 발전하는 '열린' 수학의 교육을 주장하는 것이다. 실행하는 수학, 학습자의 현실 속에서 수학화를 통한 수학의 재창조 경험만이 수학을 학습자의 인격으로 통합하는 길이요, 수학적 안목과 사고방법을 기르고 수학을 응용하는 힘과 태도를 길러 줄 수 있다고 보는 것이다.

Descartes 이래 근대수학의 발전을 촉진시킨 것은 대수적 사고이며, 현대수학의 두드러진 특징의 하나는 수학의 대수화, 대수적 방법에 의한 연구이다. 대수는 내용을 단순화시켜 문제해결을 용이하게 해 주며 사고가 절약되지만, 알고리즘에 의한 순전히 기계적인 해결이 되기 쉬우며, 개념적 사고와 새로운 수학의 발견은 기하학적 아이디어에 의하여 진작된다. 대수적 사고가 지배하는 현대수학에서 일관된 영역으로서의 기하가 차지하는 분량은 작지만, Freudenthal은 현대수학의 모든 분야에 기하학적 방법과 기하학적인 직관이 충만해 있음을 강조하고 있다. 그리고 도형과 그 관계의 대수적 기술과 그 단순성에 의하여 음수와 복소수 및 그 연산과 법칙의 타당성이 드러난다고 하면서, 대수는 기하에서 기능하기 때문에 타당하다고까지 주장한다. 그리고 Freudenthal은 '대수적 형식불역의 원리'의 '기하학적-대수적 형식불역의 원리'로의 확장을 수학사의 이면에 있는 철학으로 보고 있다. 그리고 현대수학은 알고리즘보다 개념적 사고를 강조하는 점이 특징이지만, 알고리즘화를 지향하는 것이 수학의 본성이며, 알고리즘은 자신감을 증대시키고 놀이본능을 만족시키며, 개념적 깊이를 더해주는 기술적 수단이 되는 교육적으로 중요한 것임을 지적한다. 수학의 발전은 연속성과 이산성, 기하학적 아이디어와 대수적인 아이디어의 상보적인 작용으로 발전해 왔음을 주장하는 것으로 볼 수 있다.

한편 Freudenthal은 수학사에 대한 개관을 통하여 수학의 그 응용과의 상보적 본성을 이렇게 기술한다. 수학은 고대 바빌로니아나 이집트 시대부터 실제적인 필요성과 유용성을 훨씬 초월하여 연구되었으며, 그리스 시대에 들어와 증명이 수학의 원리가 된 공리론적인 이론수학이 탄생되었다. 그리하여 실용성과 무관하게 지적인 활동을 추구하는 것을 학문의 이상으로 삼았다. 그러나 응용과 유리된 그리스의 독단주의적인 엄밀한 공리적 수학은 무리수, 극한, 대수, 사상을 제거하게 되고 급기야 정체기를 맞게 된다. 중세에 이르러 Pythagoras적 전통이 미치지 못한 아라비아와 인도에서 실용적인 기수법과 분수 및 산술과 대수학이 발명되었으며, 13세기 이후 동서교역과 기술이 발달하면서 발명하고 개척하고 탐구하는 정신과 태도의 신장과 더불어 Viète에 의하여 변수가 도입되고, Descartes에 의하여 기하가 대수화되기에 이르렀으며, Newton, Leibniz에 의하여 미적분학이 발명되게 되었다. 19세기 이후 수학은 이론 물리학을 비롯한 응용분야에서 그 유용성을 크게 발휘하면서 그 자극을 통하여 폭발적인 발전을 거듭해 왔다. 이러한 수학의 역사는 수학이 유용하지 않았다면 오늘날과 같은 수학은 존재하지 않았을 것이라는 점을 웅변해 주며, 이는 수학과 그 응용 사이의 상호작용의 중요성과 수학의 응용면의 고육적 중요성을 대변해 주는 것이다. 이러한 수학사관과 수학의 역사발생을 인류의 대역적인 학습과정으로 보고 개인에 있어서의 수학의 학습과정과의 동형성을 가정하는 것은, 현대 추상수학 체계의 정신을 담은 응용과 유리된 엄밀한 '새 수학'의 불모성과 실재와의 관계가 척재된 응용 가능한 수학의 교육을 주장하는 Freudenthal의 수학교육관의 바탕이 되어 있다.

2. 수학교육 이념

Freudenthal(1973-2, 1978, 1983-1)은 자신의 수학교육에 대한 논의는 인간과 사회의 像에 바탕을 둔 교육철학이라고 하면서, 교육의 의미 가운데 도야적 의미를 강조한다. 교육이란 무엇보다도 문화를 습득하여 교양 있는 사람이 되게 하는 수단이라고 보고, 수학이 교양으로서 학습자의 인격의 일부가 되기를 요구한다. 교양이란 개인이 그가 받은 교육을 통합한 방식을 뜻하는바, 전반적인 수학적 태도의 개발이 강조되게 된다. 인간도야를 위한 수학교육에서는 학생들에게 정직한 수학적 사고경험을 시키는 것이 전제가 된다. 아동들에게 수학자들과 같이 지식의 기록이 아닌 활동으로서의 수학을 실행하고 재발명하게 하며, 수학자의 탐구하고 발명하는 수학하는 활동에서와 마찬가지로 학습의 자유, 시도하고 실험하는 자유, 종합에 앞서 분석하는 자유를 누릴 권리, 자료를 통합하고 오류를 범하고 그 오류로부터 학습하며 잠정적으로 사고하고 자신의 언어적인 표현을 하는 권리가 허용되어야 한다. 학생들은 선택의 자유와 자신들의 책임 있는 활동을 통해서만 교양인이 되는 것이며, 그러한 선택과 그에 대한 책임을 지는 학습은 국소적인 것으로부터 시작되어야 한다.

Freudenthal은 결국 정신 도야재로서의 수학의 가치를 받아들이는 것이다. 수학은 논리적 사고의 훈련과 언어구사력, 문제해결력, 단순화하고 우아한 해법을 찾는 성향 개발에 도움이 된다. 이를 위하여 대칭적 추론이나 수학적 구조와 같은 사고방법, 용어의 의미를 정의하는 방법, 순환식 정의를 피하는 방법, 한정사의 사용 등이 처음에는 무의식적으로 실행된 다음 의식화되어 명확히 드러나도록 지도해야 하며, 세세하게 다듬어진 증명을 제시하기보다 대략적인 증명을 발명하여 개선해 가도록 지도해야 한다. 그런데 Freudenthal에게 수학은 자기 자신 및 다른 사람의 실제적 · 정신적인 수학적 활동을 반성하는 것이므로, 그에게 수학교육의 그러한 목표는 결국 현상을 수학화하는 경험과 그 반성을 통하여 달성되는 것이다.

Freudenthal은 여기서 이론적인 지능의 개발과 학문성이 중심이 된 전통적인 엘리트 중심의 수학교육이 현재의 수학교육의 내면을 흐르는 철학이 되어 있음을 지적하고, 대중을 위한 수학교육의 像을 정립하고자 한다. 그러나 기회균등을 이룩하려 한 종합학교안과 개별화된 학습-지도 방안에 반대하고 학습수준이 다른 이질적인 학습집단 속에서의 학습의 사회적인 문맥을 중시한다. 이는 협동하는 사회생활 교육을 위해서는 물론이고 실행된 수학이 관찰되는 수학이 되어 자각됨으로써, 학습수준의 이행을 통한 '진정한' 수학 학습과정에, 수준이 다른 학생들이 협력하는 이질 집단이 도움이 된다는 이유에서이다. 학생들을 인도하여 눈과 마음이 학습과정의 관찰과 분석을 향해 열리게 하여, 수학적 사고의 진전과 함께 수학적 태도가 형성되기를 바라는 것이다.

한편, Freudenthal은 수학과 그 교육적 가치를 수학의 유용성에서 찾고 있음은 앞에서 고찰한 바와 같다. Freudenthal은 수학적 사고의 조작적 성격을 받아들이고 있으므로, 그에게 수학적 지식 자체는 조작이며, 활동을 학습하는 최선의 방법은 그것을 실행하는 것이므로, 수학은 활동으로서 학습되지 않을 수 없는 것이다. 활동으로서의 수학은 현실의 수학화이며 수학의 수학화이므로, 수학을 원래의 모습대로 가르치고자 하면 수학을 수학화로, 공리를 공리화로, 형식을 형식화로 학습하지 않으면 안 되며, 결국 수학을 재발명하게 하는 학습 지도방법이 요구되는 것이다. 도구적 지식으로서의 수학의 응용 가능성은 수학을 발견하고 응용하는 활동적 학습과정과 불가분의 관계에 있는 것이며, 그러한 능력과 태도의 육성은 그의 수학화 교육이 추구하는 주된 교육 목적이 된다.

Freudenthal은 Dewey의 저서인 *How We Think*를 프랑스어로 번역한 교육심리학자 Decroley의 영향을 크게 받았다고 기술하고 있는바, 그의 이러한 수학교육 사상의 저변에는 다음과 같은 Dewey(1960)의 경험주의 교육사상이 흐르고 있다고 생각된다. 사고는 논리적으로 형식화된 기성의 지식을 흡수함으로써만 논리적이 된다고 본 전통적인 교육의 결과, 학생들은 교과의 형식적인 논리를 그대로 본떠 기억하게 됨으로써 그 자신의 생명력 있는 논리적 사고의 발달을 망쳐버리게 된다. 그 결과 공부에의 흥미의 상실, 지적인 적용의 혐오, 기억이나 약간의 이해를 동반하는 기계적인 처리과정에 의존하는 결과를 초래하게 된다. 그러나 기본적으로 인간은 반성적이고 진정으로 논리적인 활동성에의 경향과 추리를 하고 실험하고 검사하려는 욕구성향을 타고나며, 각 발달단계에서 그 자신의 논리를 가지고 사고한다. 생각을 품고, 대상이나 사건을 관찰하여 그것을 검증하여 결론을 이끌어 내고, 그것을 실행해 보아 확인하거나 수정의 필요성을 발견하거나 기각하게 된다. 이러한 면에서 아동의 사고는 지적인 특성을 가지며, 이는 교육적으로 매우 중요한 것이다. 문제는 논리적인 것을 교과의 기성 논리형식과 동일시하는 것이다. 지적인 교육의 진정한 문제점은 이러한 자연력을 전문가의 세련된 힘으로 갑작스럽게 변형하려는 데 있다. 심리적인 것과 논리적인 것은 서로 대립적인 것이 아니라, 같은 과정의 초기단계와 마지막 단계로서 연결되는 것이다. 학문적으로 조직된 교과의 관점에서 엄밀하게 논리적인 것은 전문가의 정신에 적합한 것이며, 그러한 능력에 도달하는 유일한 길은 학습자 자신의 현재의 수준에서 지적으로 주의 깊게 사고하도록 하는 것이다. 초보자가 숙련가가 멈춘 곳에서 출발할 수 있다고 생각하는 것은 불합리하다. 초보자는 자기 수준의 주의깊은 검토와 그 나름의 일관성, 형식성을 갖는 추리를 할 수 있도록 해야 한다. 관찰, 착상, 검증이란 자연스럽고 자발적인 과정의 조정, 곧 진정으로 반성적인 사고과정은 논리적인 것이다.

Freudenthal은 현재의 교육실천에 널리 퍼져 있는 원자론적인 행동주의적 접근은 이러한 입장과 반대로 지식의 기록으로서의 수학관에 입각한 주입식 교육의 일종이며, 학습과정의 본질을 간과한 근본적인 오류로 본다. 수학교육의 근본문제는 이러한 철학에 따라 학습자에게 기성 수학체계를 그대로 가르치려는 데 있다고 보고, 수학적 활동의 본질을 분석하여 수학적 사고교육을 구현하는 방안에 대하여 논하고 있다. 실제로 발생되고 응용되는 상황의 수학을 학습과정에서 경험시키려고 하는 것이 Freudenthal의 일관된 생각이며, 결국 학교수학에서 현실과의 관계가 적재된 수학과 수학화 활동을 강조하게 된다. 수학을 활동으로 해석하고 학생들에게 수학적 활동을 통하여 수학을 학습시키려면 무엇보다도 먼저 요청되는 것이 수학적 활동의 면밀한 분석이다. 그는 수학적 활동, 곧 수학화 활동을 상대적 수준이 있는 불연속적인 과정으로 해석하고 수학의 학습 모델로 van Hieles의 학습 수준 이론을 들고 있는바, 이를 구현하기 위한 여러 가지 구체적인 수학적 사고수준의 분석은 그의 수학 교수학적 현상학의 주요한 목적이 된다. 따라서 Freudenthal에게 수학화의 전술과 전략이 교사가 체득해야 할 핵심적인 수학적인 사고습관이며, 그것을 발견하는 가장 강력한 방법은 자신이나 다른 사람의 학습과정을 관찰하고 분석하는 것이므로, 교사교육에서는 수학 학습과정의 의식적 관찰과 분석을 강조해야 한다고 본다.

이홍우(1991)는 교육의 개념은 교육에 대한 문제의식을 표현하고 있으며 그에 따라 교육현상의 어떤 측면을 부각시킨 상이한 시각을 나타내고 있다고 하면서, 대표적인 교육의 개념으로 공학적 개념, 성년식 개념, 사회화 개념을 들고 있다. 교육의 공학적 개념은 교육의 목적이 이미 주어진 상태에서 이에 따라 인간행동의 계획적 변화를 시도하는 교육방법 중심의 생각으로, 변화시키고자 하는 인간행동에 관한 명확한 설정과 상세화, 인간행동의 변화를 이끌 수 있는 법칙 연구 및 그에 따른 구체적 교육 프로그램 작성이 주된 관심사가 된다. 이러한 입장에서 추구되는 수학교육은 수학을 알게 한다든가 수학적 사고방식을 가르친다고 해도 결국 그것이 정확하게 어떤 행동을 나타내는지 규명하기 어려운 애매한 상태이기 때문에, 결국 기성의 수학적 '지식'을 상세화하게 되고 이러이러하다는 것을 일러 주거나 특정한 수학문제를 풀 수 없는 상태에서 풀 수 있는 상태로 행동변화를 일으키는 것, 결국 이를 검사하는 수학시험에서 높은 점수를 받도록 하는 소위 '설득을 위한 교육'을 교육이라고 생각하게 된다. Freudenthal이 비판하고 있는 것이 이러한 입장에 서 있는 현재의 수학교육이다.

Freudenthal은 mental objects의 구성과 사고수준의 비약을 통한 수학적인 내적 안목의 변화, 현상의 정리수단인 본질에 대한 인식에 관심을 가지고, 수학적 사고양식의 발달과 의미 이해를 위한 교육을 지향한다. 이는 교육을 가치 있는 행동과 사고양식에 대한 지적 안목을 길러 줌으로써 지식의 형식, 문명된 삶의 형식에의 입문으로 정의하고, 이는 학습자의 의식성과 자발성을 전제로 하지 않을 수 없다고 한 Peters의 생각과 같은 맥락으로 보인다. 그러나 Freudenthal의 수학교육관은 교육을 경험의 계속적인 재구성을 통한 계속적인 성장으로 정의하고, 인류의 지적 유산은 모두 현재의 개인의 활동과 관련하여 그 활동의 결과로 생기는 산물임과 동시에 그 활동을 이끄는 수단, 곧 실제적 문제해결 수단으로서 의미를 가지며, 교육은 그러한 문제해결 수단을 제공한다는 점에서 중요성을 가진다는 Dewey의 입장에 보다 가깝다고 생각된다.

곧 Freudenthal의 수학교육관은 가시적이고 가변적인 현상의 세계, 곧 외양의 이면에 있는 실재, 곧 '형식'과 같이 눈으로 확인할 수 없는 논리적 원인으로 현상을 보고 설명하는 수학적 사고방식을 가르치고 배워야 한다는 입장에서는 Peters와 견해를 같이하지만, 나아가 그러한 논리적 원인의 실제적인 활용을 중시하는 입장에서, 재발명을 통한 진정한 수학적 안목의 형성만이 현상을 보는 개념적 수단, 문제를 인식하고 발견하는 데 필요한 내면적 안목, 곧 '보는 지식'이 됨과 동시에 진정한 문제해결을 위한 수단, 곧 '하는 지식'이 된다는 입장이라고 볼 수 있다. 따라서 Freudenthal은 활동주의 입장에서 반성적 사고를 통하여 스스로 구성한 學이 技의 수단이 된다는 관점에서 교육의 의미를 규정한 Dewey의 입장과 같은 맥락에 있다고 볼 수 있다. 결국 Freudenthal의 수학교육관은 학교수학에 포함된 수학적 안목의 형성과 그를 바탕으로 한 적용을 교육의 핵심으로 생각하는 민주시민 교육, 대중을 위한 수학교육관이라고 볼 수 있으며, 이러한 점에서 Peters와 Dewey의 교육의 개념을 발전적으로 포괄하고 있다고 생각된다.

이러한 입장에서 Freudenthal은 기존의 지식교육의 바탕을 다음과 같이 비판한다. 첫째, 교육심리학에서 일반적으로 받아들여지고 있는 형식적인 수준에서의 개념에 대한 개념, 곧 Aristoteles의 '최근류+종차'란 개념은 조작적이 못되는 부적절하고 진부한 것이다. 개념에 대한 이러한 개념을 받아들이면 지식은 학생들에게 의미 없는 정의로 채워진 설명형식이 된다. 개념에 대한 이러한 개념의 이면에 있는 잘못된 생각은 개념은 속성에 대한 분류로부터 생기며, 유일하게 결정되는 계층 내에서 명확한 정의를 허용한다는 것이다. 그러나 과학과 전과학적인 많은 개념은 경험체계 내에서 조작적으로 정의되고 문맥적으로 암묵적으로 정의된다. Freudenthal은 이러한 입장에서 개념이 구체적 수준－동일시 수준－분류수준－형식적 수준으로 획득되어 간다는 Klausmeier(1974)의 개념획득에 관한 연구를 수학교육적으로 부적절한 것으로 비판하고 있다. 더욱이 그는 수학을 개념의 목록으로 보고 수학학습을 개념의 획득으로 보는 것은 수학교육을 황폐화시킬 것이라고 보고 있다. 이러한 Freudenthal의 비판은 앞에서 언급한 그의 지식철학, 특히 기성 수학의 전달을 반교수학적 전도로 보는 그의 수학교육관과 상통하는 것이다.

둘째, 교육과정과 교과서 분석을 통하여 교수목표를 추출하여 세분화·상세화한 다음 의견조사를 거쳐 교수목표를 형식화하는 방법은 행동주의의 산물로 대부분 부정직하고 비과학적인 피상적인 것이며 유행으로 볼 수 있다. 그와 같은 방법으로 상세화된 교수목표는 교재내용 그대로의 목록이며, 그것도 논리적·수학적·교수학적으로 불합리한 독단적인 것이다. 교수목표의 공식화에 앞서 지도내용에 대한 교수현상학적 분석이 선행되어야 하며, 교수목표는 교과서의 문맥과 독립적으로 형식화되어야 하고, 가능한 한 학습수준이 제시되어야 한다. 교수현상학적 분석을 통하여 추출된 목표에 따라 교재를 구성하고 이를 교육현장에 실제로 투입해 학생과 교사의 반응을 관찰 · 분석하여 학습목표를 형식화해야 한다.

셋째, 전통적인 지식교육에서는 시험지에 의하여 측정된 수치가 교육의 목적 자체가 되면서 교육의 책무성은 회계술이 되고 통계적 방법이 남용되어 왔다. 그러나 시험문항은 교육내용에 대한 표본으로서 그 대표성이 문제가 되며, 교육연구에서 결과에 영향을 미치는 변수를 통제하기가 절대적으로 불가능하고 결과적으로 지극히 의심스러운 수치적 자료를 수집하게 될 뿐만 아니라, 실제로 흥미 있는 변수는 복잡하고 불명료하여 수치적으로 파악되기 어렵다. 결국 그러한 자료를 통한 분산분석, 요인분석, 상관분석, 회귀분석과 같은 통계적 방법은 큰 의미를 갖기 어렵다. 더욱이 관찰된 변수 사이에 선형성이 가정되고 수치적 관계가 선형적으로 추정되는 통계적 분석과 같은 정적인 모델은 역동적인 모델이 요구되는 교육체제의 연구에 적합하지 않다. 이는 과학적인 이론의 결여를 보상하기 위하여 교육실험의 결과를 수학적 · 통계적으로 다듬어 과학적인 외양을 제시하는 데 불과하며, 교육연구에서의 수리통계의 피상적인 적용은 진정한 과학의 필요에 응하기보다는 문제를 회피하는 것이다.

넷째, Gagné의 학습의 분류와 과제분석은 수학학습과의 괴리가 너무 큰 것이며, 수학을 잘 모르는 교육학자의 연구결과로 이를 수학교육에 적용하는 것은 잘못이다. 수학교육에 대한 심리학적 연구나 실천연구는 수학에 대한 바른 인식을 바탕으로 이루어져야 한다. 이러한 점은 Piaget의 연구도 마찬가지이다. 논의의 여지는 없지 않지만 Freudenthal의 관점에 따르면, Piaget의 연구는 그 자신의 선입관념을 정당화하려 한 오류에 불과하며, 특히 수학적 소양의 부족과 그로 말미암아 야기된 편견에서 잘못 추구된 것으로 수학적 심리학적 오류이며, 이를 수학교육의 심리학적 근거로 원용하는 것은 교육학적 오류이다(졸고, 1984). Freudenthal에 따르면, 부적절한 교육이론의 유행은 교육적 행동의 과학적 정당화가 사회적 관심사인 데다 그 질에 대한 의식과 비판능력이 매우 결여되어 있고 많은 것이 인내와 아량으로 극복되고 있는 데서 비롯된다. 특히 일반적인 교육이론은 교육에 대한 반성을 야기시키는 위약 효과가 있고, 행정가들이 일반론을 선호하며 교사 교육자들에게 교육이론이 필요하기 때문에 증대되어 왔으나, 질에 대한 비판적 안목을 가지고 부적절한 이론을 버릴 수 있는 용기가 필요하다.

교육학은 철학적 교육학과 경험적 교육학으로 크게 나뉘어 대립되어 왔다(이규호, 1967). 과학으로서의 교육학이라고 하는 것은 경험적 교육학을 말하며, 이는 교육학에 과학적 성격을 부여하기 위하여 철학적 교육학과 결별하고 인접 제 과학의 방법론을 채용하고 있다. 오늘날에는 실증적인 과학적 방법에 의하여 과학으로서의 교육학을 구축하려는 경향이 매우 강하지만, 교육의 의의나 가치 문제 등을 논의하는 철학적 교육학 역시 무시될 수 없는 것이다. Freudenthal(1973) 자신이 명시적으로 언급하고 있듯이, 그의 수학교육론은 자신의 수학교육 철학이며, 의미와 본질의 이해와 해독을 위한 철학적·해석학적 교육학의 입장에 서 있다고 보아야 할 것이다. 그러나 그의 수학 교육과학의 구축을 위한 기초연구로 간주되고 있는 교수학적 현상학은 경험적인 관찰과 분석을 전제로 한 경험적인 이론이다. Freudenthal의 교육목표 분류학이나 통계적 연구방법에 대한 비판은 경험적 방법에 대한 비판이 아니라, 미국적인 경험적 교육학의 방법론에 대한 비판인 것이다. Freudenthal은 수학교육학 연구가 열린 학습상황에서 학습과정을 관찰·분석하여 학습의 본질적인 요소인 불연속성과 수준의 비약을 파악하는 경험적 방법으로 출발하기를 요구하고, 그의 방법론인 교수학적 현상학은 통계적 방법을 이용하지는 않지만 아동의 관찰과 함께 교과서, 지도계획, 실제 수업, 교사와의 대화나 토의내용을 근거로 하고 있는 경험적인 방법론이다. 그에게 경험주의는 교육과학이 성장할 토양이다.

Freudenthal(1978, 1981)은 이상과 같은 입장에서 공학과 철학 사이에 사로잡혀 사이비 과학적인 접근에 머물러 있는 교육연구를 비판하고, 수학교육 연구가 진정한 과학으로 발전하기 위한 조짐이 보이는 곳을 다음과 같이 제시하고 있다.

사고실험에 의하여 미리 계획된 학급대화나 자유토론 등과 같은 열린 학습상황을 관찰·분석하여 학습과정의 불연속성과 학습수준을 이론화하며,

그것을 학습과정에 이용하는 방법을 이론적으로 연구한다.

전형적인 경우의 수학 학습과정을 관찰하고 분석하여 학습부진의 원인을 진단 · 처방하고 그 결과를 기록하고 보고함으로써 일반화해 나아간다.

수학사를 연구하여 인류의 대역적인 학습과정을 학습자의 현재적 입장에서 재구성하여 단축된 형태로 반복하게 함으로써 수학적 사고경험을 할 수 있게 하는 방안을 연구한다. 역사적으로 수학은 통찰에 의하여 습득된 개념적 수학이 형식화되어 알고리즘화 되면서 수학적 사고기능이 발달되고 보다 높은 수준의 통찰이 가능해지는 과정을 거쳐 발달해 왔는바, 지도내용별로 그러한 점진적인 도식화 · 형식화 과정을 밝히고 그에 따른 교재구성 방안을 연구한다.

학습자 자신의 수학적 활동을 반성하도록 자극하여 자신의 수학적 활동이 사고의 대상이 되게 함으로써, 수학적 태도를 개발하고 점진적인 도식화 과정에서 통찰을 유지하는 지도방법을 연구한다.

개인차가 있는 이질적인 학습상황에서 타인 및 자신의 학습과정을 관찰하게 함으로써 수학적 사고수준의 비약을 가져오게 하는 협력학습이 이루어질 수 있도록 하는 학습상황의 구조화 방안을 연구한다.

수학화를 경험시키는 지도를 할 수 있는 의미 있는 현실문제 문맥을 창안하는 연구를 한다. 여기서 현실이란 물리적인 세계이든 사회적인 세계이든 수학적인 정신적 세계이든 개인에게 현실적인 것으로, 상식으로 받아들여지는 현상을 말한다.

수학의 이해를 증진시키는 데 계산기와 컴퓨터를 어떻게 사용할 것인가를 연구한다. 수학교육과학의 건설을 위하여 탐구도구가 되는 전문용어를 개발한다. Freudenthal이 창안하여 사용하는 수학교육학적 전문용어로는 수학화, 국소적 조직화, 학습과정의 수준, 교수학적 전도, 학습과정의 불연속성, 패러다임, 귀납적 이해, 覺知(apprehension), 국소적 관점, 전반적 관점, 관점의 전환, 교수학적 현상학 등이 있다.

학습과정의 불연속성의 경험과 학습목표의 인지를 통한 학습동기 유발 및 실제적인 구체적 자료나 색도 인쇄나 그림 등과 같은 장식에 의한 학습동기 유발에 대한 연구를 한다.

일반적인 아이디어, 개념, 판단, 태도는 귀납적 이해, 곧 여러 가지 예로부터 일반화에 의하여 획득되는 것이 아니라 각지에 의하여 직접적으로 파악된다고 보는바, 그를 위한 패러다임의 탐색과 대수적 접근법을 연구한다.

수학적 언어는 일상적인 예를 사용하는 구체적인 언어수준, 상대적인 관계적 언어수준, 문자를 사용하는 규약적인 변수 언어수준, 변환 등을 사용하여 나타내는 함수적 언어수준 등으로 나눌 수 있는바, 이러한 수학적 언어의 구사라는 수학화 과정에 대한 연구를 한다.

가역성과 논리적인 관점의 전환, 분석과 공리화와 같은 전반적 관점의 전환, 산술문제에서와 같은 국소적 관점의 전환, 양적인 관점과 질적인 관점 사이의 상호작용 등 관점의 전환문제를 연구한다.

확률의 역사가 전형적인 확률적 문맥의 발견의 역사인바, 개인의 학습에서도 확률적 문맥을 경험하게 하는 것이 중요하다. 이를 위하여 모의실험과 같은 행동을 시키고, 그러한 행동에 대한 의식적인 반성에 이르도록 이끄는 방안을 연구한다.

초등학교 기하는 현실상황이나 격자판, 기하판 등과 같은 자료를 다루는 공간적인 경험을 통하여 형성된 공간직관을 수학화하도록 하여 기하학적 문맥으로 '보는' 기하가 되도록 해야 하며, 형성된 내적인 시각에 '응축핵'을 제공하는 설명이나 그림과 같은 기하학적 표현수단이 획득되고 학습수준의 상승과 더불어 기하학적 구조가 드러나도록 하는 방안을 연구한다.

Freudenthal(1983)에게 수학교육과학을 구축하기 위한 출발점은 교수학적 현상학이다. 현상학은 인간의 의식생활과 현상계와의 관계를 밝힘으로써 자아의 본질을 밝히려는 것으로 생각되는바, Freudenthal의 '수학교수학적 현상학'도 현상과 그 정리수단인 본질로서의 수학과의 관계를 교수학적 측면에서 다룸으로써 학교수학의 본질을 밝히려는 것이라고 볼 수 있다. 그에게 수학교수학적 현상학의 핵심적인 생각은 상대적 관계에 있는 본질과 현상이다. 본질이란 수학적인 개념, 구조 등을 말하는데, 이는 물리적 · 사회적 · 정신적 세계 및 수학적 현상을 조직하는 도구로 발명된 것이며, 이들은 어느 수준에서는 본질이나 그보다 고차의 수준에서는 다시 현상이 된다. 수는 양이란 현상을 조직하는 본질이지만, 수란 현상은 다시 십진기수법에 의하여 조직된다. 삼각형, 평행사변형, 마름모, 정사각형과 같은 도형은 형이란 현상의 세계를 조직하는 본질이지만, 도형이란 현상은 명제와 그 증명에 의하여 조직된다. 나아가 보다 높은 수준에서 여러 가지 수학적 현상이 이와 같이 하여 수학의 가장 높은 수준에까지 추상화가 거듭되면서 수학적인 현상이 새로운 수학적 개념으로 조직되어 간다.

Freudenthal은 수학교수학적 현상학을 다음과 같이 규정한다.

> 어떤 수학적 개념, 수학적 구조, 수학적 아이디어의 현상학이란, 그것이 그 조직수단이 되는 현상과 관련시켜 본질을 기술하는 것, 어떤 현상을 조직하기 위하여 그것이 창안되고 어디로 확장될 수 있는지, 그리고 그것이 이들 현상에 대하여 조직화의 한 수단으로 어떻게 작용하며, 그것은 이들 현상에 대하여 어떤 힘을 우리에게 부여하는가를 지적하는 것을 뜻한다. 만일 본질과 현상과의 이러한 관계에서 내가 교수학적 요소를 강조하면, 곧 그 관계가 학습-지도 과정에서 어떻게 획득되는가에 주목하면 나는 이러한 본질에 대한 교수학적 현상학에 대하여 말하고 있는 것이다(Freudenthal, 1983, pp. 28-29).

Freudenthal에게 어떤 수학적 개념, 구조의 현상학이란 그것이 창안된 현상과 관련시켜 그리고 그것이 인류의 학습과정에서 확장되어 온 현상과 관련시켜 그 본질을 기술하는 것이며, 그러한 기술이 어린 세대의 학습과정과 관련될 때 그것은 교수학적 현상학인바, 이는 학습자가 인류의 학습과정을 밟아들어갈 장소를 교사에게 보여주는 한 방식이다. 수학적 구조의 교수학적 현상학에 요구되는 자료는 수학과 그 발생, 응용 및 역사에 대한 지식, 교과서의 분석을 통하여 알 수 있는 교수학자들의 교수학적 판단, 학습과정에 대한 관찰로부터 얻어진 수학적 구조의 구성과 수학적 개념의 획득과정에 대한 이해에 근거한 것이다.

수학교수학적 현상학의 입장에서는 수학교재는 본질이 정리수단으로 작용하는 현상이 아니면 안 되는바, 그러한 문맥을 탐구하는 것이 수학교육학의 기본적인 연구가 되는 것이다. Freudenthal(1983)이 기본적인 수학적 구조의 교수학적 현상학에 대한 본보기로서 최초로 집필한 부분인 비와 비례관계의 현상학에서 분석되고 있는 흥미로운 내용은 다음과 같다. 이는 점진적인 수학화를 구현하기 위한 수단으로서의 그의 교수학적 현상학이 추구하는 바를 보다 명확히 하는 데 필요할 것이다.

비의 논리적 특성: 비란 수의 순서쌍의 집합에서의 동치관계이다. 단위 e를 선정하면 (a, b)의 동치류는 a : b=u : e인 한 수 u로 표현된다. 그러나 비를 묶인 분수로 나타내는 것은 비에 대한 통찰을 희생시키고 그 논리적 지위를 낮추는 수단이다.

양 사이의 비: 비에는 '내적인 비'와 '외적인 비'가 있으며, 역사적으로 그리스적인 순수수학의 전통은 내적인 비를 고수하고자 하나 자연과학의 대수화 과정에서 강조점이 외적인 비로 옮아갔다. 비례관계인 내적인 비의 보존과 외적인 비의 일정성은 사상의 선형성을 뜻한다.

구조 사이의 비: 외적인 비는 설명체계(exposition) 사이에서, 내적인 비는 합성체(composition) 사이에서 의미가 있고, 기하학적 구조체(construct) 사이에서는 양쪽 모두 의미가 있다.

그리고 비와 비례관계의 교수학적 현상학에서는 다음과 같은 내용이 분석되고 있다.

닮음비: 닮음비에 대한 막연한 인식은 발달의 초기에 나타나며, 닮음을 특징짓는 비를 보존하는 사상을 암묵적으로 인식한다. 닮음비는 강력한 시각화가 가능하며, 교수학적으로 중요한 것은 닮음비에 대한 시각적 연상의 점진적인 언어화이다.

수량적인 비: '비교적'이란 아이디어의 mental object가 유치원 연령 말기에 형성될 수 있다. 이에는 대략적인 질적인 단계로부터 정밀한 양적인 단계까지 여러 단계가 있다.

기준 부여하기: 기준 부여하기에는 오류를 범하기 쉬운 비와 비례관계에

대한 복잡한 기교가 구사되며, 여러 수준이 있다.

비의 시각화: 히스토그램이나 그림 그래프, 원 그래프, 일차함수의 그래프, 햇빛 그림자나 램프 그림자 등과 같은 구조 사이의 비의 시각화는 교수학적으로 유효한 모델이다.

비의 알고리즘화: 비의 보존은 일정한 비례상수에 의하여 기술될 수 있다. 비를 보존하는 사상은 시각적 표현인 그래프, 계산도표, 계산자로 예시될 수 있고, 비례표와 일차함수식으로 알고리즘화 될 수 있으며, 여기에 이르는 여러 단계를 생각할 수 있다.

비의 보존의 준거: 관련된 양이 가법성을 갖는 외연량 사이의 사상인 경우 비가 보존된다.

비와 비례관계의 이용: 합성조작 아래에서 외연적인 두 변량이 비 보존 관계에 있다는 것은 비례계산의 사용 여부를 결정하는 준거이다. 비례관계, 비의 보존, 선형성은 현상을 기술하는 강력한 도구로 여러 가지 문제해결에 사용된다.

이러한 현상학적 분석의 결과는 수학적 개념이 단일한 특성을 갖는 개념이 아니라 복합적이고 다차원적인 개념이며, 이는 현상의 정리수단으로서의 그 발생의 맥락과 분리될 수 없는 것임을 보여준다. 따라서, 비에 대한 진정한 학습이 이루어지기 위해서는 이러한 교수학적 현상학을 바탕으로 작성된 교재에 대한 현장의 반응을 관찰하고 분석한 후 교수목표의 형식화에 이르러야 한다.

이러한 Freudenthal의 입장에서 보면, 전통적인 수학교육에서는 비를 너무 일찍 불필요하게 수치적인 문제로 번역하여 지도해 왔다. 학교수학에서 비는 의식되지 않은 모호한 관계가 아니면 완전히 알고리즘화되어 자동화된 현상이다. 비의 mental object의 구성은 수치적 연상에 의하여 완전히 막혀 왔으며, 곧바로 알고리즘으로 인도된 비의 학습경험을 한 교사는 학생들을 그러한 mental object로 인도할 적절한 모델을 창안하는 데 큰 어려움을 겪게 된다. 알고리즘화와 자동화의 과정에 의하여 통찰의 원천이 막혀 왔다. 알고리즘화와 자동화의 습득은 필요하지만 그 과정에서 통찰의 원천이 막히지 않도록 해야 하는바, 이는 알고리즘화와 자동화 과정 동안에, 그리고 그 후 적합한 곳에서 재삼재사 통찰의 원천에 회귀함으로써 달성될 수 있다. 이러한 과정은 처음에 무의식적이었던 것의 점진적인 의식화, 처음에 전혀 언어화되지 않았던 것의 점진적인 보다 명확한 언어화를 지향한다. 비의 학습과정에서는 먼저 수치적 자료가 도입되지 않은 시각적 문맥에서 상대적인 관점과 비를 파악하도록 하는 것이 중요하다. 따라서 이러한 비에 관한 시각적 모델을 반복적으로 회상하고 사고 모델로 추상화하도록 하는 것이 요구된다.

3. 수학화 학습-지도 방법론

Freudenthal(1991)의 수학관에 따르면, 수학적 사고활동의 본질은 수학화인바, 수학 학습-지도는 기성 수학을 부과하는 것이어서는 안 되며 인류의 수학의 학습과정인 수학의 발생과정, 수학화 과정을 학습자의 현재의 상황에서 재발명하도록 안내하는 안내된 재발명 과정이어야 한다. 수학의 학습-지도는 수학의 발생과정을 고려하여 학습자의 상식에서 출발하는 것이 바람직하며, 상식적인 활동을 거쳐 수학을 재발명하도록 지도해야 한다. 수학의 학습-지도는 학습자의 현실을 수학적 수단으로 조직하는 수평적 수학화에 적합한 풍부한 문맥과 학습상황을 선정하고, 수직적 수학화를 위한 수단과 도구를 제공해야 한다. 수학의 발생과정에 따라 풍부한 현실 문맥에서 mental object를 구성하고 이를 바탕으로 개념의 형성으로 나아가야 하며, '새 수학'에서와 같이 전문학자가 생각하는 추상적인 개념을 구체화를 통하여 지도하여 곧바로 개념형성을 시도하거나, 기성 수학의 위계구조에 따라 일반적인 빈약한 구조에서 특수한 풍부한 구조로 나아가는 것은 반교수학적 전도이다.

부과된 알고리즘은 적용력을 갖지 못하며, 수학의 발생된 방식에 따라 상식에 근원을 두고 스스로 구성하고 압축과 합리화 과정을 거쳐 만들어진 상식적 알고리즘으로 학습되어야 하며, 또한 내용과 관계가 풍부한 상황으로부터 구조를 발견하고 이로부터 점차적으로 빈약한 구조로 나아가야 한다. 수학이 상식적인 현실에 기초를 두어 구성되지 않고 부과되면 일상경험과 학교경험을 분리시키는 투과성 없는 막이 형성된다. 알고리즘의 학습은 현실과의 관련성을 풍부히 하도록 하는 데 주의하고, 기하의 학습은 시각적 대상을 언어화하는 데 주의를 기울여야 한다.

그리고 수학화의 과정은 현상의 조직화 수단인 본질이 대상이 되는 거듭된 수준의 비약으로 이루어지며, 수학자 자신의 활동과 그에 대한 반성이 강력한 추진력이 되는바, 재발명에 의한 수학의 학습과정은 조작의 의식화와 반성을 거치는 비약이 있는 불연속적인 과정이며 계속적인 관점의 변화에 의하여 특징지워진다. 따라서 다른 사람과 자신의 학습과정을 관찰하여 자신의 행동을 의식하고 반성하도록 지도해야 하며, 이를 위하여 대화와 토론을 강조하고 '사고실험'을 거치는 Socrates의 대화법을 구사하야 할 것이다. 수학의 학습과정, 곧 점진적인 수학화, 도식화, 형식화 과정 동안에 통찰이 유지되도록 해야 할 것이며, 예견학습과 회고학습, 반성적 사고를 통하여 사고수준의 상승이 이루어지도록 학습과정을 조직해야 할 것이다. 그렇게 함으로써 장기적으로 수학적 태도가 획득되도록 지도해야 할 것이다. 구체적인 언어수준이나 상대적인 언어수준을 넘어 변수와 함수적 기술수준의 언어를 개발하고, 관점을 유연하게 전환할 수 있고 적절한 엄밀성의 수준을 파악하며, 문맥 가운데에서 수학적 구조를 확인하고 적절한 응용을 하며, 자신의 활동을 반성하여 보다 높은 수준으로 상승하는 등의 수학적 태도를 개발해야 할 것이다. 다음에는 Freudenthal이 제시하고 있는 보다 구체적인 수학화 학습-지도 방안을 정리해 보기로 한다.

1) 안내된 재발명 방법

진정한 의미를 갖는 지식은 능동적인 활동을 통해서만 얻어질 수 있다는 것은 격언화되어 있을 정도로 인류의 오래된 통찰이다. Freudenthal(1973)은 사고는 정신적으로 지속되는 행동이며, 행동을 학습하는 최선의 방법은 그것을 수행하는 것이라고 하여, 학습자에게 수학적 활동의 재발명을 경험시키는 학습-지도 방법을 주장한다. 곧 수학화, 추상화, 도식화, 형식화, 알고리즘화, 언어화를 재발명하도록 안내할 것을 요구한다. Freudenthal은 수학적 개념, 구조, 아이디어는 물리적 · 사회적 · 정신적 세계의 여러 가지 현상을 정리하는 수단으로 발명된 것으로 보고 있으므로 그에게 수학은 그러한 현상의 정리수단으로 학습되어야 한다. 수학적인 사고는 수학화, 곧 수학적 활동이 일어나는 실제적 과정을 재현하여 경험시킴으로써 배울 수 있다는 것이다. 이를 위하여 학습자의 현실 내에서 수평적 수학화에 적절한 학습상황을 선택하고, 수직적 수학화를 위한 수단과 도구를 제공하며, 교사와 학생, 학생들 사이의 상호작용을 통한 지도를 하고, 풀이뿐만 아니라 문제를 재발명할 수 있도록 하며, 학습 가닥이 서로 관련되도록 지도할 것을 요구한다.

안내된 재발명 과정을 통하여 '실제와의 관계가 적재된' 수학을 구성하게 할 것을 주장하는바, 이러한 교수방법은 Dewey의 문제 교수법과 근본적으로 다를 바 없다고 생각된다. Dewey에 의하면 언어에 의미를 주는 맥락은 삶에서 발생하는 실제적 문제상황이며, 따라서 언어화된 지식을 가르칠 때에도 그것이 의미 있는 것이 되도록 하려면, 그 지식이 어떤 실제적인 상황과 관련되는 것인지, 어떤 실제적인 문제사태를 해결하기 위한 수단이 되는지를 분명히 하여 그 해결수단으로 가르쳐야 한다.

또한 Freudenthal은 대화를 통하여 현상의 본질을 인식시키는 Socrates의 산파법의 가치를 강조한다. 그러나 탐구와 학습을 선재적 지식의 회상으로 보는 Platon의 회상설은 수용하지 않으며, 재발견이라는 용어보다 재발명이라는 용어를 선호한다. 그가 말하는 재발명은 결국 교사의 주도 아래 수학의 역사적 발달과정을 단축된 형태로 재현시켜야 한다는 발생적 입장이 된다. 그러나 그는 선조들의 발명과정을 현재의 학습자의 상황에서 재해석하여 재발명시킬 것을 요구한다. 그리고 Freudenthal은 재발명 방법에 의한 지도에 앞서 수학의 역사발생을 패러다임으로 삼아서 가상적인 학생을 상대로 가르치고 학생의 반응을 상상하며 대응방안을 준비하는 '사고실험'을 할 것을 제기한다. 훌륭한 교사의 지도 아래 어떻게 수학이 학생의 마음속에서 발생될 수 있는가를 알고자 한 것이다.

이러한 입장에서 Freudenthal은 수학의 발명과정과 반대되는 기성의 객관화된 지식인 연역적 체계에 따른 엄밀한 전개를 통한 지도를 '반교수학적 전도' 라고 부른다. 이는 수학의 완전한 미적인 즐거움을 찾고 수학적 엄밀성과 체계성이 뇌리에서 떠나지 않는 수학자들에게는 만족감을 주고 분명한 이해를 가능하게 할 수 있지만, 그에 필요한 모든 전제가 결여되어 있는 학생들에게는 의미를 줄 수 없는 것이다. Freudenthal은 이러한 철학의 대표적인 예로 유클리드기하 대신 기하의 선형대수적 접근을 주장한 Dieudonné의 입장을 들고 있다.

Freudenthal은 특히 알고리즘, 사고 패턴 및 문제해결 전술과 전략, 엄밀성 등의 수학적 사고를 재발명에 의하여 학습해야 함을 강조한다. 수학은 계산학이라고 할 정도로 알고리즘은 수학의 골간이며, 현대수학은 개념적 사고를 강조하지만 알고리즘화의 경향은 수학의 길이다. 어떤 영역을 알고리즘화하는 것은 매우 쉽게 그 영역을 초월하는 길이 되지만, 알고리즘은 기계적으로 적용되며, 이것이 그 존재이유이고 이를 위하여 창안된 것이나, 이것이 동시에 교육을 위태롭게 하는 이유가 된다. 교사는 학생들에게 알고리즘을 '가르치기' 쉬우며 학생들은 알고리즘에 사로잡히기 쉽다. 알고리즘은 그 수준을 고려하여 재발명의 의하여 학습되어야 한다. 수학적 사고에는 알고리즘에 가까운 사고 패턴과 문제해결 전술 · 전략이 있다. 그러한 사고패턴 전술 · 전략도 알고리즘과 마찬가지로 중요하며 연습되어야 하지만, 너무 일찍 해서는 안 되며 학생 스스로 재발명할 수 있을 때까지 가르쳐서는 안 된다. 엄밀성도 또한 재발명에 의하여 학습되어야 한다. 엄밀성에는 엄밀성이 무엇인지 모르고 행하는 수준, 국소적인 논증에 적용되는 의식적인 준거가 되는 수준, 수학 전반에 적용될 수 있는 전반적인 관념이 되는 수준 등 여러 수준이 있다. 학습자는 그러한 수준을 거치면서 엄밀성을 획득해야 한다. 수준의 이행은 불연속적이며, 엄밀성의 진전은 그 때까지 믿었던 엄밀성을 의심하는 데서 출발해야 한다. 그리고 공리로부터가 아닌 참으로 가정된 사실로부터 출발하는 국소적 조직화로부터 학습이 이루어져야 한다. 이러한 국소적 조직화는 그 나름의 엄밀성을 갖는다.

수학 교과서는 일반적으로 기성 산물로서 기술되어 있으나 Freudenthal은 이를 재발명하면서 실지로 행하는 수학으로 변형하기를 기대하며, 독자들에게 그들의 눈 앞에서 수학이 창조되고 있다는 환상을 주는 형식으로 수학 교과서를 집필하기를 기대하는 것이다. "나는 학습자가 그가 학습하는 것의 내적인 바탕을 항상 알 수 있도록, 나아가 발명의 원천이 드러나도록, 그리하여 학습자가 그 자신의 것을 발명하는 것처럼 모든 것을 이해할 수 있도록 집필하려고 계획하였다(Polya, 1965, p. 99)"는 Leibniz의 말은 재발명 방법의 뿌리가 매우 깊다는 것을 말해 준다. Freudenthal은 지금까지 교과서가 재발명 방법, Socrates 방법의 주요한 적이 되어 왔다고 하면서, 교과서는 가르치는 대로 써야 하며 실제의 교수경험과 사고실험을 출판해야 할 것이라고 주장한다. 그리고 수학을 실제로 행하는 활동으로서 분석하여 제시하고 있는 교재의 예로서 Polya의 저서와 Ehrenfest-Afanasjewa 및 van Hieles의 교과서를 들고, Polya의 저서는 늙은 Polya가 소년 Polya에게 수학을 재발명하게 하는 방법학적 · 교수학적 원리를 예시하고 있다고 본다.

Freudenthal은 이러한 교재구성과 함께 현실적인 문제상황을 탐구하여 정리수단인 수학적 아이디어를 직관적으로 발견 · 발명하여 비형식적으로 다루도록 하고, 이의 점진적인 형식화가 이루어지도록 인도해야 할 것이며, 이를 위하여 반성적 사고를 유발하여 사고수준의 비약이 일어나도록 안내해야 할 것으로 본다. 이러한 입장에서 그는 관찰, 인지적 갈등, 토론, 반성을 야기시키는 상호작용과 협동이 보다 효율적으로 이루어질 수 있도록 하기 위하여 이질적인 학급편성을 하고, 학습된 내용을 새로운 문맥에서 반성하고 횡적 · 종적으로 비교하고 통합하는 회고학습을 할 기회를 충분히 제공하는 것이 바람직함을 강조하고 있다.

2) 역사-발생적 원리

이러한 재발명 방법은 가르치고자 하는 내용에 대하여 역사-발생적인 수학화 과정의 분석을 통하여 현상의 정리수단, 조직수단으로서 그것이 어떻게 작용하며 어떤 중요성을 갖는지를 알아보고, 그러한 수학화의 소재가 되는 학습자 주변의 현상을 찾아 학습자로 하여금 그러한 현상에 직면하게 하여 이를 재현하는 방법을 택하게 된다. 따라서 수학자 개인의 발명과정의 재현형식을 취하게 되거나, 수학사 곧 인류의 대역적인 학습과정을 단축된 형태로 반복하게 함으로써 수학적 사고경험을 시키려는 역사-발생적 방법이 된다. 그러나 역사-발생적 원리는 '재현의 법칙'이라는 생물학적 원리에 따른 형식적인 관점으로, 개인의 특성에 따른 학습요인을 고려하지 않고 고정된 교재구조를 주장한다는 점에서 비판의 여지가 있는바, Freudenthal은 수학의 역사적 발생과정은 수학화 과정의 패러다임이지만 이를 학습자의 현재의 정신구조에 연결시켜 수정해야 한다고 다음과 같이 말한다.

> 어린 학습자는 인류의 학습과정을, 수정된 방식으로지만, 재현한다. 그는 역사가 실제로 일어난 대로가 아니라, 과거의 사람들이 오늘날 우리가 알고 있는 것과 같은 것을 알았다면 일어났을 것과 같이 역사를 반복한다. 어린 학습자가 재현하는 것은 역사적 학습과정의 수정되고 개선된 판이다(Freudenthal, 1983, p. 1696).

어떤 내용을 역사-발생적으로 지도한다는 것은 모든 우회로와 막다른 길을 잘라버린다고 하더라도 발생된 순서대로 교재가 구성되어야 한다는 뜻은 아니라는 것이며, 수학이 훌륭한 교사의 지도 아래 어떻게 발생되는가를 역사에서 미루어 찾고, 그러한 방법에 따라서 지도하고자 하는 것이다. 발명가의 발자국을 따라가는 것이 아니라, 실제의 발명과정보다 개선되고 잘 인도된 과정을 따라 재발명해야 한다는 것이다.

Freudenthal(1983)은 또한 수학의 역사 이면에 있는 철학이 수학교육에 주는 의미로서 다음과 같은 점을 들고 있다. 역사적 발달과정에서 방정식의 대수적 해법의 일반적인 타당성에 대한 필요성에서 받아들여지게 된 음수는 좌표평면에서의 함수의 그래프의 확장의 필요성에 의하여 강화되었는바, 대수는 기하에서 기능하기 때문에 타당하다는 것이 수학사 이면에 있는 철학이다. 따라서 수의 확장에 이용되는 대수적인 형식불역의 원리를 기하학적 · 대수학적 형식불역의 원리로 확장하여, 대수의 조작성을 기하에서 보여주어야 한다. 또한 역사적으로 보면, 여러 세기 동안 물리적 · 사회적 · 정신적 · 수학적인 세계에서 변하는 것으로 지각되고 상상되고 가정된 변수, 다가이름으로 사용된 문자, 일반적인 법칙이나 방정식에서 부정소나 미지수 등이 한 가지 이름인 변수로 총괄되고 변수가 자리지기로 규정되면서 변수의 운동학적 측면이 사상되었다. 이와 같이 여러 가지 기원을 갖는 개념을 한 가지 이름을 사용하여 총괄하는 것은 수학적 활동의 중요한 특성 가운데 하나이다. 이러한 수학의 역사-발생적 특성은 수학교육에서 개념이 여러 가지로 생각되는 이유, 개념이 변한 이유를 의식해야 할 필요성과 학습자가 어느 지점에서 역사를 재현해야 하는지 발견해야 할 필요성을 제기한다. 고도로 형식화된 언어에서는 변화 가능한 수학적 대상을 버릴 수 있지만, 보다 덜 형식화된 학교수준에서는 물리적 · 사회적 · 정신적 변수와 교수학적으로 불가결하게 연계된다는 것을 역사는 말해 준다. 학생들은 형식적인 언어를 이해할 수 없다는 것, 변수는 변할 수 있는 대상으로 이해해야 하고 할 수 있다는 생각을 하면서도 학생들에게 변수를 단순한 자리지기로 지도하려는 것은 충격적인 것이다. 이러한 유형의 지도가 명백히 실패로 끝날 수밖에 없었음을 충분히 인식하고, 역사가 교육에 무엇을 가르칠 수 있는지를 찾아내기 위하여 역사를 보다 더 깊이 연구해야 한다. 역사적으로 보면 수학은 본질과 내용 면에서 성장해 왔을 뿐만 아니라 재구성 과정이기도 하다. 원추곡선과 이원이차방정식 사이의 전환, 비례식을 이용한 닮음 추론의 유클리드적인 합동추론으로의 전환, 함수의 연속성에 대한 $\varepsilon-\delta$ 식의 형식적 정의에서의 직관적인 관점의 전도, 현대수학에서의 이를테면 '완전귀납법의 무의식적인 적용 → 그 의식화 → 형식화 → Peano의 공리체계'와 같은, 역사적 발달순서의 전도 등 반전과 전도현상은 수학의 여러 수준에서 관찰된다. 이러한 수학의 발생적 특성을 잊고 기성 수학체계로 수학을 가르치는 것은 독단이요 반교수학적 전도이다. 수학교육이 실패했다면 그 이유는, 항상 그렇지는 않지만 흔히 과거의 어느 곳에서 출발하여 인류의 학습과정을 반복해야 한다는 것을 실현하지 못한 데 있다.

한편 Freudenthal(1981)은 수학은 역사적으로 통찰에 의하여 습득된 개념적 수학이 형식화되어 알고리즘화 되면서 수학적 사고기능이 발달하고 보다 높은 수준의 통찰이 가능해지는 과정을 거쳐 발달해 왔음을 지적한다. 그는 이러한 발달과정이 시사하는 바와 같이 모든 내용의 지도에서 그러한 역사적인 점진적인 도식화 과정에 따른 학습지도와 그 과정에서 통찰이 유지되도록 하는 지도방안, 곧 학습자 자신의 학습과정과 정신적인 수학적 활동을 반성하여 사고의 대상이 되게 함으로써 사고수준의 비약이 이루어지도록 자극하고 통찰이 유지되도록 하는 방안을 찾도록 요구한다. 특히, 보다 높은 사고수준에 도달하도록 하기 위하여 학습자 자신의 활동을 반성의 주제로 다루는 것을 주요한 수학적 태도로 간주한다. Freudenthal은 이러한 측면에서 다양한 학습수준에 있는 아동들로 구성된 이질적인 학급에서의 협력학습을 권장하는 것이다. 그러한 학습상황은 자신의 사고과정을 다른 학생들의 사고를 통하여 관찰할 수 있는 기회가 주어지므로 수학적 사고수준의 비약에 매우 유익한 결과가 된다는 것이다.

3) 현실과의 관련성이 적재된 수학

Freudenthal(1973)의 재발명 방법은 수학의 역사발생과 개체발생의 그 나름의 동형성을 가정하고, 학습자의 현실로부터 수학화 경험을 시킴으로써 현실을 수학적 수단으로 조직하는 지혜를 얻게 하려는 것이다. 수학화는 소음이 있는 현상 가운데 그 정리수단인 본질을 찾는 것이다. 따라서 무엇보다도 학습자의 현실상황을 수학화하는 경험으로부터 출발하여 점진적인 수학화 과정을 재발명시키고자 풍부한 문맥과 반성적 사고를 강조한다. 여기서 학습자의 현실이라는 것은 생활사태뿐만 아니라 학습자의 물리적 · 사회적 · 정신적인 세계를 총칭하는 것으로, 수학화의 진전과 함께 점차 확대되는 것이다. 기하는 공간적 관계에 대한 경험을 수학화하는 것이므로, 실제적 공간경험과의 관계를 고려하지 않는 Dieudonné식의 기하의 선형대수적 접근은 의미가 없으며 바람직하지 않다. 이는 공간을 탐색하고 공간을 수학화할 기회가 주어지지 못하기 때문이다. 공간적인 형태를 도형으로 파악하는 것은 공간을 수학화하는 것이고, 도형을 정의하는 것은 그 개념적인 분야를 수학화하는 것이며, 기하학적인 정리를 연역적으로 전개하는 것은 기하를 수학화하는 것이다. 언어적인 수단에 의하여 어떤 분야를 조직하는 형식화도 수학화이다. 수학화를 지향한 교육에서 문제와 문제해결 활동은 당연히 제기되게 된다. 문제는 상황에서 제기되고 발생해야 하며, 아동은 상황에서 문제를 인식하는 것을 학습해야 한다. 따라서 상황과 문제, 문제해결 활동은 수학화에 없어서는 안 되는 국소적 수단이 된다. 이러한 입장에서 보면, 먼저 수학을 배운 다음 실세계에 적용한다는 생각은 잘못된 관점이며, 실세계의 문제를 먼저 생각한 다음 수학화해야 한다. 실세계는 수학화를 가르치는 출발점이 되는 수학적인 문제를 포함하는 의미 있는 문맥이다. 수학을 구체적인 문맥을 통하여 수학화로 지도함으로써 현실과의 관련성이 적재된 풍부한 의미를 갖는 수학이 되어 적용 가능성이 보장된다는 것이다. Freudenthal은 “가장 구체적인 문맥을 통하여 가장 추상적인 수학을 가르치고자 한다”(1981, p. 114)고까지 말하고 있다. 그러나 전통적인 학교수학에서 다루어 온 소위 문장제는 수학화의 근원이자 응용의 원천인 학생들에게 풍부한 의미를 갖는 현실적인 문맥이 결여된 인위적이고 장식적인 의사현실 문제이다.

Freudenthal(1973)은 기성의 완결된 수학의 체계는 ‘소음’이 제거된 추상적인 ‘빈약한’ 구조에서 보다 ‘풍부한’ 구조로 나아가는 위계조직을 이루고 있는바, 이러한 기성 수학을 그 조직방향에 따라 구체적으로 ‘번역한’ 학교수학의 하향식 구성은 반교수학적 전도이며, 그에 따른 지도는 학습자의 안목이 되기 어려우며 발전적 조작 가능성을 갖기 어려운 지식이 된다고 비판한다. Freudenthal은 소음이 있는 현실의 조직화 수단인 본질로서 수학이 학습되기를 기대한다. 현실과의 관련성이 적재된 수학의 학습보다 학습자에게 수학의 영향을 지속적으로 끼칠 수 있는 보다 나은 다른 접근방법은 없다는 것이다. 수학적 개념, 관계, 구조로 정리될 필요가 있는 현실로부터 출발하여 그 정리수단인 본질로서 수학을 학습하도록 해야 한다는 것이다. 현실과의 관련성 없이 학습된 수학의 단편들은 쉽게 잊혀지고, 따라서 영향력을 잃는다. 수학의 학습은 현실과의 밀접한 관련성이 중요하며, 생활세계와 관련되지 않은 것은 생생한 이해를 어렵게 한다. 구체적인 주변의 것을 연구대상으로 하는 수준을 무시한 것이 전통적인 수학교육의 오류이며, Freudenthal (1959)은 이 수준의 활동을 생략하는 것은 수학교육의 완전한 파멸이라고까지 말하고 있다. 기성지식 전달 중심인 전통적인 수학교육에서는 실제적인 응용의 기반이 되는 문제상황이 배제된 상태이기 때문에 수학의 응용은 교수학적으로 전도된 패턴에 따라 이루어져 왔다. 구체적인 문제에서 출발하여 그것을 수학적으로 연구하는 대신에, 수학이 먼저 오고 교과서적인 소위 응용문제가 그 다음에 나온다. 여기서 흔히 응용이라고 불리는 것은 기계적인 특수화, 곧 일반적인 공식의 변수에 특별한 값을 대입하는 것이다. 수학이 응용되려면 실제상황에서 수학을 응용하는 경험이 제공되어야 한다. 전통적인 산술교육이 수학교육의 바른 길을 제시해 준다. 현실과의 관계가 적재된 수학을 가르쳐야 한다면, 관련된 부분이 수학이건 물리학이건 생물학이건 일상생활이건 학교수학은 관련된 현실과 맺어져야 한다.

여기서 제기되는 것이 교과의 조정과 통합에 관한 것이다. 특히, 수학교육과 물리교육이 조정되어야 하는데, 물리는 철저히 탈수학화 되었으며 매우 낮은 수준의 수학이 적용된다. 비중은 비례관계나 일차함수 관계의 개념을 피해 단위부피의 무게로 정의되고, 지레의 법칙은 반비례 관계의 언급없이 모멘트로서 도입되고 기성 공식을 부과함으로써 수학을 불필요하게 만들고 있다. 물리학자들은 교육에서 퇴화된 수학을 사용하고 학생들은 탈수학화된 물리학을 학습하게 된다. 수학교육과 물리교육은 상호 무관심 속에 완전히 관계를 상실해 버렸다. 그러나 물리학자들이 교육에서 수학의 적용 가능성을 예시하려는 노력을 하기를 기대할 수 없으며 그것은 수학자의 과업이다. 수학자는 학생이 수학을 학습할 뿐만 아니라 그것을 적용하는 방법을 학습하도록 해야 한다. 수학과 다른 학문의 통합이나 조정이 아닌 수학을 중심으로 한 통합, 즉 다른 학문의 내용을 수학적인 조직화의 분야로서 다루도록 하는 수학을 핵심과목으로 하는 통합을 권장한다. 이는 다른 학문을 소홀히 하지도 평가절하하지도 않으면서 학생들은 그들이 수학으로서 할 수 있는 것을 학습할 것이다.

이러한 Freudenthal의 생각은 기본적으로 Dewey와 같은 입장에 서는 것이며, Olsen(1987, pp. 60-75)이 주장한 바와 같이 '좁은' 수학적 지식이 적용 가능한 사고의 도구로서의 기능을 갖게 하려면 학생들에게 의미 있는 문제상황을 제공하여 그러한 문맥 가운데에서 기능하게 함으로써 '넓은' 의미를 갖는 지식이 되게 하는 메타 학습의 기회를 제공할 수밖에 없다는 생각과도 일치하는 것으로 생각된다. 관계가 풍부한 문맥의 선택과 교사의 충실한 안내, 그리고 무엇보다도 학생들의 자발적인 탐구활동을 통하여 수학적 도구를 발견하도록 하고, 그 개념적 분석과 형식화, 반성적 논의와 응용을 통한 내적 바탕의 인식과 정신적 안목으로의 동화단계를 거치도록 해야 한다. 수학이 학생 자신과는 관련이 없는 객관적인 지식으로 자신에게 부과되는 것으로 느끼지 않게 하려면, 이러한 현실과의 관련성이 적재된 문맥을 통한 의식적인 수학화 경험을 시켜야 할 것이다.

4) 학습수준 이론

Freudenthal(1973, 1981)에 의하면 수학화 과정은 역사적으로는 점진적 도식화 과정인 거시적 학습과정이며, 심리적으로는 수준의 비약과 관점의 전환이 거듭되는 불연속적인 과정이다. Freudenthal은 수학을 현상의 정리수단인 본질로 보고 있으며, 이는 상대적인 것으로 본질이 다시 현상으로 인식되어 반성의 대상이 되면서 새로운 차원의 본질로 정리되는 교대작용에 의하여 수준의 비약을 거치는 수학화 활동으로 보고, 수학학습은 수학화 과정의 재발명이어야 한다고 주장한다. Freudenthal의 이러한 관점은 그의 지도 아래 취득한 van Hieles의 학위논문의 주제인 기하 학습수준 이론으로 보다 구체화되었는바, 그는 이를 그대로 받아들이면서 실수의 학습수준을 '수를 조작하는 수준－수의 조작법칙에 주목하고 그것을 문자를 사용하여 정식화하는 수준－논리적 관련성에 따라 그러한 법칙을 국소적으로 조직화하는 수준－연역적 체계로의 대역적 조직화 수준'으로 나누고 있다.

앞에서도 언급했지만, 수학적 사고활동은 경험분야를 본질로 조직화하는 활동이며, 이는 상대적인 수준이 있어 높은 수준의 활동은 낮은 수준의 활동을 분석하고 조직하는 활동이 되고, 낮은 수준에서의 대상의 정리수단인 수학적 내용이 그 다음 수준에서 다시 수학화의 대상이 된다. 이 때 수준의 이행은 비약적으로 이루어지는 불연속적인 과정이다. 이러한 불연속적인 일련의 수학적 사고수준의 비약을 의식적으로 경험시키는 것이 재발명 방법인 것이다. 이를테면, 완전귀납법은 '이항정리에 대한 경험 → 그러한 경험이 반성의 대상이 되면서 그 조직수단으로서의 완전귀납법의 인식 → 형식화 → Peano의 공리체계로의 대역적인 조직화와 자연수를 규정하는 원리로의 재해석'이란 역사적 발달수준에 따라 재발명되어야 한다. 이와 반대로 현재의 교과서에서와 같이 이항정리를 완전귀납법의 원리의 한 결과로서 제시하는 것, Peano의 공리체계에서 완전귀납법을 이끌어 내는 연역적 방법은 반교수학적 전도이다. 요구되는 수준에 도달하지 못한 학생들은 그 수준의 사고를 이해할 수 없으며, 지적인 책임감을 갖고 사고활동을 할 수 없는 것이다.

Freudenthal은 수학교육에서의 발견학습의 문제점을 이러한 학습과정의 수준문제로 설명하고 있다. 특히, Dienes의 놀이를 통한 수학적 개념학습 실험에서 아동들의 활동은 기초수준, 곧 전수학적인 수준에 머물러 있으며, 이 수준의 아동의 활동은 성인 수학자의 눈으로 볼 때에는 수학적 활동으로 잘못 해석될 수 있지만 아동은 그것을 의식하지 못한다고 비판하고 있다. 그 다음 수준에서 그러한 기초수준의 행동을 반성하면서 비로소 수학이 시작되는데, 발견적 방법이 기초수준에서만 논의되고 수준을 높여 보다 높은 수준으로 나아가는 데 적용되지 못하고 있는 것이 문제점이라는 지적이다. 처음부터 곧바로 도형을 제시함으로써 비수학적인 대상을 도형으로 파악하는 수학화 기회를 빼앗거나, 도형의 형식적인 정의를 제시함으로써 정의를 발명할 기회를 빼앗아서는 안 되지만, 수학의 학습과정이 보다 낮은 수준에서의 활동에 머물러 그 다음 수준에서 분석의 대상이 되는 수학화 수준에 이르지 못하는 것도 문제인 것이다. 이러한 입장에서 Freudenthal은 Bruner

와 Dienes가 공동연구하여 제시하고 있는 발견학습 방법을 비판하는 것이다. EIS 이론에 의한 활동의 내면화를 시도하고 있지만, 아동들은 자신의 활동을 반성하여 사고수준의 비약을 경험하지는 못하고 동일한 바닥수준에 머물러 있다는 비판이다. Freudenthal은 반성이 수학적 사고수준 상승의 결정적 수단이 된다는 점에서 수학을 자신이나 다른 사람의 수학적 활동을 반성하는 것으로 규정할 정도로 반성적 사고의 중요성을 강조하고 있다.

이러한 Freudenthal의 재발명 방법은 수학 학습수준 이론에 따른 '국소적 조직화'를 거치는 수학화로서 보다 구체화되고 있다. 국소적 조직화란 참인 것으로 보이는 영역에서 시작하여 수학적 사고를 부분적으로 조직화하는 것이다. Freudenthal은 수학을 응용하든가 창조하든가 하는 것은 국소적 조직화의 활동이라고 생각하고, 학생들에게 자명하다고 생각되는 곳이 국소적 조직화에서 출발의 기준이 되도록 하여 학생들의 자발적이고 창조적인 활동이 가능하게 되기를 바라는 것이다. Freudenthal은 국소적 조직화의 전형적인 예로서 기하학습을 들고 있는데, 수학적으로 조직된 기하학적 지식으로 기하학습을 시작할 것이 아니라 공간적인 현상을 도형으로 조직하는 것으로 출발하며, 형식적인 정의를 제시할 것이 아니라 도형의 성질을 조직화하는 수단으로 도형을 정의하는 재발명 활동을 시키고, 정리를 가르칠 것이 아니라 도형의 성질의 논리적인 국소적 조직화 활동을 시킬 것을 요구한다. 그는 기하를 대수화한 선형대수나 엄밀한 공리체계로서의 기하, 곧 기성의 공리적 수학을 가르치는 것에는 반대하지만, 국소적 조직화를 거친 다음의 공리화를 통한 형식적 수학의 학습은 공리의 의미, 엄밀성과 암묵적 정의에 대한 교육의 기회를 제공할 수도 있을 것으로 보고 있다.

5) Mental objects의 구성

Freudenthal(1983)에 의하면, 수학은 '상식적인' 경험의 세계를 형식으로 조직하는 활동이며, 형식은 보다 높은 수준의 '상식'이 되어 더 높은 수준의 수학의 바탕이 된다. 따라서 수학의 학습은 수학이 그 정리수단으로 작용하는 근원적인 현실로부터 시작하여 반성활동을 통한 본질의 탐구를 강조해야 한다. 아동들은 일반적으로 현상의 조직수단인 본질을 직관적으로 인식하여 mental object를 구성하고 정신적 활동으로 조작하므로, 먼저 mental object를 구성하여 그 의식적인 개념화를 시도하는 대신에, 전문학자의 관점에서 본 개념획득을 주장하고 곧바로 개념을 초등화 · 구체화하여 예시하고 형식화하여 '가르치는' 것은 반교수학적 전도가 된다. 이러한 주장은 개념형성의 발판이 되는 자발적 관념과 일차적 직관 등과 같은 예비개념의 필요성을 언급한 Vygotsky(1985), Fischbein(1987) 등의 주장과 같은 것이다. 직관적 인식이 결여된 조숙한 형식적 취급은 기억에 의존하는 명목뿐인 지식이 되기 쉬우며, 현상으로부터 출발하여 그 현상을 조직하는 수단인 본질로서 수학적 지식이 도입될 때 그 바탕에 깔려 있는 직관적 의미에 대한 통찰이 가능하고, 이를 바탕으로 그 핵심을 분석하고 형식화하는 점진적인 수학화 과정을 거쳐서 비로소 수학적 지식의 진정한 이해가 가능한 것이다. 이는 직관적인 관념을 개발하여 개념형성의 근원으로 작용하게 함으로써 수학적 사고의 기초를 놓고 현상의 조직화 도구로서 수학이 재발명되도록 하여 현실이 수학의 응용으로서 작용할 수 있게 하려는 것이다. 곧 수학이 현실에의 적응과 결부된 의미 있는 인간활동으로 도구적 지식이 되도록 교육하려는 것이다.

개념과 이해의 의미의 혼용은 오랫동안 선험론적인 합리주의적 수학교육 철학, 곧 개념획득의 철학과 교수학에 의하여 크게 강화되었다. 개념획득의 철학과 교수학은 Socrates의 산파법에서 잊혀진 개념의 상기란 의미로 명쾌히 예시된 이래 오랜 역사를 갖고 있으며, 최근에 새롭게 강조되어 왔다. 어떤 추상적인 개념을 학생들의 마음에 품게 하기 위하여 그 개념의 정의를 직접 가르치려고 하는 경우, 흔히 시도된 연령층에게 그것이 가능하지 않으므로 그 구체화를 시도한다. 그러나 구체화는 흔히 너무 낮은 수준의 개략적인 것이어서 다양한 구체화로 여러 측면을 설명하려고 해도 개념의 본질을 반영하지 못한다. Mental objects의 구성이 개념획득에 선행되어야 한다는 입장은 학습의 준비성을 중시하는 것으로 이해를 위한 전략으로 단지 개념의 활동적 · 영상적 · 상징적 표현으로의 번역 제시를 주장한 Bruner의 이론과 반대되는 것이다. Freudenthal은 일차적으로 mental objects로서의 본질을 생각하고 이차적으로 개념으로서의 본질을 생각하기를 요구한다. Mental objects를 구성하는 것이 개념을 명백하게 하는 데 발달적으로 선행한다는 사실은 표현을 활동적 · 영상적 · 상징적으로 다루는 것과 근본적으로 다르다. 개념획득을 위한 구체화는 잠정적인 의미를 갖지만, mental objects의 구성에 도움을 주는 자료는 지속적이고 결정적인 가치를 갖는다. 형식적인 정의를 가르치건 그 구체화를 시도하건 예를 통한 귀납을 시도하건, 개념획득 후 적용이란 교수전략은 현상의 정리수단으로서의 본질에 대한 mental objects의 구성을 중시하는 수학화 접근법에서 볼 때 전도된 것이다.

Freudenthal의 이러한 개념 학습-지도에 대한 입장은 Vygotsky의 견해와 매우 유사하다. Vygotsky(1985)에 의하면 과학적 개념은 이해의 과정을 통하여 기존의 정보를 단기간에 흡수한 것이 아니라, '자발적인 개념' 인 원시적인 관념으로부터 출발하는 내적 유래를 갖고 '비자발적인 개념' 과 상호영향 아래 자각을 통하여 발전하는 발달의 산물이며, 발달과 더불어 보다 상위유형의 관념으로 대치되어 가는 것이다. 특히 이러한 과정에서 학교교육은 일반화된 유형의 자각을 유발시킴으로써 아동으로 하여금 자신의 심리과정을 의식케 하는 데 결정적인 역할을 담당한다. 그와 더불어 마찬가지로 결정적으로 중요한 것이 '자발적인 개념' 의 구성이며, 이는 Freudenthal이 말하는 mental objects의 구성과 다름 아닌 것으로 생각된다. 실제 경험을 보아도 그러한 전제가 결여된 상태에서 개념을 직접 '가르치는' 것이 해당 개념의 지식을 흉내내는 공허한 언어표현만을 하게 하는 효과 없는 일임을 알 수 있다.

Thom(1973)이 적절히 지적하고 있듯이, 수학교육이 당면한 실제적 문제는 학생의 정신 가운데의 수학적 의미와 안목의 개발과 학생의 정신 가운데의 수학적 대상의 생존의 문제이다. 이러한 문제를 해결하기 위해서는 무엇보다도 개개의 수학적 지식의 실체가 현상으로부터 출발하여 그 정리수단인 본질이 mental objects로 구성됨으로써 살아 움직이는 안목이 되어야 한다.

6) 전형적인 보기를 통한 개념 지도방법

어떻게 하여 수학을 알게 되는가 하는 수학학습의 문제는 수학교육뿐만 아니라 수학인식론의 주된 관심사의 하나이다. 여러 가지 보기로부터의 귀납에 의한 개념 획득은 전통적인 교육실천의 원리일 뿐만 아니라 행동주의 학습-지도 이론의 중심 원리이다. Bacon 이래 발견의 논리로서 강조되어 온 이러한 귀납의 논리는 Hume 이후 비판을 받아왔으나, 오늘날에도 경험과학의 방법론의 바탕이 되고 있다. 그러나 Freudenthal(1973-2, 1974, 1978)은 귀납이 과학적인 인식의 주요원천은 아니며, 한두 가지 예로부터 곧바로 일반화를 하게 된다고 하면서 귀납의 논리를 거부한다. 그는 수학적 개념이나 원리나 법칙은 여러 가지 보기의 관찰로부터 귀납적으로 획득되는 것이 아니라, 전형적인 보기로부터 곧바로 그 구조를 파악하여 획득된다고 주장하며, 전자를 귀납적 이해(comprehension), 후자를 覺知(apprehension)라고 부르고 있다. 전형적인 예란 곧바로 그 구조에 대한 깊은 통찰을 제공해 주면서 동형인 다른 상황에 신속하고 정확하게 전이 가능한 예를 말한다.

Freudenthal은 특히 집합 사이의 일대일 대응에 의한 수의 비교나 덧셈 · 뺄셈의 개념은 귀납적으로 획득되는 것이 아니라 한두 가지 보기로부터 곧바로 획득됨에도 불구하고 교과서는 이를 많은 보기와 연습을 통하여 귀납적으로 지도하도록 꾸며져 있음을 지적하면서, 개념 지도방법과 기능 및 태도의 지도방법을 구분할 것을 제안한다. 그리고 이러한 覺知에 의한 지도가 가능하려면, 교사나 교육과정 개발자 및 교과서 저자들의 지도내용과 학습에 대한 상당한 정도의 통찰과 이를 수용하여 적용하려는 의지가 요구되며, 적절한 전형적인 보기를 찾는 많은 연구가 선행되어야 한다고 하면서, 전형적인 보기로서 체계적인 수세기를 통한 경로의 수 구하기, 귀납적 정의 및 수학적 귀납법의 전형으로서의 파스칼 삼각형을 들고 있다.

그리고 Freudenthal은 전형적인 보기를 이용하는 대수의 지도방법으로

'대수적 원리'를 이용한 지도방법과 연산을 수직선 위의 사상으로 해석하는 기하학적 방법을 들고 있다. 음수 $-x$를 $x+(-x)=0$이 되는 수로 정의하고 기지의 산술법칙을 그대로 사용하여 그 계산법칙을 지도하는 방법을 분수, 거듭제곱근, 분수지수, 허수의 지도에도 적용할 것을 권하고 있다. 여기서 문자를 임의의 자연수로 대치하면 전형적인 보기가 된다. 정수의 연산을 수직선 위의 사상으로 해석하여 -3에서 어떤 수 x를 빼는 것을 사상 $x \to -3-x$ 곧 0과 -3을 교환하는 대칭이동으로 해석하는 대수의 기하학적 지도방법을 권한다. 이 경우 음수 $-a$는 0과 자연수 a의 차 $0-a$, 곧 원점에 대한 대칭사상에 대한 자연수 a의 이미지 $0-a$의 약자로 정의되어 상태와 연산을 나타내는 양음의 부호의 이중역할의 혼란은 존재하지 않게 된다. 대수에 대한 기하학적 접근은 계산법칙이 일반적인 개념적 파악에 의하여 즉각적으로 얻어질 수 있다는 데 그 특징이 있다. 이는 수학교육이 조기에 기하화 되어야 한다는 입장에서 기하학적 사고방법에 보다 심원한 기초를 놓으려 한 것으로 생각된다. 그러나 Freudenthal도 지적하고 있듯이 이러한 지도방법이 실제로 어느 수준에서 적합하며 어느 정도까지 전개될 수 있는지는 구명되어야 할 연구과제이다.

Freudenthal(1974)은 Davydov(1982)에 의하여 시도된 산술교육의 조기대수화, 곧 수치산술에 앞선 문자산술의 조기도입 방법은, 추상적인 일반법칙을 많은 구체적인 보기를 통하여 지도하는 전통적인 방법을 비판하고 곧바로 추상적이고 일반적인 접근을 통하여 획득시키려고 한 점에서, 교육학적으로 심리학적으로 매우 건전한 원리를 바탕으로 한다고 보고 있다. 이러한 문자산술은 진정한 대수는 아니지만 전통적인 산술적 방법보다 문장제 해결에서 우수함이 실험적으로 입증되었으며, 양과 그 조작을 문자로 나타내고 $a+x=b$, $x=b-a$, $a=b-x$와 같은 식의 동치성을 파악하게 함으로써 산술적 접근에 의하여 초래되는 오류가 예방되는 등 많은 이점이 있다는 것이다.

대수학습에서 무엇보다도 중요한 것은 산술에서의 '경험적 사고'와 대비되는 변수의 개념과 식의 동치변형에 대한 '이론적 사고'이다. 산술적 사고

수준에서 등호나 빈 자리는 계산을 유발하는 데 불과하며, 이로부터 등식과 그 동치변형 및 변수의 개념이 점진적으로 형성되기를 기대하는 교수학적 가정은 대수학습이 시작되는 시점에서 많은 학생들이 탈락한 지금까지의 교육경험에 비추어 받아들이기 어렵다. 등식에 관한 사고에서, 현재 초등학교 수학을 지배하고 있는 '경험적 사고'를 바탕으로 한 '과제 → 산출' 지향적인 전략에서는 □=4+5, 4+□=9와 같이 수의 배열을 조금만 바꾸어도 혼돈을 일으키는 데 비해, 이론적인 '관계적' 모델에서는 등식의 성질에 따라 이러한 문제를 해결하게 된다. '과제 → 산출' 전략을 거듭 적용한다고 하더라도 이론적인 등식의 개념에는 이르지 못한다. 수학적 개념의 일반화는 '구체적인 대상 → 반구체물 → 기호표현'의 과정을 거쳐 물리적 성질을 점진적으로 사상하는 Aristoteles적인 추상화 과정을 동반한다는 전통적인 생각은 Dienes에 의하여 '다양성의 원리'로 뒷받침 되었으나, Freudenthal은 이러한 입장을 비판한다. 실제로 그림이나 구체물에 의한 표현을 이해하는 데는 이미 상당한 정도의 이론적 사고가 전제된다고 보아야 할 것이다.

이러한 문제를 해소하는 교수학적 방안의 하나로 이론적인 대수적 사고 자체를 일찍부터 곧바로 계발해야 한다는 것이 Davydov의 생각이며, Freudenthal도 이에 의견을 같이하고 있다. Freudenthal은 다음과 같이 말한다.

> 추상화와 일반화는－많은 경우에－많은 구체적이고 특별한 경우로부터 추상화와 일반화에 의하여 도달되지 않는다는 것이다. 그러한 것은 오히려 한 가지－전형적인－보기에 의하여 혹은 이러한 것이 없으면－대수에서와 같이－곧바로 추상적이고 일반적인 접근에 의하여 도달된다(Freudenthal, 1974, p. 412).

수학 학습활동의 주된 내용은 이론적 지식이며, 젊은 세대는 학습활동을 통하여 인류가 축적한 문화의 형식인 이론적 자산을 재생산하여 현실을 보는 이론적 안목을 갖게 된다. Davydov(1982)에 따르면, 학습활동은 "사실적 자료의 분석을 통한 실질적인 추상적 법칙의 구성 → 연역을 통한 '핵심'의 구성"을 거쳐 추상적인 것으로부터 구체적인 것으로 나아가는 이론적 지식의 동화과정을 거친다. 그는 $a=b$, $a>b$, $a<b$, $a+b>b$, $a=b-c$, $a+c=b+c$와 같은 문자로 나타내진 양의 조작에 대한 이론적인 법칙을 바탕으로 수개념을 동화하는 학습활동을 구체적으로 예시하고 있다. 이러한 생각은 현상의 정리수단인 본질로서 수학을 보고, 이를 전형적인 보기를 통하여 그 심상의 구성과 조작적 이해를 시도한 Freudenthal의 생각을 보다 일반화시킨 것으로 생각된다.

4. 수학화 학습-지도의 예

Freudenthal이 수학화를 통한 기하 학습-지도의 전형으로서 강조하고 있는 것이 van Hieles의 학습수준 이론이다. 그에 따르면 현상을 정리 · 조직하는 수단인 본질이 그 다음 수준에서는 현상, 곧 연구의 대상이 되는 과정을 반복하면서 기하학적 사고수준의 상승이 이루어진다. 그에 대해서는 다음 장에서 자세히 고찰하기로 하고, 여기서는 Freudenthal이 제시하고 있는 다른 몇 가지 수학화의 예를 살펴보기로 한다.

먼저 알고리즘화를 통한 기수법과 덧셈 지도방법에 대한 Freudenthal (1991)의 견해를 살펴보자. 알고리즘의 마스터는 역사적으로 인류의 발전에서 그러했듯이 개인의 발전을 위하여 매우 중요하다. 알고리즘은 시간이 걸리고 혼란을 야기시키는 통찰의 개재를 피하면서 장시간에 걸쳐 자동적인 수행이 가능하게 한다. 알고리즘화는 알고리즘을 마스터시키기 위한 것이며, 이는 오류를 확인하고 수정하며 잊어버린 알고리즘을 복구하는 능력을 포함한다. 전통적인 교육에서는 알고리즘을 먼저 배우고 후에 이해하기를 기대하면서 전형적인 예를 제시하고 모방하면서 연습하도록 하였다. 먼저 그 의미를 이해시키려고 알고리즘의 정당화를 시도하는 최근의 지도방법 역시 효과적이 못된다. 먼저 정당화하는 것은 후에 잊어버리는 결과를 가져왔으며, 전연 정당화를 시도하지 않은 경우보다 더 나은 학습이 이루어지지 못하였다. 이러한 지도방법은 형식과 내용을 분리하는 논리를 바탕으로 한 것이다. 알고리즘화는 그 정당화에 대한 논의가 학습과정에 내재되어 있다고 하더라도 학습자에게 달려져 있다. 알고리즘의 재발명은 지루하고 시간이 걸리는 활동이지만, 시간을 들여 노력할 가치가 있는 과정이다. 알고리즘의 재발명은 점차 단축되어 표준 알고리즘에 접근하는 점진적인 도식화 · 형식화 과정을 포함한다. Freudenthal(1981)이 제시하고 있는 기수법과 덧셈 알고리즘의 점진적 도식화 과정 곧, 수학화 과정은 다음과 같다. 쌓기 나무를 이용하여 낱개, 10개 묶음, 100개 묶음의 수 등으로 묶어세기 → 이를 계수대에 나타내고 숫자로 표현하기 → 계수대에서 자리수 묶어 올리기와 기수법으로 나타내기, 계수대에 두 수의 합을 나타내기 → 이를 세로 덧셈으로 나타내어 묶어올리기 → 세로 덧셈에서 자리수를 구하고 묶어 올리는 과정을 단계적으로 시행하기를 통한 표준 덧셈 알고리즘 구성하기.

다음에는 수직선 위에서 두 수 16과 72의 중점을 구하는 문제를 생각해 보자(Freudenthal, 1991). 두 수 a, b의 중점을 구하는 방법 $\frac{1}{2}(a+b)$를 곧바로 알려주고 답을 구하게 하는 대신에, 다음과 같은 과정을 통하여 관계를 직관적으로 발견하고 이를 점진적으로 수학화 과정을 거쳐 지도할 수 있다. 두 점이 상대쪽을 향하여 일정하게 움직일 때 만나는 점이 중점이다. 그 점을 간단히 구하는 방법은 두 수의 차의 반을 작은 수에 더하는 것이다. 이를 일반적인 대수적 언어로 나타내면 $a+\frac{1}{2}(b-a)$이고 이는 $\frac{1}{2}(a+b)$와 같다. 또는 두 수가 일정하게 서로 멀어지면서 움직이면 중점은 변하지 않는다. 작은 수가 원점까지 이동하면 큰 수는 a+b까지 이동하므로 중점은 $\frac{1}{2}(a+b)$이다.

다음에는 평행사변형의 정의를 제시하고 삼각형의 합동을 이용하여 그 성질을 증명하는 대신에, 평행사변형을 정의하는 학습-지도 과정에 대한 Freudenthal(1973)의 논의를 살펴보자. 학생들은 평행사변형의 모형을 이용하여 그 여러 가지 성질을 시각적으로 발견할 수 있으며, 학급에서 논의를 거쳐 이를 열거할 수 있다. 두 쌍의 대변이 각각 평행이며 서로 같다. 대각의 크기는 각각 같으며 이웃하는 각의 크기의 합은 180°이다. 대각선은 서로 다른 것을 이등분한다. 대각선에 의하여 합동인 두 삼각형으로 나누어질 수 있다. 평면은 합동인 평행사변형으로 덮을 수 있으며, 그림을 그려 그 이유를 평행사변형의 성질에서 찾아볼 수 있다. 이들 성질은 조직화를 요구하는 평행사변형의 성질이며, 그 사이에 논리적 연관성이 있다는 것을 자연스럽게 알게 된다. 이들은 서로 관련되며 이 가운데 하나는 다른 것이 나오는 근원이 될 수 있으며, 여기서 평행사변형의 정의가 발생될 수 있다. 여러 가지 제안에 대하여 토론하는 가운데 동치인 성질에 대한 아이디어가 나타날 수 있다. 평행사변형의 여러 가지 모형을 만들어 봄으로써 이제 마름모, 직사각형, 정사각형이 평행사변형인 이유가 분명해진다. 학생들은 이러한 과정을 통하여 정의는 기술 이상이며, 대상의 성질을 연역적으로 조직하는 수단임을 경험을 통하여 알게 된다. 이는 창조적인 수학자들이 보통 하고 있는 바로 그것이며, 학습자에게도 허용되어야 하는 것이다. 흔히 정의는 미리 생각되는 것이 아니라 조직화 활동의 마무리 작업이며, 이러한 특권을 아동들에게서 빼앗아서는 안 된다. 훌륭한 기하교육이란 내용을 조직하는 것을 배우고 조직화가 무엇인지를 배우는 것이며, 개념화하는 것을 배우고 개념화가 무엇인가를 배우는 것이며, 정의하는 것을 배우고 정의가 무엇인지를 배우는 것이다. 이는 학생들이 어떤 조직화, 개념, 정의가 다른 것보다 좋은 이유를 이해하게 됨을 뜻한다. 전통적인 기하교육에서처럼 내용을 미리 조직된 구조로서 제공하는 대신에 도형의 성질을 발견하는 경험을 시키고 그러한 성질을 조직하는 기회를 제공해야 한다.

Treffers(1978)는 수학화를 어떤 문제를 협의의 형식적인 수학적 처리가 가능하도록 만드는 수평적 수학화(horizontal mathematising)와 다소 세련된 수학적 처리를 실행하는 수직적 수학화(vertical mathematising)로 구분하였다. Freudenthal(1991)은 이러한 활동은 이론적 실제적으로 동치라고 보았으나, 수학화를 수직적 요소로 제한하는 교육에 관심이 있는 수학자들과 수학화를 수평적인 것으로 한정하는 수학교육에 관심을 둔 교육학자들에게 너무 자주 실망해 왔기 때문에, Treffers의 구분을 다양한 유형의 수학교육을 특징짓는 효과적인 도구로서 긍정적으로 평가하게 되었다. 기계적 교육을 특징짓는 것은 수평적 수학화와 수직적 수학화의 결여이며, 경험주의적 교육에서는 수평적 수학화는 돌보지만 수직적 수학화를 경시한다. 구조주의자의 교육에서는 수직적 수학화는 계발하지만 수평적 수학화가 경시된다. Freudental이 주장하는 현실주의적 교육에서는 수평적 수학화와 수직적 수학화를 모두 바르게 평가한다. 이러한 Treffers의 분류는 교수 유형의 대략적인 특징에 대한 기술이다.

물건의 수를 사람의 수로 나눌 때 각 사람에게 하나씩 또는 동일한 개수씩 모두 분배하여 주는 것은 등분제의 수평적 수학화이며, 그 과정을 단축하기 위해 점점 큰 몫을 찾고 결국 표준 나눗셈 알고리즘에 이르는 점진적인 도식화, 점진적인 알고리즘화 과정이 수직적 수학화이다. A, B 지점이 3개의 길로 연결되어 있고 B, C 지점이 4개의 길로 연결되어 있을 때 A로부터 B를 거쳐 C 지점에 이르는 길은 몇 가지인가를 알아보기 위해 문제의 구조를 인식하여 체계적인 수세기를 하는 것은 수평적 수학화이고, 이를 곱셈에 의해 구하는 것, 경우의 수를 곱셈공식으로 나타내는 것은 수직적 수학화이다. 그러나 초심자와 전연 다르게 숙련된 수학자에게는 수학적 대상이 생활(현실)의 일부일 수 있다. 수학화의 이러한 구분은 상대적인 것이며 특정한 상황, 관계된 개인과 그의 환경에 좌우된다.

다음에는 Freudenthal(1973)이 도형의 성질을 논리적인 관계로 조직하는 국소적 조직화의 예로 든 삼각형의 세 변의 수직이등분선은 한 점을 통과한다는 정리의 증명을 살펴보자. 현행 중학교 수학에서는 삼각형의 두 변의 수직이등분선의 교점에서 나머지 변에 내린 수선이 그 수직이등분선임을 삼각형의 합동을 이용하여 보임으로써 이 정리를 형식적으로 증명한다. 그러나 이 정리의 그러한 대칭적인 진술과 형식적인 증명은 학생들에게 의미 있게 이해되기 어렵다. 먼저 이 정리를 '△ABC에서 변 AB, BC의 수직이등분선을 그려라. 그 교점을 M이라고 하자. 변 AC의 수직이등분선은 어디를 지나는가?' 와 같이 문제형식으로 덜 대칭적으로 진술하면 학생

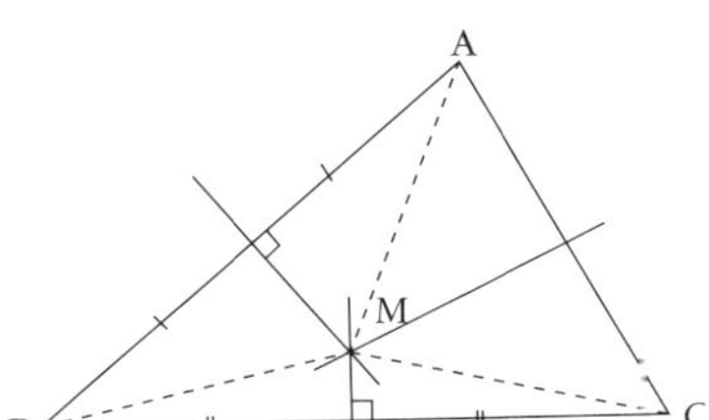

들은 이 정리를 쉽게 발견한다. 그리고 선분의 수직이등분선은 그 끝점으로부터 같은 거리에 있는 점의 집합이라는 성질을 이용하여 다음과 같이 정리를 증명한다.

점 M은 변 AB의 수직이등분선 위에 있으므로

$\overline{MA} = \overline{MB}$ ············ ①

점 M은 변 BC의 수직이등분선 위에 있으므로

$\overline{MB} = \overline{MC}$ ············ ②

①, ②로부터

$\overline{MA} = \overline{MC}$

따라서 점 M은 변 AC의 수직이등분선 위에 있다.

이 증명에는 '점 M은 수직이등분선 위에 있으므로 같은 거리에 있다'는 성질과 '점 M은 같은 거리에 있으므로 수직이등분선 위에 있다'는 성질, 곧 역과 필요충분조건이란 논리가 처음으로 직관적으로 자명하게 등장한다. 그리고 이 증명을 이해하려면 겉보기에 평범한 성질인 등식의 추이성이 드러내져야 하므로, 추이성과 그 생산성을 이해하는 첫 번째 예가 된다. 또한 이 증명은 대칭적인 명제를 비대칭적인 방법으로 접근하여 증명하는 고등수학 수준까지 유용한 방법론적 패러다임의 첫 번째 예이다. '세 직선이 한 점을 지난다'는 것은 '한 직선이 다른 두 직선의 교점을 지난다'는 것과 같은 것을 의미한다는 것을 아는 것은 중요한 진전이다. 그리고 세 직선이 한 점을 지난다는 결합정리가 거리에 관한 논거로 증명되는 예인바, 그 심오한 이유를 이해하기는 쉽지 않을 것이다. 이 정리는 외접원의 아름다운 작도를 가능하게 한다. 이 정리의 증명은 아동들이 선분의 수직이등분선이 그 끝점에서 같은 거리에 있는 점의 자취임을 이해하면 곧바로 다룰 수 있다. 그러나 그러한 기본적인 분명한 성질의 증명을 다룰 필요는 없으며, 그러한 증명은 외접원 정리의 이해에 하등 기여하지 못한다. 기초의 탐구는 고등수학의 과제이며, 무한후퇴의 악순환은 공리적 방법에 의하여 멈추게 된다. 수학책은 기성수학이므로 공리로부터 시작할 수 있지만, 활동으로서의 수학은 결코 그렇지 못하다. 공리적 체계화는 너무 복잡하고 길어지므로 그렇게 하는 대신에 공리로부터 증명될 수 있다는 확신으로 대신한다. 수학을 창안하고 적용하는 성인 수학자의 실제적인 활동은 국소적 조직화 활동이며, 수학의 초보자는 그 이상을 할 수 없다. 학생들은 국소적인 연역을 할 수 있고 이해할 수 있지만, 전반적인 연역체계를 파악할 수 없다.

5. 수학화 학습-지도론의 수학교육사적 위치

Lietzmann(1912)은 20세기 초의 수학교육 개혁운동의 사상적 기반을 상징하는 세 인물로 이론수학의 전형인 《Euclid 원론》의 저자 Euclid, 고대 바빌로니아와 이집트의 실용수학의 전통을 이어받은 《측량술》의 저자 Heron, 그리고 수학교육을 통하여 기초도야의 이념을 실현하고자 한 Pestalozzi를 들었다. 오늘날의 수학교육의 바탕에도 이들에 의하여 상징되는 형식주의, 실용주의, 인간주의 수학교육 사상이 흐르고 있음은 부정할 수 없다. 학교수학은 이러한 수학교육 사상을 구현하기 위한 것으로, 수학적 형식으로 현상을 보고 설명하는 지적인 안목과 태도를 기르기 위한 '이론적 지식'이면서 문제를 해결하기 위한 수단이 되는 '실제적 지식'으로 이루어져 있으며, 수학교육의 주요문제는 이러한 사상의 조화로운 구현의 문제라고 볼 수 있다.

20세기에 들어와 실용주의 사상을 발전시킨 Dewey의 도구주의 교육사상과 그를 바탕으로 한 생활중심 교육과정이 확산되면서 이론적 지식중심의 수학교육 내용은 문제해결 능력의 개발을 위한 생활중심의 지식으로 대체되었다. 그러나 이러한 수학 교육과정은 1960년대에 대전환기를 맞이하여, 1920~1930년대 이래의 '즉각적인 유용성'을 추구한 진보주의 교육을 그릇된 교육으로 간주하고 '지식의 구조'를 강조하는 '학문중심 교육과정'인 '새 수학'이 구성되었다. 1970년대에 들어오면서 학문중심 교육과정의 퇴조는 그 이상을 실천에 옮기는 과정에서 빚어진 방법상의 미비 때문이었으며, '새 수학'의 이념은 건전한 것으로 계속 추구되어 왔음은 NACOME

(1975) 보고서에 지적된 바와 같다. 그러나 1970년대에 '새 수학'의 반동으로 일어난 'Back to Basics' 운동은 다시금 '즉각적인 유용성'의 추구로 회귀하려고 한 것임은 부정하기 어려울 것이며, 1980년대 이후 오늘날까지 문제해결 교육을 강조하는 시대정신은 Dewey의 이론의 새로운 차원에서의 르네상스로 볼 수 있다. 1990년대의 미국 수학교육계의 청사진으로 제시된 《학교수학의 교육과정과 평가의 표준》(NCTM, 1989)은 21세기 정보사회에서 생산적인 시민이 되기 위하여 요구되는 수학적 소양에 대한 실용주의적인 견해, 곧 기본적인 수학적 개념과 절차의 가치는 어떤 목적 있는 활동과정에서 유용한 정도에 의하여 결정되며, 수학교육은 단지 '아는' 것보다 '하는' 것을 지속적으로 강조해야 한다는 입장을 바탕으로 하고 있다.

학교수학은 NACOME(1975)가 '잘못된 이분법'이라고 부른 '고전수학과 새 수학, 기능과 개념, 구체적인 것과 추상적인 것, 직관과 형식, 구조와 문제해결' 사이를 동요함으로써 피해를 받아왔다. 그러면 현상을 수학적으로 볼 수 있는 내적인 안목이 되면서 문제를 해결하는 데 필요한 유용한 실용적 지식이 되도록 하는 인간주의 교육을 실현하는 방안은 어디서 찾아야 할 것인가?

수학교육에서는 전통적으로 수학을 완성된 지식체계로 보고 그 논리적 · 연역적 특성과 증명에 교육적인 초점을 두고, 수학적인 탐구과정, 수학이 형성되어 가는 역동적인 과정을 거의 고려해 오지 않았다. 일찍이 Descartes (1961)는 수학의 유클리드적인 종합적 양식을 정신을 질식시킨다고 하여 비판하면서 분석적 사고의 중요성을 강조했으며, 수학을 논리적으로 전개된 완성된 지식체계로 '가르치는' 이러한 형식주의의 결함을 극복하기 위하여 18세기 이래 거듭 제기되어 온 원리가 역사-발생적 원리로, 이는 수학의 발생을 학습과정에서 재성취하게 하려는 것이다.

Dewey(1916, 1960)는 '지식'과 '지식의 기록'을 구별하고, 종래의 지식교육의 문제는 지적 활동의 산물인 지식의 기록을 수용하도록 지도한 데 있으며, 교육의 출발점이 아니라 도착점인 교과내용의 논리적 구조, 곧 완성된 형식으로서의 교과내용에 따른 교육을 한 데 있다고 하면서, 교과가 아동의 마음속에서 학습되어 가는 심리적 과정에 따라 과학적으로 사고하는 방법을 경험시킬 것을 주장하였다. 수학교육이라는 것은 수학적인 사고를 가르치는 데에 그 목적이 있으며, 수학적인 사고는 관찰, 착상, 실험과 검증이란 자발적인 반성적 사고과정을 통하여 구성되는 것이며, 수학적 행동이 일어나는 상황, 곧 문제상황과 떨어질 수 없고 그 상황 안에서 문제해결 활동을 하는 가운데 그 해결수단으로써만이 의미 있게 배울 수 있다고 본 것이다.

그러나 일찍이 Klein(1924)이 적절히 지적했듯이, 교육을 기성의 일반적인 아이디어로 시작하며 이 방법만을 '유일한 과학적인 방법'이라고 옹호하려고 하는 사람들이 거듭 존재해 왔으며, 20세기 중엽에 이르러 그러한 철학은 급기야 학교수학의 현대수학화란 혁명을 불러일으켰다. 1960년대의 '새 수학'은 소위 지식의 구조를 강조하는 학문중심의 교육사조의 산물이다. 그에 따르면, 종래의 교육의 문제점은 지식의 표층 이면에 내재해 있는 지식의 구조, 곧 기본개념과 탐구과정을 가르치지 않았으며, 지식의 표층에 있는 사실의 더미이거나 학자들의 탐구결과인 교과의 '중간 언어'를 가르쳤다는 것이다. 그러나 Bruner(1960)는 지식의 최전선에서 새로운 지식을 만들어 내는 학자들이 하는 것이거나 초등학교 3학년 학생이 하는 것이거나를 막론하고 모든 지적 활동은 근본적으로 동일하다는 신념에 따라 '어떤 교과든지 그 지적 성격에 충실한 형태로 어떤 발달단계에 있는 어떤 아동에게도 효과적으로 가르칠 수 있다'는 가설 아래, EIS 이론에 따라 지식의 구조를 학습자의 지적 수준에 맞게 동형적으로 번역 · 제시하여 발견시키고자 했으며, 직관적 사고와 교구의 중요성을 강조하고 나선형 교육과정을 주장하였다. 그러나 학습자 자신의 활동의 반성을 통한 지식의 재구성적 발생맥락을 경시했으며, 그 결과 '새 수학'은 생명력을 잃은 채 형식적인 교재로 제시되는 데 그치게 되었다. '새 수학'을 상징적으로 대표해 온 Bourbaki 학파의 Dieudonné(1972)의 주장처럼, 현대수학의 본질은 추상적 개념을 창조하여 그것들로 추론하는 힘에 있으며 이는 수학적 방법의 정수인바, 수학교육의 목적은 그러한 수학적 방법에 따라서 학생의 사고를 정돈하여 명철한 정신과 엄밀한 판단력을 개발하는 데 있다는 것이 '새 수학'의 철학이다. 그 결과 Papert(1980)가 지적하고 있듯이, Bourbaki의 구조주의가 학습이론이 되었던 셈이며, Cantor의 집합론은 수개념, 도형개념, 함수개념 등을 집합으로 정의하는 소위 '외연주의'를 지도방법론이 되게 하였는바, 결과적으로 '새 수학'은 그 이념의 패러디에 그친 결과가 되고 말았다. 이러한 '새 수학'의 심리학적 뒷받침을 한 것이 Bourbaki의 모구조와 인지구조의 대응관계를 주장한 Piaget의 발생적 수학인식론이었다. Piaget의 조작적 구성주의에 따르면, 수학이 그 역사적 발달과정을 통하여 탐구해 감에 따라 인간정신의 기본구조와 보다 밀접하게 연결된다. 따라서 이 견해에 따르면, 현대수학의 기본적인 사고방식에 따라 수학교육의 근본적인 개혁을 계속적으로 기도하여 조기교육을 시도하는 것이 바람직하다. 또한 Piaget 이론에 따르면 전체성, 일반성, 곧 구조를 단순성으로 파악하고 연역적 전개순서에 따라 교재를 구성하는 것이 아동의 심리적 발달과 조화되는 자연스런 길이다(졸고, 1983).

그러나 '새 수학'의 시대인 1962년에 미국과 캐나다의 저명학 수학자 65명이 '새 수학' 운동에 대한 경고로 발표한 각서 가운데에서 논리적 전개순서가 비판되고 발생적 원리가 수학교육의 기본원리로 다시금 주장되었다. Lakatos 또한 수학 교과서는 학생들이 수학의 발견과정을 경험하도록 수학의 발생과정의 합리적 재구성이어야 한다고 주장하면서, 수학적 발견의 논리에 비추어 수학교육에서의 형식적인 연역적 접근방법을 비판하고, '증류된' 수학의 역사가 포함된 발견적 교재구성을 위한 원리와 방법을 제시하고 있다. Freudenthal(1981)은 구조수학을 지향한 '새 수학'을 형식주의라고 비판하고 거부한 Kline(1924), Thom(1973) 등과 마찬가지로 역사-발생적 원리를 수학의 의미를 개발하고 수학적 사고의 조작적 발전을 가능하게 하는 방안으로 옹호하였다.

Dewey 이래 오늘에 이르기까지 수학교육사를 통하여 분명히 드러나는 한 가지 사실은 '진정한' 수학적 사고교육을 위한 활동적인 학습-지도 방안이 꾸준히 모색되어 왔다는 점이다. 활동주의에 입각한 수학적 사고교육은 결국 과정목표를 중시하자는 입장이며, 이는 Polya식으로 문제해결 경험과 발견적 사고전략을 강조하는 방향으로 추구될 수도 있고, 내용목표를 추구하는 과정에서 추구될 수도 있다. Freudenthal의 수학교육론은 후자의 입장에서 생각한 수학적 사고교육 방안으로 간주될 수 있을 것이다.

앞 장에서 논의한 바와 같이, Dewey의 생각을 발전시킨 Piaget에 의하면, 논리-수학적 지식은 언어적 · 사회적 · 교육적 요인에 의하여 세련되어 학습자의 지적인 안목으로 통합되게 되지만, 그 발생은 행동과 조작의 일반적 조정으로부터의 추상화, 곧 '반영적 추상화'에 의하여 내적으로 구성되며, 내용과 형식의 교대, 곧 점진적인 형식화 과정을 거친다. 앞에서 논의한 바와 같이 Freudenthal은 교과의 본질을 그 구조로 파악하고 이를 효과적으로 제시하기 위한 방안으로 Bruner가 Dienes와 공동으로 연구한, 행동의 내면화를 시도한 발견적 교수법의 예시를 비판하면서, 8세 아동에게 이차식의 완전제곱형의 인수분해에 대한 학습을 'EIS 이론'에 따라 시켰다고 하더라도 아동은 전수학적인 기초수준에 머물러 있는 데 불과하며, 그것을 조정 · 반성하여 변수를 내포한 식의 의미를 이해하는 수학적 수준에까지 이르지 못했다고 비판한다. Freudenthal에게 활동이 중요한 것은 활동의 내적 질서가 자각되고 반성의 대상이 됨으로써 Piaget가 말하는 반영적 추상화가 일어나 본질이 파악되는 데 전제가 되기 때문이다. 이러한 생각은 Piaget의 비판가의 한 사람인 Vygotsky(1985)에게서도 찾아볼 수 있다. 그에 따르면 과학적 개념이 안정되고 의미 있게 발달하려면 아동의 무의식적인 자발적인 개념의 존재가 필수불가결한 바탕이 된다. 아동은 사고나 행위 또는 그 방식이 아니라 관련된 사물에 주의가 집중되기 때문에 자발적인 개념을 의식하지 못한다. 학교에서 가르치는 과학적 개념에 대한 언어적 지도는 자발적 개념의 기초 위에 그것을 자각시켜 의식화하고 재구성하게 하는 과정이어야 한다는 것이다.

1960년대 이후 수학교육계는 '새 수학'의 수학적 · 심리학적 · 교육학적 배경이 된 Piaget, Bruner의 이론에 따라, 활동주의적인 입장에서 지식을 조작으로 보고, 현대수학적인 핵심적인 아이디어를 '지적으로 정직하게' 초등화하여 아동용으로 '번역'한 구체적 소재를 다루는 활동의 내면화에 의하여 현대수학적인 사고의 형성을 시도해 왔다. 이러한 시대사조는 수학적 지식의 활동적 본성에 따라 그 유용성과 관계적 이해를 추구하는 활동주의적인 수학교육관이 충분히 성숙되지 못함으로써, 결과적 지식의 인위적인 피상적 초등화와 그를 다루는 활동의 지도에 머물렀던 탓으로 아이러니컬하게도 Bruner가 염려하던 결과적 지식의 수용, 곧 '중간 언어'의 획득에 머물게 되었다. 이러한 활동주의적인 수학교육관은 그 '번역'은 다를 수 있고 달라야 하지만, 지적으로 정직한 수학은 한 가지라는 '정역학적인 구조주의적 활동주의'라고 할 수 있을 것이다.

Freudenthal은 수학과 인간 및 사회에 대한 배경철학이 수학교육의 골격을 결정한다고 보고, 전통적인 수학교육이 추구해 온 수학학습의 형식적 가치와 '새 수학'이 추구해 온 집합론적인 형식주의 수학을 거부한다. 그는 "나는 전 생애에 걸쳐 수학의 형식적 가치에 대한 이러한 신념과 투쟁해 왔으며, 마음속에 다른 종류의 수학교육을 생각하고 있었긴 하지만(이는 변명이다), 고백하건대 결국 개종하기 위하여 그랬을 뿐이다"(1991, p. 132)라고 하면서, 자신의 수학교육 철학을 '현실주의적 접근방법'이라고 규정한다. 그는 Treffers의 분류에 따라 기계적 접근은 수학화 활동이 완전히 결여된 것이고, 구조주의적 접근은 수평적 수학화가 결여되었으며, 경험주의적 접근은 수직적 수학화가 결여된 것인 데 비해, 현실주의적 접근은 현실적 문맥으로부터 수평적 수학화를 추구하고 점진적인 형식화를 거치면서 수직적 수학화를 추구하는 입장으로 규정한다. 아울러 Galperin의 유물론적 접근이나 전통적인 구성주의적 입장, 그리고 수학적 지식의 객관성을 부정하는 von Glasersfeld(1991)의 급진적 구성주의적 입장의 모호성과 교수학적 부적절성을 지적하고 있다.

Freudenthal에게 있어서 수학교육의 근본문제는 학습자의 경험과 유리된 형식적인 지식을 단순화하여 전달하는 데에서 비롯되는 문제이다. 그에 따르면, 학습자의 마음과 별도로 존재하는 외적인 '기성 형식'으로서의 수학을 그 자체의 형식적인 논리적 전개순서에 따라 가르치려는 전통적인 교육관을 불식하고, 수학의 활동적 본성에 대한 인식을 바탕으로 그에 적합하도록 학생들의 활동과 그에 대한 반성을 통하여 수학을 거듭 재구성해 가도록 해야 한다. 이러한 입장은 과학이 나타내는 논리적 형식은 과학을 배우는 출발점이 아니라 도달해야 할 대상이며, 따라서 과학을 가르치는 올바른 방법은 완성된 상태로서의 과학을 논리적인 순서에 따라서 가르치는 것이 아니라, 학습자의 실제적인 경험에서 시작하여 반성적 사고를 통하여 거기에 내재해 있는 원초적인 지적 내용이 점진적으로 전문적인 과학적 지식수준으로 자연스럽게 발전해 가도록 하는 상향식의 '발달적 방법', 곧 '심리적 방법'을 주장한 Dewey(1916)의 주장과 맥을 같이한다고 볼 수 있다. Freudenthal의 주장은 마음의 능동적 성향과 마음과 환경의 상호작용, 아동의 경험과 그 안에서 성장하는 교과 사이의 연속성의 원리를 주장하고 교육을 '경험의 계속적 성장'으로 규정하여 학교교과의 위치를 '반성적 경험' 안에 두고자 한 Dewey의 이론의 수학교육적 해석으로 간주될 수 있을 것이다. Dewey는 아동의 현재의 경험과 교과가 나타내는 보다 풍부하고 성숙한 경험 사이를 연결하는 방법을 찾아내는 것을 교육의 주요문제로 보았으며, 활동과 그 결과를 관련짓는 의식적이고 자발적인 노력으로 경험을 풍부하게 하고 의미를 부여하는 지적 활동인 '반성적 사고'를 통한 지식교육을 주장한다(차미란, 1987). 수가 공부할 대상이 되어야 하는 것은 그것이 이미 수학이라는 학문을 이루고 있기 때문이 아니라, 우리가 생활하고 있는 현실에의 적응을 위한 측정활동과 관계되기 때문이다. Dewey에게 삶의 질을 향상시키는 경험의 성장에 영향을 미치는 문제해결의 도구가 되는 지식이 의미 있는 지식이며, 이는 문제상황에서 반성적 사고에 의하여 경험을 능동적으로 재조직한 결과인바, 지식교육은 그러한 활동경험을 통해서만 의미 있게 이루어질 수 있는 것이다.

수학적 개념은 외통이 아니라 역사적 발달과정을 통하여 형성된 복합적인 것이며 질적으로 다른 여러 수준이 있는 상대적인 지식이라는 발생적 관점에서, 수학화 과정을 경험시키려는 발생적인 활동주의적 수학교육관이 새롭게 부흥되고 있다. 그리고 Piaget가 제기한 수학적 사고의 조작적 본성이 새롭게 조명되면서 수학화를 통한 사고교육을 지향하는 수학교육의 방법론적 기초가 되고 있다. 특히 여기서 주목을 받고 세계적으로 많은 연구가 이루어져 온 것이 Piaget가 밝힌 수학적 사고의 조작적 본성과 근본적으로 다를 바 없는 van Hieles(1986)의 수학 학습수준 이론이다. 그가 구분한 수학 학습수준은 수학적 사고가 활동 가운데 잠재된 수준, 수학적 활동이 토론과 객관화의 대상이 되는 수준, 수학적 활동을 이론의 틀로서 보는 수준을 거쳐 발달한다는 것이다. van Hieles의 수학 학습수준 이론은 Freudenthal의 지도하에 작성된 학위논문의 골격인바, Freudenthal의 수학교육 이념과 맥을 같이하는 것이다. 여기서 특히 주목을 끄는 것은 '바닥수준'에서 현상을 정리하는 수단으로서 구성된 본질에 대한 원초적인 직관적 심상이 단계적으로 명확화되어 최종적으로 형식적인 개념에 이르게 함으로써 수학적인 안목이 형성되고 학교수학은 현상의 조직수단으로서 유용한 지식이 될 것이라고 보는 점이다. 여기서 중요한 것이 수학적 사고의 본질에 대한 분석과 현실적 문맥의 정리수단로서의 그에 대한 mental objects의 구성을 위한 기초연구이며, Freudenthal의 교수학적 현상학은 여기에 집중되고 있다. 이러한 입장에서 볼 때, Freudenthal의 교수현상학적 수학교육 이념은 '동역학적인 본질 구성주의적 활동주의'라고 할 수 있을 것이다.

Freudenthal은 1980년 제4차 수학교육 국제회의에서 행한 '수학교육의 주요문제'란 제목의 기조강연에서 수학의 역사적 발생과정, 반성적 사고과정, 현실적 문맥을 통한 재발명 방법에 의한 수학적 사고교육 방안을 향후 수학교육계가 해결해야 할 주요문제로 제기했으며, 앞에서 고찰한 바와 같이 현실적인 문제 문맥이 수학화의 근원으로 작용하게 하고 van Hieles(1986)가 제시한 거시적인 학습수준과 Kilpatrick(1980)이 언급한 바 있는 '반영과 순환'에 의한 미시적 수준에 따른 재발명 과정으로 해석될 수 있는 학습-지도 방안을 제시하였다. 문제 문맥으로부터 수학화를 통하여 현실과의 관계가 적재된 수학을 재발명시킴으로써 수학적 안목을 갖게 하는 동시에 응용 가능한 수학을 개발하고자 한 그의 수학교육 이념은, 학생들에게 수학적인 안목을 갖고 현상을 보는 이론적 삶의 자세를 길러 주는 동시에 학교수학이 생활 및 과학의 도구로서 실제적 유용성을 갖도록 교육하는 길을 제시해 줌으로써, 학교수학의 형식성을 극복하고 Gattegno(1971)와 Olsen(1987)이 제기한 의식성의 개발을 통한 만인을 위한 수학교육과 수학교육을 인간화하는 길, 학문 중심주의와 실용주의 수학교육 사상을 인간주의 수학교육 사상으로 통합하여 구현하는 길을 제시해 주고 있다고 생각된다.

참고문헌

우정호, 〈J. Piaget의 수학교육관의 철학적 배경〉, 대한수학회 회보, vol. 20, no. 2, 1983, pp. 111-122.

______, 〈Piaget 이론의 수학교육에의 적용은 수학적 · 교육학적 · 심리학적 오류인가〉, 《수학교육》, 한국수학교육학회지, vol. XXII, no. 3, 1984, pp. 1-13.

______, 〈조작적 수학교육 프로그램〉, 《사대논총》, 제31집, 1985, pp. 161-181.

이규호, 〈교육학의 학문적 성격〉, 《교육학 연구》, 제6권, 제1호, 한국교육학회, 1967, pp. 9-14.

이홍우, 《교육의 개념》, 문음사, 1991.

정영옥, 〈Freudenthal의 수학화 학습-지도론 연구〉, 서울대학교 대학원 교육학 박사학위 논문, 1997.

차미란, 〈듀이의 교육이론에 나타난 경험과 교과의 관계〉, 서울대학교 대학원 교육학 석사학위 논문, 1987.

平林一榮, 《數學教育の活動主義的展開》, 東洋館出版社, 1987.

Bruner, J.S., *The Process of Education*, Harvard University Press, 1960.

______, *Toward a Theory of Instruction*, W.W. Norton & Company, Inc., 1968.

Buchert, E.W., *Mathematization in Instruction*, doctoral dissertation, University of Cansas, 1979.

Davydov, V.V., "The Psychological Characteristics of the Formation of Elementary Mathematical Operations in Children", Carpenter et al., *Addition and*

Subtraction: A Cognitive Perspective, Lawrence Erlbaum Associates, Publishers, 1982.

Descartes, R., *Rules for the Direction of the Mind*, trans. by L.J. Lafleur, The Bobbs Merrill Company, Inc., 1961.

Dewey, J., *Democracy and Education*, Macmillan, 1916.

______, *How We Think*, D.C. Heath and Company, 1960.

Dewey, J. & J.A. McLellan, *The Psychology of Number and Its Application to Method of Teaching Arithmetic*, D. Appleton Company, 1895.

Fischbein, E., *Intuition in Science and Mathematics*, D. Reidel Publishing Company, 1987.

Freudenthal, H., *Report on Methods of Initiation into Geometry*, Groningen, 1958.

______, "A Comparative Study of Methods of Initiation into Geometry", *L'Enseignement Mathématique*, vol. 2, no. 5, 1959, pp. 119-139.

______, "Enseignement des math Matiques Modernes ou Enseignement Moderne des math Matiques?", *Enseignement Math Matique*, 2, 1963, pp. 28-44.

______, "Why to Teach Mathematics so as to be Useful", *Educational Studies in Mathematics*, vol. 1, 1968, pp. 3-8.

______, "What Groups Mean in Mathematics and What They Should Mean in Mathematics Education", A.G. Howson(ed.), *Development in Mathematical Education*, Cambridge University Press, 1973-1, pp. 101-114.

______, *Mathematics as an Educational Task*, D. Reidel Publishing Company, 1973-2.

______, "Soviet Research on Teaching Algebra at the Lower Grades of the Elementary School", *Educational Studies in Mathematics*, vol. 5, 1974, pp. 391-412.

______, "Didaktische Phönomenologie Mathematischer Grundbegriffe", *Der Mathematikunterricht*, Heft 3, 1977, S. 46-73.

______, *Weeding and Sowing — A Preface to a Science of Mathematics Education*, D. Reidel Publishing Company, 1978.

______, "Major Problems of Mathematical Education", *Educational Studies in Mathematics*, 12, 1981, pp. 133-150.

______, *Didactical Phenomenology of Mathematical Structures*, D. Reidel Publishing Company, 1983-1.

______, "The Implicit Philosophy of Mathematics History and Education", *Proceedings of the International Congress of Mathematicians*, Warszawa, 1983-2, pp. 1695-1709.

______, *Revisiting Mathematics Education*, China Lectures, Kluwer Academic Publishers, 1991.

Kilpatrick, J., "Reflection and Recursion", M. Carss(ed.), *Proceedings of the Fifth International Congress on Mathematical Education*, Birkhäuser, 1980, pp. 7-29.

Klausmeier, H.J. et al., *Conceptual Learning and Development*, Academic Press, Inc., 1974.

Klein, F., *Elementarmathematik vom höheren Standpunkte aus*, Vierte Aufl., Erster Band, Verlag von Julius Springer, 1924.

Lietzmann, W., *Stoff und Methode des Raumlehreunterrichts in Deutschland*, B.G. Teubner, 1912.

National Advisory Committee on Mathematical Education, *Overview and Analysis of School Mathematics*, Grades K-12, Conference Board of the Mathematical Sciences, 1975.

National Council of Teachers of Mathematics, *Curriculum and Evaluation Standards for School Mathematics*, 1989.

Olsen, M.S., *The Politics of Mathematics Education*, D. Redel Publishing Company, 1987.

Papert, S., *Mindstorms*, Basic Books, Inc., 1980.

Piaget, J., *Recherches sur L'abstraction réfléchissante*, vol. I, II, Presses Universitaires de France, 1977.

Polya, G., *Mathematical Discovery*, vol. II, John Wiley & Sons, Inc., 1965.

______, *How To Solve It*, 우정호 역, 《어떻게 문제를 풀 것인가》, 천재교육, 1986.

Point & Viewpoints, "On the Mathematics Curriculum of the High School", *The Mathematics Teacher*, March, 1962, pp. 191-196.

Schubring, G., *Das Genetische Prinzip in der Mathematik-Didaktik*, Klett-Cotta Typoscript, 1978.

Seeger, F., *Davydov's Theory of Generalzation: Theoretical Thinking and Representation in Learning and Teaching Algebra*, Institut für Didaktik der Mathe-matik der Universität Bielefeld, 1989.

Thom, R., "Modern Mathematics: Does it Exist?", A.G. Howson(ed.), *Developments in Mathematical Education*, 1973, pp. 194-209.

Treffers, A., *Three Dimensions*, A *Model of Goal and Theory Description in Mathematics Instruction - The Wiskobas Project*, D.Reidel Publishing Company, 1978.

Usiskin, Z., "Hans Freudenthal, Didactical Phenomenology of Mathematical Structures, D. Reidel, Dordrecht, 1983", *Educational Studies in Mathematics*, vol. 16, 1985, pp. 223-228.

van Hiele, P.M. & D.-G. van Hiele, "A Method of Initiation into Geometry at Secondary Schools", H. Freudenthal(ed.), *Report on Methods of Initiation into Geometry*, J.B. Wolters/Groningen, 1958.

van Hiele, P.M., *Structure and Insight: A Theory of Mathematics Education*, Academic Press, 1986.

Vygotsky, L.S., *Thought and Language*, 신현정 역, 《사고와 언어》, 성원사, 1985.

제 12 장
van Hieles의 수학 학습수준 이론

1. van Hieles의 수학 학습수준 이론과 관련 제 연구

van Hieles의 수학 학습수준 이론은 네덜란드의 Lycée 부부 수학교사였던 P.M. van Hiele와 그의 부인 D. van Hiele-Geldof에 의하여 1957년 Utrecht 대학에 제출된 두 편의 학위논문에 의하여 그 골격이 제시된 이래 P.M. van Hiele(1959, 1970, 1986)에 의하여 개발되어 온 이론이다. van Hieles 이론은 1960년대 초에 구소련의 수학교육학자와 심리학자들의 집중적인 연구와 실험에 의하여 그 주장의 타당성이 확인되었으며(Wirszup, 1976), 기하 교육과정 개발에 적용되어 성공적인 결과를 가져왔다(Pyshkalo, 1968). 그러나 서구에서는 Freudenthal(1973)이 그의 저서 가운데에서 그 중요성을 강조했을 뿐 별다른 주목을 받지 못하다가, 1974년 NCTM 연례회의에서 이러한 사실에 대한 Wirszup의 보고가 있은 후 그 가치가 인식되기 시작하면서 그와 관련된 다양한 연구가 이루어져 왔다.

앞 장에서 고찰한 바와 같이 Freudenthal은 전통적인 수학교육의 결함이 기성 지식의 전달에서 비롯되는 것으로 보고, 수학교육의 개선방안을 수학화를 재발명하는 방안에서 찾고 있다. 수학적 사고의 본질은 수학화 활동이며 활동은 실제로 행함으로써 가장 잘 학습되므로, 수학화 활동을 통한 재발명 과정으로 수학을 지도하고 학습하는 것이 진정한 의미의 수학교육이 될 것이라는 주장이다. Freudenthal(1973, p. 278)은 "기하는 공간 내의 현상을 수학적으로 조직화하는 것부터 시작되며, 그러한 활동에 의하여 형태가 도형이 된다. 적어도 기하는 이러한 방식으로 시작해야 한다. 그와 반대로 거의 모든 교육과정이 수학적으로 조직된 제재를 가지고 시작하고 있다. 학생은 비수학적인 교재를 수학화하는 방법을 학습할 수학에 존재하는 좋은 기회를 박탈당하고 있다"고 하면서, 기하의 학습은 공간에 대한 경험을 조직화하는 수학화 활동이어야 하며, 기하가 기성의 논리체계로서 학생들에게 부과될 것이 아니라 국소적 조직화를 거쳐 전체적 조직화인 공리화에 이르도록 지도할 것을 요구하고 있다.

Freudenthal이 주장하는 수학화를 학습하는 방법적 기초이론으로 제시된 것이 van Hieles의 학습수준 이론이다. 1950년대에 네덜란드의 Lycée 초임 수학교사였던 van Hiele 부부는 자신들이 지도하고 있는 학생들이 기하학습에 곤란을 겪고 있음에 주목하고 그 원인을 밝혀 내려고 노력하였다. 남편인 P.M. van Hiele가 기하에서의 사고수준 체계를 세운 것은, 그가 Piaget에 대하여 연구하던 중이었는데 아동에게 제시되는 문제나 과제가 종종 아동의 사고수준을 넘어서는 용어나 성질에 대한 지식을 요구함에 주목하였다. 그리하여 지도가 아동의 사고수준 이상의 수준에서 이루어지면 그 내용은 적절히 동화되지 못한다는 것을 밝혀 내었다. 그가 통찰한 것은 서로 다른 수준에서 생각하고 있는 교사와 학생은 서로 다른 문맥 내에서 말하게 되므로 서로를 이해할 수 없다는 것이며, 만일 n−1 수준에 있는 학생이 n 수준의 사고를 요하는 문제에 직면하게 되면 좌절, 불안 등의 심리적 요인을 안고 그 문제에 대하여 진전을 보이지 못하게 된다는 것이다.

van Hieles에 따르면 수학적 사고활동이란 경험의 세계를 조직하는 활동이며, 한 수준에서 경험을 정리하는 수단이 새롭게 경험의 대상으로 의식되어 그것을 조직화하는 활동이 이루어지게 되면서 그 다음 수준으로의 비약을 하게 되는 과정을 반복하는바, 수학의 학습-지도는 그러한 불연속적인 사고수준을 거치면서 수학적 사고를 재발명해 가도록 되어야 한다. van Hieles는 기하학적 사고를 다음과 같은 5수준으로 구분하고 있다. 이러한 수준 모델은 수학의 지도가 아동의 학습수준에 적합하지 못하면 극도의 부조화를 이룰 수 있음을 드러내 주는 것이다.

제0수준: 주변대상을 형이란 인식수단에 의하여 파악하는 단계로, 기본적인 도형을 그 구성요소에 대한 명확한 고려 없이 전체로서의 시각적 외관에 의하여 판별한다. 세모꼴, 네모꼴, 상자모양 등으로 도형의 이름을 말할 수 있으나, 그 성질을 명확히 말하지 못한다.

제1수준: 주변대상의 정리수단이었던 형이 연구의 대상이 되어 도형의 구성요소와 성질에 대한 비형식적인 분석을 통하여 도형을 파악한다. 직사각형의 대각선의 길이는 같다든가 마름모의 네 변은 길이가 같다는 등의 성질을 말할 수 있지만, 도형이나 그 성질을 명확히 상호 관련지을 수 없다.

제2수준: 도형의 성질과 도형 사이의 관계가 연구의 대상이 되고 명제가 정리수단이 된다. 도형의 여러 가지 성질 및 도형 사이의 관계를 파악하고 정의를 이해한다. 이를테면, 모든 정사각형은 직사각형임을 이해한다. 그러나 도형의 성질을 논리적으로 증명하지는 못한다.

제3수준: 명제가 연구의 대상이 되며 명제 사이의 논리적 관계가 정리수단으로 등장하여 공리, 정의, 정리, 증명의 의미와 역할을 이해하며 전체 기하의 연역체계를 파악한다. 이를테면, 삼각형의 내각의 합은 180°라는 명제를 증명할 수 있다. 그러나 엄밀한 증명의 필요성을 깨닫지 못하며, 다른 공리체계의 가능성을 이해하지 못한다.

제4수준: 기하학 체계 그 자체가 연구의 대상이 되어 여러 가지 공리체계를 비교할 수 있고, Hilbert류의 기하의 형식적 엄밀성을 파악한다. 공리의 무모순성, 독립성, 완전성과 같은 공리체계의 성질을 이해한다.

van Hieles가 제시한 이러한 기하 학습수준은 표 12-1과 같이 도해할 수

표 12-1.

수준 / 고찰	제0수준	제1수준	제2수준	제3수준	제4수준
대 상	주변의 사물	도형	성질	명제	논리
수 단	도형	성질	명제	논리	

있다.

P.M. van Hiele는 후에 이러한 생각을 일반화하여 자신의 학습수준 이론은 모든 수학 이해에 적용된다고 주장하면서, 수학적 사고수준을 크게 시각적 수준, 기술적 수준, 국소적인 논리적 관계를 파악하는 이론적 수준, 형식적인 연역체계를 파악하는 수준, 논리적 법칙의 본질을 통찰하는 수준으로 구분하고 있으며, 수나 함수 등의 학습수준을 거론하고 있으나 그에 대한 상세한 이론은 제시되어 있지 않다.

van Hieles의 수학 학습수준 이론의 요지를 정리해 보면 다음과 같다(P.M. van Hiele, 1958, 1959, 1986).

첫째, 학생들은 수학학습에서 n−1 수준을 통과하지 않고 n 수준에 도달할 수 없으며, 수학적 사고는 모든 수준을 차례로 거쳐 발달한다.

둘째, 모든 학생들이 같은 속도로 각 수준을 통과하지는 않으며, 수준의 이행은 적절한 지도에 의하여 촉진될 수도 있고 부적절한 지도 때문에 지연될 수도 있다.

셋째, 앞의 수준의 사고에서 내재적이었던 것이 그 다음 수준에서 의식화되어 명확히 인식되게 된다. 각 수준의 수학적 사고는 그 전 수준의 수학적 사고의 내적 질서를 대상으로 하여 연구하는 것이다.

넷째, 각 수준의 사고는 그 자신의 기호와 그를 연결하는 관계망을 갖고 있다. 수준의 이행은 언어의 확장과 관계된다.

다섯째, 서로 다른 수준에서 추리하는 사람은 서로를 이해할 수 없다. 이것이 교사와 학생 사이에 자주 발생하여 학습-지도를 어렵게 만드는 요인이 되고 있다.

여섯째, 사고수준의 비약은 지도과정에서 다음과 같은 다섯 단계를 거쳐 이루어질 수 있다.

안내단계: 자료를 제시받고 필요한 논의를 통하여 탐구할 분야에 친숙해지기 위한 활동을 한다.

제한된 탐구단계: 제시된 자료를 통하여 탐구분야를 연구하면서 그 진행

방향을 감지하고 탐구분야의 구조가 점진적으로 파악된다.

명확화 단계: 발견된 관계를 표현하는 활동을 통하여 그를 명확히 하며 전문적인 용어를 학습한다.

자유로운 탐구단계: 여러 가지 해결방법을 찾아봄으로써 탐구분야의 구조에 정통하게 된다.

통합단계: 탐구활동을 개관하여 전체를 조망하게 되면서 사고수준의 비약의 일보 전에 이르게 된다.

van Hieles 이론은 현상의 정리수단의 연구 대상화, 사고의 내적 질서의 의식화, 패턴화 · 형식화와 내용화의 거듭된 교대로 표현되는 수학화 과정의 특성을 반영한 수학 학습수준 이론으로, 기하 교육과정 개발과 학습지도 개선에 시사하는 바가 큰 이론이다. van Hiele(1959)는 사고수준 문제의 심각성을 함수의 정의를 예로 들어 다음과 같이 기술하고 있다. 함수가 함수식 f(x) 혹은 y=f(x)로 정의된다는 모호한 설명은 낮은 사고수준에서 함수의 정의를 내리려는 데에서, 곧 함수적 사고활동에 충분히 친숙해지기 전에 그러한 활동 가운데 내재적으로 포함된 구조, 곧 내적 질서를 표현하고자 한 데에서 비롯된 것이다. 그러한 시도는 실패할 수밖에 없었으며, 보다 높은 수준에 이르러 함수적 사고에서 실제로 무엇을 했는가 반성하게 되면서 함수는 x와 f(x)의 대응 f라는 결론에 이르게 되었다.

교사가 자기 자신은 이해하고 있지만 학생들은 이해하지 못하는 관계망에 의하여 추리를 하고 그를 근거로 수학적 관계를 학생들에게 제시할 때, 그러한 관계는 참으로 이해되지 않은 상태에서 학생들의 추리의 근거를 이루게 된다. 그러한 관계는 학생들의 경험과 무관한 부과된 것이기 때문에 가르쳐진 것과 그로부터 유도된 것만을 기억하게 되며, 그것을 특별히 고안해낸 연습문제에 적용하는 학습을 하는 데 그치게 된다. 그 결과 수학교육은 흔히 학생들의 의식에서 벗어난 수학적 지식을 반추하면서 제시하는 악순환 속에서 빠져나올 수 없는 경우를 당하는 것이다. van Hiele(1986, p. 45)는 "수학을 학습하는 것은 사고하는 것을 학습하는 것을 뜻한다"고 하면서,

수학교육의 주요 문제는 서로 다른 수준에서 추리하는 교사와 학생이 서로를 이해하지 못하는 데에서 비롯되므로 학생들의 사고수준을 파악하여 그에 따른 사고교육을 할 것을 요구한다.

다음에는 van Hieles 이론과 관련된 제 연구의 결과를 간단히 고찰해 보기로 한다. 구소련의 교육과학 아카데미 소속 수학교육학자였던 Pyshkalo와 Stolyar는 1960년부터 1964년까지 기하학적 사고의 발달수준에 대한 van Hieles의 이론을 실험을 통하여 그 타당성을 검증했으며(Wirszup, 1976), Pyshkalo는 van Hieles의 이론을 골격으로 하여 초등학교 1~4학년의 기하 교육과정을 개발하였다. 그 교육과정에서는 1학년에서 제0수준, 2, 3학년에서 제1수준의 기하학적 사고에 도달하도록 되어 있으며, 제2수준의 기하학적 사고의 학습은 4학년에서부터 시작하게 되어 있는데, 이는 소련의 전통적인 교육과정의 6학년 과정과 대등한 것이었다. 그 교육과정에 따라 학습한 8학년 학생들의 기하 이해수준은 전통적인 교육과정에 따라 학습한 11학년 학생들이 달성한 것과 비교될 수 있는 결과를 가져왔는데, Wirszup (1976)은 이것을 거의 1세기 동안의 러시아 수학교육에서의 가장 철저한 변화라고 지적하고 있다.

Mayberry(1981)는 van Hiele 부부의 논문을 분석하여 그들이 제시한 기하학의 사고수준을 조작적으로 정의하고 그를 바탕으로 직전교사의 기하에 대한 이해수준을 평가하기 위한 문항을 개발하였다. 검사결과 Mayberry는 van Hieles가 제시한 사고수준이 계층을 이룬다는 사실을 뒷받침하는 결과를 얻었다. Usiskin(1982)은 van Hiele 부부의 논문에서 각 수준의 아동의 행동을 기술한 광범한 인용문구를 발췌 · 분석하여 van Hieles가 제시한 사고수준의 도달 여부를 평가할 수 있는 보다 구체적인 문항을 개발하고, 중등학교 학생들의 기하학습에 대한 성취도와 van Hieles가 제시한 사고수준 사이의 관련성을 검증하였다. Usiskin은 이 연구에서 제 0~3수준의 존재를 뒷받침하는 증거를 제시했으나, 제4수준의 존재를 뒷받침하는 증거를 찾지는 못하였다. van Hieles가 제시한 사고수준에 대한 실험적 증거를 제시한 그 밖의 다른 여러 연구결과와 함께, 네덜란드의 기하 교육과정이 van Hieles

이론을 골격으로 하여 개편되었다는 사실은 그 이론이 기하 교육과정의 구성, 나아가 수학 학습지도의 개선을 위하여 유효한 준거로 사용될 수 있음을 보여주고 있다고 하겠다(Fuys, Geddes, Tischler, 1985).

2. van Hieles 이론과 조작적 구성주의

앞 장에서 살펴보았듯이 Freudenthal은 수학적 사고의 본질과 그 교육에 대하여 다음과 같이 주장하고 있다. 인간은 도형에 의하여 형이란 현상의 세계에 질서를 창조하며, 수에 의하여 양의 세계에 질서를 창조한다. 보다 높은 수준에서 인간은 증명에 의하여 도형이란 현상에 질서를 창조하고, 십진법에 의하여 자연수란 현상에 질서를 창조한다. 나아가 보다 높은 수준에서 여러 가지 수학적 현상이 군, 체, 위상공간 등의 개념으로 파악된다. 이와 같이하여 인간은 수학을 발전시켜 나아간다. 여기서 주목할 것은 현상과 그 정리수단과의 관계가 상대적인 관계라는 것, 즉 어떤 수준에서 정리수단이었던 것이 그보다 고차의 수준에서 현상으로 파악되며, 보다 낮은 수준에서 실행된 수학이 보다 높은 수준에서는 관찰되는 수학이 된다는 점이다. 결국 수학적 사고발달의 동인은 자신 또는 다른 사람의 수학하는 활동을 반성하는 것이며, 수학교육의 주요문제는 자신이나 다른 사람의 실제적 또는 정신적인 수학적 활동을 반성하도록 어떻게 자극할 것인가의 문제로 귀착되는 것이다.

프래그머티즘의 창시자로 과학자이자 철학자요 논리학자였던 Peirce (1956, pp. 1777-1778)는 수학적 사고의 주요한 특징으로 추상화를 들면서 다음과 같이 기술하고 있다.

> '밝다'를 '여기 밝음이 있다'로 변형하는 추상화, 이런 본질적인 추상화는 … 매우 특별한 사고양식이다. … 점은 움직인다. 여기서 기하학자가 점은 '선을 그린다'고 말하는 것은 추상화에 의해서이다. 이 선은 추상적 개념이지만 그 자체가 움직인다. 그리고 이것이 면을 생성하는 것으로 생각된다 등등. 마찬가지로 해석학자가 연산 자체를 연

> 산의 대상으로 다룰 때, 이는 그 유용성을 부정할 수 없는 방법인데, 이는 추상화의 또 다른 예가 된다. … 이들 보기는 수학적 사고의 대양에서의 추상화의 굽이치는 거대한 물결을 나타낸다. 그러나 우리가 수학적 사고를 상세히 검토하게 되면 모든 부분에서 같은 사고형태의 끊임없는 잔물결을 발견할 것이다.

이러한 수학적 사고발달의 특성에 대한 기술은 Dienes의 문헌에서도 찾아볼 수 있다. Dienes(1960, pp. 19-21)는 수학적 사고의 발달을 패턴화와 대상화의 반복으로 파악하고 다음과 같이 기술하고 있다.

> 이러한 종류의 패턴화는 바로 수학적 사고의 본질이다. 더욱이 확립된 패턴은 곧바로 수학적 대상으로 간주되게 되며, 이는 그 이상의 패턴에 들어맞는다. 이것은 다시 친근해지면서 대상으로 간주되며 같은 현상이 반복된다. … 그것을 문법적으로 보면 술어가 또 다른 술어에 대한 주어가 되고, 이는 다시 또 다른 술어에 대한 주어가 된다. 이러한 종류의 끊임없는 열려진 사고가 수학적 사고의 본질이라면, 그것은 세속적인 일상적 사고형태와 분명히 근본적으로 다른 것이다. 학습과 사고의 문제를 연구한 심리학자들은 거의 수학자가 아니었다. 아마도 이것이 이러한 다소 특수한 분야에서 일어나는 학습을 설명하는 적절한 이론이 지금까지 제시되지 못한 이유일 것이다.

앞 장에서 살펴본 바와 같이, Dienes는 수학적 사고활동의 본질에 대한 이러한 통찰을 바탕으로, 수학학습을 소위 '놀이'를 통한 구성적 활동이라고 보고, 수학적 개념형성에 대한 '개폐연속체' 모델을 제시하였다. 자유놀이 단계, 방향성이 있고 목적 지향적인 중간단계를 거쳐 개념이 형성되면 수학적 개념은 '닫힌' 상태로 되지만, 내성적 활동에 의한 분석 · 검토 및 외적 상황에의 응용과정을 통하여 개념이 정착되고 보다 정통하게 되면서 이미 '열린' 상태로 변한다. 이와 같은 상태가 되면 형성된 개념은 보다 높은 수준의 새로운 개념형성을 위한 자료, 곧 '놀이'의 대상이 되어 수학적 개념 형성의 사이클이 끊임없이 반복된다는 것이다. Dienes는 Bartlett의 이론을 근거로 수학적 개념형성의 고리, 즉 개폐연속체의 닫힌 상태로부터 열린 상태로 옮겨져 새로운 구성적 사고가 전개될 때 '모험적 사고'가 개재된다고 보고 있다. 이러한 Dienes의 학습이론은 패턴화와 대상화의 반복이란 수학적 사고활동의 특성에 입각하여 전개된 이론이나, 구체적인 학습수준을 예시하지 못하고 있을 뿐만 아니라 정상적인 수학학습을 너무 인공적으로 해석한 결과가 되었다는 비판을 면하기 어려울 것이다.

이러한 관점은 수학의 심리발생을 논한 Piaget의 발생적 단계론 가운데에서 보다 명확히 드러난다. Piaget(1977)는 수학적 사고가 행동과 조작의 일반적 조정으로부터의 추상화, 곧 반영적 추상화에 의하여 구성된다고 보고 있다. 그에 따르면 반영적 추상화는 주체 자신의 행동이나 조작의 보다 높은 수준에의 반사와 거기서의 그에 대한 반성이라고 하는 분리할 수 없는 두 요소로 이루어지며, 반사된 내용은 반성에 의한 새로운 형식의 구성을 필연화하며 반사와 반성의 교대, 따라서 내용, 형식, 보다 세련된 내용, 새로운 형식의 교대가 거듭하여 이루어지는 나선적 과정이다. 이는 van Hieles의 학습수준 이론에서 말하는 내적 질서의 연구 대상화에 의한 보다 높은 수준에로의 이행이란 기본적인 생각과 근본적으로 다를 바 없는 것이다.

van Hieles의 수학 학습수준 이론은 무엇보다도 이러한 수학적 사고의 본성에 대한 통찰을 바탕으로 하여 전개된 이론으로, 현장 수학교사의 정직한 확신에 대한 합리적 정당화이기에 그 의미가 큰 것으로 생각된다. 흔히 수학교사들은 여러 해 동안 수학을 가르치면 그것이 곧 학생들의 수학적 사고를 개발하는 것이라고 생각하고 과도한 양의 시간을 수학적 내용을 가르치는 데 소비하고 있으면서도 수학적 사고과정에는 거의 주목하지 않고 있다. van Hieles의 통찰에 의하면, 수학적 사고활동이란 경험의 세계를 단계적으로 추상화하여 조직화하는 활동이며, 한 수준에서 경험을 정리하는 수단이 새롭게 경험의 대상으로 의식화되어 그것을 조직화하는 활동이 이루어지게 되면서 그 다음 수준으로의 사고의 비약을 하게 된다. Burton(1984)은 이러한 수학적 사고활동을 조작, 패턴 감각의 획득, 패턴을 기호로 명료화하기, 명료화된 패턴의 조작, 새로운 차원의 패턴 감각의 획득, 그 패턴을 기호로 명료화하기와 같은 사이클이 나선적으로 반복되는 과정으로 파악하고 앞

단계를 통과하면서 달성된 이해와 의식 위에 새로운 사고단계가 거듭 구성되어 가는 것으로 보았다. 그러나 여기서 우리는 수학적 사고가 계층을 이룬다고 하더라도 분명히 전순서는 아니며 부분순서일 것이라는 점, 따라서 수학적 사고교육은 국소적 조직화의 형태가 되어야 할 것이라는 점에 유의해야 할 것이다.

P.M. van Hiele(1970)는 일찍브터 그의 스승인 Freudenthal(1984)과 더불어 Brower의 영향을 받은 직관주의적 입장에서 Piaget 이론에 대한 신랄한 비판을 가해 온 수학교육학자 가운데 한 사람이다. 그러나 P.M. van Hiele (1986, p. viii)의 다음과 같은 고백은 매우 흥미롭다.

> 나의 초기 논문에 대한 몇몇 비판은 Piaget에 대한 나의 견해가 본질적으로 긍정적이라는 것을 알아내었다. 그들은 옳다. 어떤 이론에 대하여 비판적이라는 것은 그 이론의 보다 큰 부분에 대하여 동의할 때에만 의미를 갖는 것이다. 나의 수준이론이 Piaget 이론으로부터 나왔다고 주장할 어느 정도의 이유조차 있다. 그것이 내 이름을 가진다는 것은 그것을 내가 아주 새로운 방식으로 다루었다는 것으로 설명될 수 있다.

P.M. van Hiele(1986)는 Piaget 심리학은 발달심리학이며 자신의 연구는 학습심리학적인 것으로 사고수준의 상승을 자극하는 교육적 문제를 다루고 있다는 차이점을 강조하면서 Piaget를 비판하고 있다. 그러나 그러한 비판은 주로 Piaget 이론에 대한 충분한 이해의 결여에서 비롯된 오해이거나 기본 철학의 차이에서 비롯되는 해석상의 차이에 불과하다(졸고, 1986).

P.M. van Hiele는 보다 높은 수준의 사고는 보다 낮은 수준의 사고구조를 지배하는 법칙이 명확히 되고 연구되어 거기서 그 자체가 새로운 구조로 구성될 때 달성된다고 주장한다. 더욱이 "구조개념은 행동으로부터 나오며 행동에 내재하여 분석과 명료화에 의하여 보다 높은 사고수준에 이른다"는 P.M. van Hiele(1986, p. 104)의 기술에서 명확히 드러나듯이, 수학적 사고의 행동적 기원에 대한 해석에서, 그리고 수학적 사고수준의 항존성을 가정하고 있다는 점에서 van Hiele는 Piaget와 기본입장을 같이하고 있다. 더구나

P.M. van Hiele(1986, p. 5) 자신이 "나의 연구의 바탕이 되는 중요한 부분은 Piaget 이론 가운데에서 찾을 수 있다"고 고백하고 있듯이 van Hieles의 수학 학습수준 이론은 Piaget의 조작적 구성주의의 수학교육에의 응용으로 보는 것이 타당할 것이다.

보통 교육으로서의 수학교육의 목적과 내용이 어떠해야 될 것인가에 대해서는 많은 논의가 필요하겠지만, 수학적 사고과정, 수학화, 수학적 활동 경험의 일반 교육학적 중요성에 대한 깊은 관심은 결코 새로운 것이 아니다. 교육사를 살펴보면 활동주의 교육이념은 르네상스 이전까지 거슬러 올라가는 매우 깊은 뿌리를 갖고 있는 것을 알 수 있다. 수학교육이 기성의 지식체계의 전달에 급급할 것이 아니라, 아동으로 하여금 수학적 사고활동 경험에 참여하게 함으로써 수학적 안목과 사고태도를 개발하도록 노력해야 한다는 것은 학습자의 의식성을 개발하여 수학교육을 인간화해야 한다는 주장과 다를 바 없는 수학교육계의 일반적인 주장이다.

그러나 이러한 '이상'과는 달리 '현실'은 내용 목표를 강조하면서, Thom (1973)의 표현을 빌리면 제왕절개를 하여 덜 성숙한 아이를 꺼내려는 외과 의사의 잔인한 도구에 비유될 수 있는, 강력한 추상화 수단인 동치관계와 같은 논리적 개념을 이용하여, 곧 외연적 정의에 의하여 기성의 현대수학적 지식에 대한 조기교육을 시도하기까지 했던 것이다. 1984년 제5차 수학교육 국제회의에서 행한 기조연설 가운데에서, Kilpatrick(1986)은 당시 수학교육에 대한 논의에서 되풀이되는 주제가 '자기 의식성'의 문제임을 지적하고 수학적 사고와 그 학습-지도에서의 '반영과 순환'의 문제를 논했으며, 그러한 상황은 오늘날도 마찬가지임은 그러한 과정적 목표와 수학적 '사고교육'에 대한 수학교육계의 관심의 정도를 잘 말해 주고 있다. van Hieles 이론은 현상의 정리수단의 연구 대상화, 사고의 내적 질서의 연구 대상화와 패턴화, 대상화, 그리고 형식화와 내용화의 거듭된 교대로 표현되는 수학적 사고의 특성을 골격으로 하여 수학의 과정적 측면을 강조한 학습수준 이론으로, 관련 제 연구결과 대체로 그 타당성이 입증되어 수학 교육과정 개발에 이용되어 왔다. 지금까지 제시된 학습-지도 이론이 수학적 사고의 이러한 조작적 특성을 반영한 수학학습을 구상하는 데 충분하지 못했다는 점이 van Hieles 이론의 수학교육학적 가치가 부각된 이유 중의 하나일 것이다.

van Hieles의 수학 학습수준 이론은 P.M. van Hiele의 Piaget 이론에 대한 비판에도 불구하고 조작적 구성주의의 그늘을 벗어나지 못하고 있다. Freudenthal을 중심으로 한 네덜란드의 수학교육학계, 나아가 20세기 후반의 세계 수학교육학계는 Piaget 이론에 대한 비판자를 포함하여 조작적 구성주의의 영향을 벗어나지 못하고 있는 것이 사실이다. 그 이유는 활동주의, 구조주의, 발생주의에 입각하여 전개된 수학적 사고발생에 대한 포괄적인 연구결과는 Piaget 이론을 제외하고는 거의 찾아보기 어려운 데 기인하지만, Piaget 자신이 자기 자신을 제1의 'Piaget 수정주의자'로 간주하고 (Inhelder & Chipman, 1976, p. 11), 반대론자들과의 '변증법적 화해'를 추구하면서 보다 포괄적인 이론을 개발해 온 데에도 기인할 것이다.

조작적 구성주의에 따르면, 수학적 사고는 행동의 일반적 조정으로부터 반영적 추상화를 통하여 구성된 조작과 그를 바탕으로 한 보다 고차의 조작이다. 결국 행동은 수학적 사고의 기원이며, 반성은 수학적 사고를 키우는 토양이다. '조작적 수학교육 프로그램'의 중심문제는 수학적 조작의 심리 발생과정을 보다 구체적으로 확인하는 것이며, 그러한 발생의 메커니즘에 따라서 그 기초를 튼튼히 해 가면서 '자연스러운' 학습이 이루어지도록 함으로써 수학적 사고의 개발이 가능하도록 하는 것이다.

참고문헌

우정호, 〈van Hiele의 수학 학습수준 이론에 대한 소고〉, 《사대논총》, 제33집, 서울대학교 사범대학, 1986, pp. 85-103.

Burger, W.F. & J.M. Shaughnessy, "Characterizing the van Hiele Levels of Development in Geometry", *JRME*, vol. 17, no. 1, 1986, pp. 31-48.

Burton, L., "Mathematical Thinking: The Struggle for Meaning", *JRME*, vol. 15, no. 1, 1984, pp. 35-49.

Dienes, Z.P., *Building up Mathematics*, Hutchinson Educational LTD, 1960.

Freudenthal, H., *Mathematics as an Educational Task*, D. Reidel Publishing Company, 1973.

______, "Didaktische Phänomenologie Mathematischer Grundbegriffe", *Der Mathematikunterricht*, Heft 3, 1977, S. 46-73.

Fuys, D., D. Geddes & R. Tischler, *English Translation of Selected Writings of Dina van Hiele-Geldof and Pierre Marie van Hiele*, City University of New York, Brooklyn College, 1984.

______, *An Investigation of the van Hiele Model of Thinking in Geometry among Adolescents*, City University of New York, Brooklyn College, 1985.

Inhelder, B. & H.H. Chipmann(ed.), *Piaget and His School*, Springer Verlag, 1976.

Kilpatrick, J., "Reflection and Recursion", Carss, M.(ed.), *Proceedings of the Fifth International Congress on Mathematical Education*, Birkhäuser, 1986, pp. 7-29.

Mayberry, J., An investigation of the van Hiele levels of geometric thought in undergraduate preservice teachers, a doctorial dissertation, print, The University of Georgia, 1981.

Peirce, C.S., "The Essence of Mathematics", J.R. Newmann(ed.), *The World of Mathematics*, vol. III, Simon and Schuster, 1956, pp. 1773-1783.

Piaget, J. et collaborateurs, *Recherches sur l'abstraction réfléchissante II*, Presses Universitaires de France, 1977.

Pyshkalo, A.M., *Geometry in Grades 1-4*, Proveshchenie, trans. by the Survey of Recent East European Mathematical Literature, University of Chicago, 1981.

Thom, R., "Modern Mathematics: Does it Exist?", A.G. Howson(ed.), *Developments in Mathematical Education*, Cambridge University Press, 1973, pp. 194-209.

Usiskin, Z., van Hiele levels and achievement in secondary school geometry, *CDASSG Project*, University of Chicago, Print, ERIC Document Reproduction Service No. ED 220288, 1982.

van Hiele, P.M., "A Child's Thought and Geometry", D. Fuys, D. Geddes & R. Tischler, *English Tanslation of Selected Writings of Dina va Hiele-Geldof and Piere Maie van Hiele*, City Univesity of New York, Brooklyn College, 1959, pp. 243-252.

______, "Piagets Beitrag zu unsere Einsicht in kindliche Zahlbegriffsbildung", *Rechenuntericht und Zahlbegriff*, Georg Westermann, 1970, S. 105-131.

______, *Structure and Insight: A theory of Mathematics Education*, Academic Press, 1986.

van Hiele, P.M. & van D. Hiele-Geldof, "A Method of Initiation into Geometry at Secondary Schools", H. Freudenthal(ed.), *Report on Methods of the Initiation into Geometry*, Groningen, 1958, pp. 67-80.

Wirszup, I., "Breakthroughs in the Psychology of Learning and Teaching Geometry", J.L. Martin(ed.), *Space and Geometry*, ERIC/SMEAC, 1976, pp. 75-97.

제 13 장
수학 교수학적 상황론

훌륭한 수학 학습-지도 상황은 학생들이 학교수학의 본질을 체득하면서 궁극적으로 자기학습이 가능한 단계에 이르게 할 수 있는 상황이다. 보다 바람직한 수학 학습-지도 상황의 구성문제를 논의한 '수학 교수학적 상황론'은 프랑스의 수학교육학자인 Guy Brousseau가 1970년부터 1990년까지 20여 년에 걸쳐 연구한 이론으로, *Theory of Didactical Situations in Mathematics*(1997)에 그 전모가 소개되어 있다. 다음에는 그 내용을 중심으로 Brousseau의 이론의 요지를 살펴보기로 한다.

1. 교수학적 상황

교사중심의 전통적인 수학교육에서는 관련된 지식을 이용한 알고리즘의 논리적 유도와 해설 및 예시, 그리고 그 적용연습이 중심이 되어 왔다. 그러나 교육학자들은 교수활동이란 근본적으로 교사와 학생 사이의 대화를 바탕으로 학습자의 이해를 돕는 것이어야 한다고 보고, Socrates의 산파법에서와 같이 대화를 통하여 지식의 발견을 돕거나 학습자 자신의 독자적인 활동에 의하여 스스로 지식을 구성하도록 안내할 것을 요구하였다. 특히 Piaget의 조작적 구성주의에 근거하여 '손이 두뇌를 훈련시킨다'는 이데올로기에 사로잡힌 학자들은 구체적 활동을 통한 지식의 구성을 강조하였다. 또한 생활문제 상황 속에서 문제해결의 도구로서 수학적 지식이 구성되기를 요구해 왔다. 학생들은 주변세계를 관찰함으로써 혹은 추측과 반박을 통하여 시행착오적으로 사고함으로써 혹은 모순, 어려움, 불균형을 일으키는 주위환경에 동화 · 조절을 통하여 자신을 적응시켜 가면서 학습할 수도 있다. 그러나 교수학적 의도가 없는 환경은 학생들에게 획득하기를 기대하는 많은 지식의 학습을 유발하기에는 불충분하다.

Brousseau가 말하는 '수학 교수학적 상황'이란 학생이 어떤 수학적 지식을 학습하도록 하는 것을 목표로 하는 교사, 학생, 환경 사이의 관계상황이며, 교사가 교수학적 의도가 담긴 문제상황 속에서 학생과 상호작용하는 상황이다. 교수학적 상황에는 탐구활동 상황, 이해를 뒷받침하는 구체적 활동 상황, 형식화 상황, 의사소통 상황, 추측상황, 증명상황, 반박상황, 구성된 지식에 체계화된 공식적인 지위를 부여하는 제도화 상황 등 여러 가지 유형을 확인할 수 있다. 어떤 유형이든 지도하고자 하는 수학적 내용의 본질을 잘 학습할 수 있도록 하기 위한 상황으로 생각된다. Brousseau의 '수학 교수학적 상황론'은 목표로 하는 수학적 개념의 본질을 터득할 수 있는 구체적인 교수상황, 수학적 개념의 본질이 실제로 기능하는 교수상황을 어떻게 정교하게 구성할 것인가를 논의하는 이론이다. Brousseau는 먼저 수학적 · 인식론적 · 교수학적 분석을 통하여 수학적 지식의 본질을 밝히고, 특히 그러한 본질이 살아 움직인 역사-발생적 상황에 대한 분석을 할 것을 요구한다. 그리고 역사-발생적 상황을 고려하여 수학적 개념이 실제로 기능하는 교수상황을 구성할 것을 제안한다.

Brousseau는 수학적 개념은 수학자들의 불완전하지만 일관된 관념이 무의식적 · 암묵적으로 문제해결에 사용되는 '원형수학적 개념(protomathematical concepts)' 단계, 개념이 아직은 조직화되지도 않고 이론화되지도 않은 친숙한 용어로 나타내어지는 상태로, 수학자들은 그것들이 이론적인 개념의 자격을 갖고 있지는 않지만 그것들을 잘 알고 있고, 수학화를 필요로 하는 어떤 모순도 발생하지 않기 때문에 의미론적으로 조종하며 도구로 사용하는 '의사수학적 개념(paramathematical concepts)' 단계, 개념 자체가 분석의 대상으로 인식되고 연구되어 이론적인 수학적 개념(mathematical concepts)으로서의 위치가 부여되는 단계를 거쳐 발전되어 왔다고 본다. 그리고 그는 그와 대응하여 교수상황을 단계적으로 구성할 것을 제안한다. 여기서 원시수학적 개념과 의사수학적 개념단계는 수학적 개념에 의미와 풍부한 배경을 부여하는 역할을 한다는 점에서 교수학적으로 중요한 의미를 갖는다. 교수학적 상황론은 기성의 이론적인 수학적 지식을 곧바로 가르치는 데에서 비롯되는 '형식적 고착'의 문제를 해소하고 이해를 위한 교육의 문제를 수학적 지식의 역사-발생적 상황을 단계적으로 경험하게 하여 해결하고자 하는 시도로 볼 수 있다.

Brousseau는 문제해결에 수학적 지식을 암묵적으로 사용하는 '행동상황', 그러한 지식을 의식하고 표현하는 '형식화 상황', 형식적으로 표현된 지식의 타당성을 입증하는 '타당화 상황'과 교사가 개입하여 학생들의 구성결과를 공인하고 정리하여 이전 지식과 관련지워 주는 '제도화 상황'으로 수학 교수상황을 단계적으로 전개할 것을 제안한다. 이러한 전개과정에서는 특히 의사교환과 사회적 상호작용을 통한 지식의 구성이 강조된다. 이는 Skemp와 Byers/Herscovics가 제시한 도구적 이해수준, 직관적 이해수준, 관계적 이해수준, 형식적 이해수준과 대략적으로 비교될 수 있는 것이다.

Brousseau가 제시한 소수개념 지도를 위한 교수상황의 구성에 대한 논의를 살펴보자. 먼저 소수개념의 본질에 대한 분석이 시도된다. 소수는 다차원적인 복합적인 개념이다. 수학적 분석을 통하여 알 수 있는 것은 소수는 방정식이 해를 갖게 하기 위한 정수의 확장이며, 정수의 순서쌍(분수)의 동치류라는 측면, 모든 유리수(실수)를 근사적으로 표현할 수 있으며 유리수(실수)의 생성체계가 되는, 분모가 10의 배수인 분수로 나타내어지는 유리수로의 유리수의 제한이라는 측면, 비의 측면, 배 개념인 작용소 측면과 선형사상이라는 측면을 갖는다. 그리고 역사-발생적 · 인식론적으로 볼 때 소수는 측정활동의 소산이다. Brousseau는 소수개념 지도를 위한 교수상황으로 프랑스의 1960년대의 지도방법인 '미터법을 이용한 측정상황'과 1970년대 '새 수학'의 지도방법인 'Dienes 블록을 이용한 넓이측정 상황'을 비판적으로 분석하고, Brousseau 자신이 구성한 '종이 한 장의 두께를 재는 측정상황'과 그에 따른 지도를 소개하고 있다.

미터법을 이용한 측정상황에서는 소수는 단위환산 과정을 통하여 측정값으로 도입된다. 따라서 소수는 측정값이나 소수점을 가진 자연수로 인식되어 비와 작용소 및 선형사상의 측면을 인식하기 어렵게 된다. 그리고 3×1.3 mm와 같은 소수의 곱이 의미를 갖기 어렵고, 이를테면 10.849와 10.850 사이의 소수를 생각하거나 소수점 뒤의 자리수가 다른 두 소수를 비교하거나 정수를 소수로 보거나 2.4=2.40=2.400= … 을 이해하는 데 장애를 갖게 된다. 또한 소수의 계산 알고리즘은 정수의 계산결과에 소수점을 처리하는 절차로 간주되기 쉽다. 따라서 '미터법을 이용한 측정상황'은 소수개념의 본질이 드러나는 만족스러운 교수상황이라고 보기 어렵다. 거기서 가르쳐지는 것은 소수개념이라기보다 소수 표기법이라고 볼 수 있다.

그리고 'Dienes 블록을 이용한 넓이 측정상황'은 '새 수학'의 철학에 따라서 p진법 소수의 구조가 내포된 교구를 이용하는 '구조화된 놀이'를 통하여 그것을 구성시키려고 하는 것이다. '다양성의 원리'에 따라 다양한 동형인 구조가 내포된 놀이를 시킴으로써 구조를 추상하기를 기대하고, 소수의 곱과 분수는 문제상황과 결부시키지 않고 작용소로 정의한다. 이를테면 $\frac{21}{28}=\frac{75}{100}$을 보이기 위하여 그림 13-1(Brousseau, p. 137)과 같은 도해로 예시되는 지루한 증명을 한다. 문제는 그러한 교수상황에서 아동들이 자신들의 놀이활동을 반성하여 소수의 개념을 추상화하고 그 연산개념을 의미 있게 구성할 수 있을 것인가 하는 점이다. 수학적 구조는 그것이 이용되고 기능

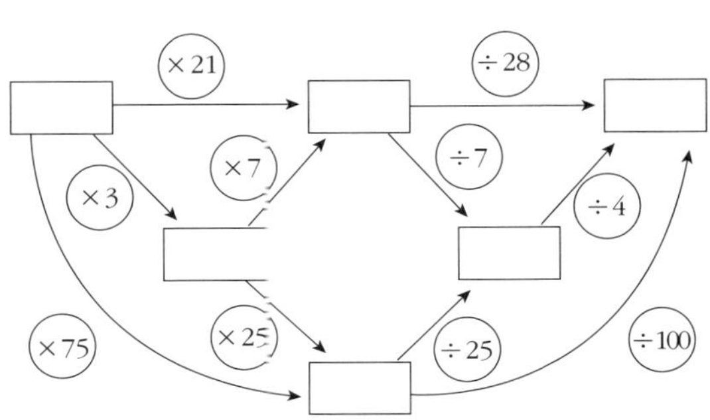

그림 13-1.

하는 실제적인 문제상황을 떠나서는 의미를 갖기 어려운 것이다. '새 수학'의 이러한 교수상황은 Brousseau의 입장에서 보면 다음에 논의할 '주르뎅 효과'의 대표적인 예가 될 것이다.

이에 비해 Brousseau가 구성한 수업에서는 학생들은 두께가 다른 여러 가지 종이의 두께를 측정하고 표현하는 문제상황에 참여하면서 자연스럽게 '원형수학적인' 소수개념으로부터 '수학적인' 소수개념을 구성하게 된다. 처음에는 대부분의 학생들이 종이 한 장의 두께를 직접 측정하려고 하지만, 곧 여러 장을 한꺼번에 측정해야 문제를 해결할 수 있음을 알게 된다. 10장, 20장, 30장의 종이의 두께를 측정하고 그 결과 사이의 관계를 확인하며 측정상의 오류를 바로잡기도 한다. 최종적으로 한 장의 두께를 어떻게 표현할 것인지, 두께의 대소를 어떻게 확인할 것인지 등을 논의하게 되며, 이러한 일련의 활동 속에서 소수개념을 구성하게 된다. 이를테면 10장 1mm, 20장 2mm, 30장 3mm에서 $\frac{1}{10}$ mm = $\frac{2}{20}$ mm = $\frac{3}{30}$ mm임을 의식하여 공식화하고 이를 정당화하여 받아들이는 과정을 통하여 소수개념이 구성되게 된다. 이러한 활동에 이어서 Brousseau는 그림을 확대 · 축소하는 활동을 통하여 소수의 본질, 곧 비를 보존하는 선형사상의 의미가 보다 명확히 구성되도록 시도한다.

이러한 수업구성에 비추어 Dienes식의 수업상황에 대한 Brousseau의 비판을 다시 한번 음미할 필요가 있다. 위의 수업에서 특히 두드러진 특징은 제시된 교수학적 상황이 학생들의 참여를 어렵게 할 정도로 인위적으로 구조화되지 않았다는 점, 그러므로 상황에 맞는 문제해결 전략을 학생 나름대로 찾고 적용할 수 있다는 점이다. 학생들은 일상적인 비형식적인 접근을 시도하면서 탐구활동을 시작할 수 있다. 미리 정해진 복잡하고 난해한 게임규칙을 이해하고 정형화된 경로를 따라 교사가 원하는 결론에 도달하는 것이 아니라, 나름대로의 전략을 개발하고 정당화하고 형식화하면서 논의를 통하여 소수개념을 구성하게 되는 것이다. Brousseau는 이러한 일련의 과정이 수학에 대한 강제된 흥미가 아니라 내적 흥미를 유발시키며, 이렇게 유발된 흥미는 학생들을 지속적으로 탐구활동에 참여하게 하는 원동력이 된다고 본다.

학생 나름의 접근을 통하여 문제상황을 이해하고 구성한 것을 표현하며 바람직한 방향으로 수학화하도록 안내하기 위해서는 교사는 지도내용에 대한 교수의도를 분석하여 재구성할 필요가 있다. 명확한 교수의도가 결여된 환경은 학생들에게 획득하기를 기대하는 지식의 구성을 유도하기에 불충분하기 때문이다. Brousseau는 교수의도란 측면에서 교수상황을 두 가지로 구분하여 설명하고 있는데, 그 하나는 '교수학적 상황'이고 다른 하나는 '비교수학적 상황(adidactical situation)'이다. 먼저 교수학적 상황에서는 교사가 학생들에게 제시할 '문제'를 사려 깊게 선택하여 학생들에게 인지적 불균형을 야기시키고 기대했던 적응을 이끌어 내려고 시도한다. 그러한 문제는 점차 학생들 스스로 동기화되어 행동하고 생각하고 발전시켜 가도록 선택되어야 한다. 교사는 학생들이 마치 자신의 것인양 문제를 받아들이는 시점과 대답을 하는 시점 사이에 학생들이 구성하기를 바라는 지식이 끼어들게 하거나 드러나게 암시하는 것을 삼가해야 한다. 교사가 정보를 제공하고 발견술적인 질문을 하여 조심스럽게 도와주던 상황에서 학생 스스로 탐구하는 상황으로 이행해 가야 한다. 학생들은 그렇게 할 수 있을 뿐만 아니라, 그가 다른 교수 맥락에서 만나게 될 상황이나 어떤 교수의도도 없는 가운데에서도 자기 스스로 탐구하게 될 때 비로소 지식을 진정으로 획득하게 될 것이기 때문에 그렇게 해야 한다. 그렇게 하기 위하여 교수학적 의도가 감추어진 상황을 Brousseau는 의도적인 비교수학적 상황이라고 부른다. 비교수학적 상황은 교사의 중재 없이도 수학적 지식이 문제해결의 도구로 구성되고 기능할 수 있는 상황이다. 여기서 학생들은 문제가 새로운 지식을 획득시키기 위한 목적으로 선택된 것이라는 사실을 알고, 그 지식이 상황의 내적인 논리에 의하여 전체적으로 정당화되며, 그것을 구성해 낼 수 있다는 것을 느껴야 한다.

교사에 의하여 선택된 문제상황은 교사가 가능한 한 비교수학적 상황으로 학생들을 이행시키는 것이 본질적인 부분이다. 이런 목표 때문에 교사는 정보를 제공하고, 질문하고, 교수기법을 구사하고, 발견술을 구사하기도 하고 그것을 삼가하기도 한다. 따라서 교사는 학생들에게 제시한 문제를 가지고 학생들과 상호작용하는 상황, 곧 교수학적 상황에 조심스럽게 참여해야 한다. 교수학적 상황은 비교수학적 상황에 가까이 가려고 노력하는 상황이며, 학생들이 가능한 한 빨리 그들만의 개인적인 지식과 객관적인 지식을 가지고 교수학적인 상황을 벗어나도록 도와주어야 한다. 교수활동은 비교수학적인 상황으로 학생들을 이행하도록 해 주는 것이며, 학습의 최종 목적은 비교수학적 상황에로의 이행과 적응이다. 의도적인 비교수학적 상황은 이를 위한 교수학적 상황의 일부분이며 동시에 가장 핵심적인 것이라고 할 수 있다.

2. 수학적 지식의 교수학적 변환

1) 교수학적 변환

교수학적 상황구성의 첫 번째 단계는 가르칠 지식의 교수학적 이해를 위한 분석이며, 두 번째 단계는 가르칠 대상인 학생들을 고려하여 지식을 재구성하는 것이다. 특히 교과서 저자나 수학교사의 주된 일은 가르치기 위하여 수학적 지식을 재조직하는 것이다. 여기서 지식의 조직, 그 상대적인 중요성, 제시방식, 기원 등을 변화시키는 지식의 변형과정이 시작된다. 교사는 흔히 가르치려는 지식의 번잡한 재문맥화와 재탈문맥화 과정을 생략하고 지식의 기록을 곧바로 학습하게 하자는 커다란 유혹을 받지만, 학문으로서의 수학을 곧바로 학교수학으로 가르칠 수는 없으며, 교사의 학문적 자질이 어떠하든 수학교수 경험만으로 수학적 개념을 바르게 묘사할 수도 없다.

교수학적 상황에서 수학적 지식은 여러 가지 형태로 나타난다. 수학적 지식은 문제와 해답의 형태를 취할 수도 있고, 실용적인 공식으로 제시될 수도 있으며, 전통적인 형태인 논리적이고 형식적인 공리적 방법으로 제시될 수도 있다. 수학의 공리적 제시방식은 학문적 가치와 더불어 교육적 요구에 신기하게도 잘 부합되는 듯이 보인다. 공리적 · 연역적 방법은 이전에 도입된 개념에 의하여 새로운 개념을 정의할 수 있게 해 주며, 이전에 획득한 것과 관련하여 새로운 지식을 조직하게 해 준다. 따라서 교사와 학생 모두에게 그들의 활동을 적절히 배열할 수 있게 해 주며, 최소의 시간 내에 전문가의 지식에 합리적으로 근접한 최대한의 '형식적 지식'이 누적되는 것을 보장해 준다. 그러나 그와 같은 제시방식은 수학적 지식발생의 모든 자취, 즉 중요한 개념을 드러나게 했던 일련의 어려움이나 의문, 문제의 제기, 다른 영역의 진보에 기인된 방법이나 문제의 개재, 잘못된 것이거나 혹은 서툰 것으로 판명된 관점의 거부, 그러한 것에 대한 수많은 논쟁 등을 사라지게 한다. 그러한 제시방식은 겉모습만으로는 충실하게 의사소통 하거나 묘사하는 것이 불가능한 수학적 지식의 '진정한' 기능을 숨기고 가상의 발생으로 본래의 것을 대치한다.

교사는 형식적인 수학적 지식을 보다 의미 있게 가르치기 위하여 그 지식의 근원, 의미, 동기, 쓰임새를 알게 해 주는 일련의 활동을 교실 문맥으로 구성하려는 시도를 하지 않을 수 없게 된다. 학문적 지식을 가르칠 지식으로 변환하는 것, 교육적 의도에 의한 지식의 변형을 Chevallard(1985)는 지식의 '교수학적 변환(didactic transposition)'이라고 불렀다. 수학적 지식의 교수학적 변환의 주체는 교과서 저자와 교사이다. 그것은 필요하며 불가피하지만 많은 문제점이 내포될 위험성이 크다. 가르친 내용이 목표로 하는 지식을 알게 하는 데 실패하는 것은 가르치고자 하는 지식의 적절한 교수학적 변환에 실패했기 때문이기도 하므로 그 과정은 주의 깊게 진행되어야 한다.

교과서는 지식의 교수학적 변환의 구체적인 모습을 알아볼 수 있는 전형적인 자료이다. 초등화 · 단순화 구체화된 전개, 형식적인 연역적 전개, 설명과 연습형태의 전개, 발생적 전개, 명제와 이유를 나란히 기술하는 2단 형식의 증명 서술, Polya가 제시한 문제해결 방법과 전략의 해설과 예시 등은 교과서에 나타난 교수학적 변환의 흥미 있는 형태이다. 교과서에서의 수학적 지식의 교수학적 변환은 학생의 사고와 실제적인 상황을 고려한 擬似 개인화와 의사문맥화의 결과이다.

수학자는 자신이 발견했다고 생각되는 것을 전파하기 전에 먼저 그것과 관련된 지식을 전체적으로 재조정하여 그것이 흥미 있는 새로운 지식이 될 잠재력을 갖고 있는지를 확인한다. 그리고 모든 부적절한 것이나 실수나 석연찮은 진전의 자취 등은 은폐된다. 그러한 방향으로 그를 이끌었던 이유도 성공으로 유도했던 어떤 개인의 영향도 숨기면서, 결과가 타당함을 밝혀 주는 일반적인 이론을 찾아본다. 수학적 지식의 생산자는 그가 개인적인 배경 속에서 구성한 私的인 지식을 탈개인화, 탈문맥화, 탈시간화하는 것이다. 거기서 독자가 곧바로 그러한 지식을 얻고 그것을 발견하기 위하여 똑같은 절차를 거치지 않고도 그 타당성을 확신할 수 있고, 동시에 그것을 사용하여 이득을 얻을 수 있다면 그러한 작업은 매우 중요하다. 그러나 독자들 역시 그들의 필요에 따라 그 결과를 변형하며, 다시 형식화하고 적용하며 일반화한다. 때로 그들은 사전 지식과 그것을 동일시하거나, 더 강력한 결과 가운데 그것을 포함시키고, 심지어 그것이 오류임을 보여서 그 지식을 파손시킨다. 따라서 그것을 발견한 시점으로부터 지식은 변형되기를 결코 멈추지 않으며, 그만큼 그 의미가 변하게 된다.

학생의 수학적 사고활동도 수학자의 수학하는 활동과 유사해야 한다고 주장된다. 수학을 행하는 것은 여러 가지 문제를 다루면서 그 문제를 해결하는 도구나 수단으로 수학적 지식을 사용하는 것을 함의한다. 그러나 문제를 해결하는 것은 연구의 일부분일 뿐이며, 좋은 문제를 찾는 것 또한 그 해결방법을 찾는 것만큼이나 중요하다. 그리고 수학적인 모델, 언어, 개념, 이론을 만들어 내고 형식화하고 증명하고 구성하며, 그것을 다른 사람들에게 전달하고, 그것을 이용하는 활동이 요구된다. 학생들에게 그러한 활동을 할 수 있게 하기 위하여 교사는 수학적 지식이 등장하게 되는 실제적인 상황을 연구하고 학생에 맞게 제시해야 한다. 학생은 그러한 상황 속에서 탈개인화, 탈문맥화된 형식적인 지식을 개인화, 문맥화하여 활성화시킴으로써 의미를 파악하게 된다.

교사의 활동은 어느 정도 수학자의 작업과는 반대이다. 교사는 학생을 위하여 지식을 재문맥화, 재개인화해야 한다. 학생이 어떤 지식의 의미를 알게 되려면 관련된 상황에 대한 아주 자연스러운 반응으로 그것이 학생의 지식이 되어 가도록 해야 한다. 수학적 지식은 특별한 상황에의 적응을 통하여 생기므로 교사는 수업에서 수학자의 소사회(microsociety)를 흉내내어 문제상황 속에서 가르치고자 하는 지식을 재발견하는 기회를 제공해야 한다. 학생들은 거기서 발견한 지식을 다시 탈맥락화, 탈개인화하여 수학사회에서 통용되고 있는 지식으로 재구성해야 한다. 물론 그것은 진정한 수학적 활동은 아니며 그 모방이다.

2) 극단적인 수학 교수현상

지식은 전달이 거듭되면서 그 표현형식과 의미가 변질되기 쉬운데, 지식의 의미를 지속시키기 위하여 요구되는 것이 지식에 대한 인식론적 경각심이다. 교과서 저자와 교사에 의한 수학적 지식의 교수학적 변환의 중요한 실제적인 문제는, 지식의 의미와 그 표현형식을 적절히 고려하여 수학적 지식의 구성을 가능하게 하는 상황을 제시하고 가르치려는 지식의 擬似 문맥화, 개인화, 탈문맥화, 탈개인화를 시도함으로써, 학습자에 의한 지식의 개인화, 문맥화, 탈개인화, 탈문맥화의 과정이 적절히 일어나 지식의 의미가 변질되지 않고 충실히 학습되게 할 수 있느냐 하는 문제이다. 그리고 학생들이 그러한 지식의 변형과정을 자연스럽게 거치면서 지식이 구성되도록 교수환경을 구성하는 연구가 요구된다. 교과서 저자나 교사에 의한 수학적 지식의 교수학적 변환 가운데에는 의사개인화, 의사문맥화 혹은 탈개인화, 탈문맥화를 과도하게 강조했거나 경시하는 데에서 비롯되는 다음과 같은 여러 가지 극단적인 현상을 찾아볼 수 있다.

(1) 토파즈 효과(Topaze effect)

'토파즈 효과'는 교사가 가르쳐야 한다는 '교수학적 계약'의 압박 때문에 풀이에 대한 명백한 힌트를 주거나 유도질문을 하거나 문제와 함께 해답을 제시함으로써 학생들이 지식을 구성하는 것을 방해하거나 그러한 학습환경을 일소하게 되는 것을 말한다. Marcel Pagnol의 희곡 *Topaze*의 첫 장면에는 학습-지도 과정이 나온다. Tcpaze는 능력이 뒤지는 한 아동에게 받아쓰기 지도를 하고 있다. 가끔 아동의 어깨 너머로 그가 쓰고 있는 것을 본다. 잘못 받아쓰는 것을 보고 올바른 철자를 쓰기를 기대하면서 Topaze는 "Des moutons … moutonss. Voyons, mon enfant, fait un effort. Je dis mouton-sse"와 같이 moutons에 s를 넣으라는 명백한 주문을 한다. 프랑스어에서 mouton(어린 양)의 복수인 moutons의 s는 발음하지 않는다. 그런데도 교사는 s를 발음함으로써 문법에 대한 이해나 독해력 없이도 올바르게 받아쓰기를 할 수 있도록 무리한 시도를 하고 있는 것이다. 이는 학습-지도에서 흔히 일어나는 지식의 개인화와 문맥화 및 탈개인화와 탈문맥화의 과정의 중요성을 간과한 방편적 조치의 예이다.

흔히 수학교실에서 학생들이 해야 할 대답은 미리 결정되어 있으며, 교사는 그러한 대답이 나올 수 있는 일련의 유도질문을 한다. 점점 더 쉬운 질문을 선택하면서 교사는 대답을 이끌어 내려고 노력한다. 질문이 변형되는 동안의 의미의 보존은 교과에 대한 교사의 지식에 의하여 조절되며, 학습상황과 그 관리는 흔히 교사의 '상식'에 맡겨져 있다. 결국 여기서 학생들은 교사가 원하는 대답을 하게 되지만, 그 진정한 의미를 이해하지는 못한다. 이것을 '토파즈 효과'라고 한다.

일상적 사고나 수학적 · 과학적 사고에서와 마찬가지로 교수상황에서도 유추는 자연스럽게 나타나며, 적절히 사용하면 유추는 매우 뛰어난 사고방법이며 발견방법이다. 그러나 교수상황에서 그것을 잘못 사용하면 '토파즈 효과'를 재생하는 공포스러운 방법이 된다. 다수의 학생들이 학습하지 못하면 교사는 같은 내용을 가르치는 두 번째 시도를 하게 된다. 학생들은 앞에서 다룬 문제와 유사한 문제임을 알고 앞에서 이미 제시된 해답을 상기하여 유추할 수 있으며 교사도 그러기를 바라지만, 그러한 반응은 학생들이 주어진 문제에 맞는 해답을 찾았다는 것을 의미하지는 않는다. 아마도 학생들은 외부적 원인에 의한 암시를 인식한 것이며, 이는 교사가 원한 것이기도 하다. 학생들은 암시를 인식하여 해답을 발견하는 것이지 그들 스스로 문제에 몰입하여 발견하는 것은 아니다.

(2) 주르뎅 효과(Jourdain effect)

Molière의 희곡 *Le Bourgeois Gentilhomme* 가운데 한 장면에서 철학교사로부터 散文과 韻文의 차이에 대하여 설명을 들은 Jourdain은 자신이 40년간 산문으로 말해 왔으면서도 그것을 모르고 있었다고 외치면서 알았다는 반응을 보인다. 이러한 상황을 참조하여 붙인 이름이 '주르뎅 효과' 이다. 학생과 가르치고자 하는 지식에 더하여 토론하기도 어렵고 그렇다고 가르칠 수 없다는 것을 인정하기도 어려운 상황에서, 학생의 행동이나 대답이 사실은 평범한 단서나 의미로 야기된 것임에도 불구하고 교사는 학생의 그러한 반응을 어떤 수학적 지식의 표현으로 받아들이려고 하는 것, 곧 어떤 수학적 지식이 형성되었음을 보여주고 있다고 인정해 버리는 것을 '주르뎅 효과' 라고 한다. 이를테면, 학생에게 작은 요구르트 병이나 색칠한 그림 등으로 약간 기이한 조작을 수행한 아동에게, "너는 방금 클라인 군(Klein group)을 발견했어"라고 말해 주는 것과 같은 것이다. 이는 학생들의 개인화와 문맥화 및 탈개인화와 탈문맥화 과정을 간과하거나 과대평가한 결과이다.

지식을 친숙한 활동 속에 끼워 넣으려는 바람으로 교사는 문제가 있는 은유나 환유를 사용하게 된다. 1960년대의 구조주의 이데올로기에 따른 '새 수학' 에서 명확히 시도된 수학적 구조의 도입은 이런 시도를 해 보려는 강한 자극을 제공하였다. 그 결과 중 주르뎅 효과가 나타났다. 첫 번째 것은 학생과 교사와의 관계에서 나타났는데, 학생들은 단지 계산문제를 다루고 있는데 교사는 그 안에서 구조를 보고 학생들이 구조를 파악했다고 규정하는 현상이었다. 두 번째 것은 교육학자나 수학자와 교사들과의 관계에서 나타났는데, 전자의 철학적이며 과학적인 정당화가 후자의 평상적인 교육실천에 부과되어 특별하지도 않는 수업을 교육학적으로 수학적으로 신성하게 만들었다.

(3) 메타인지적 이동(meta-cognitive shift)

진정한 수학적 지식을 가르치기 어려운 경우 교수학적 고안물이나 발견적 수단 자체를 지도의 목적으로 삼기 쉽다. 곧 학생들을 위한 지식을 지도하기 위한 수단이 지도목적이 되는 것이다. 그 결과 교사의 교수학적인 노력의 초점이 수학적 지식 그 자체로부터 그가 고안한 교수학적 수단으로 이동된다. 가장 현저한 예가 1960년대 Papy로부터 비롯된 방법으로 수학적 관계와 구조를 가르치기 위하여 그것을 시각화한 아름다운 색을 넣은 화살표 도해를 가르친 사실이다. 이는 기대했던 역할도 해 주지 못했을 뿐만 아니라 가르치는 데 어려움만 유발시켰다. 그림 13-2는 집합 {1, 2, 3, 4, 5, 6}에서 'a는 b의 약수이다' 라는 관계를 나타내는 그러한 그래프이다. 음수 지도에서 교사의 교수학적 관심이 음수개념으로부터 그 교수학적 수단인 '마술 콩' 의 조작이나 수직선 위의 이동으로 옮아가며, 학생들은 그러한 조작을 연습하게 된다. 집합 사이의 관계를 직관적으로 다루기 위한 수단으로 도입된 Venn-Euler 다이어그램이 초등수학에서 지도목적이 되었다. 최근에는 문제해결 지도에서 발견술 자체가 지도목적이 되는 것을 흔히 보게 된다. 교수활동 과정에서 주석이나 규약을 더 많이 만들어 내면 낼수록 학생들은 그러한 상황을 더 잘 조종할 수 없게 된다. 이것이 '메타인지적 이동' 의 효과로, 이는 학생의 개인화, 문맥화 과정을 지나치게 강조한 결과이다. 상식만 있으면 이러한 과정이 가져올 수도 있는 지극히 지나친 결과에서 벗어날 수 있으리라고 생각하는 것은 단순한 생각이다. 교사가 모든 것을 희생해서라도 가르치려는 의무감에서 벗어날 수 없는 한, 그러한 교수학적 효과의 힘은 통제 불가능하다. 그러한 방편적 수단이 많아질수록 학습-지도 과정은 점점 더 본래의 궤도를 벗어나게 된다.

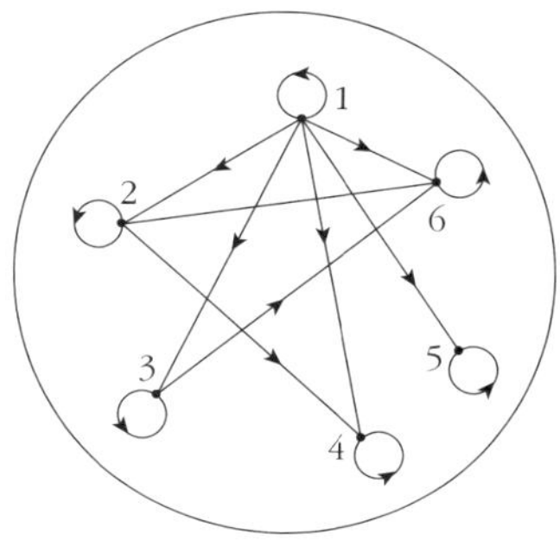

그림 13-2.

(4) 형식적 고착(formal abidance)

시험준비를 효과적으로 시키기 위하여 짧은 시간에 많은 지식을 전달하려는 교사의 의무감은 탈개인화되고 탈문맥화된 형식적인 지식을 체계적으로 해설하게 하며 이를 반복적으로 연습하게 한다. 이는 당장의 입시문제의 해결에는 도움이 될지 모르지만, 학생으로 하여금 배운 지식을 피상적으로 수용하게 함으로써 의미 있게 이해하고 적용하지 못하게 하며, 새로운 지식을 스스로 개발하지 못하게 하는 치명적인 결함을 갖게 된다.

'형식적 고착'은 '메타인지적 이동'과 반대로 지식의 전달에서 개인화, 문맥화의 중요성을 과소평가하여 이를 간과하고 논리적 · 형식적으로 표현된 수학적 지식을 곧바로 제시하는 것이다. 수학적 지식을 공리적으로 전개하는 것, 이차방정식의 근의 공식을 유도하고 이를 이용하여 여러 가지 이차방정식의 해를 구하고 근과 계수와의 관계를 유도하는 것, 분배법칙을 … ∗ (—＋～)＝(… ∗ —)＋(… ∗ ～)과 같이 표현하는 것, 함수를 집합 사이의 대응으로 곧바로 제시하는 것 등이 그 예가 된다.

3. 수학의 인식론적 장애

1) 인식론적 장애

Piaget의 조작적 구성주의에 따르면 수학적 개념을 이해한다는 것은 기존의 인지적 구조, 곧 조작적 schèmes에의 동화나 조절을 통한 그 재구성을 뜻한다. 따라서 어떤 수학적 개념의 이해는 선행지식, 곧 인지구조를 토대로 하여 이루어진다. 그런데 선행지식이 그 때까지 어떤 특정한 맥락에서 그 동화기능이 상당한 기간에 걸쳐 성공적으로 작동되어 그 적절성과 유용성을 의심하지 않게 된 경우에는 특히 조절, 곧 분화, 조정이 용이하지 않으며 인지적 갈등이 야기되게 된다. 따라서 학생들의 현재의 지식은 미래의 학습에 대한 장애가 될 가능성이 있으며, 그러한 장애 중 어떤 것은 지식의 구성과정에서 피할 수 없는 요소가 된다. 이것이 Brousseau의 수학 교수학적 상황론의 핵심적인 개념의 하나인 '인식론적 장애(epistemological obstacle)'이다. 그는 '어떤 특정한 맥락에서는 성공적이고 유용했던 지식으로, 따라서 학생의 인지구조의 일부가 되었지만 새로운 문제상황이나 더 넓어진 문맥에서는 부적합해진 지식'을 인식론적 장애라고 부르고 있다.

교육의 과정에서 발생되는 장애의 근원에는 심리발생적 근원, 교수학적 근원, 수학적 지식 자체의 본성에 기인하는 인식론적 근원이 있다. 인식론적 장애는 학습하고자 하는 지식의 본성에 기인하는 것이므로 피할 수도 없고 새로운 지식이 성장 · 발달하기 위해서는 반드시 극복해야 하는 장애이다. 수학의 역사적 발생과정에서 나타난 인식론적 장애가 학생들에게서도 매우 유사하게 나타난다는 것이 확인되고 있다. 따라서 수학사에서 나타난 인식론적 장애를 분석하는 것은 학생들이 부딪히는 장애를 찾아내어 그것을 극복하도록 도와줌으로써 수학 학습-지도를 개선할 수 있는 기초가 될 수 있을 것이다.

인식론적 장애형성에 영향을 주는 요인으로는 일상어, 직관, 과도한 일반화, 은유 등을 생각할 수 있다(박선화, 1998). 수학에는 '집합', '극한', '무한' 등과 같은 여러 가지 일상적인 언어가 그와 똑같은 의미는 아니라고 하더라도 많이 사용되고 있다. 따라서 그와 관련된 자생적 관념이 수학적 사고에 적지 않은 영향을 미치게 된다. 그러한 자생적 관념인 용어의 일상적인 의미는 생존력이 매우 강하여 수학을 학습하면서 사라지는 것이 아니라 새롭게 도입된 수학적 개념과 뒤섞여서 부적절한 개념 이미지를 형성하게 되어 수학학습에 장애로서 작용하게 된다. 또한 사고할 때 우리는 주관적 또는 경험적으로 확실해 보이는 직관에 의존하게 된다. 실제적인 여러 가지 수학적 사고는 직관적으로 이루어지지 않을 수 없다고 하더라도, 수학은 직관을 배제하고 논리적 · 형식적으로 전개되는 사고 패턴으로, 특히 직관은 무한개념이나 극한개념의 학습에 장애가 된다. 한편 Euler는 유한에서 성립하는 성질을 무한에서도 성립하는 것으로 일반화하고 유추하여 놀라운 발견을 이룩하기도 했으나(Polya, 1965), 수학사에서 유한에서 성립하는 성질의 무한과 극한으로의 일반화나 유추는 장애의 요인이 된 동시에 그 극복을 통하여 수학은 비약적인 발전을 이룩하였다. 또한 앞 장에서 살펴본 바와 같이 은유는 일상적인 사고에서와 마찬가지로 수학에서도 의미를 이해하고 전달하는 매우 중요한 기본적인 수단이다. 특히 함수와 수열의 극한에서는 화살표, '수렴한다', '발산한다', '증가한다' 등과 같은 운동은유가 커다란 역할을 한다. 미적분학에서 그러한 운동은유의 의미를 산술화하여 소위 ε−δ식 정의를 이끌어 내어 엄밀한 전개를 이룩하기까지 오랜 기간을 필요로 하였다. 그러나 오늘날에도 미적분에서는 운동은유는 논리적 · 형식적인 정의와 함께 사용되고 있으며 이를 제거하기는 불가능하다. 이러한 인식론적 장애형성에 영향을 미치는 요인은 지식의 본질과 밀접히 관련된 불가피한 것으로 피할 수도 없고 피해서도 안 되는 요인이며, 이를 조절하고 제어하는 능력을 개발하는 것이 요구되는 것이다.

수학적 지식의 의미는 그 지식이 수학이론으로서 실현되게 된 상황이나 주체가 문제해결 수단으로서 그것을 발견한 상황에 의해서뿐만 아니라, 관련된 개념구성, 그 지식이 거부한 이전의 선택, 그 지식이 피해 간 오류, 그것이 야기한 경제성, 그 형식화 등에 의하여 결정된다. 공리적인 구성은 매혹적이고 환상적인 수학적 지식체계를 제시한다. 그것은 곧바로 획득되고 구조화되며 이용될 수 있고, 전이될 수 있는 많은 지식이 불어난다. 그러나 학습된 관념은 그것이 다른 것과 연결되는 한도 내에서만 이용 가능하며, 그러한 연결이 그 의미와 활성화 방법을 구성하며, 그 관념은 효과적으로 사용되는 정도로만 이해될 뿐이다. 다시 말해 그 관념이 어떤 문제의 해가 될 때에 의미 있게 학습된다. 그 관념이 답해 주는 문제가 그 관념의 의미를 구성하기 때문이다. 그 관념이 실제로 성공적으로 사용될 수 있는 영역을 가져야만 그 의미가 파악된다. 그 영역이 일반적이고 결정적인 경우는 드물며, 국소적인 사용으로 인하여 그 관념은 특수화되고 제한되며 언어와 의미가 변형되게 된다. 그 관념이 충분히 잘 그리고 충분히 오랫동안 성공적이면 그것은 어떤 가치, 일관성 및 의미를 가지며, 일반화를 가져오는 발달이 일어나 기각이 점점 더 어려워지게 된다. 그것은 그 뒤의 지식의 획득에 장애가 되는 동시에 또한 뒷받침이 되기도 한다. 학습은 지식의 점진적이고 연속적인 누가적 획득이라는 고전적인 도식에 의하여 성취될 수 없다. 학습은 임시적이며 잇달은 개념구성을 시도해 봄으로써 일어나며, 흥미롭고 성공적이었던 이전 지식이 이제는 틀린 것이거나 부적합한 것임이 밝혀진 인지적 장애를 구성하게 될 수 있기 때문이다.

학생이 자신에게 질문을 하면서 문제를 풀지 않는다면 그 학생은 진정으로 수학을 하는 것이 아니다. 의미의 구성은 문제상황과의 끊임없는 상호작용, 변증법적 상호작용을 내포한다. 거기서 학생은 새로운 개념을 형성하기 위하여 이전의 지식을 끌어들이고 그것들을 재검토하고 수정하고 완성시키거나 기각한다. 교수학의 주요목적은 바로 잇달은 그러한 개념의 출현, 작용, 그리고 기각을 촉진하기 위하여 학생에게 제시되는 문제나 상황이 충족시켜야만 하는 조건들을 연구하는 것이다. 문제에 대한 교수학적 관심은 본질적으로 학생이 그 해결에 착수할 것인가, 그가 시도해 볼 것인가, 그가 노력을 기울일 것인가에 좌우될 것이다. 교육적으로 가장 흥미 있는 문제는 진정한 장애를 극복할 수 있도록 해 주는 문제일 것이다. 그것이 Brousseau가 문제와 관련지어 교수학에서 장애의 문제를 검토하길 원했던 이유이다. 인식론적 장애는 새로운 지식의 구성을 방해하는 부정적인 측면이 있는 반면에, 이를 깨닫게 되면서 그것을 토대로 새로운 방식으로의 앎이 시작되며 그 극복을 통하여 보다 높은 수준의 이해가 가능해진다는 긍정적인 측면이 있다. 더욱이 결정적인 이해의 증진이나 과학의 비약적 발전은 인식론적 장애를 극복한 결과인 경우가 적지 않다. 결국 인식론이나 과학사에서 장애 관념은 과학적 지식의 문제를 고려하는 데 기본적인 것으로 드러난다. 일종의 기능적 필연성에 의하여 과학발달의 지체와 혼란이 나타나게 되는 곳은 바로 본질적인 앎의 행위 자체에서이다. Bachelard의 연구결과에 의하면 물리학의 역사에서는 최초 경험의 장애, 일반적인 지식의 장애, 언어적 장애, 친숙한 이미지의 부적절한 사용의 장애, 단일한 실용적 지식의 장애, 실체론적 · 사실주의적 · 물활론적 장애, 수량적 지식의 장애 등이 확인된다. 이러한 장애들은 과학사에서 오랫동안 존속되어 왔으며, 아마도 아동의 사고에서 그것과 동치인 것들을 찾아볼 수 있을 것이다. 장애의 유형과 일반적인 특징에 대한 연구와 더불어 특정한 개념의 구성과 관련된 장애를 분석 · 기술하는 연구가 요구된다.

2) 수학의 인식론적 장애의 예

인식론적 장애는 오류에 의하여 드러나게 되지만, 이는 우연에 의한 것이 아니며 앎의 방식이나 개념구성의 특성과 관련되어 나타나는 재현 가능하고 지속적인 것이다. '급수에서 일반항이 0으로 향한다면 그 급수는 수렴한다'고 판단하기 쉬운데, 이는 부주의하여 배운 정리의 가정과 결론을 뒤바꿔서 잘못 기억하거나 극한개념과 급수개념을 잘못 이해하고 있는 데서 비롯된 오류라고 보기 어렵다. 이러한 오류는 초등학교와 중학교 수준까지 거슬러 올라가는 실수에 대한 부정확한 표상에 의하여 왜곡된 다음과 같은 추론의 결과이다. 만일 x_i가 0으로 향한다면 어떤 n이 존재하여 그 이후의 항 x_i들은 무시할 만큼 작게 된다. 이 n 다음부터는 실제로 더 이상 더해지는 것이 거의 없다. 따라서 그 급수는 수렴한다. 이러한 생각은 명백해 보이는데, 그 이유는 그것이 초등학교와 중학교 수학에서 다룬 π=3.14…와 같은 소수관념에 의존하고 있기 때문일 것이다.

그러나 우리는 0.999… =1임을 단순한 계산에 의하여 확인할 수 있으면서도 혼란과 갈등을 느끼며 이를 수용하기 어렵다. 그 이유는 다음과 같이 설명될 수 있을 것이다. 십진법에 따른 실수의 소수 표현에서 수직선을 폐개구간으로 분할하면 각 등분점에 대응되는 실수는 0이 반복되는 무한소수, 곧 유한소수로 나타내어지며, 수직선을 개폐구간으로 분할하면 각 등분점에 대응되는 실수는 9가 반복되는 무한소수로 나타내어진다. 같은 실수가 후자의 약속에 따르면 0.999…로, 전자의 약속에 따르면 1.000…로 나타내어진다. 우리는 십진법에 의한 소수 표현에서 전자의 약속을 따르므로 9가 반복되는 0.999…, 0.24999…와 같은 소수는 사용하지 않으며, 그것을 각각 1.000… 곧 1과 0.25000… 곧 0.25로 나타내는 것이다. 소수의 '이중표기'에서 비롯되는 갈등의 근원은 기수법의 혼란을 가져온 교육과정에서 찾을 수 있다.

한편, 직관을 초월하는 무한집합과 극한개념을 바탕으로 하고 있는 실수개념을 이해하기 위해서는 인식론적으로 잠재적 무한에서 실무한으로 이행

하는 수학의 패러다임의 혁명적 전환, 곧 인식론적 장애극복 과정을 요구한다. 이는 역사적으로 17세기의 Newton으로부터 19세기의 Weierstrass와 Cantor에 이르는 오랜 기간의 발달과정을 요한 것이다. 0.999…와 같은 무한소수 표현을 받아들인다고 하면 0.999… =1을 개념적으로 이해하는 것은 실수개념을 이해하는 지극히 어려운 문제가 된다. 무한소수 0.999…가 한 실수이고 그것이 1과 다르다고 하면 모순이 발생한다. 왜냐하면 다르다고 하고 그 차이를 h라고 하면, 1과 0.999…와의 차를 h보다 작게 할 수 있기 때문이다. 따라서 0.999…=1이다. 0.999…=1임은 수열의 극한에 대한 수학적인 정의($\forall\varepsilon > 0$, $\exists n_0 \in N$, $n > n_0 \Rightarrow |\alpha - a_n| < \varepsilon \Leftrightarrow \lim_{n\to\infty} a_n = \alpha$)에 따른 약속이며, 수열 0.9, 0.99, 0.999, … 의 극한을 나타내는 수학적인 표현이라고 설명할 수도 있다. 앞 장에서 살펴본 바와 같이, 이는 Weierstrass식 은유를 통한 설명이라고 볼 수도 있을 것이다. 또한 실수는 유리수의 Cauchy 수열의 동치류인바, 수열 0.9, 0.99, 0.999, …와 1, 1, 1, …은 같은 실수를 나타내는 유리수열이므로 0.999…는 1과 같은 것이라고 설명할 수도 있다. 난해한 개념적 접근을 접어 두고 미적분 계산법의 개발과 그 이용에 몰두한 Leibniz 학파의 지혜는 음수나 허수의 역사가 그러했듯이 수학적 인식의 한 전형으로 교육적으로 시사하는 바가 크다고 생각한다.

16세기에 Stevin은 분수를 소수로 나타내어 자연수 영역에서 알려진 규칙에 의하여 그 계산방법을 가능하게 한 방식으로 그것을 쓰도록 한 최초의 학자였다. 그것은 너무 간단한 것이지만, 모든 계산을 정수로 신속히 처리하는 쉬운 방법을 제공해 주는 매우 큰 장점을 갖고 있다. 그리하여 소수의 '대중화'가 교육적 문제가 되었으며, 놀랍도록 단순한 알고리즘을 갖고 있는 소수는 상인들의 부기를 대중화할 수 있게 하였다. 대중화의 노력은 미터법 체계의 선택으로 촉진되었으며, 점진적으로 비나 분수로서의 소수(decimal fractions)를 등한시하게 했으며, 수학적인 정당화와 무관하게 '기계적 계산법'의 지도에 이르게 되었다. 그 결과 20세기의 수학교육에 장애물을 만들어 내었다. 이제 계산법을 전달하는 문제가 아니라 소수개념의 이해를 제공하는 것이 문제가 된 것이다. 소수를 측정에 부속시키는 행위는 아동에게 자연수 n과 10^p에 의한 나눗셈(말하자면, 단위의 변화) 및 단위 u로 이루어진 세 순서쌍 (n, p, u)를 고려하게 한다. 예를 들어, 3.25m는 325cm이다. '단위'를 변화시키는 것은 p와 u가 특별한 상호관계를 가진다는 것을 전제로 한다. 이를 실현하려면 단위가 변화되고 10의 거듭제곱에 의한 곱셈이 동시에 수행되는 연습문제를 주는 것으로 충분하다. 소수는 자연수처럼 작용하고 단위와 분리될 수 없게 된다. 이런 자연수와의 통합은 단지 소수점에 대한 조작만을 하면서 이해 없이 자연수와 똑같은 방식으로 행해지는 기계적 계산에 의하여 강화된다. 소수의 자연수에로의 통합은 나눗셈에 어려움을 일으킨다. 그것은 구조를 뒤죽박죽으로 만든다. '소수점을 가진 자연수'에 비유되는 소수의 암묵적인 정의는 학생들에게 자연수는 소수가 아니지만 0.33은 소수라는 것을 의미할 것이다. 아동들은 수가 나눗셈에 의하여 증가될 수 있고 곱셈에 의하여 감소될 수 있음을 받아들이기 어렵고, 두 소수 사이에 있는 또 다른 소수를 생각하기 어려우며, 어떤 소수의 바로 다음 소수를 찾는 것을 그만두기가 쉽지 않은 등 여러 가지 장애가 나타난다. 자연수와 소수의 숫자의 유사성 때문에 이러한 장애는 극복하기가 어려우며, 가장 나쁜 결과의 하나는 아동들이 그러한 잘못된 생각을 극복하도록 하는 시도를 너무 늦게 하도록 만든다는 것이다. 또 하나의 주요한 문제점은 비 및 선형사상으로서의 유리수와 소수의 개념구성이 어렵게 된다는 점이다.

앞 장에서 살펴본 바와 같이 음수는 크기를 나타내는 양수와 대칭적인 의미를 부여하여 자연스럽게 사용되기 시작했으며, 음수의 '상대적인' 특성이 음수의 수용에서 중요한 수단이 되었다. 그러나 음수의 사용은 음수의 존재성을 문제삼게 됨으로써 장애가 발생되었다. 수는 양의 측도라는 보다 강력한 지식이 음수의 구성에 저항하였다. 그렇게 되면 정수는 동질인 집합으로서 생각하기 어렵게 된다. 음수는 양의 측도인 양수와는 다른 성질을 갖는 개념구성을 필연화함으로서 부호 붙은 수의 수용에 저항하는 장애 지식이 되었으며, 이의 극복은 19세기 중반에 이르러서야 가능하게 되었다.

미적분학의 역사적 발달과정에서 그 바탕이 되는 극한개념의 수학화에 오랜 기간이 걸린 것은 무한개념, 함수개념, 기하학적 사고, 논리적인 사고 등과 관련된 여러 가지 인식론적 장애 때문이었다고 볼 수 있다. Weierstrass의 극한에 대한 엄밀한 형식적 정의, 곧 $\varepsilon-\delta$식 정의나 $\varepsilon-N$식 정의는 미적분학을 산술화하고자 한 것으로, 그것은 무한개념 및 실수개념과 관련된 장애를 극복함으로써 가능하게 되었다. 먼저 잠재적 무한이 아닌 실무한을 받아들여야 했으며, 실수개념을 엄밀하게 정의해야 하였다. 그리고 측정의 공리, 곧 Archimedes의 공리를 바탕으로 한 搾出法이란 구적법을 사용하고, 몇 가지 경우만을 고려하여 귀납을 하거나, 몇 가지 근사값을 알아보고 극한값을 추정하며, 유한인 양에 대한 성질과 조작을 그대로 극한으로 전이하는 등의 극한과정에 대한 기피를 극복하고, 물리적인 운동과 결부시켜 극한과정을 이해하는 등의 무한개념과 관련된 장애를 극복하지 않으면 안 되었다.

원을 내접 혹은 외접 다각형의 극한으로 생각하고 접선을 할선의 극한으로 생각하는 등 기하학적인 사고는 미적분학의 발전에 토대가 되었음에 틀림없다. 구의 부피를 구한 Achimedes의 방법이나 Cavalieri의 원리, Newton과 Leibniz의 무한소 방법 또한 기하학적 사고이다. 그러나 Newton이 '궁극적인 비'의 개념을 명확하게 설명하지 못한 것은 流率의 비를 기하학적인 양의 비로 생각했고 그것을 하나의 수로 생각하지 못한 데 있다. 이러한 기하학적인 사고는 극한개념과 미적분법의 탄생의 토대가 되었으면서도 산술적인 극한방법의 발전을 방해한 동시에 그 방법이 발전할 수 있는 기틀이 되었다. 극한개념은 함수개념의 발전과 더불어 기하학적 · 운동은유적인 측면에서 산술적으로 정의되게 되었다. 그리고 극한개념의 $\varepsilon-\delta$식 정의나 $\varepsilon-N$식 정의는 극한개념에 내재된 한정사의 존재와 그 순서에 대한 인식에 곤란을 겪는 논리적인 장애를 극복함으로써 가능해진 것이다. Newton은 미적분법을 대수화했다는 의미에서 '해석학'이라고 불렀으며, 이는 기하학적인 함수에서 계산적인 함수, 곧 식으로서의 함수로의 전환으로 가능하게 된 것이다. 이와 같이 문제가 되는 장애가 수학의 역사에서 확인되고 그 장애의 흔적이 학생들에게서 발견되는바, 그 장애들을 '파기' 또는 기각하기 위한 교육적 조건이 연구되어 교사들에게 제시되면 수학 학습-지도 개선을 위하여 매우 유익할 것이다.

3) 인식론적 장애의 기원과 수학 학습-지도

장애는 일반적인 지식과 똑같은 성질을 가진다. 그것은 기각에 대하여 저항하며, 조절과정을 따르면서 그 자신을 국소적으로 적응시키고, 최소한으로 수정하고, 축소된 영역 위에서 최적화하려고 시도한다. 이것이 그 장애 지식에 의해서는 동화될 수 없고, 장애 지식을 불안정하게 하며, 그것을 비효과적이고 무익하고 틀린 것이 되게 하며, 그것을 필연적으로 재고하거나 기각하거나 망각하거나 근절시키게 하는 충분한 새로운 상황이 있어야 하는 이유이다. 따라서 장애의 극복은 지식을 적용하는 것과 똑같은 종류의 일, 곧 지식과 학생 사이의 대화, 반복된 상호작용을 필요로 한다. 그러한 대화를 허용하고 자극하는 상황이 문제가 된다.

장애와 같이 의미 있는 지식은 언제나 학생과 그의 환경, 곧 그러한 앎을 '흥미 있게' 해 주는 상황 사이의 상호작용의 결실이다. 지식, 인간, 그리고 환경 사이의 상호작용은 불가피하게 '잘못된'(또는 부분적으로는 옳지만 일반적으로는 옳지 않은) 개념에 이르게 되며, 그러한 개념은 상호작용의 조건에 의하여 통제되는바, 그러한 조건들을 이해하고 적절히 사용하는 것이 요구된다. 잠재된 관념을 동요시키기를 원한다면, 학생으로 하여금 그에게 중요한 여러 가지 상황에서, 특히 질적인 비약을 위하여 필요한 충분히 다른 정보적 조건을 갖는 상황에서 자신의 개념에 대하여 충분히 숙고하도록 유도하는 것이 필요할 것이다. 아동이 지각적으로 4나 5까지의 수를 구별한다고 할 때 수 6, 7, 8을 이 순서대로 가르치려고 한다면 아동은 점점 어려움에 부딪치게 되고 정신적 혼란이 일어날 것이다. 여기서 10개에서 15개까지의 사물의 집합을 비교하도록 제안하면, 지각 모델은 분명히 불편해지고 아동은 그것을 즉시 기각하고 짝짓기와 같은 새로운 전략을 세우게 된다.

교수체계에서 나타나는 인식의 장애에는 개체발생적 기원을 가진 것, 교수학적 기원을 가진 것, 인식론적 기원을 가진 것을 구분할 수 있다. 개체발생적 기원을 가진 장애는 개체의 각 발달기의 한계(특히, 신경생리학적인 한계) 때문에 생기는 것이다. 학생은 특정 나이에서 그의 능력과 목적에 적합한 지식을 발달시킨다. Piaget의 발생적 인식론은 발달단계와 동화와 조절, 반영적 추상화에 의한 수학적 사고발달의 수단을 분석하여 제시해 주고 있다. 한편, 관련된 관념의 집합체인 개념 이미지는 관련된 다양한 경험을 통하여 오랜 기간에 걸쳐서 형성된다. 학생들의 그러한 개념 이미지는 개념 정의와 갈등을 일으킬 수 있는 잠재적 갈등요인으로 수학학습을 방해하는 장애가 될 수 있다. 교수학적 기원을 가진 장애는 교육체계 내에서의 어떤 선택이나 행위에 기인하는 듯이 보이는 장애들이다. 수학적 개념을 비수학적인 개념이나 다른 수학적 개념과 관련지워 설명하는 데에서 비롯되거나, 특정한 내용이 강조되는 교육과정의 영향으로 형성되는 장애 등을 생각해 볼 수 있으며, 이 또한 학습에서 피할 수 없는 장애이다. 예를 들어, 초등학교 수준에서의 현재와 같은 소수의 지도문제를 생각해 볼 수 있다. 앞에서 언급한 바와 같이, Stevin으로 거슬러 올라가는 규약에 의하여 만들어진 소수는 그 유용성 때문에 신속하게 많은 사람들에게 가르쳐지게 되었고, 측정체계와 결합되고, 자연수의 계산법과 관련지어졌다. 결과적으로 오늘날 소수는 학생들에게는 '단위가 바뀐 자연수'이고 따라서 '소수점이 있는' 자연수이며 측정수이다. 그리고 연습에 의한 자동화에 의하여 뒷받침된 이러한 소수의 개념구성은 대학수준까지도 실수의 진정한 이해에 장애가 되고 있다.

인식론적 기원을 갖는 장애는 탐구되어야 할 지식에서의 그 형성적 역할 때문에 피할 수도 없고 피해서도 안 되는 장애이다. 그것은 개념의 역사에서 찾아볼 수 있지만, 이것은 우리가 그것의 효과를 확대 해석해야 한다거나 극복되었던 역사적 조건들을 학교상황에서 그대로 재생해야 한다는 것을 의미하지는 않는다. 장애극복의 과정은 필연적으로 학생과 환경 사이의 일련의 상호작용을 내포하며, 그러한 상호작용은 대화적 특성을 취한다. 적절한 변증법에 따라서 학생이 진전해 가게 하는 상황을 제시해야 하며, 그 상황은 학생의 관련된 자원에 대한 자발적인 반복적인 검사를 허용해야 하며, 그것은 교사가 내린 외적인 승인에 의해서가 아니라 학생의 내적인 미묘한 게임에 의하여 스스로 동기유발되어야 한다.

흔히 학생들의 오류는 이상한 기능장애이거나 지식의 결여 탓으로 여겨졌고 따라서 매우 부정적이었다. 그러나 반복되는 오류들은 개념구성의 결과이며 우연이 아니라 적극적인 획득물이다. 학생들의 반복되는 오류를 찾아보고 수학의 역사에서의 장애를 찾아본 다음, 학습에 대한 장애와 역사적 장애를 비교하고 그 인식론적인 특성을 명확히 해야 한다. 음수의 역사에서 관찰될 수 있는 장애현상은 학생들의 학습의 어려움에 대한 근원과 그 극복을 위한 교육적 시사점을 잘 노여준다. 장애는 특정한 맥락 안에서는 적합한 반응을 생산해 내지만, 그 맥락 밖에서는 틀린 응답을 생성해 낸다. 장애 지식은 때때로 나타나는 모순이나 더 나은 지식의 확립에 저항한다. 그러나 보다 나은 지식의 소유와 이전의 것이 사라지는 것으로는 충분치 않으며, 장애 지식을 확인하고 그 거부 이유를 새로운 지식에 합체시키는 것이 중요하다. 장애 지식의 부정확성이 인식된 후에도 그것은 미숙하고 완고한 형태로 계속해서 나타나기 때문이다.

수의 역사에는 인식론적 장애의 예가 풍부하다. 특정한 사회적 조건과 자료에 적합한 이질적인 측정은 오랫동안 일반화된 소수체계의 발달과 보편적인 도량형 체계의 채택을 방해해 왔다. 자연수와 같이 모든 분수가 몇 개의 분수로부터 생성될 수 있다고 가정한 분수체계는 암흑시대 말까지 분수의 조직과 표현을 어렵게 했고 소수로의 전환에 장애가 되었다. 고대에 모든 계산에서 비를 측정분수와 관련시켜 사용한 것은 비율분수의 형식화와 사상으로서의 수개념 구성에 대한 장애가 되었다. 교수학이 이러한 역사적 문제를 이해하는 방식은 정밀해야 한다. 역사에서 알려진 지식창조와 관련된 조건을 고려하는 교수학적 상황 모델을 만들어 내는 문제가 연구되어야 한다.

인식론적 장애에 대한 인식과 그 극복을 위하여 교수학적 처치가 필요하다. 정당화 상황의 필요성은 장애로부터 생겨난다. 그러한 상황은 다루고 있는 이론에 개인적인 통합을 할 수 있게 해 준다. 고려해야 할 핵심적인 점은 인식론적 장애의 변증법적 특성이다. 학생의 수학적 지식의 습득이 일련의 여러 개념구성을 따라서, 각각의 개념은 다음 것에 대하여 다소 장애를 형성하면서 일어난다. 교사는 그의 교수의 결과가 불완전할 뿐만 아니라 다음에 오는 것에 의하여 반박될 수 있는 지식이라는 점을 받아들여야 한다. 인식론적 장애는 제도화된 지식의 형식 속에 들어 있는 것이 아니라 주체가 구성하는 이해 속에 들어 있다. 이러한 이해는 학습상황과 연계되어 있고 제도화된 지식의 이용을 위하여 필요하다. 인식론적 장애의 존재에 대한 인식과 그것을 교수학적인 관계 속에서 공식적으로 다루기를 원한다는 것은 수학교사들에게 수학적 지식의 역사성을 인식하게 한다. 교사가 지도하려는 지식은 제도화된 것이며, 그 문화에 의하여 간직되고 인식된 그와 관련된 공통된 이미지가 존재한다. 그러나 그러한 지식의 이미지는 개인화되고 문맥화됨이 없이 학생에 의하여 동원될 수 없는 것이다. 이러한 문제에 대한 교수학적 의사소통을 위해서는 교사의 인식론의 수정을 필요로 한다.

수학적 사고의 발달과정은 장애의 극복과정이라고 할 수 있으며, 장애를 극복함으로써 보다 높은 새로운 차원의 이해가 가능해진다. 학교수학과 관련된 인식론적 장애를 밝히고 그를 극복하는 방안에 대한 연구는 수학교육학의 중요한 연구과제가 될 것이다. 역사를 연구하여 개념의 발생에 대한 장애를 확인한 후에 학생들의 행동 속에서 대응하는 장애 지식의 흔적을 학생의 관점을 고려하면서 찾아보아야 한다. 그러나 역사적 연구를 교육연구에 수정 없이 적용하는 것은 결코 충분치 않다. 개념의 발생을 제공할 교수상황을 구성해야만 한다. 기본적으로 인식론적 장애에 대한 역사발생적 인식론적인 논의와 심리발생적 교수학적인 논의는 독립적인 것이라고 보는 것이 중요하다. 인식론적 장애가 교수학자의 관심을 끄는 것은 장애 지식이 지식의 구성요소로 자생적으로 나타나며 지도에서의 부적절한 취급이 오류에 이르게 되므로 그것을 분간해 내는 것이 매우 중요하기 때문이다.

4. 교수학적 계약

Brousseau는 교수학적 상황에서 교사와 학생의 관계를 명백한 것은 아니지만 일종의 계약, 곧 '교수학적 계약(didactical contract)'으로 설명한다. 교사와 학생이 상보적인 책임과 의무를 갖는 명백하면서도 묵시적인 교수학적 계약의 하나는 '교사는 수학적 지식을 가르쳐야 하고 학생은 그것을 배워야 한다'는 것이다. 이 설명에 대하여 다음 두 가지 반응을 예측할 수 있다. 하나는 이 설명이 교사와 학생이 하는 일을 단지 정의하는 것일 뿐 다른 의미를 담고 있지 않다고 생각하는 것이다. 다른 하나는, '계약'이라는 개념을 문자 그대로 절대적인 것으로 생각할 때, 도저히 불가능한 것을 계약하고 있다는 것이다. 앞의 반응은 이미 늘 교사와 학생이 해 왔으므로 더 이상 논의할 필요조차 없는 내용을 왜 다루는가 하는 의문과 관련된다. 뒤의 반응은 가르치는 것 또는 배우는 것이 항상 가능한가, 다시 말하면 가르친다고 다 배울 수 있는가 하는 의문과 관련된다. 이러한 의문에 대한 답 또는 이러한 반응에 대한 설명을 이하의 논의에서 찾을 수 있을 것이다.

Brousseau는 단순훈련과 교육의 차이를 이러한 교수학적 계약의 성격으로 설명한다. 훈련은 교육과 달리 가르치고 배우는 활동에 대한 교수학적 계약의 배경이 지극히 단순하다는 것이다. 예를 들어, 운전을 가르치고 배우는 경우, 가르치고 배워야 할 규칙과 대상, 방법 등은 더 이상 설명이 필요하지 않을 만큼 분명하다. 그 이면에 복합적인 분석을 필요로 하는 다양한 측면이 존재하지 않는 것이다. 그러나 수학을 가르치고 배우는 현상에는 표면적인 활동 이외에 주목해야 할 측면이 많으며, 때로는 표면에 드러나지 않는 것이 더 중요할 수도 있다. 수학교육은 단기적이기보다 장기적인 목표를 추구함을 이와 관련하여 이해할 수 있다.

누구나 인정하듯이 수학을 가르치고 배우는 현상은 이론적으로나 경험적으로 결코 간단히 설명되고 이해되지 않는다. Brousseau는 특정 교수상황에 있어서 교수학적 계약을 확인하고 그 계약의 이행과정을 살펴봄으로써 어느 정도의 설명과 이해가 가능하다고 본다. 교수학적 계약은 교수학적 상황의 중요한 요소로, 교사의 기대와 그것을 목표로 하는 교사의 활동에 대한 학생의 수용 사이에 존재하는 합의이며, 교사와 학생이 조정을 위하여 어떤 책임을 져야 할지와 서로에게 해야 할 의무가 무엇인지를 결정하는 관계이다. 이러한 계약은 암묵적으로 존재하면서 교사와 학생을 압박하고 그들의 행동을 통제한다. 교사는 지식을 가르쳐야 하고 학생은 교사로부터 지식을 전수받고 교사가 요구하는 행동을 해야 하는 것이 당연한 책임이요 의무인 것으로 간주되어, 학생들은 주어진 교수학적 상황에 적절히 적응하기보다 교사의 기대에 적응하기 위하여 정답을 산출하는 데 급급하게 되기도 한다. 정답을 구하는 것보다 과정에 주목하고 의미 있는 활동을 하는 것이 그토록 강조되었음에도 불구하고, 교수학적 계약에 대한 학생의 잘못된 이해는 그것이 실천되는 것을 가로막는 것이다.

교수학적 계약에 대한 잘못된 이해의 다른 모습은 교사의 설명을 통한 형식적 지식의 전수로 나타난다. 이러한 방법은 학생으로부터 진정한 이해에 필요한 조건을 빼앗게 되는 것이다. 교사는 학생들이 자신의 설명을 알아듣지 못하면 비슷한 예를 들어 보충설명을 하게 되는데, 여기서도 이해를 위한 지도의 수단이 학습의 대상으로 변형되는 잘못된 결과, 곧 교수학적 계약의 파기가 초래되게 된다. 주어진 상황에서 계약에 적합한 행동과 상호작용을 시도하지만, 실제로는 온전히 계약에 따를 수 없음을 깨닫고 파행적인 상황이 일어나게 된다. 지식은 어떤 문제상황이나 활동 또는 교재에 의하여 완전히 표현되지 않으며, 교사와 학습 주체에 따라 달라질 수 있다. 교사와 학생은 모두 계약을 완전히 따르지도 무시하지도 못한다. 우리에게 관심이 있는 것은 수학적 지식에 특유한 교수학적 계약이며, 여기에서 중요한 것은 '계약의 파기' 문제이다.

교사는 학생이 지식을 전유하는 데 충분한 조건을 창안하며 지식의 전유가 일어날 때 이를 인식한다고 가정된다. 학생은 그러한 조건을 만족시킬 수 있다고 가정되며, 이러한 교수학적 관계는 반드시 지속되어야 하며, 따라서 교사는 이전 학습과 새로운 조건이 새로운 학습의 가능성을 학생에게 제공한다고 가정한다. 만일 학습이 일어나지 않으면 학생은 기대된 것을 충족시키지 못했기 때문에 고발되며, 교사 역시 그러하다. 새로운 지식의 구성을 허용하는, 곧 목표로 한 지식의 전유를 보증하는 충분한 방법은 알려져 있지 않다. 그러나 교사는 결과에 대한 책임을 받아들이고 학생이 지식의 습득을 위한 효과적인 수단을 갖고 있음을 보증해야 하며, 학생 또한 배우지 않은 문제를 해결할 책임을 받아들여야 한다고 가정된다. 그러나 그러한 명백한 계약은 실패하게 되어 있다. 교수학은 관찰하고 모델화하고 설명하면서 그러한 계약의 이행방법을 찾는 가설적인 과정이다.

Brousseau는 1960년대 '새 수학' 운동에 적지 않은 영향을 미친 Dienes 이론에 대하여 교수학적 계약의 입장에서 다음과 같이 비판한다. Dienes는 소위 '심리역학'에 의하여 '구조화된 놀이' 속에서 구조의 유사성을 인식하고 추상된 구조를 형식화하게 하는 교수모형을 제안한 바 있다. Dienes의 교수방법은 학습자의 내적인 '심리역학'에 기초하므로, 자료의 선택, 活動紙의 제시 및 그 사용을 독려하는 것 이상의 주도권을 교사에게 남겨 놓지 않는다. 또한 Dienes의 게임은 학생들에게 주어지는 여러 가지 놀이규칙, 놀이의 구조가 그들이 학습해야 할 것과 같다는 것을 가정하기 때문에 만족스럽지 않다. 놀이의 규칙을 이해하려면 학생들은 그들에게 가르치게 되어 있는 지식을 '심리역학'에 의하여 소위 '구성'해야 한다. 만일, 교사가 먼저 규칙을 가르치면 놀이는 연습문제로 변형되므로 학생들에게 규칙을 추측하게 한다. 결국 교수학적 계약에서 교사가 할 일을 하지 않음으로 해서 학습활동은 부적절하게 일어나게 된다. 교사가 자신의 노력과 무관한 효과에 의하여 성공을 확신하면 할수록 실패할 가능성이 더 커진다. 모든 교수이론에 교사-학생의 관계를 통합시킬 필요성을 보여주는 이러한 현상을 Brousseau는 'Dienes 효과'라고 부르고 있다.

'학생들이 실수를 한 이유는 무엇일까, 어떻게 하면 다음에는 실수를 하지 않게 할 수 있을까, 해결방법을 어떻게 찾을 것인가'와 같은 문제를 모두 해결해 주면서 교수학적 계약을 충족시키기 위하여 교사는 '알고리즘'을 가르친다. 교사는 알고리즘을 소개하고 학생들은 그것을 학습하여 바르게 적용한다. 그렇지 못하면 연습을 더 해야 한다. 그런데 교사가 알고리즘과 같은 '효과적인' 문제해결 방법을 가르칠 때 학생들은 교사의 모든 지시를 받아들인다. 그러면서도 문제해결 지도시에는 교사는 학생들의 탐구에 불을 붙이고 그것을 격려하고 학생이 조종해야 할 본질적인 것을 간섭함이 없이 탐구를 도와주는 방식으로 조력을 해야 한다고 본다. 교사는 학생이 문제풀이 기술을 가지고 해답을 구하는 방법을 학습하기를 바라며, 따라서 발견술적인 형태의 정보가 요구된다. 그러나 발견술은 문제해결 과정의 예측불가능하고 창조적인 부분이므로 가르칠 수 없으며, 학생들을 탐구상황에 친숙해지게 하는 식으로 발견술에 길들여지도록 허용할 수 있을 뿐이다. Polya가 열거한 사고과정을 사용하도록 '지도' 해서는 안 되지만, '그림을 그려라 … 적절한 기호를 도입하여라 … 미지인 것을 살펴보아라 … 전에 풀어본 문제가 있구나. 그것을 이용할 수 있는가? … 문제를 달리 진술할 수 있는가? … 정의로 되돌아 가라' 와 같은 권고를 하는 것은 해가 되지 않으며, 그러한 권고는 습관으로 획득되어야 하는 것이다.

Polya의 발견술을 '지도' 하려고 하면 결국 그러한 방법을 설명하고 분류하고 확인하고 그 효용성을 설명하게 되며, 문제를 선정하여 그러한 방법을 예시하게 된다. 그러면 학생들은 어떤 절차적 권고가 옳은가를 찾게 되고 '발견술' 이 문제풀이 수단을 찾아야 할 정리나 이론과 나란한 위치를 점하게 된다. 여기서 수학적 문제를 그 해결방법의 논리에 대한 논의로 대치하여 모든 오류의 원인을 그것으로 돌리게 하는 '메타인지적 이동' 이 일어날 수도 있게 된다. 유추의 경우와 같이 발견술은 사용자의 책임 아래 사고방법으로 실행되면 문제의 해를 찾는 뛰어난 수단이다. 그러나 특정한 방법을 무조건 신뢰하는 것은 그것을 교수학적 계약에 적절치 않게 만들어 버리는 실망의 근원이 되기도 한다. 학생들에게 결과를 얻는 효과적인 방법이 있다고 말해 주는 것은, 비록 그것이 사실일지라도 학생들이 지적인 작업을 해야 하는 중요한 책임으로부터 벗어나게 해 주는 경향이 있으며, 따라서 문제해결의 양도를 차단하고, 거의 대개는 활동이 실패로 돌아가게 만들어 버린다. 양도(devolution)는 왕이 의회에 권한을 부여하면서 자신의 권리를 포기하는 것에서 빌려온 개념이다. Brousseau는 문제상황에 대한 아동 나름대로의 이해와 해결을 강조하고 있으며, 이를 교사로부터 아동에게로 '문제상황' 이 '양도' 되는 것으로 설명한다. '양도' 되지 않고 단지 교사의 안내에 의해서만 문제가 해결되고 반복연습에 의하여 해결방법을 익히는 것은 '교수학적 계약' 이 이행되지 않은 상황이다. 이러한 상황에서는 교사도 학생도 자신의 의무를 다하지 않은 것이며, 결국 교수학적 계약을 위반한 것이다. 메타인지적 이동을 방지하는 유일한 힘은 인식론적 경계심이다. 발견술은 교사의 인식론에 근거하여 합리화된 것이며, 자생적인 인식론으로 수학자들이 개발한 것으로 교수학적 계약상의 필요에 의한 도구에 불과하다.

교사는 교수학적 상황을 통하여 학생들을 비교수학적 상황에 적응시킬 수 있어야 한다는 자신의 책임을 받아들여야 하며, 비교수학적 상황에의 적응의 책임이 학생에게 양도되도록 해야 한다. 교수학적 상황은 교사로부터 학생으로의 그러한 책임의 양도가 일어나는 토대가 되어야 한다. 그러나 가르친다는 것의 의미를 교사로부터 학생으로의 학습상황의 양도와 지식의 구성과 사용에 대한 책임의 양도로 보는 것은 몇 가지 역리에 이른다. 선택을 해 본 적도 없고 어떤 방법을 시도해 본 적도 없고 자신의 지식이나 믿음을 수정해 본 적도 없는 학생들은 요구되는 바를 획득했음을 보여주는 교사가 기대하는 증거를 제시하지 못한다. 교사들은 지식에 관하여 필요한 모든 것을 가르쳐야 하는 사회적 의무를 지니며, 학생들은—특히 실패했을 때—교사에게 그것을 요구한다. 그러나 교사들이 학생들의 요구에 응하고 학생들이 원하는 것이면 무엇이든지 드러내 주고 학생들이 무엇을 해야 하는지를 정확하게 말해 주면 줄수록, 학생들은 교사가 사실상 목표로 하고 있는 학습을 할 기회를 잃는 위험에 직면하게 되는 것이다. 따라서 교수학적 계약은 교사로 하여금 역설적인 상황에 직면하게 한다. 학생들로 하여금 교사가 기대하는 행동을 하도록 하기 위하여 교사가 수행하는 모든 것이 학생들에게서 목표가 되는 관념을 이해하고 학습하기 위하여 필요한 조건들을 빼앗는 경향이 있는 것이다. 교사가 그가 원하는 것이 무엇인지를 말하면 그는 더 이상 그것을 달성할 수 없게 된다. 학생들 또한 역설적인 상황에 접하게 된다. 학생들이 계약에 따라 교사들이 그들에게 결과를 가르쳐야 한다는 것을 인정한다면 학생들은 더 이상 그것을 스스로 확립할 수 없고 따라서 수학을 학습하지 못한다. 학생들은 그것을 자신의 것으로 만들지 못한다. 그렇다고 학생들이 교사로부터의 모든 정보를 거절한다면 교수학적 관계는 깨어진다. 학생들에게 학습이라는 것은 그들이 교수학적 관계를 받아들이지만 그것을 일시적인 것으로 고려하고 그것을 거부하기 위하여 최선을 다한다는 것을 함의한다.

교사가 적응에 의한 교수를 포기하고 지식을 직접적으로 가르친다면, 그것은 지식에 의미를 부여하고 적응상황에 대한 해답으로서 그것을 획득하게 하는 것을 포기하는 것을 의미한다. 교사는 형식적이고 의미 없는 지식을 가르칠 것인가 아니면 수정되어야 할 다소 오류가 있는 지식을 가르칠 것인가에 대한 선택을 해야 한다. 학생들은 형식적인 문제로 연습을 하면 할수록 후에 그렇게 획득된 개념의 풍부한 기능을 회복하기가 더욱 어려워질 것이다. 그렇게 학습된 기성 지식의 적용은 어려워지는데, 그 이유는 지식을 구성하는 논리가 오로지 지식 자체의 논리이고 상황의 역할은 사전에 배제되었기 때문이다.

그러나 한편으로는 학생들이 제시된 상황에 잘 적응해 왔다면 자신의 대답에 대한 이유와 지식과 문제 사이의 관련성을 잘 이해할 것이며, 따라서 나중에 그 지식을 수정하고 완전하게 하기 위하여 변화시키는 일이 훨씬 더 어려울 것이다. 첫 번째 단계에서 지식이 잘 학습되고 잘 이해되고 잘 정착될수록 그것을 초월하고 수정하기가 어렵게 될 수 있는 것이다. 이는 심리적으로 여러 가지 활동들과 친숙하게 연결되어 있는 습관이나 의견은 변화시키기가 어렵기 때문이기도 하고, 인식론적인 이유 때문일 수도 있다. '지식'의 특별한 문제상황의 해결에의 과도한 적응은 반드시 새로운 상황의 해결에 유리한 요인은 아니다. 지나친 세분화와 직접적인 '지식'에의 지나친 의존은 지식의 발달을 어렵게 한다. 초기의 지식이 장애가 되는 것이다. 이러한 장애들 중에는 지식의 구성에서 불가피한 것도 있고 교수학적 과잉투자의 결과인 것도 있다.

교사가 형식적 교수를 선택하든지 적응에 의한 교수를 선택하든지 '중간 지식'의 학습을 고집하면 할수록 이후의 교수를 방해할 위험에 직면하게 된다. 그러나 교사가 배운 것의 확립과 제도화를 포기한다면 학생들은 그 다음의 단계에 대한 어떤 뒷받침도 찾을 수 없을 것이다. 지식은 대체로 직접적인 앎으로는 상황을 자연스럽게 해결하는 데 무력한 문화적 인식이다. 문제상황의 탐구를 통한 그 불확실성의 감소가 지적 활동의 목표이고 그 추진력이다. 그 해답을 미리 아는 것, 알고리즘을 아는 것은 상황의 불확실한 본성을 파괴하고 그 흥미를 잃게 한다. 알고리즘은 수학교육에서 필요악인 셈이다.

참고문헌

박선화, 〈수학적 극한 개념의 이해에 관한 연구〉, 서울대학교 대학원 교육학 박사학위 논문, 1998.

이경화, 〈학교수학의 교수학적 변환에 관한 연구〉, 서울대학교 대학원 교육학 석사학위 논문, 1993.

Brousseau, G., *Theory of Didactical Situations in Mathematics, Didactique des Mathématiques, 1970-1990*, Kluwer Academic Publishers, 1997.

Chevallard, Y., *La Transposition Didactique*, La Pensée Sauvage, 1985.

Kang, W., "Didactic Transposition of Mathematical Knowledge in Textbooks", Doctoral Dissertation, University of Georgia, 1990.

제14장
컴퓨터를 이용한 수학 학습-지도

컴퓨터는 21세기 정보화 사회의 주역으로서 인간의 모든 활동분야에 지대한 영향을 미치고 있다. 수학분야에서도 수학의 내용, 성격, 수학적 사고 방법을 상당히 변화시키고 있는바, 수학교육에 계산기와 컴퓨터를 도입하고 인터넷을 학습-지도에 이용해야 한다는 데에는 이론의 여지가 없다. 미국 수학교사회의(NCTM)에서 1990년대의 수학교육 개선을 위한 청사진으로 제시한 *Curriculum and Evaluation Standards for School Mathematics*에서는 계산기와 컴퓨터를 수학 학습-지도를 위한 가치 있는 도구로 받아들여야 한다고 하면서 다음과 같은 입장을 취하고 있다.

· 적절한 계산기를 모든 학생들에게 언제든지 이용할 수 있게 해야 한다.
· 컴퓨터를 모든 교실에서 시범을 목적으로 이용할 수 있게 해야 한다.
· 모든 학생들은 개인적인 연구나 집단 연구를 위하여 컴퓨터에 접근할 수 있어야 한다.
· 학생들은 문제를 탐구하고 해결하기 위하여 정보를 처리하고 계산을 수행하는 도구로서 컴퓨터를 사용하는 법을 배워야 한다.

컴퓨터의 발달과 더불어 여러 가지 소프트웨어의 개발로 수학교육에서 방법론적인 변화와 내용상의 변화가 함께 초래되고 있다. 컴퓨터는 학교수학의 목적을 보다 의미 있게 추구하기 위한 방법의 개선을 위한 도구로서 활용되고 있으며, 이와 관련된 많은 연구가 이루어지고 있다. 컴퓨터는 학생들의 흥미를 유발하고 수학적 활동에의 적극적인 참여를 유도하여 탐구활동을 하게 하고 그 결과를 음미하고 반성하게 함으로써 수학학습은 물론 창의성 신장을 촉진하며, 그에 필요한 지적 자원, 학습환경, 학습도구를 지원할 수 있다. 일본의 수학 교과서의 교사용 지도서에는 매 단원마다 컴퓨터를 이용한 수업이 가능하도록 프로그램이 개발되어 내장된 disk가 해설서와 함께 첨부되어 있는 정도이다.

마이크로월드에서 수학을 탐구한다는 기본철학을 토대로 개발된 프로그래밍 언어인 LOGO, 기호 조작과 그래프 작성 능력이 뛰어난 Mathview, 학생들이 도형을 조작 · 변형하고 탐구활동을 할 수 있는 Cabri2, GSP 등의 소프트웨어의 출현은 컴퓨터가 수학 학습-지도 과정에 미칠 수 있는 영향에 대한 인식을 크게 변화시키고 있다. 더욱이 수, 기호, 그래프 등 다양한 표현능력과 그러한 표현 사이의 번역능력을 갖춘 컴퓨터 소프트웨어는 지금까지와는 다른 각도에서 컴퓨터를 수학교육에 활용할 수 있는 길을 열어 놓았다.

그리고 계산기와 컴퓨터의 도입에 따른 수학교육의 변화 가운데 이산수학이나 수치해석의 도입과 같은 내용면의 변화와 함께, 위에서 언급한 *Standards*에서 지적하고 있는 다음과 같은 계산교육의 변화와 같은 교재관의 변화를 생각해 볼 수 있다. 계산기와 컴퓨터로 말미암아 기본계산과 알고리즘을 배워야 할 필요성이 없어지는 것은 결코 아니며, 지필 계산 알고리즘에 어느 정도 숙달되는 것은 변함없이 중요하다. 그러나 이제 학생들은 다양한 방법으로 계산을 할 수 있어야 하고, 계산을 해야 할 문제상황이 생겼을 때는 먼저 적절한 계산방법을 선택할 수 있어야 한다. 근사해가 적절한 경우에는 어림셈을 하고, 정확한 계산이 필요한 경우에는 간단한 계산은 지필 계산법을 사용하고 복잡한 계산에는 계산기를 사용하며, 복리계산과 같이 점화식에 의한 반복적인 계산이 필요한 경우에는 컴퓨터 프로그램을 작성하여 답을 구할 수 있어야 한다. 그리고 계산기를 이용하는 경우의 계산 결과의 합리성을 판단하기 위하여 어림셈이 사용될 수 있어야 한다. 나아가 고등학교 수준에서 컴퓨터의 그래픽 기능과 擬似 무작위 점을 생성하는 기능을 이용하는 Monte Carlo 모의실험 방법을 사용하여 곡선 아래의 넓이의 근사값을 구하는 방법을 지도하도록 하고 있다(NCTM, 1989, p.148). 이러한 모의실험 방법을 이용하여 π의 근사값을 구할 수 있다. 오른쪽 그림과 같이 반지름의 길이가 10인 사분원으로 된 과녁이 있다고 하자. 그리고 화살을 쏠 때 반드시 정사각형 ABCD 안에 들어간다고 하자. 화살을 쏠 때 화살이 이 과녁에 맞을 확률을 P(s)라고 하면

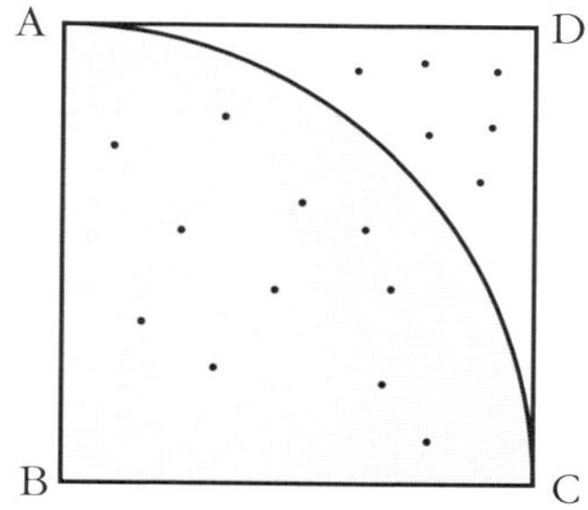

그림 14-1.

$$P(s) = \frac{(\text{사분원의 넓이})}{(\text{정사각형 ABCD의 넓이})} = \frac{(\text{사분원 아래에 들어간 점의 수})}{(\text{점의 총수})}$$

이 방법은 무작위로 생성된 점의 수가 증가할 때 위 식의 우변의 비가 좌변의 값에 접근한다는 기하학적 확률 모델을 이용하는 것이다. 우변의 값은 $\frac{1}{4} \times 10^2 \pi / 10^2 = \frac{\pi}{4}$ 이므로, 실제로 n개의 화살을 쏘았을 때 s개가 사분원 안에 들어갔다고 하면 $\frac{\pi}{4} = \frac{s}{n}$ 에서 $\pi = \frac{4s}{n}$ 가 된다. 예를 들어, n=100이고 s=79이면 π=3.16이 된다. 200개의 화살을 쏘는 경우를 모의실험하여 π의 근사값을 구하는 컴퓨터 프로그램을 작성하여 실행해보면 π의 근사값 3.139832를 얻을 수 있다.

그리고 Standards에서는 컴퓨터나 계산기의 그래픽 기능과 zoom-in 기능을 이용하여 다항방정식의 실근의 근사값을 구하는 방법을 고등학교에서 지도하도록 요구하고 있다. 이를테면 그림 14-2는 다항방정식 $5x^3 - 12x^2 - 16x + 8 = 0$의 한 실근의 근사값을 컴퓨터의 그래픽 기능과 zoom-in 기능을 이용하여 구하는 것을 나타낸 것이다(NCTM, 1989, pp151-153).

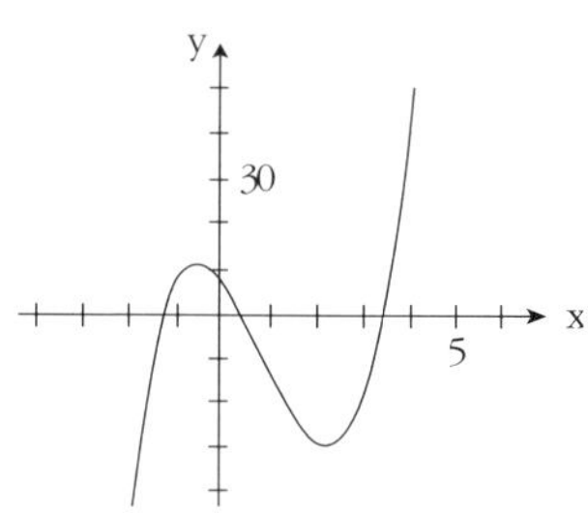

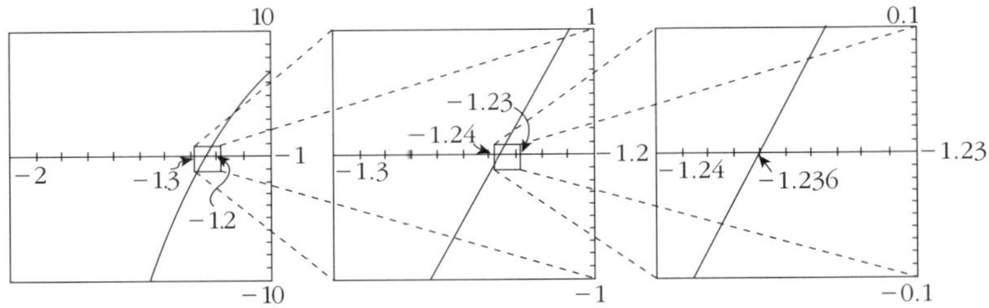

그림 14-2.

연속함수에 대한 중간값 정리로부터, 함수 f(x)가 [a, b]에서 연속이고 f(a)<0<f(b)이거나 f(b)<0<f(a) 곧, f(a)×f(b)<0이면 f(c)=0인 c 곧, 방정식 f(x)=0의 한 실근 c가 (a, b)에 적어도 하나 존재함을 알 수 있다. 이를테면 방정식 $x^3-4x+2=0$에서 $f(x)=x^3-4x+2$라고 하면 f(x)는 연속함수이고 f(1)<0, f(2)>0이므로 f(x)=0의 한 실근이 (1, 2) 안에 있다. 1과 2의 중점 $\frac{3}{2}$에서 $f(\frac{3}{2})<0$ 이므로 그 근은 $(\frac{3}{2}, 2)$ 안에 있다. 이와 같은 방법으로 계속하면 방정식 f(x)=0의 한 실근의 근사값을 구할 수 있다.

Standards에서는 이러한 반분법 알고리즘에 따라 위의 다항방정식의 한 실근의 근사값을 오차가 0.001보다 작은 실근의 근사값을 구하는 알고리즘과 그에 따른 프로그램을 작성하여 직접 컴퓨터로 실행하여 실근의 근사값을 구해보도록 요구하고 있다(NCTM, pp.152-153).

그러나 계산기와 컴퓨터에 의한 학교수학의 내용과 관점의 변화는 이와 같이 의도된 것일 수도 있고 그렇지 않은 것일 수도 있다. 여기에서 의도된 내용상의 변화는 수학교육 관련자들이 많은 논의를 거쳐 점진적으로 이루어지고 있기 때문에 커다란 문제점을 야기하지는 않는다. 그러나 의도되지 않은 내용상의 변화는, 컴퓨터를 수학교육 방법론적인 측면에서 도입하는 과정에서 부지불식간에 일어날 수 있는 변화로서, 가르치고자 하는 수학적 지식의 본질을 왜곡하고 변형시킬 수 있다는 점에서 교육적으로 적지 않은 문제점을 야기할 수 있다. 그러한 의도되지 않은 수학교육 내용의 변화가 그에 대한 충분한 검토가 이루어지지 않은 상태에서 컴퓨터를 방법론적으로 활용하는 상황이 급속히 확대되는 가운데 발생할 수 있다는 데 문제의 심각성이 있다. 여기서는 컴퓨터가 수학교육 방법론의 개선에 기여할 수 있는 측면과 방법론적인 면에서 도입된 컴퓨터가 어떻게 가르치고자 하는 수학적 지식을 왜곡시킬 수 있는지를 살펴보기로 한다.

1. 수학의 이해와 계산기 및 컴퓨터의 사용

Freudenthal(1981)은 '수학적 이해를 일깨우고 증진시키기 위하여 계산기와 컴퓨터를 어떻게 이용할 것인가?' 라는 문제를 앞으로 수학교육계가 해결해야 할 주요문제 가운데 하나로 들고 있다. 이를테면 계산기를 사용하여 두 아동에게 각각 0에서부터 2씩 거듭 더해 가고 100으로부터 3씩 거듭 빼 가는 것을 교대로 시킬 때 어디서 만나게 될 것인가를 묻거나, 두 아동이 각각 0과 100에서 출발하여 각각 교대로 3씩, 2씩 더하면 어디서 만날 것인가를 물어볼 수 있다. 100을 2:3으로 나누라고 하면 그들은 계산기를 사용하여 2와 3 혹은 그 배수를 교대로 뺄 것이다. 이는 계산기를 이용한 수치적 실험에 의하여 比의 법칙을 발견하기를 기대하는 것이다. 계산기는 이러한 기본적인 수학적 개념을 이해하는 열쇠가 될 수 있다는 것이 그의 생각이다.

수학은 추상적인 지식체계라는 특징을 갖고 있다. 이러한 수학의 추상성이 수학학습을 매우 어렵게 만드는 주요한 요인이 되고 있음은 주지의 사실이다. 구체적 경험을 바탕으로 하는 인지수준에 있는 아동의 사고와 추상적인 수학과의 만남은 교사가 감지하지 못하는 어려운 상황을 야기할 수 있으며, 결국 많은 학생들이 학습내용을 이해하지 못하고 암기에 그치는 결과가 일어나게 된다. 따라서 수학 학습-지도에서는 구체적 사고와 추상적

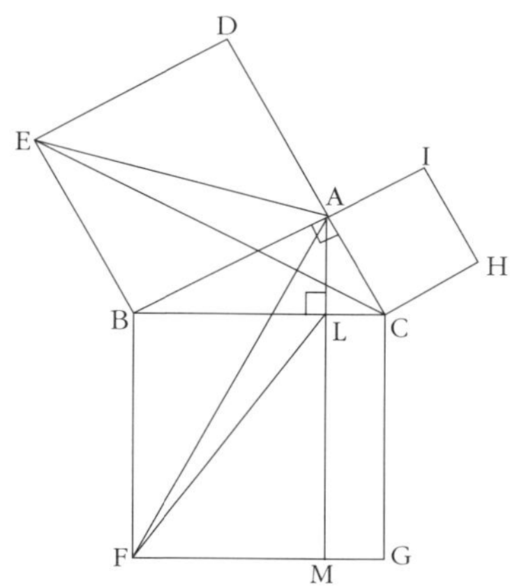

그림 14-3.

사고를 연결해 주는 매개가 절실히 필요하게 된다. 여기서 컴퓨터가 중요한 기능을 할 수 있다. 이를테면 피타고라스의 정리의 증명을 중학교 학생들은 대단히 어려워하지만 이를 담당하는 교사는 그것이 왜 어려운지 잘 이해하지 못한다. 피타고라스 정리의 증명의 요체는 그림 14-3에서 △AEB가 △CEB를 거쳐 △ABF로, 다시 △LBF로 변환되는 과정에서 이 네 가지 삼각형의 넓이가 변하지 않음을 보이는 것이다. 교사는 이 과정을 마치 구체물을 다루듯이 조작할 수 있기 때문에 명확하게 이해되는 것이다. 학생들에게 이 과정을 컴퓨터 영상을 이용하여 보여주거나 직접 조작해 보게 하면 증명과정을 보다 더 잘 이해할 수 있을 것이다.

컴퓨터는 Dienes가 제시한 수학 학습원리를 구현하기에 적절한 환경을 제공해 줄 수 있다. 지각적 다양성의 원리와 수학적 다양성의 원리에 따라 종래의 지필 환경에서 수행하기에 한계가 있는 다양한 경우와 예를 용이하게 제시할 수 있기 때문에 수학적 개념이나 원리 및 법칙의 직관적인 이해와 발견을 용이하게 해 준다. 이를테면, 함수 $y=ax+b(a\neq0)$의 그래프를 지도할 때, 지필 환경에서는 변수 a, b의 값에 따른 여러 가지 함수의 그래프를 그리고 그 특징을 조사하기에는 시간이 너무 많이 걸리고 한계가 있는 것이 사실이다. 이런 경우에 학생들에게 컴퓨터를 이용하여 변수의 값을 다양하게 변화시키면서 일차함수의 그래프가 전체 평면 위를 움직이는 모습을 보여줌으로써 그 그래프의 특징을 발견하도록 하는 것은 지필 환경에서는 생각하기 어려운 도움을 줄 수 있다. 변수 a의 값을 고정시키고 변수 b의 값을 변화시키면 그래프는 상하로 평행이동을 할 것이며, 변수 b의 값을 고정시키고 변수 a의 값을 변화시키면 그래프는 y-절편을 중심으로 회전할 것이다. 이차함수 $y=a(x-p)^2+q$의 그래프의 경우도 마찬가지로 생각해 볼 수 있다. 또한 사각형의 중점연결 정리를 지도할 때 컴퓨터 화면상에서 사각형을 여러 가지로 변화시켜 봄으로써 불변성, 곧 변의 중점을 연결하여 이루어진 사각형이 항상 평행사변형이 됨을 극적으로 보여줄 수 있을 것이다. 그리고 미분가능한 점의 근방에서의 함수의 그래프의 특징을 zooming 기능을 이용하여 보여줌으로써(국소적으로 직선처럼 보인다) 미분가능성과 미분계수의 의미를 직관적으로 이해시킬 수 있을 것이다. 또한 $a < x < b$인 임의의 x에 대하여 a에서 x까지의 곡선 $y=f(x)$와 x축 사이의 넓이를 $S(x)$라고 할 때 $S(x+h)-S(x) \fallingdotseq f(x)h$가 됨을 zooming 기능을 이용하여 시각적으로 보여줌으로써 $S'(x)=f(x)$, 곧 미적분의 기본정리를 직관적으로 이해시킬 수 있을 것이다(Tall, 1981, 1991).

그러나 컴퓨터의 시각적 기능과 조작적 기능은 학생들로 하여금 수학에 보다 쉽게 접근할 수 있게 해 주지만, 시각화나 구체적인 대상의 조작만으로는 부족하고 조작의 반성이 필수적으로 요구된다. 예를 들어, LOGO 언어를 통한 수학학습에서 Piaget가 언급한 반영적 추상화는 학습을 의미 있게 만드는 기본적인 메커니즘이다(Papert, 1980). 프로그램을 작성하고 실행하게 하면서 반성과정이 강조되지 않을 때 LOGO를 통한 수학학습은 기계적인 학습이 될 위험성이 높다. 컴퓨터 프로그래밍 활동은 수학적 사고를 알고리즘적 사고로 변환하는 과정으로서, 학생 자신의 수학적 사고를 컴퓨터 언어로 번역하여 결과를 산출하는 활동이다. LOGO와 같은 프로그래밍 환경에서는 학생들의 사고가 프로그램 형태로 변환되고 그 프로그램에 따라 거북이가 움직이게 되는데, 학생들은 거북이의 움직임을 통하여 자신의 사고와 행동을 명확하게 인식할 수 있다. 또한 컴퓨터 프로그래밍에서의 오류수정 활동은 수학적 사고력을 향상시키는 기회로 활용될 수 있다. 오류는 예상하지 못한 곳에서 일어나고 그 오류를 제거하기 위하여 반드시 프로그램에 수정을 가해야 하는바, 이는 학생 자신의 수학적 사고와 그것을 알고리즘, 곧 프로그램으로 변환하는 과정을 다시 한 번 반성하는 기회를 제공하여 보다 높은 사고수준으로의 비약이 이루어지는 반영적 추상화를 유발할 수 있다.

컴퓨터는 추상적인 수학적 개념을 시각적으로 제시하여 추상적인 수학적 지식에의 접근을 용이하게 함으로써 그 의미의 이해에 기여할 수 있는 위에, 형식적인 증명이나 개념학습의 전 단계에서 그래프, 애니메이션, 동영상, 시뮬레이션 등을 통한 직관적 탐구활동은 수학의 역동적이고 발생적인 측면을 부각시킬 수 있다. 컴퓨터를 활용한 시뮬레이션은 이항분포가 시행의 횟수를 증가시킬 때 정규분포에 수렴함을 보여주는 Galton tube처럼 물리적 시뮬레이션이 갖고 있는 한계를 극복할 수 있으며, 실제로 조작할 수 없는 경우에 대해 실제와 유사한 상황을 제시함으로써 학생들이 수학적 대상을 직접적으로 다룰 수 있게 한다. 그러나 한편으로 수학적 지식의 강렬한 시각적 표현은 오히려 수학학습에 장애가 될 수도 있다. 시각적이고 구체적인 표현은 수학적 사고의 구성에서 배경화·개인화 과정을 도울 수 있지만 탈배경화·탈개인화 과정을 방해할 수 있는 것이다.

컴퓨터를 활용하여 수학적 개념, 원리, 법칙에 대한 직관적인 이해나 귀납적 발견활동을 하도록 함에 있어서 유의해야 할 점은 그 목적을 분명히 해야 한다는 것이다. 궁극적으로 추구하는 것이 형식적인 일반화라면, 그러한 활동으로만 끝나는 것은 바람직하지 않다. 그렇게 되면 학생들의 사고가 구체적이고 직관적 이해수준에 고착될 위험이 있으며, 일반화된 수학적 명제를 형식적으로 증명해야 하는 경우에 여러 가지 예를 직관적으로 확인하는 것으로 충분하다는 오류를 범할 수도 있다. 컴퓨터는 직관적인 이해와 발견에는 도움을 줄 수 있지만, 형식적인 정당화, 곧 증명의 필요성을 이해하는 데 장애가 될 수도 있다. Pythagoras 정리의 형식적 증명을 지도하는 상황에서 컴퓨터를 이용한다고 할 때, 컴퓨터 환경에서의 구체적이고 시각적인 활동이 형식적인 증명과 의미 있게 연결되지 않는다면, 이는 Pythagoras 정리의 형식적 증명의 성격을 구체적이고 귀납적인 것으로 변질시키는 결과를 초래할 수도 있을 것이다.

수학적인 기호나 그래프 등에 내재되어 있는 수학적 개념은 현실상황과 관련될 때 풍부한 의미를 가지게 되므로, 어떤 수학적 표현이 현상과 관련된 의미를 어느 정도 담고 있느냐 하는 점은 수학학습에서 매우 중요하다. 그리고 지적인 발달은 표현수단의 증대와 그 사이의 조정능력의 증대로 볼 수 있으므로, 수학학습에서 현상과 수학적 표현 사이의 관련성은 물론 기호, 식, 그래프, 표, 용어 등 다양한 수학적 표현 사이의 조정능력을 보다 강화할 필요가 있다. 컴퓨터는 수학적 사고를 다양하게 표현할 수 있으며, 학생들이 의미 있게 조작할 수 있는 구체적인 시각적 표현이 가능한 위에 그러한 여러 가지 표현 사이의 변환이 용이하다. 수학교육의 주요한 문제의 하나는 아동의 직관적이고 비형식적인 사고와 추상적인 수학적 사고를 어떻게 의미 있게 연결시킬 것인가 하는 문제이다. Noss & Hoyles(1996)는 이와 관련하여 '상황적 추상화', 즉 구체적인 연결이 풍부한 상태로의 추상화를 주장한다. 전통적인 지필 환경에서는 이러한 문제는 근본적으로 실현하기 어렵다. 수학적인 관념을 기호로 표현하는 순간 상황과 관련된 의미는 보존되기 어렵기 때문이다. 탈상황화 · 탈문맥화된 형식적인 지식의 습득은 상황과 관련된 의미를 보존하지 못한 채 일반화와 추상화를 강조하는 데서 비롯된다. 이를테면 미분계수의 개념을 자유낙하운동을 이용하여 순간변화율로 설명한다고 할 때 상황의 의미가 전달되기 어렵다. 의미보존의 문제는 다양한 표현 사이의 연결과 밀접한 관련이 있으며, 여기서 컴퓨터가 중요한 역할을 할 수 있다.

수학적 지식의 교육에서는 구체적인 실제적 상황이나 다른 교과에서 제기되는 문제상황과 관련된 의미를 유지하면서 다양한 표현이 제공되고 그러한 표현 사이의 역동적인 연결이 이루어져야 의미있는 교육이 이루어질 수 있다. '상황적 추상화'를 시도할 때, 구체적인 표현을 다루는 인지적 활동과 기호적인 인지적 활동을 연결하여 번역하는 문제가 발생하며, 여기서 학생들의 인지적 장애가 발생할 수 있다. 컴퓨터는 이러한 인지적인 어려움을 완화시킬 수 있다. 이를테면, 미분가능성과 미분계수의 의미를 지도하고자 할 때 컴퓨터를 이용하여 수치적 계산으로 좌미분계수와 우미분계수가 일치함을 보여주고, 컴퓨터의 그래프 기능과 zooming 기능을 이용하여 그 직관적인 의미를 보여줄 수 있으며, 그 다음에 기호로 표현된 정의를 지도하는 방법을 생각해 볼 수 있다.

문제상황과 관련된 의미가 수학적 표현에 보존되는가 어떤가는 학생들의 문제해결 수행에 영향을 끼칠 수 있다. 학생들의 사전 경험과 지식을 고려하여 상황을 구성하는 것이 중요하며, 상황에서의 의미를 상실하지 않고 수학적으로 표현하고 이를 해석하는 과정은 수학학습 지도의 중요한 측면이다. 컴퓨터는 구체적이고 직관적인 경험과 연결된 추상적이고 형식적인 수학적 지식을 구성하는 데 큰 도움을 줄 수 있을 것이다.

2. 컴퓨터를 이용한 수학 학습-지도 양식

컴퓨터를 활용한 학습-지도 양식은 다음과 같이 크게 개인교사형(tutor), 학생주도형(tutee), 보조도구형(tool)의 세 가지로 분류된다(신동선 · 류희찬, 1999; 이종영, 1999; 박임숙, 1986).

개인교사형은 전통적인 교사의 역할을 컴퓨터가 대신하는 양식으로서, 여기서 컴퓨터는 정교한 교수기계로 사용된다. 대부분의 CAI 소프트웨어가 여기에 속하는바, CAI란 컴퓨터를 이용한 보조교육으로 학습목표에 따라 논리적이고 체계적으로 구성된 학습과정이 컴퓨터에 의하여 제공되는 개별화된 교수체계를 말한다. 행동주의 심리학을 이론적인 배경으로 삼고 있는 CAI는 개별 학습자의 수준에 맞추어 문제를 제시하고, 즉각적인 피드백을 제공해 준다는 장점을 갖고 있다. CAI에서 학생들의 반응이 전문가의 생각과 같지 않으면 시스템이 개입해서 학생들이 전문가의 풀이방법을 알 수 있도록 지도를 한다. 학생들이 범할 수 있는 오류유형을 미리 만들어 놓고 학생들의 오류에 따라 설명을 제공할 수도 있다. 최근에는 인공지능에 대한 연구결과를 토대로 전문교사의 특성을 소프트웨어에 통합하려는 추세로 연구개발이 이루어지고 있다. 이것은 학생들의 반응 패턴에 입각하여 각 상황에서 학생들에게 가장 필요한 정보를 제공해 줌으로써 유능한 교사의 역할을 컴퓨터가 대신하게 하려는 것이다.

개인교사형 시스템에서의 학생과 시스템 사이의 밀접한 상호작용은 행동적으로는 학생들의 학습을 보장할 수 있다. 그러나 학생들이 지식의 이면에 들어 있는 의미의 본질을 이해하는 것을 보장하지는 못한다. 개인교사형 시스템에서는 그 속에 들어 있는 지식에 대한 학생들 자신의 견해를 표현할 수 없고, 학생들이 선택할 수 있는 조작의 수가 한정되어 있어서 다루어지는 수학적 지식에 대한 명확한 이해 없이도 학습이 진행될 수 있기 때문이다. 자극에 반응하는 것만으로는 반드시 학습이 일어난다고 보장할 수 없으며, 학생들의 직접적인 통제와 활동, 학생들의 아이디어를 표현하는 수단을 제공하지 못하면 교사가 가르치는 것보다 효과가 없을 수도 있다.

학생주도형에서는 학생이 컴퓨터를 직접 조작하는 역할을 하는바, 학생은 자신이 구성하여 입력하는 일련의 논리적인 단계를 통하여 컴퓨터가 행동을 수행하도록 컴퓨터를 프로그램하고 그 결과를 살펴봄으로써 자신의 사고과정을 반성하고, 수학학습에 도움을 얻을 수 있다. 그러나 프로그래밍 학습-지도에 대해서는 찬성론과 반대론이 있다. 수학교육에서 프로그래밍의 지도를 찬성하는 입장에서는 프로그래밍의 지도는 컴퓨터에 대한 최상의 교육방법인 동시에 수학을 가르치는 좋은 방법이며, 프로그래밍을 통하여 학생들의 직업 준비교육이 이루어질 수 있으며 지능을 발달시킬 수 있다고 주장한다. 반면에 수학교육에서 프로그래밍의 지도를 반대하는 입장에서는 프로그래밍의 학습이 학생들의 장래의 직업에 대한 준비가 되지 못하며, 컴퓨터 소양이 컴퓨터 프로그래밍을 필요로 하는 것은 아니며, 프로그래밍이 지능의 발달시킨다는 명확한 증거가 없다고 주장한다. 그리고 프로그래밍 과정에서 변수에 대한 오개념을 극복할 수 있다고 주장하는 연구들이 있는가 하면, 프로그래밍 환경에서도 학생들이 전통적인 교실환경에서 보이는 오류를 그대로 보여줄 수 있으며 오히려 심화시킬 가능성이 있다는 연구결과도 있다.

컴퓨터를 수학 학습-지도의 보조도구로서 사용하는 양식은 이용범위가 가장 넓고, 현재 연구와 개발이 가장 활발한 분야라고 할 수 있다. 이 양식은 그래프를 그릴 수 있고 기호조작이 가능하며 데이터를 분석하고 수학적인 절차를 수행하는 소프트웨어를 사용하여 수학학습을 하는 상황을 일컫는다. Maple이나 Mathematica와 같은 기호조작 소프트웨어(Computational Algebraic System)는 전형적인 보조도구형 시스템이라고 할 수 있다. 이러한 소프트웨어는 수학적 개념을 이해하는 데 반복적인 계산과정이 필요한 경우에 그러한 중간과정을 신속하게 처리해 줌으로써 학생들이 학습시간을 효율적으로 사용할 수 있게 해 준다.

따라서 컴퓨터는 학교수학에서 다룰 수 있는 문제의 영역을 확대하는 데 기여할 수 있다. 지금까지 학교수학에서는 특히 통계분야와 같은 영역에서 해결과정이 간단하거나 그 답이 비교적 간단한 수로 나오는 문제를 주로 다루어 왔는바, 이는 해결과정의 복잡함을 피하고 학생들에게 계산의 어려움을 가중시키지 않기 위해서였다. 이는 결국 적용범위가 좁고 학생들의 현실과 유리된 인위적인 문제를 주르 다루게 되는 결과를 초래하였다. 또한 문제 해결력과 사고력 향상을 목적으로 하는 학습-지도에서 산술적인 계산과 대수적인 문자식의 처리를 신속하게 수행해 줌으로써 관련된 수학적 사고 활동에 충실할 수 있게 해 준다. 그러나 여기에서 주의해야 할 것은, 기호조작 그 자체가 학습-지도의 목적인 경우에는 이러한 소프트웨어를 사용해서는 안 된다는 것이다. 컴퓨터가 수행해 주는 기호조작이 학습-지도의 목적에 도달하기 위한 수단으로 작용하는 경우에만 이러한 소프트웨어를 사용해야 하며, 학생들이 기호조작 기능을 충분히 숙달하기 전에 그러한 소프트웨어를 사용하는 것은 오히려 학생들의 학습에 장애가 될 수 있는 것이다.

한편, 수학교육 전용 소프트웨어뿐만 아니라, 스프레드시트, 워드프로세서, 데이터베이스, 그래픽 패키지 등 일반적인 소프트웨어를 수학 학습-지도에 이용할 수 있다. 워드프로세서에서의 수식 작성과정은 학생들이 수식에서 연산 순서와 괄호의 중요성 등을 이해할 수 있는 기회가 될 수 있다. Excel과 같은 스프레드시트는 수학 문제해결 과정에 유용한 도구로 사용될 수 있다. 수치를 입력하고, 사용자가 만든 공식이나 메뉴에 있는 공식을 이용하여 입력된 수치들을 계산할 수 있기 때문에, 스프레드시트는 수 패턴을 조사하거나 문제해결 과정에서 얻어진 많은 자료를 신속하게 처리하는 데 이용할 수 있는 것이다. 이러한 일반적인 응용 프로그램의 이용은 학생들이 학교를 졸업한 후에도 적절하게 사용할 수 있다는 장점도 있다. 그러나 이러한 소프트웨어는 기본적으로 수학교육용이 아닌 성인들의 업무용으로 개발된 것으로서 교육적으로 이용하는 데는 한계가 있을 수밖에 없다.

구성주의적인 입장에서의 컴퓨터의 수학교육적 활용에서는 기성의 지식을 전달하기 위하여 설계된 소프트웨어보다는 학생들의 탐구활동과 사회적 상호작용을 어떻게 촉진할 것인가에 관심이 집중된다. 개인의 능동적인 수학적 의미 구성과 개인들의 상호작용에 따른 수학 교실문화의 형성이 수학교육에서 중요하다면 소프트웨어도 이러한 점을 반영해야 한다. 그러한 소프트웨어의 대표적인 유형이 직접조작과 상호작용 인터페이스 환경이다. 자율적인 학습과 적극적인 탐구와 개발을 할 수 있도록 풍부한 표현력을 제공하는 것이 이들 프로그램들의 목적이다. Mathview, CAS 등은 직접조작 소프트웨어에 해당되고, 상호작용 소프트웨어의 대표적인 것이 LOGO이다.

구성주의에서 요구하는 소프트웨어는 학생들이 무엇인가 자유롭게 탐구하고 그 과정을 수학적인 언어로 표현하고, 그것을 동료나 교사와 의사소통하며 자신의 구성과정을 반성할 수 있는 환경을 제공할 수 있어야 한다. 또한 재미있고 학생들의 능동적인 참여를 유도할 수 있으며, 충분히 구체적이고 연결이 자유롭고 풍부한 환경을 제공해야 한다. 이러한 입장과 부합되는 컴퓨터 탐구학습 환경은 학생주도형과 보조도구형이 결합된 양식이라고 할 수 있다. 컴퓨터 탐구학습 환경의 가장 중요한 특징은 학생들이 자신의 통제 아래 관련된 대상 사이의 관계를 탐구할 수 있도록 해 준다는 점이다. 여기서 컴퓨터는 미리 계획된 이미지만을 보여주는 비디오 프로젝터처럼 작동하는 기계가 아니다. 학생들 자신이 컴퓨터를 이용하여 대상을 시각화하고 탐구하기 위한 전략을 직접 수립해야 한다. LOGO는 대표적인 수학 탐구학습 환경을 제공한다고 할 수 있다. 거북이의 행동을 예상하고 프로그램을 작성하여 직접 실행하여 보면서 거북이의 행동을 관찰하고 의식화하여 반성을 하게 하는 LOGO 환경에서, 학습자는 단순한 몇 가지 기본 명령어를 가지고 출발하여 보다 정교한 대상을 구성할 수 있으며, 학습자의 지식이 증가함에 따라 그 탐구영역이 확장되고 더욱 발전적으로 작용하게 된다.

Cabri-Geometry와 Geometer's SketchPad(GSP)는 기본적인 명령어로부터 출발하여, 매크로 기능을 통하여 학습자가 새로운 대상과 도구를 구성할 수 있게 해 주는 컴퓨터 기반 기하 탐구학습 환경이다. 이들 프로그램은 점, 직선, 선분, 원 등의 기본도형으로부터 여러 가지 도형을 작도하는 것을 가능하게 해 주며, 메뉴를 사용하여 학습자가 지시하는 대로 중점, 수직선, 평행선 등을 그릴 수 있게 해 준다. 도형을 그리고 난 후에는 점을 움직여서 도형이 어떻게 변하는가를 컴퓨터 화면에서 관찰할 수 있어 불변성으로서의 도형의 성질을 극적으로 관찰할 수 있다. 이러한 컴퓨터 기반 탐구학습 환경에서의 자유로운 탐구가 학습자에게 풍부한 경험을 제공하기는 하지만, 교사가 원하는 특정 지식의 학습이 일어난다는 보장을 하기는 어렵다. 따라서 컴퓨터 기반 탐구학습 환경은 교사에 의하여 조직된 환경으로 통합되어야 한다.

3. 컴퓨터의 이용과 수학적 지식의 변환

가르치고 배우는 활동은 어떤 내용과 방법의 결합으로 구성된다고 할 수 있다. 그러므로 교수내용과 방법은 결코 분리해서 생각할 수 없는 밀접한 관련성을 갖는다. 교수내용의 변화가 필연적으로 교수방법의 변화를 야기하는 것은 말할 것도 없거니와, 고수방법의 변화 또한 불가피하게 교수내용을 변화시킨다. 더욱이 교수내용에 대한 신중한 고찰 없이 시도되는 교수방법상의 변화는 수학적 지식을 바람직하지 않는 방향으로 변화시킬 위험성을 내포하고 있다. 결국 수학교육의 방법론적인 도구로서의 컴퓨터의 활용은 학교수학의 본질을 변화시킬 위험성 필연적으로 내포하고 있다고 할 수 있으므로 그에 대한 보다 면밀한 분석이 요구되는 것이다.

수학교육용 컴퓨터 소프트웨어를 개발할 때나 개발된 프로그램을 실제로 활용할 때 가르치고자 하는 지식의 성격이 변할 수 있으며 그 본질이 왜곡될 위험성이 있다. 이러한 변화는 컴퓨터의 기계적 한계 때문에 불가피한 것이든, 프로그램 개발자나 그것을 활용하는 교사에 의하여–그것이 학교수학이나 컴퓨터에 대한 전문적 식견의 부족에 기인한 것이든 무의식적인 것이든–일어날 수 있다. 이를테면 평행한 두 직선이 한 직선과 만날 때 동위각이 같다는 성질이나 삼각형의 내각의 합이 180°임을 컴퓨터의 기능을 이용하여 각의 크기를 보여줌으로써 확인시키는 것은 가르칠 지식의 본질이 왜곡되기 쉬운 예가 될 것이다. 이는 근사값으로서의 측정값의 본질에 비추어 바람직하지 못하며 확인될 수 없는 것이기도 하지만, 삼각자를 이용하여 평행선을 그리는 구체적 활동이나 삼각형 모양의 종이의 모서리를 오려서 모아 보는 구체적 활동이 원형수학적인 측면을 갖는 데 비해, 본질과 어긋나는 것으로 생각된다.

컴퓨터에 의한 수학적 지식의 교수학적 변환은 Brousseau가 제시한 네 가지의 극단적인 현상, 곧 메타인지적 이동, 형식적 고착, 토파즈 효과, 주르뎅 효과를 보여주고 있다(이종영, 1999). 컴퓨터를 활용한 학습-지도에서는 학습내용인 수학적 지식보다 컴퓨터의 조작으로 학습자의 관심이 옮아가기 쉬우며, 수학적 지식을 지나치게 배경화·개인화할 가능성이 크기 때문에 메타인지적 이동현상이 발생하기 쉽다. 개인교수형 컴퓨터 소프트웨어를 이용한 학습상황에서는 학생들의 사고가 주어진 과제를 해결하거나 의도하는 수학적 지식을 학습하는 데 집중하기보다는, 주어진 과제를 해결하기 위한 힌트를 컴퓨터에서 얻는 방법을 찾는 데 집중하는 메타인지적 이동이 일어날 수 있다.

그리고 기수법이나 변수가 내포된 식에 대한 충분한 의미의 이해가 결여된 상태로 사칙계산이나 다항식의 계산과 인수분해, 함수의 미분과 적분 및 극한값 등의 계산을 기계적으로 할 수 있기 때문에 형식적 고착현상이 일어날 가능성이 높다. 또한 최근에 성행하고 있는 web 기반 교수환경에서는 흔히 문제와 함께 쉽게 도움을 받을 수 있는 힌트 버튼과 정답 버튼을 제공하기 때문에 토파즈 현상이 야기되기 쉽다. 학생들은 프로그램 학습의 특성상 도움과 정답을 쉽게 얻을 수 있기 때문에 과제를 해결하기 위하여 심사숙고하는 학습의 기회가 사라져 버리기 쉬운 것이다.

또한 컴퓨터 환경에서는 학생들이 컴퓨터가 안내하는 대로 특정 조작을 수행하여 원하는 결과를 얻었을 때, 그런 조작 이면에 들어 있는 수학적 개념을 이해했다고 할 수 없는 경우에도 정답으로 처리하게 되므로 주르뎅 효과라는 극단적인 현상이 일어나기 쉬운 것이다. 이러한 입장에서 볼 때 컴퓨터가 도입된 수학 학습-지도에서 교사의 역할은 매우 중요하다. 교사는 컴퓨터가 도입된 교수환경에서 다루어지고 있는 지식이 가르치고자 의도한 지식의 본질과 부합되도록 조종하고 통제해야 할 위치에 있다. 교사는 컴퓨터의 도움으로 수학적 지식의 개인화·배경화 과정을 적극적으로 돕는 반면, 한편으로는 탈배경화 · 탈개인화가 일어날 수 있도록 배려해야 한다. 컴퓨터 문맥과 결부되어 학습한 수학적 지식에 대하여 교수학적 경각심을 갖는 것은 컴퓨터가 도입된 상황에서 수학교사가 취해야 할 중요한 자세라고 할 수 있다. 이를 위해서는 컴퓨터 환경에서 다루어지는 수학적 지식의 성격과 그 교수학적인 변환과 관련된 문제점들을 교사가 분명히 파악하고 있어야 한다.

여기서 특히 컴퓨터를 이용한 기하 지도와 관련하여 유의해야 할 점이 있다. 기하에는 시각화, 도형 그리기, 추론이라는 세 가지 인지과정이 포함되며, 이들의 조정을 통한 상승작용은 기하학적 사고의 발달을 위하여 매우 중요하며, 여기서 컴퓨터는 효과적인 매체가 될 수 있다. 도형에 대한 이해는 전체적인 지각적 이해수준과 그 구성요소의 분해와 결합을 통한 이해수준, 명제와 결부된 이해수준, 표면에 드러나지 않는 구성요소와 관계를 '보고' 조작하여 문제를 해결하는 조작적 이해수준이 있다. 그리고 기하학적 명제의 증명에 내포된 인지적 과정에는 도형에 대한 조작적 이해를 바탕으로 한 그림에 대한 추론과정, 그것을 바탕으로 한 일상적인 언어를 통한 자연적인 추론과정, 기호를 사용하는 형식적인 연역적 추론과정, 나아가 공리적 추론과정과 분석-종합 과정이 있다. 현재 중등학교 기하교육에서 증명지도의 주요한 문제점은 이러한 추론과정의 수준을 분명히 고려하지 않고 곧바로 형식적인 연역적 추론을 하도록 요구하는 데에서 비롯되는 것으로 볼 수 있다. 컴퓨터 환경은 뛰어난 시각화 기능과 동적인 조작 기능을 이용하여 도형에 대한 실험적 탐구활동을 가능하게 함으로써 도형에 대한 조작적 이해와 그것을 바탕으로 한 자연적인 시각적 추론과정을 발달시킴으로써 기하학적 사고능력의 개발에 기여할 수 있다. 그러나 중등학교 기하교육의 주요한 목표가 되어 있는 기호를 사용한 형식적인 연역적 추론으로의 이행은 학생들이 달성해야 할 가장 어려운 과정으로 수학교사에게 맡겨진 매우 어려운 교수학적 과제이다. 컴퓨터는 시각화와 조작적 이해를 진작시킴으로써 기하학적 사고의 발달에 기여할 수 있지만, 적절히 사용하지 못하면 이러한 형식적인 연역적 추론수준으로의 이행을 어렵게 하는 교수학적 장애가 될 수 있는 것이다.

컴퓨터를 수학 학습-지도에 이용하고자 할 때 가장 먼저 고려해야 할 점은 지금 무엇을 지도하고자 하는가, 학생들에게 어떤 수학적 사고를 하도록 지도하려고 하고 있는가, 지도내용의 관점은 무엇인가를 명확히 하는 것이다. 그 다음에 고려해야 할 점은 전통적인 교수매체로 그 목적을 충분히 달성할 수 있는가, 그렇지 않다면 컴퓨터의 장점을 이용하면 그것이 가능할 것인가를 엄정하게 판단하는 일이다. 이는 당연한 일인지도 모르는데 간과해서는 안 되는 가장 중요한 문제라고 생각된다. 또한 컴퓨터를 수학교육에 이용할 때 간과해서는 안 되는 문제가 컴퓨터가 가진 시각화 기능, 시뮬레이션 기능, 동영상 기능, 애니메이션 기능, 신속한 계산 기능 등과 같은 장점과 더불어 기계적 소음과 처리과정의 지연에 따른 사고 리듬의 파괴, 강렬한 색채가 초래하는 사고의 장애, 이산적이고 알고리즘적인 처리에 따른 소프트웨어의 한계, 가장 심각한 문제이지만 잘못된 교수학적 변환으로 인한 지도 관점의 왜곡 가능성 등 그 단점을 충분히 고려하여 이용해야 한다는 점이다. 교사는 컴퓨터 활용이 가르치고자 하는 내용, 즉 수학적 지식의 성격을 변형하거나 왜곡할 위험성에 대하여 끊임없이 경계하고 통제해야 한다.

컴퓨터를 수학 학습-지도의 어느 단계에서 어떤 방식으로 활용하고 어느 단계에서 컴퓨터의 영향을 차단할 것인가를 판단해야 할 책임이 교사에게 있다. 예컨대, 원을 그리는 방법은 LOGO와 Cabri Geometry에서 서로 다르다. LOGO에서는 변이 매우 많은 정다각형이라는 아이디어로 원을 그릴 수 있는데, 이 원은 곡선의 굽은 정도가 일정하다는 의미에서 미분기하학적인 원이라고 할 수 있다. 이와 대조적으로, Cabri Geometry에서는 원의 중심과 원주 위의 한 점으로 원을 그릴 수 있는데, 이 과정은 컴퍼스로 원을 작도하는 과정과 거의 유사하며 원의 수학적 개념과도 거의 일치한다. 따라서 원의 지도에서 LOGO와 Cabri Geometry의 활용단계와 활용목적이 각각 달라진다. 원을 처음으로 지도하는 도입단계에서는 원의 수학적 개념과 부합하는 Cabri Geometry에서의 원 그리기 활동이 더욱 적절하다. LOGO에서의 원 그리기 활동은 원에 대한 수학적 개념을 배운 후에 어떤 방법으로 LOGO에서 원을 그릴 수 있는가 하는 탐색문제로 제시될 수 있다. 여기에서 소박한 의미의 극한개념과 무한개념을 도입할 수 있다. 그러나 이는 학생들이 원의 개념을 충분히 이해하고 난 뒤 적용단계에서 제시될 수 있는 컴퓨터 활용방안이다. 학생들이 원의 개념을 충분히 이해하지 못한 상태에서 원에 대한 이러한 활동을 한다면 학생들이 원의 개념을 이해하는 데에 오히려 혼란을 가중시킬 것이다.

또한 컴퓨터를 수학교육에 이용할 때에는 컴퓨터와 사용하는 소프트웨어의 한계를 분명하게 인식하고 적절하게 사용해야 한다. 컴퓨터와 소프트웨어의 한계를 넘어서서 적절하지 않는 영역에까지 그것을 활용하려는 시도는 교육적으로 여러 가지 부정적인 결과를 초래한다. 컴퓨터나 소프트웨어의 한계를 학생들에게 인식시키고 컴퓨터에서 다루기 곤란한 무리수와 같은 수학적 개념의 본질을 오히려 컴퓨터의 한계를 통하여 더욱 명확하게 이해시킬 수 있다. 교사는 컴퓨터 환경에서 수학 학습-지도 개선에 이용할 수 있는 부분이 무엇인가를 탐색하는 동시에, 개발된 자료가 가르치고자 하는 수학적 지식의 학습-지도에 진정으로 도움이 되는지, 수학적 지식의 의미와 성격을 변형시키지는 않는지에 대하여 항상 경각심을 가져야 한다(이종영, 1999).

참고문헌

박임숙, 〈Personal Computer를 통한 수학적 사고교육에 관한 연구〉, 서울대학교 교육학 석사학위 논문, 1986.

신동선 · 류희찬, 《수학교육과 컴퓨터》, 경문사, 1998.

이종영, 〈컴퓨터 환경에서의 수학 교수-학습 방법에 관한 교수학적 분석〉, 서울대학교 교육학 박사학위 논문, 1999.

이홍우, 《증보 교육과정탐구》, 박영사, 1992.

Duval, R., "Geometry from a Cognitive Point of View", C. Mammana & V. Villani, *Perspectives on the Teaching of Geometry for the 21st Century*, Kluwer Academic Publishers, 1998, pp. 37-52.

Freudenthal, H., "Major Problems of Mathematics Education", *Proceedings of the Fourth International Congress on Mathematical Education*, M. Zweng(ed.), Birkh user, 1983, pp. 1-7.

Kaput, J.J., "Technology and mathematics education", D.A. Grouws(ed.), *Handbook of Research on Mathematics Teaching and Learning*, Macmilan Publishing Company, 1992, pp. 515-556.

Kaput, J.J. & J. Roschelle, "The Mathematics of Change and Variation from a Millinnial Perspective: New Content, New Context", C. Hoyles, C. Morgan & G. Woodhouse(ed.), *Rethinking the Mathematics Curriculum*, Falmer Press, 1998, pp. 155-170.

Kirshner, D., "Editor's Introduction to Situated Cognition: Social, Semiotic, and Psychological Perspectives", D. Kirshner & J.A. Whitson(ed.), *Situated Cognition: Social, Semiotic, and Psychological Perspectives*, LEAP, 1997, pp. 1-16.

NCTM, *Curriculum and Evaluation Standards for School Mathematics*, 1989.

______, *Principles and Standards for School Mathematics: Discussion Draft*, Macmillan Publishing Company, 1998.

Noss, R. & C. Hoyles, *Windows on Mathematical Meanings: Learning Cultures and Computers*, Kluwer Academic Publishers, 1996.

Papert, S., *Mindstorms: Children, Computers and Powerful Ideas*, Basic Books, 1980.

Tall, D., "Comments on the Difficulty and Validity of Various Approaches to the Calculus", *For the Learning of Mathematics*, vol. 2, no. 2, 1981, pp. 16-21.

______, "Intuition and Rigour: The Tole of Visualization in the Calculus", W. Zimmermann & S. Cunningham, *Visualization in Teaching and Learning*

Mathematics, The Mathematical Association of America, 1991, pp. 105-119.

Taylor, R.P.(ed.), *The Computer in the School: Tutor, Tool, Tutee*, Teachers College Press, 1980.

제15장
학교수학과 심성함양

1. 溫故而知新

수학은 왜 배우고 가르치는가? 사범대학을 나와 교단에 선 지 15년이 된 서울의 어느 고등학교 수학교사는 최근 이 문제로 커다란 고민에 빠져 있다. 그녀는 수학을 공부하기 싫어하는 대다수 학생들에게 수학이 실제로 매우 유용한 과목이라는 것을 설명하려고 했으나 그 주장이 충분히 설득력이 없는 듯하여 그러지 못했다고 한다. 이유는 학생들에게 고등학교에서 가르치는 대부분의 수학내용이 일반 국민에게 '실제로' 유용한 것이라고 주장하기 어렵다는 생각이 들었기 때문이다. 더욱 문제가 되는 것은 교사 자신이 고등학교 수학이 과연 일반 국민에게 어떤 가치가 있는지 확신이 서지 않았기 때문이다. 이러한 의문은 수학을 가르치는 교사라면 누구에게나 있을 것이다.

근세 이후 생활에 유용한 계산법의 보급과 수학을 바탕으로 한 과학기술이 발전하면서 수학의 실용적 측면의 중요성이 점차 커지게 되었다. 여러 가지 생활문제의 해결과 과학기술의 개발을 위한 수학의 유용성은 의문의 여지가 없는 것으로 간주되었으며, 이것이 오늘날 수학을 대중을 위한 교육의 필수교과로 만든 주요한 이유일 것이다. 그러나 국민 모두가 과학자나 고급 기술자가 되는 것은 아니며 또한 우리가 가르치는 중등학교 수학의 많은 부분은 일반 국민이 현대생활을 영위하는 데 반드시 필요한 것이라고 주장하기 어렵다는 데 문제의 심각성이 있다.

일반 국민에게 실용성이 의문시되는 지식의 교육은 왜 하는가? 중국의 고전인 사서삼경에 따른 동양의 전통적인 교육은 자기 교양을 위한 것으로 실용성과는 거리가 먼 '이론적 지식'의 교육적 가치를 중시하였다. 그리스의 자유민 교육과 중세 대학에서의 3학 4과 중심인 자유교육의 전통 또한 그러하였다. 이론적 지식중심의 전통적인 교육은, 현상을 '보는' 개념적 수단과 내면적 안목을 갖추기 위한, 우리의 정신적 삶의 참된 길을 찾는 교육이었다.

이러한 교육의 전통에 맞서 교육의 사회적 측면을 부각시켜 민주사회의 유능한 시민 양성을 위하여 '실제적 지식'의 가치를 주장한 대표적인 교육사상가가 Dewey(1916)이다.

> 인간활동과 관련된 어떤 사실이나 이론의 가치는 결국 실제적 적용에 의하여 결정된다(McLellan & Dewey, p. 1).

수학적 지식발생의 근원을 실제적인 생활문제의 해결과정에서 찾고, 일체의 지식은 유목적적 문제해결 활동의 수단이 되는 한에서 가치를 지닌다고 보아, 지식은 실제적 문제사태와 관련지어 그 해결수단으로 가르쳐야 한다는 입장이 Dewey의 경험주의 교육철학이다(McLellan & Dewey, 1895). Dewey 이후 실용과 '멀리 떨어진' 이론적 지식에서 문제해결 도구로서의 '즉각적인' 실제적 지식으로 교육의 초점이 옮겨졌다. 특히 수학교육계에서는 응용 가능한 실제적 지식을 가르치고 문제해결 능력을 개발하려는 노력이 계속되어 왔다.

그러나 그리스 시대부터 오늘날까지 수학교육에서 변하지 않는 것이 있다면 그것은 실용적 지식을 넘는, 실제적 생활문제 해결과 대체로 무관한 이론적 지식의 교육이 의연히 지속되어 왔다는 점이다. 많은 개선의 노력에도 불구하고 이론적 지식이 실제적 수학교육의 중심에 확고히 자리 잡고 있다는 것은 거의 변하지 않았다. 여기서 일반 국민에게 이론적 지식중심의 학교수학이 어떤 교육적 가치를 갖는가 하는 의문이 제기된다.

한편, 여기서 최근에 수학교육에 심대한 영향을 미치는 수학적 지식을 보는 눈에 심각한 변화가 일어났음에 주목하지 않을 수 없다. 비유클리드 기하학의 출현, Hilbert의 《기하학 기초론》 이후의 현대적인 추상수학의 발달, 그리고 Lakatos의 《증명과 반박》에 따른 준-경험주의 수학관의 출현 등이 그것이다. 확실성은 그 어디에도 존재하지 않으며, 수학은 주체의 구성과 사회적 협상과정의 결과라고 주장하는 소위 사회적 구성주의(Ernest, 1991)가 시대사조로 간주되는 듯하다. 그러나 '어린 아동들'에게 그들 자신의 수학을 스스로 구성하게 하며 협상하게 한다는 것은 대체 무슨 뜻인가? 과연 우리는 경외감을 일으키는 수학적 지식과 그 구현체로서의 교사가 주도하는 교육을 경시할 수 있는가? 우리는 구성주의 수학교육관의 진정한 모습을 철저히 분석해야 할 것이며 아울러 전통적인 교육의 바탕 또한 재음미해야 할 것이다. 다음은 《논어》(2002)에 나오는 공자의 말씀이다.

> 옛것을 되새겨 새것을 살필 줄 알면 능히 스승이 될 수 있다(溫故而知新 可以爲師矣)(pp. 12-13).

실용주의 교육관과 최근의 구성주의 교육관에도 불구하고, 동서양을 막론하고 교육의 근본목적은 내면적 안목의 변화를 통하여 '훌륭한 인간'을 형성하는 데에 있으며 교육은 교사가 주도한다는 것을 부정하기 어렵다. 여기서 제기되는 문제는 수학교육에서 심성함양을 추구한 역력한 역사적 자취가 있음에 주목하여 그러한 전통을 재발견하고 이를 계승하고 발전시키는 방안을 모색할 필요가 있다는 점이다.

이를 위하여 Pythagoras, Platon, Pestalozzi, Froebel 및 Bruner(의 지식의 구조에 대한 발전적 해석)에 의하여 옹호된 심성함양을 위한 수학교육 사상의 흐름을 살펴보기로 한다. 그들에 따르면, 수학은 진리감각을 갖고 진리를 추구하는 인간, 수학을 통하여 자연의 신비를 탐구하는 인간, 현상계를 지배하는 실재를 추구하는 인간의 교육을 위한 교과이어야 한다. 여기서 학교수학은 심성함양이라는 교육의 이상을 실현하는 최선의 통로가 될 수 있으며 그래야만 한다는 것을 재음미하고자 한다. 또한 이를 새로운 차원에서 추구할 필요가 있음을 주장하고자 한다.

이와 관련하여 수학의 역사는 인류가 점진적으로 실재의 모습을 드러내어 온 과정이라는 것, 그리고 수학학습은 실재의 모습을 대면하는 과정이어야 한다는 것을 주장할 수 있다 특히 20세기 수학교육에 커다란 영향을 미친 가장 출중한 두 인물인 Klein과 Freudenthal의 사상으로부터 그러한 이념 구현을 위한 단서를 찾아보고자 한다. 역사-발생적 접근(Klein, 2004, p. 268), 학습된 수학에 대한 역사적 · 철학적 관점과 관련지은 반성(Klein, 1907, S. 216), 수학화 학습-지도(Freudenthal, 1973, pp. 131-146)를 주장하고, 함수적 사고의 중요성을 강조했으며, 교수학적 분석을 통하여 학교수학의 지식의 구조를 드러내려고 시도한(Klein, 2004; Freudenthal, 1973, 1983) 그들의 수학교육 사상은 심성함양이라는 수학교육 이념의 추구를 위한 새로운 전망을 열 수 있다고 생각된다.

여기서 우리는 학교수학을 배우는 것은 실재의 모습을 대면하는 감동과 신비감을 수반해야 하며 학생들에게 진리감각과 아름다움, 순수한 마음을 일깨워야 한다는 것을 주장하고자 한다. 이러한 경험은 우주의 수학성을 깨닫게 하여 겸양의 마음을 갖고 그 신비를 밝히는 데 헌신하는 삶을 추구하는 계기가 될 수 있다. 필연적 결과로 학교수학은 도덕적 삶과 연결될 것이다. 여기서는 이러한 수학교육관을 구현하는 실제의 모습을 피타고라스의 정리, 음수, 함수적 사고의 지도에 대한 논의를 통하여 살펴보고 그 구현방안에 대하여 논의해 보고자 한다.

2. 교육의 전통으로서의 심성함양

불교의 대표적인 이론서인 《大乘起信論》에서는 우리의 마음은 眞如와 想念이 결합된 상태라고 보며 '상념을 떠나 진여로 돌아가는 것'을 삶의 이상으로 본다. 진여는 우리 마음의 근본인 '본래의 마음'이며 상념은 경험과 관련된 변화무쌍한 마음이다. 사물과 현상에 대한 인식은 정도의 차이는 있어도 모두 진여를 감추고 있으며, 인식의 대상은 어떤 것이든지 상념에서 진여로 나아가는 계기가 될 수 있다. 그러나 사물이나 현상에 대한 인식은 그 속에 들어 있는 진여를 적극적으로 보여주지 못한다. 따라서 불교에서는 진여를 잘 드러내어 보여주는 것, 즉 깨달은 자의 말을 기록한 경전의 공부와 상념을 떠나 진여로 나아가기 위한 수행을 중시하는 것이다(강현영, 2006).

한편, 유학의 경전은 모두가 심성함양을 목적으로 한 것이며, 성리학에서 경전공부를 강조하는 것은 경전공부의 사태가 마음의 함양이 지향하는 性 또는 中이 그 모습을 드러내는 결정적 계기가 된다고 보기 때문이다. 중은 곧 우리 마음에 들어 있는 '하늘의 명령'인 성이며 '좋은 것'의 표준이요 원천이다. 교육은 그것이 가시적인 형태로 드러난 道의 시행을 통하여 우리의 마음속에 '좋은 것'의 표준인 중을 심어 주는 행위요, 경전공부를 통하여 우리의 마음이 천인합일의 경지에 도달되도록 하려는 행위이다(이홍우, 2000).

Kant는 '자연의 세계'와 도덕적 의식의 세계, 즉 '자유의 세계'를 연결하려는 시도를 하였다. 다시 말하면 과학적 사고방식을 통하여 실천적 학문이 지향하고 있는 도덕적 인간에 도달할 수 있는가 하는 문제를 탐구하여, 자연은 자유에 이르는 '좁은 문'이 된다고 보았다. 마음은 현상을 이해하는 수준에서 멈추는 것이 아니라 현상의 궁극적 존재 이유를 밝히고자 하는 이성(reason) 수준의 인식에 도달하고자 한다. 이는 마음이 오성(understanding) 수준의 의식 상호간의 '체계적 통일'을 끊임없이 추구하여 궁극적으로 無制約者에 대한 인식에 도달하고자 하는 것이다. 무제약자는 편의상 신, 영혼, 자유(또는 세계) 등으로 구분되며, 그 표현된 활동에 따라 眞善美聖으로 구분되기도 한다. 무제약자는 그것에 상응하는 대상이 경험의 차원에서는 존재할 수 없는 절대수준의 논리적 가정이며 그것이 우리 마음 '안'에 있는 '선험적인' 주관적 형식, 우리의 형이상학적 마음인 이념이라는 것이 Kant의 주장이다(장발보, 2003).

이홍우(2001)는 불교의 심성이론, 성리학, Kant의 지식론에 비추어 우리의 마음은 경험적 층과 초월적 층으로 구성된 '중층구조'를 이루고 있음을 논하면서 다음과 같이 교육의 목적이 형이상학적 마음의 회복이어야 함을 주장하고 있다. 불교의 심성론에서 말하는 진여, 《중용》에서 말하는 성 또는 중, Kant가 말하는 이념은 모두 사물의 논리적 원인, 만물의 표준, 진선미 그 자체인 실재(reality)를 가리키는 용어이다. 실재를 문제 삼는 목적은 우리가 어떤 마음을 가지고 살아야 하는가를 알고자 하는 데 있으며, 실재는 우리의 현상적 · 경험적 마음이 지향해야 할 형이상학적 마음, '본래의 마음' 을 가리킨다는 것이 이들이 다 같이 갖고 있는 생각이다.

교과는 형이상학적 마음의 회복에 기여함으로써 학습자의 본래 마음을 형성하도록 학생들을 인도하고자 한다는 것은 교육의 가장 기본적인 가정이다. 우리가 교과로 만들 필요가 충분하다고 믿는 지식은 학생들이 그것을 잘 배우면 그 내면에 들어 있는 형이상학적 마음을 회복할 가능성을 갖는 지식이다. 교육의 전통에 따르면 교과는 학생들에게 그러한 우리의 본래 마음을 일깨우게 하고 그것을 동경하며 회복하도록 격려하는 것을 목적으로 해야 한다.

3. 심성함양을 위한 수학교육의 전통

수학교육의 본래 의미를 회복하기 위해서는 무엇보다 먼저 그것을 올바로 볼 수 있는 안목을 갖출 필요가 있으며, 그에 따라 수학을 가르치고 배우는 방법의 중요성을 새롭게 인식해야 할 것이다. 여기서 우리는 무엇보다 먼저 수학교육의 역사를 살펴 전통적인 지식교육의 이념인 심성함양을 위한 교육을 추구해 온 흔적을 찾아볼 필요가 있다.

Pythagoras

고대 그리스 문명에 뿌리를 두고 있는 서양 문명에서는 전통적으로 수학을 지식교육의 중심에 위치시켜 왔다. 서양 사상사를 그리스까지 거슬러 올라가 보면 수학을 배우는 참뜻을 짐작할 수 있다. 영어 단어 'mathematics' 는 라틴어 mathematica에서 유래했고, 이는 그리스어 mathematikos에서 나왔다. 이는 다시 '정신도야', '학습' 또는 '배워야 할 것' 을 뜻하는 mathsis

에 근거한 것이었다(Schwartzman, p. 132).

우리는 수학사에서 다음과 같은 기록을 발견할 수 있다(Loomis, 1972; Burton, 1991). 수학의 원조라고 불리어 온 Pythagoras는 Thales의 권유로 당시 학문의 중심지였던 이집트로 갔다. 그는 거기서 많은 것을 배웠으며 그 후 당시 세계적인 상업의 중심지였던 바빌론에서 많은 지식을 흡수하였다. 그리스로 돌아온 그는 도덕, 검약, 영혼, 불멸, 윤회 등에 대한 연설을 통하여 많은 사람들을 감화시켰다. 이집트적인 실제수학을 초월하는 수와 도형의 추상적인 성질 자체를 추구함으로써 "그는 기하의 연구를 자유교육의 형식으로 변화시켜(Fauvel & Gray, p. 48)", 현상계의 이면에 놓여 있는 조화로운 수학적 형식의 탐색에 초점을 맞추었다.

Pythagoras는 수가 우주를 지배한다고 선언하였다. 그는 만물은 모종의 조화로운 수학적 질서를 반영하고 있으며, 인간은 우주의 이면에 있는 수학적 질서를 관조함으로써 그의 영혼을 정화할 수 있다고 믿었고, 수학을 통하여 영혼의 정화와 구제를 추구한 종교적인 학문 공동체를 조직하였다. 그의 제자들은 그로부터 기하학, 산술, 천문학, 음악, 곧 4 mathemata와 철학의 가르침을 받는 학파를 형성하였다. 이것을 우리는 수학의 시작이라고 부르며, Pythagoras 학파가 그들의 교과를 mathematics라고 불렀다는 사실은 수학교육이 추구해야 할 원래의 이념이 무엇이었는가를 분명하게 말해 주고 있다.

Platon

Socrates의 제자인 Platon은 대화편을 통하여 그의 스승의 사상을 전해 주고 있으며, 우리는 〈메논〉편에서 수학교육에 대한 첫 번째 기록을 발견할 수 있다. Platon은 현상의 세계를 초월하는 형이상학적 세계인 이데아를 가정하였다. 그에게 가치 있는 인간이란 현상계의 그림자를 넘어 이데아 세계를 깨달은 사람, 육신의 한계와 속박으로부터 자신을 해방시켜 순수한 영혼을 회복한 사람이다. Platon에게 교육은 사람들로 하여금 동굴 안과 같은 현실의 세계로부터 눈을 돌려 보다 참된 세계, 이데아의 세계가 존재함을 알게 하는 방편이다. 이는 '망각된' 이데아, 곧 실재의 세계에 대한 영혼의 기억을 회복하는 것이며, 고귀한 만유의 조화로운 질서를 관조하는 '삶의 형식'에 따른 삶으로 사람들을 인도하는 것이다.

Platon은 영혼을 실재로 이끌어 가는 데 첫 번째로 유용한 학문으로 산술을 들고 기하를 두 번째로 들었다. 수학을 배움으로써 이데아의 세계를 '마음의 눈'으로 보는 단서를 얻을 수 있다고 믿었다. Platon에게 수학은 그것을 불완전하게 구현하고 있는 현상계에 속하는 模像을 사용하여 그 原型을 논리적으로 탐구하는 것이다. 그에게 수학은 우리의 감각경험을 초월하여 추론을 통하여 알게 되는 실세계의 조화로운 질서에 대한 아름다움을 드러내는 지식으로서, '가시계'의 이면에 있는 이데아 세계의 조화로움과 아름다움에 대한 단서를 제공하여 보다 높은 아름다움을 탐구하는, 인간을 가시계에서 '가지계'로 이끄는 마음의 준비를 시키는 역할을 하는 인간교육적 가치를 갖는 교과가 된다(임재훈, 1998).

수학은 참다운 인간교육을 위한 공부로 출발한 학문이며, 삶의 자세교육, 심성함양, 인간교육을 위하여 시작된 교과이다. 기하학을 모르는 자는 철학적 삶을 살지 않는 자로 간주되었고 따라서 학사원에 들어가는 것이 허용되지 않았다.

> 고전적인 그리스 교육에서 '원론'은 … 변증법적 철학의 독특한 방법으로서의 가설-연역적 분석법의 입문을 위한 참고 교재로 사용되었다. … 수학적 진리가 본질상 영원하다는 것을 설명하는 최선의 방법이었으며 … 고등교육의 궁극적인 목적인 … 정신이 이데아의 세계를 이해하도록 하기 위한 최선의 준비를 시킨다(Steiner, 1988, p. 8).

수학은 그리스의 자유인들에게 현실의 동굴 속에 갇혀 멀게 된 인간의 '영혼의 눈'을 뜨게 하여 이데아의 세계로 향하도록 하는 준비를 시키는 교육의 길이었으며, 수학을 배우는 것은 '진리를 향한 도정'의 필수적인 단계였다. 그들에게 기하학을 모르는 자는 진리의 모습을 보지 못한 자이며, 진리를 찾으려는 영혼의 눈이 뜨이지 않은 자이다. 이것이 그리스적인 인간교육, 자유교육으로서의 수학교육 이념이다. "아마도 Euclid는 아테네에서 Platon의 제자들로부터 그 자신의 수학적 훈련을 받았을 것이 틀림없을 것이다(Burton, 1991, p. 143)." 따라서 Euclid 원론은 이러한 Platon의 이념을 구현하기 위한 책이었다고 말할 수 있으며, Euclid 원론을 통한 수학교육은 심성함양과 다름 아니었다. 수학은 참다운 인간의 교육을 위하여 시작된 학문이며 삶의 자세, 심성교육, 인간교육을 위하여 가르치기 시작한 교과가 수학이다. 중세 대학의 7학에 가운데 4과(산술, 기하학, 음악, 천문학) 교육은 진선미를 추구하는 이러한 전통을 이어받은 심성함양 교육이었다고 할 수 있다.

Pestalozzi

인간도야로서의 수학교육을 국민대중교육 사상으로 정립한 위대한 교육자가 Pestalozzi이다. 그의 교육사상은 '기초도야의 이념'으로 불린다. 그는 심성함양을 위한 디딤돌로서의 수학의 교육적 가치를 믿었으며, 수학교육을 통하여 '정신력, 심정력, 기능력'이란 인간의 3대 근본력을 합자연적으로 계발하여 '높은 인간성의 힘'의 개발을 구현하고자 하였다. 그에게 수학은 도덕성 도야, 진리감각의 함양, 인식 형식의 개발, 사고력 도야, 생산력 개발의 수단이었으며, '계산정신과 진리감각(Rechnungsgeist und Wahheitsinn)'을 분리시키는 자는 신이 결합시킨 것을 분리하는 자'였다. 그리고 그는 수학은 인간 이성의 소질을 이성의 힘으로 높이는 작용이며, 생각하면서 배우고(denkend lernen) 배우면서 생각하는(lernend denken) '기본적인 교육 체조(Erziehungsgymnastik)'라고 보았다(김정환, 1970).

> 페스탈로치는 전문적인 수학자는 아니었지만 그 선천적인 직관으로 수학의 특성을 꿰뚫고, 이 특성을 인간형성의 도야재로서 잘 살림으로써 수학교육의 도야적 의의를 정립하였다. 그가 수학교육의 최고의 단계를 사고의 조작, 즉 그 자신의 표현으로는 '영혼의 조작(Operationen der Seele)'으로 본 점은 그리스 이래 수학을 7자유과의 하나로서 정치시킨 정신에서 온 것이라고 생각된다(김정환, 1976, p. 367).

우리는 특히 계산수학에서 진리감각을 느끼도록 교육하지 않으면 안 된다는 Pestalozzi의 통찰에 주목할 필요가 있다. 계산은 생활의 도구이며 가장 기본적인 실용수학임에 틀림없다. 그러나 계산은 경험적 마음의 수준에서 단지 일상생활 문제의 해결을 위한 도구수준에 머물 수 있는 것인가? 계산법은 기수법과 연산의 기본적인 규칙에서 연역된 알고리즘으로 해답의 발견과 그 증명이 함께 이루어지는 진리를 추구하는 놀라운 수학적 형식이다. 문제를 해결하는 만능의 방법을 찾은 Descartes와 신이 계산한 대로 세상이 창조되었다고까지 말했을 정도로(Vizgin, 2004) Leibniz를 매료시킨 계산수학은 공리적 수학과 함께 인류가 발견한 가장 확실한 진리탐구 방법이다.

이차방정식의 근의 공식이나 미적분법의 기본정리를 보고 Pestalozzi가 말한 '계산정신과 진리감각'을 느끼지 못한다면, 우리는 수학의 진정한 모습을 '보지' 못한 것이다. '부분산술 체계'와 '완전산술 체계'를 다루는 현대대수학은 기본적인 계산규칙에서 추상된 것이며, 현대수학은 그러한 계산규칙 중심의 대수적인 수학이다(Dieudonné, 1972).

계산수학의 정신은 학생들로 하여금 진리감각을 불러일으켜 진리를 추구하고 덕 있는 인간이 되도록 함으로서 국민교육의 바탕이 되어야 한다. 계산법은 결코 기계적인 조작이 아니며 인류가 발견한 가장 놀라운 진리탐구 방법임을 깨닫도록 학생을 교육해야 한다. 계산수학을 배제하고 진리에 관하여 논의하는 것은 가능하지 않을 것으로 생각한다.

Froebel

수학은 17세기에 Galileo, Kepler 등에 의한 근대 과학의 발현으로, 특히 Newton과 Leibniz에 의한 미적분법의 발견 이후 자연탐구의 필수적 도구가 되었으며, 그로 인하여 기본적인 물리법칙은 항상 아름답고 강력한 수학으로 기술된다는 자연의 기본적인 특성이 드러났다. Galileo는 수학은 신이 우주라는 위대한 책을 저술한 언어라고 하면서 이 언어를 알지 못하면 한 마디도 이해할 수 없다고 말하였다(Kline, p. 200). Galileo 이후 이러한 과학사상으로 말미암아, 자연현상의 본질을 드러내는 수학적 법칙을 탐구하여 자연의 질서를 보고 신의 정신을 자각하는 '자연신학' 사상이 확립되었다. 그에 따르면 자연의 질서를 보면 신이 보인다. 그러나 상당한 수준의 수학을 알아야 자연의 질서가 보인다.

> 근대의 지도급 인물인 Kepler, Galileo, Descartes, Newton 등은 Pythagoras가 생각한 세계의 신성한 수학성(mathematical-ness)을 가장 고상한 용어로 강조하였다. … Einstein은 Hilbert가 주장한 물리적 실체와 수학적 구조 사이의 예정된 조화설(preestablished harmony)에 회귀하여 … 천체의 궤도 가운데에서 깨달은 원추곡선의 예를 사용하여 이러한 조화를 설명했으며 다음과 같이 요약하였다. "우리가 사물 가운데에서 형식을 발견할 수 있기 전에 인간의 정신이 먼저 그와 독립적으로 그것을 구성해야 하는 듯하다"(Vizgin, p. 265).

여기서 우리는 수학을 통하여 인간정신과 현상 속의 '실재'의 내재성을 볼 수 있으며 수학교과는 '실재'를 내면화하는 지름길이 될 수 있음을 알 수 있다. 우주의 질서를 이루는, 경외감을 일으키는 수학적 지식의 본성은 분명히 수학교과가 실생활의 문제해결을 위한 실용적인 도구를 넘어 학생들의 도덕교육을 위한 교과가 되기를 요구한다. 19세기 중엽에 수학과 물리적 실제의 조화는 신의 존재증명이라는 사상적 바탕을 갖고 수학교육의 인간교육적 가치를 높게 평가한 교육사상가가 Froebel이었다. 그는 Pestalozzi, Herbart와 함께 19세기를 대표하는 3대 교육사상가로서 유치원을 창시했으며, 인간교육 본연의 문제를 탐구하여 다음과 같은 주장을 하였다(한대희, 2000). 수학을 통하여 인간은 만물 가운데 있는, 인간과 자연에 함께 깃들어 있는 신성을 자각할 수 있다. 수학을 공부함으로써 자연계 속에 수학적 질서가 있다는 것, 그리고 그러한 질서는 순수한 인간정신의 사유의 법칙으로 표현된다는 것을 알게 된다. 여기서 인간은 인간과 자연계에 깃들어 있는 신성을 자각하게 되고 신의 정신을 깨닫게 됨으로써 신의 존재를 믿으며 신의 뜻에 따라 살아가는 가치 있는 사람이 된다. 따라서 Froebel에게 수학은 자연과 인간 속에서 신의 정신을 감지하게 하는 교육적 수단이 되어야 하는 것이며, 수학은 '인간교육'에 필수 불가결한 의미를 갖는 교과가 되어야 하는 것이다.

수학을 통하여 자연계의 일반적인 형상을 '보고' 아름다움과 진리의 모습을 보게 됨으로써 수학은 진정한 정신적인 삶의 바탕이 되는 것이다. 수학을 배운다는 것은 수학의 '형식'을 통하여 신이 창조한 세상을 '보는' 눈을 획득하는 것이며, 그 결과 인간의 마음이 변한다는 것을 의미한다. 이러한 마음의 변화를 통하여 올바른 인간, 경건한 인간이 될 수 있다는 의미에서 수학교육은 인간교육적 가치를 가진다(강현영, 2007). 따라서 Froebel에게

> 수학이 빠진 인간의 교육은 땜질을 한 누더기에 지나지 않는 것이다(Froebel, p. 208).

수학적 지식의 이러한 본성은 학교수학이 실제적인 유용성을 넘어 인간교육을 위한 교과가 될 것을 강력히 요구한다.

Bruner

20세기 중반에 Bruner(1963)가 제기한 구조중심 교육과정에 따르면, 교육과정은 지식의 표층에 내재된 지식의 구조가 되어야 한다. Bruner는 지식의 구조를 '학문의 기저를 이루고 있는 일반적 아이디어', '기본개념', '일반적 원리' 등과 동의어로 쓰고 있는데, 이는 각 학문을 특징짓는 '사물을 보는 안목' 또는 '사고방식'을 뜻하는 것이다. 구조중심 교육과정에 따르면 교과를 학습한다는 것은 지식의 구조를 내면화하여 그 구조의 안목으로 현상을 볼 수 있게 된다는 것이다(박재문, 1998).

구조중심 교육과정은 현상의 본질을 '보는' 내면적 안목과 태도를 갖추어 주기 위한 이론적 지식의 교육을 올바르게 하려는 시도로 구조주의라는 당시의 시대정신에 따라, 나선형 교육과정과 발견학습을 통하여 '지식의 구조', '지식의 형식'을 대면하게 하려는 노력이었다고 볼 수 있으며, 그러한 이념은 지금도 변함없이 추구되고 있다고 생각된다. 여기서 우리는 다음과

같은 이홍우의 관점에 주목할 필요가 있다.

'지식의 구조', '지식의 형식'은 Platon의 '이데아', 실재, 현상에 대한 인식의 근거를 제공하는 사실의 이면에 있는 '논리적 형식'의 번역어로 사용될 수 있다. 그것은 우리가 실지로 파악할 수 있는 것이 아니라 우리가 파악하거나 도달하려고 노력하는 사물을 '보는' 표준이다. 지식이라는 것은 이데아와 마찬가지로 그것에 완전하게 도달한다는 것은 불가능하며, 추구하면 할수록 더욱 자신이 무지하다는 것을 깨닫게 되는 그런 것이며, 무지에 대한 각성과 함께 자아의식이 고양되는 그런 것이다(이홍우, 2002).

이는 많은 논의에도 불구하고 이를테면, 함수개념 혹은 함수적 사고란 무엇을 의미하며 왜 수학의 거의 모든 내용이 함수로 간주될 수 있는지, 군이란 수학과 수학교육에서 무엇이며 어떤 의미를 갖는지, 그 진정한 의미를 파악하기가 매우 어려운 점을 보면 잘 알 수 있다. 지식의 구조는 완전한 형식, 실제로 도달하기 어려운 '논리적 가정'이므로 이에 접근해 가는 방법은 수준이 상승하면서 보다 심화된 형태로 논의하기를 반복하는 나선형일 수밖에 없는 것이며, 수준이 상승하면 할수록 더욱더 무지의 자각과 함께 경외심, 겸양의 마음을 일으키는 그러한 것이다.

구조중심 교육과정 이론은 수학을 학습하는 것은 그 이면의 지식의 구조를 학습하는 것임을 드러내었지만, 거기서 지식의 구조가 '실재'에 접근하고자 하는 노력의 일환이며 그를 통하여 형이상학적 마음, 실재, 진선미성을 회복할 수 있는 심성함양의 길이라는 것까지는 주장하지 않았다. Froebel 시대 이후 지금까지 무엇보다도 Dewey의 경험주의 교육과정의 영향으로 우리는 심성함양을 위한 수학의 가치를 망각하고 있었다. 지난 15년 동안 세계적으로 수학 교육과정에 매우 큰 영향을 미친 NCTM의 'Standards'는 Dewey의 사상과 실용주의적 특징을 공유하는 것이다.

> 오늘날의 사회는 모든 학생들이 수학적 소양을 갖고, … 기술 사회의 문제를 이해할 수 있는 교양 있는 시민이 될 기회를 가지도록 보증하기를 학교에 기대한다. … 요약하면, 이러한 목적은 학생들이 수학적 소양이 있게 되기를 의도하는 것이다(NCTM, 1989, pp. 5-6).

그러나 수학교육의 사상적 바탕, 곧 수학을 통하여 진리를 추구하는 '높은 인간성의 힘'을 도야하고 우주의 질서를 보고 삶의 형식을 탐구함으로써 실재를 대면하게 하기 위한 수학교육의 이념을 저버릴 수는 없는 것이다.

4. 심성회복의 방편으로서의 학교수학

1) 수학의 형식과 '실재'의 도습의 대면

수학은 학문 중의 학문, '외경', '존경 어린 두려움'을 일으키는 교과이다. 왜 그러한가? 수학은 현상의 본질인 추상적인 형식을 추구해 온 학문이다. 그런데, Pythagoras의 정리가 의미하는 바를 명확히 규정할 수 있는가? $(-1)(-1)=1$은 무엇을 의미하는가? 함수는 왜 그리도 포괄적인 개념인가? 그러한 수학적 지식의 표층 이면의 구조, 형식은 무엇인가? 수학교육은 수학적 지식 가운데 '논리적으로' 가정된 '원칙상 표현할 수 없는 것'을 전달하고자 하는 과정이라고 보아야 할 것이다.

Kant는 경험과 무관하게 진위를 말할 수 있으며 현상계에 관하여 그 무엇을 알려주면서도 보편타당성을 지니는 전형적인 '선험적 종합판단'으로 수학적 지식을 꼽고 있다. Kant는 다음과 같이 말하였다.

> 인간의 이성의 역사가 미치는 가장 초기에 수학은 … 이미 학문의 안전한 길에 들어섰다. … 진정한 방법은 … 그가 도형에서나 그에 대한 사실 그대로의 생각 가운데에서 분별한 것을 살펴보고 이로부터 말하자면 그 성질을 읽어 내는 것이 아니라, 그 자신이 선험적으로 형성하여 그가 자신에게 제시한 구성 가운데의 도형에 집어넣은 생각 가운데 필연적으로 함의된 것을 끄집어 내는 것이었다. 만일 그가 선험적 확실성을 갖고 어떤 것을 알게 되어 있다면 그는 그의 생각과 일치하게 그 속에 자신이 넣은 것으로부터 필연적으로 나오는 것을 제외하고는 어떤 것을 도형에 돌릴 필요가 없다(Kant, 1956, p. 19).

Kant의 입장에서는 수학은 대상에 근거한 것이 아니라 이성 그 자체에 근거한 지식이며 인식의 주관적 조건, 곧 이념 그 자체에서 비롯되는 지식이다. 이러한 관점은 Piaget의 발생적 수학인식론에서도 찾아볼 수 있다. Piaget에 의하면 수학적 개념은 '인식론적 주체(sujet épistemique)'가 타고난 행동 또는 사고양식인 schèmes를 바탕으로 그 불변적 기능인 동화와 조절, 반영적 추상화를 통하여 구성된 이차적인 조작적 schèmes이다(Beth & Piaget, 1966). 지적 발달에 있어서의 언어적 측면과 사회적 측면, 교육적 측면의 중요성을 강조하면서 Piaget의 이론에 이의를 제기한 Vygotsky(1962)가 과학적 개념은 '자발적 개념'인 원시적인 관념으로부터 출발하는 내적 유래를 갖고 근접발달영역(zone of proximal development)에서 '비자발적 개념'과 상호 영향 아래 자각을 통하여 발전하는 발달의 산물이라고 본 점은 주목할 점이다.

Kant(1951)에 의하면 이념은 구성적 작용과 규제적 작용을 한다. 이념은 개념을 구성하면서 그와 동시에 개념들로 하여금 최대한의 통일성을 성취하여 세계에 관한 보편타당한 인식, 곧 이념 자체와의 대면을 지향할 수 있게 규제한다. Kant에 따르면 수학적 지식의 형식들은 그 속에 원칙상 말로 할 수 없는 그러한 이념, 대승기신론의 용어로 진여를 포함하고 있는 것이다. 따라서 수학교과는 이념을 지향하게 하는 방편으로서의 지위를 가질 수밖에 없는 것이다. 이를 근거로 수학을 배우는 활동은 마음을 이념, 즉 진여로 지향하게 하는 방편이 된다고 말할 수 있다. 학교수학은 학생들에게 수학의 형식을 대면하게 하도록 시도해야 한다. 학생이 수학학습에 참여하면 할수록 수학의 형식은 점점 더 뚜렷한 형태로 다가오게 될 것이다. 우리는 학생들이 그러한 학습과정에 끊임없이 참여하는 과정에서 홀연히 자신의 마음이 수학의 형식 그 자체가 되어 실재와 대면하기를 바라는 것이다(이홍우, 2001).

> 그러나, 실재는 명백히 드러나지 않으므로 누군가가 '대면하는' 대상이 아니라 인간으로서 우리들 자신의 부족함을 인식하게 만드는 표준임을 강조하지 않을 수 없다. 교과를 배움으로써 우리에게 훌륭한 교육을 통해서만 획득될 수 있는 그러한 겸양의 마음이 스며들게 된다(p. 25).

2) 자연의 합목적성 추구와 도덕적 삶

경험적으로 서로 달리 보이는 여러 가지 자연법칙들이 포괄적인 하나의 수학적 형식으로 종합될 수 있음을 발견하는 것은 말로 표현하기 어려운 신비감과 경탄을 불러일으킬 수 있을 것이다. 이를테면, Galileo & Kepler가 본 천체운동 법칙은 원추곡선으로 통일적으로 기술된다. 또한 자연현상 가운데에는 방사능 동위원소의 붕괴, 열의 냉각, 음파의 강도의 감소, 전기의 방전, 빛의 흡수 등과 같이 순간적으로 자기 자신에 비례하여 감소하는 현상을 흔히 접할 수 있는데, 이러한 자연법칙은 놀랍게도 도함수가 원래의 함수에 비례하는, 곧 $\frac{dy}{dx}=ay$ 다는 성질을 갖는 지수함수 $y=ce^{ax}$에 의하여 통일적으로 기술된다.

이러한 물리 법칙을 탐구하는 것은 실용적 측면을 넘어 '자연의 합목적성'을 추구하는 활동이다. 그러나 우리가 아무리 노력한다 할지라도 우리 마음은 그에 도달하기에 턱없이 부족하다는 사실을 일깨워 줄 뿐이며, 자연법칙을 추구하는 것은 우리로 하여금 자연에 대하여 경외심과 숭고의 감정을 불러일으킨다. Newton이나 Einstein은 수학적 법칙으로 표현되는 자연의 합목적성에 대하여 감탄과 전율을 느끼지 않을 수 없었을 것이며 신비한 우주의 질서를 대면하기 위한 삶에 헌신하지 않을 수 없었을 것이다. 중요한 것은 그들이 물리학을 하는 가운데 가정된 그러한 Newton과 Einstein의 마음이 물리학을 배우는 모든 학생들이 공유하는 목적이어야 한다는 것이다. Kant(1951)가 말하는 자연과 자유의 연결은 이러한 과학하는 삶을 통하여 우리의 마음이 결코 도달할 수 없는 궁극적인 보편개념인 이념에 이르고자 하는 과정인 반성적 판단에 의하여 가능하다. 학교수학을 배우는 것의 궁극적인 의미는 원칙상 도달할 수 없는 그러한 '신적 경지'를 끊임없이 추구하는 것이다. 수학적 지식을 배우고 그것을 더욱 깊게 추구하면서 그 심화 확장이 끝없이 일어나면서 우리 마음의 표준이 계속 고양되고 그와 동시에 더욱 절실하게 자신의 부족을 체험하면서 겸양의 마음을 갖고 학문에 헌신하는 삶을 살게 될 것인바 그러한 삶의 과정은 도덕적 삶이라고 할 수 있을 것이다(장발보, 2003).

3) 학교수학을 통한 실재의 모습의 점진적인 대면

Kant(1956)는 인식을 감각, 이해, 이성이라는 세 수준으로 나누어 설명한다. 이 세 수준의 인식은 모두 '내용'과 선험적인 '형식'의 결합으로 이루어져 있으며, 이 세 가지가 수준을 나타내는 만큼 위 수준의 인식은 아래 수준의 인식의 결과를 자료 또는 '내용'으로 삼는다는 의미를 포함하고 있다. 감각수준의 인식에서는 시간과 공간이라는 감각의 형식을 감각기관을 통하여 받아들인 감각 자료에 적용함으로써 직관을 얻는다. 이해수준의 인식에서는 범주라는 형식을 다양한 직관에 적용함으로써 개념을 얻고 그 개념을 사용하여 구체적인 사물과 현상을 판단하는 일을 한다. 이성수준의 인식에서는 이념이라는 형식을 개념에 적용함으로써 이해의 다양한 인식에 통일성을 부여하여 세계에 대한 보편타당한 인식에 이르고자 한다. 그러나 세 수준에서의 형식은 구분될 수 있는 것이 아니며, 이념으로 통칭될 수 있는 동일한 실재를 가리킨다고 보아야 한다. 세 수준의 선험적 형식은 분석의 편의상 구분한 것이며 인식의 초점이 어디에 놓여 있는가의 차이에 따른 설명상의 구분이라고 보아야 마땅하다(이홍우, 2006, pp. 284-286).

수학적 인식이 선험적 형식을 바탕으로 내용과 형식의 교대를 통하여 일어난다는 입장은 Piaget의 발생적 수학인식론에서 주장하는 생득적인 행동 또는 사고 양식인 schèmes를 바탕으로 한 '반영적 추상화'에 의한 수학의 구성과정에 대한 설명에서도 볼 수 있다. Piaget(Beth & Piaget, 1966)는 '인식론적 주체'에 내재된 실현되지 않은 객관적인 수학적 지식의 잠재성과 그 의식화에 이르는 불변의 발달통로를 가정하고 있으며 다음과 같이 말한다.

> 그러므로 반사 → 반성 → 반사, 그리고(혹은) 내용 → 형식 → 보다 세련된 내용 → 새로운 형식 등과 같이 이러한 일종의 끊임없는 교대가 행해진다. 그리고 (이 과정은) 절대적인 시작도 없고 끝도 없이 계속되어 개념영역은 점차 증대되어 간다(Piaget et al., 1977, p. 306).

여기서 주목하게 되는 것이 앎에 대한 Polanyi(1962)의 관점이다. 그는 인식을 암묵적 차원의 보조식(subsidiary awareness)과 그것을 기반으로 하는 명시적으로 주의가 집중되는 초점식(focal awareness)의 통합으로 보아야 하며, 초점식도 그 의미가 주체에게 체득(internalization)되면 보조식으로 되어 보다 상위의 초점식을 탐색하는 데 동원된다는 것, 주체는 자신이 체득한 지식을 단서로 열정적이며 헌신적으로 '숨어 있는 실재(hidden reality)'와의 대면을 추구한다는 것, 그리고 진화론적 관점에서, 다양한 수준의 실재가 존재하며 선행단계는 후행단계의 초대가 되어 좀 더 여실한 실재에 대한 인식으로 나아가며, 상이한 사고수준 사이에는 서로를 이해하지 못하는 단절이 존재한다는 위계론적 실재론을 주장한다(엄태동, 1998). 앎에 대한 이러한 Polanyi의 입장은 Kant의 선험적 실재론과 다른 반정초주의적인 상대주의적 관점으로 보이지만, 이러한 입장에서 보면 수학적 인식 또한 점진적인 수학화를 통하여 일어나며 내용과 형식의 교대를 통하여 보조식으로 잠재되어 있던 내재적 질서가 점진적으로 의식화되는 과정으로 볼 수 있을 것이다. 여기서 각 수준에서의 수학적 인식은 보조식의 초점식화의 교대, 숨어 있는 형식과 잠재되어 있는 지식의 구조에 대한 부분적인 인식을 통하여 도달된 좀 더 여실한 실재에 대한 발견으로 파악될 수 있을 것이며, 실재에 대한 부분적인 대면으로 간주될 수 있을 것이다.

우리는 Freudenthal(1973, 1978, 1983, 1991)의 '수학화' 학습-지도론과 van Hieles(1986)의 기하 학습수준 이론에서도 이와 유사한 관점을 볼 수 있다. Freudenthal은 수학은 상식에 근거를 둔 활동이며 상식에서 출발하여 확실성을 추구하는 학문이다. 그에게 수학은 현상의 정리수단인 본질(noumenon)을 추구하는 수학화 과정이다. 그는 교수현상학적 분석을 통하여 학교수학의 지식의 구조를 밝히는 일을 수학교육학 연구의 출발점으로 보았다. 수학을 결과적 지식이 아니라 수학화 과정으로 보는 것은 수학을 '말할 수 없는 그 무엇'을 드러내는 과정이라고 보는 관점이라고 생각할 수 있다. van Hieles의 수학 학습수준 이론에 따르면 수학적 사고는 시각적 수준, 기술적 수준, 국소적인 논리적 관계를 파악하는 이론적 수준, 형식적인 연역적 논리를 파악하는 수준, 논리적 법칙의 본질을 통찰하는 수준을 차례로 거쳐 발달하는 수학화 과정이며, 앞의 수준의 사고에서 내재적이었던 것이 그 다음 수준에서 의식화되어 보다 더 명확히 인식되게 되며, 각 수준의 수학적 사고는 그 전 수준의 수학적 사고의 내적 질서를 대상으로 하여 연구하는 것이다. 이러한 관점에서 보면 수학적 사고는 현상의 정리수단의 대상화, 내용과 형식의 교대로, Polanyi가 말하는 보조식과 초점식, 암묵적 지식(tacit knowledge)과 명시적 지식(explicit knowledge)의 교대로 발달한다.

이러한 제 입장에 따르면, 수학교과를 통한 형이상학적 마음, 실재의 대면은 단계적으로 이루어지는 것이며 수학을 공부하면 할수록 실재의 모습을 대면하는 감격은 배가되어 갈 것이다. 수학에 대한 지적인 인식은 비록 부분적인 것이지만 진선미성을 내포하는 이상 학교수학에 대한 진정한 지식은 그 나름의 지적 흥분, 정서적 측면을 수반하지 않을 수 없는 것이다. 문제는 대부분의 수학교육자들은 경험적 마음수준에만 초점을 맞추고 있으며, 형이상학적 마음의 대면을 추구하는 심성함양 수준까지 고려되고 있지 못하다는 점이다. 그러나 수학교육자들의 이러한 기본입장은 수학적 사고가 현상의 본질 추구, 형이상학적 마음, 이념의 회복을 추구하는 수학교육의 실제적인 방편이 되어야 한다는 것으로 재해석될 수 있을 것이다.

4) 수학적 지식의 신비감과 감동의 재현

수학교육은 학교수학의 표층을 이루는 내용을 배우는 과정에서 그 심층에 있는 수학의 형식을 감지하도록 학생들을 이끄는 활동이다. 여기서 주목해야 할 점이 수학의 형식이 내용으로 표현, 기술되는 순간에 빠져나간 발견 당시의 불타는 의문과 생생한 정서를 다시 학교수학 속으로 불어넣는 것은 학교수학의 체득을 위한 근본적인 방안이 될 것이라는 점이다. 빠져나간 정서를 다시 학교수학 속으로 불어넣는 유일한 방법은 Toeplitz(1963)가 시도한 바와 같이 수학의 형식에 대한 통찰이 일어난 과정을 극적으로 혹은 간접적으로 재현하는 '발생적 접근'이다. 교사는 그 과정을 재현할 수 있는 유일한 존재이며 그것이 실로 교사의 존재 이유일 것이다. 교사는 여기서

"진리에 대하여 열정적인 관심을 보이는 태도"를 가져야 한다.

> 그러한 활동은 그 활동의 의의에 대한 진정한 관심이나 열정을 가진 사람들에 의해서만 진정으르 행해질 것이다. … 교사는 이러한 태도가 다른 사람에게 전달되어야 한다는 데 지속적인 관심을 가져야 한다. … 그것은 그것을 이미 소유하고 그것을 그들의 논의방식 가운데, 그리고 그들의 지도 가운데 드러내는 사람들로부터 주로 간접적으로 전달될 것이다(Peters, pp. 165-166).

Oakeshott(1965)에 의하면 교사는 단순히 '정보'의 전달자가 아니라 자신의 마음속에 있는 '판단'을 전수하는 자이며, 교사의 주된 관심사는 정보를 일러 주는 과정에 수반되는 판단을 학습자에게 불어넣는 데에 있다. 판단의 전수는 정보를 전달하는 과정 가운데에서 간접적으로 이루어질 수 있을 뿐이다. 교사가 자신의 마음속에 갖고 있는 학교수학의 형식을 드러내는 과정에는 그가 수학을 배우는 과정에서 느꼈던 흥분과 긴장과 열정을 비롯하여 학교수학에 대한 그의 믿음과 태도 등 그의 마음속에 녹아 있는 수학에 대한 정서가 포함된다. 교사는 그러한 정서의 표현을 통하여 내용의 이면에 있는 형식이 그 원형에 해당한다는 사실을 학생들에게 보여준다. 학습자는 그를 통하여 학교수학의 내용은 그 형식을 드러내고자 하는 시도임을 지각함으로써 그 원형인 형식을 지향하는 활동에 진지하게 참여하게 된다. 교사는 이와 같이 자신의 정서적 표현을 통하여 내용 가운데 본질적인 형식을 드러냄으로써 학생들이 수학의 형식을 지각하고 그것을 추구하도록 이끄는 사람으로 볼 수 있다. 자신의 사고방식을 통하여 이미 진리를 소유한 사람만이 진리탐구의 열정을 전달할 수 있다. 진리탐구의 길은 이미 그것을 체득한 사람으로부터 그 사람이 생각하고 가르치는 모양을 통하여 간접적으로 전달된다(박채형, 2002).

Polanyi(1964)도 이러한 이유에서 교과서를 통한 기성지식의 수용과정에서는 지식의 발견과정에서의 지적인 정렬과 흥분이 제거됨으로써 과학의 가장 중요한 측면이 훼손되고 있음을 목격하게 된다고 비판한다. 그리고 그는 지식교육은 암묵적 지식, 보조식을 체득시켜 탐구를 통하여 새로운 수준에서의 실재와의 대면을 돕는 계몽과정이 되어야 한다고 본다. 그에 의하면 그러한 교육의 과정에서 학생들이 자신의 사고체계로 전향되도록 시도하는 교사의 설득의 정렬(persuasive passion), 학습자의 발견의 열정(heuristic passion)과 같은 정서적 요인이 결정적으로 중요하며, 교사와 학생은 지식에 대한 가치와 진리감각을 함께 향유하면서 교육과 배움에 헌신할 수 있도록 해야 한다. Whitehead(1957)가 지적한 바와 같이,

> 위대한 로맨스는 영혼의 삶을 지향하도록 아동을 압박하는 홍수이다(p. 22). … 인간 지성의 이러한 자연스러운 갈망의 리듬 … 그것은 경이에 의하여 지배되며, … 보다 심오한 의미로 아동 내부에서의 생명의 부름에 대답한다(pp. 32-33).

수학교과를 통한 실재의 모습과의 대면은 경이감을 수반하며, 이는 감동, 경외감, 마음의 순수함, 순진, 성실, 무지의 자각, 지적 겸허함, 도덕적 삶의 추구로 이어진다.

수학교과를 통한 실재의 모습과의 대면은 수학화의 단계에 따라 순차적으로 이루어진다. 각 수준의 수학적 깨달음은 이념, 곧 실재가 현상을 매개로 부분적으로 드러난 모습이며 빙산의 일각처럼 보조식의 일부분이 초점식화된 것으로 볼 수 있으며 그 자체가 실재의 모습을 부분적으로 대면한 증거로 볼 수 있다. 학교수학은 최초에 감동을 준 수학으로부터 시작하여 이러한 각 수준의 수학에서 감동과 경이감을 경험할 수 있도록 발생적으로 전개해야 할 것이다.

그러나 수학자들에게 감동을 준 수학이 학생들에게는 그렇지 못할 수 있다. Euclid 원론은 수학자들에게는 감동을 주었지만 학생들에게는 그렇지 못하다. 거리공준(the distance postulate)과 자 공준(the ruler postulate)을 도입하고 직사각형의 넓이 공식을 공준으로 도입한 Euclid 기하에 대한 Birkhoff의 공리체계 또한 그렇지 못하다. Euclid의 방식이나 Birkhoff의 닮음 공준에 근거한 교과서(Birkhoff & Beatley, 1959)의 방식으로 Pythagoras의 정

리를 전개하는 것은 학생들에게 감동을 주기 어려울 것이다. 최초의 대면자, 아이디어의 근원으로 돌아가 발견되던 당시의 절실한 탐구의 목표, 불타는 의문에 대한 해답으로 되돌아가 싱싱하고 힘찬 생명이 되살아날 수 있도록 수학교재를 전개하고자 한 Clairaut(1920)와 Toeplitz(1963)의 역사-발생적 전개는 여기서 시사하는 바가 매우 크다고 생각된다.

그리고 Fischbein(1987)의 주장처럼 직관적 사고를 강조하고 일차직관으로부터 이차직관으로 나아가도록 학생들을 인도해야 할 것이다. 기원전부터 사용되어 왔으나 만족스러운 현실적인 모델의 부재로 수학자들에게 오랜 기간에 걸쳐 고뇌를 안겼던 음수, 19세기 중반에 이르러 형식수학에 대한 자각으로 비로소 수용되게 된 음수에 대하여, 기능부전인 현실적 모델을 통한 지도는 감동은커녕 혼란을 가중시킬 것이며, 그를 통하여 음수에 내재된 형식의 신비를 경험하는 이차직관은 기대하기 어려울 것이다.

학교수학은 단계별로 감동과 신비의 경험을 통하여 실재에 이르는 교육의 길이 되어야 한다. 여기서 요구되는 것이 교사의 역할이다.

> 교사는 이중의 기능을 갖는다. 그 자신의 인격으로부터 공명에 의하여 열성을 이끌어 내는 것과 보다 폭넓은 지식과 보다 확고한 목적을 추구하는 환경을 창안하는 것은 교사의 몫이다. … 궁극적인 동기유발의 힘은 … 가치의식과 중요성에 대한 의식이다. 그것은 감동, 호기심, 경의, 숭배, 그 자체를 초월하는 어떤 것에 인격을 몰입하고자 하는 격정과 같은 여러 가지 형태를 띤다. 이러한 가치의식은 생에 믿을 수 없을 정도의 산고를 부과한다(Whitehead, pp. 39-40).

5) 학교수학의 교수학적 분석

'지식의 구조', '지식의 형식'을 강조하는 입장은 지식교육의 의미를 지식의 본질에 비추어 규정해야 한다는 입장이다. 수학교육의 주요한 어려움의 하나는 학교수학을 그러한 방식으로 이해하는 어려움이다. 그러나 Polya(1965)가 수학교사를 위한 10계명에서 강조했듯이, 우리는 모르는 것, 경험하지 않은 것을 가르칠 수는 없다. 수학교사의 학교수학에 대한 심오한 이해는 수학교육의 알파요 오메가이다.

> 기본적인 수학에 대한 건전한 이해를 한 교사는 초등수학에 내재된 개념적 구조와 수학에 대한 기본적인 태도를 알고 있을 뿐만 아니라 그것을 학생들에게 가르칠 수 있는 교사이다(Liping, 1999, p. xxiv).

수학이 심성함양을 위한 교과로서 교육되기 위해서는 수학적 지식의 교수학적 분석이 요구된다. 학교수학은 본질을 감춘 형식적인 '닫힌' 지식이다. 학교수학의 구조에 대한 교수학적 분석, 곧 수학적, 인식론적 역사-발생적, 심리학적, 언어학적, 실용적, 교육학적 분석을 통하여 이를 '열어' 교육적으로 의미 있는 지식으로 파악하는 일은 인간교육을 위한 수학교육의 가장 중요한 과업이다. 여기서 주목할 만한 것이 Klein(2004)의 높은 관점에서 본 초등수학의 분석, Clairaut(1920), Branford(1908), Toeplitz(1963) 등의 학교수학에 대한 역사-발생적 분석, Freudenthal(1973, 1983, 1991)의 '수학적 구조의 교수학적 현상학' 이다. 이는 닫혀 있는 학교수학을 열어 교육적으로 의미 있는 지식으로 만들고자 시도한 것이라고 생각되며 Freudenthal이 주장했듯이 이러한 노력은 수학교육 연구의 시발점이라고 생각된다. Freudenthal이 시도한 수개념, 비와 비례관계, 군, 함수개념 등에 대한 교수현상학적 분석, Otte(1990)가 시도한 수학적 사고의 상보적 특성에 대한 분석, Sierpinska(1992)가 시도한 함수개념에 대한 인식론적 장애의 분석, Kapadia & Borovenik(1991)가 시도한 확률개념에 대한 교수학적 분석 등은 수학적 지식의 구조, 형식, 본질을 '보기' 가 얼마나 힘든 일인가를 잘 보여준다. 그것을 제대로 보지 못한, 아니 보려고 노력하지 않은 교사가 어떻게 그것을 가르치는 문제를 생각할 수 있는가? 이들 연구는 우리가 가르치고 배우고 있는 수학적 지식이 얼마나 지식의 표층에 불과하며 그보다 '교육적으로' 훨씬 중요한 핵심적인 관점을 얼마나 놓치고 있는가를 잘 보여주고 있다. 수학교육 연구는 무엇보다도 먼저 학교수학의 '구조' 에 대한 탐구로부터 시작해야 한다.

여기서 또한 소홀히 해서는 안 될 것이 교육에서의 언어, 말과 글의 역할이다. 최근 학습자 중심의 구체적 활동을 통한 발견적 · 구성적 접근이 강조되고 있지만, 교육에서 교사에 의한 언어구사는 여전히 무엇보다도 더 중요한 역할을 한다는 것을 간과해서는 안 될 것이다. Platon의 대화편에 나와 있는 Socrates의 산파법이나 공자의 《논어》, Polya의 현대적 발견술은 교사 중심의 대화체로 쓰여 있다. 그리고 지식의 기록인 글은 중국의 고전에서 풍자된 바와 같이 '깨달음의 찌꺼기' 일지 모르지만, 깨달음이 무엇이었던가를 짐작할 수 있게 해 주는 유일한 단서이므로 우리는 글을 통하여 깨달음을 얻으려고 노력할 수밖에 없는 것이다.

5. 학교수학과 실재의 모습의 대면: 감동을 주는 학교수학

다음에는 이러한 관점에서 학교수학의 내용 가운데 Pythagoras의 정리, 음수, 그리고 함수적 사고에 대하여 생각해 보기로 한다. 이들 세 가지 내용에 대하여 학교수학의 감추어진 형식, 그 신비로운 특성과 형식을 드러내어 온 점진적인 발달과정, 그리고 심성함양을 위한 그 지도에 대하여 논의하기로 한다.

1) Pythagoras의 정리

수학에서 가장 유명하고 가장 널리 이용되는 중요한 정리 가운데 하나이며 중등학교 수학의 바탕이 되는 정리의 하나가 Pythagoras의 정리이다. Pythagoras의 정리는 어떤 의미를 갖는가? Pythagoras의 정리는 평면의 구조를 드러내는 한 가지 형식이며 따라서 '자연의 합법칙성' 을 드러내는 본질의 하나이다. 이 정리가 없으면 삼각법 및 그와 관련된 모든 것이 불가능해진다. 해석기하는 대수적으로 다룬 Euclid 기하인바 Pythagoras의 정리는 또한 해석기하, 나아가 현대수학의 기초가 되어 있다. 수학의 모태가 되는 Euclid 원론은 우리 주변 공간에 대한 수학적 모델이므로 그 기본이 되는 Pythagoras의 정리는 수학과 그 응용에서 우리의 눈길이 닿는 데마다 거의 모든 곳에 퍼져 있는 것이다. 따라서 Pythagoras의 정리는 전통적으로 학교

수학의 주요한 내용으로 지도되어 왔으며 고등학교를 졸업한 사람 치고 Pythagoras의 정리를 기억하지 못하는 사람은 없을 것이다. 그러나 Pythagoras의 정리에 대하여 감동을 받은 사람은 거의 없을 것이며, 그것이 드러내는 형식의 신비에 놀라움을 경험한 사람은 더욱 없을 것이다.

다음과 같은 사실은 인류가 피타고라스의 정리와 그 역을 대면하기 이전에 이미 그에 대한 암묵적 지식이 존재했음을 보여준다. 변의 길이의 비가 3:4:5인 삼각형이 직각삼각형이라는 성질은 고대 중국, 바빌로니아, 이집트 시대에 이미 알려져 있었고, 목수나 석공에 의하여 실제적으로 이용되었다고 한다(Eves, 1976; Loomis, 1968). 아래 그림은 기원전 6세기경의 고대 중국의 가장 오래된 수학의 고전인 《주비산경》에 나오는 변의 길이가 3, 4, 5인 경우에 대한 Pythagoras의 정리의 증명이다(Ronan, 2000, p. 17).

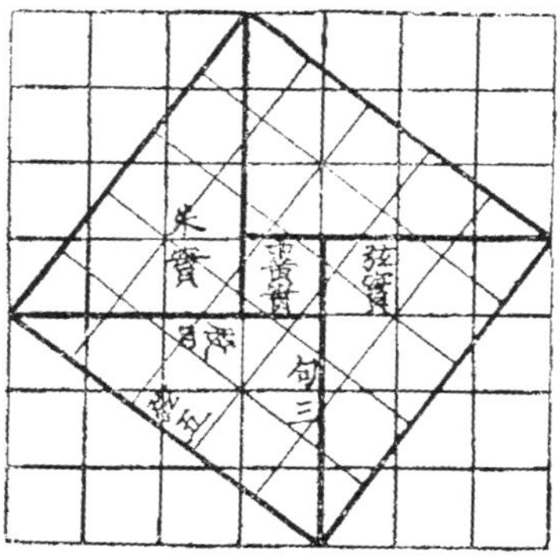

그림 15-1.

일반적인 직각삼각형의 세 변의 길이 사이의 관계에 대한 성질은 기원전 540년경에 Pythagoras에 의하여 처음으로 발견되고 '증명'되어 그의 이름이 붙게 되었다. 이는 연속체인 평면의 형식을 대면한 하나의 획기적인 역사적 사건인 것이다. 그리고 Euclid에 의한 평면기하의 전반적인 조직화에 의하여 평면기하에서의 그 '구조정리(Tall, 2002)'로서의 모습이 분명하게 드러났다. Pythagoras의 정리가 Euclid 원론 제1권의 절정이라는 사실과 Euclid의 공리로부터 증명되는 하나의 정리가 아니라 그 자체를 제5 공준과 대등한 Euclid 기하학의 특징적인 공리로 간주될 수 있다는 사실은 Pythagoras의 정리가 Euclid 기하학의 가장 두드러지고 기본적인 특성, 곧 '구조정리'임을 암시한다. 더욱이 기하학은 측도의 부여와 관계하지 않을 수 없고 "P =(h^2 =a^2+b^2)는 일차원 이상으로 확장되는 거리에 전체측도를 할당하는 가장 단순한 현명한 규칙이다(Lucas, 2000, pp. 33-67)".

Pythagoras의 정리에 근거한 가장 영향력 있는 발견 가운데 하나는 통약 불가능한 양, 곧 무리수의 발견으로 이는 그리스 이래 수학의 발달에 심원한 영향을 미쳤다. Pythagoras가 직각삼각형의 주목할 만한 성질을 알게 된 후 감사의 뜻으로 신에게 황소 한 마리를 희생으로 바쳤다는 일화(Loomis, p. 6)는 Pythagoras의 정리에 대한 그 자신의 '암묵적 지식'의 깊이와 감동의 정도를 짐작하게 하는 것이다.

Euclid 원론이란 도대체 무엇인가? 유클리드 기하학은 주변 기하학이라고 한다. 그것은 Pythagoras 이래 그리스 학자들이 추구했던, 기하학적 언어를 통하여 자연의 합목적성을 드러내려는 시도라고 볼 수 있다. 다시 말해 Euclid 원론은 'Euclid 공리체계'라는 형식을 통하여 우리가 살고 있는 공간의 구조, '말할 수 없는 그 무엇'을 그 나름으로 규정하려는 시도라고 할 수 있을 것이다. 자연의 합목적성, 본체계, 물 자체, 실재의 내면화를 추구한 마음의 발로가 Euclid 원론이라고 볼 수 있을 것이다. 비유클리드 기하학의 출현으로 그들이 드러낸 부분이 비록 주변 공간의 구조라는 것이 드러났다고 하더라도 말이다. 제5 공준의 설정은 Pythagoras의 정리를 뒷받침하기 위한 것이라고 보면(Gould, pp. 284-286) 평면의 구조에 대한 Euclid의 통찰에 감동하지 않을 수 없는 것이다. 그리스 사람들은 거기서 Pythagoras 정리의 핵심적인 위치를 보았을 것이다. 그리고 그들은 마음의 '이념 지향성'에 따라 '반성적 판단'을 통하여 물리적 실재와 기하학적 체계의 조화, 공리체계와 Pythagoras의 정리의 아름다움, 미와 숭고라는 '순수한 감정'을 경험했을 것이다. 그리고 물 자체, 본체계의 추구를 위하여 기하학의 계속적인 연구와 반성에 헌신했을 것이다.

Pythagoras의 정리를 가르치면서 우리는 학생들에게 무엇을 '보게' 하려는 것인가? 무엇보다도 중요한 것은 Pythagoras의 정리는 '참으로 알 수 없는 그 무엇'인 우리가 살고 있는 공간의 구조를 드러내는 기본적인 형식이라는 점일 것이다. 따라서 Pythagoras의 정리를 공부하고 그것이 근거하고 있는 '논리적 원인'에 대한 경외감과 존경심을 일으키고 그것을 규명하려는 수학이라는 학문에 대한 한없는 동경을 불러일으키는 계기가 되어야 할 것이다.

그러나 여기서 분명한 사실의 하나는 '원론'의 심오한 의미를 깨닫고 공리적 조직화의 신비를 경험하는 단계가 되기까지는 학생들은 Euclid적인 접근방식으로는 감동을 받지는 못할 것이라는 점이다. 수학교육의 역사는 이를 웅변해 주고 있다. 수학이 이성의 눈을 '실재'로 인도한다는 그리스적인 이념과는 다르게 그 후 수학교육은 Euclid라는 우상을 섬기는 형식적인 교육을 벗어나기 어려웠으며 메마른 형식적인 교육이 지속되었다.

현재 중등학교 수학에서는 Pythagoras의 정리에 대하여 닮은 직각삼각형의 닮음비를 이용한 증명, 평행선 공리를 바탕으로 한 Euclid의 증명은 그러한 사고수준이 그에 이르지 못한 어린 학생들에게 이해되기 너무 어려울 것이라는 염려 때문에 다루지 않고 있다. 그 대신에 모눈종이를 이용하여 특수한 몇 가지 경우를 그림을 통하여 보여준 다음, 직사각형의 넓이 공준이 포함된 S.M.S.G. 기하(1961)의 공리계에 근거하여 Pythagoras의 정리를 직사각형의 넓이 공식을 이용하여 증명하는 방식을 다룬다. 이를테면, 오른쪽 그림에서 □AGHB = □FCDE − 4 × △ABC이므로

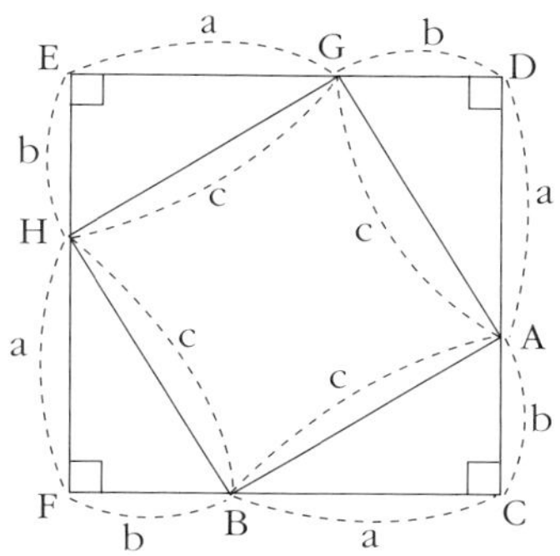

그림 15-2.

$$c^2 = (a+b)^2 - 4 \times \frac{1}{2}ab = a^2 + 2ab + b^2 - 2ab = a^2 + b^2$$

와 같은 증명을 다룬다. 그 다음에 좌표평면에서 두 점 사이의 거리, 직육면체의 대각선의 길이 등을 Pythagoras의 정리를 이용하여 구하는 문제를 다룬다. 문제는 이러한 식의 접근이 흔히 학생들에게 무미건조한 교과서적인 지식과 그 적용을 제공할 뿐이며 Pythagoras의 정리가 '자연의 합법칙

성' 을 드러낸다는 그 어떤 감각스러운 경험도 수반되지 못할 것이라는 점이다. 그 이유는 Birkhoff의 거리공준에 있다. 확실히 이러한 방법은 Euclid 기하의 논리를 크게 단순화시키지만 이러한 접근법은 학생들을 위한 논증기하와 기하학적 사고에 접근시키기 위한 초등적인 방법으로서는 만족스럽지 못하다고 생각된다.

Euclid 공리계의 난해함을 완화시키기 위하여 학교기하는 19세기 이래 Legendre의 공리계(1866)와 Birkhoff의 공리계(1959)로 변화되어 왔다. 오늘날의 학교기하는 학생들이 보다 잘 이해하게 하기 위하여 Euclid 기하의 논리를 단순화한다. 특히 Euclid 기하의 최대의 난제 가운데 하나였던 무리수와 관련된 선분의 길이와 길이의 비에 대한 문제를 단순화하기 위하여 Birkhoff의 공준이 수용되고 있다. 그 결과 선분의 길이나 선분의 길이의 비인 실수의 존재를 수용하고 직사각형의 넓이가 가로의 길이와 세로의 길이의 곱임을 수용함으로써 도형의 계량적 성질을 추가하여 학생들이 보다 더 쉽고 단순하게 이해하도록 하고 있다. 이러한 접근법은 확실히 학생들에게 수용되기에는 용이하지만 그로 말미암아 공간의 연속성과 관련된 신비하고 감동을 주는 도형의 성질이 제거된 것으로 생각된다.

몇 년 전에 Clairaut의 《기하학 원론》(*Éléments de Géométrie*, 1741, 1920)을 읽고 Pythagoras의 정리에 대하여 신비로움을 처음 느끼게 되었다. Clairaut와 같은 천부적인 재능을 타고난 수학자가 교과서로서의 Euclid 원론의 문제점을 인식하고 역사-발생적 전거를 시도한 교과서를 집필했다는 사실은 많은 관심과 주목을 받을 만하다. 《기하학 원론》에 나오는 그의 번득이는 아이디어는 학생들이 간단하고 자연스러운 과정을 통하여 기하학적 지식의 주요한 아이디어를 획득하기를 원하는 교사에게 가치 있는 자료를 제공할 것이다. Clairaut는 이집트 기하에서 제기되었을 듯한 넓이가 임의의 두 정사각형의 합과 같은 정사각형을 구하는 문제의 해답으로 Pythagoras의 정리를 다루고 있다.

Pythagoras의 정리는 임의의 선분의 길이는 그것을 지름으로 하는 원 위에 꼭짓점을 갖는 모든 직각삼각형의 두 변, 따라서 '서로 독립인' 두 작은 선분으로 나타내어질 수 있음을 말해 준다. 임의의 정사각형은 변이 그러한 직각삼각형의 변과 같은 두 정사각형의 합으로 나타낼 수 있다는 것, 나아가 임의의 평면도형은 그와 닮은 두 도형의 합으로 나타낼 수 있다는 것은 얼마나 신비스러운가.

2) 음 수

언젠가 어느 책에서 '(−1)(−1)=1이 얼마나 놀라운가!' 라는 구절을 읽고 실로 깜짝 놀란 적이 있다. 그 때까지 (−1)(−1)=1은 물론이고 학교에서 배운 그 어떤 수학내용에 대해서도 신비스럽다거나 감동적이라든가 하는 그 어떤 느낌도 갖고 있지 못하였다. 여러분은 어떠한가?

그러나 잠시라도 생각해 보면 학교수학에서 수와 그 계산 부분은 놀라움으로 가득 차 있다. 자연수에는 얼마나 많은 신비함이 감추어져 있는가? Gauss는 정수론을 수학의 여왕이라고 하였다. 천부적인 재능을 타고난 수학자들을 감동시킨 수의 신비한 비밀을 기록한 것이 정수론이다. 그러한 수론의 내용 가운데 학교수학에 등장하는 내용은 얼마나 되는가? 그것을 어떻게 감동 없이 다룰 수 있는가?

그럼에도 불구하고 학교수학에서 음수의 계산방법에 대한 설명은 왜 그리도 부자연스러운가? 양수와 음수는 이미 1세기경 중국 한나라 시대의 수학책인 《구장산술》 가운데 자산과 부채와 같은 상대적인 양의 관점에서 도입되고 그 덧셈과 뺄셈 규칙이 그 책의 방정장 가운데 연립일차방정식의 풀이법에 등장한다(Katz, p. 17). 7세기경 인도의 수학자 Brahmagupta의 저서 가운데에는 양 · 음 부호의 계산규칙이 다루어지고 있다(Boyer & Merzbach, p. 220). 그러나 음수가 계산과 방정식 풀이에 유용하게 이용될 수 있음을 이미 인식하고 있었으면서도 19세기 중엽에 이르기까지 수학자들은 음수를 인정하지 않았다. 수학자들에게 음수개념이 받아들여지기 어려웠던 주요한 이유는 무엇보다도 수를 물리적 세계에서 추상된 양적인 개념으로 보았기 때문이며, 음수와 그 계산에 대한 일관성 있는 적절한 모델을 실세계에서 찾을 수 없었기 때문이었다. 이러한 음수의 역사는 수학적 인식의 원천이 대상에 있다는 선입관이 얼마나 견고했는지를 말해 주는 것이다. 음수의 존재성을 확립하기 위한 오랜 기간이 걸친 많은 노력 끝에 완전한 성공을 거둔 것은 수에 대한 관점이 구체적인 관점에서 형식적인 관점으로 관점의 근본적인 변화가 일어난 19세기 중반에 이르러서였다. Hankel은 음수를 '실제적인 것'을 나타내는 개념이 아니라 형식적인 계산체계의 구성요소로 보았고, 계산체계에 음수를 첨가하는 것은 대수적으로 모순이 없음을 보였다(Fischbein, pp. 97-102). Hamilton은 대수에서 음수와 허수에 대한 형식적인 정당화를 시도하였다. 수학자들은 산술의 두 가지 기본적인 요소, 곧 계산의 대상과 계산규칙 가운데 후자가 확실히 본질적이라는 사실과 수학적 사고의 형식적인 본질을 보다 더 분명히 인식하게 되었다. 이것이 공리적 대수의 출발이다(Dieudonné, 1972). 오늘날 수학에서 정수는 공리로 수용되는 산술법칙을 만족하는 모순 없는 형식체계, 곧 정역을 이루는 계산수로 정의되는 것이다.

이는 음수의 기원이 인간의 자연스러운 심성의 표현인 '상식적인' 계산행위에서 비롯된 것임을 말해 준다. 음수는 수학적 지식이 인식의 주관적 조건인 '이념'을 근거로 형성된 형식임을 인식하지 못하고 '인식이 대상을 따른다'는 잘못된 선입관 때문에, 1500년이란 긴 기간 동안 갈등을 겪어 온(Fischbein, pp. 97-102) 대표적인 수학적 개념이라고 생각된다. 고대로부터 양수와 음수는 자산과 부채와 같은 서로 반대되는 상황을 나타내는 상대적인 수로서 사용되었다. 이는 대수적으로 이를테면 음수 -3을 방정식 $x+3=0$를 만족하는 해로 가정된 형식적인 대상으로 정의하는 것과 같은 것이다. 수의 대수적 확장은 이와 같이 방정식의 근의 형식적인 첨가로 이루어진 것이다. 기존의 수 체계가 갖고 있던 계산법칙을 그대로 유지하면서 이를테면 -3은 $x+3=0$, $\sqrt{2}$는 $x^2=2$, i는 $x^2=-1$을 만족시키는 한 해로 첨가하여 수가 확장된 것이다. 기존의 산술체계에서 각 방정식을 만족하는 해가 존재하지 않지만 그러한 수가 존재하는 것으로 가정하고 그러한 새로운 형식적인 대상인 x로 그것을 첨가한 것이다. 실수에 $x^2=-1$인 x, 곧 i를 첨가하면 수는 $a+b_i$ 꼴의 수, 곧 복소수로 확장되는데 참으로 신비스러운 것은 그렇게 되면 모든 n차 다항방정식이 n개의 근을 갖게 된다는 대수학의 기본정리가 성립한다는 점이다. 이와 같이 기존의 성질이 유지되도록 대수적인 구조를 확장하는 형식불역의 원리를 Freudenthal(1973, 1983)은 '대수적 원리'라고까지 부르고 있다. 이는 분석법의 논리이다. 우리는 문제해결 상황에서 미지인 것을 구했다고 보고 그것을 x라고 놓고 주어진 조건에 따라 방정식을 세운 다음, x가 기존의 수 체계의 계산법칙을 만족하는 것처럼 생각하고 계산하여 조건에 주어진 수, 곧 방정식의 계수로 x를 나타내어 미지인 것을 구한다.

'계산수'로서의 수의 조작은 초등학교 단계부터 시작하여 직관적인 조작, 알고리즘적인 조작, 방정식의 근으로서의 조작단계를 거쳐 대수적인 구조로의 전반적인 조직화의 단계에 이르게 된다. 거기서 $(-a)b=-ab$, $(-a)(-b)=ab$, $-(-a)=a$와 같은 부호규칙이 기본적인 조작규칙인 공리로부터 연역되게 된다. 고등학교 수학에서는 실수체계와 복소수 체계에 대하여 공리라는 용어는 사용하지 않지만 전반적인 조직화 수준에서 공리적 방법으로 수가 다루어지고 있다.

이러한 추상대수의 단계에 이르면 음수는 '부분산술 체계(Dieudonné)'인 정수의 가법군, 환, 정역 또는 '완전한 산술체계'인 유리수체 나아가 완비된 순서체인 실수체계 내에서, 그리고 복소수체 내에서 기본적인 계산법칙인 공리를 만족하는 계산의 대상, 곧 '계산수'로서 형식적으로 규정된다. 이러한 순수한 형식적인 대수적 이론에 따르면 음수는 산술체계를 이루는 형식적인 대상이다. 그러나 음수는 이러한 형식적인 수 체계 내에서 실제로 자유로운가? Gödel의 정리는 모든 산술체계가 불완전함을 보이고 있다.

오늘날 우리가 중학교 수학에서 사용하는 양수 · 음수의 여러 가지 직관적 모델은 모두 수학적 사고의 본질인 일관성이 훼손된 불완전한 모델이다. 결국 교사의 교수학적 노력의 초점이 수학적 지식 그 자체로부터 교수학적 수단으로 이동하는 소위 '메타인지적 이동(metacognitive shift)' (Brousseau, 1997)이 일어나는 전형적인 상황이 야기된다. 그러한 불완전한 조잡한 모델을 사용한 지도로 중학교 수학에서의 음수지도는 끝난다. 학생들의 음수의 계산원리에 대한 이해도는 결과적으로 매우 낮으며 부호규칙을 암기하게 됨으로써 $(-1)(-1)=1$임을 별 각흥 없이 수용한다. 학생들은 물론이고 교사들, 심지어 교과서 저자들까지도, 정수의 계산지도에서 이용되는 여러 가지 모델의 한계가 노출되지만, 그 문제점의 근원에 대한 반성에까지 이르지 못하고 있으며, 음수의 형식적 본질에 대한 명확한 이해가 결여되어 있다.

많은 수학자들에게 음수개념을 받아들이는 데 오랜 시간과 많은 갈등을 겪게 한 음수의 형식적 본질에 대한 이해를 등한시하고, 음수개념의 피상적인 이해와 그 계산규칙의 숙달에 그친다면 이는 진정한 수학적 사고활동을 경험하고 이해하게 한다는 수학교육의 본질에 어긋나는 것이다. Freudenthal (1973, 1983)은 정수는 학생들이 대하는 최초의 형식적인 수학임을 지적하면서 일관성이 훼손된 구체적 모델 대신에 귀납적 외삽법을 통한 접근과 음수의 본질에 충실한 형식불역의 원리에 따른 형식적인 접근을 통하여 지도할 것을 요구하고 있다. 그러한 형식적 방법만이 수학자들에게 그러했듯이 학생들에게도 음수의 형식성을 인식시킬 수 있으며 수학적 사고와 수학적 형식의 신비로움에 새로운 눈을 뜨게 할 것이라고 본 것이다. 그런데 과연 그것이 가능할 것인가? 자연수 a에 대하여 방정식 $x+a=0$을 만족하는 해를 $-a$라고 음의 정수를 정의하여 수 체계를 정수로 확장하고, 형식불역의 원리에 의하여 자연수의 연산법칙이 그대로 보존된다고 보면 정수의 계산법칙을 이끌어 낼 수 있다.

이러한 과정은 방정식 $x^2=-1$을 만족하는 x로서 i를 도입하여 $a+bi$ 꼴의 수로서 복소수를 형식적인 방법으로 도입하고 형식불역의 원리에 근거하여 그 계산법칙을 유도하는 것과 마찬가지이다. 그러나 음수는 그 도입시기가 중학교 1학년이므로 형식적인 특성을 드러내어 다루기가 쉽지 않다. 형식불역의 원리에 따른 이러한 사고방식은 Freudenthal이 '대수적 원리'라고 부를 만큼 중요하기 때문에 이러한 과정을 일찍부터 경험시키는 기회를 학생들에게 제공하는 것은 의미가 큰 것으로 생각된다. Freudenthal이 말했듯이 정수와 그 계산은 중학교 수학에서 이러한 사고과정에 접하게 할 수 있는 최초의 기회가 된다. 한편 그러한 음수의 형식적인 접근은 곧바로 이어지는 일차방정식의 지도와 결부시켜 볼 때 그 불가피성과 당위성을 수용하지 않을 수 없는 것이다.

음수의 형식성은 방정식의 해를 통하여 드러나므로, 여기서 중학교 수학 교과서에서 방정식을 어떻게 취급하는지 살펴볼 필요가 있다. 안타깝게도 방정식의 풀이에는 기본적으로 분석법과 형식불역의 원리가 내재되어 있음에도 불구하고 교과서에서는 거의 이에 대한 명확한 언급을 하고 있지 않으며 따라서 학생들은 방정식 풀이과정에 내재된 산술체계의 형식성을 거의 의식하지 못하는 것이다.

그러나 3년이 지난 다음 고등학교 수학에서 돌연 형식적 관점으로 전환하여 음수개념은 실수체의 관점에서 지도된다. 여기서 '공리'라는 용어는 실제로 사용되지 않지만 실수는 공리적 방법으로 형식적으로 다루어지며 $-a$는 a의 덧셈에 대한 역원으로 정의된다. 실수의 연산에 대한 기본성질이 명시적으로 취급되며, 그에 근거하여 $(-a)(-b)=ab$와 같은 실수의 곱셈의 부호규칙을 증명한다. 나아가 수가 복소수로 확장되면서 -1은 복소수 $-1+0i=\cos\pi+i\sin\pi$로 간주되고 이는 가우스 평면의 점 또는 벡터로 나타내어진다는 것, 그리고 복소수 역시 덧셈, 곱셈의 기본성질을 만족하는 산술체계를 이룬다는 것을 배운다. 그리고 $(-1)(-1)=\cos2\pi+i\sin2\pi=1$이며 이는 가우스 평면에서 두 복소수의 곱으로 의미 있게 나타내어진다는 것도 다룬다. 그리고 이는 대학수학에서 다루어지는 Euler 공식 $e^{i\theta}=\cos\theta+i\sin\theta$를 이용하면 $-1=e^{i\pi}$이므로 $(-1)(-1)=e^{i2\pi}=1$과 같이 아름답게 표현된다. 이러한 음수의 특성을 배울 때 학생들은 수학적 지식의 형식에 다시 한 번 경외감을 갖게 될 것이다.

결국 음수는 산술체계를 이루는 형식적인 대상이라고 할 수 있다. 그러면 산술체계란 무엇인가? 우리는 셈수의 원시적인 직관을 형식화한 결과인 Peano의 공리로부터 그것을 '구성'할 수 있다. 따라서 Freudenthal(1973)은 다음과 같이 말하였다.

> 수열은 역사적으로, 발생적으로, 체계적으로 수학의 주춧돌이다. 수열 없이 수학은 없다(pp. 171-172).

Freudenthal의 "수학에 대한 교육적 해석은 Brouwer의 수학관을 드러낸다(p. ix)." 그러나 이러한 관점에서 보면 셈수체계는 보편원리, 수학의 형식, 상식이요 그 '논리적 원인', 곧 우리의 본래의 마음인 이념에 가까운 것, 우리 인간의 본래의 마음속의 '말할 수 없는 그 무엇'을 드러내는 형식이 아닌가 생각된다.

우리가 자연수 산술을 받아들이면 음수는 수학의 형식적 본질에 대한 첫 번째 경험을 제공하는 좋은 기회가 될 수 있다. 그것이 실현된다면 학생들은 음수가 무엇인가에 대하여 심각한 생각을 하게 될 것이며 수학적 형식의 신비로움에 놀랄 것이다.

3) 함수적 사고

근대에 이르기까지 전통적으로 학교수학은 산술, 대수, 기하라는 커다란 줄기로 구성되어 있었다. 그러던 것이 1900년대 초에 독일에서 Klein(1907)이 '함수성(functionality)'과 '함수적 사고(functional thinking)'의 중요성을 강조하고 그 절정으로서의 미분적분법의 지도를 주장한 이후, 여러 가지 함수와 그 미분적분법은 학교수학의 도 하나의 커다란 줄기를 이루게 되었다. "Klein은 함수개념은 단순히 하나의 수학적 방법이 아니라 수학적 사고의 심장이요 혼이라고 주장하였다(Hamley, 1934, p. 53)." 그리고 그는 함수적 사고를 중심으로 학교수학을 조직하고자 했으며, 다음과 같이 말하였다.

> 기하학적으로 파악된 함수개념은 그 밖의 지도내용에 효소처럼 침투되어야 한다(1904, p. 4).
>
> 나는 기하학적인 형태의 함수개념이 요컨대 학교 수학교육의 혼이어야 한다고 확신한다!(1907, p. 34)

이는 기하학적 직관과 결합된 함수적 사고는 대수와 기하를 관련지어 주고 응용수학을 포함하여 수학 전체의 바탕에 놓여 있는 기본적인 핵심적 관점이라는 그의 신념에서 비롯된 것이었다. 확실히 함수는 수학의 바탕이 되는 원형(原型, archetype)적인 수학적 사고, 곧 수학의 기초이며 모든 수학의 근원에 놓여 있는 통합개념이다. Klein이 주도하여 작성한 Meran 교육과정에서는 학생들이 단계를 차례로 거치면서 내용의 연속성을 점점 더 의식하도록 만드는 것을 수학교육 목표의 하나로 제시했으며, 그러한 연속성을 가능하게 만드는 통합원리는 '함수적 사고습관의 함양'으로 규정되었다(Hamley, 1934, p. 53).

현재의 학교수학은 문자 그대로 함수로 가득 차 있다. 학교수학을 전 영역에 걸쳐 함수적 사고를 중심으로 유기적으로 조직할 것을 요구한 Klein의 주장이 실현될 가능성이 보일 정도로 초·중등학교 수학에는 함수와 관련된 내용이 우위를 차지하고 있다. 문제는 이러한 교재를 통하여 어떤 교육을 하고 있는가 하는 점이다.

함수의 역사를 살펴보면 그 최초의 개념화는 역학에서 운동을 나타내는 곡선과 관련하여 시작되어, 자연계에서 일어나는 여러 가지 변화 현상을 해석, 설명, 예측하기 위한 수학적 사고형식으로서 도입되었으며, 과학의 발전과 더불어 함수는 자연의 법칙을 탐구하고 기술하는 중심적인 수학적 형식으로 사용되어 왔다. 자연법칙은 함수적인 법칙이며 자연은 함수적 언어로 기술되어 있다고 할 만큼 함수적 사고는 '자연의 합목적성'을 드러내는 수학적 형식이다.

함수는 집합, 구조와 함께 현대수학의 대표적인 '통합개념'이요 '조직개념'이면서 모든 수학적 개념의 바탕에 있는 기초개념이다. 합성함수와 역함수와 같은 함수적인 조작으로 수학적 사고는 보다 풍요해졌고 보다 강력한 힘을 발휘하게 되었다. 함수의 합성과 역함수 조작은 치환군과 변환군 나아가 일반적인 군론을 탄생시키고 그 핵심인 자기동형군이란 형식을 낳았다(Freudenthal, 1973). MacLane & Birkhoff(1968, p. 1)는 다음과 같이 언급한다.

> 따라서 대수체계는 앞으로 공부할 바와 같이 덧셈과 곱셈과 같은 함수가, 이들 연산이 어떤 기본규칙을 만족하기만 하면 작용하는 어떤

유형의 원소의 집합이다.

Klein의 Erlanger Programm에 따라 변환군은 여러 가지 기하학을 조직하는 형식이 되어 변환기하학이 탄생하였다. 위상수학에서는 연속사상과 위상적 변환이 연구의 도구이자 대상이 되었으며, 대수의 Erlanger Programm이라고 일컬어지고 있는 카테고리 이론(Eilenberg & MacLane, 1945)이 나오면서 수학은 사상의 학문으로 간주되기에 이르렀다. 현대수학의 수학적인 풍요함은 실로 함수적 관점에 의하여 창안된다고 할 수 있다.

확실히 함수는 단순한 하나의 수학적 개념이 아니라 모든 수학적 사고의 근원에 있으며 자연의 합목적성을 드러내어 주는 '수학적 사고의 혼'이다. 정신도야론의 핵심은 개념적 사고방법에서 찾아야 한다는 Klein의 주장(Hamley, p. 55)은 이러한 측면에서 함수가 학생들에게 수학적 사고의 총체적 이해를 추구하게 함으로써 전체 수학적 사고를 가능하게 하는 근원, 곧 '이념'에 다가가는 훌륭한 경로가 될 수 있고 그래야 한다는 것을 강조한 것으로 생각된다. Meran 교육과정의 마지막 학년에 제시된 그 동안에 배운 수학적 지식에 대한 '역사적 관점과 철학적 관점을 고려한 회고(Klein, 1907, p. 216)'는 이러한 관점에서 볼 때 매우 의미심장한 것으로 생각되며, 함수개념을 통하여 수학과 자연현상의 바탕을 파악하는 규정적 판단과 함께 수학적 사고의 궁극적인 의미를 추구하는 반성적 판단의 기회를 부여함으로써 학교수학의 심성도야적 가치를 구현하고자 한 시도로 생각된다.

오랜 역사적 발달과정을 거쳐 세련되어 온 함수개념은 이와 같이 수학의 밑바탕에 폭넓게 스며 있는 매우 강력한 기본적인 개념이며 그 본질을 규정하기가 용이하지 않은 포괄적인 개념이다. 함수개념은 변화 현상을 좌표평면 위에 곡선으로 나타내어 종속관계를 기술하는 '기하적인' 측면, 유한개 혹은 무한개의 항으로 이루어진 식으로 나타내어지는 '대수적인' 측면, 대응관계로서의 '논리적인' 측면과 같은 여러 가지 측면을 갖는다. 그리고 함수는 대수적인 변환, 치환, 연산, 작용소, 수열, 범함수, 논리적인 술어 등 매우 다양한 내용을 포괄하는 개념이며, 일반적으로 함수는 벡터공간을 이루고 있다. Otte(1982, 1990, 2003)는 수학적 지식은 새로운 관점으로 그 본질 자체가 끝없이 드러나는 과정으로, 확정된 방식으로 규정될 수 없는 것이며, 여러 가지 측면을 상호보완적으로 종합함으로써 이해가 가능하다고 보고, 함수개념은 수학교육에서 수학적 지식의 구조의 상보적 특성을 드러내는 중요한 역할을 한다는 것을 강조한다(Jahnke & Otte, 1982).

주목할 사실은 함수가 우리의 일상적인 경험 가운데 내재되어 있다는 것이다. Piaget(1977)에 따르면 함수개념의 심리발생적 근원은 인식론적 주체(subjet épistemique)에 내재된 기본적인 인지양식, 곧 schèmes이며 함수개념은 그것이 조정되어 발생된 결과이다. 역사적으로 함수개념은 변량 사이의 종속관계로 비교적 늦게 미적분법과 함께 수학사에 등장했지만, 비록 개념적인 대상으로 다루지는 않았다고 하더라도 실제적으로는 그보다 훨씬 일찍부터 수학 속에 존재하였다. 수표와 같은 함수의 암묵적인 출현은 기원전 2천 년경의 고대 바빌로니아 시대까지 거슬러 올라갈 수 있다. 함수는 고대 수학에서 암묵적으로 사용되었으며, 그 이름이 주어지기 오래전에 '보조식'으로 존재했다는 사실은 앞에서 논의한 형이상학적 마음, 실재와 관련하여 특히 주목할 점이다.

함수는 수학의 가장 강력한 통합개념이자 조직개념 가운데 하나이며 또한 자연의 법칙을 이루고 있는 형식이다. 따라서 Klein(1904, p. 15)이 지적한 바와 같이 현대문화의 수학적 요소는 실질적으로 함수개념과 기하학적 · 해석학적 측면에서의 그 발달에 전적으로 근거하고 있다. Klein이 강조한 함수적 사고란 무엇인가? 그것은 수학의 내재적 구조 혹은 실재에 보다 가까운 수학적 인식인가? 실재는 수학적 인식의 이면에 그 논리적 가정으로 붙박여 있으며, 수학을 배우는 사람에게 그것의 존재를 일깨워 주고 그것에 대한 끝없는 동경을 불러일으키는 것이라면, 함수적 사고는 그러한 실재, 이념, 우리의 원초적인 마음을 자각하게 하는 지름길이 될 수 있으며 그렇게 되어야 할 것이다(강현영, 2007). 여기서 수학을 탐구하는 것을 통하여 인간과 자연에 깃들어 있는 영원한 법칙, 통일의 법칙, 신적 정신을 자각하게 된다는 Froebel(1887)의 생각을 이해하게 된다. 함수는 참으로 신비스럽고 경이감을 주는 수학적 사고형식이며, 무엇보다도 그러한 자각에 도달할 수 있도록 하는 교육적 수단이 되어야 할 것이다.

6. 學而不思則罔

수학교육의 추는 오늘날 경험적 마음의 도야를 위한 실제적 지식의 교육 쪽으로 너무 치우쳐 있다. 수학을 배우는 주요한 목적은 그 실용성을 넘어 수학이라는 지식을 통하여 인간과 만물 이면에 있는 현상의 세계를 지배하는 실재를 학생들이 깨닫게 할 수 있는 인간교육의 구현에 있다. Platon과 Froebel은 이와 같은 이유에서 인간을 교육하는 과정에서 수학교과의 가치를 매우 중요하게 생각하였다.

Clairaut, Branford(1908), Toeplitz(1963) 등은 수학의 역사-발생적 전개를 통하여, 특히 Klein은 '함수적 사고습관의 도야'를 통하여, Bruner는 학생들에게 수학적 지식의 구조를 발견하게 하여, Freudenthal은 학생들에게 수학화 경험을 제공함으로써 수학적 안목으로 현상을 '보고' 이해하는 힘과 태도를 길러 주고자 하였다. 학생들은 현상과 관련된 수학적 지식을 이해한 후에야 수학적인 눈으로 경외감을 갖고 현상을 보게 될 것이다. 그러나 우리는 한 걸음 더 나아가야 한다. 수학은 인간이 마음의 눈으로밖에 볼 수 없는 실재 세계의 조화로운 모습을 보려는 마음을 갖게 하고, 나아가 인간과 자연 속에 깃들어 있는 신의 정신을 감지할 수 있게 함으로써 '삶의 기준'을 깨닫게 하는 인간의 고귀한 교육수단이 될 수 있다. 이것이 우리에게 무엇보다도 절실한 인간교육, 심성함양으로서의 학교수학이 추구해야 할 이념이 아닌가?

현실은 이념의 패러디라고 한다. 우리는 학교수학이 형이상학적인 원초적 마음 회복의 지름길이 되어야 하며, 학생들에게 수학에 대한 놀랍고 감동적인 경험을 제공해야 한다고 본다. 그러나 McLellan & Dewey(1985)의 책의 편집자 서문을 보면 다음과 같이 적혀 있다.

> 만일 잘못된 방법이 사용된다면 학생의 정신을 둔화시키고 그 발달을 저해하는 방식으로 (수학보다) 학생에게 더 위험한 교과는 없다(p. v).

Platon의 수학교육 이념을 추구하기 위한 교과서인 Euclid 원론이 학생들의 정신을 질식시켰던 원인은 무엇인가? 어떻게 수학의 참뜻을 이해하고 그들의 심성이 도야되도록 수학을 교육할 것인가? 이것이 아마도 수학교육자인 우리가 해결하고자 노력해야 할 가장 중요한 문제일 것이다.

교육은 교사가 결정한다. 현재의 수학교육의 최대 당면과제 가운데 하나는 이와 같은 수학교과의 교육적 기반을 확립하는 문제이다. 수학교육을 통하여 학생들의 세상을 보는 눈과 삶을 살아가는 방식에 변화가 일어나게 하려면, 수학교육을 통한 인간교육을 실현하기 위해서는, 먼저 수학교사의 마음의 변화가 있어야 하며 수학교사의 교육철학이 확립되어야 한다. 교사의 교육철학은 교육의 내용과 방법을 결정하는 주요기준이 된다. 수학교사는 동양과 서양의 철학과 인식론, 수학교육의 이념적 뿌리를 제공한 철학자들과 교육자들의 사상이 어떤 것이었는가를 수학을 가르치는 구체적인 상황과 관련하여 깊이 이해하고자 노력해야 할 것이다. 이는 단순한 이론 이해의 문제가 아니라 교육과 삶에서 교육에서 올바르고 가치 있는 것이 무엇인가에 대한 이해를 요구하는 것이다.

교육이란 지고선, 곧 덕에 접근하기 위하여 '삶의 형식'을 확인하고 실현하려는 인간의 노력이다. 동서양의 위대한 사상가들은 거의 예외없이 사실의 세계, 현상계, 생멸계와 다른 논리의 세계, 본체계, 진여를 인정하였다. 사실의 세계 '위'에 그 사실의 세계의 원형 또는 기준으로서의 논리적 원인, 형식이 있다는 것이다.

이홍우(2001)의 지적과 같이 이론적 지식의 교육은 현상을 그러한 형식으로 보도록 하는 일임과 동시에 그와 같이 현상을 보면서 사는 것이 가치 있는 삶이라는 믿음을 심어 주어 끝없는 탐구에 헌신하여 마침내 '삶의 형식'을 보게 되는 이론적 삶의 자세를 받아들이도록 하는 데 있다. 여기서 주목해야 할 점은 현대에 이르러 기본적인 물리법칙이 수학으로 기술되는 자연의 본성은 보다 명확해졌으며, 위대한 수학자들과 물리학자들의 자연 현상의 수학적 본성에 대한 준종교적인 믿음이 보다 깊어졌다는 점이다.

Hilbert, Klein, Bourbaki, Einstein 등과 같은 지도적인 수학자들과 물리학자들이 "수학적으로 세련된 상대성과 양자에 관한 이론이 발달되는 동안에 Pythagoras와 Platon의 전통이 재생되어 '고상한' 준종교적인 형식화를 자주 사용하는 것이 목격되는 것이다(Vizgin, 2004)." 수학은 실재, 곧 '만물의 논리적 원인'을 반영하며, 수학을 배울 때 우리는 실재의 모습을 대면하게 됨으로써 수학을 배우는 사람에게 실재의 존재를 일깨워 주고 그것에 대한 끝없는 동경을 불러일으킨다. 최근에 커다란 논란의 대상이 된 줄기세포 연구와 생명복제 연구결과를 대하면서 부분 속에 전체가 내포되어 있다는 것, 현상이 무구분의 실재를 내포하고 있다는 점에서 기본적인 수학적 지식으로서의 학교수학의 의미를 새롭게 생각하게 된다.

그러나 지식의 기록인 학교수학은 닫혀 있는 지식이다. 수학교사는 교수학적 분석을 통하여 학교수학을 열어 그 내용의 이면에 숨겨져 있는 수학적 지식의 구조와 형식을 음미해야 하고 수학자들이 그것을 처음 발견했을 때 경험한 신비감과 감동을 되살려 학생들의 마음에 불어넣을 수 있어야 할 것이다. 그리고 이러한 교육이 실현되기 위해서는, 깨달은 자의 기록인 경전이 현상에 비하여 진여를 보다 잘 보여주듯이, 수학적 지식의 근원을 드러낼 수 있는 적절한 수학교재가 요구되는 것이다. 수학의 수업 사태는 교과서에 표현된 수학적 지식에 논리적으로 가정된 '원칙상 표현할 수 없는 것'을 전달하려고 하는 사태이다. 무엇보다도 거기서 수학자들에게 감동을 주지 못한 방법이 학생들의 마음을 끌 수는 없다.

학교수학에서 Pythagoras의 정리를 포함한 유클리드 기하는 우리 주변 현상의 본질을 드러내기 때문에 수학의 선조들이 그러했듯이 학생들에게도 신비감과 감동의 대상이 될 수 있다. 그러나 음수 지도의 경우에는 수학자들조차 19세기 중엽에 이르러 겨우 인식한 수학적 형식의 아름다움을 중등학교 학생들이 경험하도록 안내해야 하는 어려움이 있다.

학교수학의 많은 부분 가운데 함수는 응용수학을 포함하여 모든 수학적 사고 전체의 근원에 놓여 있는 기본적인 형식이며, Klein이 주장한 바와 같이, '수학적 사고의 혼이요 심장'이다. 함수는 모든 수학적 사고를 통합하여 '이념'으로 돌아가는 지름길이 될 수 있다. 학생들을 도와 물리적 현상의 내재적 질서로서 '함수성(functionality)'을 '보도록' 해야 할 것이며, 모든 수학적 지식의 통합이 함수에 의하여 가능함을 깨닫도록 안내하는 교재를 제공해야 할 것이다. 그리하여 학생들이 함수성의 신비를 경험하도록 해야 할 것이다. 학교수학의 이러한 문제는 전문적인 연구를 기다리고 있다.

수학을 한다는 것은 무엇을 의미하는가? Freudenthal(1991)의 주장을 살펴보자. "보다 높은 수준에 도달하기 위하여 자기 자신의 활동을 반성의 주제로 다루는 것(p. 123)"이며 이것은 중요한 수학적 태도이다. 수학을 하는 것은 자신이나 다른 사람의 수학적 활동을 관찰, 반성하는 것이다. 수학적 사고는 현상의 정리수단인 본질을 추구하는 정신적 활동이다. 수학은 내용과 형식의 거듭된 교대작용을 통하여 형식을 추구하는 활동이며, 형식에 의한 현실의 조직화가 거듭되는 수학화 활동이다. 상식적인 내용에서 출발하여 형식을 구성하고 그 형식이 다시 상식이 됨으로써 수학적 안목이 형성되고 발달한다. 수학하는 활동의 요체는 반성적 사고이다.

"의식성만이 교육 가능하다"라는 Gattegno(1974, p. vii)의 주장 또한 의미심장하다. 여기서 의식성은 깨달음으로 해석될 수 있을 것이다. 인간은 깨달음을 통하여 교육받은 사람이 된다. 수학은 학습내용의 이면에 잠재되어 있는 그 본질에 대한 깨달음을 통하여 인간을 내면적 각성에 이르게 한다. 따라서 심성도야를 위하여 수학적 지식은 다른 어떤 것보다도 중요한 지식이다. 그러면 의식성은 어떻게 형성되는가? 활동, 토론, 반성을 통하여 얻어진다는 것이 우리에게 주어진 결론이다. 다음은 《논어》(1992)에 나오는 공자의 말씀이다.

> 배우고도 깊이 생각하지 않으면 얻는 것이 없고, 생각만 하면서 배우지 아니하면 위태하다(學而不思則罔 思而不學則殆)(pp. 18-19).

수학이 '현상을 지배하는 질서', '형식', '논리적 원인', '실재의 존재'

를 일깨워 주고, 깨달음을 얻으려는 '지혜로운 인간'이 되도록 학생들에게 도움을 주어야 한다면, 그들이 진정한 '수학하는' 사고와 내면적 각성을 체험하도록 해야 한다. 그렇게 하기 위하여 절실히 필요한 것이 실제적인 '수학하는 활동'과 '반성적 사고태도'이다.

수학은 '의식성의 눈'을 뜨게 하여 실재를 추구하는 삶을 살아가도록 교육하는 데 가장 적절한 교과이며, 거기서 실제적인 수학하는 활동과 반성적 사고가 핵심적인 역할을 한다. 경외감을 일으키며 감동적인 학교수학을 통하여 학생들이 마음의 순수함, 진실함, 무지를 자각하는 경험을 하고 그러한 경험이 지적 겸허감과 함께 도덕적 삶의 추구로 이어지도록 해야 할 것이다.

이를 위하여 Klein이 시도한 것처럼 학교수학에 대한 '철학적이고 역사적인 반성적 종합단계'를 둘 필요가 있을 것이며, 그러한 과정을 통하여 학교수학은 학생들에게 궁극적으로 '실재'의 대면에 이르게 하는 교육의 길이 될 수 있어야 할 것이다. Polya(1965, p. 104)가 지적하듯이 "교사가 교실에서 말하는 것이 중요하지 않은 것은 아니지만 학생들이 생각하는 것은 수천 배 더 중요하다." 학생 모두를 위한 수학교육은 진정한 의미에서 교양교육으로서 행해져야 한다.

참고문헌

강현영, 〈심성함양으로서의 수학교육 — F. Klein의 함수적 사고교육을 중심으로〉, 서울대학교 대학원 교육학 박사학위 논문, 2007.

김정환, 〈ペスタロッチ教育學における數學教育の理論とその數學教育史的ペ位置〉, 廣島大學 大學院 教育學 博士學位 論文, 1970.

______, 〈페스탈로치의 수학교육원론 연구〉, 벽계 이인기 박사 고희기념 교육학 논집, 1976, pp. 347-371.

박재문, 《지식의 구조와 구조주의》, 교육과정철학총서 1, 교육과학사, 1976.

박채형, 〈교과의 내면화 이론 — 주역의 교육학적 해석〉, 서울대학교 대학원 교육학 박사학위 논문, 2002.
신춘호, 〈교육이론으로서의 칸트 철학 — 판단력 비판 해석〉, 서울대학교 대학원 교육학 박사학위 논문, 2005.
엄태동, 〈교육적 인식론 연구 — 키에르 케고르와 폴라니의 교화적 방법에 대한 교육학적 고찰〉, 서울대학교 대학원 교육학 박사학위 논문, 1998.
이홍우, 《교육의 개념》, 문음사, 1991.
______, 《교육과정 탐구》, 박영사, 1992.
______, 《지식의 구조와 교과》, 교육과학사, 1998.
______, 《성리학의 교육이론》, 성경제, 2000.
______, 〈교과와 실재〉, 《도덕교육연구》, 제13권, 제1호, 한국도덕교육학회, 2001, pp. 1-25.
______, 《교육의 목적과 난점》, 교육과학사, 2002.
______, 《대신기신론 통석》, 김영사, 2006.
임재훈, 〈플라톤의 수학교육 철학 연구〉, 서울대학교 대학원 교육학 박사학위 논문, 1998.
장발보, 〈판단에 의한 자연과 자유의 연결〉, 서울대학교 대학원 교육학 박사학위 논문, 2003.
장성모, 〈교과교육과 심성함양〉, 《수학교육학논총》, vol. 25, 대한수학교육학회, 2004, pp. 1-13.
한대희, 〈인간교육으로서의 수학교육〉, 서울대학교 대학원 교육학 박사학위 논문, 2000.
小倉金之助, 《數學教育史》, 岩波書店, 1973.
Beth, E. & J. Piaget, *Mathematical Epistelology and Psychology*, trans. by W. Mays, D. Reidel Publishing Company, 1966.
Bodin, A & B. Capponi, "Junior Secondary School Practices", Alan J. Bishop et al.(eds.), *International Handbook of Mathematics Education*, Kluwer Academic Publishers, 1996, pp. 565-614.
Brousseau, G., *Theory of Didactical Situations in Mathematics, Didactique des*

Mathmatiques, 1970-1990, Kluwer Academic Publishers, 1977.

Bruner, J.S., *The Process of Education*, Vintage Books, 1963.

Clairaut, A.C., *Eléménts de Géométrie*, Gauthier-Villars et Cle, Editeurs, 1920.

Confucious, *The Analects of Confucious*, Shandong Friendship Press, 1992.

______, *The Analects*, trans. by D.C. Lau, The Chinese University Press, 2002.

Dewey, J., *Democracy and Education*, The Macmillan Company, 1916.

Dewey, J. & J.A. McLellan, *The Psychology of Number and its Applications to Methods of Teaching Arithmetic*, D. Appleton and Company, 1895.

Dieudonne, J., "Abstraction in Mathematics and the Evolution of Algebra", W. Lamon(ed.), *Learning and the Nature of Mathematics*, Science Research Associates, Inc., 1972, pp. 99-113.

Eilenberg, S. & S. MacLane, "General Theory of Natural Equivalences", *Transaction*, American Mathematical Society, vol. 58, 1945, pp. 236-237.

Fischbein, E., *Intuition in Science and Mathematics — An Educational Approach*, D. Reidel Publishing Company, 1987.

Freudenthal, H., *Mathematics as an Educational Task*, D. Reidel Publishing Company, 1973.

______, *Weeding and Sowing — A Preface to a Science of Mathematical Education*, D. Reidel Publishing Company, 1978.

______, *Didactical Phenomenology of Mathematical Structures*, Kluwer Academic Publishers, 1983.

______, *Revisiting Mathematics Education*, Kluwer Academic Publishers, 1991.

Froebel, F., *The Education of Man*, D. Appleton and Company, 1987.

Gattegno, C., The common sense of *Teaching of Mathematics*, Educational Solutions, 1974.

Hamley, H.R., *Relational and Functional Thinking in Mathematics*, The National Council of Teachers of Mathematics, 1934.

Hebeker, L.H., "Negative Numbers: Obstacles in Their Evolution from Intuitive to Intellectual Constructs", *For the Learning of Mathematics*, vol. 11, no. 1, 1991, pp. 26-32.

Janke, H.N. & M. Otte, "Complementarity of Theoretical Terms-Ratio and Proportion as an Example", Conference on Function, SLO Foundation for Curriculum Development, 1982, pp. 97-113.

Kant, *Critique of Judgement by Immanuel Kant*, trans. by J.H. Benrand, Hafner Press, 1951.

______, *Immanuel Kant's Critique of Pure Reason*, trans. by N.K. Smith, Macmillan & Co., Ltd., 1956.

Klein, F., Bearbeitet von H. Schimmack, Vortröge ber den Mathematischen Unterricht, Druck und Verlag von B.G. Teubner, 1907.

Klein, F. und E. Riecke, *Neue Beiträge zur Frage des Mathematischen und Physikalischen Unterrichts an den Höbere Schulen*, Druck und Verlag von B.G. Teubner, 1904.

Lietzmann, W., *Stoff und Methode des Raumlehreunterrichts in Deutschland*, Druck und Verlag von B.G. Teubner, 1912.

Liping, Ma., *Knowing and Teaching Elementary Mathematics*, Lawrence Erlbaum Associates, 1999.

Lucas, J.R., *The Conceptual Roots of Mathematics*, Routledge, 2000.

Otte, M., "Arithmetic and Geometry: Some Remarks on the Concept of Complementarity", *Studies in Philosophy and Education*, vol. 10, 1990, pp. 37-62.

______, "Complementarity, Sets and Numbers", *Educational Studies in Mathematics*, vol. 53, 2003, pp. 203-228.

Perry, J., "The Teaching of Mathematics", *Educational Review*, vol. XXIII, 1902, pp. 158-189.

Piaget, J., et collaborateurs, *Recherches sur l'ábstraction réfléchissante*, 1, 2, Presses Universitaires de France, 1977.

______, *Epistemology and Psychology of Functions*, trans. by F.X. Castellaos & V.D. Anderson, D. Reidel Publishing Company, 1977.

Plato, *The Collected Dialogues of Plato*, E. Hamilton & H. Cairns(ed.), Princeton University Press, 1973.

Polanyi, M., *Personal Knowledge-Toward a Post-Critical Philosophy*, Happer Torchbooks, 1962.

Polya, G., *Mathematical Discovery*, II, John Wiley & Sons, Inc., 1965.

______, *Mathematics and Plausible Reasoning*, vol. II, *Patterns of Plausible Inference*, Princeton University Press, 1968.

______, "Mathematics Promotes the Mind", M. Zweng et al.(ed.), *Proceedings of the Fourth International Congress on Mathematical Education*, Birkhauser Boston, Inc., 1983, p. 1.

Ronan, C.A., *The Shorter Science & Civilisation in China*, vol. 2, Korean trans. by Myun-Woo Lee, Kachi Publishing Company, 2000.

School Mathematics Study Group, *Geometry*, part I, II, Yale University Press, 1961.

Schwartzman, S., *The Words of Mathematics — An Etymological Dictionary of Mathematical Terms Used in English*, The Mathematical Association of America, 1994.

Steiner, H.-G., "Two Kinds of 'Elements' and the Dialectic between Synthetic-deductive and Analytic-genetic Approached in Mathematics", *For the Learning of Mathematics*, vol. 8, no. 3, 1988, pp. 7-15.

Toeplitz, O., *Die Entwicklung der Infinitesimalrechnung*, trans. by L. Lange, *The Calculus — A Genetic Approach*, The University of Chicago Press, 1963.

van Hiele, P.M., *Structure and Insight: A Theory of Mathematics Education*, Academic Press, 1986.

Vizgin, Vl.P., "On the Emotional Assumptions Without Which One Could Not Effectively Investigate the Laws of Nature", MAA, *The American*

Mathematical Monthly, vol. 108, no. 3, 2004, pp. 264-270.

Vygotsky, L.S., *Thought and Language*, M.I.T. Press, 1962.

Whitehead, A.N., *The Aims of Education and other Essays*, The Free Press, 1957.

Woo, Jeong-Ho, "School Mathematics and Cultivation of Mind", *Proceedings of the 31st Conference of the IGPME*, vol. 1, 2007, pp. 65-93.

찾아보기

우정호(禹正晧)

서울대학교 사범대학 수학교육과 졸업
서울대학교 교육대학원(수학교육학 전공) 졸업(교육학 석사)
일본 히로시마대학 대학원(수학교육학 전공) 졸업(교육학 박사)
서울대학교 사범대학 수학교육과 교수
현 서울대학교 명예교수

저서 및 역서

『수학교육학개론』(공저)
『중학교 수학』(1, 2, 3)(공저)
『고등학교 공통수학』
『고등학교 수학 I, II』
『어떻게 문제를 풀 것인가』
『수학적 발견의 논리』
『학교수학의 교육적 기초』(개정판)(상, 중, 하)
『학교수학의 역사-발생적 접근』

제2개정판 수정판

수학 학습-지도 원리와 방법

초판 1쇄 발행 2000년 3월 10일
개정판 1쇄 발행 2009년 2월 25일
제2개정판 1쇄 발행 2010년 2월 25일
제2개정판 수정판 1쇄 발행 2011년 2월 25일
제2개정판 수정판 10쇄 발행 2024년 8월 14일

지은이 우정호

펴낸곳 서울대학교출판문화원
주소 08826 서울 관악구 관악로 1
도서주문 02-889-4424, 02-880-7995
홈페이지 www.snupress.com
페이스북 @snupress1947
인스타그램 @snupress
이메일 snubook@snu.ac.kr
출판등록 제15-3호

ISBN 978-89-521-1186-9 93370